U0907112

2022

CHINA POPULATION AND EMPLOYMENT STATISTICAL YEARBOOK

中国人口和就业统计年鉴

蒋正华题

国家统计局人口和就业统计司　编

COMPILED BY
Department of Population and Employment Statistics
National Bureau of Statistics

图书在版编目（CIP）数据

中国人口和就业统计年鉴. 2022 = China Population and Employment Statistical Yearbook 2022 : 汉英对照 / 国家统计局人口和就业统计司编. -- 北京 : 中国统计出版社, 2022.12
ISBN 978-7-5037-9915-0

Ⅰ. ①中… Ⅱ. ①国… Ⅲ. ①人口调查－统计资料－中国－2022－年鉴－汉、英②就业－统计资料－中国－2022－年鉴－汉、英 Ⅳ. ①C924.25-54②D669.2-54

中国版本图书馆 CIP 数据核字(2022)第 199147 号

中国人口和就业统计年鉴 2022

作　　者 / 国家统计局人口和就业统计司
责任编辑 / 李　冲
执行编辑 / 吕仁睿
封面设计 / 李雪燕
出版发行 / 中国统计出版社有限公司
通信地址 / 北京市丰台区西三环南路甲 6 号　邮政编码/100073
发行电话/邮购（010）63376909　书店（010）68783171
网　　址 / http://www.zgtjcbs.com/
印　　刷 / 河北鑫兆源印刷有限公司
经　　销 / 新华书店
开　　本 / 890×1240mm　1/16
字　　数 / 967 千字
印　　张 / 31
版　　别 / 2022 年 12 月第 1 版
版　　次 / 2022 年 12 月第 1 次印刷
定　　价 / 280.00 元

《中国人口和就业统计年鉴 2022》编委会和编辑工作人员

CHINA POPULATION AND EMPLOYMENT STATISTICAL YEARBOOK 2022
EDITORIAL BOARD AND STAFF

编辑说明

一、《中国人口和就业统计年鉴 2022》是一部以全面反映我国人口和就业状况为主的资料性年刊，收集了全国和各省、自治区、直辖市人口就业统计的主要数据，同时附录了世界部分国家和地区的相关数据。

二、本年鉴由国家统计局人口和就业统计司负责编辑整理，并得到公安部治安管理局等单位的大力支持和协助。

三、本年鉴内容分为七部分：（一）综合数据；（二）2021 年人口变动情况抽样调查数据；（三）2021 年劳动力调查主要数据；（四）2021 年城镇单位就业人员统计数据；（五）2021 年全国户籍统计人口数据；（六）世界部分国家及地区人口和就业统计数据；（七）2021 年人口变动情况抽样调查和劳动力调查制度说明及主要指标解释。

四、本年鉴中 2021 年人口变动情况抽样调查数据（第二部分）和 2021 年全国户籍统计人口数据（第五部分），统计方法和口径不同，请用户在使用时加以注意。本年鉴第二部分除表 2-1、表 2-2 外，其余各表中的绝对数为样本数，全国抽样比例为 1.058‰。

五、本年鉴涉及的全国性统计数据，均未包括香港、澳门特别行政区和台湾地区数据。

六、符号使用说明：

年鉴各表中的“空格”表示该项统计指标数据不足本表最小单位数、数据不详或无该项数据；“#”表示其中的主要项。

七、本年鉴在资料的整理和编排方面难免存在不足和疏误，敬请用户指正。

PREFACE

Ⅰ. *China Population and Employment Statistical Yearbook 2022* is an annual statistical publication, which contains data on basic condition of population and employment in 2021 as well as for the previous years for the whole nation and 31 provinces, autonomous regions and municipalities directly under the Central Government. It also includes the relevant data of some other countries and territories in the world.

Ⅱ. The yearbook is compiled by the Department of Population and Employment Statistics of the National Bureau of Statistics of China, and assisted by the Public Order Bureau of the Ministry of Public Security.

Ⅲ. The yearbook contains the following seven chapters: 1.General Survey; 2.Data from the 2021 Sample Survey Of Population Changes; 3.Main Data from 2021 Labor Force Survey; 4. Data from Statistics on Employment in Urban Units in 2021; 5.Data from Household Registration in 2021; 6.Population and Employment Data of Selected Countries and Territories of the World; 7.Introduction of Sample Survey of Population Change and Labor Force Survey System and Explanation Of Main Indicators in 2021.

Ⅳ. The population data of Chapter Two in the yearbook are from 2021 Sample Survey Of Population Changes , and those of Chapter Five are from the household registration, which use different definitions and data collection methods. Users should notice that the data under the same or similar heading in these two chapters may be different. Except Table 2-1 and Table 2-2 in the second part of this yearbook, the absolute numbers in other tables are sample numbers, and the National Sampling Ratio is 1.058‰.

Ⅴ. The national data in the yearbook do not include that of Hong Kong Special Administrative Region, Macao Special Administrative Region and Taiwan.

Ⅵ. Notations used in the yearbook:

(blank space) indicates that the figure is not large enough to be measured with the smallest unit in the table, or data are unknown or are not available; "#" indicates a major breakdown of the total.

Ⅶ. We welcome comments and suggestions from users with regard to deficiencies and mistakes in data editing and compilation.

目　录
CONTENTS

第一部分　综合数据
Chapter One　General Survey

第二部分 2021 年人口变动情况抽样调查数据

Data from 2021 Sample Survey on Population Changes

第三部分　2021年劳动力调查主要数据

Chapter Three　Main Data from 2021 Labor Force Survey

第四部分　2021 年城镇单位就业人员统计数据

Chapter Four　Data from Statistics on Employment in Urban Units in 2021

第五部分　2021 年全国户籍统计人口数据

Chapter Five　Data from Household Registration in 2021

第六部分　世界部分国家及地区人口和就业统计数据

Chapter Six　Population and Employment Data of Selected Countries and Territories of the World

一、世界部分国家人口和就业统计数据

I. Population and Employment Data of Selected Countries and Territories of the World

二、香港特别行政区人口和就业统计数据

II.Population and Employment Data of Hong Kong Special Administrative Region

三、澳门特别行政区人口和就业统计数据

III.Population and Employment Data of Macao Special Administrative Region

四、台湾省人口和就业统计数据

IV.Population and Employment Data of Taiwan

第七部分　2021 年人口变动情况抽样调查和劳动力调查制度说明及主要指标解释

Chapter Seven　Explanatory Notes on Main Statistical Indicators

第一部分

Chapter One

综合数据

General Survey

1-1 分地区年末人口数

单位：万人

地 区	Region	1990	1991	1992	1993	1994	1995	1996
全 国	**National Total**	**114333**	**115823**	**117171**	**118517**	**119850**	**121121**	**122389**
北 京	Beijing	1086	1094	1102	1112	1125	1251	1259
天 津	Tianjin	884	909	920	928	935	942	948
河 北	Hebei	6159	6220	6275	6334	6388	6437	6484
山 西	Shanxi	2899	2942	2979	3012	3045	3077	3109
内蒙古	Inner Mongolia	2163	2184	2207	2232	2260	2284	2307
辽 宁	Liaoning	3967	3990	4016	4042	4067	4092	4116
吉 林	Jilin	2483	2509	2532	2555	2574	2592	2610
黑龙江	Heilongjiang	3543	3575	3608	3640	3672	3701	3728
上 海	Shanghai	1337	1340	1345	1349	1356	1415	1419
江 苏	Jiangsu	6767	6844	6911	6967	7021	7066	7110
浙 江	Zhejiang	4168	4202	4236	4266	4294	4319	4343
安 徽	Anhui	5675	5761	5834	5897	5955	6013	6070
福 建	Fujian	3037	3079	3116	3150	3183	3237	3261
江 西	Jiangxi	3810	3865	3913	3966	4015	4063	4105
山 东	Shandong	8493	8570	8610	8642	8671	8705	8738
河 南	Henan	8649	8763	8862	8946	9027	9100	9172
湖 北	Hubei	5439	5512	5580	5653	5719	5772	5825
湖 南	Hunan	6128	6209	6267	6311	6355	6392	6428
广 东	Guangdong	6346	6439	6525	6607	6689	6868	6961
广 西	Guangxi	4261	4324	4380	4438	4493	4543	4589
海 南	Hainan	663	674	686	701	711	724	734
重 庆	Chongqing							
四 川	Sichuan	10804	10897	10998	11104	11214	11325	11430
贵 州	Guizhou	3268	3315	3361	3409	3458	3508	3555
云 南	Yunnan	3731	3782	3832	3885	3939	3990	4042
西 藏	Tibet	222	226	228	232	236	240	244
陕 西	Shaanxi	3316	3363	3405	3443	3481	3514	3543
甘 肃	Gansu	2255	2285	2314	2345	2378	2438	2467
青 海	Qinghai	448	454	461	467	474	481	488
宁 夏	Ningxia	470	480	487	495	504	513	521
新 疆	Xinjiang	1529	1555	1581	1605	1632	1661	1689

注：1990、2000、2010、2020年数据为当年人口普查数据推算数；其余年份数据为年度人口抽样调查推算数据。2005年起各地区数据为常住人口口径。2011-2019年数据根据2020年普查数据进行了修订。（以下相关表同）

Population at Year-end by Region

(10 000 persons)

1997	1998	1999	2000	2001	2002	2003	2004	2005
123626	**124761**	**125786**	**126743**	**127627**	**128453**	**129227**	**129988**	**130756**
1240	1246	1257	1364	1385	1423	1456	1493	1538
953	957	959	1001	1004	1007	1011	1024	1043
6525	6569	6614	6674	6699	6735	6769	6809	6851
3141	3172	3204	3247	3272	3294	3314	3335	3355
2326	2345	2362	2372	2381	2384	2386	2393	2403
4138	4157	4171	4184	4194	4203	4210	4217	4221
2628	2644	2658	2682	2691	2699	2704	2709	2716
3751	3773	3792	3807	3811	3813	3815	3817	3820
1457	1464	1474	1609	1668	1713	1766	1835	1890
7148	7182	7213	7327	7359	7406	7458	7523	7588
4435	4456	4475	4680	4729	4776	4857	4925	4991
6127	6184	6237	6093	6128	6144	6163	6228	6120
3282	3299	3316	3410	3445	3476	3502	3529	3557
4150	4191	4231	4149	4186	4222	4254	4284	4311
8785	8838	8883	8998	9041	9082	9125	9180	9248
9243	9315	9387	9488	9555	9613	9667	9717	9380
5873	5907	5938	5646	5658	5672	5685	5698	5710
6465	6502	6532	6562	6596	6629	6663	6698	6326
7051	7143	7270	8650	8733	8842	8963	9111	9194
4633	4675	4713	4751	4788	4822	4857	4889	4660
743	753	762	789	796	803	811	818	828
3042	3060	3075	2849	2829	2814	2803	2793	2798
8430	8493	8550	8329	8143	8110	8176	8090	8212
3606	3658	3710	3756	3799	3837	3870	3904	3730
4094	4144	4192	4241	4287	4333	4376	4415	4450
248	252	256	258	264	268	272	276	280
3570	3596	3618	3644	3653	3662	3672	3681	3690
2494	2519	2543	2515	2523	2531	2537	2541	2545
496	503	510	517	523	529	534	539	543
530	538	543	554	563	572	580	588	596
1718	1747	1774	1849	1876	1905	1934	1963	2010

Note: Data of 1990, 2000 ,2010 and 2020 are the census year estimates; the rest are the estimates from the annual national sample survey of population. Since 2005, data by region are of usual residents. The 2011-2019 data were revised based on the 2020 Census data.The same applies to the following related tables.

1-1 续表

单位：万人

地　区	Region	2006	2007	2008	2009	2010	2011
全　国	**National Total**	**131448**	**132129**	**132802**	**133450**	**134091**	**134916**
北　京	Beijing	1601	1676	1771	1860	1962	2024
天　津	Tianjin	1075	1115	1176	1228	1299	1341
河　北	Hebei	6898	6943	6989	7034	7194	7232
山　西	Shanxi	3375	3393	3411	3427	3574	3562
内蒙古	Inner Mongolia	2415	2429	2444	2458	2472	2470
辽　宁	Liaoning	4271	4298	4315	4341	4375	4379
吉　林	Jilin	2723	2730	2734	2740	2747	2725
黑龙江	Heilongjiang	3823	3824	3825	3826	3833	3782
上　海	Shanghai	1964	2064	2141	2210	2303	2356
江　苏	Jiangsu	7656	7723	7762	7810	7869	8023
浙　江	Zhejiang	5072	5155	5212	5276	5447	5570
安　徽	Anhui	6110	6118	6135	6131	5957	5972
福　建	Fujian	3585	3612	3639	3666	3693	3784
江　西	Jiangxi	4339	4368	4400	4432	4462	4474
山　东	Shandong	9309	9367	9417	9470	9588	9665
河　南	Henan	9392	9360	9429	9487	9405	9461
湖　北	Hubei	5693	5699	5711	5720	5728	5760
湖　南	Hunan	6342	6355	6380	6406	6570	6581
广　东	Guangdong	9442	9660	9893	10130	10441	10756
广　西	Guangxi	4719	4768	4816	4856	4610	4655
海　南	Hainan	836	845	854	864	869	890
重　庆	Chongqing	2808	2816	2839	2859	2885	2944
四　川	Sichuan	8169	8127	8138	8185	8045	8064
贵　州	Guizhou	3690	3632	3596	3537	3479	3530
云　南	Yunnan	4483	4514	4543	4571	4602	4620
西　藏	Tibet	285	289	292	296	300	309
陕　西	Shaanxi	3699	3708	3718	3727	3735	3765
甘　肃	Gansu	2547	2548	2551	2555	2560	2552
青　海	Qinghai	548	552	554	557	563	568
宁　夏	Ningxia	604	610	618	625	633	648
新　疆	Xinjiang	2050	2095	2131	2159	2185	2225

continued

(10 000 persons)

2012	2013	2014	2015	2016	2017	2018	2019	2020	2021
135922	**136726**	**137646**	**138326**	**139232**	**140011**	**140541**	**141008**	**141212**	**141260**
2078	2125	2171	2188	2195	2194	2192	2190	2189	2189
1378	1410	1429	1439	1443	1410	1383	1385	1387	1373
7262	7288	7323	7345	7375	7409	7426	7447	7464	7448
3548	3535	3528	3519	3514	3510	3502	3497	3490	3480
2464	2455	2449	2440	2436	2433	2422	2415	2403	2400
4375	4365	4358	4338	4327	4312	4291	4277	4255	4229
2698	2668	2642	2613	2567	2526	2484	2448	2399	2375
3724	3666	3608	3529	3463	3399	3327	3255	3171	3125
2399	2448	2467	2458	2467	2466	2475	2481	2488	2489
8120	8192	8281	8315	8381	8423	8446	8469	8477	8505
5685	5784	5890	5985	6072	6170	6273	6375	6468	6540
5978	5988	5997	6011	6033	6057	6076	6092	6105	6113
3841	3885	3945	3984	4016	4065	4104	4137	4161	4187
4475	4476	4480	4485	4496	4511	4513	4516	4519	4517
9708	9746	9808	9866	9973	10033	10077	10106	10165	10170
9532	9573	9645	9701	9778	9829	9864	9901	9941	9883
5781	5798	5816	5850	5885	5904	5917	5927	5745	5830
6590	6600	6611	6615	6625	6633	6635	6640	6645	6622
11041	11270	11489	11678	11908	12141	12348	12489	12624	12684
4694	4731	4770	4811	4857	4907	4947	4982	5019	5037
910	920	936	945	957	972	982	995	1012	1020
2975	3011	3043	3070	3110	3144	3163	3188	3209	3212
8085	8109	8139	8196	8251	8289	8321	8351	8371	8372
3587	3632	3677	3708	3758	3803	3822	3848	3858	3852
4631	4641	4653	4663	4677	4693	4703	4714	4722	4690
315	317	325	330	340	349	354	361	366	366
3787	3804	3827	3846	3874	3904	3931	3944	3955	3954
2550	2537	2531	2523	2520	2522	2515	2509	2501	2490
571	571	576	577	582	586	587	590	593	594
659	666	678	684	695	705	710	717	721	725
2253	2285	2325	2385	2428	2480	2520	2559	2590	2589

1-2 按性别分人口数
Population by Sex

单位：万人，%　　　　(10 000 persons,%)

年 份 Year	全国人口(年末) Total Population (year-end)	男 Male		女 Female	
		人口数 Population	比重 Proportion	人口数 Population	比重 Proportion
1949	54167	28145	51.96	26022	48.04
1950	55196	28669	51.94	26527	48.06
1951	56300	29231	51.92	27069	48.08
1955	61465	31809	51.75	29656	48.25
1960	66207	34283	51.78	31924	48.22
1965	72538	37128	51.18	35410	48.82
1970	82992	42686	51.43	40306	48.57
1971	85229	43819	51.41	41410	48.59
1972	87177	44813	51.40	42364	48.60
1973	89211	45876	51.42	43335	48.58
1974	90859	46727	51.43	44132	48.57
1975	92420	47564	51.47	44856	48.53
1976	93717	48257	51.49	45460	48.51
1977	94974	48908	51.50	46066	48.50
1978	96259	49567	51.49	46692	48.51
1979	97542	50192	51.46	47350	48.54
1980	98705	50785	51.45	47920	48.55
1981	100072	51519	51.48	48553	48.52
1982	101654	52352	51.50	49302	48.50
1983	103008	53152	51.60	49856	48.40
1984	104357	53848	51.60	50509	48.40
1985	105851	54725	51.70	51126	48.30
1986	107507	55581	51.70	51926	48.30
1987	109300	56290	51.50	53010	48.50
1988	111026	57201	51.52	53825	48.48
1989	112704	58099	51.55	54605	48.45

注：1. 本表各年人口数中包括中国人民解放军现役军人，但未包括香港、澳门特别行政区和台湾地区的人口。
　　2. 1981年及以前数据为户籍统计数;1982、1990、2000、2010、2020年数据为当年人口普查数据推算数;
　　其余年份数据为年度人口抽样调查推算数据(下相关表同)。

Note: a) Data in this table include the military personnel of Chinese People's Liberation Army, but do not include the population of Hong Kong SAR, Macao SAR and Taiwan Province.

b) Figures 1981 (inclusive) are from household registrations; for the year 1982, 1990, 2000,2010and 2020 are the census year estimates; the rest of the data covered in those tables have been estimated on the basis of the annual national sample surveys of population. The same applies to the relevant tables following.

1-2 续表 continued

单位：万人，%　　(10 000 persons,%)

年 份 Year	全国人口(年末) Total Population (year-end)	男 Male		女 Female	
		人口数 Population	比重 Proportion	人口数 Population	比重 Proportion
1990	114333	58904	51.52	55429	48.48
1991	115823	59466	51.34	56357	48.66
1992	117171	59811	51.05	57360	48.95
1993	118517	60472	51.02	58045	48.98
1994	119850	61246	51.10	58604	48.90
1995	121121	61808	51.03	59313	48.97
1996	122389	62200	50.82	60189	49.18
1997	123626	63131	51.07	60495	48.93
1998	124761	63940	51.25	60821	48.75
1999	125786	64692	51.43	61094	48.57
2000	126743	65437	51.63	61306	48.37
2001	127627	65672	51.46	61955	48.54
2002	128453	66115	51.47	62338	48.53
2003	129227	66556	51.50	62671	48.50
2004	129988	66976	51.52	63012	48.48
2005	130756	67375	51.53	63381	48.47
2006	131448	67728	51.52	63720	48.48
2007	132129	68048	51.50	64081	48.50
2008	132802	68357	51.47	64445	48.53
2009	133450	68647	51.44	64803	48.56
2010	134091	68748	51.27	65343	48.73
2011	134916	69161	51.26	65755	48.74
2012	135922	69660	51.25	66262	48.75
2013	136726	70063	51.24	66663	48.76
2014	137646	70522	51.23	67124	48.77
2015	138326	70857	51.22	67469	48.78
2016	139232	71307	51.21	67925	48.79
2017	140011	71650	51.17	68361	48.83
2018	140541	71864	51.13	68677	48.87
2019	141008	72039	51.09	68969	48.91
2020	141212	72357	51.24	68855	48.76
2021	141260	72311	51.19	68949	48.81

1-3 人口年龄结构和抚养比
Age Composition and Dependency Ratio of Population

单位：万人，%　　　　(10 000 persons,%)

年 份 Year	全国人口(年末) Total Population (year-end)	各年龄组人口 0-14岁 Aged 0-14 人口数 Population	比重(%) Proportion	15-64岁 Aged 15-64 人口数 Population	比重(%) Proportion	65岁及以上 Aged 65 and Over 人口数 Population	比重(%) Proportion	总抚养比 Gross Dependency Ratio	少儿抚养比 Children Dependency Ratio	老年抚养比 Old Dependency Ratio
1953	58796	21331	36.3	34872	59.3	2593	4.4	68.6	61.2	7.4
1964	70499	28686	40.7	39303	55.8	2510	3.6	79.4	73.0	6.4
1982	101654	34146	33.6	62517	61.5	4991	4.9	62.6	54.6	8.0
1987	109300	31347	28.7	71985	65.9	5968	5.4	51.8	43.5	8.3
1990	114333	31659	27.7	76306	66.7	6368	5.6	49.8	41.5	8.3
1995	121121	32218	26.6	81393	67.2	7510	6.2	48.8	39.6	9.2
1996	122389	32311	26.4	82245	67.2	7833	6.4	48.8	39.3	9.5
1997	123626	32093	26.0	83448	67.5	8085	6.5	48.1	38.5	9.7
1998	124761	32064	25.7	84338	67.6	8359	6.7	47.9	38.0	9.9
1999	125786	31950	25.4	85157	67.7	8679	6.9	47.7	37.5	10.2
2000	126743	29011	22.9	88910	70.1	8821	7.0	42.6	32.6	9.9
2001	127627	28716	22.5	89849	70.4	9062	7.1	42.0	32.0	10.1
2002	128453	28774	22.4	90302	70.3	9377	7.3	42.2	31.9	10.4
2003	129227	28559	22.1	90976	70.4	9692	7.5	42.0	31.4	10.7
2004	129988	27947	21.5	92184	70.9	9857	7.6	41.0	30.3	10.7
2005	130756	26504	20.3	94197	72.0	10055	7.7	38.8	28.1	10.7
2006	131448	25961	19.8	95068	72.3	10419	7.9	38.3	27.3	11.0
2007	132129	25660	19.4	95833	72.5	10636	8.1	37.9	26.8	11.1
2008	132802	25166	19.0	96680	72.7	10956	8.3	37.4	26.0	11.3
2009	133450	24659	18.5	97484	73.0	11307	8.5	36.9	25.3	11.6
2010	134091	22259	16.6	99938	74.5	11894	8.9	34.2	22.3	11.9
2011	134916	22261	16.5	100378	74.4	12277	9.1	34.4	22.1	12.3
2012	135922	22427	16.5	100718	74.1	12777	9.4	34.9	22.2	12.7
2013	136726	22423	16.4	101041	73.9	13262	9.7	35.3	22.2	13.1
2014	137646	22712	16.5	101032	73.4	13902	10.1	36.2	22.5	13.7
2015	138326	22824	16.5	100978	73.0	14524	10.5	37.0	22.6	14.3
2016	139232	23252	16.7	100943	72.5	15037	10.8	37.9	22.9	15.0
2017	140011	23522	16.8	100528	71.8	15961	11.4	39.3	23.4	15.9
2018	140541	23751	16.9	100065	71.2	16724	11.9	40.4	23.7	16.8
2019	141008	23689	16.8	99552	70.6	17767	12.6	41.5	23.8	17.8
2020	141212	25277	17.9	96871	68.6	19064	13.5	45.9	26.2	19.7
2021	141260	24678	17.5	96526	68.3	20056	14.2	46.3	25.6	20.8

1-4 按城乡分人口数
Population by Urban and Rural Residence

单位：万人，% (10 000 persons,%)

年份 Year	总人口(年末) Total Population (year-end)	城镇 Urban		乡村 Rural	
		人口数 Population	比重 Proportion	人口数 Population	比重 Proportion
1949	54167	5765	10.64	48402	89.36
1950	55196	6169	11.18	49027	88.82
1951	56300	6632	11.78	49668	88.22
1955	61465	8285	13.48	53180	86.52
1960	66207	13073	19.75	53134	80.25
1965	72538	13045	17.98	59493	82.02
1970	82992	14424	17.38	68568	82.62
1971	85229	14711	17.26	70518	82.74
1972	87177	14935	17.13	72242	82.87
1973	89211	15345	17.20	73866	82.80
1974	90859	15595	17.16	75264	82.84
1975	92420	16030	17.34	76390	82.66
1976	93717	16341	17.44	77376	82.56
1977	94974	16669	17.55	78305	82.45
1978	96259	17245	17.92	79014	82.08
1979	97542	18495	18.96	79047	81.04
1980	98705	19140	19.39	79565	80.61
1981	100072	20171	20.16	79901	79.84
1982	101654	21480	21.13	80174	78.87
1983	103008	22274	21.62	80734	78.38
1984	104357	24017	23.01	80340	76.99
1985	105851	25094	23.71	80757	76.29
1986	107507	26366	24.52	81141	75.48
1987	109300	27674	25.32	81626	74.68
1988	111026	28661	25.81	82365	74.19
1989	112704	29540	26.21	83164	73.79
1990	114333	30195	26.41	84138	73.59
1991	115823	31203	26.94	84620	73.06
1992	117171	32175	27.46	84996	72.54

注：按城乡分人口数中现役军人全部计入城镇人口。
Note: The military personnel of Chinese People's Liberation Army are classified as urban population in the item of population by residence.

1-4 续表 continued

单位: 万人, % (10 000 persons,%)

年 份 Year	总人口(年末) Total Population (year-end)	城 镇 Urban		乡 村 Rural	
		人口数 Population	比重 Proportion	人口数 Population	比重 Proportion
1993	118517	33173	27.99	85344	72.01
1994	119850	34169	28.51	85681	71.49
1995	121121	35174	29.04	85947	70.96
1996	122389	37304	30.48	85085	69.52
1997	123626	39449	31.91	84177	68.09
1998	124761	41608	33.35	83153	66.65
1999	125786	43748	34.78	82038	65.22
2000	126743	45906	36.22	80837	63.78
2001	127627	48064	37.66	79563	62.34
2002	128453	50212	39.09	78241	60.91
2003	129227	52376	40.53	76851	59.47
2004	129988	54283	41.76	75705	58.24
2005	130756	56212	42.99	74544	57.01
2006	131448	58288	44.34	73160	55.66
2007	132129	60633	45.89	71496	54.11
2008	132802	62403	46.99	70399	53.01
2009	133450	64512	48.34	68938	51.66
2010	134091	66978	49.95	67113	50.05
2011	134916	69927	51.83	64989	48.17
2012	135922	72175	53.10	63747	46.90
2013	136726	74502	54.49	62224	45.51
2014	137646	76738	55.75	60908	44.25
2015	138326	79302	57.33	59024	42.67
2016	139232	81924	58.84	57308	41.16
2017	140011	84343	60.24	55668	39.76
2018	140541	86433	61.50	54108	38.50
2019	141008	88426	62.71	52582	37.29
2020	141212	90220	63.89	50992	36.11
2021	141260	91425	64.72	49835	35.28

1-5 分地区年末城镇人口比重
Proportion of Urban Population at Year-end by Region

单位：% (%)

地 区	Region	2005	2006	2007	2008	2009	2010	2011	2012
全 国	**National Total**	**42.99**	**44.34**	**45.89**	**46.99**	**48.34**	**49.95**	**51.83**	**53.10**
北 京	Beijing	83.62	84.33	84.50	84.90	85.00	85.96	86.20	86.29
天 津	Tianjin	75.11	75.73	76.31	77.23	78.01	79.55	80.43	81.55
河 北	Hebei	37.69	38.77	40.25	41.90	43.74	44.50	45.59	46.60
山 西	Shanxi	42.11	43.01	44.03	45.11	45.99	48.05	49.79	51.32
内蒙古	Inner Mongolia	47.20	48.64	50.15	51.71	53.40	55.50	57.04	58.42
辽 宁	Liaoning	58.70	58.99	59.20	60.05	60.35	62.10	64.05	65.65
吉 林	Jilin	52.52	52.97	53.16	53.21	53.32	53.35	53.40	54.54
黑龙江	Heilongjiang	53.10	53.50	53.90	55.40	55.50	55.66	56.49	56.88
上 海	Shanghai	89.09	88.70	88.70	88.60	88.60	89.30	89.30	89.30
江 苏	Jiangsu	50.50	51.90	53.20	54.30	55.60	60.58	62.01	63.01
浙 江	Zhejiang	56.02	56.50	57.20	57.60	57.90	61.62	62.29	62.91
安 徽	Anhui	35.50	37.10	38.70	40.50	42.10	43.01	44.80	46.30
福 建	Fujian	49.40	50.40	51.40	53.00	55.10	57.10	58.11	59.32
江 西	Jiangxi	37.00	38.68	39.80	41.36	43.18	44.06	45.75	47.39
山 东	Shandong	45.00	46.10	46.75	47.60	48.32	49.70	50.86	52.03
河 南	Henan	30.65	32.47	34.34	36.03	37.70	38.50	40.47	41.99
湖 北	Hubei	43.20	43.80	44.30	45.20	46.00	49.70	51.78	53.23
湖 南	Hunan	37.00	38.71	40.45	42.15	43.20	43.30	44.97	46.22
广 东	Guangdong	60.68	63.00	63.14	63.37	63.40	66.18	66.57	67.15
广 西	Guangxi	33.62	34.64	36.24	38.16	39.20	40.00	41.90	43.48
海 南	Hainan	45.20	46.10	47.20	48.00	49.13	49.80	50.34	51.02
重 庆	Chongqing	45.20	46.70	48.30	49.99	51.59	53.02	54.98	56.64
四 川	Sichuan	33.00	34.30	35.60	37.40	38.70	40.18	41.85	43.35
贵 州	Guizhou	26.87	27.46	28.24	29.11	29.89	33.81	35.03	36.30
云 南	Yunnan	29.50	30.50	31.60	33.00	34.00	34.70	36.57	38.47
西 藏	Tibet	20.85	21.13	21.50	21.90	22.30	22.67	22.81	22.87
陕 西	Shaanxi	37.23	39.12	40.62	42.10	43.50	45.76	47.35	49.71
甘 肃	Gansu	30.02	31.09	32.25	33.56	34.89	36.12	37.25	38.78
青 海	Qinghai	39.25	39.26	40.07	40.86	41.90	44.72	46.53	47.85
宁 夏	Ningxia	42.28	43.00	44.02	44.98	46.10	47.90	50.20	51.15
新 疆	Xinjiang	37.15	37.94	39.15	39.64	39.85	43.01	43.73	44.22

注：2010、2020年数据为当年人口普查数据推算数；其余年份数据为年度人口抽样调查推算数据，部分省份2005-2009年数据根据2010年普查数据进行了修订。

Note: Data of 2010 and 2020 are the census year estimates; the rest are the estimates from the annual national sample survey of population. Data of some provinces from 2005 to 2009 have been revised according to the Sixth National Population Census in 2010.

1-5 续表 continued

单位：% (%)

地 区	Region	2013	2014	2015	2016	2017	2018	2019	2020	2021
全 国	**National Total**	**54.49**	**55.75**	**57.33**	**58.84**	**60.24**	**61.50**	**62.71**	**63.89**	**64.72**
北 京	Beijing	86.39	86.50	86.71	86.76	86.93	87.09	87.35	87.55	87.50
天 津	Tianjin	82.29	82.55	82.88	83.27	83.57	83.95	84.31	84.70	84.88
河 北	Hebei	48.02	49.36	51.67	53.87	55.74	57.33	58.77	60.07	61.14
山 西	Shanxi	52.88	54.30	55.87	57.27	58.59	59.85	61.29	62.53	63.42
内蒙古	Inner Mongolia	59.82	60.97	62.09	63.40	64.60	65.51	66.46	67.48	68.21
辽 宁	Liaoning	66.45	67.05	68.05	68.87	69.49	70.26	71.21	72.14	72.81
吉 林	Jilin	55.74	56.81	57.64	58.75	59.71	60.85	61.63	62.64	63.36
黑龙江	Heilongjiang	58.04	59.22	60.47	61.09	61.90	63.46	64.62	65.61	65.69
上 海	Shanghai	89.60	89.30	88.53	89.00	89.10	89.13	89.22	89.30	89.30
江 苏	Jiangsu	64.39	65.70	67.49	68.93	70.18	71.19	72.47	73.44	73.94
浙 江	Zhejiang	63.94	64.96	66.32	67.72	68.91	70.02	71.58	72.17	72.66
安 徽	Anhui	47.87	49.31	50.97	52.62	54.29	55.65	57.02	58.33	59.39
福 建	Fujian	60.80	61.99	63.22	64.39	65.78	66.98	67.87	68.75	69.70
江 西	Jiangxi	49.04	50.55	52.30	53.99	55.70	57.34	59.07	60.44	61.46
山 东	Shandong	53.46	54.77	56.97	59.13	60.79	61.46	61.86	63.05	63.94
河 南	Henan	43.60	45.05	47.02	48.78	50.56	52.24	54.01	55.43	56.45
湖 北	Hubei	54.51	55.73	57.18	58.57	59.88	61.00	61.83	62.89	64.09
湖 南	Hunan	47.63	48.98	50.79	52.70	54.62	56.09	57.45	58.76	59.71
广 东	Guangdong	68.09	68.62	69.51	70.15	70.74	71.81	72.65	74.15	74.63
广 西	Guangxi	45.11	46.54	47.99	49.24	50.59	51.82	52.98	54.20	55.08
海 南	Hainan	52.28	53.30	54.91	56.70	58.04	59.13	59.37	60.27	60.97
重 庆	Chongqing	58.29	59.74	61.47	63.33	65.00	66.61	68.24	69.46	70.32
四 川	Sichuan	44.96	46.51	48.27	50.00	51.78	53.50	55.36	56.73	57.82
贵 州	Guizhou	37.89	40.24	42.96	45.56	47.76	49.54	51.48	53.15	54.33
云 南	Yunnan	39.99	41.21	42.93	44.64	46.29	47.44	48.67	50.05	51.05
西 藏	Tibet	23.93	26.23	28.87	31.57	33.38	33.80	34.51	35.73	36.61
陕 西	Shaanxi	51.57	53.01	54.74	56.39	58.07	59.65	61.28	62.66	63.63
甘 肃	Gansu	40.50	42.28	44.24	46.07	48.12	49.69	50.70	52.23	53.33
青 海	Qinghai	49.29	50.84	51.67	53.55	55.45	57.27	58.78	60.08	61.02
宁 夏	Ningxia	52.84	54.82	56.98	58.74	60.95	62.15	63.63	64.96	66.04
新 疆	Xinjiang	44.94	46.79	48.78	50.42	51.90	54.01	55.51	56.53	57.26

1-6 人口出生率、死亡率和自然增长率
Birth Rate, Death Rate and Natural Growth Rate of Population

单位：‰ (‰)

年 份 Year	出生率 Birth Rate	死亡率 Death Rate	自然增长率 Natural Growth Rate
1978	18.25	6.25	12.00
1979	17.82	6.21	11.61
1980	18.21	6.34	11.87
1981	20.91	6.36	14.55
1982	22.28	6.60	15.68
1983	20.19	6.90	13.29
1984	19.90	6.82	13.08
1985	21.04	6.78	14.26
1986	22.43	6.86	15.57
1987	23.33	6.72	16.61
1988	22.37	6.64	15.73
1989	21.58	6.54	15.04
1990	21.06	6.67	14.39
1991	19.68	6.70	12.98
1992	18.24	6.64	11.60
1993	18.09	6.64	11.45
1994	17.70	6.49	11.21
1995	17.12	6.57	10.55
1996	16.98	6.56	10.42
1997	16.57	6.51	10.06
1998	15.64	6.50	9.14
1999	14.64	6.46	8.18
2000	14.03	6.45	7.58
2001	13.38	6.43	6.95
2002	12.86	6.41	6.45
2003	12.41	6.40	6.01
2004	12.29	6.42	5.87
2005	12.40	6.51	5.89
2006	12.09	6.81	5.28
2007	12.10	6.93	5.17
2008	12.14	7.06	5.08
2009	11.95	7.08	4.87
2010	11.90	7.11	4.79
2011	13.27	7.14	6.13
2012	14.57	7.13	7.43
2013	13.03	7.13	5.90
2014	13.83	7.12	6.71
2015	11.99	7.07	4.93
2016	13.57	7.04	6.53
2017	12.64	7.06	5.58
2018	10.86	7.08	3.78
2019	10.41	7.09	3.32
2020	8.52	7.07	1.45
2021	7.52	7.18	0.34

1-7 各地区人口出生率、死亡率和自然增长率
Birth Rate, Death Rate and Natural Growth Rate of Population by Region

单位：‰ (‰)

地区	Region	1990 出生率 Birth Rate	1990 死亡率 Death Rate	1990 自然增长率 Natural Growth Rate	1991 出生率 Birth Rate	1991 死亡率 Death Rate	1991 自然增长率 Natural Growth Rate	1992 出生率 Birth Rate	1992 死亡率 Death Rate	1992 自然增长率 Natural Growth Rate
全　国	**National Total**	**21.06**	**6.67**	**14.39**	**19.68**	**6.70**	**12.98**	**18.24**	**6.64**	**11.60**
北　京	Beijing	13.01	5.81	7.20	8.03	5.82	2.21	9.22	6.11	3.11
天　津	Tianjin	15.61	5.78	9.83	11.94	5.78	6.16	12.50	6.00	6.50
河　北	Hebei	20.46	6.82	13.64	16.59	6.75	9.84	15.33	6.43	8.90
山　西	Shanxi	22.54	6.56	15.98	21.56	6.87	14.69	19.59	6.94	12.65
内蒙古	Inner Mongolia	21.19	7.21	13.98	16.77	6.97	9.80	17.07	6.73	10.34
辽　宁	Liaoning	16.30	6.59	9.71	12.10	6.64	5.46	12.57	6.11	6.46
吉　林	Jilin	19.49	6.56	12.93	17.09	6.84	10.25	15.74	6.57	9.17
黑龙江	Heilongjiang	18.11	6.35	11.76	15.89	5.70	10.19	16.25	6.12	10.13
上　海	Shanghai	10.31	6.64	3.67	7.68	7.01	0.67	7.28	6.74	0.54
江　苏	Jiangsu	20.54	6.53	14.01	17.05	6.50	10.55	15.71	6.76	8.95
浙　江	Zhejiang	15.33	6.31	9.02	14.48	6.39	8.09	14.72	6.57	8.15
安　徽	Anhui	24.47	6.25	18.22	21.19	6.06	15.13	18.76	6.14	12.62
福　建	Fujian	24.44	6.71	17.73	20.03	6.26	13.77	18.18	6.02	12.16
江　西	Jiangxi	24.59	7.54	17.05	21.20	7.13	14.07	19.53	7.07	12.46
山　东	Shandong	18.21	6.96	11.25	15.40	6.54	8.86	11.43	6.88	4.55
河　南	Henan	24.92	6.52	18.40	19.78	6.63	13.15	18.13	6.99	11.14
湖　北	Hubei	21.60	7.30	14.30	20.70	7.36	13.34	19.05	6.87	12.18
湖　南	Hunan	23.93	7.23	16.70	20.50	7.30	13.20	16.70	7.30	9.40
广　东	Guangdong	22.26	5.76	16.50	20.54	5.95	14.59	19.31	6.17	13.14
广　西	Guangxi	20.20	6.60	13.60	21.89	7.24	14.65	20.19	7.28	12.91
海　南	Hainan	24.86	6.26	18.60	22.97	5.97	17.00	21.31	6.07	15.24
重　庆	Chongqing									
四　川	Sichuan	19.11	7.66	11.45	15.82	7.29	8.53	16.27	7.03	9.24
贵　州	Guizhou	23.09	7.90	15.19	22.42	8.11	14.31	22.40	8.52	13.88
云　南	Yunnan	23.60	7.92	15.68	21.80	8.10	13.70	21.00	8.00	13.00
西　藏	Tibet	23.98	7.55	16.43	23.53	7.40	16.13	23.63	8.09	15.54
陕　西	Shaanxi	23.48	6.52	16.96	19.82	6.51	13.31	18.85	6.57	12.28
甘　肃	Gansu	20.68	6.20	14.48	19.38	6.05	13.33	19.37	6.64	12.73
青　海	Qinghai	24.34	7.47	16.87	23.37	8.35	15.02	22.54	8.14	14.40
宁　夏	Ningxia	24.34	5.52	18.82	21.96	5.13	16.83	20.11	5.36	14.75
新　疆	Xinjiang	26.44	7.82	18.62	24.45	7.86	16.59	22.80	7.84	14.96

1-7 续表 1 continued

单位：‰ (‰)

地 区 Region	1993			1994			1995		
	出生率 Birth Rate	死亡率 Death Rate	自然增长率 Natural Growth Rate	出生率 Birth Rate	死亡率 Death Rate	自然增长率 Natural Growth Rate	出生率 Birth Rate	死亡率 Death Rate	自然增长率 Natural Growth Rate
全 国 National Total	**18.09**	**6.64**	**11.45**	**17.70**	**6.49**	**11.21**	**17.12**	**6.57**	**10.55**
北 京 Beijing	9.35	6.16	3.19	8.96	5.76	3.20	7.92	5.12	2.80
天 津 Tianjin	10.71	6.20	4.51	10.98	6.19	4.79	10.23	6.23	4.00
河 北 Hebei	15.43	6.11	9.32	14.93	6.50	8.43	13.93	6.32	7.61
山 西 Shanxi	17.48	6.36	11.12	17.46	6.70	10.76	16.60	6.12	10.48
内蒙古 Inner Mongolia	18.48	6.83	11.65	18.98	6.50	12.48	17.23	6.70	10.53
辽 宁 Liaoning	12.43	6.11	6.32	12.26	6.03	6.23	12.17	6.15	6.02
吉 林 Jilin	15.28	6.31	8.97	14.11	6.35	7.76	12.90	6.09	6.81
黑龙江 Heilongjiang	15.90	5.52	10.38	15.15	5.47	9.68	13.23	5.33	7.90
上 海 Shanghai	6.50	7.30	-0.80	5.80	7.00	-1.20	5.75	7.05	-1.30
江 苏 Jiangsu	13.97	6.61	7.36	13.78	6.86	6.92	12.32	6.56	5.76
浙 江 Zhejiang	13.61	6.58	7.03	13.24	6.60	6.64	12.66	6.75	5.91
安 徽 Anhui	17.18	6.51	10.67	16.70	6.86	9.84	16.07	6.41	9.66
福 建 Fujian	16.72	5.62	11.10	16.24	5.95	10.29	15.20	5.90	9.30
江 西 Jiangxi	20.33	6.89	13.44	19.38	7.00	12.38	18.94	7.28	11.66
山 东 Shandong	10.47	6.76	3.71	9.69	6.67	3.02	9.82	6.47	3.35
河 南 Henan	15.87	6.35	9.52	15.36	6.34	9.02	14.41	6.28	8.13
湖 北 Hubei	20.04	6.93	13.11	18.17	6.68	11.49	16.18	6.91	9.27
湖 南 Hunan	14.08	7.13	6.95	13.88	7.03	6.85	13.02	7.15	5.87
广 东 Guangdong	18.34	5.84	12.50	18.20	5.78	12.42	18.10	5.70	12.40
广 西 Guangxi	19.58	6.35	13.23	18.84	6.60	12.24	17.54	6.53	11.01
海 南 Hainan	20.81	5.26	15.55	20.77	6.29	14.48	20.12	5.61	14.51
重 庆 Chongqing									
四 川 Sichuan	16.77	7.21	9.56	16.93	6.99	9.94	17.08	7.21	9.87
贵 州 Guizhou	22.60	8.50	14.10	22.92	8.14	14.78	21.86	7.60	14.26
云 南 Yunnan	22.00	8.10	13.90	21.80	8.00	13.80	20.75	8.03	12.72
西 藏 Tibet	26.68	7.60	19.08	25.64	8.71	16.93	24.90	8.80	16.10
陕 西 Shaanxi	17.63	6.55	11.08	17.59	6.60	10.99	15.93	6.57	9.36
甘 肃 Gansu	20.16	6.84	13.32	20.82	6.84	13.98	20.65	6.49	14.16
青 海 Qinghai	20.50	8.26	12.24	22.06	6.82	15.24	22.01	6.89	15.12
宁 夏 Ningxia	19.43	5.36	14.07	19.67	6.02	13.65	19.28	5.49	13.79
新 疆 Xinjiang	21.53	7.68	13.85	20.82	7.43	13.39	18.90	6.45	12.45

1-7 续表 2 continued

单位：‰ (‰)

地 区	Region	1996 出生率 Birth Rate	1996 死亡率 Death Rate	1996 自然增长率 Natural Growth Rate	1997 出生率 Birth Rate	1997 死亡率 Death Rate	1997 自然增长率 Natural Growth Rate	1998 出生率 Birth Rate	1998 死亡率 Death Rate	1998 自然增长率 Natural Growth Rate
全 国	**National Total**	**16.98**	**6.56**	**10.42**	**16.57**	**6.51**	**10.06**	**15.64**	**6.50**	**9.14**
北 京	Beijing	8.02	5.34	2.68	7.91	6.02	1.89	6.00	5.30	0.70
天 津	Tianjin	10.09	6.53	3.56	9.98	6.95	3.03	9.89	6.49	3.40
河 北	Hebei	13.85	6.55	7.30	13.11	6.82	6.29	13.01	6.18	6.83
山 西	Shanxi	16.59	6.25	10.34	16.18	6.06	10.12	16.09	6.17	9.92
内蒙古	Inner Mongolia	16.09	6.43	9.66	15.21	6.96	8.25	14.40	6.17	8.23
辽 宁	Liaoning	12.15	6.19	5.96	11.78	6.38	5.40	11.39	6.81	4.58
吉 林	Jilin	12.53	5.60	6.93	12.22	5.42	6.80	11.81	5.76	6.05
黑龙江	Heilongjiang	12.40	5.05	7.35	12.02	5.17	6.85	11.68	5.32	6.36
上 海	Shanghai	5.60	7.00	-1.40	5.50	6.80	-1.30	5.20	7.00	-1.80
江 苏	Jiangsu	12.11	6.58	5.53	11.43	6.84	4.59	10.97	6.84	4.13
浙 江	Zhejiang	12.09	6.58	5.51	11.41	6.48	4.93	11.15	6.33	4.82
安 徽	Anhui	16.00	6.50	9.50	15.80	6.50	9.30	15.74	6.54	9.20
福 建	Fujian	13.22	5.94	7.28	12.41	6.09	6.32	11.53	6.20	5.33
江 西	Jiangxi	17.53	7.02	10.51	17.43	6.56	10.87	16.85	7.05	9.80
山 东	Shandong	10.60	6.76	3.84	11.28	6.65	4.63	11.58	6.12	5.46
河 南	Henan	14.28	6.44	7.84	13.97	6.30	7.67	14.17	6.37	7.80
湖 北	Hubei	16.08	6.93	9.15	14.81	6.69	8.12	12.58	6.70	5.88
湖 南	Hunan	12.81	7.20	5.61	12.59	6.99	5.60	12.31	7.10	5.21
广 东	Guangdong	18.05	6.09	11.96	16.90	5.40	11.50	16.51	5.61	10.90
广 西	Guangxi	16.83	6.82	10.01	15.93	6.40	9.53	15.87	6.86	9.01
海 南	Hainan	20.08	5.88	14.20	19.18	5.62	13.56	18.48	5.56	12.92
重 庆	Chongqing				13.60	7.36	6.24	13.19	7.68	5.51
四 川	Sichuan	16.68	7.35	9.33	15.75	7.00	8.75	14.62	7.14	7.48
贵 州	Guizhou	22.05	7.69	14.36	22.15	7.67	14.48	22.02	7.76	14.26
云 南	Yunnan	20.87	7.94	12.93	20.82	7.91	12.91	20.01	7.91	12.10
西 藏	Tibet	24.70	8.50	16.20	23.90	7.90	16.00	23.70	7.80	15.90
陕 西	Shaanxi	14.99	6.51	8.48	13.91	6.29	7.62	13.56	6.43	7.13
甘 肃	Gansu	18.43	6.64	11.79	17.22	6.20	11.02	16.45	6.41	10.04
青 海	Qinghai	21.89	7.20	14.69	21.80	6.95	14.85	21.26	6.78	14.48
宁 夏	Ningxia	19.03	5.25	13.78	18.90	5.43	13.47	18.19	5.11	13.08
新 疆	Xinjiang	19.45	6.60	12.85	19.66	6.55	13.11	19.74	6.93	12.81

1-7 续表 3 continued

单位：‰ (‰)

地 区	Region	1999 出生率 Birth Rate	1999 死亡率 Death Rate	1999 自然增长率 Natural Growth Rate	2001 出生率 Birth Rate	2001 死亡率 Death Rate	2001 自然增长率 Natural Growth Rate	2002 出生率 Birth Rate	2002 死亡率 Death Rate	2002 自然增长率 Natural Growth Rate
全 国	**National Total**	**14.64**	**6.46**	**8.18**	**13.38**	**6.43**	**6.95**	**12.86**	**6.41**	**6.45**
北 京	Beijing	6.50	5.60	0.90	6.10	5.30	0.80	6.60	5.70	0.90
天 津	Tianjin	9.68	6.73	2.95	7.58	5.94	1.64	7.49	6.04	1.45
河 北	Hebei	12.99	6.26	6.73	11.16	6.18	4.98	11.53	6.25	5.28
山 西	Shanxi	15.93	6.07	9.86	13.06	5.90	7.16	12.86	6.14	6.72
内蒙古	Inner Mongolia	13.32	6.08	7.24	10.77	5.79	4.98	9.60	5.92	3.68
辽 宁	Liaoning	10.38	7.05	3.33	7.74	6.10	1.64	7.38	6.04	1.34
吉 林	Jilin	10.68	5.45	5.23	8.76	5.38	3.38	8.30	5.11	3.19
黑龙江	Heilongjiang	10.55	5.49	5.06	8.48	5.49	2.99	7.98	5.44	2.54
上 海	Shanghai	5.40	6.50	-1.10	5.02	5.97	-0.95	5.41	5.95	-0.54
江 苏	Jiangsu	10.50	6.94	3.56	9.03	6.62	2.41	9.17	6.99	2.18
浙 江	Zhejiang	10.64	6.35	4.29	10.02	6.25	3.77	9.98	6.19	3.79
安 徽	Anhui	15.10	6.50	8.60	12.46	5.85	6.61	11.20	5.17	6.03
福 建	Fujian	11.06	5.85	5.21	11.56	5.52	6.04	11.35	5.57	5.78
江 西	Jiangxi	16.51	7.02	9.49	15.44	6.06	9.38	14.74	6.02	8.72
山 东	Shandong	11.08	6.27	4.81	11.12	6.24	4.88	11.17	6.62	4.55
河 南	Henan	14.07	6.35	7.72	13.20	6.26	6.94	12.41	6.38	6.03
湖 北	Hubei	11.57	6.37	5.20	8.51	6.07	2.44	8.38	6.17	2.21
湖 南	Hunan	11.72	7.12	4.60	11.80	6.72	5.08	11.56	6.70	4.86
广 东	Guangdong	15.32	5.40	9.92	13.95	5.12	8.83	13.29	5.08	8.21
广 西	Guangxi	14.96	6.93	8.03	13.80	6.07	7.73	13.30	6.30	7.00
海 南	Hainan	17.26	5.23	12.03	15.23	5.76	9.47	15.20	5.72	9.48
重 庆	Chongqing	11.90	6.94	4.96	9.70	6.90	2.80	9.36	6.08	3.28
四 川	Sichuan	13.80	7.02	6.78	11.16	6.79	4.37	10.44	6.55	3.89
贵 州	Guizhou	21.92	7.68	14.24	18.56	7.23	11.33	17.96	7.21	10.75
云 南	Yunnan	19.48	7.82	11.66	18.51	7.57	10.94	17.90	7.30	10.60
西 藏	Tibet	23.20	7.40	15.80	18.60	6.50	12.10	18.83	6.07	12.76
陕 西	Shaanxi	12.51	6.38	6.13	10.50	6.34	4.16	10.48	6.36	4.12
甘 肃	Gansu	15.61	6.44	9.17	13.58	6.43	7.15	13.16	6.45	6.71
青 海	Qinghai	20.68	6.78	13.90	19.06	6.44	12.62	18.05	6.35	11.70
宁 夏	Ningxia	17.97	5.65	12.32	16.55	4.84	11.71	16.42	4.86	11.56
新 疆	Xinjiang	18.76	6.96	11.80	16.82	5.69	11.13	16.30	5.43	10.87

1-7 续表 4 continued

单位：‰ (‰)

地区 Region	2003			2004			2005		
	出生率 Birth Rate	死亡率 Death Rate	自然增长率 Natural Growth Rate	出生率 Birth Rate	死亡率 Death Rate	自然增长率 Natural Growth Rate	出生率 Birth Rate	死亡率 Death Rate	自然增长率 Natural Growth Rate
全　国 National Total	**12.41**	**6.40**	**6.01**	**12.29**	**6.42**	**5.87**	**12.40**	**6.51**	**5.89**
北　京 Beijing	5.10	5.20	-0.10	6.10	5.40	0.70	6.29	5.20	1.09
天　津 Tianjin	7.14	6.04	1.10	7.31	5.97	1.34	7.44	6.01	1.43
河　北 Hebei	11.43	6.27	5.16	11.98	6.19	5.79	12.84	6.75	6.09
山　西 Shanxi	12.26	6.04	6.22	12.36	6.11	6.25	12.02	6.00	6.02
内蒙古 Inner Mongolia	9.24	6.17	3.07	9.53	5.98	3.55	10.08	5.46	4.62
辽　宁 Liaoning	6.90	5.83	1.07	6.51	5.60	0.91	7.01	6.04	0.97
吉　林 Jilin	7.25	5.64	1.61	7.39	5.63	1.76	7.89	5.32	2.57
黑龙江 Heilongjiang	7.48	5.45	2.03	7.27	5.45	1.82	7.87	5.20	2.67
上　海 Shanghai	4.85	6.20	-1.35	6.00	6.00	0.00	7.04	6.08	0.96
江　苏 Jiangsu	9.04	7.03	2.01	9.45	7.20	2.25	9.24	7.03	2.21
浙　江 Zhejiang	9.66	6.38	3.28	10.71	5.76	4.95	11.10	6.08	5.02
安　徽 Anhui	11.15	5.20	5.95	11.62	5.50	6.12	12.43	6.23	6.20
福　建 Fujian	11.43	5.58	5.85	11.58	5.62	5.96	11.60	5.62	5.98
江　西 Jiangxi	14.07	5.98	8.09	13.61	5.99	7.62	13.79	5.96	7.83
山　东 Shandong	11.42	6.64	4.78	12.50	6.49	6.01	12.14	6.31	5.83
河　南 Henan	12.10	6.46	5.64	11.67	6.47	5.20	11.55	6.30	5.25
湖　北 Hubei	8.26	5.94	2.32	8.43	6.03	2.40	8.74	5.69	3.05
湖　南 Hunan	11.82	6.87	4.95	11.89	6.80	5.09	11.90	6.75	5.15
广　东 Guangdong	13.66	5.31	8.35	13.13	5.12	8.01	11.70	4.68	7.02
广　西 Guangxi	13.86	6.57	7.29	13.32	6.12	7.20	14.26	6.09	8.16
海　南 Hainan	14.68	5.52	9.16	14.77	5.79	8.98	14.65	5.72	8.93
重　庆 Chongqing	9.89	7.20	2.69	9.45	6.60	2.85	9.40	6.40	3.00
四　川 Sichuan	9.18	6.06	3.12	9.05	6.27	2.78	9.70	6.80	2.90
贵　州 Guizhou	15.91	6.87	9.04	15.08	6.35	8.73	14.59	7.21	7.38
云　南 Yunnan	17.00	7.20	9.80	15.60	6.60	9.00	14.72	6.75	7.97
西　藏 Tibet	17.40	6.30	11.10	17.40	6.20	11.20	17.94	7.15	10.79
陕　西 Shaanxi	10.67	6.38	4.29	10.59	6.33	4.26	10.02	6.01	4.01
甘　肃 Gansu	12.58	6.46	6.12	12.43	6.52	5.91	12.59	6.57	6.02
青　海 Qinghai	16.94	6.09	10.85	16.32	6.45	9.87	15.70	6.21	9.49
宁　夏 Ningxia	15.68	4.73	10.95	15.97	4.79	11.18	15.93	4.95	10.98
新　疆 Xinjiang	16.01	5.23	10.78	16.00	5.09	10.91	16.42	5.04	11.38

1-7 续表 5 continued

单位：‰ (‰)

地 区	Region	2006 出生率 Birth Rate	2006 死亡率 Death Rate	2006 自然增长率 Natural Growth Rate	2007 出生率 Birth Rate	2007 死亡率 Death Rate	2007 自然增长率 Natural Growth Rate	2008 出生率 Birth Rate	2008 死亡率 Death Rate	2008 自然增长率 Natural Growth Rate
全 国	**National Total**	**12.09**	**6.81**	**5.28**	**12.10**	**6.93**	**5.17**	**12.14**	**7.06**	**5.08**
北 京	Beijing	6.26	4.97	1.29	8.32	4.92	3.40	8.17	4.75	3.42
天 津	Tianjin	7.67	6.07	1.60	7.91	5.86	2.05	8.13	5.94	2.19
河 北	Hebei	12.82	6.59	6.23	13.33	6.78	6.55	13.04	6.49	6.55
山 西	Shanxi	11.48	5.73	5.75	11.30	5.97	5.33	11.31	6.01	5.31
内蒙古	Inner Mongolia	9.87	5.91	3.96	10.21	5.73	4.48	9.81	5.54	4.27
辽 宁	Liaoning	6.40	5.30	1.10	6.89	5.36	1.53	6.32	5.22	1.10
吉 林	Jilin	7.67	5.00	2.67	7.55	5.05	2.50	6.65	5.04	1.61
黑龙江	Heilongjiang	7.57	5.18	2.39	7.88	5.39	2.49	7.91	5.68	2.23
上 海	Shanghai	7.47	5.89	1.58	9.07	6.03	3.04	8.89	6.17	2.72
江 苏	Jiangsu	9.36	7.08	2.28	9.37	7.07	2.30	9.34	7.04	2.30
浙 江	Zhejiang	10.29	5.42	4.87	10.38	5.57	4.81	10.20	5.62	4.58
安 徽	Anhui	12.60	6.30	6.30	12.75	6.40	6.35	13.05	6.60	6.45
福 建	Fujian	12.00	5.75	6.25	11.90	5.90	6.00	12.20	5.90	6.30
江 西	Jiangxi	13.80	6.01	7.79	13.86	5.99	7.87	13.92	6.01	7.91
山 东	Shandong	11.60	6.10	5.50	11.11	6.11	5.00	11.25	6.16	5.09
河 南	Henan	11.59	6.27	5.32	11.26	6.32	4.94	11.42	6.45	4.97
湖 北	Hubei	9.08	5.95	3.13	9.19	5.96	3.23	9.21	6.50	2.71
湖 南	Hunan	11.92	6.73	5.19	11.96	6.71	5.25	12.68	7.28	5.40
广 东	Guangdong	11.78	4.49	7.29	11.96	4.66	7.30	11.80	4.55	7.25
广 西	Guangxi	14.44	6.10	8.34	14.19	5.99	8.20	14.40	5.70	8.70
海 南	Hainan	14.59	5.73	8.86	14.62	5.71	8.91	14.71	5.72	8.99
重 庆	Chongqing	9.90	6.50	3.40	10.10	6.30	3.80	10.10	6.30	3.80
四 川	Sichuan	9.14	6.28	2.86	9.21	6.29	2.92	9.54	7.15	2.39
贵 州	Guizhou	13.97	6.71	7.26	13.28	6.60	6.68	13.49	6.77	6.72
云 南	Yunnan	13.20	6.30	6.90	13.08	6.22	6.86	12.63	6.31	6.32
西 藏	Tibet	17.40	5.70	11.70	16.40	5.10	11.30	15.50	5.20	10.30
陕 西	Shaanxi	10.19	6.15	4.04	10.21	6.16	4.05	10.29	6.21	4.08
甘 肃	Gansu	12.86	6.62	6.24	13.14	6.65	6.49	13.22	6.68	6.54
青 海	Qinghai	15.24	6.27	8.97	14.93	6.13	8.80	14.49	6.14	8.35
宁 夏	Ningxia	15.53	4.84	10.69	14.80	5.04	9.76	14.31	4.62	9.69
新 疆	Xinjiang	15.79	5.03	10.76	16.79	5.01	11.78	16.05	4.88	11.17

1-7 续表 6 continued

单位：‰ (‰)

地 区	Region	2009 出生率 Birth Rate	2009 死亡率 Death Rate	2009 自然增长率 Natural Growth Rate	2010 出生率 Birth Rate	2010 死亡率 Death Rate	2010 自然增长率 Natural Growth Rate	2011 出生率 Birth Rate	2011 死亡率 Death Rate	2011 自然增长率 Natural Growth Rate
全 国	**National Total**	**11.95**	**7.08**	**4.87**	**11.90**	**7.11**	**4.79**	**13.27**	**7.14**	**6.13**
北 京	Beijing	8.06	4.56	3.50	7.48	4.41	3.07	8.29	4.27	4.02
天 津	Tianjin	8.30	5.70	2.60	8.18	5.58	2.60	8.58	6.08	2.50
河 北	Hebei	12.93	6.43	6.50	13.22	6.41	6.81	13.02	6.52	6.50
山 西	Shanxi	10.87	5.98	4.89	10.68	5.38	5.30	10.47	5.61	4.86
内蒙古	Inner Mongolia	9.57	5.61	3.96	9.30	5.54	3.76	8.94	5.43	3.51
辽 宁	Liaoning	6.06	5.09	0.97	6.68	6.26	0.42	5.71	6.05	-0.34
吉 林	Jilin	6.69	4.74	1.95	7.91	5.88	2.03	6.53	5.51	1.02
黑龙江	Heilongjiang	7.48	5.42	2.06	7.35	5.03	2.32	6.99	5.92	1.07
上 海	Shanghai	8.64	5.94	2.70	7.05	5.07	1.98	6.97	5.10	1.87
江 苏	Jiangsu	9.55	6.99	2.56	9.73	6.88	2.85	9.59	6.98	2.61
浙 江	Zhejiang	10.22	5.59	4.63	10.27	5.54	4.73	9.47	5.40	4.07
安 徽	Anhui	13.07	6.60	6.47	12.70	5.95	6.75	12.23	5.91	6.32
福 建	Fujian	12.20	6.00	6.20	11.27	5.16	6.11	11.41	5.20	6.21
江 西	Jiangxi	13.87	5.98	7.89	13.72	6.06	7.66	13.48	5.98	7.50
山 东	Shandong	11.70	6.08	5.62	11.65	6.26	5.39	11.50	6.40	5.10
河 南	Henan	11.45	6.46	4.99	11.52	6.57	4.95	11.56	6.62	4.94
湖 北	Hubei	9.48	6.00	3.48	10.36	6.02	4.34	10.39	6.01	4.38
湖 南	Hunan	13.05	6.94	6.11	13.10	6.70	6.40	14.44	7.36	7.08
广 东	Guangdong	11.78	4.52	7.26	11.18	4.21	6.97	10.45	4.35	6.10
广 西	Guangxi	14.17	5.64	8.53	14.13	5.48	8.65	13.71	6.04	7.67
海 南	Hainan	14.66	5.70	8.96	14.71	5.73	8.98	14.72	5.75	8.97
重 庆	Chongqing	9.90	6.20	3.70	9.17	6.40	2.77	9.88	6.71	3.17
四 川	Sichuan	9.15	6.43	2.72	8.93	6.62	2.31	9.79	6.81	2.98
贵 州	Guizhou	13.65	6.69	6.96	13.96	6.55	7.41	13.31	6.93	6.38
云 南	Yunnan	12.53	6.45	6.08	13.10	6.56	6.54	12.71	6.36	6.35
西 藏	Tibet	15.31	5.07	10.24	15.80	5.55	10.25	15.39	5.13	10.26
陕 西	Shaanxi	10.24	6.24	4.00	9.73	6.01	3.72	9.75	6.06	3.69
甘 肃	Gansu	13.32	6.71	6.61	12.05	6.02	6.03	12.08	6.03	6.05
青 海	Qinghai	14.51	6.19	8.32	14.94	6.31	8.63	14.43	6.12	8.31
宁 夏	Ningxia	14.38	4.70	9.68	14.14	5.10	9.04	13.65	4.68	8.97
新 疆	Xinjiang	15.99	5.43	10.56	14.85	4.14	10.71	14.99	4.42	10.57

1-7 续表 7 continued

单位：‰ (‰)

地区 Region	2012 出生率 Birth Rate	2012 死亡率 Death Rate	2012 自然增长率 Natural Growth Rate	2013 出生率 Birth Rate	2013 死亡率 Death Rate	2013 自然增长率 Natural Growth Rate	2014 出生率 Birth Rate	2014 死亡率 Death Rate	2014 自然增长率 Natural Growth Rate
全 国 National Total	**14.57**	**7.13**	**7.43**	**13.03**	**7.13**	**5.90**	**13.83**	**7.12**	**6.71**
北 京 Beijing	9.05	4.31	4.74	8.93	4.52	4.41	9.75	4.92	4.83
天 津 Tianjin	8.75	6.12	2.63	8.28	6.00	2.28	8.19	6.05	2.14
河 北 Hebei	12.88	6.41	6.47	13.04	6.87	6.17	13.18	6.23	6.95
山 西 Shanxi	10.70	5.83	4.87	10.81	5.57	5.24	10.92	5.93	4.99
内蒙古 Inner Mongolia	9.17	5.52	3.65	8.98	5.62	3.36	9.31	5.75	3.56
辽 宁 Liaoning	6.15	6.54	-0.39	6.09	6.12	-0.03	6.49	6.23	0.26
吉 林 Jilin	5.73	5.37	0.36	5.36	5.04	0.32	6.62	6.22	0.40
黑龙江 Heilongjiang	7.30	6.03	1.27	6.86	6.08	0.78	7.37	6.46	0.91
上 海 Shanghai	9.56	5.36	4.20	8.18	5.24	2.94	8.35	5.21	3.14
江 苏 Jiangsu	9.44	6.99	2.45	9.44	7.01	2.43	9.45	7.02	2.43
浙 江 Zhejiang	10.12	5.52	4.60	10.01	5.45	4.56	10.51	5.51	5.00
安 徽 Anhui	13.00	6.14	6.86	12.88	6.06	6.82	12.86	5.89	6.97
福 建 Fujian	12.74	5.73	7.01	12.20	6.01	6.19	13.70	6.20	7.50
江 西 Jiangxi	13.46	6.14	7.32	13.19	6.28	6.91	13.24	6.26	6.98
山 东 Shandong	11.90	6.95	4.95	11.41	6.40	5.01	14.23	6.84	7.39
河 南 Henan	11.87	6.71	5.16	12.27	6.76	5.51	12.80	7.02	5.78
湖 北 Hubei	11.00	6.12	4.88	11.08	6.15	4.93	11.86	6.96	4.90
湖 南 Hunan	14.76	7.62	7.14	14.66	7.56	7.10	13.74	7.00	6.74
广 东 Guangdong	11.60	4.65	6.95	10.71	4.69	6.02	10.80	4.70	6.10
广 西 Guangxi	14.20	6.31	7.89	14.28	6.35	7.93	14.07	6.21	7.86
海 南 Hainan	14.66	5.81	8.85	14.59	5.90	8.69	14.56	5.95	8.61
重 庆 Chongqing	10.86	6.86	4.00	10.37	6.77	3.60	10.67	7.05	3.62
四 川 Sichuan	9.89	6.92	2.97	9.90	6.90	3.00	10.22	7.02	3.20
贵 州 Guizhou	13.27	6.96	6.31	13.05	7.15	5.90	12.98	7.18	5.80
云 南 Yunnan	12.63	6.41	6.22	12.60	6.43	6.17	12.65	6.45	6.20
西 藏 Tibet	15.48	5.21	10.27	15.77	5.39	10.38	15.76	5.21	10.55
陕 西 Shaanxi	10.12	6.24	3.88	10.01	6.15	3.86	10.13	6.26	3.87
甘 肃 Gansu	12.11	6.05	6.06	12.16	6.08	6.08	12.21	6.11	6.10
青 海 Qinghai	14.30	6.06	8.24	14.16	6.13	8.03	14.67	6.18	8.49
宁 夏 Ningxia	13.26	4.33	8.93	13.12	4.50	8.62	13.10	4.53	8.57
新 疆 Xinjiang	15.32	4.48	10.84	15.84	4.92	10.92	16.44	4.97	11.47

1-7 续表 8 continued

单位：‰ (‰)

地 区 Region	2015			2016			2017		
	出生率 Birth Rate	死亡率 Death Rate	自然增长率 Natural Growth Rate	出生率 Birth Rate	死亡率 Death Rate	自然增长率 Natural Growth Rate	出生率 Birth Rate	死亡率 Death Rate	自然增长率 Natural Growth Rate
全 国 National Total	**11.99**	**7.07**	**4.93**	**13.57**	**7.04**	**6.53**	**12.64**	**7.06**	**5.58**
北 京 Beijing	7.96	4.95	3.01	9.32	5.20	4.12	9.06	5.30	3.76
天 津 Tianjin	5.84	5.61	0.23	7.37	5.54	1.83	7.65	5.05	2.60
河 北 Hebei	11.35	5.79	5.56	12.42	6.36	6.06	13.20	6.60	6.60
山 西 Shanxi	9.98	5.56	4.42	10.29	5.52	4.77	11.06	5.45	5.61
内蒙古 Inner Mongolia	7.72	5.32	2.40	9.03	5.69	3.34	9.47	5.74	3.73
辽 宁 Liaoning	6.17	6.59	-0.42	6.60	6.78	-0.18	6.49	6.93	-0.44
吉 林 Jilin	5.87	5.53	0.34	5.55	5.60	-0.05	6.76	6.50	0.26
黑龙江 Heilongjiang	6.00	6.60	-0.60	6.12	6.61	-0.49	6.22	6.63	-0.41
上 海 Shanghai	7.52	5.07	2.45	9.00	5.00	4.00	8.10	5.30	2.80
江 苏 Jiangsu	9.05	7.03	2.02	9.76	7.03	2.73	9.71	7.03	2.68
浙 江 Zhejiang	10.52	5.50	5.02	11.22	5.52	5.70	11.92	5.56	6.36
安 徽 Anhui	12.92	5.94	6.98	13.02	5.96	7.06	14.07	5.90	8.17
福 建 Fujian	13.90	6.10	7.80	14.50	6.20	8.30	15.00	6.20	8.80
江 西 Jiangxi	13.20	6.24	6.96	13.45	6.16	7.29	13.79	6.08	7.71
山 东 Shandong	12.55	6.67	5.88	17.89	7.05	10.84	17.54	7.40	10.14
河 南 Henan	12.70	7.05	5.65	13.26	7.11	6.15	12.95	6.97	5.98
湖 北 Hubei	10.74	5.83	4.91	12.04	6.97	5.07	12.60	7.01	5.59
湖 南 Hunan	13.88	7.01	6.87	13.94	7.20	6.74	13.69	7.31	6.39
广 东 Guangdong	11.12	4.32	6.80	11.85	4.41	7.44	13.68	4.52	9.16
广 西 Guangxi	14.05	6.15	7.90	13.82	5.95	7.87	15.14	6.22	8.92
海 南 Hainan	14.57	6.00	8.57	14.57	6.00	8.57	14.73	6.01	8.72
重 庆 Chongqing	11.05	7.19	3.86	11.77	7.24	4.53	11.18	7.27	3.91
四 川 Sichuan	10.30	6.94	3.36	10.48	6.99	3.49	11.26	7.03	4.23
贵 州 Guizhou	13.00	7.20	5.80	13.43	6.93	6.50	13.98	6.88	7.10
云 南 Yunnan	12.88	6.48	6.40	13.16	6.55	6.61	13.53	6.68	6.85
西 藏 Tibet	15.75	5.10	10.65	15.79	5.11	10.68	16.00	4.95	11.05
陕 西 Shaanxi	10.10	6.28	3.82	10.64	6.23	4.41	11.11	6.24	4.87
甘 肃 Gansu	12.36	6.15	6.21	12.18	6.18	6.00	12.54	6.52	6.02
青 海 Qinghai	14.72	6.17	8.55	14.70	6.18	8.52	14.42	6.17	8.25
宁 夏 Ningxia	12.62	4.58	8.04	13.69	4.72	8.97	13.44	4.75	8.69
新 疆 Xinjiang	15.59	4.51	11.08	15.34	4.26	11.08	15.88	4.48	11.40

1-7 续表 9 continued

单位：‰ (‰)

地 区 Region	2018			2019		
	出生率 Birth Rate	死亡率 Death Rate	自 然 增长率 Natural Growth Rate	出生率 Birth Rate	死亡率 Death Rate	自 然 增长率 Natural Growth Rate
全 国 National Total	**10.86**	**7.08**	**3.78**	**10.41**	**7.09**	**3.32**
北 京 Beijing	8.24	5.58	2.66	8.12	5.49	2.63
天 津 Tianjin	6.67	5.42	1.25	6.73	5.30	1.43
河 北 Hebei	11.26	6.38	4.88	10.83	6.12	4.71
山 西 Shanxi	9.63	5.32	4.31	9.12	5.85	3.27
内蒙古 Inner Mongolia	8.35	5.95	2.40	8.23	5.66	2.57
辽 宁 Liaoning	6.39	7.39	-1.00	6.45	7.25	-0.80
吉 林 Jilin	6.62	6.26	0.36	6.05	6.90	-0.85
黑龙江 Heilongjiang	5.98	6.67	-0.69	5.73	6.74	-1.01
上 海 Shanghai	7.20	5.40	1.80	7.00	5.50	1.50
江 苏 Jiangsu	9.32	7.03	2.29	9.12	7.04	2.08
浙 江 Zhejiang	11.02	5.58	5.44	10.51	5.52	4.99
安 徽 Anhui	12.41	5.96	6.45	12.03	6.04	5.99
福 建 Fujian	13.20	6.20	7.00	12.90	6.10	6.80
江 西 Jiangxi	13.43	6.06	7.37	12.59	6.03	6.56
山 东 Shandong	13.26	7.18	6.08	11.77	7.50	4.27
河 南 Henan	11.72	6.80	4.92	11.02	6.84	4.18
湖 北 Hubei	11.54	7.00	4.54	11.35	7.08	4.27
湖 南 Hunan	12.64	7.34	5.30	10.81	7.58	3.24
广 东 Guangdong	12.79	4.55	8.24	12.54	4.46	8.08
广 西 Guangxi	14.12	5.96	8.16	13.31	6.14	7.17
海 南 Hainan	14.48	6.01	8.47	12.87	6.11	6.76
重 庆 Chongqing	11.02	7.54	3.48	10.48	7.57	2.91
四 川 Sichuan	11.05	7.01	4.04	10.70	7.09	3.61
贵 州 Guizhou	13.90	6.85	7.05	13.65	6.95	6.70
云 南 Yunnan	13.19	6.32	6.87	12.63	6.20	6.43
西 藏 Tibet	15.22	4.58	10.64	14.60	4.46	10.14
陕 西 Shaanxi	10.67	6.24	4.43	10.55	6.28	4.27
甘 肃 Gansu	11.07	6.65	4.42	10.60	6.75	3.85
青 海 Qinghai	14.31	6.25	8.06	13.66	6.08	7.58
宁 夏 Ningxia	13.32	5.54	7.78	13.72	5.69	8.03
新 疆 Xinjiang	10.69	4.56	6.13	8.14	4.45	3.69

1-7 续表 10 continued

单位：‰ (‰)

地区 Region	2020 出生率 Birth Rate	2020 死亡率 Death Rate	2020 自然增长率 Natural Growth Rate	2021 出生率 Birth Rate	2021 死亡率 Death Rate	2021 自然增长率 Natural Growth Rate
全国 National Total	**8.52**	**7.07**	**1.45**	**7.52**	**7.18**	**0.34**
北京 Beijing	6.99	5.19	1.80	6.35	5.39	0.96
天津 Tianjin	5.99	5.92	0.07	5.30	6.23	-0.93
河北 Hebei	8.16	7.22	0.94	7.15	7.58	-0.43
山西 Shanxi	8.26	7.02	1.24	7.06	7.32	-0.26
内蒙古 Inner Mongolia	7.20	7.30	-0.10	6.26	7.54	-1.28
辽宁 Liaoning	5.16	8.59	-3.43	4.71	8.89	-4.18
吉林 Jilin	4.84	7.81	-2.97	4.70	8.08	-3.38
黑龙江 Heilongjiang	3.75	8.23	-4.48	3.59	8.70	-5.11
上海 Shanghai	5.02	5.58	-0.56	4.67	5.59	-0.92
江苏 Jiangsu	6.65	6.49	0.16	5.65	6.77	-1.12
浙江 Zhejiang	7.13	6.56	0.57	6.90	5.90	1.00
安徽 Anhui	9.45	7.96	1.49	8.05	8.00	0.05
福建 Fujian	9.21	6.24	2.97	8.26	6.28	1.98
江西 Jiangxi	9.48	6.61	2.87	8.34	6.71	1.63
山东 Shandong	8.56	7.25	1.31	7.38	7.36	0.02
河南 Henan	9.24	7.15	2.09	8.00	7.36	0.64
湖北 Hubei	8.28	7.67	0.61	6.98	7.86	-0.88
湖南 Hunan	8.53	7.92	0.61	7.13	8.28	-1.15
广东 Guangdong	10.28	4.70	5.58	9.35	4.83	4.52
广西 Guangxi	11.36	6.46	4.90	9.68	6.80	2.88
海南 Hainan	10.36	5.85	4.51	9.74	6.01	3.73
重庆 Chongqing	7.47	7.70	-0.23	6.49	8.04	-1.55
四川 Sichuan	7.60	8.48	-0.88	6.85	8.74	-1.89
贵州 Guizhou	13.70	7.17	6.53	12.17	7.19	4.98
云南 Yunnan	10.96	7.92	3.04	9.35	8.12	1.23
西藏 Tibet	13.96	5.37	8.59	14.17	5.47	8.70
陕西 Shaanxi	8.95	7.11	1.84	7.89	7.38	0.51
甘肃 Gansu	10.55	7.91	2.64	9.68	8.26	1.42
青海 Qinghai	11.43	6.65	4.78	11.22	6.91	4.31
宁夏 Ningxia	11.59	5.88	5.71	11.62	6.09	5.53
新疆 Xinjiang	6.94	5.46	1.48	6.16	5.60	0.56

1-8　流动人口数
Floating Population

单位：亿人　(100 million persons)

年　份 Year	人户分离人口 Population of Residentce-Registration Inconsystency	流动人口 Floating Population
2000	1.44	1.21
2010	2.61	2.21
2020	4.93	3.76

注：2000年、2010年、2020年分别为当年人口普查时点数据。
Note: Data of 2000, 2010 and 2020 are based on the National Population Census.

1-9　平均预期寿命
Life Expectancy at Birth

单位：岁　(years)

年份 Year	合计 Total	男 Male	女 Female
1981	67.77	66.28	69.27
1990	68.55	66.84	70.47
1996	70.80		
2000	71.40	69.63	73.33
2005	72.95	70.83	75.25
2010	74.83	72.38	77.37
2015	76.34	73.64	79.43
2020	77.93	75.37	80.88

1-10 各地区人口平均预期寿命
Population Life Expectancy by Region

单位：岁 (years)

地 区	Region	1990年预期寿命 Life Expectancy in 1990	男 Male	女 Female	2000年预期寿命 Life Expectancy in 2000	男 Male	女 Female
全 国	**National Total**	**68.55**	**66.84**	**70.47**	**71.40**	**69.63**	**73.33**
北 京	Beijing	72.86	71.07	74.93	76.10	74.33	78.01
天 津	Tianjin	72.32	71.03	73.73	74.91	73.31	76.63
河 北	Hebei	70.35	68.47	72.53	72.54	70.68	74.57
山 西	Shanxi	68.97	67.33	70.93	71.65	69.96	73.57
内蒙古	Inner Mongolia	65.68	64.47	67.22	69.87	68.29	71.79
辽 宁	Liaoning	70.22	68.72	71.94	73.34	71.51	75.36
吉 林	Jilin	67.95	66.65	69.49	73.10	71.38	75.04
黑龙江	Heilongjiang	66.97	65.50	68.73	72.37	70.39	74.66
上 海	Shanghai	74.90	72.77	77.02	78.14	76.22	80.04
江 苏	Jiangsu	71.37	69.26	73.57	73.91	71.69	76.23
浙 江	Zhejiang	71.78	69.66	74.24	74.70	72.50	77.21
安 徽	Anhui	69.48	67.75	71.36	71.85	70.18	73.59
福 建	Fujian	68.57	66.49	70.93	72.55	70.30	75.07
江 西	Jiangxi	66.11	64.87	67.49	68.95	68.37	69.32
山 东	Shandong	70.57	68.64	72.67	73.92	71.70	76.26
河 南	Henan	70.15	67.96	72.55	71.54	69.67	73.41
湖 北	Hubei	67.25	65.51	69.23	71.08	69.31	73.02
湖 南	Hunan	66.93	65.41	68.70	70.66	69.05	72.47
广 东	Guangdong	72.52	69.71	75.43	73.27	70.79	75.93
广 西	Guangxi	68.72	67.17	70.34	71.29	69.07	73.75
海 南	Hainan	70.01	66.93	73.28	72.92	70.66	75.26
重 庆	Chongqing				71.73	69.84	73.89
四 川	Sichuan	66.33	65.06	67.70	71.20	69.25	73.39
贵 州	Guizhou	64.29	63.04	65.63	65.96	64.54	67.57
云 南	Yunnan	63.49	62.08	64.98	65.49	64.24	66.89
西 藏	Tibet	59.64	57.64	61.57	64.37	62.52	66.15
陕 西	Shaanxi	67.40	66.23	68.79	70.07	68.92	71.30
甘 肃	Gansu	67.24	66.35	68.25	67.47	66.77	68.26
青 海	Qinghai	60.57	59.29	61.96	66.03	64.55	67.70
宁 夏	Ningxia	66.94	65.95	68.05	70.17	68.71	71.84
新 疆	Xinjiang	62.59	61.95	63.26	67.41	65.98	69.14

注：根据人口普查数据计算。
Note: Data in this table are calculated according to the National Population Census.

1-10 续表 continued

单位：岁 (years)

地 区	Region	2010年预期寿命 Life Expectancy in 2010	男 Male	女 Female	2020年预期寿命 Life Expectancy in 2020	男 Male	女 Female
全 国	**National Total**	**74.83**	**72.38**	**77.37**	**77.93**	**75.37**	**80.88**
北 京	Beijing	80.18	78.28	82.21	82.49	80.43	84.62
天 津	Tianjin	78.89	77.42	80.48	81.30	79.32	83.40
河 北	Hebei	74.97	72.70	77.47	77.75	75.20	80.52
山 西	Shanxi	74.92	72.87	77.28	77.91	75.64	80.47
内蒙古	Inner Mongolia	74.44	72.04	77.27	77.56	74.98	80.45
辽 宁	Liaoning	76.38	74.12	78.86	78.68	75.96	81.54
吉 林	Jilin	76.18	74.12	78.44	78.41	75.62	81.40
黑龙江	Heilongjiang	75.98	73.52	78.81	78.25	75.33	81.42
上 海	Shanghai	80.26	78.20	82.44	82.55	80.39	84.87
江 苏	Jiangsu	76.63	74.60	78.81	79.32	77.02	81.83
浙 江	Zhejiang	77.73	75.58	80.21	80.19	78.09	82.58
安 徽	Anhui	75.08	72.65	77.84	77.96	75.52	80.72
福 建	Fujian	75.76	73.27	78.64	78.49	75.81	81.55
江 西	Jiangxi	74.33	71.94	77.06	77.64	75.08	80.52
山 东	Shandong	76.46	74.05	79.06	79.18	76.46	82.11
河 南	Henan	74.57	71.84	77.59	77.60	74.59	80.84
湖 北	Hubei	74.87	72.68	77.35	78.00	75.73	80.53
湖 南	Hunan	74.70	72.28	77.48	77.88	75.36	80.75
广 东	Guangdong	76.49	74.00	79.37	79.31	76.75	82.22
广 西	Guangxi	75.11	71.77	79.05	78.06	74.64	81.98
海 南	Hainan	76.30	73.20	80.01	79.05	75.83	82.84
重 庆	Chongqing	75.70	73.16	78.60	78.56	75.86	81.64
四 川	Sichuan	74.75	72.25	77.59	77.79	75.01	80.93
贵 州	Guizhou	71.10	68.43	74.11	75.20	72.09	78.71
云 南	Yunnan	69.54	67.06	72.43	74.02	70.98	77.55
西 藏	Tibet	68.17	66.33	70.07	72.19	70.27	74.75
陕 西	Shaanxi	74.68	72.84	76.74	77.80	75.59	80.24
甘 肃	Gansu	72.23	70.60	74.06	75.64	73.64	77.85
青 海	Qinghai	69.96	68.11	72.07	73.96	71.72	76.43
宁 夏	Ningxia	73.38	71.31	75.71	76.58	74.89	78.40
新 疆	Xinjiang	72.35	70.30	74.86	75.65	73.66	77.89

1-11 七次全国人口普查人口基本情况
Basic Statistics on National Population Census in 1953, 1964, 1982, 1990, 2000,2010 and 2020

指　标	Item	1953	1964	1982
全国人口（万人）	**Total Population (10 000 persons)**	**58260**	**69458**	**100818**
男	Male	30190	35652	51944
女	Female	28070	33806	48874
性别比（以女性为100）	Sex Ratio (female=100)	107.56	105.46	106.30
家庭户规模（人/户）	**Average Family Household Size (person/household)**	**4.33**	**4.43**	**4.41**
各年龄组人口比重（%）	**Percentage of Population by Age Group (%)**			
0-14岁	Aged 0-14	36.28	40.69	33.59
15-64岁	Aged 15-64	59.31	55.75	61.50
65岁及以上	Aged 65 and Over	4.41	3.56	4.91
民族人口	**Population by Ethnicity**			
汉族（万人）	Han (10 000 persons)	54728	65456	94088
占总人口比重（%）	Percentage to Total Population (%)	93.94	94.24	93.32
少数民族（万人）	Ethnic Minorities (10 000 persons)	3532	4002	6730
占总人口比重（%）	Percentage to Total Population (%)	6.06	5.76	6.68
每十万人拥有的各种受教育程度人口（人）	**Population with Various Education Attainments Per 100 000 Persons (person)**			
大专及以上	Junior College and Above		416	615
高中和中专	Senior Secondary School and Technical Secondary School		1319	6779
初中	Junior Secondary School		4680	17892
小学	Primary School		28330	35237
文盲人口及文盲率	**Illiterate Population and Illiterate Rate**			
文盲人口（万人）	Illiterate Population (10 000 persons)		23327	22996
文盲率（%）	Illiterate Rate (%)		33.58	22.81
城乡人口	**Population by Residence**			
城镇化率（%）	Urbanization Rate (%)	13.26	18.30	20.91
城镇人口（万人）	Urban Population (10 000 persons)	7726	12710	21082
乡村人口（万人）	Rural Population (10 000 persons)	50534	56748	79736
平均预期寿命（岁）	**Life Expectancy (years)**			**67.77***
男	Male			66.28*
女	Female			69.27*

注：1.1953年、1964年、1982年及1990年全国人口普查标准时点为当年7月1日零时、2000、2010和2020年全国人口普查标准时点为当年11月1日零时。
2.历次普查总人口数据包括中国人民解放军现役军人。在城乡人口中，中国人民解放军现役军人列为城镇人口统计。
3.1964年文盲人口为13岁及以上不识字人口，1982、1990、2000、2010、2020年文盲人口为15岁及以上不识字或识字很少的人。
4.表中“*”号表示为1981年数据。

Note:a) Standard reference time of national population census in 1953, 1964, 1982 and 1990 was zero hour of July 1st, and in 2000, 2010 and 2020 was zero hour of November 1st.
b) Total population from the five national population censuses includes the military personnel. Military personnel is listed as urban population in population by residence.
c) Illiterate population of 1964 National Population Census referred to the population aged 13 and over who are unable to read. Illiterate population of 1982, 1990, 2000, 2010 and 2020 National Population Censuses referred to the population aged 15 and over who are unable or have difficulty to read.
d) Data with “*” in this table are of 1981.

1-11 续表 1 continued

指　　标	Item	1990	2000
全国人口（万人）	**Total Population (10 000 persons)**	**113368**	**126583**
男	Male	58495	65355
女	Female	54873	61228
性别比（以女性为100）	Sex Ratio (female=100)	106.60	106.74
家庭户规模（人/户）	**Average Family Household Size (person/household)**	**3.96**	**3.44**
各年龄组人口比重（%）	**Percentage of Population by Age Group (%)**		
0-14岁	Aged 0-14	27.69	22.89
15-64岁	Aged 15-64	66.74	70.15
65岁及以上	Aged 65 and Over	5.57	6.96
民族人口	**Population by Ethnicity**		
汉族（万人）	Han (10 000 persons)	104248	115940
占总人口比重（%）	Percentage to Total Population (%)	91.96	91.59
少数民族（万人）	Ethnic Minorities (10 000 persons)	9120	10643
占总人口比重（%）	Percentage to Total Population (%)	8.04	8.41
每十万人拥有的各种受教育程度人口（人）	**Population with Various Education Attainments Per 100 000 Persons (person)**		
大专及以上	Junior College and Above	1422	3611
高中和中专	Senior Secondary School and Technical Secondary School	8039	11146
初中	Junior Secondary School	23344	33961
小学	Primary School	37057	35701
文盲人口及文盲率	**Illiterate Population and Illiterate Rate**		
文盲人口（万人）	Illiterate Population (10 000 persons)	18003	8507
文盲率（%）	Illiterate Rate (%)	15.88	6.72
城乡人口	**Population by Residence**		
城镇化率（%）	Urbanization Rate (%)	26.44	36.22
城镇人口（万人）	Urban Population (10 000 persons)	29971	45844
乡村人口（万人）	Rural Population (10 000 persons)	83397	80739
平均预期寿命（岁）	**Life Expectancy (years)**	**68.55**	**71.40**
男	Male	66.84	69.63
女	Female	70.47	73.33

1-11 续表 2 continued

指 标	Item	2010	2020
全国人口（万人）	**Total Population (10 000 persons)**	**133972**	**141178**
男	Male	68685	72334
女	Female	65287	68844
性别比（以女性为100）	Sex Ratio (female=100)	105.20	105.07
家庭户规模（人/户）	**Average Family Household Size (person/household)**	**3.10**	**2.62**
各年龄组人口比重（%）	**Percentage of Population by Age Group (%)**		
0-14岁	Aged 0-14	16.60	17.95
15-64岁	Aged 15-64	74.53	68.55
65岁及以上	Aged 65 and Over	8.87	13.50
民族人口	**Population by Ethnicity**		
汉族（万人）	Han (10 000 persons)	122593	128631
占总人口比重（%）	Percentage to Total Population (%)	91.51	91.11
少数民族（万人）	Ethnic Minorities (10 000 persons)	11379	12547
占总人口比重（%）	Percentage to Total Population (%)	8.49	8.89
每十万人拥有的各种受教育程度人口（人）	**Population with Various Education Attainments Per 100 000 Persons (person)**		
大专及以上	Junior College and Above	8930	15467
高中和中专	Senior Secondary School and Technical Secondary School	14032	15088
初中	Junior Secondary School	38788	34507
小学	Primary School	26779	24767
文盲人口及文盲率	**Illiterate Population and Illiterate Rate**		
文盲人口（万人）	Illiterate Population (10 000 persons)	5466	3775
文盲率（%）	Illiterate Rate (%)	4.08	2.67
城乡人口	**Population by Residence**		
城镇化率（%）	Urbanization Rate (%)	49.68	63.89
城镇人口（万人）	Urban Population (10 000 persons)	66557	90199
乡村人口（万人）	Rural Population (10 000 persons)	67415	50979
平均预期寿命（岁）	**Life Expectancy (years)**	**74.83**	**77.93**
男	Male	72.38	75.37
女	Female	77.37	80.88

1-12 全国历年人口密度
Population Density

年 份 Year	全国人口 (万人) Population (10 000 persons)	人口密度 (人/平方公里) Population Density (person/sq.km)
1949	54167	56
1950	55196	57
1951	56300	59
1952	57482	60
1953	58796	61
1954	60266	63
1955	61465	64
1956	62828	65
1957	64653	67
1958	65994	69
1959	67207	70
1960	66207	69
1961	65859	69
1962	67295	70
1963	69172	72
1964	70499	73
1965	72538	76
1966	74542	78
1967	76368	80
1968	78534	82
1969	80671	84
1970	82992	86
1971	85229	89
1972	87177	91
1973	89211	93
1974	90859	95
1975	92420	96
1976	93717	98
1977	94974	99
1978	96259	100
1979	97542	102
1980	98705	103
1981	100072	104
1982	101654	106
1983	103008	107
1984	104357	109
1985	105851	110
1986	107507	112
1987	109300	114
1988	111026	116
1989	112704	117
1990	114333	119
1991	115823	121
1992	117171	122
1993	118517	123
1994	119850	125
1995	121121	126
1996	122389	127
1997	123626	129
1998	124761	130
1999	125786	131
2000	126743	132
2001	127627	133
2002	128453	134
2003	129227	135
2004	129988	135
2005	130756	136
2006	131448	137
2007	132129	138
2008	132802	138
2009	133450	139
2010	134091	140
2011	134916	141
2012	135922	142
2013	136726	142
2014	137646	143
2015	138326	144
2016	139232	145
2017	140011	146
2018	140541	146
2019	141008	147
2020	141212	147
2021	141260	147

1-13 就业基本情况

项　　目	Item	2011	2012	2013
劳动力(万人)	**Labour Force (10 000 persons)**	**78349**	**78431**	**78604**
就业人员合计(万人)	**Total Number of Employed Persons (10 000 persons)**	**76196**	**76254**	**76301**
第一产业	Primary Industry	26472	25535	23838
第二产业	Secondary Industry	22539	23226	23142
第三产业	Tertiary Industry	27185	27493	29321
就业人员构成(合计=100)	**Composition of Employed Persons (total=100)**			
第一产业	Primary Industry	34.7	33.5	31.3
第二产业	Secondary Industry	29.6	30.4	30.3
第三产业	Tertiary Industry	35.7	36.1	38.4
按城乡分就业人员(万人)	**Number of Employed Persons by Urban and Rural Areas (10 000 persons)**			
城镇就业人员	Urban Employed Persons	36003	37287	38527
乡村就业人员	Rural Employed Persons	40193	38967	37774
按登记注册类型分城镇非私营单位就业人员　(万人)	**Number of Employed Persons in Urban Non-private Units by Status of Registration　(10 000 persons)**			
#国有单位	State-owned Units	6704	6839	6365
城镇集体单位	Urban Collective-owned Units	603	589	566
股份合作单位	Cooperative Units	149	149	108
联营单位	Joint Ownership Units	37	39	25
有限责任公司	Limited Liability Corporations	3269	3787	6069
股份有限公司	Share-holding Corporations Ltd.	1183	1243	1721
港澳台商投资单位	Units with Funds from Hong Kong, Macao & Taiwan	932	969	1397
外商投资单位	Foreign Funded Units	1217	1246	1566
城镇登记失业人数(万人)	**Number of Registered Unemployed Persons in Urban Areas (10 000 persons)**	**922**	**917**	**926**
城镇登记失业率(%)	**Registered Unemployment Rate in Urban Areas (%)**	**4.10**	**4.10**	**4.05**
城镇调查失业率(%)	**Surveyed Urban Unemployment Rate (%)**			

注：1.1990年及以后的劳动力、就业人员数据根据劳动力调查、全国人口普查推算；其中2011-2019年数据是根据第七次全国人口普查修订数(下表同)。
2.2013年部分经济类型单位、部分行业就业人员、工资总额变动较大，系将原属于乡镇企业的规模以上法人单位纳入劳动工资统计范围所致(以下相关表同)。

Employment

2014	2015	2016	2017	2018	2019	2020	2021
78757	**78921**	**79282**	**79042**	**78653**	**78985**	**78392**	**78024**
76349	**76320**	**76245**	**76058**	**75782**	**75447**	**75064**	**74652**
22372	21418	20908	20295	19515	18652	17715	17072
23057	22644	22295	21762	21356	21234	21543	21712
30920	32258	33042	34001	34911	35561	35806	35868
29.3	28.0	27.4	26.7	25.7	24.7	23.6	22.9
30.2	29.7	29.3	28.6	28.2	28.2	28.7	29.1
40.5	42.3	43.3	44.7	46.1	47.1	47.7	48.0
39703	40916	42051	43208	44292	45249	46271	46773
36646	35404	34194	32850	31490	30198	28793	27879
6312	6208	6170	6064	5740	5473	5563	5633
537	481	453	406	347	296	271	262
103	92	86	77	66	60	69	62
22	20	18	13	12	12	25	22
6315	6389	6381	6367	6555	6608	6542	6526
1751	1798	1824	1846	1875	1879	1837	1789
1393	1344	1305	1290	1153	1157	1159	1175
1562	1446	1361	1291	1212	1203	1216	1220
952	**966**	**982**	**972**	**974**	**945**	**1160**	**1040**
4.09	**4.05**	**4.02**	**3.90**	**3.80**	**3.62**	**4.24**	**3.96**
				4.9	**5.2**	**5.2**	**5.1**

Note: a) From 1990, the total number of labour force and employed persons were estimated according to Labour Force Survey and Population Census. The data from 2011 to 2019 were revised according to the Seventh National Population Census.The same applies to the following tables.

b) In 2013, some units by status of registration, some employment by industry, total wages bill changed greatly, because legal persons above designated size originally belonged to township enterprises were taken into statistics of labour wages. The same applies to the relevant tables following.

1-14 分城乡就业人员年末人数
Number of Employed Persons at Year-end in Urban and Rural Areas

单位：万人，% (10 000 persons,%)

年 份 Year	就业人员 Total Number of Employed Persons	城镇 Urban		乡村 Rural	
		就业人员 Employed Persons	比重 Proportion	就业人员 Employed Persons	比重 Proportion
1949	18082	1533	8.5	16549	91.5
1952	20729	2486	12.0	18243	88.0
1953	21364	2754	12.9	18610	87.1
1954	21832	2744	12.6	19088	87.4
1955	22328	2802	12.5	19526	87.5
1956	23018	2993	13.0	20025	87.0
1957	23771	3205	13.5	20566	86.5
1958	26600	5300	19.9	21300	80.1
1959	26173	5389	20.6	20784	79.4
1960	25880	6119	23.6	19761	76.4
1961	25590	5336	20.9	20254	79.1
1962	25910	4537	17.5	21373	82.5
1963	26640	4603	17.3	22037	82.7
1964	27736	4828	17.4	22908	82.6
1965	28670	5136	17.9	23534	82.1
1966	29805	5354	18.0	24451	82.0
1967	30814	5446	17.7	25368	82.3
1968	31915	5630	17.6	26285	82.4
1969	33225	5825	17.5	27400	82.5
1970	34432	6312	18.3	28120	81.7
1971	35620	6868	19.3	28752	80.7
1972	35854	7200	20.1	28654	79.9
1973	36652	7388	20.2	29264	79.8
1974	37369	7687	20.6	29682	79.4
1975	38168	8222	21.5	29946	78.5
1976	38834	8692	22.4	30142	77.6
1977	39377	9127	23.2	30250	76.8
1978	40152	9514	23.7	30638	76.3
1979	41024	9999	24.4	31025	75.6
1980	42361	10525	24.8	31836	75.2
1981	43725	11053	25.3	32672	74.7
1982	45295	11428	25.2	33867	74.8
1983	46436	11746	25.3	34690	74.7
1984	48197	12229	25.4	35968	74.6
1985	49873	12808	25.7	37065	74.3

1-14 续表 continued

单位：万人，% (10 000 persons,%)

年 份 Year	就业人员 Total Number of Employed Persons	城镇 Urban		乡村 Rural	
		就业人员 Employed Persons	比重 Proportion	就业人员 Employed Persons	比重 Proportion
1986	51282	13292	25.9	37990	74.1
1987	52783	13783	26.1	39000	73.9
1988	54334	14267	26.3	40067	73.7
1989	55329	14390	26.0	40939	74.0
1990	64749	17041	26.3	47708	73.7
1991	65491	17465	26.7	48026	73.3
1992	66152	17861	27.0	48291	73.0
1993	66808	18262	27.3	48546	72.7
1994	67455	18653	27.7	48802	72.3
1995	68065	19040	28.0	49025	72.0
1996	68950	19922	28.9	49028	71.1
1997	69820	20781	29.8	49039	70.2
1998	70637	21616	30.6	49021	69.4
1999	71394	22412	31.4	48982	68.6
2000	72085	23151	32.1	48934	67.9
2001	72797	24123	33.1	48674	66.9
2002	73280	25159	34.3	48121	65.7
2003	73736	26230	35.6	47506	64.4
2004	74264	27293	36.8	46971	63.2
2005	74647	28389	38.0	46258	62.0
2006	74978	29630	39.5	45348	60.5
2007	75321	30953	41.1	44368	58.9
2008	75564	32103	42.5	43461	57.5
2009	75828	33322	43.9	42506	56.1
2010	76105	34687	45.6	41418	54.4
2011	76196	36003	47.3	40193	52.7
2012	76254	37287	48.9	38967	51.1
2013	76301	38527	50.5	37774	49.5
2014	76349	39703	52.0	36646	48.0
2015	76320	40916	53.6	35404	46.4
2016	76245	42051	55.2	34194	44.8
2017	76058	43208	56.8	32850	43.2
2018	75782	44292	58.4	31490	41.6
2019	75447	45249	60.0	30198	40.0
2020	75064	46271	61.6	28793	38.4
2021	74652	46773	62.7	27879	37.3

1-15 分产业就业人员年末人数
Number of Employed Persons at Year-end by Three Strata Industries

单位: 万人, % (10 000 persons,%)

年 份 Year	就业人员合 计 Total Number of Employed Persons	第一产业 Primary Industry		第二产业 Secondary Industry		第三产业 Tertiary Industry	
		就业人员 Employed Persons	比重 Proportion	就业人员 Employed Persons	比重 Proportion	就业人员 Employed Persons	比重 Proportion
1952	20729	17317	83.5	1531	7.4	1881	9.1
1953	21364	17747	83.1	1715	8.0	1902	8.9
1954	21832	18151	83.1	1882	8.6	1799	8.3
1955	22328	18592	83.3	1913	8.6	1823	8.1
1956	23018	18544	80.6	2468	10.7	2006	8.7
1957	23771	19309	81.2	2142	9.0	2320	9.8
1958	26600	15490	58.2	7076	26.6	4034	15.2
1959	26173	16271	62.2	5402	20.6	4500	17.2
1960	25880	17016	65.7	4112	15.9	4752	18.4
1961	25590	19747	77.2	2856	11.2	2987	11.6
1962	25910	21276	82.1	2059	8.0	2575	9.9
1963	26640	21966	82.5	2038	7.6	2636	9.9
1964	27736	22801	82.2	2183	7.9	2752	9.9
1965	28670	23396	81.6	2408	8.4	2866	10.0
1966	29805	24297	81.5	2600	8.7	2908	9.8
1967	30814	25165	81.7	2661	8.6	2988	9.7
1968	31915	26063	81.7	2743	8.6	3109	9.7
1969	33225	27117	81.6	3030	9.1	3078	9.3
1970	34432	27811	80.8	3518	10.2	3103	9.0
1971	35620	28397	79.7	3990	11.2	3233	9.1
1972	35854	28283	78.9	4276	11.9	3295	9.2
1973	36652	28857	78.7	4492	12.3	3303	9.0
1974	37369	29218	78.2	4712	12.6	3439	9.2
1975	38168	29456	77.2	5152	13.5	3560	9.3

1-15 续表 1

单位：万人，% (10 000 persons,%)

年份 Year	就业人员合计 Total Number of Employed Persons	第一产业 Primary Industry		第二产业 Secondary Industry		第三产业 Tertiary Industry	
		就业人员 Employed Persons	比重 Proportion	就业人员 Employed Persons	比重 Proportion	就业人员 Employed Persons	比重 Proportion
1976	38834	29443	75.8	5611	14.5	3780	9.7
1977	39377	29340	74.5	5831	14.8	4206	10.7
1978	40152	28318	70.5	6945	17.3	4890	12.2
1979	41024	28634	69.8	7214	17.6	5177	12.6
1980	42361	29122	68.7	7707	18.2	5532	13.1
1981	43725	29777	68.1	8003	18.3	5945	13.6
1982	45295	30859	68.1	8346	18.4	6090	13.5
1983	46436	31151	67.1	8679	18.7	6606	14.2
1984	48197	30868	64.0	9590	19.9	7739	16.1
1985	49873	31130	62.4	10384	20.8	8359	16.8
1986	51282	31254	60.9	11216	21.9	8811	17.2
1987	52783	31663	60.0	11726	22.2	9395	17.8
1988	54334	32249	59.3	12152	22.4	9933	18.3
1989	55329	33225	60.1	11976	21.6	10129	18.3
1990	64749	38914	60.1	13856	21.4	11979	18.5
1991	65491	39098	59.7	14015	21.4	12378	18.9
1992	66152	38699	58.5	14355	21.7	13098	19.8
1993	66808	37680	56.4	14965	22.4	14163	21.2
1994	67455	36628	54.3	15312	22.7	15515	23.0
1995	68065	35530	52.2	15655	23.0	16880	24.8

1-15 续表 2

单位: 万人，%　　　　(10 000 persons,%)

年 份 Year	就业人员合计 Total Number of Employed Persons	第一产业 Primary Industry		第二产业 Secondary Industry		第三产业 Tertiary Industry	
		就业人员 Employed Persons	比重 Proportion	就业人员 Employed Persons	比重 Proportion	就业人员 Employed Persons	比重 Proportion
1996	68950	34820	50.5	16203	23.5	17927	26.0
1997	69820	34840	49.9	16547	23.7	18432	26.4
1998	70637	35177	49.8	16600	23.5	18860	26.7
1999	71394	35768	50.1	16421	23.0	19205	26.9
2000	72085	36043	50.0	16219	22.5	19823	27.5
2001	72797	36399	50.0	16234	22.3	20165	27.7
2002	73280	36640	50.0	15682	21.4	20958	28.6
2003	73736	36204	49.1	15927	21.6	21605	29.3
2004	74264	34830	46.9	16709	22.5	22725	30.6
2005	74647	33442	44.8	17766	23.8	23439	31.4
2006	74978	31941	42.6	18894	25.2	24143	32.2
2007	75321	30731	40.8	20186	26.8	24404	32.4
2008	75564	29923	39.6	20553	27.2	25087	33.2
2009	75828	28890	38.1	21080	27.8	25857	34.1
2010	76105	27931	36.7	21842	28.7	26332	34.6
2011	76196	26472	34.7	22539	29.6	27185	35.7
2012	76254	25535	33.5	23226	30.4	27493	36.1
2013	76301	23838	31.3	23142	30.3	29321	38.4
2014	76349	22372	29.3	23057	30.2	30920	40.5
2015	76320	21418	28.0	22644	29.7	32258	42.3
2016	76245	20908	27.4	22295	29.3	33042	43.3
2017	76058	20295	26.7	21762	28.6	34001	44.7
2018	75782	19515	25.7	21356	28.2	34911	46.1
2019	75447	18652	24.7	21234	28.2	35561	47.1
2020	75064	17715	23.6	21543	28.7	35806	47.7
2021	74652	17072	22.9	21712	29.1	35868	48.0

1-16 分地区就业人员数(2021年底数)
Number of Employed Persons by Region(End of 2021)

单位：万人 (10 000 persons)

地区	Region	就业人员 Employed Persons	按城乡分 By Urban and Rural Areas		按三次产业分 By Three Industries		
			城镇 Urban	乡村 Rural	第一产业 Primary Industry	第二产业 Secondary Industry	第三产业 Tertiary Industry
全 国	National Total	**74652**	**46773**	**27879**	**17072**	**21712**	**35868**
北 京	Beijing	1158	1013	145	27	193	938
天 津	Tianjin	641	534	107	34	219	388
河 北	Hebei	3643	2133	1510	777	1169	1697
山 西	Shanxi	1715	1014	701	401	437	877
内蒙古	Inner Mongolia	1218	790	428	422	210	586
辽 宁	Liaoning	2190	1483	707	600	493	1097
吉 林	Jilin	1228	718	510	454	181	593
黑龙江	Heilongjiang	1420	892	528	516	234	670
上 海	Shanghai	1365	1195	170	25	445	895
江 苏	Jiangsu	4863	3515	1348	630	1957	2276
浙 江	Zhejiang	3897	2804	1093	206	1727	1964
安 徽	Anhui	3215	1816	1399	779	1026	1410
福 建	Fujian	2197	1503	694	301	729	1167
江 西	Jiangxi	2242	1317	925	424	773	1045
山 东	Shandong	5475	3386	2089	1316	1850	2309
河 南	Henan	4840	2627	2213	1172	1446	2222
湖 北	Hubei	3286	1919	1367	881	882	1523
湖 南	Hunan	3258	1897	1361	801	893	1564
广 东	Guangdong	7072	5473	1599	753	2565	3754
广 西	Guangxi	2544	1359	1185	842	659	1043
海 南	Hainan	544	324	220	169	62	313
重 庆	Chongqing	1668	1108	560	366	427	875
四 川	Sichuan	4727	2522	2205	1506	1111	2110
贵 州	Guizhou	1886	995	891	618	475	793
云 南	Yunnan	2774	1309	1465	1187	499	1088
西 藏	Tibet	194	76	118	69	30	95
陕 西	Shaanxi	2091	1253	838	611	444	1036
甘 肃	Gansu	1319	626	693	580	238	501
青 海	Qinghai	277	173	104	69	61	147
宁 夏	Ningxia	345	225	120	81	82	182
新 疆	Xinjiang	1360	774	586	455	195	710

1-17 城镇登记失业人数及失业率(年末数)
Registered Unemployed Persons and Registered Unemployment Rate in Urban Areas (year-end)

单位: 万人, % (10 000 persons,%)

年 份 Year	城镇登记失业人数 Registered Unemployed Persons in Urban Areas	比上年增长 Increase over Preceeding year	城镇登记失业率 Registered Unemployment Rate in Urban Areas
1978	530		5.3
1979	568	7.1	5.4
1980	542	-4.6	4.9
1981	440	-18.8	3.8
1982	379	-13.7	3.2
1983	271	-28.5	2.3
1984	236	-13.2	1.9
1985	239	1.2	1.8
1986	264	10.9	2.0
1987	277	4.6	2.0
1988	296	7.1	2.0
1989	378	27.6	2.6
1990	383	1.4	2.5
1991	352	-8.1	2.3
1992	364	3.3	2.3
1993	420	15.4	2.6
1994	476	13.4	2.8
1995	520	9.1	2.9
1996	553	6.3	3.0
1997	577	4.3	3.1
1998	571	-1.0	3.1
1999	575	0.7	3.1
2000	595	3.5	3.1
2001	681	14.4	3.6
2002	770	13.1	4.0
2003	800	3.9	4.3
2004	827	3.4	4.2
2005	839	1.5	4.2
2006	847	1.0	4.1
2007	830	-2.0	4.0
2008	886	6.7	4.2
2009	921	4.0	4.3
2010	908	-1.4	4.1
2011	922	1.5	4.1
2012	917	-0.5	4.1
2013	926	1.0	4.05
2014	952	2.8	4.09
2015	966	1.5	4.05
2016	982	1.7	4.02
2017	972	-1.0	3.90
2018	974	0.2	3.80
2019	945	-3.0	3.62
2020	1160	22.8	4.24
2021	1040	-10.3	3.96

1-18 2021年全国城镇调查失业率主要数据
Main Data of The Urban Surveyed Unemployment Rate in 2021

单位: % (%)

月份 Month		全国城镇 Urban	本地户籍 Local Household Registration	外来户籍 Non-local Household Registration	16-24岁 Aged 16-24	25-59岁 Aged 25-59	31个大城市 31 Major Cities
1月	January	5.4	5.6	5.1	12.7	4.9	5.4
2月	February	5.5	5.7	5.2	13.1	5.0	5.5
3月	March	5.3	5.3	5.4	13.6	4.8	5.3
4月	April	5.1	5.1	5.1	13.6	4.6	5.2
5月	May	5.0	5.1	5.0	13.8	4.4	5.2
6月	June	5.0	5.0	5.1	15.4	4.2	5.2
7月	July	5.1	5.1	5.0	16.2	4.2	5.2
8月	August	5.1	5.2	5.0	15.3	4.3	5.3
9月	September	4.9	5.0	4.8	14.6	4.2	5.0
10月	October	4.9	4.9	4.8	14.2	4.2	5.1
11月	November	5.0	5.1	4.8	14.3	4.3	5.1
12月	December	5.1	5.1	4.9	14.3	4.4	5.1

1-19 分行业城镇非私营单位就业人员年末人数

单位：万人

行　业	Sector	2003	2004	2005	2006	2007
合　计	**Total**	**10969.7**	**11098.9**	**11404.0**	**11713.2**	**12024.4**
农、林、牧、渔业	Agriculture, Forestry, Animal Husbandry and Fishery	484.5	466.1	446.3	435.2	426.3
采矿业	Mining	488.3	500.7	509.2	529.7	535.0
制造业	Manufacturing	2980.5	3050.8	3210.9	3351.6	3465.4
电力、热力、燃气及水生产和供应业	Production and Supply of Electricity, Heat, Gas and Water	297.6	300.6	299.9	302.5	303.4
建筑业	Construction	833.7	841.0	926.6	988.7	1050.8
批发和零售业	Wholesale and Retail Trades	628.1	586.7	544.0	515.7	506.9
交通运输、仓储和邮政业	Transport, Storage and Post	636.5	631.8	613.9	612.7	623.1
住宿和餐饮业	Hotels and Catering Services	172.1	177.1	181.2	183.9	185.8
信息传输、软件和信息技术服务业	Information Transmission, Software and Information Technology	116.8	123.7	130.1	138.2	150.2
金融业	Financial Intermediation	353.3	356.0	359.3	367.4	389.7
房地产业	Real Estate	120.2	133.4	146.5	153.9	166.5
租赁和商务服务业	Leasing and Business Services	183.5	194.4	218.5	236.7	247.2
科学研究和技术服务业	Scientific Research and Technical Services	221.9	222.1	227.7	235.5	243.4
水利、环境和公共设施管理业	Management of Water Conservancy, Environment and Public Facilities	172.5	176.1	180.4	187.0	193.5
居民服务、修理和其他服务业	Services to Households, Repair and Other Services	52.8	54.2	53.9	56.6	57.4
教　育	Education	1442.8	1466.8	1483.2	1504.4	1520.9
卫生和社会工作	Health and Social Service	485.8	494.7	508.9	525.4	542.8
文化、体育和娱乐业	Culture, Sports and Entertainment	127.8	123.4	122.5	122.4	125.0
公共管理、社会保障和社会组织	Public Management, Social Security and Social Organization	1171.0	1199.0	1240.8	1265.6	1291.2

Employed Persons at Year-end in Urban Units Excluding Private Units by Sector

(10 000 persons)

2008	2009	2010	2011	2012	2013	2014	2015	2016	2017	2018	2019	2020	2021
12192.5	**12573.0**	**13051.5**	**14413.3**	**15236.4**	**18108.4**	**18277.8**	**18062.5**	**17888.1**	**17643.8**	**17258.2**	**17161.8**	**17039.1**	**17014.5**
410.1	373.7	375.7	359.5	338.9	294.8	284.6	270.0	263.2	255.4	192.6	134.1	85.7	86.8
540.4	553.7	562.0	611.6	631.0	636.5	596.5	545.8	490.9	455.4	414.4	367.7	352.1	344.8
3434.3	3491.9	3637.2	4088.3	4262.2	5257.9	5243.1	5068.7	4893.8	4635.5	4178.3	3832.0	3805.5	3828.0
306.5	307.7	310.5	334.7	344.6	404.5	403.7	396.0	387.6	377.0	369.2	373.1	379.7	382.0
1072.6	1177.5	1267.5	1724.8	2010.3	2921.9	2921.2	2796.0	2724.7	2643.2	2710.9	2270.5	2153.3	1971.9
514.4	520.8	535.1	647.5	711.8	890.8	888.6	883.3	875.0	842.8	823.3	830.0	786.9	797.5
627.3	634.4	631.1	662.8	667.5	846.2	861.4	854.4	849.5	843.9	819.0	815.5	812.2	798.1
193.2	202.1	209.2	242.7	265.1	304.4	289.3	276.1	269.7	265.9	269.8	265.2	256.6	265.3
159.5	173.8	185.8	212.8	222.8	327.3	336.3	349.9	364.1	395.4	424.3	455.3	487.1	519.2
417.6	449.0	470.1	505.3	527.8	537.9	566.3	606.8	665.2	688.8	699.3	826.1	859.0	818.5
172.7	190.9	211.6	248.6	273.7	373.7	402.2	417.3	431.7	444.8	466.0	510.3	525.4	529.3
274.7	290.5	310.1	286.6	292.3	421.9	449.4	474.0	488.4	522.6	529.5	660.4	643.6	680.3
257.0	272.6	292.3	298.5	330.7	387.8	408.0	410.6	419.6	420.4	411.5	434.3	431.2	450.1
197.3	205.7	218.9	230.3	243.8	259.2	269.1	273.3	269.6	268.5	260.6	244.5	245.6	252.6
56.5	58.8	60.2	59.9	62.1	72.3	75.4	75.2	75.4	78.2	77.4	86.3	82.8	85.9
1534.0	1550.4	1581.8	1617.8	1653.4	1687.2	1727.3	1736.5	1729.2	1730.4	1735.6	1909.3	1958.9	1971.9
563.6	595.8	632.5	679.1	719.3	770.0	810.4	841.6	867.0	897.9	912.4	1006.2	1051.9	1094.7
126.0	129.5	131.4	135.0	137.7	147.0	145.5	149.1	150.8	152.2	146.6	151.2	149.5	151.7
1335.0	1394.3	1428.5	1467.6	1541.5	1567.0	1599.3	1637.8	1672.6	1725.6	1817.5	1989.8	1972.2	1985.8

1-20 分登记注册类型城镇非私营单位就业人员年末人数
Employed Persons at Year-end in Urban Units Excluding Private Units by Registration Status

单位：万人 (10 000 persons)

年份 Year	合计 Total	国有单位 State-owned Units	城镇集体单位 Urban Collective-owned Units	其他单位 Units of Other Types of Ownership
1994	15258.5	11213.9	3285.4	759.2
1995	15300.8	11260.5	3146.7	893.6
1996	15221.1	11243.6	3015.8	961.7
1997	15036.2	11044.2	2882.7	1109.4
1998	12695.7	9058.1	1963.2	1674.5
1999	12130.2	8572.1	1711.8	1846.3
2000	11612.5	8101.9	1499.3	2011.3
2001	11165.8	7639.9	1291.0	2234.9
2002	10985.2	7162.9	1122.0	2700.3
2003	10969.7	6875.6	999.9	3094.3
2004	11098.9	6709.9	897.2	3491.8
2005	11404.0	6488.2	809.9	4105.9
2006	11713.2	6430.5	763.6	4519.1
2007	12024.4	6423.5	718.4	4882.4
2008	12192.5	6447.0	661.8	5083.7
2009	12573.0	6420.2	618.1	5534.7
2010	13051.5	6516.4	597.5	5937.6

1-20 续表 continued

单位：万人 (10 000 persons)

年份 Year	合计 Total	国有单位 State-owned Units	城镇集体单位 Urban Collective-owned Units	其他单位 Units of Other Types of Ownership
2011	14413.3	6704.2	603.1	7106.0
2012	15236.4	6839.0	589.7	7807.7
2013	18108.4	6365.1	566.2	11177.2
2014	18277.8	6312.3	536.7	11428.8
2015	18062.5	6208.3	481.4	11372.8
2016	17888.1	6169.8	453.3	11264.9
2017	17643.8	6063.8	406.0	11174.0
2018	17258.2	5739.7	347.4	11171.1
2019	17161.8	5472.7	295.6	11393.5
2020	17039.1	5563.0	271.2	11204.9
2021	17014.5	5633.1	261.7	11119.8

1-21 分行业城镇非私营单位女性就业人员年末人数

单位：万人

行 业	Sector	2003	2004	2005	2006	2007
合 计	**Total**	**4156.1**	**4227.3**	**4324.6**	**4445.7**	**4540.3**
农、林、牧、渔业	Agriculture, Forestry, Animal Husbandry and Fishery	176.1	172.3	165.7	163.5	157.3
采矿业	Mining	119.7	117.1	113.0	115.0	109.7
制造业	Manufacturing	1292.7	1329.8	1397.5	1464.0	1495.0
电力、燃气及水的生产和供应业	Production and Supply of Electricity, Heat, Gas and Water	92.7	93.1	91.3	91.3	90.7
建筑业	Construction	128.4	129.3	134.2	138.1	142.4
批发和零售业	Wholesale and Retail Trades	280.3	260.2	242.3	230.3	228.8
交通运输、仓储和邮政业	Transport, Storage and Post	182.5	177.6	171.0	164.7	169.3
住宿和餐饮业	Hotels and Catering Services	95.0	97.8	98.9	99.5	100.8
信息传输、软件和信息技术服务业	Information Transmission, Software and Information Technology	42.1	45.2	48.7	52.4	58.5
金融业	Financial Intermediation	164.5	170.5	172.0	178.6	192.9
房地产业	Real Estate	40.4	44.9	48.3	50.8	56.0
租赁和商务服务业	Leasing and Business Services	62.7	65.6	74.0	78.0	82.1
科学研究和技术服务业	Scientific Research and Technical Services	70.7	70.3	71.6	74.9	75.6
水利、环境和公共设施管理业	Management of Water Conservancy, Environment and					
	Public Facilities	68.8	70.7	73.5	76.6	79.2
居民服务、修理和其他服务业	Services to Households, Repair and Other Services					
教 育	Education	22.2	24.1	21.6	21.9	22.1
卫生和社会工作	Health and Social Service	672.8	696.7	713.2	733.8	747.7
文化、体育和娱乐业	Culture, Sports and Entertainment	284.5	292.2	300.9	312.9	324.1
公共管理、社会保障和	Public Management, Social Security and Social	51.9	50.3	50.1	50.7	52.1
社会组织	Organization	308.1	319.6	336.9	348.6	356.0

Female Employed Persons at Year-end in Urban Units Excluding Private Units by Sector

(10 000 persons)

2008	2009	2010	2011	2012	2013	2014	2015	2016	2017	2018	2019	2020	2021
4579.6	**4678.5**	**4861.5**	**5227.7**	**5458.9**	**6338.3**	**6546.2**	**6527.0**	**6517.6**	**6545.3**	**6427.6**	**6684.2**	**6779.4**	**6852.0**
148.9	136.1	137.8	132.5	125.1	108.7	104.7	97.5	93.5	89.6	65.5	42.7	25.3	26.1
105.1	107.6	105.5	115.9	114.6	111.7	110.2	100.6	92.9	86.3	78.7	65.1	61.0	57.6
1444.3	1447.9	1501.3	1613.3	1661.0	2073.8	2119.3	2021.0	1925.3	1821.0	1612.1	1445.1	1423.3	1422.0
90.1	89.8	91.6	95.7	97.7	109.8	112.4	109.7	105.9	102.9	100.0	100.1	101.7	100.3
149.3	157.4	165.9	206.5	233.8	295.4	316.3	309.5	298.0	300.7	311.2	283.8	276.1	261.8
237.2	239.6	249.7	308.7	339.4	446.3	450.2	447.0	441.4	429.1	426.5	429.9	410.9	415.6
171.5	171.2	168.8	178.6	175.7	219.0	224.6	223.1	221.8	222.2	216.7	211.4	210.6	208.3
105.2	109.2	113.2	131.5	140.6	168.8	162.2	152.3	148.3	149.9	153.3	151.3	147.3	153.0
61.9	66.0	71.3	84.9	90.6	128.9	132.6	137.1	142.2	156.3	166.2	177.3	189.3	199.3
209.1	225.8	237.7	256.8	268.8	272.3	287.8	313.7	347.4	370.5	380.1	461.1	500.3	472.0
58.5	64.2	72.4	86.0	95.6	134.1	149.3	155.3	161.1	170.1	184.1	203.3	214.5	218.3
93.8	97.5	104.1	91.6	92.4	138.5	147.7	155.5	159.9	176.0	179.2	228.6	225.1	244.5
80.0	85.6	92.1	90.0	101.4	117.1	124.4	125.1	132.0	133.5	130.6	142.0	143.5	153.2
80.9	84.1	89.5	94.3	98.2	104.6	108.5	111.0	110.3	110.2	105.1	98.8	99.9	104.1
24.7	24.0	26.4	25.6	23.1	29.3	30.5	31.3	32.9	36.1	36.2	41.7	41.1	44.3
759.4	775.0	795.0	820.8	847.5	876.6	911.9	931.7	952.0	977.7	1010.2	1181.0	1244.3	1261.5
336.8	354.9	379.8	411.4	440.1	473.8	505.5	531.4	556.9	586.9	606.8	683.2	727.4	759.6
52.5	54.6	55.8	57.4	59.4	64.1	65.1	66.6	68.1	70.4	69.6	72.8	73.6	75.1
370.2	388.0	403.7	426.1	453.8	465.5	483.3	507.7	527.7	555.8	595.6	665.1	664.0	675.5

1-22 分登记注册类型城镇非私营单位女性就业人员年末人数
Female Employed Persons at Year-end in Urban Units Excluding Private Units by Registration Status

单位：万人 (10 000 persons)

年 份 Year	合 计 Total	国有单位 State-owned Units	城镇集体单位 Urban Collective-owned Units	其他单位 Units of Other Types of Ownership
1994	5799.1	3982.5	1451.1	364.5
1995	5889.0	4059.0	1399.0	431.0
1996	5883.3	4088.3	1337.8	457.3
1997	5824.8	4030.2	1271.0	523.6
1998	4677.8	3181.6	795.6	700.6
1999	4613.4	3128.0	702.8	782.7
2000	4411.3	2952.5	605.8	853.0
2001	4225.7	2788.2	509.9	927.5
2002	4156.2	2627.7	436.9	1091.5
2003	4156.1	2529.6	383.9	1242.6
2004	4227.3	2480.7	336.7	1410.0
2005	4324.6	2399.3	299.1	1626.2
2006	4445.7	2386.9	277.7	1781.1
2007	4540.3	2383.0	254.5	1902.8
2008	4579.6	2401.7	234.2	1943.7
2009	4678.5	2391.6	212.7	2074.2
2010	4861.5	2447.4	205.2	2208.9
2011	5227.7	2522.4	195.9	2509.4
2012	5458.9	2590.1	188.4	2680.4
2013	6338.3	2472.3	179.1	3686.9
2014	6546.2	2509.0	173.1	3864.1
2015	6527.0	2531.9	156.5	3838.7
2016	6517.6	2562.1	147.6	3807.8
2017	6545.3	2583.1	137.9	3824.3
2018	6427.6	2537.3	121.6	3768.7
2019	6684.2	2532.9	108.4	4043.0
2020	6779.4	2650.3	108.5	4020.6
2021	6852.0	2714.0	109.5	4028.5

1-23 分地区按行业分城镇非私营单位就业人员数(2021年)
Employed Persons in Urban Units Excluding Private Units by Sector and Region (2021)

单位：万人 (10 000 persons)

地区	Region	合计 Total	农、林、牧、渔业 Agriculture, Forestry, Animal Husbandry and Fishery	采矿业 Mining	制造业 Manufacturing	电力、热力、燃气及水生产和供应业 Production and Supply of Electricity, Heat, Gas and Water	建筑业 Construction
全国	**National Average**	**17014.5**	**86.8**	**344.8**	**3828.0**	**382.0**	**1971.9**
北京	Beijing	759.5	1.5	2.8	59.8	9.5	46.2
天津	Tianjin	256.4	0.3	5.4	63.7	4.2	21.0
河北	Hebei	566.0	1.8	15.3	101.1	18.6	38.7
山西	Shanxi	442.9	1.3	84.6	56.5	16.1	26.9
内蒙古	Inner Mongolia	267.7	7.6	10.3	33.5	15.6	9.1
辽宁	Liaoning	458.0	7.2	18.5	95.1	14.7	27.1
吉林	Jilin	254.7	5.8	6.0	44.9	9.5	13.0
黑龙江	Heilongjiang	311.2	20.0	23.2	26.4	15.6	12.5
上海	Shanghai	683.1	0.8	0.2	133.7	3.4	28.4
江苏	Jiangsu	1314.0	2.5	5.4	461.2	15.0	230.5
浙江	Zhejiang	1034.6	0.8	0.4	322.3	13.4	179.2
安徽	Anhui	563.2	2.7	13.0	131.0	10.3	98.4
福建	Fujian	579.0	1.3	1.6	160.4	10.9	112.8
江西	Jiangxi	448.0	2.8	2.5	101.2	9.5	79.4
山东	Shandong	1108.3	1.0	27.5	276.3	28.4	139.3
河南	Henan	915.4	1.7	25.6	193.2	23.8	133.6
湖北	Hubei	643.6	2.8	3.3	132.9	14.2	100.6
湖南	Hunan	606.0	1.8	4.3	100.7	15.2	99.7
广东	Guangdong	2110.9	2.1	1.4	830.0	27.5	124.5
广西	Guangxi	410.3	3.3	0.9	54.2	11.3	56.4
海南	Hainan	113.7	3.6	0.6	8.2	2.4	5.3
重庆	Chongqing	358.1	0.4	0.8	66.7	6.4	66.3
四川	Sichuan	871.5	2.2	11.6	144.4	23.0	142.3
贵州	Guizhou	336.7	1.2	14.3	31.1	9.6	41.2
云南	Yunnan	358.1	2.5	5.6	39.6	11.2	29.7
西藏	Tibet	44.5	0.2	0.7	1.7	1.5	3.4
陕西	Shaanxi	476.0	1.7	30.0	76.7	12.9	49.6
甘肃	Gansu	261.3	2.1	7.3	28.3	10.6	31.5
青海	Qinghai	67.1	0.8	2.6	9.6	2.3	3.6
宁夏	Ningxia	70.7	0.5	6.0	9.8	4.4	2.7
新疆	Xinjiang	324.2	2.3	13.0	33.7	11.0	19.1

1-23 续表 1 continued

单位：万人 (10 000 persons)

地 区	Region	批发和零售业 Wholesale and Retail Trades	交通运输、仓储和邮政业 Transport, Storage and Post	住宿和餐饮业 Hotels and Catering Services	信息传输、软件和信息技术服务业 Information Transmission, Software and Information Technology	金融业 Financial Intermediation	房地产业 Real Estate	租赁和商务服务业 Leasing and Business Services
全 国	**National Average**	**797.5**	**798.1**	**265.3**	**519.2**	**818.5**	**529.3**	**680.3**
北 京	Beijing	52.4	54.9	28.3	101.2	61.1	46.0	68.5
天 津	Tianjin	17.9	14.9	5.7	8.3	15.8	9.8	13.4
河 北	Hebei	20.7	29.0	4.3	12.2	36.7	12.0	14.2
山 西	Shanxi	13.7	23.2	4.0	5.0	26.3	6.0	12.0
内蒙古	Inner Mongolia	7.9	19.7	2.4	4.6	18.2	5.3	5.2
辽 宁	Liaoning	16.6	30.2	4.6	13.9	27.0	11.4	13.8
吉 林	Jilin	8.5	15.8	1.9	4.5	20.3	5.0	4.5
黑龙江	Heilongjiang	10.3	23.4	1.5	5.8	20.8	5.4	13.4
上 海	Shanghai	93.3	46.9	28.2	50.7	32.4	28.2	82.2
江 苏	Jiangsu	54.4	44.9	20.6	34.6	43.5	30.8	46.0
浙 江	Zhejiang	45.2	37.1	14.4	32.8	46.7	29.9	41.8
安 徽	Anhui	23.8	20.9	5.4	10.0	22.2	15.1	21.4
福 建	Fujian	24.5	21.6	9.4	10.7	24.0	16.2	18.7
江 西	Jiangxi	17.5	17.9	4.2	5.7	16.8	9.5	8.3
山 东	Shandong	44.0	45.5	11.9	21.0	65.9	28.5	24.7
河 南	Henan	33.7	39.3	7.5	18.2	26.5	27.5	22.9
湖 北	Hubei	31.2	28.0	9.1	17.3	27.6	19.7	19.9
湖 南	Hunan	23.0	24.8	6.4	8.9	30.5	15.5	15.9
广 东	Guangdong	109.6	81.1	41.7	80.6	83.7	90.8	119.2
广 西	Guangxi	13.6	18.9	4.5	5.9	19.0	9.4	17.9
海 南	Hainan	7.3	7.3	4.9	2.8	7.7	9.4	3.6
重 庆	Chongqing	17.7	21.2	4.0	5.7	22.2	15.4	13.2
四 川	Sichuan	35.0	34.4	16.4	25.3	41.8	31.9	30.3
贵 州	Guizhou	12.0	13.0	2.9	4.6	14.2	10.4	7.9
云 南	Yunnan	15.2	15.8	5.0	5.3	12.5	9.5	11.3
西 藏	Tibet	2.6	2.3	0.7	1.3	2.0	0.8	1.9
陕 西	Shaanxi	21.3	26.2	8.7	13.0	22.6	13.2	10.8
甘 肃	Gansu	9.4	13.2	3.1	3.5	12.6	6.9	4.5
青 海	Qinghai	2.1	5.1	0.4	0.9	2.8	1.6	1.3
宁 夏	Ningxia	2.5	4.0	0.3	1.0	3.9	1.6	1.2
新 疆	Xinjiang	10.5	17.6	2.7	4.1	11.3	6.7	10.6

1-23 续表 2 continued

单位：万人 (10 000 persons)

地 区	Region	科学研究和技术服务业 Scientific Research and Technical Services	水利、环境和公共设施管理业 Management of Water Conservancy, Environment and Public Facilities	居民服务、修理和其他服务业 Services to Households, Repair and Other Services	教 育 Education	卫生和社会工作 Health and Social Service	文化、体育和娱乐业 Culture, Sports and Entertainment	公共管理、社会保障和社会组织 Public Management, Social Security and Social Organization
全 国	**National Average**	**450.1**	**252.6**	**85.9**	**1971.9**	**1094.7**	**151.7**	**1985.8**
北 京	Beijing	61.2	12.0	5.8	52.5	32.9	19.2	43.6
天 津	Tianjin	11.6	3.1	5.7	21.4	12.4	1.7	20.0
河 北	Hebei	15.6	10.0	2.6	83.5	46.8	5.3	97.4
山 西	Shanxi	7.6	8.1	0.8	55.9	27.2	4.4	63.3
内蒙古	Inner Mongolia	5.9	4.7	0.6	37.0	20.3	3.1	56.5
辽 宁	Liaoning	10.7	8.4	1.6	54.1	34.6	4.3	64.1
吉 林	Jilin	6.9	6.0	1.5	36.2	22.1	3.0	39.5
黑龙江	Heilongjiang	6.0	6.8	1.5	40.0	26.4	2.3	49.6
上 海	Shanghai	35.8	13.6	10.2	38.5	31.2	6.0	19.3
江 苏	Jiangsu	27.2	14.0	5.3	112.8	63.2	8.9	93.2
浙 江	Zhejiang	21.7	10.7	4.8	90.1	55.3	7.4	80.9
安 徽	Anhui	10.7	7.1	2.4	68.2	36.9	3.5	60.2
福 建	Fujian	8.3	7.2	3.7	64.0	27.9	4.0	51.8
江 西	Jiangxi	7.1	5.9	1.2	62.8	29.5	3.2	63.1
山 东	Shandong	22.6	15.8	3.5	133.5	76.0	8.0	134.9
河 南	Henan	18.4	16.2	3.3	124.9	68.9	7.3	123.1
湖 北	Hubei	17.3	9.2	2.5	77.5	47.6	6.3	76.4
湖 南	Hunan	13.4	9.4	2.7	91.1	47.6	6.1	89.0
广 东	Guangdong	51.5	21.7	12.4	170.2	95.7	13.1	154.2
广 西	Guangxi	8.8	7.1	1.2	77.0	38.5	3.3	59.3
海 南	Hainan	3.1	5.1	0.6	16.9	8.3	1.6	15.0
重 庆	Chongqing	8.2	3.8	0.9	42.4	22.4	2.7	38.0
四 川	Sichuan	22.5	10.8	3.9	112.9	65.6	6.8	110.4
贵 州	Guizhou	5.5	5.1	1.7	57.9	29.4	2.5	72.4
云 南	Yunnan	9.6	7.0	1.8	66.5	35.7	3.7	70.7
西 藏	Tibet	1.1	0.7	0.3	5.3	2.1	0.7	15.4
陕 西	Shaanxi	13.5	9.2	1.5	64.0	34.7	5.5	60.7
甘 肃	Gansu	7.6	4.9	0.9	41.6	20.0	3.0	50.5
青 海	Qinghai	2.1	1.0	0.3	8.7	5.8	0.8	15.3
宁 夏	Ningxia	1.8	1.5	0.1	10.7	5.8	0.9	11.9
新 疆	Xinjiang	7.0	6.6	0.7	54.0	24.0	3.2	86.1

1-24 分登记注册类型城镇非私营单位就业人员平均工资
Average Wage of Employed Persons in Urban Units Excluding Private Units by Status of Registration

单位：元 (yuan)

年 份 Year	合计 Total	#在岗职工 Staff and Workers	国有单位 State-owned Units	城镇集体单位 Urban Collective-owned Units	其他单位 Units of Other Types of Ownership
1995	5348	5500	5553	3934	7728
1996	5980	6210	6207	4312	8521
1997	6444	6470	6679	4516	9092
1998	7446	7479	7579	5314	9241
1999	8319	8346	8443	5758	10142
2000	9333	9371	9441	6241	11238
2001	10834	10870	11045	6851	12437
2002	12373	12422	12701	7636	13486
2003	13969	14040	14358	8627	14843
2004	15920	16024	16445	9723	16519
2005	18200	18364	18978	11176	18362

注：1995-2008年的城镇单位就业人员平均工资即为原来的城镇单位就业人员平均劳动报酬(以下相关表同)。
Note: Average wage of employed persons in urban units from 1995 to 2008 referred to average earning of employed persons in urban units. The Same applies to the related tables following.

1-24 续表 continued

单位：元 (yuan)

年 份 Year	合计 Total	#在岗职工 Staff and Workers	国有单位 State-owned Units	城镇集体单位 Urban Collective-owned Units	其他单位 Units of Other Types of Ownership
2006	20856	21001	21706	12866	21004
2007	24721	24932	26100	15444	24271
2008	28898	29229	30287	18103	28552
2009	32244	32736	34130	20607	31350
2010	36539	37147	38359	24010	35801
2011	41799	42452	43483	28791	41323
2012	46769	47593	48357	33784	46360
2013	51483	52388	52657	38905	51453
2014	56360	57361	57296	42742	56485
2015	62029	63241	65296	46607	60906
2016	67569	68993	72538	50527	65531
2017	74318	76121	81114	55243	71304
2018	82413	84744	89474	60664	79453
2019	90501	93383	98899	62612	87195
2020	97379	100512	108132	68590	92721
2021	106837	110221	115583	74491	103182

1-25 分登记注册类型城镇非私营单位就业人员平均工资指数

年 份 Year	平均货币工资指数(上年=100) Indices of Average Wage (preceding year=100)				
	合计 Total	#在岗职工 Staff and Workers	国有单位 State-owned Units	城镇集体单位 Urban Collective-owned Units	其他单位 Units of Other Types of Ownership
1996	111.8	112.9	111.8	109.6	110.3
1997	107.8	104.2	107.6	104.7	106.7
1998	115.5	106.6	113.5	117.7	101.6
1999	111.7	111.6	111.4	108.4	109.8
2000	112.2	112.3	111.8	108.4	110.8
2001	116.1	116.0	117.0	109.8	110.7
2002	114.2	114.3	115.0	111.5	108.4
2003	112.9	113.0	113.0	113.0	110.1
2004	114.0	114.1	114.5	112.7	111.3
2005	114.3	114.6	115.4	114.9	111.2
2006	114.6	114.4	114.4	115.1	114.4
2007	118.5	118.7	120.2	120.0	115.6
2008	116.9	117.2	116.0	117.2	117.6
2009	111.6	112.0	112.7	113.8	109.8
2010	113.3	113.5	112.4	116.5	114.2
2011	114.4	114.3	113.4	119.9	115.4
2012	111.9	112.1	111.2	117.3	112.2
2013	110.1	110.1	108.9	115.2	111.0
2014	109.5	109.5	108.8	109.9	109.8
2015	110.1	110.3	114.0	109.0	107.8
2016	108.9	109.1	111.1	108.4	107.6
2017	110.0	110.3	111.8	109.3	108.8
2018	110.9	111.3	110.3	109.8	111.4
2019	109.8	110.2	110.5	103.2	109.7
2020	107.6	107.6	109.3	109.5	106.3
2021	109.7	109.7	106.9	108.6	111.3

Indices of Average Wage of Employed Persons in Urban Units Excluding Private Units by Status of Registration

平均实际工资指数(上年=100) Indices of Average Real Wage (preceding year=100)				
合计 Total	#在岗职工 Staff and Workers	国有单位 State-owned Units	城镇集体单位 Urban Collective-owned Units	其他单位 Units of Other Types of Ownership
102.8	103.8	102.7	100.7	101.3
104.5	101.1	104.4	101.6	103.5
116.2	107.2	114.2	118.4	102.3
113.2	113.1	112.9	109.8	111.2
111.3	111.4	110.9	107.5	109.9
115.3	115.2	116.2	109.0	109.9
115.4	115.5	116.2	112.6	109.5
111.9	112.0	112.0	112.0	109.1
110.3	110.5	110.9	109.1	107.7
112.5	112.8	113.6	113.1	109.4
112.9	112.7	112.7	113.4	112.7
113.4	113.6	115.0	114.8	110.6
110.7	111.0	109.8	111.0	111.4
112.6	113.0	113.7	114.8	110.8
109.8	110.0	108.9	112.9	110.7
108.6	108.5	107.7	113.9	109.6
109.0	109.2	108.3	114.3	109.2
107.3	107.3	106.1	112.2	108.2
107.2	107.2	106.6	107.6	107.5
108.5	108.6	112.3	107.4	106.2
106.7	106.9	108.8	106.2	105.4
108.2	108.5	110.0	107.5	107.0
108.6	109.0	108.0	107.6	109.1
106.8	107.2	107.5	100.4	106.8
105.2	105.2	106.9	107.1	103.9
108.6	108.6	105.8	107.5	110.2

1-26 分行业城镇非私营单位就业人员平均工资

单位：元

行业	Sector	2003	2004	2005	2006	2007
合　计	**Total**	**13969**	**15920**	**18200**	**20856**	**24721**
农、林、牧、渔业	Agriculture, Forestry, Animal Husbandry and Fishery	6884	7497	8207	9269	10847
采矿业	Mining	13627	16774	20449	24125	28185
制造业	Manufacturing	12671	14251	15934	18225	21144
电力、热力、燃气及水生产和供应业	Production and Supply of Electricity, Heat, Gas and Water	18574	21543	24750	28424	33470
建筑业	Construction	11328	12578	14112	16164	18482
批发和零售业	Wholesale and Retail Trades	10894	13012	15256	17796	21074
交通运输、仓储和邮政业	Transport, Storage and Post	15753	18071	20911	24111	27903
住宿和餐饮业	Hotels and Catering Services	11198	12618	13876	15236	17046
信息传输、软件和信息技术服务业	Information Transmission, Software and Information Technology	30897	33449	38799	43435	47700
金融业	Financial Intermediation	20780	24299	29229	35495	44011
房地产业	Real Estate	17085	18467	20253	22238	26085
租赁和商务服务业	Leasing and Business Services	17020	18723	21233	24510	27807
科学研究和技术服务业	Scientific Research and Technical Services	20442	23351	27155	31644	38432
水利、环境和公共设施管理业	Management of Water Conservancy, Environment and Public Facilities	11774	12884	14322	15630	18383
居民服务、修理和其他服务业	Services to Households, Repair and Other Services	12665	13680	15747	18030	20370
教　育	Education	14189	16085	18259	20918	25908
卫生和社会工作	Health and Social Service	16185	18386	20808	23590	27892
文化、体育和娱乐业	Culture, Sports and Entertainment	17098	20522	22670	25847	30430
公共管理、社会保障和社会组织	Public Management, Social Security and Social Organization	15355	17372	20234	22546	27731

Average Wage of Employed Persons in Urban Units Excluding Private Units by Sector

(yuan)

2008	2009	2010	2011	2012	2013	2014	2015	2016	2017	2018	2019	2020	2021
28898	**32244**	**36539**	**41799**	**46769**	**51483**	**56360**	**62029**	**67569**	**74318**	**82413**	**90501**	**97379**	**106837**
12560	14356	16717	19469	22687	25820	28356	31947	33612	36504	36466	39340	48540	53819
34233	38038	44196	52230	56946	60138	61677	59404	60544	69500	81429	91068	96674	108467
24404	26810	30916	36665	41650	46431	51369	55324	59470	64452	72088	78147	82783	92459
38515	41869	47309	52723	58202	67085	73339	78886	83863	90348	100162	107733	116728	125332
21223	24161	27529	32103	36483	42072	45804	48886	52082	55568	60501	65580	69986	75762
25818	29139	33635	40654	46340	50308	55838	60328	65061	71201	80551	89047	96521	107735
32041	35315	40466	47078	53391	57993	63416	68822	73650	80225	88508	97050	100642	109851
19321	20860	23382	27486	31267	34044	37264	40806	43382	45751	48260	50346	48833	53631
54906	58154	64436	70918	80510	90915	100845	112042	122478	133150	147678	161352	177544	201506
53897	60398	70146	81109	89743	99653	108273	114777	117418	122851	129837	131405	133390	150843
30118	32242	35870	42837	46764	51048	55568	60244	65497	69277	75281	80157	83807	91143
32915	35494	39566	46976	53162	62538	67131	72489	76782	81393	85147	88190	92924	102537
45512	50143	56376	64252	69254	76602	82259	89410	96638	107815	123343	133459	139851	151776
21103	23159	25544	28868	32343	36123	39198	43528	47750	52229	56670	61158	63914	65802
22858	25172	28206	33169	35135	38429	41882	44802	47577	50552	55343	60232	60722	65193
29831	34543	38968	43194	47734	51950	56580	66592	74498	83412	92383	97681	106474	111392
32185	35662	40232	46206	52564	57979	63267	71624	80026	89648	98118	108903	115449	126828
34158	37755	41428	47878	53558	59336	64375	72764	79875	87803	98621	107708	112081	117329
32296	35326	38242	42062	46074	49259	53110	62323	70959	80372	87932	94369	104487	111361

1-27 分地区城镇非私营单位就业人员平均工资

单位：元

地 区	Region	2003	2004	2005	2006	2007	2008	2009	2010
全 国	**National Total**	**13969**	**15920**	**18200**	**20856**	**24721**	**28898**	**32244**	**36539**
北 京	Beijing	25008	29216	33660	39684	45823	55844	57779	65158
天 津	Tianjin	18511	21146	24122	27628	33312	39990	43937	51489
河 北	Hebei	11105	12793	14583	16456	19742	24276	27774	31451
山 西	Shanxi	10620	12794	15473	18106	21315	25489	28066	33057
内蒙古	Inner Mongolia	11208	13233	15910	18382	21794	25949	30486	35211
辽 宁	Liaoning	12921	14787	17156	19365	22882	27179	30523	34437
吉 林	Jilin	11048	12388	14380	16393	20371	23294	25943	29003
黑龙江	Heilongjiang	10787	12209	13980	15894	18481	21764	24805	27735
上 海	Shanghai	25565	27965	31578	37585	44976	52122	58336	66115
江 苏	Jiangsu	15619	18054	20885	23657	27212	31297	35217	39772
浙 江	Zhejiang	21116	23243	25696	27570	30818	33622	36553	40640
安 徽	Anhui	10419	12693	15019	17610	21699	25703	28723	33341
福 建	Fujian	14343	15627	17190	19424	22277	25555	28366	32340
江 西	Jiangxi	10382	11713	13524	15370	18144	20597	24165	28363
山 东	Shandong	12554	14321	16564	19135	22734	26234	29398	33321
河 南	Henan	10639	11970	14119	16791	20639	24438	26906	29819
湖 北	Hubei	10575	11692	13725	15779	19548	22384	26547	31811
湖 南	Hunan	12002	13624	15306	17400	21060	24146	26534	29670
广 东	Guangdong	20052	22230	24122	26400	29658	33282	36469	40432
广 西	Guangxi	11611	13234	15079	17571	21251	24798	27322	30673
海 南	Hainan	10396	12622	14377	15843	19220	21767	24790	30775
重 庆	Chongqing	12409	14373	16583	19172	22965	26640	30499	34727
四 川	Sichuan	12320	13887	15638	17612	21081	24725	28149	32567
贵 州	Guizhou	10801	12163	14081	16481	20254	23979	27437	30433
云 南	Yunnan	12629	14255	15732	18262	19912	23305	26163	29195
西 藏	Tibet	23730	27339	26437	29119	42820	44055	45347	49898
陕 西	Shaanxi	11276	12907	14562	16646	20977	25478	29566	33384
甘 肃	Gansu	12062	13328	14654	16991	20657	23632	26743	29096
青 海	Qinghai	15044	16601	18556	21981	25318	30101	32481	36121
宁 夏	Ningxia	12811	14431	16973	20900	25723	30050	32916	37166
新 疆	Xinjiang	13185	14406	15507	17704	21249	24686	27617	32003

Average Wage of Employed Persons in Urban Units Excluding Private Units by Region

(yuan)

2011	2012	2013	2014	2015	2016	2017	2018	2019	2020	2021
41799	**46769**	**51483**	**56360**	**62029**	**67569**	**74318**	**82413**	**90501**	**97379**	**106837**
75482	84742	93006	102268	111390	119928	131700	145766	166803	178178	194651
55658	61514	67773	72773	80090	86305	94534	100731	108002	114682	123528
35309	38658	41501	45114	50921	55334	63036	68717	72956	77323	82526
39230	44236	46407	48969	51803	53705	60061	65917	69551	74739	82413
41118	46557	50723	53748	57135	61067	66679	73835	80563	85310	90426
38154	41858	45505	48190	52332	56015	61153	67324	72891	79472	86062
33610	38407	42846	46516	51558	56098	61451	68533	73813	77995	83028
31302	36406	40794	44036	48881	52435	56067	60780	68416	74554	80369
75591	78673	90908	100251	109174	119935	129795	140400	149377	171884	191844
45487	50639	57177	60867	66196	71574	78267	84688	96527	103621	115133
45162	50197	56571	61572	66668	73326	80750	88883	99654	108645	122309
39352	44601	47806	50894	55139	59102	65150	74378	79037	85854	93861
38588	44525	48538	53426	57628	61973	67420	74316	81814	88149	98071
33239	38512	42473	46218	50932	56136	61429	68573	73725	78182	83766
37618	41904	46998	51825	57270	62539	68081	73593	81446	87749	94768
33634	37338	38301	42179	45403	49505	55495	63174	67268	70239	74872
36128	39846	43899	49838	54367	59831	65912	73777	79303	85052	96994
34586	38971	42726	47117	52357	58241	63690	70221	74316	79122	85438
45060	50278	53318	59481	65788	72326	79183	88636	98889	108045	118133
33032	36386	41391	45424	52982	57878	63821	70606	76479	82751	88170
36244	39485	44971	49882	57600	61663	67727	75885	82227	86609	97471
39430	44498	50006	55588	60543	65545	70889	78928	86559	93816	101670
37330	42339	47965	52555	58915	63926	69419	77686	83367	88559	96741
36102	41156	47364	52772	59701	66279	71795	78316	83298	89228	94487
34004	37629	42447	46101	52564	60450	69106	75701	86585	93133	98730
49464	51705	57773	61235	97849	103232	108817	116015	118118	121005	140355
38143	43073	47446	50535	54994	59637	65181	71983	78361	83520	90996
32092	37679	42833	46960	52942	57575	63374	70695	73607	79730	84500
41370	46483	51393	57084	61090	66589	75701	85379	90929	101401	109346
42703	47436	50476	54858	60380	65570	70298	78384	83947	97438	105266
38238	44576	49064	53471	60117	63739	67932	75457	79421	86343	94281

1-28 分地区按行业分城镇非私营单位就业人员平均工资(2021年)

Average Wage of Employed Persons in Urban Units Excluding Private Units by Sector and Region (2021)

单位：元 (yuan)

地 区	Region	合 计 Total	农、林、牧、渔业 Agriculture, Forestry, Animal Husbandry and Fishery	采矿业 Mining	制造业 Manufacturing	电力、热力、燃气及水生产和供应业 Production and Supply of Electricity, Heat, Gas and Water	建筑业 Construction
全 国	**National Average**	**106837**	**53819**	**108467**	**92459**	**125332**	**75762**
北 京	Beijing	194651	77376	152773	169210	198210	146308
天 津	Tianjin	123528	75125	158580	109826	175282	104859
河 北	Hebei	82526	60706	95838	80289	115727	69392
山 西	Shanxi	82413	52618	99948	74758	101101	74724
内蒙古	Inner Mongolia	90426	71429	142301	91047	120748	60880
辽 宁	Liaoning	86062	24231	92311	83631	92673	69565
吉 林	Jilin	83028	53192	82233	93088	100559	64525
黑龙江	Heilongjiang	80369	40996	98793	81878	92695	62166
上 海	Shanghai	191844	86572	326402	152248	246387	137248
江 苏	Jiangsu	115133	54841	118302	103619	161610	78114
浙 江	Zhejiang	122309	80806	99510	97735	168584	75792
安 徽	Anhui	93861	55304	123744	84197	130890	72577
福 建	Fujian	98071	69504	67457	86707	134343	73221
江 西	Jiangxi	83766	54194	73052	71719	95553	65957
山 东	Shandong	94768	66054	113104	83162	122998	76278
河 南	Henan	74872	52304	86525	64495	100153	61606
湖 北	Hubei	96994	51621	111974	84225	132010	78880
湖 南	Hunan	85438	58199	68983	82484	106637	62179
广 东	Guangdong	118133	77837	187947	92303	164727	83706
广 西	Guangxi	88170	70545	75850	76986	115644	71797
海 南	Hainan	97471	53585	136604	86122	122836	66994
重 庆	Chongqing	101670	73140	96743	89966	110863	67918
四 川	Sichuan	96741	75541	119846	88490	123842	66936
贵 州	Guizhou	94487	57459	87356	92949	125216	80317
云 南	Yunnan	98730	53253	86687	87341	119044	70694
西 藏	Tibet	140355	66674	127699	88355	126469	71241
陕 西	Shaanxi	90996	63090	120683	86840	118877	78757
甘 肃	Gansu	84500	62699	111348	83374	96962	62289
青 海	Qinghai	109346	47609	152682	89234	129072	91110
宁 夏	Ningxia	105266	57826	160833	84879	136010	78574
新 疆	Xinjiang	94281	56131	160056	88422	123101	81501

1-28 续表 1 continued

单位：元 (yuan)

地 区	Region	批发和零售业 Wholesale and Retail Trades	交通运输、仓储和邮政业 Transport, Storage and Post	住宿和餐饮业 Hotels and Catering Services	信息传输、软件和信息技术服务业 Information Transmission, Software and Information Technology	金融业 Financial Intermediation	房地产业 Real Estate	租赁和商务服务业 Leasing and Business Services
全 国	**National Average**	**107735**	**109851**	**53631**	**201506**	**150843**	**91143**	**102537**
北 京	Beijing	180062	134361	63642	290038	298200	131866	168331
天 津	Tianjin	105605	114432	41251	157725	155286	98668	94613
河 北	Hebei	63068	97698	45346	132218	95401	71833	59874
山 西	Shanxi	73526	101149	39400	99130	87734	68728	59029
内蒙古	Inner Mongolia	79896	104584	48506	113337	97446	59438	70688
辽 宁	Liaoning	71675	94245	39671	121947	102613	71733	59906
吉 林	Jilin	70055	86901	44784	93158	84244	60278	57985
黑龙江	Heilongjiang	77983	93288	41197	93945	74150	53953	92982
上 海	Shanghai	203844	157455	63409	303573	397655	126648	191329
江 苏	Jiangsu	107279	110171	56449	180782	164177	95203	85183
浙 江	Zhejiang	120042	121968	61543	257631	175773	106292	96730
安 徽	Anhui	75833	94979	52830	111935	110117	82975	61432
福 建	Fujian	97427	109125	50328	143350	131573	91617	75274
江 西	Jiangxi	69612	95206	43963	104940	106042	75983	63030
山 东	Shandong	75628	106536	53297	116084	97701	81054	80887
河 南	Henan	64891	87331	45984	91501	125279	69174	56702
湖 北	Hubei	73330	103342	44962	131663	127544	75549	79483
湖 南	Hunan	70829	96132	43349	117793	108042	77348	72305
广 东	Guangdong	104679	121907	54516	213031	202771	100580	98762
广 西	Guangxi	76768	101606	43101	111988	112750	85939	69131
海 南	Hainan	99841	117052	64328	247110	113934	83909	112812
重 庆	Chongqing	87988	97665	48566	155067	129860	87315	66893
四 川	Sichuan	83512	103073	50888	147727	113147	78956	71754
贵 州	Guizhou	91019	101505	49925	118727	142097	77398	69595
云 南	Yunnan	90795	107484	45886	111243	144635	81086	62416
西 藏	Tibet	96498	131777	67630	179818	245574	95252	89789
陕 西	Shaanxi	73015	99476	46113	192699	112682	74182	66915
甘 肃	Gansu	65574	96585	43082	93005	86769	53377	61500
青 海	Qinghai	82010	115229	52375	137031	144717	60770	63986
宁 夏	Ningxia	64886	96108	48210	130972	112052	70276	64183
新 疆	Xinjiang	87274	114087	50496	119526	132160	62481	63424

1-28 续表 2 continued

单位：元 (yuan)

地 区	Region	科学研究和技术服务业 Scientific Research and Technical Services	水利、环境和公共设施管理业 Management of Water Conservancy, Environment and Public Facilities	居民服务、修理和其他服务业 Services to Households, Repair and Other Services	教 育 Education	卫生和社会工作 Health and Social Service	文化、体育和娱乐业 Culture, Sports and Entertainment	公共管理、社会保障和社会组织 Public Management, Social Security and Social Organization
全 国	**National Average**	**151776**	**65802**	**65193**	**111392**	**126828**	**117329**	**111361**
北 京	Beijing	215797	114095	78845	201129	216920	224007	176154
天 津	Tianjin	179557	102104	52489	149064	162036	134871	144628
河 北	Hebei	93508	45032	44796	86608	86762	78373	74221
山 西	Shanxi	91304	41832	55581	80472	83104	64032	72495
内蒙古	Inner Mongolia	92225	52855	55730	91871	91562	84989	81234
辽 宁	Liaoning	106778	46720	54977	96709	90805	83719	87837
吉 林	Jilin	100297	42714	40893	88274	93596	72104	79915
黑龙江	Heilongjiang	97529	43908	41953	92853	85042	71787	76461
上 海	Shanghai	236279	85779	82271	199498	208717	180734	224799
江 苏	Jiangsu	157913	87686	82409	149417	153012	123618	171844
浙 江	Zhejiang	174772	81802	71034	151272	179535	138718	177553
安 徽	Anhui	118465	55651	62885	112889	125732	84665	113849
福 建	Fujian	139416	69001	76355	111035	142942	96891	126864
江 西	Jiangxi	109012	43255	51236	92233	113976	85383	102643
山 东	Shandong	120830	51780	60785	109680	117288	100855	108681
河 南	Henan	91438	49279	50254	78468	89435	75458	79616
湖 北	Hubei	135198	79194	57746	103170	120470	96538	113910
湖 南	Hunan	108870	60867	78823	85103	117192	111988	88528
广 东	Guangdong	171581	80231	67286	136671	175780	132893	164533
广 西	Guangxi	111447	60212	53767	85427	114421	85338	94582
海 南	Hainan	112790	54601	65285	99027	110212	86885	94539
重 庆	Chongqing	149205	86319	65841	127699	143140	93912	121249
四 川	Sichuan	138545	66403	55025	105197	121042	92287	114027
贵 州	Guizhou	109495	54507	51168	95667	112348	86242	90990
云 南	Yunnan	119189	57920	49165	108775	107656	95112	107048
西 藏	Tibet	145640	64685	81991	164731	146732	129745	163288
陕 西	Shaanxi	118458	55739	46081	88927	88291	72929	79009
甘 肃	Gansu	111817	60818	49899	95211	88007	75521	90427
青 海	Qinghai	117164	69861	47093	120726	113595	88784	118152
宁 夏	Ningxia	114316	70464	79282	106735	122293	92203	104226
新 疆	Xinjiang	110854	58055	60365	94580	109642	98245	83364

1-29 分地区按行业分城镇私营单位就业人员平均工资(2021年)
Average Wage of Employed Persons in Urban Private Units by Sector and Region (2021)

单位：元 (yuan)

地区	Region	合计 Total	农、林、牧、渔业 Agriculture, Forestry, Animal Husbandry and Fishery	采矿业 Mining	制造业 Manufacturing	电力、热力、燃气及水生产和供应业 Production and Supply of Electricity, Heat, Gas and Water	建筑业 Construction
全国	**National Average**	**62884**	**41442**	**62665**	**63946**	**59271**	**60430**
北京	Beijing	100011	66285	130047	98511	74767	70938
天津	Tianjin	65272	63675	98317	65756	70095	58338
河北	Hebei	48185	37664	50648	52014	52635	47840
山西	Shanxi	45748	35812	59477	49423	46852	47385
内蒙古	Inner Mongolia	51270	50476	74751	58690	56330	54822
辽宁	Liaoning	50169	42830	54194	52841	53340	49257
吉林	Jilin	47886	39610	64201	47254	47372	52776
黑龙江	Heilongjiang	42071	35050	59662	47539	41750	38863
上海	Shanghai	96011	65043		87830	96248	71605
江苏	Jiangsu	68868	53503	86463	72975	77557	65313
浙江	Zhejiang	69228	51459	68860	67182	73517	65581
安徽	Anhui	56154	41046	68032	58135	57717	58024
福建	Fujian	62433	47642	62380	66132	54778	62759
江西	Jiangxi	52667	39839	54728	54909	59311	53360
山东	Shandong	56521	47861	67649	57092	65941	61552
河南	Henan	48117	37839	46874	49468	50884	51766
湖北	Hubei	56429	46429	63514	57358	55939	57729
湖南	Hunan	54469	41321	57054	58199	49962	54102
广东	Guangdong	73231	55518	61584	71734	75028	68422
广西	Guangxi	48494	47289	54567	51694	51962	48331
海南	Hainan	62284	49400	66838	54085	44270	58186
重庆	Chongqing	59307	38185	61782	63753	58211	59494
四川	Sichuan	57399	37249	57901	59697	58943	55714
贵州	Guizhou	51557	36620	72440	48645	57696	50812
云南	Yunnan	48940	34669	61066	49497	52853	49821
西藏	Tibet	66311	56812	78594	58941	110608	55666
陕西	Shaanxi	52331	36864	63971	55981	60758	51848
甘肃	Gansu	47212	36288	56744	49597	49125	49822
青海	Qinghai	50068	40083	58485	59021	57948	55695
宁夏	Ningxia	55327	47574	65371	62525	78186	58816
新疆	Xinjiang	56123	41567	81841	54804	75612	59595

1-29 续表 1 continued

单位：元 (yuan)

地 区	Region	批发和零售业 Wholesale and Retail Trades	交通运输、仓储和邮政业 Transport, Storage and Post	住宿和餐饮业 Hotels and Catering Services	信息传输、软件和信息技术服务业 Information Transmission, Software and Information Technology	金融业 Financial Intermediation	房地产业 Real Estate	租赁和商务服务业 Leasing and Business Services
全 国	**National Average**	**58071**	**62411**	**46817**	**114618**	**95416**	**58288**	**64490**
北 京	Beijing	89830	64772	60912	172323	178011	70235	93637
天 津	Tianjin	69514	65998	49923	98062	106216	62127	65682
河 北	Hebei	43554	52308	38887	49539	71055	44432	45740
山 西	Shanxi	41307	53763	36724	50583	63785	38468	44108
内蒙古	Inner Mongolia	47411	56058	41647	57691	76334	41158	52734
辽 宁	Liaoning	46256	52140	38899	72000	33610	45317	51367
吉 林	Jilin	45306	50080	40353	60348	26875	41873	38118
黑龙江	Heilongjiang	40132	46168	36849	53156	33883	34635	41683
上 海	Shanghai	90175	86002	62738	188255	195146	88897	90950
江 苏	Jiangsu	62569	65458	50970	100702	106528	64030	66932
浙 江	Zhejiang	70139	74229	54021	124852	117777	70223	74700
安 徽	Anhui	50117	56669	43980	76151	71018	54836	56890
福 建	Fujian	53534	62211	47521	90878	93643	65909	60560
江 西	Jiangxi	49200	55893	42472	57568	49172	57721	49732
山 东	Shandong	53522	56825	44509	70067	71694	55824	54720
河 南	Henan	44756	49407	39982	54125	73972	49860	49634
湖 北	Hubei	51218	57596	44675	69715	76123	55816	58548
湖 南	Hunan	49914	50786	42219	75706	67587	50209	52760
广 东	Guangdong	68489	73284	50765	140251	133540	66766	72697
广 西	Guangxi	45090	47222	39352	63082	63343	49266	48120
海 南	Hainan	58289	58785	43623	128846	79592	61337	81566
重 庆	Chongqing	53924	59128	43101	79590	110758	62536	57880
四 川	Sichuan	52248	60368	41744	104670	66047	51289	56001
贵 州	Guizhou	51770	49158	40469	91267	95591	55425	51560
云 南	Yunnan	48204	52101	39330	62613	85101	53033	45483
西 藏	Tibet	84420	79392	60284	112140	72901	78091	80217
陕 西	Shaanxi	46055	59338	39982	82255	43035	52014	51084
甘 肃	Gansu	45462	54220	38661	72000	59202	44020	50989
青 海	Qinghai	49416	54599	41400	54856	91617	44320	45201
宁 夏	Ningxia	48485	59679	40980	57649	67901	43202	55867
新 疆	Xinjiang	53872	61988	44999	70546	77078	48019	56801

1-29 续表 2 continued

单位：元 (yuan)

地 区	Region	科学研究和技术服务业 Scientific Research and Technical Services	水利、环境和公共设施管理业 Management of Water Conservancy, Environment and Public Facilities	居民服务、修理和其他服务业 Services to Households, Repair and Other Services	教 育 Education	卫生和社会工作 Health and Social Service	文化、体育和娱乐业 Culture, Sports and Entertainment
全 国	**National Average**	**77708**	**43366**	**47193**	**52579**	**67750**	**56171**
北 京	Beijing	121374	61053	51547	113728	102670	93905
天 津	Tianjin	79537	36313	48136	79738	64156	66054
河 北	Hebei	53489	29541	37946	45487	52384	43539
山 西	Shanxi	49129	31238	34817	38069	43819	33761
内蒙古	Inner Mongolia	59765	36629	38820	36751	46209	39423
辽 宁	Liaoning	57475	37668	50491	38377	51394	39376
吉 林	Jilin	79860	37367	39199	39363	52510	40261
黑龙江	Heilongjiang	47608	27737	31607	33393	47693	41714
上 海	Shanghai	127237	61023	58245	117880	108729	93524
江 苏	Jiangsu	79304	46241	49202	68542	76767	62836
浙 江	Zhejiang	87872	50211	53053	69897	89911	59943
安 徽	Anhui	57902	32412	43688	50715	59868	48097
福 建	Fujian	62435	54416	47827	47672	74534	49984
江 西	Jiangxi	54422	31701	43745	47176	62312	45092
山 东	Shandong	63193	35606	42462	47869	58229	50325
河 南	Henan	49617	35907	40101	43488	50325	42746
湖 北	Hubei	60173	47008	46448	48107	66645	52808
湖 南	Hunan	57046	50424	50333	44226	64677	49682
广 东	Guangdong	86978	55239	51571	60542	86117	64159
广 西	Guangxi	58711	41503	39344	33921	57621	40797
海 南	Hainan	66996	43154	46091	39541	57369	92466
重 庆	Chongqing	69688	42418	43644	54061	73077	50926
四 川	Sichuan	74762	46287	43784	48308	66321	49186
贵 州	Guizhou	61602	42565	40123	47017	58249	46069
云 南	Yunnan	63500	38932	41520	40872	57535	42462
西 藏	Tibet	98932	81353	58752	63955	132605	63557
陕 西	Shaanxi	64031	38888	39139	47711	57778	44631
甘 肃	Gansu	54918	32023	41490	36228	45302	40309
青 海	Qinghai	61190	42150	41516	36388	48906	43020
宁 夏	Ningxia	56241	33971	42713	38482	55022	43668
新 疆	Xinjiang	66303	43219	45638	47393	52320	52766

第二部分

Chapter Two

2021 年人口变动情况抽样调查数据

Data from 2021 Sample Survey on Population Changes

2-1 各地区人口数及人口自然变动情况
Total Population and Natural Changes by Region

地 区	Region	出生率 (‰) Birth Rate (‰)	死亡率 (‰) Death Rate (‰)	自然增长率 (‰) Natural Growth Rate (‰)	总人口(年末) (万人) Total Population (year-end) (10000 persons)
全 国	**National Total**	**7.52**	**7.18**	**0.34**	**141260**
北 京	Beijing	6.35	5.39	0.96	2189
天 津	Tianjin	5.30	6.23	-0.93	1373
河 北	Hebei	7.15	7.58	-0.43	7448
山 西	Shanxi	7.06	7.32	-0.26	3480
内蒙古	Inner Mongolia	6.26	7.54	-1.28	2400
辽 宁	Liaoning	4.71	8.89	-4.18	4229
吉 林	Jilin	4.70	8.08	-3.38	2375
黑龙江	Heilongjiang	3.59	8.70	-5.11	3125
上 海	Shanghai	4.67	5.59	-0.92	2489
江 苏	Jiangsu	5.65	6.77	-1.12	8505
浙 江	Zhejiang	6.90	5.90	1.00	6540
安 徽	Anhui	8.05	8.00	0.05	6113
福 建	Fujian	8.26	6.28	1.98	4187
江 西	Jiangxi	8.34	6.71	1.63	4517
山 东	Shandong	7.38	7.36	0.02	10170
河 南	Henan	8.00	7.36	0.64	9883
湖 北	Hubei	6.98	7.86	-0.88	5830
湖 南	Hunan	7.13	8.28	-1.15	6622
广 东	Guangdong	9.35	4.83	4.52	12684
广 西	Guangxi	9.68	6.80	2.88	5037
海 南	Hainan	9.74	6.01	3.73	1020
重 庆	Chongqing	6.49	8.04	-1.55	3212
四 川	Sichuan	6.85	8.74	-1.89	8372
贵 州	Guizhou	12.17	7.19	4.98	3852
云 南	Yunnan	9.35	8.12	1.23	4690
西 藏	Tibet	14.17	5.47	8.70	366
陕 西	Shaanxi	7.89	7.38	0.51	3954
甘 肃	Gansu	9.68	8.26	1.42	2490
青 海	Qinghai	11.22	6.91	4.31	594
宁 夏	Ningxia	11.62	6.09	5.53	725
新 疆	Xinjiang	6.16	5.60	0.56	2589

注：1.本表数据根据2021年人口变动情况抽样调查数据推算。
2.全国总人口包括现役军人数，分地区数字中未包括；全国总人口未包括香港、澳门特别行政区和台湾省的人口数据。
3.全国总人口根据2021年人口变动情况抽样误差和调查误差进行了修正，分地区人口未做修正。

Note:a) Data in this table are estimates from the 2021 National Sample Survey on Population Changes.
b) The military personnel were included in the national total population, but were not included in the population by region. The national total population does not include the population of Hong Kong SAR, Macao SAR and Taiwan.
c) The national total population were adjusted on the basis of sampling errors and survey errors from the 2021 National Sample Survey on Population Changes. Similar adjustments were not made to regional figures.

2-2 各地区人口的城乡构成
Population by Urban and Rural Residence and Region

单位：万人 (10000 persons)

地 区	Region	总人口（年末）Total Population (year-end)	城镇人口 Urban Population		乡村人口 Rural Population	
			人口数 Population	比重（%）Proportion	人口数 Population	比重（%）Proportion
全 国	**National Total**	**141260**	**91425**	**64.72**	**49835**	**35.28**
北 京	Beijing	2189	1915	87.50	274	12.52
天 津	Tianjin	1373	1165	84.88	208	15.15
河 北	Hebei	7448	4554	61.14	2894	38.86
山 西	Shanxi	3480	2207	63.42	1273	36.58
内蒙古	Inner Mongolia	2400	1637	68.21	763	31.79
辽 宁	Liaoning	4229	3079	72.81	1150	27.19
吉 林	Jilin	2375	1505	63.36	870	36.63
黑龙江	Heilongjiang	3125	2053	65.69	1072	34.30
上 海	Shanghai	2489	2223	89.30	266	10.69
江 苏	Jiangsu	8505	6289	73.94	2216	26.06
浙 江	Zhejiang	6540	4752	72.66	1788	27.34
安 徽	Anhui	6113	3631	59.39	2482	40.60
福 建	Fujian	4187	2918	69.70	1269	30.31
江 西	Jiangxi	4517	2776	61.46	1741	38.54
山 东	Shandong	10170	6503	63.94	3667	36.06
河 南	Henan	9883	5579	56.45	4304	43.55
湖 北	Hubei	5830	3736	64.09	2094	35.92
湖 南	Hunan	6622	3954	59.71	2668	40.29
广 东	Guangdong	12684	9466	74.63	3218	25.37
广 西	Guangxi	5037	2774	55.08	2263	44.93
海 南	Hainan	1020	622	60.97	398	39.02
重 庆	Chongqing	3212	2259	70.32	953	29.67
四 川	Sichuan	8372	4841	57.82	3531	42.18
贵 州	Guizhou	3852	2093	54.33	1759	45.66
云 南	Yunnan	4690	2394	51.05	2296	48.96
西 藏	Tibet	366	134	36.61	232	63.39
陕 西	Shaanxi	3954	2516	63.63	1438	36.37
甘 肃	Gansu	2490	1328	53.33	1162	46.67
青 海	Qinghai	594	362	61.02	232	39.06
宁 夏	Ningxia	725	479	66.04	246	33.93
新 疆	Xinjiang	2589	1482	57.26	1107	42.76

注：本表数据根据2021年人口变动情况抽样调查数据推算。
Note: Data in the table are estimates from the 2021 National Sample Survey on Population Changes.

2-3 全国分年龄、性别的人口数
Population by Age and Sex

单位：人、% (person,%)

年 龄 Age	人口数 Population			占总人口比重 Percentage to Total Population			性别比（女=100） Sex Ratio (Female=100)
	合计 Total	男 Male	女 Female	合计 Total	男 Male	女 Female	
总计 Total	**1494054**	**763842**	**730212**	**100.00**	**51.13**	**48.87**	**104.61**
0-4	**72978**	**38288**	**34690**	**4.88**	**2.56**	**2.32**	**110.37**
0	10124	5312	4812	0.68	0.36	0.32	110.40
1	11936	6262	5674	0.80	0.42	0.38	110.38
2	14976	7941	7036	1.00	0.53	0.47	112.86
3	16078	8402	7677	1.08	0.56	0.51	109.44
4	19863	10371	9492	1.33	0.69	0.64	109.27
5-9	**96094**	**50970**	**45124**	**6.43**	**3.41**	**3.02**	**112.96**
5	18735	9886	8849	1.25	0.66	0.59	111.72
6	17657	9415	8242	1.18	0.63	0.55	114.24
7	19971	10580	9391	1.34	0.71	0.63	112.66
8	19237	10171	9065	1.29	0.68	0.61	112.20
9	20495	10918	9577	1.37	0.73	0.64	114.01
10-14	**92304**	**49345**	**42959**	**6.18**	**3.30**	**2.88**	**114.86**
10	18747	10031	8716	1.25	0.67	0.58	115.09
11	18573	9952	8622	1.24	0.67	0.58	115.43
12	18817	10017	8800	1.26	0.67	0.59	113.83
13	18191	9737	8454	1.22	0.65	0.57	115.17
14	17976	9609	8367	1.20	0.64	0.56	114.84
15-19	**79414**	**42677**	**36737**	**5.32**	**2.86**	**2.46**	**116.17**
15	15909	8599	7311	1.06	0.58	0.49	117.61
16	17482	9670	7812	1.17	0.65	0.52	123.79
17	17118	9361	7757	1.15	0.63	0.52	120.68
18	13498	7183	6316	0.90	0.48	0.42	113.73
19	15406	7865	7542	1.03	0.53	0.50	104.29
20-24	**77256**	**41020**	**36236**	**5.17**	**2.75**	**2.43**	**113.20**
20	17638	9192	8445	1.18	0.62	0.57	108.85
21	16936	8706	8230	1.13	0.58	0.55	105.79
22	14180	7568	6612	0.95	0.51	0.44	114.45
23	14536	7953	6582	0.97	0.53	0.44	120.83
24	13966	7600	6366	0.93	0.51	0.43	119.39
25-29	**91729**	**48189**	**43540**	**6.14**	**3.23**	**2.91**	**110.68**
25	16594	8700	7895	1.11	0.58	0.53	110.20
26	17740	9259	8481	1.19	0.62	0.57	109.17
27	17814	9396	8418	1.19	0.63	0.56	111.61
28	19484	10291	9193	1.30	0.69	0.62	111.94
29	20097	10544	9554	1.35	0.71	0.64	110.36

注：由于各地区数据采用加权汇总的方法，全国人口变动情况抽样调查样本数据合计与各分项相加略有误差(以下表同)。
Note: Because data by region are calculated by the method of weighted sum, total data of the national sample survey on population changes is not equal to the sum of each item. The same applies to the tables following.

2-3 续表 1 continued

单位：人、% (person,%)

年 龄 Age	人口数 Population			占总人口比重 Percentage to Total Population			性别比 (女=100) Sex Ratio (Female=100)
	合计 Total	男 Male	女 Female	合计 Total	男 Male	女 Female	
30-34	**128056**	**66101**	**61955**	**8.57**	**4.42**	**4.15**	**106.69**
30	21175	11080	10095	1.42	0.74	0.68	109.75
31	27015	14013	13002	1.81	0.94	0.87	107.78
32	26609	13697	12913	1.78	0.92	0.86	106.07
33	25341	13009	12333	1.70	0.87	0.83	105.48
34	27915	14303	13612	1.87	0.96	0.91	105.08
35-39	**109171**	**56115**	**53057**	**7.31**	**3.76**	**3.55**	**105.76**
35	24152	12333	11818	1.62	0.83	0.79	104.36
36	20662	10565	10097	1.38	0.71	0.68	104.64
37	20562	10706	9857	1.38	0.72	0.66	108.61
38	20262	10399	9863	1.36	0.70	0.66	105.43
39	23533	12111	11422	1.58	0.81	0.76	106.04
40-44	**98023**	**50206**	**47817**	**6.56**	**3.36**	**3.20**	**105.00**
40	20267	10392	9875	1.36	0.70	0.66	105.24
41	18629	9407	9223	1.25	0.63	0.62	101.99
42	20745	10629	10117	1.39	0.71	0.68	105.06
43	19735	10163	9571	1.32	0.68	0.64	106.19
44	18647	9615	9032	1.25	0.64	0.60	106.45
45-49	**114545**	**58320**	**56225**	**7.67**	**3.90**	**3.76**	**103.73**
45	20691	10525	10167	1.38	0.70	0.68	103.52
46	20974	10696	10278	1.40	0.72	0.69	104.07
47	23390	11957	11433	1.57	0.80	0.77	104.59
48	24456	12438	12017	1.64	0.83	0.80	103.50
49	25033	12703	12330	1.68	0.85	0.83	103.02
50-54	**129319**	**65216**	**64103**	**8.66**	**4.37**	**4.29**	**101.74**
50	26483	13527	12956	1.77	0.91	0.87	104.40
51	27371	13796	13575	1.83	0.92	0.91	101.62
52	26041	13285	12756	1.74	0.89	0.85	104.15
53	27307	13555	13753	1.83	0.91	0.92	98.56
54	22116	11053	11063	1.48	0.74	0.74	99.91
55-59	**121989**	**61237**	**60752**	**8.16**	**4.10**	**4.07**	**100.80**
55	25204	12721	12482	1.69	0.85	0.84	101.92
56	24570	12456	12114	1.64	0.83	0.81	102.82
57	23946	12003	11943	1.60	0.80	0.80	100.50
58	27587	13757	13830	1.85	0.92	0.93	99.47
59	20683	10301	10382	1.38	0.69	0.69	99.22
60-64	**70755**	**35357**	**35399**	**4.74**	**2.37**	**2.37**	**99.88**
60	11006	5413	5593	0.74	0.36	0.37	96.78
61	13273	6482	6791	0.89	0.43	0.45	95.45
62	12339	6224	6116	0.83	0.42	0.41	101.77
63	16085	8037	8048	1.08	0.54	0.54	99.86
64	18052	9201	8851	1.21	0.62	0.59	103.96

2-3 续表 2 continued

单位：人、% (person,%)

年 龄 Age	人口数 Population 合计 Total	男 Male	女 Female	占总人口比重 Percentage to Total Population 合计 Total	男 Male	女 Female	性别比 (女=100) Sex Ratio (Female=100)
65-69	**81345**	**39951**	**41394**	**5.44**	**2.67**	**2.77**	**96.51**
65	16537	8225	8312	1.11	0.55	0.56	98.95
66	17046	8320	8726	1.14	0.56	0.58	95.35
67	17221	8476	8744	1.15	0.57	0.59	96.93
68	15268	7456	7812	1.02	0.50	0.52	95.45
69	15272	7473	7799	1.02	0.50	0.52	95.82
70-74	**56208**	**27247**	**28962**	**3.76**	**1.82**	**1.94**	**94.08**
70	13075	6222	6853	0.88	0.42	0.46	90.79
71	12362	6029	6333	0.83	0.40	0.42	95.21
72	11495	5615	5880	0.77	0.38	0.39	95.50
73	9992	4867	5125	0.67	0.33	0.34	94.97
74	9285	4514	4772	0.62	0.30	0.32	94.59
75-79	**34886**	**16457**	**18429**	**2.33**	**1.10**	**1.23**	**89.30**
75	8598	4063	4535	0.58	0.27	0.30	89.60
76	7533	3549	3984	0.50	0.24	0.27	89.08
77	6887	3298	3589	0.46	0.22	0.24	91.90
78	6210	2917	3293	0.42	0.20	0.22	88.58
79	5657	2629	3028	0.38	0.18	0.20	86.83
80-84	**22543**	**10175**	**12368**	**1.51**	**0.68**	**0.83**	**82.27**
80	5612	2615	2998	0.38	0.18	0.20	87.22
81	5126	2381	2745	0.34	0.16	0.18	86.76
82	4191	1870	2321	0.28	0.13	0.16	80.55
83	4122	1821	2301	0.28	0.12	0.15	79.13
84	3492	1489	2004	0.23	0.10	0.13	74.29
85-89	**12317**	**5066**	**7252**	**0.82**	**0.34**	**0.49**	**69.86**
85	3396	1409	1987	0.23	0.09	0.13	70.92
86	2779	1146	1633	0.19	0.08	0.11	70.16
87	2386	996	1390	0.16	0.07	0.09	71.68
88	2218	903	1315	0.15	0.06	0.09	68.63
89	1537	611	926	0.10	0.04	0.06	66.01
90-94	**4249**	**1643**	**2606**	**0.28**	**0.11**	**0.17**	**63.07**
90	1356	537	818	0.09	0.04	0.05	65.63
91	1189	477	712	0.08	0.03	0.05	67.00
92	726	269	457	0.05	0.02	0.03	58.95
93	543	206	337	0.04	0.01	0.02	61.06
94	436	154	282	0.03	0.01	0.02	54.73
95+	**871**	**263**	**608**	**0.06**	**0.02**	**0.04**	**43.20**

2-4 全国城市分年龄、性别的人口数
City Population by Age and Sex

单位：人、%　　(person,%)

年 龄 Age	人口数 Population			占总人口比重 Percentage to Total Population			性别比 (女=100) Sex Ratio (Female=100)
	合计 Total	男 Male	女 Female	合计 Total	男 Male	女 Female	
总计 Total	**601812**	**304955**	**296857**	**100.00**	**50.67**	**49.33**	**102.73**
0-4	**27901**	**14680**	**13221**	**4.64**	**2.44**	**2.20**	**111.04**
0	3948	2111	1837	0.66	0.35	0.31	114.92
1	4570	2419	2151	0.76	0.40	0.36	112.49
2	5747	3068	2679	0.95	0.51	0.45	114.52
3	6125	3164	2960	1.02	0.53	0.49	106.88
4	7512	3918	3594	1.25	0.65	0.60	109.02
5-9	**34796**	**18578**	**16218**	**5.78**	**3.09**	**2.69**	**114.55**
5	7154	3893	3261	1.19	0.65	0.54	119.38
6	6462	3450	3012	1.07	0.57	0.50	114.56
7	7358	3869	3488	1.22	0.64	0.58	110.92
8	6664	3525	3139	1.11	0.59	0.52	112.31
9	7159	3841	3319	1.19	0.64	0.55	115.73
10-14	**29537**	**15725**	**13812**	**4.91**	**2.61**	**2.30**	**113.85**
10	6113	3195	2918	1.02	0.53	0.48	109.50
11	5971	3273	2698	0.99	0.54	0.45	121.32
12	5926	3158	2768	0.98	0.52	0.46	114.06
13	5749	3083	2666	0.96	0.51	0.44	115.63
14	5778	3016	2762	0.96	0.50	0.46	109.22
15-19	**33757**	**17984**	**15773**	**5.61**	**2.99**	**2.62**	**114.02**
15	5795	3160	2635	0.96	0.53	0.44	119.91
16	6871	3872	2999	1.14	0.64	0.50	129.10
17	6721	3601	3120	1.12	0.60	0.52	115.39
18	5976	3178	2797	0.99	0.53	0.46	113.63
19	8395	4174	4222	1.39	0.69	0.70	98.86
20-24	**40792**	**21247**	**19545**	**6.78**	**3.53**	**3.25**	**108.71**
20	9994	5129	4865	1.66	0.85	0.81	105.42
21	9440	4764	4677	1.57	0.79	0.78	101.86
22	7394	3917	3477	1.23	0.65	0.58	112.68
23	7198	3873	3325	1.20	0.64	0.55	116.47
24	6765	3565	3201	1.12	0.59	0.53	111.36
25-29	**43895**	**22753**	**21142**	**7.29**	**3.78**	**3.51**	**107.62**
25	8046	4125	3921	1.34	0.69	0.65	105.20
26	8497	4403	4095	1.41	0.73	0.68	107.52
27	8607	4485	4122	1.43	0.75	0.68	108.79
28	9316	4855	4462	1.55	0.81	0.74	108.81
29	9428	4886	4543	1.57	0.81	0.75	107.56

2-4 续表 1 continued

单位：人、% (person,%)

年 龄 Age	人口数 Population			占总人口比重 Percentage to Total Population			性别比 (女=100) Sex Ratio (Female=100)
	合计 Total	男 Male	女 Female	合计 Total	男 Male	女 Female	
30-34	**60282**	**30557**	**29725**	**10.02**	**5.08**	**4.94**	**102.80**
30	9830	5013	4817	1.63	0.83	0.80	104.06
31	12466	6286	6181	2.07	1.04	1.03	101.70
32	12546	6452	6094	2.08	1.07	1.01	105.89
33	12034	6106	5927	2.00	1.01	0.98	103.02
34	13406	6700	6706	2.23	1.11	1.11	99.91
35-39	**52658**	**26607**	**26051**	**8.75**	**4.42**	**4.33**	**102.13**
35	11708	5827	5881	1.95	0.97	0.98	99.09
36	9806	4953	4853	1.63	0.82	0.81	102.08
37	9864	5035	4829	1.64	0.84	0.80	104.27
38	9823	4960	4863	1.63	0.82	0.81	102.00
39	11459	5832	5627	1.90	0.97	0.93	103.64
40-44	**44526**	**22381**	**22145**	**7.40**	**3.72**	**3.68**	**101.07**
40	9557	4827	4730	1.59	0.80	0.79	102.05
41	8614	4285	4328	1.43	0.71	0.72	99.01
42	9468	4764	4704	1.57	0.79	0.78	101.28
43	8790	4422	4368	1.46	0.73	0.73	101.24
44	8099	4083	4015	1.35	0.68	0.67	101.69
45-49	**47099**	**23873**	**23226**	**7.83**	**3.97**	**3.86**	**102.79**
45	8977	4501	4476	1.49	0.75	0.74	100.55
46	8858	4514	4344	1.47	0.75	0.72	103.90
47	9575	4893	4683	1.59	0.81	0.78	104.49
48	9913	5022	4891	1.65	0.83	0.81	102.68
49	9776	4944	4832	1.62	0.82	0.80	102.32
50-54	**47943**	**24101**	**23842**	**7.97**	**4.00**	**3.96**	**101.08**
50	10449	5343	5106	1.74	0.89	0.85	104.65
51	10371	5296	5075	1.72	0.88	0.84	104.36
52	9791	4989	4801	1.63	0.83	0.80	103.92
53	9705	4753	4953	1.61	0.79	0.82	95.97
54	7627	3719	3908	1.27	0.62	0.65	95.18
55-59	**43586**	**21629**	**21957**	**7.24**	**3.59**	**3.65**	**98.51**
55	8492	4211	4281	1.41	0.70	0.71	98.36
56	8766	4363	4403	1.46	0.72	0.73	99.10
57	8685	4327	4358	1.44	0.72	0.72	99.27
58	10275	5066	5209	1.71	0.84	0.87	97.26
59	7368	3663	3706	1.22	0.61	0.62	98.83
60-64	**26250**	**12925**	**13324**	**4.36**	**2.15**	**2.21**	**97.00**
60	4012	1960	2052	0.67	0.33	0.34	95.50
61	5077	2414	2663	0.84	0.40	0.44	90.66
62	4643	2325	2318	0.77	0.39	0.39	100.31
63	6041	3004	3037	1.00	0.50	0.50	98.91
64	6476	3222	3254	1.08	0.54	0.54	99.01

2-4 续表 2 continued

单位：人、% (person,%)

年 龄 Age	人口数 Population			占总人口比重 Percentage to Total Population			性别比 (女=100) Sex Ratio (Female=100)
	合计 Total	男 Male	女 Female	合计 Total	男 Male	女 Female	
65-69	**27152**	**12918**	**14234**	**4.51**	**2.15**	**2.37**	**90.75**
65	5750	2831	2919	0.96	0.47	0.49	96.97
66	5908	2778	3130	0.98	0.46	0.52	88.73
67	5725	2716	3009	0.95	0.45	0.50	90.28
68	4890	2303	2587	0.81	0.38	0.43	89.01
69	4879	2290	2589	0.81	0.38	0.43	88.48
70-74	**17557**	**8264**	**9293**	**2.92**	**1.37**	**1.54**	**88.92**
70	4244	2020	2224	0.71	0.34	0.37	90.82
71	3949	1858	2091	0.66	0.31	0.35	88.86
72	3614	1750	1864	0.60	0.29	0.31	93.90
73	2903	1326	1577	0.48	0.22	0.26	84.08
74	2848	1310	1538	0.47	0.22	0.26	85.20
75-79	**10658**	**4933**	**5725**	**1.77**	**0.82**	**0.95**	**86.17**
75	2711	1228	1483	0.45	0.20	0.25	82.80
76	2230	1073	1157	0.37	0.18	0.19	92.79
77	2075	976	1100	0.34	0.16	0.18	88.71
78	1840	861	979	0.31	0.14	0.16	87.88
79	1802	796	1006	0.30	0.13	0.17	79.08
80-84	**7429**	**3280**	**4150**	**1.23**	**0.54**	**0.69**	**79.04**
80	1812	811	1001	0.30	0.13	0.17	81.04
81	1633	751	882	0.27	0.12	0.15	85.09
82	1396	605	791	0.23	0.10	0.13	76.51
83	1428	636	793	0.24	0.11	0.13	80.19
84	1160	477	683	0.19	0.08	0.11	69.87
85-89	**4256**	**1792**	**2464**	**0.71**	**0.30**	**0.41**	**72.75**
85	1123	482	641	0.19	0.08	0.11	75.22
86	983	412	571	0.16	0.07	0.09	72.15
87	828	348	480	0.14	0.06	0.08	72.50
88	773	316	457	0.13	0.05	0.08	69.10
89	549	234	315	0.09	0.04	0.05	74.50
90-94	**1454**	**624**	**830**	**0.24**	**0.10**	**0.14**	**75.13**
90	460	201	259	0.08	0.03	0.04	77.44
91	365	142	223	0.06	0.02	0.04	63.66
92	279	116	163	0.05	0.02	0.03	71.57
93	197	90	107	0.03	0.01	0.02	83.75
94	154	75	79	0.03	0.01	0.01	95.60
95+	**282**	**104**	**179**	**0.05**	**0.02**	**0.03**	**58.02**

2-5 全国镇分年龄、性别的人口数
Town Population by Age and Sex

单位：人、% (person,%)

年龄 Age	人口数 Population 合计 Total	男 Male	女 Female	占总人口比重 Percentage to Total Population 合计 Total	男 Male	女 Female	性别比 (女=100) Sex Ratio (Female=100)
总计 Total	**364415**	**184742**	**179673**	**100.00**	**50.70**	**49.30**	**102.82**
0-4	**18442**	**9630**	**8812**	**5.06**	**2.64**	**2.42**	**109.29**
0	2454	1285	1169	0.67	0.35	0.32	109.97
1	3040	1574	1466	0.83	0.43	0.40	107.36
2	3678	1931	1746	1.01	0.53	0.48	110.60
3	4129	2175	1954	1.13	0.60	0.54	111.31
4	5141	2664	2477	1.41	0.73	0.68	107.59
5-9	**25843**	**13638**	**12205**	**7.09**	**3.74**	**3.35**	**111.74**
5	5016	2609	2407	1.38	0.72	0.66	108.40
6	4762	2468	2294	1.31	0.68	0.63	107.55
7	5344	2851	2493	1.47	0.78	0.68	114.35
8	5209	2776	2433	1.43	0.76	0.67	114.10
9	5512	2935	2578	1.51	0.81	0.71	113.86
10-14	**25121**	**13545**	**11576**	**6.89**	**3.72**	**3.18**	**117.01**
10	5083	2801	2282	1.39	0.77	0.63	122.76
11	5135	2683	2452	1.41	0.74	0.67	109.42
12	5078	2789	2289	1.39	0.77	0.63	121.84
13	4931	2623	2307	1.35	0.72	0.63	113.69
14	4894	2649	2245	1.34	0.73	0.62	117.96
15-19	**21957**	**11653**	**10303**	**6.03**	**3.20**	**2.83**	**113.11**
15	4572	2464	2108	1.25	0.68	0.58	116.90
16	5316	2879	2437	1.46	0.79	0.67	118.15
17	5275	2898	2377	1.45	0.80	0.65	121.94
18	3486	1761	1725	0.96	0.48	0.47	102.07
19	3307	1651	1656	0.91	0.45	0.45	99.68
20-24	**15944**	**8370**	**7575**	**4.38**	**2.30**	**2.08**	**110.49**
20	3410	1753	1658	0.94	0.48	0.45	105.72
21	3462	1721	1741	0.95	0.47	0.48	98.88
22	2995	1553	1442	0.82	0.43	0.40	107.70
23	3089	1677	1412	0.85	0.46	0.39	118.71
24	2989	1666	1322	0.82	0.46	0.36	126.03
25-29	**21323**	**10910**	**10413**	**5.85**	**2.99**	**2.86**	**104.77**
25	3675	1955	1721	1.01	0.54	0.47	113.61
26	3960	1977	1983	1.09	0.54	0.54	99.73
27	4167	2169	1997	1.14	0.60	0.55	108.61
28	4679	2379	2301	1.28	0.65	0.63	103.41
29	4841	2429	2412	1.33	0.67	0.66	100.70

2-5 续表 1 continued

单位：人、% (person,%)

年 龄 Age	人口数 Population			占总人口比重 Percentage to Total Population			性别比 (女=100) Sex Ratio (Female=100)
	合计 Total	男 Male	女 Female	合计 Total	男 Male	女 Female	
30-34	**32230**	**16241**	**15989**	**8.84**	**4.46**	**4.39**	**101.58**
30	5280	2701	2579	1.45	0.74	0.71	104.74
31	6770	3444	3326	1.86	0.95	0.91	103.57
32	6734	3331	3403	1.85	0.91	0.93	97.87
33	6395	3200	3195	1.75	0.88	0.88	100.17
34	7051	3565	3486	1.93	0.98	0.96	102.26
35-39	**27052**	**13616**	**13435**	**7.42**	**3.74**	**3.69**	**101.35**
35	6062	3028	3034	1.66	0.83	0.83	99.79
36	5168	2567	2601	1.42	0.70	0.71	98.68
37	5183	2685	2498	1.42	0.74	0.69	107.51
38	4973	2529	2444	1.36	0.69	0.67	103.47
39	5665	2807	2858	1.55	0.77	0.78	98.23
40-44	**24858**	**12597**	**12261**	**6.82**	**3.46**	**3.36**	**102.74**
40	4986	2476	2510	1.37	0.68	0.69	98.62
41	4665	2314	2351	1.28	0.63	0.65	98.42
42	5240	2646	2593	1.44	0.73	0.71	102.04
43	5037	2618	2419	1.38	0.72	0.66	108.23
44	4931	2543	2387	1.35	0.70	0.66	106.55
45-49	**28921**	**14484**	**14437**	**7.94**	**3.97**	**3.96**	**100.33**
45	5296	2659	2637	1.45	0.73	0.72	100.83
46	5240	2585	2654	1.44	0.71	0.73	97.39
47	5963	2986	2977	1.64	0.82	0.82	100.30
48	6102	3101	3001	1.67	0.85	0.82	103.31
49	6321	3153	3167	1.73	0.87	0.87	99.57
50-54	**32140**	**16055**	**16085**	**8.82**	**4.41**	**4.41**	**99.82**
50	6432	3280	3153	1.77	0.90	0.87	104.04
51	6790	3376	3415	1.86	0.93	0.94	98.86
52	6555	3296	3259	1.80	0.90	0.89	101.16
53	6799	3335	3464	1.87	0.92	0.95	96.29
54	5563	2768	2795	1.53	0.76	0.77	99.04
55-59	**29315**	**14640**	**14675**	**8.04**	**4.02**	**4.03**	**99.76**
55	6257	3138	3119	1.72	0.86	0.86	100.58
56	5985	3025	2960	1.64	0.83	0.81	102.21
57	5717	2837	2880	1.57	0.78	0.79	98.53
58	6559	3271	3288	1.80	0.90	0.90	99.48
59	4797	2369	2428	1.32	0.65	0.67	97.57
60-64	**15681**	**7742**	**7939**	**4.30**	**2.12**	**2.18**	**97.52**
60	2437	1182	1255	0.67	0.32	0.34	94.23
61	2959	1439	1520	0.81	0.39	0.42	94.72
62	2710	1334	1376	0.74	0.37	0.38	96.93
63	3528	1740	1789	0.97	0.48	0.49	97.27
64	4047	2047	2000	1.11	0.56	0.55	102.33

2-5 续表 2 continued

单位：人、% (person,%)

年 龄 Age	人口数 Population			占总人口比重 Percentage to Total Population			性别比 (女=100) Sex Ratio (Female=100)
	合计 Total	男 Male	女 Female	合计 Total	男 Male	女 Female	
65-69	**17851**	**8765**	**9086**	**4.90**	**2.41**	**2.49**	**96.47**
65	3581	1786	1795	0.98	0.49	0.49	99.55
66	3731	1845	1886	1.02	0.51	0.52	97.82
67	3774	1856	1917	1.04	0.51	0.53	96.80
68	3420	1668	1752	0.94	0.46	0.48	95.20
69	3345	1609	1735	0.92	0.44	0.48	92.72
70-74	**12034**	**5837**	**6198**	**3.30**	**1.60**	**1.70**	**94.18**
70	2846	1367	1480	0.78	0.38	0.41	92.35
71	2615	1283	1332	0.72	0.35	0.37	96.31
72	2408	1140	1268	0.66	0.31	0.35	89.90
73	2166	1059	1107	0.59	0.29	0.30	95.64
74	1999	989	1011	0.55	0.27	0.28	97.82
75-79	**7429**	**3470**	**3959**	**2.04**	**0.95**	**1.09**	**87.66**
75	1758	819	939	0.48	0.22	0.26	87.26
76	1636	749	887	0.45	0.21	0.24	84.45
77	1486	717	769	0.41	0.20	0.21	93.16
78	1322	614	707	0.36	0.17	0.19	86.82
79	1227	571	656	0.34	0.16	0.18	87.04
80-84	**4689**	**2123**	**2566**	**1.29**	**0.58**	**0.70**	**82.74**
80	1176	554	622	0.32	0.15	0.17	89.01
81	1082	485	598	0.30	0.13	0.16	81.08
82	865	408	457	0.24	0.11	0.13	89.22
83	826	346	480	0.23	0.10	0.13	72.15
84	741	331	410	0.20	0.09	0.11	80.83
85-89	**2486**	**1023**	**1462**	**0.68**	**0.28**	**0.40**	**69.97**
85	713	286	427	0.20	0.08	0.12	67.12
86	552	226	326	0.15	0.06	0.09	69.28
87	494	212	282	0.14	0.06	0.08	74.94
88	456	199	257	0.13	0.05	0.07	77.40
89	270	100	170	0.07	0.03	0.05	58.98
90-94	**918**	**357**	**561**	**0.25**	**0.10**	**0.15**	**63.73**
90	321	130	191	0.09	0.04	0.05	67.81
91	275	111	164	0.08	0.03	0.05	67.82
92	137	54	83	0.04	0.01	0.02	64.82
93	107	39	68	0.03	0.01	0.02	57.61
94	79	24	55	0.02	0.01	0.02	43.25
95+	**182**	**44**	**138**	**0.05**	**0.01**	**0.04**	**31.75**

2-6 全国乡村分年龄、性别的人口数
Rural Population by Age and Sex

单位：人、%　　(person,%)

年 龄 Age	人口数 Population			占总人口比重 Percentage to Total Population			性别比 (女=100) Sex Ratio (Female=100)
	合计 Total	男 Male	女 Female	合计 Total	男 Male	女 Female	
总计 Total	**527827**	**274145**	**253682**	**100.00**	**51.94**	**48.06**	**108.07**
0-4	**26635**	**13978**	**12657**	**5.05**	**2.65**	**2.40**	**110.43**
0	3722	1916	1806	0.71	0.36	0.34	106.08
1	4326	2269	2057	0.82	0.43	0.39	110.31
2	5552	2941	2610	1.05	0.56	0.49	112.68
3	5824	3062	2762	1.10	0.58	0.52	110.86
4	7211	3789	3422	1.37	0.72	0.65	110.73
5-9	**35454**	**18754**	**16700**	**6.72**	**3.55**	**3.16**	**112.30**
5	6565	3384	3181	1.24	0.64	0.60	106.38
6	6433	3498	2936	1.22	0.66	0.56	119.15
7	7269	3860	3409	1.38	0.73	0.65	113.20
8	7364	3870	3493	1.40	0.73	0.66	110.78
9	7823	4143	3680	1.48	0.78	0.70	112.56
10-14	**37646**	**20075**	**17572**	**7.13**	**3.80**	**3.33**	**114.25**
10	7551	4034	3516	1.43	0.76	0.67	114.74
11	7468	3996	3472	1.41	0.76	0.66	115.09
12	7812	4070	3742	1.48	0.77	0.71	108.75
13	7511	4030	3481	1.42	0.76	0.66	115.80
14	7304	3944	3360	1.38	0.75	0.64	117.37
15-19	**23700**	**13040**	**10661**	**4.49**	**2.47**	**2.02**	**122.31**
15	5543	2975	2568	1.05	0.56	0.49	115.83
16	5295	2919	2376	1.00	0.55	0.45	122.86
17	5122	2862	2260	0.97	0.54	0.43	126.66
18	4037	2244	1793	0.76	0.43	0.34	125.11
19	3704	2040	1664	0.70	0.39	0.32	122.63
20-24	**20520**	**11403**	**9117**	**3.89**	**2.16**	**1.73**	**125.08**
20	4234	2311	1923	0.80	0.44	0.36	120.21
21	4035	2222	1813	0.76	0.42	0.34	122.55
22	3791	2097	1694	0.72	0.40	0.32	123.82
23	4249	2404	1845	0.80	0.46	0.35	130.32
24	4212	2369	1843	0.80	0.45	0.35	128.58
25-29	**26512**	**14527**	**11985**	**5.02**	**2.75**	**2.27**	**121.21**
25	4873	2620	2253	0.92	0.50	0.43	116.29
26	5283	2879	2404	1.00	0.55	0.46	119.78
27	5040	2742	2298	0.95	0.52	0.44	119.28
28	5488	3057	2431	1.04	0.58	0.46	125.77
29	5828	3229	2599	1.10	0.61	0.49	124.23

2-6 续表 1 continued

单位：人、% (person,%)

年 龄 Age	人口数 Population			占总人口比重 Percentage to Total Population			性别比 (女=100) Sex Ratio (Female=100)
	合计 Total	男 Male	女 Female	合计 Total	男 Male	女 Female	
30-34	**35544**	**19303**	**16241**	**6.73**	**3.66**	**3.08**	**118.85**
30	6065	3366	2699	1.15	0.64	0.51	124.70
31	7779	4283	3496	1.47	0.81	0.66	122.53
32	7329	3913	3416	1.39	0.74	0.65	114.56
33	6913	3702	3211	1.31	0.70	0.61	115.30
34	7458	4038	3420	1.41	0.77	0.65	118.09
35-39	**29461**	**15891**	**13570**	**5.58**	**3.01**	**2.57**	**117.11**
35	6382	3479	2904	1.21	0.66	0.55	119.81
36	5689	3045	2643	1.08	0.58	0.50	115.20
37	5516	2985	2530	1.04	0.57	0.48	117.99
38	5466	2910	2556	1.04	0.55	0.48	113.85
39	6409	3472	2937	1.21	0.66	0.56	118.22
40-44	**28639**	**15227**	**13411**	**5.43**	**2.88**	**2.54**	**113.54**
40	5724	3090	2634	1.08	0.59	0.50	117.28
41	5351	2808	2544	1.01	0.53	0.48	110.38
42	6038	3218	2819	1.14	0.61	0.53	114.15
43	5908	3123	2784	1.12	0.59	0.53	112.18
44	5618	2988	2630	1.06	0.57	0.50	113.64
45-49	**38524**	**19963**	**18562**	**7.30**	**3.78**	**3.52**	**107.55**
45	6419	3365	3053	1.22	0.64	0.58	110.22
46	6876	3597	3279	1.30	0.68	0.62	109.70
47	7852	4079	3773	1.49	0.77	0.71	108.10
48	8441	4316	4125	1.60	0.82	0.78	104.63
49	8936	4605	4331	1.69	0.87	0.82	106.33
50-54	**49236**	**25060**	**24176**	**9.33**	**4.75**	**4.58**	**103.65**
50	9602	4904	4698	1.82	0.93	0.89	104.39
51	10209	5124	5086	1.93	0.97	0.96	100.75
52	9696	5000	4696	1.84	0.95	0.89	106.46
53	10803	5466	5337	2.05	1.04	1.01	102.43
54	8926	4566	4360	1.69	0.86	0.83	104.71
55-59	**49089**	**24968**	**24120**	**9.30**	**4.73**	**4.57**	**103.52**
55	10454	5373	5082	1.98	1.02	0.96	105.73
56	9819	5068	4752	1.86	0.96	0.90	106.64
57	9543	4839	4705	1.81	0.92	0.89	102.85
58	10753	5420	5333	2.04	1.03	1.01	101.61
59	8518	4270	4249	1.61	0.81	0.80	100.49
60-64	**28825**	**14689**	**14135**	**5.46**	**2.78**	**2.68**	**103.92**
60	4556	2270	2286	0.86	0.43	0.43	99.32
61	5237	2629	2609	0.99	0.50	0.49	100.77
62	4987	2565	2422	0.94	0.49	0.46	105.92
63	6516	3293	3223	1.23	0.62	0.61	102.18
64	7529	3932	3597	1.43	0.74	0.68	109.33

2-6 续表 2 continued

单位：人、% (person,%)

年 龄 Age	人口数 Population 合计 Total	男 Male	女 Female	占总人口比重 Percentage to Total Population 合计 Total	男 Male	女 Female	性别比（女=100） Sex Ratio (Female=100)
65-69	**36342**	**18268**	**18074**	**6.89**	**3.46**	**3.42**	**101.08**
65	7206	3608	3598	1.37	0.68	0.68	100.26
66	7407	3698	3710	1.40	0.70	0.70	99.68
67	7722	3904	3818	1.46	0.74	0.72	102.24
68	6958	3485	3473	1.32	0.66	0.66	100.36
69	7049	3574	3475	1.34	0.68	0.66	102.84
70-74	**26617**	**13146**	**13471**	**5.04**	**2.49**	**2.55**	**97.59**
70	5985	2836	3149	1.13	0.54	0.60	90.04
71	5798	2888	2910	1.10	0.55	0.55	99.26
72	5473	2725	2748	1.04	0.52	0.52	99.17
73	4922	2482	2440	0.93	0.47	0.46	101.70
74	4438	2215	2223	0.84	0.42	0.42	99.62
75-79	**16799**	**8053**	**8745**	**3.18**	**1.53**	**1.66**	**92.09**
75	4130	2016	2113	0.78	0.38	0.40	95.42
76	3667	1727	1940	0.69	0.33	0.37	88.99
77	3326	1606	1720	0.63	0.30	0.33	93.37
78	3049	1442	1607	0.58	0.27	0.30	89.79
79	2628	1262	1366	0.50	0.24	0.26	92.43
80-84	**10425**	**4772**	**5653**	**1.98**	**0.90**	**1.07**	**84.42**
80	2625	1250	1375	0.50	0.24	0.26	90.91
81	2411	1146	1265	0.46	0.22	0.24	90.61
82	1930	857	1073	0.37	0.16	0.20	79.84
83	1867	839	1029	0.35	0.16	0.19	81.56
84	1592	680	911	0.30	0.13	0.17	74.67
85-89	**5575**	**2250**	**3325**	**1.06**	**0.43**	**0.63**	**67.66**
85	1560	641	920	0.30	0.12	0.17	69.69
86	1244	508	736	0.24	0.10	0.14	69.02
87	1064	437	628	0.20	0.08	0.12	69.60
88	989	388	601	0.19	0.07	0.11	64.53
89	718	276	441	0.14	0.05	0.08	62.67
90-94	**1877**	**662**	**1215**	**0.36**	**0.13**	**0.23**	**54.52**
90	575	207	368	0.11	0.04	0.07	56.20
91	549	224	325	0.10	0.04	0.06	68.87
92	311	99	211	0.06	0.02	0.04	46.95
93	239	77	162	0.05	0.01	0.03	47.51
94	203	55	148	0.04	0.01	0.03	37.30
95+	**407**	**115**	**291**	**0.08**	**0.02**	**0.06**	**39.54**

2-7 各地区人口年龄构成和抚养比
Age Composition and Dependency Ratio of Population by Region

地 区	Region	人口数(人) Population (person)				总抚养比(%) Gross Dependency Ratio (%)		
			0-14岁 Aged 0-14	15-64岁 Aged 15-64	65岁及以上 Aged 65 and Over		少儿抚养比 Children Dependency Ratio	老年抚养比 Old Dependency Ratio
全 国	**National Total**	**1494054**	**261376**	**1020258**	**212419**	**46.44**	**25.62**	**20.82**
北 京	Beijing	23185	2807	17078	3300	35.76	16.44	19.33
天 津	Tianjin	14541	1929	10296	2315	41.23	18.74	22.49
河 北	Hebei	78885	15162	51954	11769	51.84	29.18	22.65
山 西	Shanxi	36863	5862	25958	5043	42.01	22.58	19.43
内蒙古	Inner Mongolia	25418	3489	18411	3518	38.06	18.95	19.11
辽 宁	Liaoning	44797	4825	31549	8424	41.99	15.29	26.70
吉 林	Jilin	25158	2815	18137	4205	38.71	15.52	23.19
黑龙江	Heilongjiang	33098	3236	24309	5553	36.16	13.31	22.84
上 海	Shanghai	26365	2589	19177	4600	37.49	13.50	23.99
江 苏	Jiangsu	90085	13228	61503	15354	46.47	21.51	24.96
浙 江	Zhejiang	69273	9177	50281	9815	37.77	18.25	19.52
安 徽	Anhui	64744	12074	42673	9997	51.72	28.29	23.43
福 建	Fujian	44352	8380	30854	5117	43.75	27.16	16.59
江 西	Jiangxi	47847	9996	31915	5936	49.92	31.32	18.60
山 东	Shandong	107712	19835	70725	17152	52.30	28.05	24.25
河 南	Henan	104679	23236	66799	14644	56.71	34.79	21.92
湖 北	Hubei	61748	9815	42409	9524	45.60	23.14	22.46
湖 南	Hunan	70141	13231	46061	10849	52.28	28.73	23.55
广 东	Guangdong	134340	25167	96922	12252	38.61	25.97	12.64
广 西	Guangxi	53347	12226	34405	6716	55.06	35.54	19.52
海 南	Hainan	10800	2115	7517	1168	43.67	28.13	15.54
重 庆	Chongqing	34019	5196	22783	6041	49.32	22.81	26.51
四 川	Sichuan	88670	13863	59217	15590	49.74	23.41	26.33
贵 州	Guizhou	40798	9596	26402	4799	54.53	36.35	18.18
云 南	Yunnan	49677	9560	34517	5601	43.92	27.70	16.23
西 藏	Tibet	3873	958	2690	225	43.97	35.60	8.37
陕 西	Shaanxi	41876	7180	28836	5861	45.22	24.90	20.33
甘 肃	Gansu	26368	5052	17877	3439	47.49	28.26	19.24
青 海	Qinghai	6289	1299	4368	622	43.98	29.75	14.24
宁 夏	Ningxia	7678	1538	5369	772	43.02	28.65	14.37
新 疆	Xinjiang	27427	5939	19271	2217	42.33	30.82	11.50

2-8 各地区城市人口年龄构成和抚养比

Age Composition and Dependency Ratio of City Population by Region

地 区	Region	人口数（人）Population (person)	0-14岁 Aged 0-14	15-64岁 Aged 15-64	65岁及以上 Aged 65 and Over	总抚养比（%）Gross Dependency Ratio (%)	少儿抚养比 Children Dependency Ratio	老年抚养比 Old Dependency Ratio
全 国	**National Total**	**601812**	**92235**	**440789**	**68788**	**36.53**	**20.93**	**15.61**
北 京	Beijing	18740	2349	13754	2636	36.25	17.08	19.17
天 津	Tianjin	11477	1473	8240	1763	39.28	17.88	21.40
河 北	Hebei	22389	3986	15522	2881	44.24	25.68	18.56
山 西	Shanxi	13545	2214	9857	1475	37.42	22.46	14.96
内蒙古	Inner Mongolia	9760	1356	7236	1168	34.88	18.75	16.14
辽 宁	Liaoning	26425	2981	19094	4349	38.39	15.61	22.78
吉 林	Jilin	10946	1261	8026	1659	36.38	15.71	20.67
黑龙江	Heilongjiang	14468	1331	10782	2355	34.18	12.34	21.84
上 海	Shanghai	21092	2217	15188	3688	38.88	14.59	24.28
江 苏	Jiangsu	43352	6109	31538	5706	37.46	19.37	18.09
浙 江	Zhejiang	35600	4832	27060	3708	31.56	17.86	13.70
安 徽	Anhui	17691	2866	12838	1988	37.80	22.32	15.48
福 建	Fujian	17749	3194	13052	1503	35.98	24.47	11.51
江 西	Jiangxi	13964	2571	10047	1346	38.99	25.60	13.39
山 东	Shandong	40473	7323	28228	4923	43.38	25.94	17.44
河 南	Henan	27000	5136	19034	2830	41.85	26.98	14.87
湖 北	Hubei	26773	3918	19613	3242	36.50	19.98	16.53
湖 南	Hunan	19851	3237	14495	2119	36.95	22.33	14.62
广 东	Guangdong	79101	12758	61209	5134	29.23	20.84	8.39
广 西	Guangxi	15708	3166	11179	1363	40.51	28.32	12.19
海 南	Hainan	3867	733	2800	334	38.09	26.17	11.93
重 庆	Chongqing	17721	2529	12881	2311	37.58	19.63	17.94
四 川	Sichuan	32569	4500	23906	4162	36.24	18.83	17.41
贵 州	Guizhou	10421	2087	7454	880	39.80	28.00	11.80
云 南	Yunnan	11882	1699	8956	1227	32.67	18.97	13.70
西 藏	Tibet	832	100	687	46	21.18	14.50	6.68
陕 西	Shaanxi	16374	2744	11849	1780	38.19	23.16	15.02
甘 肃	Gansu	7149	1100	5284	765	35.29	20.82	14.47
青 海	Qinghai	2235	362	1619	254	38.03	22.35	15.69
宁 夏	Ningxia	3045	552	2201	292	38.36	25.08	13.28
新 疆	Xinjiang	9612	1551	7158	903	34.28	21.67	12.61

2-9 各地区镇人口年龄构成和抚养比
Age Composition and Dependency Ratio of Town Population by Region

地 区	Region	人口数(人) Population (person)	0-14岁 Aged 0-14	15-64岁 Aged 15-64	65岁及以上 Aged 65 and Over	总抚养比(%) Gross Dependency Ratio (%)	少儿抚养比 Children Dependency Ratio	老年抚养比 Old Dependency Ratio
全 国	**National Total**	**364415**	**69406**	**249420**	**45589**	**46.11**	**27.83**	**18.28**
北 京	Beijing	1546	139	1233	174	25.39	11.28	14.10
天 津	Tianjin	865	132	604	129	43.39	21.95	21.44
河 北	Hebei	25839	4941	17663	3236	46.29	27.97	18.32
山 西	Shanxi	9832	1767	7060	1005	39.26	25.02	14.23
内蒙古	Inner Mongolia	7577	1231	5516	830	37.37	22.31	15.05
辽 宁	Liaoning	6193	695	4344	1154	42.57	16.01	26.56
吉 林	Jilin	4993	613	3645	735	36.99	16.82	20.18
黑龙江	Heilongjiang	7275	857	5307	1111	37.08	16.15	20.93
上 海	Shanghai	2451	210	1899	343	29.12	11.05	18.07
江 苏	Jiangsu	23260	3991	15648	3621	48.65	25.51	23.14
浙 江	Zhejiang	14733	2087	10690	1955	37.82	19.52	18.29
安 徽	Anhui	20758	4020	14116	2623	47.06	28.48	18.58
福 建	Fujian	13163	2667	9100	1396	44.65	29.30	15.35
江 西	Jiangxi	15442	3334	10448	1660	47.79	31.91	15.89
山 东	Shandong	28399	5613	19080	3706	48.84	29.42	19.42
河 南	Henan	32092	6874	21575	3643	48.75	31.86	16.89
湖 北	Hubei	12801	2253	8688	1859	47.33	25.94	21.39
湖 南	Hunan	22034	4346	14497	3191	51.99	29.98	22.01
广 东	Guangdong	21155	4311	14625	2219	44.65	29.47	15.17
广 西	Guangxi	13678	3121	8930	1627	53.17	34.95	18.22
海 南	Hainan	2718	531	1886	300	44.12	28.18	15.94
重 庆	Chongqing	6200	1184	3994	1023	55.26	29.64	25.61
四 川	Sichuan	18697	3328	12473	2896	49.90	26.68	23.22
贵 州	Guizhou	11744	2858	7797	1089	50.64	36.66	13.97
云 南	Yunnan	13478	2749	9436	1293	42.83	29.13	13.70
西 藏	Tibet	585	143	416	27	40.82	34.44	6.38
陕 西	Shaanxi	10273	1876	7146	1251	43.76	26.26	17.50
甘 肃	Gansu	6913	1556	4633	725	49.22	33.58	15.64
青 海	Qinghai	1603	331	1117	154	43.48	29.67	13.82
宁 夏	Ningxia	2025	433	1437	154	40.90	30.15	10.74
新 疆	Xinjiang	6092	1214	4419	459	37.86	27.48	10.38

2-10 各地区乡村人口年龄构成和抚养比
Age Composition and Dependency Ratio of Rural Population by Region

地 区	Region	人口数(人) Population (person)				总抚养比(%) Gross Dependency Ratio (%)		
			0-14岁 Aged 0-14	15-64岁 Aged 15-64	65岁及以上 Aged 65 and Over		少儿抚养比 Children Dependency Ratio	老年抚养比 Old Dependency Ratio
全 国	**National Total**	**527827**	**99735**	**330050**	**98042**	**59.92**	**30.22**	**29.71**
北 京	Beijing	2899	319	2090	490	38.71	15.26	23.45
天 津	Tianjin	2199	324	1452	423	51.38	22.28	29.10
河 北	Hebei	30657	6235	18769	5653	63.34	33.22	30.12
山 西	Shanxi	13486	1882	9041	2563	49.17	20.82	28.35
内蒙古	Inner Mongolia	8081	902	5659	1520	42.80	15.94	26.86
辽 宁	Liaoning	12180	1148	8111	2921	50.16	14.15	36.01
吉 林	Jilin	9218	941	6466	1811	42.56	14.56	28.01
黑龙江	Heilongjiang	11355	1049	8219	2087	38.15	12.76	25.39
上 海	Shanghai	2821	162	2090	569	34.98	7.77	27.20
江 苏	Jiangsu	23472	3128	14317	6027	63.94	21.85	42.09
浙 江	Zhejiang	18939	2257	12530	4152	51.15	18.02	33.14
安 徽	Anhui	26295	5188	15719	5387	67.28	33.01	34.27
福 建	Fujian	13440	2520	8702	2218	54.45	28.96	25.49
江 西	Jiangxi	18442	4091	11421	2931	61.48	35.82	25.66
山 东	Shandong	38840	6899	23417	8523	65.86	29.46	36.40
河 南	Henan	45588	11227	26190	8170	74.06	42.87	31.20
湖 北	Hubei	22174	3643	14107	4423	57.18	25.83	31.35
湖 南	Hunan	28257	5648	17069	5540	65.54	33.09	32.45
广 东	Guangdong	34085	8098	21087	4899	61.64	38.40	23.23
广 西	Guangxi	23961	5939	14296	3726	67.61	41.54	26.07
海 南	Hainan	4215	850	2831	534	48.89	30.04	18.85
重 庆	Chongqing	10098	1484	5908	2706	70.92	25.11	45.80
四 川	Sichuan	37404	6035	22838	8531	63.78	26.42	37.36
贵 州	Guizhou	18632	4650	11151	2830	67.09	41.70	25.38
云 南	Yunnan	24317	5112	16124	3081	50.81	31.70	19.11
西 藏	Tibet	2455	715	1588	153	54.65	45.03	9.63
陕 西	Shaanxi	15229	2559	9841	2830	54.76	26.01	28.76
甘 肃	Gansu	12307	2396	7961	1950	54.59	30.10	24.49
青 海	Qinghai	2451	606	1632	213	50.23	37.15	13.08
宁 夏	Ningxia	2608	553	1730	325	50.72	31.94	18.78
新 疆	Xinjiang	11723	3174	7693	856	52.38	41.26	11.12

2-11 各地区户数、人口数、性别比和平均家庭户规模
Households, Population, Sex Ratio and Household Size by Region

地　区	Region	户　数 (户) Number of Households (households)	家庭户 Family Household	集体户 Collective Household	人口数 (人) Population (person)	男 Male	女 Female	性别比 (女=100) Sex Ratio (Female=100)
全　国	**National Total**	**528365**	**510132**	**18233**	**1494054**	**763842**	**730212**	**104.61**
北　京	Beijing	9315	8750	564	23185	11835	11351	104.26
天　津	Tianjin	5801	5614	187	14541	7457	7083	105.28
河　北	Hebei	27241	26518	723	78885	39240	39645	98.98
山　西	Shanxi	13668	13275	393	36863	18828	18035	104.40
内蒙古	Inner Mongolia	10002	9783	219	25418	12981	12436	104.38
辽　宁	Liaoning	18620	18309	311	44797	22127	22671	97.60
吉　林	Jilin	10251	9963	289	25158	12597	12560	100.30
黑龙江	Heilongjiang	13964	13662	302	33098	16584	16514	100.42
上　海	Shanghai	10904	10359	544	26365	13674	12691	107.75
江　苏	Jiangsu	32381	31028	1352	90085	45718	44367	103.05
浙　江	Zhejiang	27164	25997	1167	69273	36198	33074	109.45
安　徽	Anhui	23798	23083	715	64744	33061	31684	104.35
福　建	Fujian	15223	14614	610	44352	22978	21374	107.50
江　西	Jiangxi	15118	14733	384	47847	24739	23109	107.05
山　东	Shandong	39683	38468	1216	107712	54665	53047	103.05
河　南	Henan	34278	33193	1085	104679	52601	52078	101.00
湖　北	Hubei	19966	18918	1048	61748	31813	29934	106.28
湖　南	Hunan	23038	22272	767	70141	35937	34205	105.06
广　东	Guangdong	46113	43730	2384	134340	70883	63458	111.70
广　西	Guangxi	16606	16179	427	53347	27634	25713	107.47
海　南	Hainan	3143	3036	107	10800	5741	5059	113.47
重　庆	Chongqing	12663	12192	471	34019	17206	16814	102.33
四　川	Sichuan	31621	30828	794	88670	44782	43889	102.03
贵　州	Guizhou	13092	12653	438	40798	20876	19922	104.79
云　南	Yunnan	15669	15001	668	49677	25602	24076	106.34
西　藏	Tibet	1182	1136	46	3873	2029	1844	110.04
陕　西	Shaanxi	15381	15101	281	41876	21375	20502	104.26
甘　肃	Gansu	8648	8408	239	26368	13407	12961	103.45
青　海	Qinghai	2068	2013	56	6289	3163	3126	101.19
宁　夏	Ningxia	2733	2649	84	7678	3916	3762	104.11
新　疆	Xinjiang	9032	8666	365	27427	14196	13231	107.29

2-11 续表 continued

地 区	Region	家庭户人口数（人）Family Household Population (person)	男 Male	女 Female	性别比（女=100）Sex Ratio (Female=100)	集体户人口数（人）Collective Household Population (person)	男 Male	女 Female	平均家庭户规模（人/户）Average Family Size (person/household)
全 国	**National Total**	**1412402**	**717732**	**694670**	**103.32**	**81652**	**46110**	**35542**	**2.77**
北 京	Beijing	21256	10527	10729	98.11	1929	1308	621	2.43
天 津	Tianjin	13719	6907	6812	101.38	822	551	271	2.44
河 北	Hebei	75368	37569	37798	99.39	3517	1670	1847	2.84
山 西	Shanxi	35142	17867	17275	103.42	1721	962	760	2.65
内蒙古	Inner Mongolia	24334	12218	12116	100.85	1084	763	321	2.49
辽 宁	Liaoning	43402	21469	21933	97.89	1395	658	737	2.37
吉 林	Jilin	24036	11994	12042	99.61	1122	603	519	2.41
黑龙江	Heilongjiang	31632	15817	15815	100.01	1466	767	699	2.32
上 海	Shanghai	24600	12557	12043	104.26	1765	1118	648	2.37
江 苏	Jiangsu	84806	42623	42182	101.05	5279	3094	2185	2.73
浙 江	Zhejiang	65197	33647	31550	106.65	4075	2551	1524	2.51
安 徽	Anhui	61535	31454	30081	104.56	3209	1607	1602	2.67
福 建	Fujian	41948	21654	20294	106.70	2404	1324	1080	2.87
江 西	Jiangxi	45935	23633	22302	105.97	1913	1106	807	3.12
山 东	Shandong	102706	52053	50653	102.76	5006	2612	2394	2.67
河 南	Henan	99220	49805	49416	100.79	5459	2797	2662	2.99
湖 北	Hubei	56688	28666	28021	102.30	5060	3147	1913	3.00
湖 南	Hunan	65718	33474	32244	103.82	4423	2463	1961	2.95
广 东	Guangdong	124946	64744	60203	107.54	9394	6139	3255	2.86
广 西	Guangxi	50424	26236	24188	108.47	2923	1398	1525	3.12
海 南	Hainan	10309	5460	4849	112.58	491	281	210	3.40
重 庆	Chongqing	32050	15963	16088	99.22	1969	1243	726	2.63
四 川	Sichuan	84064	42402	41662	101.78	4607	2380	2227	2.73
贵 州	Guizhou	38319	19645	18674	105.20	2479	1231	1247	3.03
云 南	Yunnan	46327	23871	22456	106.30	3350	1731	1619	3.09
西 藏	Tibet	3714	1943	1771	109.74	159	86	73	3.27
陕 西	Shaanxi	40569	20607	19963	103.23	1307	768	539	2.69
甘 肃	Gansu	25259	12876	12383	103.98	1109	531	577	3.00
青 海	Qinghai	6048	3044	3004	101.32	242	120	122	3.00
宁 夏	Ningxia	7357	3727	3631	102.64	321	190	131	2.78
新 疆	Xinjiang	25773	13283	12491	106.34	1653	913	741	2.97

2-12 各地区城市户数、人口数、性别比和平均家庭户规模
Households, Population, Sex Ratio and Household Size of Cities by Region

地 区	Region	户 数 (户) Number of Households (households)	家庭户 Family Household	集体户 Collective Household	人口数 (人) Population (person)	男 Male	女 Female	性别比 (女=100) Sex Ratio (Female=100)
全 国	**National Total**	**221903**	**210178**	**11725**	**601812**	**304955**	**296857**	**102.73**
北 京	Beijing	7559	7115	444	18740	9409	9330	100.84
天 津	Tianjin	4673	4499	175	11477	5870	5607	104.68
河 北	Hebei	7791	7487	303	22389	10862	11527	94.23
山 西	Shanxi	5016	4827	189	13545	6685	6861	97.43
内蒙古	Inner Mongolia	3876	3784	92	9760	4928	4832	102.00
辽 宁	Liaoning	11394	11158	236	26425	12844	13581	94.57
吉 林	Jilin	4680	4571	109	10946	5384	5562	96.79
黑龙江	Heilongjiang	6181	5941	240	14468	7164	7304	98.09
上 海	Shanghai	8478	8036	443	21092	10722	10370	103.39
江 苏	Jiangsu	15663	14723	940	43352	21905	21447	102.13
浙 江	Zhejiang	14182	13392	790	35600	18548	17052	108.77
安 徽	Anhui	6690	6444	247	17691	9127	8564	106.57
福 建	Fujian	6314	5990	324	17749	9097	8652	105.15
江 西	Jiangxi	4456	4136	320	13964	7092	6872	103.19
山 东	Shandong	14647	13968	679	40473	20191	20283	99.55
河 南	Henan	8934	8358	577	27000	13419	13580	98.81
湖 北	Hubei	8599	7854	745	26773	13465	13308	101.18
湖 南	Hunan	6452	5986	466	19851	9941	9910	100.32
广 东	Guangdong	28912	26902	2010	79101	42464	36637	115.90
广 西	Guangxi	4804	4565	240	15708	7877	7831	100.58
海 南	Hainan	1214	1150	64	3867	1981	1886	105.05
重 庆	Chongqing	6379	5990	390	17721	8841	8880	99.55
四 川	Sichuan	11877	11285	592	32569	16224	16345	99.26
贵 州	Guizhou	3518	3329	189	10421	5100	5322	95.83
云 南	Yunnan	4556	4220	336	11882	5914	5968	99.09
西 藏	Tibet	418	396	22	832	442	390	113.33
陕 西	Shaanxi	6334	6167	166	16374	8314	8060	103.16
甘 肃	Gansu	2673	2532	140	7149	3569	3580	99.70
青 海	Qinghai	851	822	30	2235	1087	1148	94.75
宁 夏	Ningxia	1186	1147	39	3045	1521	1524	99.78
新 疆	Xinjiang	3596	3406	190	9612	4970	4642	107.07

2-12 续表 continued

地 区	Region	家庭户人口数(人) Family Household Population (person)	男 Male	女 Female	性别比(女=100) Sex Ratio (Female=100)	集体户人口数(人) Collective Household Population (person)	男 Male	女 Female	平均家庭户规模(人/户) Average Family Size (person/household)
全 国	**National Total**	**550572**	**276333**	**274239**	**100.76**	**51240**	**28623**	**22618**	**2.62**
北 京	Beijing	17315	8443	8872	95.17	1425	966	459	2.43
天 津	Tianjin	10685	5348	5337	100.20	792	522	270	2.37
河 北	Hebei	20988	10114	10874	93.02	1402	748	653	2.80
山 西	Shanxi	12646	6257	6390	97.92	899	428	471	2.62
内蒙古	Inner Mongolia	9346	4671	4675	99.92	414	257	157	2.47
辽 宁	Liaoning	25391	12328	13063	94.37	1034	516	518	2.28
吉 林	Jilin	10447	5078	5368	94.60	499	305	194	2.29
黑龙江	Heilongjiang	13184	6446	6738	95.67	1283	718	566	2.22
上 海	Shanghai	19642	9828	9814	100.15	1450	894	557	2.44
江 苏	Jiangsu	39713	19974	19739	101.19	3639	1931	1708	2.70
浙 江	Zhejiang	32932	16914	16018	105.60	2668	1634	1034	2.46
安 徽	Anhui	16512	8359	8153	102.53	1179	768	411	2.56
福 建	Fujian	16473	8467	8007	105.75	1275	630	645	2.75
江 西	Jiangxi	12335	6216	6119	101.57	1629	876	753	2.98
山 东	Shandong	37776	18959	18818	100.75	2697	1232	1465	2.70
河 南	Henan	23964	11778	12186	96.65	3035	1641	1394	2.87
湖 北	Hubei	23586	11696	11889	98.38	3187	1769	1419	3.00
湖 南	Hunan	17018	8436	8582	98.30	2833	1505	1328	2.84
广 东	Guangdong	71049	37223	33826	110.04	8052	5241	2811	2.64
广 西	Guangxi	14129	7139	6990	102.13	1579	738	841	3.10
海 南	Hainan	3600	1866	1734	107.59	267	115	152	3.13
重 庆	Chongqing	16185	7883	8302	94.95	1536	958	578	2.70
四 川	Sichuan	29167	14476	14691	98.54	3402	1748	1654	2.58
贵 州	Guizhou	9321	4585	4736	96.83	1100	514	586	2.80
云 南	Yunnan	10633	5442	5191	104.85	1249	472	778	2.52
西 藏	Tibet	760	402	359	111.98	72	41	32	1.92
陕 西	Shaanxi	15553	7781	7772	100.10	821	534	287	2.52
甘 肃	Gansu	6479	3272	3206	102.07	670	297	374	2.56
青 海	Qinghai	2117	1032	1086	95.01	117	56	62	2.58
宁 夏	Ningxia	2867	1425	1442	98.79	178	96	82	2.50
新 疆	Xinjiang	8756	4493	4263	105.39	856	477	379	2.57

2-13 各地区镇的户数、人口数、性别比和平均家庭户规模
Households, Population, Sex Ratio and Household Size of Towns by Region

地区	Region	户数(户) Number of Households (households)	家庭户 Family Household	集体户 Collective Household	人口数(人) Population (person)	男 Male	女 Female	性别比(女=100) Sex Ratio (Female=100)
全国	**National Total**	**123666**	**119334**	**4332**	**364415**	**184742**	**179673**	**102.82**
北京	Beijing	637	569	67	1546	837	709	118.13
天津	Tianjin	318	316	2	865	451	414	109.01
河北	Hebei	8617	8239	378	25839	12625	13214	95.55
山西	Shanxi	3501	3363	138	9832	5052	4780	105.70
内蒙古	Inner Mongolia	2941	2890	51	7577	3768	3808	98.96
辽宁	Liaoning	2495	2447	48	6193	2960	3233	91.54
吉林	Jilin	2058	1975	83	4993	2427	2566	94.61
黑龙江	Heilongjiang	3062	3005	57	7275	3557	3718	95.66
上海	Shanghai	1068	1007	62	2451	1345	1106	121.62
江苏	Jiangsu	8052	7824	228	23260	11880	11381	104.38
浙江	Zhejiang	5670	5404	266	14733	7662	7071	108.37
安徽	Anhui	7352	6966	386	20758	10225	10533	97.08
福建	Fujian	4320	4174	146	13163	6785	6378	106.37
江西	Jiangxi	4790	4732	57	15442	7950	7491	106.13
山东	Shandong	9857	9406	451	28399	14587	13812	105.61
河南	Henan	10024	9544	480	32092	16251	15841	102.59
湖北	Hubei	4071	3953	117	12801	6626	6175	107.30
湖南	Hunan	6888	6638	250	22034	11219	10815	103.73
广东	Guangdong	6810	6696	115	21155	11003	10152	108.38
广西	Guangxi	4062	3935	127	13678	7065	6613	106.84
海南	Hainan	750	722	28	2718	1482	1236	119.92
重庆	Chongqing	2222	2194	28	6200	3023	3177	95.16
四川	Sichuan	6939	6863	76	18697	9139	9559	95.61
贵州	Guizhou	3679	3556	123	11744	6053	5692	106.35
云南	Yunnan	3990	3757	232	13478	6957	6521	106.68
西藏	Tibet	225	210	16	585	313	272	115.21
陕西	Shaanxi	3707	3608	99	10273	5096	5177	98.44
甘肃	Gansu	2273	2238	35	6913	3490	3423	101.94
青海	Qinghai	538	514	24	1603	784	820	95.62
宁夏	Ningxia	710	692	18	2025	1024	1001	102.24
新疆	Xinjiang	2040	1896	144	6092	3105	2987	103.94

2-13 续表 continued

地 区	Region	家庭户人口数 (人) Family Household Population (person)	男 Male	女 Female	性别比 (女=100) Sex Ratio (Female=100)	集体户人口数 (人) Collective Household Population (person)	男 Male	女 Female	平均家庭户规模 (人/户) Average Family Size (person/ household)
全 国	**National Total**	**343724**	**173662**	**170063**	**102.12**	**20690**	**11080**	**9610**	**2.88**
北 京	Beijing	1258	670	588	114.01	289	167	121	2.21
天 津	Tianjin	861	447	414	107.86	5	5		2.72
河 北	Hebei	23892	11818	12074	97.88	1947	808	1140	2.90
山 西	Shanxi	9296	4724	4572	103.32	536	328	207	2.76
内蒙古	Inner Mongolia	7320	3645	3675	99.19	257	123	133	2.53
辽 宁	Liaoning	5996	2908	3089	94.15	196	52	145	2.45
吉 林	Jilin	4702	2321	2381	97.49	291	106	185	2.38
黑龙江	Heilongjiang	7105	3519	3586	98.14	170	38	132	2.36
上 海	Shanghai	2272	1219	1053	115.77	179	126	53	2.26
江 苏	Jiangsu	22292	11228	11063	101.49	969	651	317	2.85
浙 江	Zhejiang	13734	7023	6711	104.65	999	639	360	2.54
安 徽	Anhui	19129	9630	9499	101.38	1629	595	1034	2.75
福 建	Fujian	12520	6459	6061	106.56	643	326	317	3.00
江 西	Jiangxi	15198	7746	7452	103.95	244	204	40	3.21
山 东	Shandong	26437	13442	12995	103.44	1962	1145	817	2.81
河 南	Henan	29748	15153	14595	103.82	2344	1098	1246	3.12
湖 北	Hubei	12007	6041	5967	101.24	793	585	208	3.04
湖 南	Hunan	20647	10396	10251	101.41	1387	823	564	3.11
广 东	Guangdong	20659	10683	9977	107.08	496	320	175	3.09
广 西	Guangxi	12872	6640	6232	106.54	806	425	381	3.27
海 南	Hainan	2554	1368	1187	115.28	163	114	49	3.54
重 庆	Chongqing	6009	2904	3105	93.51	192	120	72	2.74
四 川	Sichuan	18218	8918	9300	95.89	479	221	259	2.65
贵 州	Guizhou	11074	5583	5491	101.68	671	470	201	3.11
云 南	Yunnan	11880	6064	5816	104.28	1598	893	706	3.16
西 藏	Tibet	526	283	243	116.43	59	30	29	2.50
陕 西	Shaanxi	9855	4922	4933	99.78	418	174	244	2.73
甘 肃	Gansu	6781	3420	3362	101.74	131	70	62	3.03
青 海	Qinghai	1499	729	770	94.62	104	55	49	2.92
宁 夏	Ningxia	1959	992	967	102.56	66	32	34	2.83
新 疆	Xinjiang	5424	2768	2656	104.23	668	337	332	2.86

2-14　各地区乡村户数、人口数、性别比和平均家庭户规模
Households, Population, Sex Ratio and Household Size of Rural Areas by Region

地　区	Region	户　数（户）Number of Households (households)	家庭户 Family Household	集体户 Collective Household	人口数（人）Population (person)	男 Male	女 Female	性别比（女=100）Sex Ratio (Female=100)
全　国	**National Total**	**182796**	**180620**	**2176**	**527827**	**274145**	**253682**	**108.07**
北　京	Beijing	1119	1066	53	2899	1588	1311	121.12
天　津	Tianjin	809	799	10	2199	1136	1062	107.00
河　北	Hebei	10833	10792	42	30657	15752	14905	105.69
山　西	Shanxi	5151	5085	66	13486	7091	6395	110.90
内蒙古	Inner Mongolia	3185	3109	76	8081	4285	3797	112.86
辽　宁	Liaoning	4731	4704	27	12180	6323	5857	107.97
吉　林	Jilin	3514	3417	97	9218	4786	4432	108.00
黑龙江	Heilongjiang	4721	4716	5	11355	5862	5493	106.74
上　海	Shanghai	1357	1317	40	2821	1607	1214	132.38
江　苏	Jiangsu	8666	8481	185	23472	11933	11539	103.42
浙　江	Zhejiang	7312	7201	111	18939	9988	8951	111.58
安　徽	Anhui	9755	9673	82	26295	13708	12586	108.91
福　建	Fujian	4589	4449	140	13440	7096	6344	111.85
江　西	Jiangxi	5872	5866	7	18442	9697	8745	110.88
山　东	Shandong	15179	15093	86	38840	19888	18952	104.94
河　南	Henan	15320	15292	29	45588	22931	22657	101.21
湖　北	Hubei	7296	7110	185	22174	11723	10451	112.16
湖　南	Hunan	9699	9648	51	28257	14777	13480	109.62
广　东	Guangdong	10391	10132	259	34085	17416	16668	104.49
广　西	Guangxi	7740	7679	61	23961	12692	11269	112.64
海　南	Hainan	1179	1165	14	4215	2278	1938	117.54
重　庆	Chongqing	4062	4009	53	10098	5342	4756	112.31
四　川	Sichuan	12806	12680	126	37404	19419	17985	107.97
贵　州	Guizhou	5895	5769	127	18632	9724	8908	109.15
云　南	Yunnan	7123	7023	100	24317	12731	11586	109.88
西　藏	Tibet	538	531	8	2455	1274	1182	107.77
陕　西	Shaanxi	5340	5325	15	15229	7964	7265	109.63
甘　肃	Gansu	3702	3639	64	12307	6349	5958	106.56
青　海	Qinghai	679	677	2	2451	1292	1159	111.51
宁　夏	Ningxia	836	809	27	2608	1372	1236	110.98
新　疆	Xinjiang	3396	3365	31	11723	6121	5602	109.25

2-14 续表 continued

地 区	Region	家庭户人口数（人）Family Household Population (person)	男 Male	女 Female	性别比（女=100）Sex Ratio (Female=100)	集体户人口数（人）Collective Household Population (person)	男 Male	女 Female	平均家庭户规模（人/户）Average Family Size (person/household)
全 国	**National Total**	**518105**	**267737**	**250368**	**106.94**	**9722**	**6407**	**3314**	**2.87**
北 京	Beijing	2684	1414	1270	111.29	215	174	41	2.52
天 津	Tianjin	2173	1112	1061	104.84	26	24	1	2.72
河 北	Hebei	30488	15637	14851	105.30	169	115	54	2.83
山 西	Shanxi	13199	6886	6313	109.07	286	205	81	2.60
内蒙古	Inner Mongolia	7668	3902	3766	103.61	413	383	30	2.47
辽 宁	Liaoning	12015	6233	5782	107.81	165	90	75	2.55
吉 林	Jilin	8887	4595	4292	107.04	331	192	140	2.60
黑龙江	Heilongjiang	11343	5851	5492	106.55	12	11	1	2.41
上 海	Shanghai	2686	1509	1176	128.32	136	98	38	2.04
江 苏	Jiangsu	22801	11421	11380	100.36	672	513	159	2.69
浙 江	Zhejiang	18531	9710	8821	110.07	409	278	130	2.57
安 徽	Anhui	25894	13465	12429	108.33	401	244	157	2.68
福 建	Fujian	12955	6729	6226	108.08	486	367	118	2.91
江 西	Jiangxi	18401	9670	8731	110.76	40	26	14	3.14
山 东	Shandong	38493	19652	18841	104.31	347	235	111	2.55
河 南	Henan	45508	22873	22635	101.05	80	57	22	2.98
湖 北	Hubei	21094	10929	10165	107.51	1079	793	286	2.97
湖 南	Hunan	28052	14642	13410	109.19	204	135	70	2.91
广 东	Guangdong	33238	16838	16400	102.67	847	578	269	3.28
广 西	Guangxi	23423	12458	10966	113.60	538	235	303	3.05
海 南	Hainan	4155	2226	1929	115.42	61	52	9	3.57
重 庆	Chongqing	9857	5176	4681	110.58	241	166	76	2.46
四 川	Sichuan	36679	19008	17671	107.56	725	411	314	2.89
贵 州	Guizhou	17924	9476	8448	112.17	708	247	460	3.11
云 南	Yunnan	23814	12364	11450	107.98	502	366	136	3.39
西 藏	Tibet	2427	1258	1169	107.66	28	15	13	4.57
陕 西	Shaanxi	15162	7904	7257	108.91	68	60	8	2.85
甘 肃	Gansu	11999	6184	5816	106.33	307	165	142	3.30
青 海	Qinghai	2431	1283	1148	111.78	20	9	11	3.59
宁 夏	Ningxia	2531	1310	1221	107.25	77	62	15	3.13
新 疆	Xinjiang	11594	6022	5572	108.07	129	99	30	3.45

2-15　各地区按家庭户规模分的户数

单位：户

地　区	Region	家庭户户数 Number of Family Households	一人户 One Person	二人户 Two Persons	三人户 Three Persons	四人户 Four Persons
全　国	**National Total**	**510132**	**86969**	**124057**	**110090**	**94679**
北　京	Beijing	8750	2105	2467	2156	1049
天　津	Tianjin	5614	1014	1814	1601	749
河　北	Hebei	26518	3879	7369	5434	5551
山　西	Shanxi	13275	2186	3558	3215	2768
内蒙古	Inner Mongolia	9783	1477	3202	2919	1491
辽　宁	Liaoning	18309	3343	5436	5174	2528
吉　林	Jilin	9963	1760	3308	2666	1300
黑龙江	Heilongjiang	13662	2738	5153	3629	1357
上　海	Shanghai	10359	2380	3190	2594	1193
江　苏	Jiangsu	31028	4862	8051	7407	5208
浙　江	Zhejiang	25997	6033	7199	5444	3818
安　徽	Anhui	23083	3205	5558	5056	4711
福　建	Fujian	14614	2587	2848	2952	2918
江　西	Jiangxi	14733	1618	2855	2731	3424
山　东	Shandong	38468	6147	10851	8612	8255
河　南	Henan	33193	4776	7230	6077	7500
湖　北	Hubei	18918	2696	4463	4614	3549
湖　南	Hunan	22272	3149	4731	4664	4765
广　东	Guangdong	43730	10383	8576	7075	7215
广　西	Guangxi	16179	2117	2391	3026	3642
海　南	Hainan	3036	417	470	529	718
重　庆	Chongqing	12192	2092	2969	2741	2139
四　川	Sichuan	30828	5477	7344	6555	5427
贵　州	Guizhou	12653	1746	2161	2197	2767
云　南	Yunnan	15001	2413	2639	2680	3174
西　藏	Tibet	1136	377	162	142	134
陕　西	Shaanxi	15101	2782	3440	3489	2981
甘　肃	Gansu	8408	1059	1631	1806	1660
青　海	Qinghai	2013	359	423	424	354
宁　夏	Ningxia	2649	395	674	632	519
新　疆	Xinjiang	8666	1398	1893	1851	1816

Family Households by Size and Region

(household)

五人户 Five Persons	六人户 Six Persons	七人户 Seven Persons	八人户 Eight Persons	九人户 Nine Persons	十人及以上户 Ten Persons and Over
48583	**28556**	**10154**	**3742**	**1648**	**1654**
595	235	83	36	16	8
283	116	26	10	1	
2233	1331	490	136	59	35
924	457	120	28	13	6
445	181	50	13	4	1
1148	510	125	36	6	3
598	240	67	13	7	3
528	196	40	15	6	1
717	222	45	10	2	6
3123	1571	510	164	75	58
1961	1104	308	74	31	26
2288	1489	501	159	67	49
1586	1047	359	166	71	78
1850	1349	573	176	74	83
2665	1497	305	87	30	18
3750	2495	930	255	104	75
2050	1012	333	128	40	32
2504	1553	558	190	81	79
4617	2967	1381	687	381	448
2282	1379	668	309	163	203
410	235	110	67	33	46
1267	683	197	69	21	15
3185	1941	541	210	72	76
1767	1114	511	206	95	89
1931	1302	518	196	72	77
95	69	47	37	21	53
1364	774	193	56	16	5
1004	770	296	106	41	36
210	137	56	26	11	13
233	122	47	16	6	5
971	460	166	60	27	26

2-16 各地区城市按家庭户规模分的户数

单位：户

地 区	Region	家庭户户数 Number of Family Households	一人户 One Person	二人户 Two Persons	三人户 Three Persons	四人户 Four Persons
全 国	**National Total**	**210178**	**45279**	**57317**	**51468**	**32344**
北 京	Beijing	7115	1616	2060	1864	861
天 津	Tianjin	4499	885	1495	1342	514
河 北	Hebei	7487	1253	2162	1853	1286
山 西	Shanxi	4827	866	1339	1331	873
内蒙古	Inner Mongolia	3784	641	1211	1273	494
辽 宁	Liaoning	11158	2451	3639	3379	1144
吉 林	Jilin	4571	1020	1666	1277	416
黑龙江	Heilongjiang	5941	1532	2293	1540	412
上 海	Shanghai	8036	1707	2345	2202	968
江 苏	Jiangsu	14723	2620	4030	3963	2255
浙 江	Zhejiang	13392	3542	3797	2883	1704
安 徽	Anhui	6444	1190	1843	1739	1057
福 建	Fujian	5990	1372	1258	1314	1077
江 西	Jiangxi	4136	617	989	884	883
山 东	Shandong	13968	2412	3899	3626	2674
河 南	Henan	8358	1648	1964	1849	1742
湖 北	Hubei	7854	1115	1912	2145	1446
湖 南	Hunan	5986	1089	1511	1427	1173
广 东	Guangdong	26902	7693	6163	4802	4209
广 西	Guangxi	4565	893	871	1032	939
海 南	Hainan	1150	223	209	238	248
重 庆	Chongqing	5990	1152	1566	1536	916
四 川	Sichuan	11285	2420	3298	2662	1594
贵 州	Guizhou	3329	712	749	732	601
云 南	Yunnan	4220	1297	1093	813	603
西 藏	Tibet	396	211	84	58	26
陕 西	Shaanxi	6167	1482	1622	1574	1003
甘 肃	Gansu	2532	501	709	714	371
青 海	Qinghai	822	185	229	208	110
宁 夏	Ningxia	1147	211	340	323	196
新 疆	Xinjiang	3406	721	972	884	548

Family Households of Cities by Size and Region

(household)

五人户 Five Persons	六人户 Six Persons	七人户 Seven Persons	八人户 Eight Persons	九人户 Nine Persons	十人及以上户 Ten Persons and Over
14188	**6525**	**1764**	**672**	**324**	**298**
463	168	54	18	7	4
190	53	14	6	1	
499	272	91	34	23	15
259	106	34	15	4	
112	43	9	1	1	
398	116	20	9	1	1
149	36	6		1	
130	23	7		3	
583	181	35	8	2	6
1200	474	117	33	13	17
835	467	119	23	12	10
394	161	44	11	2	3
548	290	76	35	13	6
400	238	74	26	14	12
878	359	80	20	16	5
643	324	104	38	24	21
782	309	87	33	12	13
448	231	58	26	12	11
2110	1177	392	175	89	91
409	213	93	45	30	40
119	58	23	13	8	9
531	231	40	13	3	2
841	399	39	21	6	6
288	152	48	25	12	9
245	121	26	12	4	7
10	4	2			
297	146	27	11	5	
150	60	15	6	2	4
51	25	6	5	2	1
51	20	4	2		
175	71	20	8	4	3

2-17　各地区镇按家庭户规模分的户数

单位：户

地　区	Region	家庭户户数 Number of Family Households	一人户 One Person	二人户 Two Persons	三人户 Three Persons	四人户 Four Persons
全　国	**National Total**	**119334**	**19515**	**29590**	**25447**	**23625**
北　京	Beijing	569	211	138	103	57
天　津	Tianjin	316	41	107	72	61
河　北	Hebei	8239	1265	2318	1669	1707
山　西	Shanxi	3363	517	900	840	802
内蒙古	Inner Mongolia	2890	417	983	881	459
辽　宁	Liaoning	2447	365	772	688	376
吉　林	Jilin	1975	361	739	531	219
黑龙江	Heilongjiang	3005	545	1190	895	257
上　海	Shanghai	1007	297	373	181	87
江　苏	Jiangsu	7824	1120	2093	1837	1368
浙　江	Zhejiang	5404	1224	1517	1124	871
安　徽	Anhui	6966	1024	1776	1606	1403
福　建	Fujian	4174	641	896	810	846
江　西	Jiangxi	4732	552	931	918	1150
山　东	Shandong	9406	1414	2560	2007	2302
河　南	Henan	9544	1528	2134	1748	2156
湖　北	Hubei	3953	571	1001	912	727
湖　南	Hunan	6638	920	1454	1415	1419
广　东	Guangdong	6696	1398	1257	998	1153
广　西	Guangxi	3935	543	641	734	853
海　南	Hainan	722	89	112	117	171
重　庆	Chongqing	2194	396	598	475	386
四　川	Sichuan	6863	1406	1725	1480	1137
贵　州	Guizhou	3556	528	594	630	875
云　南	Yunnan	3757	609	719	718	792
西　藏	Tibet	210	89	35	24	27
陕　西	Shaanxi	3608	602	843	828	787
甘　肃	Gansu	2238	300	447	508	490
青　海	Qinghai	514	108	108	106	90
宁　夏	Ningxia	692	110	176	163	151
新　疆	Xinjiang	1896	326	451	427	444

Family Households of Towns by Size and Region

(household)

五人户 Five Persons	六人户 Six Persons	七人户 Seven Persons	八人户 Eight Persons	九人户 Nine Persons	十人及以上户 Ten Persons and Over
10883	**6449**	**2264**	**840**	**342**	**378**
29	18	7	6		1
21	10	4	1		
650	419	140	42	19	10
193	81	20	4	4	2
107	36	3	3	1	1
141	78	22	4	1	
89	28	5	3		
93	21	3	1		
46	19	2			
747	431	147	52	20	10
379	204	55	18	6	5
575	410	117	29	19	7
472	303	91	56	21	38
550	398	147	42	16	28
640	362	78	27	9	7
971	643	236	77	27	23
395	212	88	31	10	6
710	443	154	57	35	32
853	539	247	119	41	91
548	305	148	74	43	48
100	64	26	21	9	11
196	92	31	14	3	3
612	337	116	30	12	9
453	271	121	50	17	16
450	286	118	32	14	19
13	11	3	3	2	1
346	159	31	11	2	1
253	146	60	25	4	6
50	30	13	4	2	2
52	26	10	2	1	
148	71	21	5	2	2

2-18 各地区乡村按家庭户规模分的户数

单位：户

地 区	Region	家庭户户数 Number of Family Households	一人户 One Person	二人户 Two Persons	三人户 Three Persons	四人户 Four Persons
全 国	**National Total**	**180620**	**22175**	**37150**	**33175**	**38711**
北 京	Beijing	1066	279	270	189	130
天 津	Tianjin	799	88	211	188	174
河 北	Hebei	10792	1361	2890	1911	2558
山 西	Shanxi	5085	802	1318	1044	1094
内蒙古	Inner Mongolia	3109	419	1008	765	538
辽 宁	Liaoning	4704	528	1025	1106	1008
吉 林	Jilin	3417	380	903	858	665
黑龙江	Heilongjiang	4716	661	1670	1193	687
上 海	Shanghai	1317	377	472	211	138
江 苏	Jiangsu	8481	1122	1929	1606	1585
浙 江	Zhejiang	7201	1266	1885	1437	1242
安 徽	Anhui	9673	991	1939	1711	2252
福 建	Fujian	4449	574	694	828	996
江 西	Jiangxi	5866	449	936	930	1391
山 东	Shandong	15093	2321	4392	2979	3279
河 南	Henan	15292	1600	3133	2480	3602
湖 北	Hubei	7110	1010	1550	1557	1377
湖 南	Hunan	9648	1139	1766	1821	2173
广 东	Guangdong	10132	1291	1156	1275	1853
广 西	Guangxi	7679	681	879	1259	1851
海 南	Hainan	1165	104	149	173	299
重 庆	Chongqing	4009	545	804	729	837
四 川	Sichuan	12680	1652	2322	2413	2695
贵 州	Guizhou	5769	506	817	836	1290
云 南	Yunnan	7023	507	827	1148	1778
西 藏	Tibet	531	76	42	60	81
陕 西	Shaanxi	5325	698	975	1087	1191
甘 肃	Gansu	3639	258	476	585	798
青 海	Qinghai	677	66	86	110	154
宁 夏	Ningxia	809	74	158	145	172
新 疆	Xinjiang	3365	350	470	540	824

Family Households of Rural Areas by Size and Region

(household)

五人户 Five Persons	六人户 Six Persons	七人户 Seven Persons	八人户 Eight Persons	九人户 Nine Persons	十人及以上户 Ten Persons and Over
23512	**15582**	**6127**	**2229**	**982**	**978**
103	50	22	12	9	3
71	54	9	4	1	
1085	641	259	60	17	10
472	270	66	10	5	4
226	101	39	9	3	1
610	316	83	24	3	2
360	176	56	10	6	3
305	152	29	14	3	1
87	23	8	2		
1176	666	246	79	42	31
747	434	134	33	13	10
1318	918	340	119	47	39
565	454	192	75	37	34
900	713	352	108	44	44
1148	775	147	41	6	6
2136	1528	590	140	53	32
873	492	158	64	18	13
1346	880	346	106	34	36
1654	1251	743	393	251	266
1325	861	426	190	91	116
191	113	61	33	16	25
540	361	126	43	15	10
1732	1205	386	160	54	61
1026	691	341	131	66	64
1236	895	374	153	54	51
72	54	41	34	19	51
721	470	136	35	9	4
601	564	221	75	35	26
108	82	36	17	8	10
130	77	34	11	4	5
649	318	126	48	20	20

2-19 各地区家庭户类别
Family Households by Type and Region

单位：户 (household)

地 区	Region	家庭户户数 Number of Family Households	一代户 One Generation	二代户 Two Generations	三代户 Three Generations	四代及以上户 Four Generations and over
全 国	**National Total**	**510132**	**237634**	**197573**	**72366**	**2559**
北 京	Beijing	8750	4822	2829	1079	20
天 津	Tianjin	5614	2930	2200	477	8
河 北	Hebei	26518	12368	10758	3294	97
山 西	Shanxi	13275	6361	5731	1142	40
内蒙古	Inner Mongolia	9783	5131	4043	598	11
辽 宁	Liaoning	18309	10097	6583	1607	22
吉 林	Jilin	9963	5531	3508	898	25
黑龙江	Heilongjiang	13662	8135	4628	881	18
上 海	Shanghai	10359	6033	3147	1154	25
江 苏	Jiangsu	31028	14748	11053	4994	233
浙 江	Zhejiang	25997	14450	8215	3208	124
安 徽	Anhui	23083	10906	9141	2965	70
福 建	Fujian	14614	6353	5683	2494	83
江 西	Jiangxi	14733	5428	6498	2719	89
山 东	Shandong	38468	19194	15984	3204	85
河 南	Henan	33193	13472	14009	5549	163
湖 北	Hubei	18918	7660	7453	3658	147
湖 南	Hunan	22272	8974	9081	4024	193
广 东	Guangdong	43730	20977	15626	6963	163
广 西	Guangxi	16179	6112	6952	3003	112
海 南	Hainan	3036	990	1409	621	17
重 庆	Chongqing	12192	5849	4430	1850	63
四 川	Sichuan	30828	14264	10923	5369	271
贵 州	Guizhou	12653	5037	5447	2083	87
云 南	Yunnan	15001	5762	5923	3120	196
西 藏	Tibet	1136	538	387	200	12
陕 西	Shaanxi	15101	6792	5948	2284	77
甘 肃	Gansu	8408	3363	3420	1539	87
青 海	Qinghai	2013	783	889	331	10
宁 夏	Ningxia	2649	1156	1257	232	4
新 疆	Xinjiang	8666	3418	4416	826	6

2-20 各地区城市家庭户类别
Family Households of Cities by Type and Region

单位：户 (household)

地 区	Region	家庭户户数 Number of Family Households	一代户 One Generation	二代户 Two Generations	三代户 Three Generations	四代及以上户 Four Generations and over
全 国	**National Total**	**210178**	**103618**	**81477**	**24524**	**559**
北 京	Beijing	7115	3818	2445	842	10
天 津	Tianjin	4499	2387	1780	330	2
河 北	Hebei	7487	3468	3143	855	22
山 西	Shanxi	4827	2278	2175	368	6
内蒙古	Inner Mongolia	3784	1897	1698	187	1
辽 宁	Liaoning	11158	6208	4223	723	4
吉 林	Jilin	4571	2609	1646	312	3
黑龙江	Heilongjiang	5941	3687	1958	294	3
上 海	Shanghai	8036	4353	2701	967	15
江 苏	Jiangsu	14723	6781	5714	2137	91
浙 江	Zhejiang	13392	7518	4382	1445	46
安 徽	Anhui	6444	3042	2715	675	12
福 建	Fujian	5990	2682	2414	875	19
江 西	Jiangxi	4136	1617	1865	641	13
山 东	Shandong	13968	6567	6228	1155	18
河 南	Henan	8358	3529	3636	1171	21
湖 北	Hubei	7854	3177	3354	1288	35
湖 南	Hunan	5986	2563	2525	877	21
广 东	Guangdong	26902	14045	9329	3471	56
广 西	Guangxi	4565	1705	2061	779	20
海 南	Hainan	1150	431	515	201	3
重 庆	Chongqing	5990	2715	2257	990	27
四 川	Sichuan	11285	5644	3870	1713	58
贵 州	Guizhou	3329	1430	1434	453	11
云 南	Yunnan	4220	2336	1390	472	23
西 藏	Tibet	396	281	93	21	
陕 西	Shaanxi	6167	2967	2526	667	8
甘 肃	Gansu	2532	1233	1054	238	7
青 海	Qinghai	822	397	334	90	1
宁 夏	Ningxia	1147	547	533	67	
新 疆	Xinjiang	3406	1706	1476	223	2

2-21 各地区镇家庭户类别

Family Households of Towns by Type and Region

单位：户 (household)

地 区	Region	家庭户户数 Number of Family Households	一代户 One Generation	二代户 Two Generations	三代户 Three Generations	四代及以上户 Four Generations and over
全 国	**National Total**	**119334**	**51331**	**49853**	**17507**	**642**
北 京	Beijing	569	365	138	63	4
天 津	Tianjin	316	151	126	37	2
河 北	Hebei	8239	3729	3454	1020	36
山 西	Shanxi	3363	1452	1651	252	8
内蒙古	Inner Mongolia	2890	1407	1324	156	3
辽 宁	Liaoning	2447	1294	943	210	
吉 林	Jilin	1975	1108	729	135	3
黑龙江	Heilongjiang	3005	1703	1159	139	3
上 海	Shanghai	1007	682	221	102	2
江 苏	Jiangsu	7824	3512	2963	1294	55
浙 江	Zhejiang	5404	2954	1780	646	24
安 徽	Anhui	6966	3021	2972	953	20
福 建	Fujian	4174	1687	1694	764	29
江 西	Jiangxi	4732	1575	2250	880	27
山 东	Shandong	9406	4237	4320	822	27
河 南	Henan	9544	3558	4263	1669	54
湖 北	Hubei	3953	1631	1517	770	35
湖 南	Hunan	6638	2442	2886	1243	67
广 东	Guangdong	6696	2798	2515	1355	28
广 西	Guangxi	3935	1386	1717	800	32
海 南	Hainan	722	225	327	163	6
重 庆	Chongqing	2194	944	904	333	13
四 川	Sichuan	6863	3154	2567	1087	55
贵 州	Guizhou	3556	1254	1670	605	27
云 南	Yunnan	3757	1340	1589	785	43
西 藏	Tibet	210	126	62	20	1
陕 西	Shaanxi	3608	1539	1515	538	16
甘 肃	Gansu	2238	804	1028	387	18
青 海	Qinghai	514	203	233	76	2
宁 夏	Ningxia	692	278	359	54	1
新 疆	Xinjiang	1896	769	979	147	

2-22　各地区乡村家庭户类别

Family Households of Rural Areas by Type and Region

单位：户　　(household)

地　区	Region	家庭户户数 Number of Family Households	一代户 One Generation	二代户 Two Generations	三代户 Three Generations	四代及以上户 Four Generations and over
全　国	**National Total**	**180620**	**82685**	**66243**	**30335**	**1358**
北　京	Beijing	1066	640	246	174	7
天　津	Tianjin	799	392	293	110	5
河　北	Hebei	10792	5171	4161	1418	40
山　西	Shanxi	5085	2631	1905	522	26
内蒙古	Inner Mongolia	3109	1826	1021	255	7
辽　宁	Liaoning	4704	2595	1417	674	18
吉　林	Jilin	3417	1814	1133	451	18
黑龙江	Heilongjiang	4716	2745	1510	449	12
上　海	Shanghai	1317	998	226	85	8
江　苏	Jiangsu	8481	4455	2376	1563	87
浙　江	Zhejiang	7201	3978	2053	1117	53
安　徽	Anhui	9673	4843	3454	1338	38
福　建	Fujian	4449	1984	1575	854	35
江　西	Jiangxi	5866	2236	2383	1198	49
山　东	Shandong	15093	8390	5436	1227	41
河　南	Henan	15292	6386	6110	2709	87
湖　北	Hubei	7110	2852	2582	1600	76
湖　南	Hunan	9648	3969	3670	1904	105
广　东	Guangdong	10132	4134	3782	2137	79
广　西	Guangxi	7679	3022	3174	1424	60
海　南	Hainan	1165	333	567	257	7
重　庆	Chongqing	4009	2189	1269	527	23
四　川	Sichuan	12680	5466	4486	2569	159
贵　州	Guizhou	5769	2353	2342	1025	49
云　南	Yunnan	7023	2085	2945	1863	130
西　藏	Tibet	531	130	231	158	11
陕　西	Shaanxi	5325	2286	1908	1079	53
甘　肃	Gansu	3639	1325	1338	915	62
青　海	Qinghai	677	183	323	165	6
宁　夏	Ningxia	809	331	365	111	2
新　疆	Xinjiang	3365	942	1961	456	5

2-23 全国家庭户人数和户主的年龄、性别构成
Population of Family Households, Age and Sex Composition of the Household Head

年龄 Age	家庭户人口数 Population of Family Household (person)	男 Male	女 Female	户主数 Number of Household Head (person)	男 Male	女 Female	户主率 Household Head Rate (%)	男 Male	女 Female
总计 Total	**1412402**	**717732**	**694670**	**495256**	**373536**	**121720**	**35.06**	**52.04**	**17.52**
14岁及以下	**259439**	**137528**	**121911**	**270**	**166**	**103**	**0.10**	**0.12**	**0.08**
15-19	**49905**	**27409**	**22496**	**1130**	**689**	**441**	**2.26**	**2.51**	**1.96**
15	12440	6743	5698	85	49	36	0.68	0.73	0.63
16	10940	6024	4916	133	80	53	1.22	1.33	1.07
17	10539	5872	4667	204	132	72	1.94	2.25	1.55
18	8282	4519	3763	273	158	115	3.29	3.49	3.05
19	7704	4252	3453	436	270	166	5.65	6.34	4.80
20-24	**51359**	**27840**	**23519**	**7058**	**4432**	**2626**	**13.74**	**15.92**	**11.16**
20	8713	4800	3913	670	426	244	7.69	8.87	6.23
21	9428	5132	4296	975	609	367	10.34	11.86	8.54
22	9804	5232	4572	1305	803	503	13.31	15.34	10.99
23	11496	6228	5267	1872	1186	686	16.28	19.04	13.02
24	11918	6447	5471	2236	1409	826	18.76	21.86	15.11
25-29	**85284**	**43975**	**41308**	**22455**	**15049**	**7407**	**26.33**	**34.22**	**17.93**
25	14813	7609	7204	3184	1998	1186	21.50	26.26	16.47
26	16275	8333	7942	3893	2491	1402	23.92	29.89	17.66
27	16565	8585	7980	4357	2974	1384	26.30	34.64	17.34
28	18461	9554	8907	5259	3579	1681	28.49	37.46	18.87
29	19170	9895	9275	5762	4008	1754	30.06	40.51	18.91
30-34	**123553**	**62905**	**60649**	**44303**	**31718**	**12586**	**35.86**	**50.42**	**20.75**
30	20309	10466	9843	6485	4635	1850	31.93	44.29	18.80
31	25987	13299	12688	8849	6347	2502	34.05	47.72	19.72
32	25659	13014	12644	9226	6630	2596	35.95	50.94	20.53
33	24543	12437	12106	9149	6571	2578	37.28	52.84	21.30
34	27056	13688	13368	10594	7535	3059	39.16	55.05	22.88
35-39	**106315**	**54068**	**52247**	**45299**	**32892**	**12407**	**42.61**	**60.84**	**23.75**
35	23495	11850	11645	9462	6793	2669	40.27	57.32	22.92
36	20099	10158	9941	8425	6121	2303	41.91	60.26	23.17
37	20026	10324	9701	8511	6198	2313	42.50	60.03	23.85
38	19769	10054	9715	8542	6206	2336	43.21	61.72	24.05
39	22925	11681	11244	10359	7575	2784	45.19	64.85	24.76

2-23 续表 continued

年 龄 Age	家庭户人口数 Population of Family Household (person)	男 Male	女 Female	户主数 Number of Household Head (person)	男 Male	女 Female	户主率 Household Head Rate (%)	男 Male	女 Female
40-44	**95761**	**48730**	**47031**	**45709**	**34008**	**11701**	**47.73**	**69.79**	**24.88**
40	19798	10080	9719	9164	6689	2475	46.29	66.36	25.47
41	18203	9121	9081	8579	6329	2250	47.13	69.39	24.77
42	20245	10315	9931	9592	7114	2478	47.38	68.97	24.96
43	19263	9847	9416	9317	7023	2294	48.37	71.32	24.36
44	18251	9368	8884	9057	6853	2204	49.62	73.15	24.81
45-49	**111919**	**56598**	**55320**	**56723**	**44039**	**12684**	**50.68**	**77.81**	**22.93**
45	20213	10200	10013	10183	7721	2462	50.38	75.70	24.59
46	20445	10366	10080	10245	7829	2416	50.11	75.53	23.97
47	22784	11560	11225	11611	9005	2606	50.96	77.91	23.21
48	23967	12120	11847	12229	9653	2576	51.02	79.65	21.74
49	24509	12353	12156	12454	9830	2624	50.82	79.58	21.59
50-54	**126962**	**63576**	**63386**	**65536**	**52770**	**12766**	**51.62**	**83.00**	**20.14**
50	25934	13161	12773	13456	10660	2796	51.89	81.00	21.89
51	26820	13423	13397	13828	11050	2777	51.56	82.32	20.73
52	25542	12945	12598	13285	10806	2479	52.01	83.48	19.68
53	26885	13233	13652	13756	11086	2670	51.17	83.78	19.56
54	21780	10814	10967	11211	9167	2044	51.47	84.77	18.64
55-59	**120440**	**60044**	**60395**	**62212**	**50745**	**11467**	**51.65**	**84.51**	**18.99**
55	24821	12424	12397	12793	10541	2251	51.54	84.85	18.16
56	24247	12218	12029	12522	10295	2227	51.64	84.26	18.51
57	23625	11748	11876	12235	9962	2273	51.79	84.79	19.14
58	27250	13496	13754	14065	11330	2735	51.61	83.95	19.89
59	20497	10158	10339	10598	8617	1980	51.70	84.83	19.15
60-64	**70330**	**35035**	**35294**	**36363**	**29254**	**7109**	**51.70**	**83.50**	**20.14**
60	10914	5345	5569	5589	4539	1050	51.21	84.91	18.86
61	13195	6424	6770	6807	5417	1390	51.59	84.32	20.53
62	12275	6176	6099	6357	5108	1248	51.79	82.72	20.47
63	15987	7960	8027	8222	6633	1589	51.43	83.32	19.80
64	17959	9130	8828	9388	7557	1831	52.28	82.77	20.75
65+	**211136**	**100024**	**111113**	**108197**	**77774**	**30423**	**51.25**	**77.76**	**27.38**

2-24 各地区分性别、受教育程度的人口
Population by Sex, Educational Attainment and Region

单位：人 (person)

地 区	Region	6岁及以上人口 Population Aged 6 and Over	男 Male	女 Female	未上过学 No Schooling	男 Male	女 Female
全 国	**National Total**	**1402340**	**715667**	**686673**	**51186**	**14686**	**36501**
北 京	Beijing	21991	11213	10778	231	63	168
天 津	Tianjin	13849	7096	6753	262	80	183
河 北	Hebei	73988	36692	37296	1738	537	1200
山 西	Shanxi	34762	17765	16997	688	199	490
内蒙古	Inner Mongolia	24165	12337	11828	862	241	621
辽 宁	Liaoning	43080	21244	21836	670	213	457
吉 林	Jilin	24241	12125	12116	385	110	275
黑龙江	Heilongjiang	32135	16098	16038	821	292	528
上 海	Shanghai	25369	13159	12210	535	126	409
江 苏	jiangsu	85678	43434	42244	3151	750	2401
浙 江	Zhejiang	65702	34330	31372	2776	713	2063
安 徽	Anhui	60469	30790	29679	3634	952	2682
福 建	Fujian	41344	21348	19996	1491	382	1109
江 西	Jiangxi	44671	23026	21646	1363	377	986
山 东	Shandong	100121	50657	49464	4637	1178	3459
河 南	Henan	97434	48812	48622	3252	1011	2242
湖 北	Hubei	58244	29971	28273	1646	384	1263
湖 南	Hunan	65821	33657	32164	1611	472	1140
广 东	Guangdong	124845	65813	59032	3058	921	2137
广 西	Guangxi	49156	25389	23766	1545	439	1105
海 南	Hainan	10037	5328	4709	330	101	229
重 庆	Chongqing	32231	16267	15964	708	216	492
四 川	Sichuan	83817	42260	41557	4256	1177	3079
贵 州	Guizhou	37185	18953	18232	2625	694	1931
云 南	Yunnan	46041	23720	22321	2382	771	1611
西 藏	Tibet	3496	1839	1657	1019	430	589
陕 西	Shaanxi	39208	19987	19222	1445	491	953
甘 肃	Gansu	24458	12424	12033	2199	666	1532
青 海	Qinghai	5812	2918	2894	659	240	419
宁 夏	Ningxia	7080	3608	3473	410	117	294
新 疆	Xinjiang	25909	13410	12499	796	339	457

2-24 续表 1 continued

单位：人 (person)

地 区	Region	小 学 Primary School	男 Male	女 Female	初 中 Junior Secondary School	男 Male	女 Female
全 国	**National Total**	**365918**	**170546**	**195372**	**487144**	**263182**	**223962**
北 京	Beijing	2353	1072	1281	4803	2585	2217
天 津	Tianjin	2155	999	1156	4229	2310	1918
河 北	Hebei	19349	8907	10441	30026	15780	14246
山 西	Shanxi	7179	3331	3848	13801	7368	6433
内蒙古	Inner Mongolia	5758	2660	3098	8249	4502	3748
辽 宁	Liaoning	8454	3880	4574	18023	9175	8848
吉 林	Jilin	5920	2755	3165	8884	4607	4277
黑龙江	Heilongjiang	6823	3120	3703	13160	6848	6311
上 海	Shanghai	3099	1429	1670	6952	3684	3268
江 苏	jiangsu	20382	9166	11217	27888	14843	13046
浙 江	Zhejiang	18154	8795	9359	21100	11784	9316
安 徽	Anhui	17299	8051	9248	20264	11031	9233
福 建	Fujian	12398	5552	6846	13434	7648	5785
江 西	Jiangxi	12730	5774	6957	16257	8766	7491
山 东	Shandong	25568	11559	14010	37212	20281	16930
河 南	Henan	25565	11883	13682	38035	19793	18242
湖 北	Hubei	14790	6770	8020	20194	10832	9362
湖 南	Hunan	17406	8127	9279	22444	11779	10665
广 东	Guangdong	27589	12609	14980	43653	23989	19664
广 西	Guangxi	14368	6813	7554	19122	10672	8451
海 南	Hainan	2189	1011	1179	4127	2288	1839
重 庆	Chongqing	9612	4468	5143	10084	5281	4803
四 川	Sichuan	26613	12707	13906	26163	14153	12010
贵 州	Guizhou	12751	6273	6478	12065	6909	5157
云 南	Yunnan	17405	8505	8900	14088	8129	5960
西 藏	Tibet	1260	714	546	493	302	192
陕 西	Shaanxi	9103	4206	4897	13416	7196	6221
甘 肃	Gansu	7851	3717	4134	6714	3833	2881
青 海	Qinghai	2021	999	1022	1459	833	626
宁 夏	Ningxia	1991	927	1063	2213	1268	945
新 疆	Xinjiang	7785	3770	4015	8592	4713	3879

2-24 续表 2 continued

单位：人 (person)

地区	Region	高中 Senior Secondary School	男 Male	女 Female	大专及以上 College and Higher Level	男 Male	女 Female
全 国	**National Total**	**233626**	**129645**	**103981**	**264467**	**137608**	**126857**
北 京	Beijing	3798	1991	1807	10807	5500	5306
天 津	Tianjin	2640	1371	1269	4563	2335	2229
河 北	Hebei	12394	6355	6039	10482	5114	5368
山 西	Shanxi	6103	3325	2778	6991	3544	3448
内蒙古	Inner Mongolia	3781	2090	1690	5514	2844	2670
辽 宁	Liaoning	6771	3354	3417	9162	4622	4541
吉 林	Jilin	4001	2032	1969	5051	2620	2430
黑龙江	Heilongjiang	5426	2757	2668	5907	3079	2827
上 海	Shanghai	4979	2726	2252	9804	5193	4610
江 苏	jiangsu	14843	8336	6507	19413	10340	9074
浙 江	Zhejiang	10401	6044	4357	13272	6995	6277
安 徽	Anhui	8843	5183	3660	10428	5573	4857
福 建	Fujian	6744	3940	2805	7278	3826	3451
江 西	Jiangxi	7658	4412	3246	6664	3696	2968
山 东	Shandong	15276	8579	6698	17427	9059	8367
河 南	Henan	16967	9055	7911	13615	7072	6544
湖 北	Hubei	10823	6147	4676	10793	5839	4953
湖 南	Hunan	13267	7398	5869	11093	5881	5213
广 东	Guangdong	25656	15216	10440	24890	13078	11811
广 西	Guangxi	7538	4190	3348	6582	3274	3308
海 南	Hainan	1796	1060	736	1594	867	727
重 庆	Chongqing	5245	2834	2411	6583	3467	3117
四 川	Sichuan	12967	7131	5836	13818	7090	6727
贵 州	Guizhou	4261	2320	1941	5484	2758	2725
云 南	Yunnan	5578	3096	2482	6587	3219	3368
西 藏	Tibet	270	153	117	454	241	214
陕 西	Shaanxi	6617	3600	3017	8628	4493	4134
甘 肃	Gansu	3473	1935	1537	4222	2272	1949
青 海	Qinghai	701	367	334	972	479	493
宁 夏	Ningxia	1040	576	464	1428	719	707
新 疆	Xinjiang	3772	2070	1702	4964	2518	2446

2-25 各地区城市分性别、受教育程度的人口
City Population by Sex, Educational Attainment and Region

单位：人 (person)

地 区	Region	6岁及以上人口 Population Aged 6 and Over	男 Male	女 Female	未上过学 No Schooling	男 Male	女 Female
全 国	**National Total**	**566756**	**286382**	**280375**	**9795**	**2863**	**6932**
北 京	Beijing	17778	8907	8871	128	35	94
天 津	Tianjin	10931	5582	5349	147	48	98
河 北	Hebei	20871	10071	10800	243	78	165
山 西	Shanxi	12692	6238	6453	154	41	113
内蒙古	Inner Mongolia	9266	4676	4591	143	53	90
辽 宁	Liaoning	25297	12270	13026	232	88	144
吉 林	Jilin	10477	5131	5346	117	30	86
黑龙江	Heilongjiang	14013	6939	7074	213	75	137
上 海	Shanghai	20279	10298	9981	285	74	210
江 苏	Jiangsu	41190	20756	20434	997	231	766
浙 江	Zhejiang	33675	17538	16137	992	275	717
安 徽	Anhui	16552	8510	8042	475	124	351
福 建	Fujian	16584	8463	8121	310	80	231
江 西	Jiangxi	13126	6617	6508	219	69	151
山 东	Shandong	37457	18631	18826	781	229	552
河 南	Henan	25207	12443	12764	337	102	234
湖 北	Hubei	25359	12723	12635	391	101	290
湖 南	Hunan	18681	9342	9339	199	69	129
广 东	Guangdong	74149	39734	34415	1006	324	682
广 西	Guangxi	14535	7235	7300	185	58	127
海 南	Hainan	3587	1827	1760	41	15	26
重 庆	Chongqing	16746	8340	8406	232	69	162
四 川	Sichuan	30862	15317	15545	615	168	447
贵 州	Guizhou	9525	4612	4912	240	71	169
云 南	Yunnan	11132	5541	5591	310	119	191
西 藏	Tibet	800	426	374	92	36	57
陕 西	Shaanxi	15285	7753	7532	232	62	169
甘 肃	Gansu	6708	3348	3361	145	34	110
青 海	Qinghai	2091	1012	1080	90	24	66
宁 夏	Ningxia	2818	1404	1413	75	18	57
新 疆	Xinjiang	9085	4697	4388	171	63	108

2-25 续表 1 continued

单位：人 (person)

地 区	Region	小 学 Primary School	男 Male	女 Female	初 中 Junior Secondary School	男 Male	女 Female
全 国	**National Total**	**93537**	**42821**	**50716**	**160476**	**82405**	**78071**
北 京	Beijing	1696	771	926	3068	1538	1530
天 津	Tianjin	1333	615	718	2841	1538	1303
河 北	Hebei	3398	1568	1829	6408	3082	3326
山 西	Shanxi	1796	839	957	3816	1908	1908
内蒙古	Inner Mongolia	1357	611	746	2740	1418	1321
辽 宁	Liaoning	3026	1365	1661	8825	4221	4604
吉 林	Jilin	1362	598	764	3239	1541	1698
黑龙江	Heilongjiang	1765	756	1010	4642	2313	2329
上 海	Shanghai	2135	956	1178	5019	2569	2450
江 苏	Jiangsu	7117	3212	3905	11242	5737	5505
浙 江	Zhejiang	7332	3558	3773	9825	5379	4446
安 徽	Anhui	2982	1315	1667	4571	2316	2255
福 建	Fujian	3508	1537	1972	4646	2500	2146
江 西	Jiangxi	2422	1099	1323	3879	1960	1918
山 东	Shandong	6633	2947	3686	11258	5690	5568
河 南	Henan	4214	1998	2216	6555	3281	3274
湖 北	Hubei	4089	1870	2218	7077	3447	3629
湖 南	Hunan	2944	1395	1549	4693	2266	2427
广 东	Guangdong	11810	5428	6382	22399	12471	9927
广 西	Guangxi	2474	1156	1318	4566	2318	2247
海 南	Hainan	544	248	295	1121	574	547
重 庆	Chongqing	3304	1491	1813	4628	2279	2349
四 川	Sichuan	6018	2661	3357	8150	4092	4058
贵 州	Guizhou	1868	852	1016	2725	1359	1366
云 南	Yunnan	2327	1131	1196	3079	1693	1386
西 藏	Tibet	250	136	114	131	79	53
陕 西	Shaanxi	2120	993	1127	3841	1940	1901
甘 肃	Gansu	1088	485	603	1624	835	789
青 海	Qinghai	444	207	237	542	283	260
宁 夏	Ningxia	491	219	273	824	434	390
新 疆	Xinjiang	1690	803	887	2499	1342	1157

2-25 续表 2 continued

单位：人 (person)

地区	Region	高中 Senior Secondary School	男 Male	女 Female	大专及以上 College and Higher Level	男 Male	女 Female
全国	**National Total**	**119618**	**63540**	**56078**	**183330**	**94753**	**88576**
北京	Beijing	3077	1595	1482	9808	4969	4841
天津	Tianjin	2319	1182	1137	4292	2199	2092
河北	Hebei	4771	2415	2356	6052	2928	3124
山西	Shanxi	2736	1347	1389	4189	2102	2085
内蒙古	Inner Mongolia	1796	941	854	3231	1653	1579
辽宁	Liaoning	5318	2565	2754	7896	4032	3863
吉林	Jilin	2511	1240	1271	3247	1722	1526
黑龙江	Heilongjiang	3247	1590	1657	4147	2204	1942
上海	Shanghai	4114	2170	1944	8727	4529	4198
江苏	Jiangsu	7777	4195	3582	14058	7381	6677
浙江	Zhejiang	5790	3246	2544	9736	5080	4657
安徽	Anhui	3220	1761	1459	5304	2993	2310
福建	Fujian	3267	1823	1444	4852	2523	2328
江西	Jiangxi	2952	1523	1429	3654	1966	1688
山东	Shandong	7587	4025	3562	11199	5739	5459
河南	Henan	6208	2883	3326	7893	4179	3714
湖北	Hubei	5899	3125	2774	7903	4180	3723
湖南	Hunan	4272	2194	2078	6573	3418	3155
广东	Guangdong	17935	10572	7363	21000	10939	10062
广西	Guangxi	3372	1772	1601	3938	1931	2007
海南	Hainan	830	445	385	1051	544	505
重庆	Chongqing	3148	1626	1522	5433	2874	2560
四川	Sichuan	6393	3436	2957	9686	4961	4724
贵州	Guizhou	1767	919	847	2924	1411	1512
云南	Yunnan	1807	966	840	3610	1631	1978
西藏	Tibet	114	67	47	213	109	103
陕西	Shaanxi	3172	1661	1511	5919	3097	2823
甘肃	Gansu	1569	823	745	2282	1170	1112
青海	Qinghai	368	185	183	648	313	334
宁夏	Ningxia	524	283	241	904	451	454
新疆	Xinjiang	1760	965	795	2965	1524	1441

2-26 各地区镇分性别、受教育程度的人口
Town Population by Sex, Educational Attainment and Region

单位：人 (person)

地 区	Region	6岁及以上人口 Population Aged 6 and Over	男 Male	女 Female	未上过学 No Schooling	男 Male	女 Female
全 国	**National Total**	**340957**	**172503**	**168454**	**11029**	**3091**	**7939**
北 京	Beijing	1477	801	676	16	5	12
天 津	Tianjin	823	432	390	24	8	16
河 北	Hebei	24287	11825	12461	537	160	376
山 西	Shanxi	9254	4772	4482	118	34	84
内蒙古	Inner Mongolia	7098	3522	3577	191	42	148
辽 宁	Liaoning	5957	2836	3121	108	29	79
吉 林	Jilin	4793	2334	2459	63	22	40
黑龙江	Heilongjiang	7029	3431	3598	140	44	97
上 海	Shanghai	2341	1292	1049	78	14	64
江 苏	Jiangsu	22010	11251	10759	827	212	615
浙 江	Zhejiang	13971	7272	6699	521	125	395
安 徽	Anhui	19366	9502	9865	861	199	662
福 建	Fujian	12223	6280	5943	399	117	282
江 西	Jiangxi	14402	7415	6987	390	117	272
山 东	Shandong	26325	13465	12859	944	202	741
河 南	Henan	29990	15175	14815	888	308	580
湖 北	Hubei	11986	6184	5802	332	73	259
湖 南	Hunan	20659	10475	10184	374	96	279
广 东	Guangdong	19608	10214	9395	616	203	414
广 西	Guangxi	12618	6507	6111	300	94	207
海 南	Hainan	2533	1381	1152	108	38	70
重 庆	Chongqing	5836	2819	3017	123	37	86
四 川	Sichuan	17601	8569	9032	666	161	506
贵 州	Guizhou	10727	5526	5201	574	156	417
云 南	Yunnan	12430	6406	6024	511	153	360
西 藏	Tibet	529	284	245	137	58	79
陕 西	Shaanxi	9633	4757	4876	379	125	254
甘 肃	Gansu	6330	3180	3150	414	116	298
青 海	Qinghai	1496	730	766	174	66	108
宁 夏	Ningxia	1864	939	924	77	25	52
新 疆	Xinjiang	5761	2927	2834	140	49	90

2-26 续表 1 continued

单位：人 (person)

地 区	Region	小 学 Primary School	男 Male	女 Female	初 中 Junior Secondary School	男 Male	女 Female
全 国	**National Total**	**87920**	**40119**	**47801**	**126466**	**66706**	**59760**
北 京	Beijing	151	69	82	539	330	209
天 津	Tianjin	210	106	104	398	217	181
河 北	Hebei	5797	2661	3137	9674	5044	4630
山 西	Shanxi	1791	839	951	3578	1859	1719
内蒙古	Inner Mongolia	1475	657	817	2395	1240	1155
辽 宁	Liaoning	1338	599	739	2963	1482	1480
吉 林	Jilin	819	353	466	1815	928	887
黑龙江	Heilongjiang	1394	625	769	3098	1550	1548
上 海	Shanghai	323	143	179	777	422	355
江 苏	Jiangsu	5558	2514	3044	8101	4350	3752
浙 江	Zhejiang	4138	1948	2189	4957	2729	2228
安 徽	Anhui	5089	2267	2822	6610	3421	3188
福 建	Fujian	3895	1723	2171	4372	2463	1909
江 西	Jiangxi	3963	1820	2143	5315	2729	2586
山 东	Shandong	6254	2826	3428	9976	5330	4646
河 南	Henan	7106	3326	3780	12048	6180	5867
湖 北	Hubei	3195	1434	1761	4597	2471	2126
湖 南	Hunan	5102	2332	2771	7229	3647	3582
广 东	Guangdong	4968	2258	2710	7758	4095	3663
广 西	Guangxi	3433	1590	1843	4958	2675	2283
海 南	Hainan	536	252	284	1106	613	493
重 庆	Chongqing	1940	848	1092	2131	1071	1060
四 川	Sichuan	5163	2279	2883	6298	3243	3055
贵 州	Guizhou	3564	1738	1826	3709	2043	1666
云 南	Yunnan	3932	1852	2080	3995	2220	1775
西 藏	Tibet	132	73	58	69	43	27
陕 西	Shaanxi	2255	993	1262	3460	1821	1638
甘 肃	Gansu	1941	860	1081	1794	978	816
青 海	Qinghai	510	232	277	377	213	164
宁 夏	Ningxia	524	243	281	601	334	267
新 疆	Xinjiang	1425	656	769	1768	967	801

2-26 续表 2 continued

单位：人 (person)

地 区	Region	高 中 Senior Secondary School	男 Male	女 Female	大专及以上 College and Higher Level	男 Male	女 Female
全 国	**National Total**	**62385**	**34744**	**27641**	**53156**	**27842**	**25314**
北 京	Beijing	260	146	114	510	250	261
天 津	Tianjin	88	50	37	103	51	52
河 北	Hebei	4998	2328	2670	3281	1633	1648
山 西	Shanxi	1981	1104	877	1786	934	851
内蒙古	Inner Mongolia	1287	692	594	1751	891	861
辽 宁	Liaoning	729	378	351	819	347	472
吉 林	Jilin	875	427	448	1222	605	617
黑龙江	Heilongjiang	1196	621	575	1200	591	609
上 海	Shanghai	414	251	163	749	461	289
江 苏	Jiangsu	4006	2292	1713	3518	1882	1637
浙 江	Zhejiang	2358	1396	961	1997	1074	924
安 徽	Anhui	3002	1808	1194	3805	1807	1998
福 建	Fujian	2022	1197	825	1535	780	755
江 西	Jiangxi	2614	1562	1052	2121	1186	935
山 东	Shandong	4523	2620	1903	4629	2487	2141
河 南	Henan	5944	3330	2614	4005	2030	1974
湖 北	Hubei	2222	1306	916	1640	900	739
湖 南	Hunan	5096	2814	2282	2857	1586	1271
广 东	Guangdong	3996	2367	1628	2271	1291	980
广 西	Guangxi	2419	1347	1072	1508	802	705
海 南	Hainan	502	310	191	281	167	113
重 庆	Chongqing	1002	509	493	641	353	287
四 川	Sichuan	3062	1618	1444	2412	1269	1144
贵 州	Guizhou	1173	689	484	1708	900	808
云 南	Yunnan	2250	1211	1039	1740	971	771
西 藏	Tibet	63	34	29	127	75	53
陕 西	Shaanxi	1794	967	827	1747	851	895
甘 肃	Gansu	916	523	393	1266	705	562
青 海	Qinghai	221	114	107	215	106	110
宁 夏	Ningxia	295	153	142	368	185	182
新 疆	Xinjiang	1081	578	503	1348	675	672

2-27 各地区乡村分性别、受教育程度的人口
Rural Population by Sex, Educational Attainment and Region

单位：人 (person)

地 区	Region	6岁及以上人口 Population Aged 6 and Over	男 Male	女 Female	未上过学 No Schooling	男 Male	女 Female
全 国	**National Total**	**494627**	**256783**	**237844**	**30361**	**8732**	**21630**
北 京	Beijing	2736	1504	1231	86	24	62
天 津	Tianjin	2096	1082	1014	91	25	67
河 北	Hebei	28830	14796	14034	959	299	660
山 西	Shanxi	12816	6755	6061	415	122	293
内蒙古	Inner Mongolia	7800	4139	3661	528	146	382
辽 宁	Liaoning	11827	6138	5689	329	96	234
吉 林	Jilin	8971	4660	4311	205	58	148
黑龙江	Heilongjiang	11094	5728	5366	468	174	295
上 海	Shanghai	2749	1569	1180	174	37	136
江 苏	Jiangsu	22478	11427	11051	1327	306	1021
浙 江	Zhejiang	18056	9520	8536	1263	314	950
安 徽	Anhui	24551	12778	11772	2299	629	1670
福 建	Fujian	12537	6605	5932	782	186	596
江 西	Jiangxi	17143	8993	8150	754	191	563
山 东	Shandong	36339	18561	17779	2913	747	2166
河 南	Henan	42237	21194	21043	2028	599	1428
湖 北	Hubei	20900	11065	9835	922	210	712
湖 南	Hunan	26482	13840	12642	1039	307	732
广 东	Guangdong	31087	15865	15222	1436	395	1041
广 西	Guangxi	22003	11647	10356	1060	288	772
海 南	Hainan	3917	2120	1797	180	48	133
重 庆	Chongqing	9649	5109	4540	352	110	242
四 川	Sichuan	35354	18373	16981	2975	848	2126
贵 州	Guizhou	16933	8814	8119	1810	467	1343
云 南	Yunnan	22480	11773	10707	1561	499	1061
西 藏	Tibet	2167	1129	1038	790	336	454
陕 西	Shaanxi	14290	7476	6814	833	303	531
甘 肃	Gansu	11419	5897	5522	1640	517	1124
青 海	Qinghai	2225	1176	1049	394	150	245
宁 夏	Ningxia	2399	1264	1135	258	73	185
新 疆	Xinjiang	11063	5786	5277	487	228	259

2-27 续表 1 continued

单位：人 (person)

地 区	Region	小 学 Primary School	男 Male	女 Female	初 中 Junior Secondary School	男 Male	女 Female
全 国	**National Total**	**184461**	**87607**	**96855**	**200201**	**114071**	**86131**
北 京	Beijing	506	233	273	1195	717	478
天 津	Tianjin	612	278	333	990	556	434
河 北	Hebei	10153	4678	5475	13944	7653	6290
山 西	Shanxi	3592	1653	1940	6407	3600	2806
内蒙古	Inner Mongolia	2927	1392	1535	3115	1843	1271
辽 宁	Liaoning	4089	1916	2173	6236	3472	2764
吉 林	Jilin	3740	1804	1936	3830	2138	1692
黑龙江	Heilongjiang	3664	1739	1924	5419	2986	2434
上 海	Shanghai	642	329	313	1156	693	462
江 苏	Jiangsu	7707	3439	4268	8545	4756	3789
浙 江	Zhejiang	6684	3288	3396	6318	3676	2642
安 徽	Anhui	9228	4468	4759	9084	5294	3790
福 建	Fujian	4995	2291	2704	4415	2685	1730
江 西	Jiangxi	6345	2854	3491	7063	4076	2986
山 东	Shandong	12681	5785	6896	15978	9262	6716
河 南	Henan	14245	6558	7687	19432	10331	9101
湖 北	Hubei	7506	3465	4041	8520	4914	3606
湖 南	Hunan	9359	4401	4959	10521	5866	4656
广 东	Guangdong	10811	4923	5889	13496	7423	6074
广 西	Guangxi	8461	4067	4393	9599	5679	3920
海 南	Hainan	1109	510	599	1899	1101	798
重 庆	Chongqing	4368	2129	2239	3325	1931	1394
四 川	Sichuan	15432	7767	7665	11714	6818	4896
贵 州	Guizhou	7318	3683	3635	5631	3507	2124
云 南	Yunnan	11146	5521	5624	7014	4216	2798
西 藏	Tibet	878	504	374	293	180	112
陕 西	Shaanxi	4728	2220	2508	6116	3435	2681
甘 肃	Gansu	4822	2373	2449	3295	2020	1275
青 海	Qinghai	1068	560	508	540	338	202
宁 夏	Ningxia	975	465	510	788	500	287
新 疆	Xinjiang	4670	2311	2359	4325	2403	1922

2-27 续表 2 continued

单位：人 (person)

地 区	Region	高 中 Senior Secondary School	男 Male	女 Female	大专及以上 College and Higher Level	男 Male	女 Female
全 国	**National Total**	**51622**	**31361**	**20261**	**27982**	**15015**	**12968**
北 京	Beijing	461	250	211	487	281	206
天 津	Tianjin	234	138	95	169	85	84
河 北	Hebei	2624	1611	1013	1150	554	596
山 西	Shanxi	1385	874	512	1016	506	510
内蒙古	Inner Mongolia	699	457	242	533	302	231
辽 宁	Liaoning	724	412	312	448	242	205
吉 林	Jilin	615	366	249	582	295	288
黑龙江	Heilongjiang	982	546	437	560	283	276
上 海	Shanghai	450	305	145	327	204	124
江 苏	Jiangsu	3060	1849	1212	1839	1077	763
浙 江	Zhejiang	2254	1402	852	1538	842	695
安 徽	Anhui	2620	1614	1006	1321	773	547
福 建	Fujian	1456	920	536	890	522	367
江 西	Jiangxi	2093	1328	765	889	544	345
山 东	Shandong	3167	1934	1233	1600	834	767
河 南	Henan	4814	2843	1971	1718	862	856
湖 北	Hubei	2702	1716	986	1249	758	491
湖 南	Hunan	3899	2390	1510	1663	877	786
广 东	Guangdong	3726	2277	1449	1618	848	770
广 西	Guangxi	1746	1071	675	1138	542	596
海 南	Hainan	464	305	160	263	156	107
重 庆	Chongqing	1094	699	396	509	240	270
四 川	Sichuan	3513	2077	1436	1720	862	859
贵 州	Guizhou	1321	711	610	852	446	406
云 南	Yunnan	1521	919	602	1238	617	620
西 藏	Tibet	93	52	41	114	57	58
陕 西	Shaanxi	1651	972	679	962	546	416
甘 肃	Gansu	988	589	399	672	397	275
青 海	Qinghai	112	68	44	110	61	50
宁 夏	Ningxia	221	140	81	156	84	73
新 疆	Xinjiang	932	527	405	650	319	332

2-28 各地区分性别的15岁及以上文盲人口
Illiterate Population Aged 15 and Over by Sex and Region

地区	Region	15岁及以上人口(人) Population Aged 15 and Over (person)	男 Male	女 Female	文盲人口(人) Illiterate Population (person)	男 Male	女 Female	文盲人口占15岁及以上人口的比重(%) % to Total Aged 15 and Over (%)	男 Male	女 Female
全国	**National Total**	**1232677**	**625238**	**607439**	**39531**	**9386**	**30145**	**3.21**	**1.50**	**4.96**
北京	Beijing	20378	10374	10004	161	35	126	0.79	0.34	1.25
天津	Tianjin	12611	6445	6166	209	49	160	1.66	0.77	2.59
河北	Hebei	63723	31270	32453	1290	293	997	2.02	0.94	3.07
山西	Shanxi	31001	15804	15197	520	119	401	1.68	0.76	2.64
内蒙古	Inner Mongolia	21929	11168	10760	803	214	589	3.66	1.91	5.47
辽宁	Liaoning	39973	19631	20342	443	106	337	1.11	0.54	1.66
吉林	Jilin	22343	11137	11206	293	73	219	1.31	0.66	1.96
黑龙江	Heilongjiang	29862	14912	14949	642	220	422	2.15	1.47	2.82
上海	Shanghai	23776	12321	11455	453	78	374	1.90	0.64	3.27
江苏	Jiangsu	76857	38690	38167	2338	447	1891	3.04	1.16	4.95
浙江	Zhejiang	60096	31332	28764	2130	463	1667	3.55	1.48	5.80
安徽	Anhui	52670	26569	26101	2844	670	2174	5.40	2.52	8.33
福建	Fujian	35972	18429	17543	900	141	759	2.50	0.76	4.33
江西	Jiangxi	37851	19292	18559	964	207	757	2.55	1.07	4.08
山东	Shandong	87877	43977	43900	3498	693	2805	3.98	1.58	6.39
河南	Henan	81443	40259	41184	2292	542	1750	2.81	1.35	4.25
湖北	Hubei	51933	26514	25418	1235	223	1012	2.38	0.84	3.98
湖南	Hunan	56910	28876	28034	1273	300	973	2.24	1.04	3.47
广东	Guangdong	109174	57392	51781	2047	376	1670	1.87	0.66	3.23
广西	Guangxi	41121	21104	20017	1161	228	933	2.82	1.08	4.66
海南	Hainan	8685	4585	4100	363	83	280	4.18	1.81	6.84
重庆	Chongqing	28823	14496	14327	422	91	331	1.46	0.63	2.31
四川	Sichuan	74807	37583	37224	3397	834	2562	4.54	2.22	6.88
贵州	Guizhou	31201	15757	15444	2241	506	1735	7.18	3.21	11.24
云南	Yunnan	40118	20628	19489	1978	569	1410	4.93	2.76	7.23
西藏	Tibet	2915	1540	1375	999	411	588	34.27	26.72	42.73
陕西	Shaanxi	34697	17620	17077	1174	352	822	3.38	2.00	4.81
甘肃	Gansu	21316	10775	10542	1942	559	1382	9.11	5.19	13.11
青海	Qinghai	4990	2497	2492	457	137	320	9.16	5.49	12.84
宁夏	Ningxia	6140	3119	3021	318	81	238	5.19	2.58	7.87
新疆	Xinjiang	21488	11139	10348	745	285	460	3.47	2.56	4.45

2-29 各地区城市分性别的15岁及以上文盲人口
City Illiterate Population Aged 15 and Over by Sex and Region

地 区	Region	15岁及以上人口(人) Population Aged 15 and Over (person)	男 Male	女 Female	文盲人口(人) Illiterate Population (person)	男 Male	女 Female	文盲人口占15岁及以上人口的比重(%) % to Total Aged 15 and Over (%)	男 Male	女 Female
全 国	**National Total**	**509577**	**255971**	**253605**	**6509**	**1329**	**5180**	**1.28**	**0.52**	**2.04**
北 京	Beijing	16391	8184	8206	76	15	61	0.46	0.18	0.75
天 津	Tianjin	10003	5094	4910	105	25	80	1.05	0.49	1.63
河 北	Hebei	18403	8772	9630	128	22	105	0.69	0.25	1.10
山 西	Shanxi	11332	5561	5771	100	18	82	0.88	0.32	1.42
内蒙古	Inner Mongolia	8403	4224	4180	90	25	66	1.08	0.59	1.57
辽 宁	Liaoning	23443	11304	12139	129	42	88	0.55	0.37	0.72
吉 林	Jilin	9685	4719	4967	84	17	67	0.87	0.35	1.36
黑龙江	Heilongjiang	13137	6486	6652	154	49	105	1.17	0.76	1.58
上 海	Shanghai	18876	9560	9316	216	32	183	1.14	0.34	1.97
江 苏	Jiangsu	37243	18584	18659	667	127	540	1.79	0.68	2.89
浙 江	Zhejiang	30768	15953	14815	749	169	580	2.43	1.06	3.92
安 徽	Anhui	14826	7588	7237	329	68	261	2.22	0.89	3.61
福 建	Fujian	14555	7372	7183	165	21	145	1.14	0.28	2.02
江 西	Jiangxi	11392	5680	5712	151	38	113	1.33	0.67	1.98
山 东	Shandong	33151	16315	16836	516	94	422	1.56	0.58	2.51
河 南	Henan	21864	10684	11180	189	39	150	0.86	0.36	1.34
湖 北	Hubei	22855	11373	11482	284	55	230	1.24	0.48	2.00
湖 南	Hunan	16614	8211	8403	107	22	84	0.64	0.27	1.00
广 东	Guangdong	66343	35516	30827	606	113	494	0.91	0.32	1.60
广 西	Guangxi	12542	6181	6360	89	12	77	0.71	0.19	1.21
海 南	Hainan	3134	1579	1555	33	6	28	1.06	0.36	1.77
重 庆	Chongqing	15193	7536	7656	111	21	90	0.73	0.28	1.17
四 川	Sichuan	28068	13885	14183	457	88	369	1.63	0.63	2.60
贵 州	Guizhou	8334	4013	4321	165	28	137	1.98	0.71	3.17
云 南	Yunnan	10183	5026	5157	191	38	153	1.87	0.75	2.97
西 藏	Tibet	733	394	338	109	41	67	14.82	10.47	19.88
陕 西	Shaanxi	13630	6867	6763	153	32	121	1.12	0.46	1.79
甘 肃	Gansu	6049	3001	3047	114	22	93	1.89	0.72	3.04
青 海	Qinghai	1873	898	975	70	13	56	3.73	1.49	5.79
宁 夏	Ningxia	2493	1236	1257	53	10	43	2.14	0.83	3.44
新 疆	Xinjiang	8061	4173	3888	120	30	90	1.49	0.71	2.33

2-30 各地区镇分性别的15岁及以上文盲人口
Town Illiterate Population Aged 15 and Over by Sex and Region

地 区	Region	15岁及以上人口(人) Population Aged 15 and Over (person)	男 Male	女 Female	文盲人口(人) Illiterate Population (person)	男 Male	女 Female	文盲人口占15岁及以上人口的比重(%) % to Total Aged 15 and Over (%)	男 Male	女 Female
全 国	**National Total**	**295009**	**147928**	**147080**	**8227**	**1792**	**6435**	**2.79**	**1.21**	**4.38**
北 京	Beijing	1407	765	643	13	4	10	0.94	0.48	1.49
天 津	Tianjin	733	385	348	22	5	16	2.98	1.42	4.71
河 北	Hebei	20898	10046	10852	398	94	304	1.90	0.93	2.80
山 西	Shanxi	8065	4122	3944	76	13	63	0.95	0.32	1.60
内蒙古	Inner Mongolia	6346	3134	3212	162	32	130	2.56	1.03	4.05
辽 宁	Liaoning	5498	2602	2895	64	6	57	1.16	0.24	1.98
吉 林	Jilin	4380	2120	2260	41	12	29	0.94	0.58	1.28
黑龙江	Heilongjiang	6418	3107	3311	99	29	70	1.55	0.94	2.12
上 海	Shanghai	2242	1240	1002	76	15	61	3.40	1.21	6.12
江 苏	Jiangsu	19269	9825	9444	608	123	485	3.15	1.25	5.14
浙 江	Zhejiang	12646	6588	6058	403	81	321	3.18	1.24	5.30
安 徽	Anhui	16738	8062	8676	701	155	546	4.19	1.93	6.29
福 建	Fujian	10496	5329	5167	218	38	180	2.08	0.71	3.49
江 西	Jiangxi	12108	6137	5971	280	65	215	2.31	1.06	3.60
山 东	Shandong	22786	11508	11278	747	127	620	3.28	1.11	5.49
河 南	Henan	25218	12587	12631	590	143	447	2.34	1.13	3.54
湖 北	Hubei	10547	5392	5155	250	37	213	2.37	0.68	4.13
湖 南	Hunan	17688	8904	8784	270	48	222	1.53	0.54	2.52
广 东	Guangdong	16844	8738	8106	404	72	332	2.40	0.82	4.09
广 西	Guangxi	10557	5387	5170	180	30	150	1.71	0.56	2.90
海 南	Hainan	2186	1187	999	106	29	77	4.85	2.47	7.68
重 庆	Chongqing	5016	2399	2618	77	18	59	1.54	0.74	2.27
四 川	Sichuan	15369	7411	7959	506	99	407	3.29	1.34	5.11
贵 州	Guizhou	8886	4498	4388	472	104	368	5.32	2.31	8.39
云 南	Yunnan	10729	5535	5194	405	109	295	3.77	1.97	5.69
西 藏	Tibet	442	237	205	113	42	71	25.66	17.88	34.64
陕 西	Shaanxi	8397	4127	4269	320	94	227	3.82	2.27	5.31
甘 肃	Gansu	5357	2666	2691	336	82	254	6.27	3.08	9.42
青 海	Qinghai	1272	619	653	118	39	80	9.32	6.28	12.20
宁 夏	Ningxia	1592	795	797	51	10	42	3.22	1.21	5.23
新 疆	Xinjiang	4878	2474	2403	118	34	84	2.43	1.39	3.50

2-31 各地区乡村分性别的15岁及以上文盲人口
Rural Illiterate Population Aged 15 and Over by Sex and Region

地 区	Region	15岁及以上人口(人) Population Aged 15 and Over (person)	男 Male	女 Female	文盲人口(人) Illiterate Population (person)	男 Male	女 Female	文盲人口占15岁及以上人口的比重(%) % to Total Aged 15 and Over (%)	男 Male	女 Female
全 国	**National Total**	**428092**	**221338**	**206754**	**24795**	**6265**	**18530**	**5.79**	**2.83**	**8.96**
北 京	Beijing	2580	1425	1155	72	17	55	2.78	1.19	4.74
天 津	Tianjin	1875	967	908	83	19	64	4.41	1.99	6.99
河 北	Hebei	24422	12452	11970	764	177	587	3.13	1.42	4.90
山 西	Shanxi	11604	6122	5482	344	88	256	2.97	1.44	4.67
内蒙古	Inner Mongolia	7179	3811	3368	550	157	393	7.66	4.11	11.68
辽 宁	Liaoning	11032	5725	5307	250	58	192	2.26	1.01	3.62
吉 林	Jilin	8277	4298	3979	168	45	123	2.03	1.04	3.09
黑龙江	Heilongjiang	10306	5319	4987	389	141	247	3.77	2.66	4.96
上 海	Shanghai	2659	1521	1138	161	31	130	6.04	2.05	11.39
江 苏	Jiangsu	20344	10280	10064	1063	198	866	5.23	1.92	8.60
浙 江	Zhejiang	16682	8791	7891	979	213	766	5.87	2.42	9.71
安 徽	Anhui	21106	10919	10187	1814	447	1368	8.60	4.09	13.42
福 建	Fujian	10920	5727	5193	517	82	434	4.73	1.44	8.36
江 西	Jiangxi	14351	7475	6876	532	104	428	3.71	1.39	6.23
山 东	Shandong	31940	16154	15786	2235	471	1763	7.00	2.92	11.17
河 南	Henan	34360	16988	17372	1513	360	1153	4.40	2.12	6.64
湖 北	Hubei	18530	9749	8782	701	131	570	3.78	1.35	6.49
湖 南	Hunan	22609	11761	10847	896	229	666	3.96	1.95	6.14
广 东	Guangdong	25987	13138	12849	1037	192	845	3.99	1.46	6.58
广 西	Guangxi	18022	9536	8487	892	186	706	4.95	1.95	8.32
海 南	Hainan	3365	1818	1546	224	48	176	6.66	2.63	11.39
重 庆	Chongqing	8614	4561	4053	234	52	181	2.71	1.14	4.48
四 川	Sichuan	31369	16287	15082	2434	647	1787	7.76	3.97	11.85
贵 州	Guizhou	13982	7246	6735	1603	373	1230	11.47	5.15	18.26
云 南	Yunnan	19205	10067	9138	1383	422	961	7.20	4.19	10.52
西 藏	Tibet	1740	909	831	777	328	449	44.64	36.06	54.02
陕 西	Shaanxi	12670	6626	6045	701	226	475	5.53	3.41	7.85
甘 肃	Gansu	9911	5107	4803	1492	455	1036	15.05	8.92	21.57
青 海	Qinghai	1845	981	864	269	85	184	14.57	8.66	21.28
宁 夏	Ningxia	2055	1087	968	214	61	153	10.40	5.59	15.80
新 疆	Xinjiang	8549	4492	4057	507	221	286	5.93	4.92	7.04

2-32 全国15岁及以上人口分年龄、性别的婚姻状况
Population Aged 15 and Over by Age, Sex and Marital Status

单位：人 (person)

年龄 Age	15岁及以上人口 Population Aged 15 and Over	男 Male	女 Female	未婚 Never Married	男 Male	女 Female
总计 Total	**1232677**	**625238**	**607439**	**238753**	**142861**	**95891**
15-19	**79414**	**42677**	**36737**	**79152**	**42632**	**36519**
15	15909	8599	7311	15907	8598	7309
16	17482	9670	7812	17469	9668	7801
17	17118	9361	7757	17079	9357	7722
18	13498	7183	6316	13431	7175	6256
19	15406	7865	7542	15266	7834	7431
20-24	**77256**	**41020**	**36236**	**70055**	**38577**	**31478**
20	17638	9192	8445	17302	9108	8194
21	16936	8706	8230	16245	8541	7704
22	14180	7568	6612	13016	7225	5791
23	14536	7953	6582	12520	7257	5263
24	13966	7600	6366	10972	6445	4527
25-29	**91729**	**48189**	**43540**	**44662**	**28128**	**16534**
25	16594	8700	7895	11405	6764	4641
26	17740	9259	8481	10625	6501	4123
27	17814	9396	8418	8625	5455	3170
28	19484	10291	9193	7645	5083	2562
29	20097	10544	9554	6363	4325	2038
30-34	**128056**	**66101**	**61955**	**21318**	**14991**	**6326**
30	21175	11080	10095	5239	3620	1619
31	27015	14013	13002	5570	3928	1642
32	26609	13697	12913	4161	2923	1238
33	25341	13009	12333	3362	2375	986
34	27915	14303	13612	2986	2146	841
35-39	**109171**	**56115**	**53057**	**7960**	**5686**	**2274**
35	24152	12333	11818	2216	1595	621
36	20662	10565	10097	1671	1207	464
37	20562	10706	9857	1484	1047	436
38	20262	10399	9863	1277	883	394
39	23533	12111	11422	1312	953	359

2-32 续表 1 continued

单位：人 (person)

年 龄 Age	15岁及以上人口 Population Aged 15 and Over	男 Male	女 Female	未 婚 Never Married	男 Male	女 Female
40-44	**98023**	**50206**	**47817**	**3844**	**2821**	**1023**
40	20267	10392	9875	1027	734	293
41	18629	9407	9223	841	596	245
42	20745	10629	10117	691	526	165
43	19735	10163	9571	714	527	187
44	18647	9615	9032	572	438	133
45-49	**114545**	**58320**	**56225**	**3179**	**2494**	**685**
45	20691	10525	10167	669	523	146
46	20974	10696	10278	603	452	151
47	23390	11957	11433	674	538	136
48	24456	12438	12017	626	487	139
49	25033	12703	12330	608	494	113
50-54	**129319**	**65216**	**64103**	**2580**	**2143**	**437**
50	26483	13527	12956	654	524	130
51	27371	13796	13575	572	457	114
52	26041	13285	12756	495	425	70
53	27307	13555	13753	518	442	75
54	22116	11053	11063	341	294	47
55-59	**121989**	**61237**	**60752**	**1839**	**1612**	**227**
55	25204	12721	12482	407	359	49
56	24570	12456	12114	391	352	39
57	23946	12003	11943	393	343	50
58	27587	13757	13830	364	318	46
59	20683	10301	10382	283	239	44
60-64	**70755**	**35357**	**35399**	**1086**	**948**	**138**
60	11006	5413	5593	159	129	30
61	13273	6482	6791	183	149	33
62	12339	6224	6116	193	170	23
63	16085	8037	8048	254	232	22
64	18052	9201	8851	297	268	30
65+	**212419**	**100801**	**111618**	**3078**	**2829**	**249**

2-32 续表 2 continued

单位：人 (person)

年 龄 Age	有配偶 Married	男 Male	女 Female	离 婚 Divorced	男 Male	女 Female	丧 偶 Widowed	男 Male	女 Female
总计 Total	**895198**	**447679**	**447519**	**29002**	**15988**	**13013**	**69725**	**18709**	**51016**
15-19	**258**	**42**	**216**	**4**	**2**	**2**			
15	2	1	2						
16	13	2	11						
17	39	4	35						
18	67	7	59	1	1				
19	138	29	109	3	2	1			
20-24	**7084**	**2388**	**4696**	**117**	**56**	**61**	**1**		**1**
20	333	84	249	3		3			
21	681	160	520	11	5	6			
22	1149	337	811	15	5	10			
23	1983	682	1300	32	14	18	1		1
24	2938	1124	1815	55	31	24			
25-29	**45972**	**19476**	**26496**	**1061**	**576**	**486**	**33**	**9**	**25**
25	5086	1880	3206	101	56	45	3		3
26	6977	2694	4283	133	61	72	6	3	3
27	8997	3832	5164	183	107	76	9	2	8
28	11563	5048	6516	274	160	114	2		1
29	13350	6022	7326	371	191	180	13	4	9
30-34	**103090**	**49106**	**53985**	**3517**	**1968**	**1550**	**131**	**36**	**95**
30	15483	7204	8279	432	248	184	21	8	12
31	20803	9729	11074	618	345	273	25	11	13
32	21684	10349	11334	742	419	323	24	6	18
33	21191	10191	10998	769	439	330	21	3	18
34	23931	11633	12297	957	517	440	42	7	34
35-39	**96688**	**47892**	**48796**	**4233**	**2460**	**1774**	**289**	**76**	**213**
35	20997	10189	10808	894	538	356	44	11	33
36	18137	8882	9255	808	462	345	47	14	33
37	18309	9216	9093	727	423	304	43	19	24
38	18116	9051	9065	797	452	345	71	12	59
39	21130	10555	10576	1007	584	423	84	20	64

2-32 续表 3 continued

单位：人 (person)

年 龄 Age	有配偶 Married	男 Male	女 Female	离 婚 Divorced	男 Male	女 Female	丧 偶 Widowed	男 Male	女 Female
40–44	**89376**	**44893**	**44483**	**4238**	**2356**	**1882**	**566**	**137**	**429**
40	18271	9138	9133	884	504	380	86	17	69
41	16941	8390	8552	767	406	361	80	15	64
42	19030	9574	9455	921	505	416	104	23	81
43	18019	9113	8906	858	484	374	143	39	104
44	17114	8677	8436	808	457	351	154	43	111
45–49	**105420**	**52957**	**52463**	**4659**	**2539**	**2121**	**1286**	**330**	**957**
45	18944	9452	9493	896	494	402	182	56	126
46	19299	9728	9571	863	465	398	209	51	158
47	21510	10827	10683	972	533	439	235	60	176
48	22497	11318	11179	996	545	451	337	88	248
49	23170	11633	11537	932	501	431	324	75	248
50–54	**119362**	**59952**	**59411**	**4309**	**2307**	**2002**	**3067**	**814**	**2253**
50	24367	12334	12033	992	528	464	470	141	329
51	25281	12682	12598	985	527	458	533	129	404
52	24015	12195	11820	904	502	402	626	163	463
53	25230	12500	12730	823	426	397	737	187	550
54	20469	10240	10229	605	324	280	701	195	506
55–59	**111517**	**56511**	**55006**	**3348**	**1799**	**1548**	**5286**	**1315**	**3971**
55	23250	11754	11496	696	379	317	850	230	620
56	22516	11459	11057	748	401	347	916	244	671
57	21887	11066	10822	678	371	307	987	223	764
58	25105	12691	12413	753	403	350	1365	344	1022
59	18759	9542	9217	474	245	228	1168	275	893
60–64	**62617**	**32007**	**30611**	**1601**	**901**	**700**	**5451**	**1501**	**3950**
60	9912	4947	4964	294	171	123	640	165	475
61	11878	5938	5940	339	184	155	873	211	662
62	10916	5653	5263	273	148	125	958	254	704
63	14147	7210	6937	366	206	160	1318	388	930
64	15764	8259	7505	329	192	136	1662	482	1180
65+	**153813**	**82456**	**71357**	**1914**	**1025**	**888**	**53614**	**14491**	**39123**

2-33 全国城市15岁及以上人口分年龄、性别的婚姻状况
City Population Aged 15 and Over by Age, Sex and Marital Status

单位：人 (person)

年龄 Age	15岁及以上人口 Population Aged 15 and Over	男 Male	女 Female	未婚 Never Married	男 Male	女 Female
总计 Total	**509577**	**255971**	**253605**	**115579**	**65557**	**50022**
15-19	**33757**	**17984**	**15773**	**33699**	**17975**	**15724**
15	5795	3160	2635	5795	3160	2635
16	6871	3872	2999	6866	3870	2997
17	6721	3601	3120	6714	3601	3113
18	5976	3178	2797	5963	3177	2786
19	8395	4174	4222	8362	4168	4194
20-24	**40792**	**21247**	**19545**	**38537**	**20484**	**18053**
20	9994	5129	4865	9925	5107	4819
21	9440	4764	4677	9271	4734	4537
22	7394	3917	3477	7057	3811	3246
23	7198	3873	3325	6549	3658	2891
24	6765	3565	3201	5735	3174	2561
25-29	**43895**	**22753**	**21142**	**23574**	**14199**	**9375**
25	8046	4125	3921	6001	3373	2628
26	8497	4403	4095	5635	3319	2316
27	8607	4485	4122	4577	2785	1792
28	9316	4855	4462	4035	2563	1471
29	9428	4886	4543	3327	2159	1168
30-34	**60282**	**30557**	**29725**	**10821**	**7063**	**3758**
30	9830	5013	4817	2604	1689	915
31	12466	6286	6181	2766	1821	945
32	12546	6452	6094	2167	1430	736
33	12034	6106	5927	1770	1138	632
34	13406	6700	6706	1515	985	530
35-39	**52658**	**26607**	**26051**	**3994**	**2540**	**1454**
35	11708	5827	5881	1073	698	375
36	9806	4953	4853	840	547	293
37	9864	5035	4829	748	473	275
38	9823	4960	4863	669	404	265
39	11459	5832	5627	665	419	246

2-33 续表 1 continued

单位：人 (person)

年 龄 Age	15岁及以上人口 Population Aged 15 and Over	男 Male	女 Female	未 婚 Never Married	男 Male	女 Female
40-44	**44526**	**22381**	**22145**	**1751**	**1098**	**653**
40	9557	4827	4730	512	315	196
41	8614	4285	4328	408	260	149
42	9468	4764	4704	262	156	107
43	8790	4422	4368	318	204	114
44	8099	4083	4015	250	163	87
45-49	**47099**	**23873**	**23226**	**1236**	**813**	**423**
45	8977	4501	4476	265	181	84
46	8858	4514	4344	250	152	99
47	9575	4893	4683	269	186	83
48	9913	5022	4891	228	147	81
49	9776	4944	4832	224	147	77
50-54	**47943**	**24101**	**23842**	**812**	**565**	**247**
50	10449	5343	5106	198	121	77
51	10371	5296	5075	211	152	59
52	9791	4989	4801	140	102	39
53	9705	4753	4953	156	112	44
54	7627	3719	3908	106	78	28
55-59	**43586**	**21629**	**21957**	**523**	**381**	**142**
55	8492	4211	4281	113	86	26
56	8766	4363	4403	124	100	25
57	8685	4327	4358	106	74	32
58	10275	5066	5209	105	71	34
59	7368	3663	3706	74	49	25
60-64	**26250**	**12925**	**13324**	**244**	**155**	**89**
60	4012	1960	2052	49	30	18
61	5077	2414	2663	53	30	24
62	4643	2325	2318	44	29	15
63	6041	3004	3037	45	31	15
64	6476	3222	3254	52	35	17
65+	**68788**	**31914**	**36874**	**388**	**284**	**104**

2-33 续表 2 continued

单位：人 (person)

年 龄 Age	有配偶 Married	男 Male	女 Female	离 婚 Divorced	男 Male	女 Female	丧 偶 Widowed	男 Male	女 Female
总计 Total	**359263**	**179399**	**179866**	**14660**	**6472**	**8187**	**20074**	**4544**	**15530**
15-19	**58**	**9**	**49**						
15									
16	5	2	3						
17	7		7						
18	13	2	11						
19	33	6	27						
20-24	**2240**	**754**	**1485**	**14**	**8**	**6**	**1**		**1**
20	68	22	46						
21	170	30	140						
22	335	106	229	2		2			
23	644	210	433	5	4	1	1		1
24	1023	386	637	7	4	3			
25-29	**19984**	**8402**	**11582**	**331**	**151**	**180**	**5**		**5**
25	2024	743	1282	20	9	11			
26	2827	1071	1755	36	12	24			
27	3975	1678	2297	53	22	31	2		2
28	5196	2245	2951	86	47	39			
29	5962	2666	3298	135	61	74	3		3
30-34	**47999**	**22840**	**25158**	**1425**	**645**	**780**	**38**	**9**	**28**
30	7055	3252	3803	166	72	94	5		5
31	9474	4362	5113	219	100	119	7	2	5
32	10078	4889	5190	293	132	162	8	2	6
33	9911	4802	5109	348	165	183	4	2	3
34	11480	5536	5943	399	176	223	13	3	10
35-39	**46608**	**23145**	**23463**	**1962**	**903**	**1059**	**95**	**20**	**75**
35	10229	4924	5305	394	202	193	11	3	8
36	8608	4252	4355	339	150	189	19	4	15
37	8753	4406	4347	349	152	197	14	4	9
38	8741	4367	4373	393	186	207	21	3	18
39	10277	5195	5082	487	213	274	30	6	25

2-33 续表 3 continued

单位：人 (person)

年 龄 Age	有配偶 Married	男 Male	女 Female	离 婚 Divorced	男 Male	女 Female	丧 偶 Widowed	男 Male	女 Female
40-44	**40540**	**20348**	**20193**	**2069**	**905**	**1164**	**167**	**31**	**136**
40	8599	4305	4293	424	203	220	22	3	20
41	7781	3850	3932	398	169	229	26	7	19
42	8717	4416	4302	450	190	260	38	3	35
43	8049	4048	4001	393	165	227	30	4	26
44	7395	3728	3666	404	177	227	50	15	36
45-49	**43113**	**21928**	**21185**	**2420**	**1058**	**1362**	**330**	**74**	**256**
45	8219	4107	4112	452	201	251	40	11	29
46	8126	4163	3963	433	186	247	48	13	35
47	8724	4450	4274	517	241	276	66	16	50
48	9064	4625	4440	532	231	302	88	19	69
49	8979	4583	4397	485	200	285	88	14	74
50-54	**43940**	**22354**	**21585**	**2357**	**990**	**1367**	**834**	**191**	**644**
50	9586	4952	4633	525	228	297	140	42	98
51	9482	4894	4589	532	221	310	146	29	117
52	8953	4621	4333	524	231	293	173	36	137
53	8916	4431	4485	448	174	275	185	36	149
54	7003	3456	3547	328	137	191	190	48	142
55-59	**39581**	**20097**	**19484**	**1969**	**842**	**1127**	**1514**	**310**	**1204**
55	7794	3918	3875	382	163	219	204	44	160
56	7982	4060	3922	400	158	242	259	46	213
57	7885	4009	3877	421	192	229	272	52	220
58	9267	4703	4565	471	201	270	431	91	340
59	6653	3408	3244	294	128	166	347	77	270
60-64	**23376**	**11930**	**11446**	**1047**	**502**	**545**	**1583**	**339**	**1243**
60	3576	1788	1789	205	107	98	182	35	147
61	4521	2234	2287	219	100	119	284	51	233
62	4134	2157	1977	178	78	100	288	61	227
63	5389	2775	2614	245	124	121	361	74	287
64	5757	2977	2780	200	93	107	468	118	350
65+	**51825**	**27591**	**24235**	**1067**	**469**	**598**	**15508**	**3570**	**11938**

2-34 全国镇15岁及以上人口分年龄、性别的婚姻状况
Town Population Aged 15 and Over by Age, Sex and Marital Status

单位：人 (person)

年 龄 Age	15岁及以上人口 Population Aged 15 and Over	男 Male	女 Female	未 婚 Never Married	男 Male	女 Female
总计 Total	**295009**	**147928**	**147080**	**53566**	**31524**	**22041**
15-19	**21957**	**11653**	**10303**	**21896**	**11643**	**10252**
15	4572	2464	2108	4572	2464	2107
16	5316	2879	2437	5313	2879	2434
17	5275	2898	2377	5266	2897	2368
18	3486	1761	1725	3464	1758	1706
19	3307	1651	1656	3281	1645	1636
20-24	**15944**	**8370**	**7575**	**14118**	**7750**	**6368**
20	3410	1753	1658	3326	1735	1591
21	3462	1721	1741	3273	1669	1604
22	2995	1553	1442	2683	1461	1222
23	3089	1677	1412	2604	1521	1083
24	2989	1666	1322	2231	1364	867
25-29	**21323**	**10910**	**10413**	**9093**	**5778**	**3314**
25	3675	1955	1721	2366	1467	898
26	3960	1977	1983	2115	1270	845
27	4167	2169	1997	1754	1140	613
28	4679	2379	2301	1589	1052	536
29	4841	2429	2412	1270	848	421
30-34	**32230**	**16241**	**15989**	**4272**	**3069**	**1202**
30	5280	2701	2579	1137	805	332
31	6770	3444	3326	1124	806	319
32	6734	3331	3403	828	576	251
33	6395	3200	3195	615	464	151
34	7051	3565	3486	568	418	150
35-39	**27052**	**13616**	**13435**	**1485**	**1080**	**405**
35	6062	3028	3034	448	327	120
36	5168	2567	2601	322	242	80
37	5183	2685	2498	274	183	91
38	4973	2529	2444	220	162	58
39	5665	2807	2858	222	166	56

2-34 续表 1 continued

单位：人 (person)

年 龄 Age	15岁及以上人口 Population Aged 15 and Over	男 Male	女 Female	未 婚 Never Married	男 Male	女 Female
40-44	**24858**	**12597**	**12261**	**652**	**482**	**170**
40	4986	2476	2510	166	119	46
41	4665	2314	2351	144	101	43
42	5240	2646	2593	131	103	28
43	5037	2618	2419	119	86	33
44	4931	2543	2387	92	72	20
45-49	**28921**	**14484**	**14437**	**549**	**401**	**148**
45	5296	2659	2637	125	86	39
46	5240	2585	2654	90	66	24
47	5963	2986	2977	109	77	32
48	6102	3101	3001	123	84	40
49	6321	3153	3167	102	88	14
50-54	**32140**	**16055**	**16085**	**448**	**346**	**102**
50	6432	3280	3153	127	98	29
51	6790	3376	3415	104	65	40
52	6555	3296	3259	99	83	16
53	6799	3335	3464	73	62	12
54	5563	2768	2795	44	38	6
55-59	**29315**	**14640**	**14675**	**283**	**246**	**37**
55	6257	3138	3119	69	56	13
56	5985	3025	2960	66	59	6
57	5717	2837	2880	42	36	6
58	6559	3271	3288	54	51	3
59	4797	2369	2428	53	43	9
60-64	**15681**	**7742**	**7939**	**185**	**168**	**17**
60	2437	1182	1255	19	16	3
61	2959	1439	1520	37	35	3
62	2710	1334	1376	40	35	5
63	3528	1740	1789	46	45	1
64	4047	2047	2000	43	37	6
65+	**45589**	**21620**	**23969**	**586**	**561**	**25**

2-34 续表 2 continued

单位：人 (person)

年 龄 Age	有配偶 Married	男 Male	女 Female	离 婚 Divorced	男 Male	女 Female	丧 偶 Widowed	男 Male	女 Female
总计 Total	**220240**	**109138**	**111102**	**6076**	**3366**	**2711**	**15126**	**3900**	**11226**
15-19	**61**	**10**	**51**						
15	1		1						
16	3		3						
17	9	1	9						
18	22	3	19						
19	26	6	20						
20-24	**1797**	**611**	**1186**	**30**	**8**	**22**			
20	84	17	66	1		1			
21	187	52	135	1		1			
22	307	91	215	5	1	5			
23	475	154	321	9	1	9			
24	743	296	448	14	7	7			
25-29	**11974**	**5003**	**6972**	**247**	**127**	**120**	**9**	**2**	**7**
25	1288	476	811	22	11	11			
26	1814	695	1120	30	13	17	1		1
27	2361	1000	1361	50	29	20	2		2
28	3021	1290	1731	70	36	33			
29	3490	1541	1949	75	37	38	6	2	3
30-34	**27055**	**12675**	**14381**	**872**	**489**	**383**	**30**	**8**	**22**
30	4041	1841	2199	99	53	46	4	1	3
31	5474	2535	2938	165	99	66	8	4	4
32	5715	2647	3067	188	106	82	4	1	3
33	5588	2627	2961	186	109	77	6		6
34	6239	3023	3216	235	121	114	9	2	7
35-39	**24517**	**11927**	**12590**	**976**	**590**	**386**	**74**	**19**	**55**
35	5392	2577	2815	209	120	88	14	3	11
36	4644	2207	2437	195	114	81	7	3	4
37	4725	2385	2341	173	114	58	11	4	7
38	4552	2258	2294	177	103	74	24	5	19
39	5203	2500	2704	223	139	84	17	3	14

2-34 续表 3 continued

单位：人 (person)

年 龄 Age	有配偶 Married	男 Male	女 Female	离 婚 Divorced	男 Male	女 Female	丧 偶 Widowed	男 Male	女 Female
40-44	**23123**	**11593**	**11529**	**962**	**497**	**465**	**121**	**24**	**97**
40	4607	2262	2346	191	90	101	22	5	17
41	4339	2132	2207	163	79	84	18	1	17
42	4878	2429	2448	210	108	102	20	5	15
43	4681	2407	2274	209	118	90	28	7	21
44	4617	2363	2254	189	101	88	33	7	26
45-49	**27048**	**13480**	**13568**	**999**	**527**	**472**	**326**	**77**	**249**
45	4948	2473	2476	170	84	85	53	16	37
46	4871	2399	2473	221	104	116	58	16	42
47	5602	2788	2814	197	108	89	56	12	44
48	5698	2889	2808	203	112	91	78	16	63
49	5930	2932	2999	209	117	92	80	17	64
50-54	**30104**	**15065**	**15041**	**856**	**472**	**384**	**732**	**173**	**558**
50	5996	3048	2947	208	111	97	102	22	79
51	6370	3181	3190	204	112	92	112	19	93
52	6126	3065	3061	175	107	68	155	41	114
53	6370	3138	3232	165	87	78	190	48	141
54	5242	2632	2610	104	56	48	174	43	130
55-59	**27192**	**13767**	**13425**	**593**	**346**	**247**	**1246**	**281**	**965**
55	5856	2960	2897	117	67	51	214	55	159
56	5560	2826	2735	153	89	64	205	52	154
57	5319	2687	2632	117	69	48	240	46	194
58	6032	3055	2977	129	81	47	344	83	261
59	4425	2241	2185	76	39	37	242	45	197
60-64	**14004**	**7148**	**6856**	**219**	**126**	**93**	**1272**	**300**	**973**
60	2235	1111	1124	41	22	19	143	34	109
61	2673	1339	1334	45	21	24	204	45	160
62	2421	1230	1191	40	25	15	209	44	165
63	3123	1596	1527	44	25	19	314	74	241
64	3552	1873	1679	50	34	16	402	103	299
65+	**33363**	**17859**	**15506**	**323**	**184**	**139**	**11316**	**3016**	**8300**

2-35 全国乡村15岁及以上人口分年龄、性别的婚姻状况
Rural Population Aged 15 and Over by Age, Sex and Marital Status

单位：人 (person)

年龄 Age	15岁及以上人口 Population Aged 15 and Over	男 Male	女 Female	未婚 Never Married	男 Male	女 Female
总计 Total	**428092**	**221338**	**206754**	**69607**	**45780**	**23827**
15-19	**23700**	**13040**	**10661**	**23557**	**13014**	**10543**
15	5543	2975	2568	5541	2974	2567
16	5295	2919	2376	5290	2919	2371
17	5122	2862	2260	5099	2859	2240
18	4037	2244	1793	4004	2240	1764
19	3704	2040	1664	3623	2022	1601
20-24	**20520**	**11403**	**9117**	**17400**	**10343**	**7057**
20	4234	2311	1923	4051	2266	1784
21	4035	2222	1813	3701	2139	1562
22	3791	2097	1694	3276	1954	1322
23	4249	2404	1845	3367	2077	1289
24	4212	2369	1843	3006	1907	1099
25-29	**26512**	**14527**	**11985**	**11995**	**8151**	**3845**
25	4873	2620	2253	3038	1923	1115
26	5283	2879	2404	2875	1913	962
27	5040	2742	2298	2294	1529	765
28	5488	3057	2431	2022	1468	554
29	5828	3229	2599	1766	1318	448
30-34	**35544**	**19303**	**16241**	**6225**	**4859**	**1365**
30	6065	3366	2699	1498	1126	373
31	7779	4283	3496	1680	1301	379
32	7329	3913	3416	1166	916	250
33	6913	3702	3211	977	774	203
34	7458	4038	3420	904	743	161
35-39	**29461**	**15891**	**13570**	**2481**	**2066**	**415**
35	6382	3479	2904	695	570	125
36	5689	3045	2643	510	418	92
37	5516	2985	2530	462	392	70
38	5466	2910	2556	389	317	72
39	6409	3472	2937	425	369	56

2-35 续表 1 continued

单位：人 (person)

年龄 Age	15岁及以上人口 Population Aged 15 and Over	男 Male	女 Female	未婚 Never Married	男 Male	女 Female
40-44	**28639**	**15227**	**13411**	**1441**	**1241**	**200**
40	5724	3090	2634	349	299	50
41	5351	2808	2544	289	235	54
42	6038	3218	2819	297	267	30
43	5908	3123	2784	276	236	40
44	5618	2988	2630	230	203	27
45-49	**38524**	**19963**	**18562**	**1395**	**1280**	**114**
45	6419	3365	3053	279	256	23
46	6876	3597	3279	263	234	29
47	7852	4079	3773	296	275	22
48	8441	4316	4125	274	256	19
49	8936	4605	4331	283	260	23
50-54	**49236**	**25060**	**24176**	**1320**	**1232**	**89**
50	9602	4904	4698	329	305	24
51	10209	5124	5086	256	240	16
52	9696	5000	4696	256	240	16
53	10803	5466	5337	289	269	20
54	8926	4566	4360	191	178	13
55-59	**49089**	**24968**	**24120**	**1032**	**985**	**48**
55	10454	5373	5082	226	216	9
56	9819	5068	4752	201	193	8
57	9543	4839	4705	245	233	12
58	10753	5420	5333	205	196	9
59	8518	4270	4249	156	146	10
60-64	**28825**	**14689**	**14135**	**657**	**626**	**32**
60	4556	2270	2286	92	83	9
61	5237	2629	2609	92	85	7
62	4987	2565	2422	109	106	3
63	6516	3293	3223	163	157	6
64	7529	3932	3597	202	196	6
65+	**98042**	**47268**	**50775**	**2104**	**1983**	**120**

2-35 续表 2 continued

单位：人 (person)

年 龄 Age	有配偶 Married	男 Male	女 Female	离 婚 Divorced	男 Male	女 Female	丧 偶 Widowed	男 Male	女 Female
总计 Total	**315694**	**159143**	**156551**	**8265**	**6150**	**2115**	**34525**	**10265**	**24260**
15-19	**139**	**23**	**116**	**4**	**2**	**2**			
15	2	1	1						
16	5		5						
17	22	3	19						
18	32	3	29	1	1				
19	78	17	62	3	2	1			
20-24	**3048**	**1021**	**2025**	**72**	**39**	**34**			
20	181	45	136	2		2			
21	323	78	246	11	5	5			
22	507	139	368	8	4	4			
23	865	318	547	18	9	9			
24	1171	442	730	34	21	14			
25-29	**14014**	**6072**	**7942**	**484**	**298**	**186**	**19**	**7**	**12**
25	1774	661	1113	58	36	23	3		3
26	2337	927	1410	66	36	30	5	3	2
27	2660	1154	1506	80	56	24	5	2	4
28	3346	1513	1834	118	77	42	1		1
29	3896	1816	2081	161	93	67	5	2	3
30-34	**28036**	**13591**	**14445**	**1221**	**834**	**387**	**63**	**18**	**45**
30	4388	2110	2278	168	123	45	11	7	4
31	5856	2832	3024	234	146	89	10	5	5
32	5892	2814	3077	260	181	80	11	3	9
33	5691	2763	2929	235	165	70	10	1	9
34	6211	3073	3138	324	220	104	20	2	17
35-39	**25563**	**12821**	**12742**	**1296**	**967**	**329**	**121**	**38**	**84**
35	5376	2688	2688	292	216	75	20	5	15
36	4884	2422	2462	274	198	76	21	7	14
37	4829	2425	2404	206	157	49	18	11	7
38	4824	2427	2397	227	163	64	26	3	22
39	5650	2859	2791	297	232	65	36	12	25

2-35 续表 3 continued

单位：人 (person)

年 龄 Age	有配偶 Married	男 Male	女 Female	离 婚 Divorced	男 Male	女 Female	丧 偶 Widowed	男 Male	女 Female
40-44	**25713**	**12951**	**12761**	**1207**	**954**	**253**	**278**	**81**	**196**
40	5065	2570	2494	269	211	58	42	9	32
41	4822	2408	2414	206	157	48	35	7	28
42	5434	2729	2704	260	207	53	46	15	31
43	5290	2658	2632	257	200	56	85	29	56
44	5103	2586	2517	215	178	36	70	21	49
45-49	**35259**	**17549**	**17710**	**1241**	**954**	**287**	**630**	**179**	**451**
45	5777	2872	2905	275	209	65	89	28	60
46	6301	3167	3134	209	175	34	103	21	81
47	7185	3588	3596	258	184	74	114	32	82
48	7735	3804	3931	261	202	58	170	53	117
49	8261	4117	4142	239	184	55	155	44	111
50-54	**45318**	**22533**	**22785**	**1097**	**845**	**252**	**1501**	**450**	**1051**
50	8785	4333	4453	259	189	70	228	77	151
51	9427	4608	4820	250	194	56	275	81	194
52	8936	4510	4426	206	165	41	298	86	213
53	9944	4930	5014	209	165	44	362	103	259
54	8225	4152	4072	173	132	41	337	103	234
55-59	**44744**	**22647**	**22097**	**786**	**612**	**174**	**2527**	**725**	**1802**
55	9600	4875	4725	196	150	47	432	132	300
56	8973	4572	4399	195	154	40	451	147	304
57	8684	4370	4313	139	110	29	476	125	350
58	9806	4935	4871	153	120	33	590	169	420
59	7681	3894	3788	103	78	25	578	152	426
60-64	**25237**	**12928**	**12308**	**335**	**273**	**61**	**2596**	**862**	**1734**
60	4100	2049	2051	48	43	6	315	96	219
61	4686	2365	2321	75	63	13	385	116	269
62	4361	2265	2096	56	45	10	461	148	313
63	5635	2840	2795	76	57	20	642	240	402
64	6456	3409	3047	79	66	13	792	261	531
65+	**68625**	**37007**	**31617**	**524**	**372**	**152**	**26790**	**7905**	**18885**

2-36 各地区分性别、婚姻状况的人口
Population by Sex, Marital Status and Region

单位：人 (person)

地 区	Region	15岁及以上人口 Population Aged 15 and Over	男 Male	女 Female	未 婚 Never Married	男 Male	女 Female
全 国	**National Total**	**1232677**	**625238**	**607439**	**238753**	**142861**	**95891**
北 京	Beijing	20378	10374	10004	4298	2384	1915
天 津	Tianjin	12611	6445	6166	2294	1308	986
河 北	Hebei	63723	31270	32453	9884	5572	4313
山 西	Shanxi	31001	15804	15197	5682	3306	2376
内蒙古	Inner Mongolia	21929	11168	10760	3469	2078	1390
辽 宁	Liaoning	39973	19631	20342	6340	3692	2647
吉 林	Jilin	22343	11137	11206	3453	1991	1462
黑龙江	Heilongjiang	29862	14912	14949	4654	2677	1977
上 海	Shanghai	23776	12321	11455	4732	2750	1982
江 苏	jiangsu	76857	38690	38167	12218	7307	4911
浙 江	Zhejiang	60096	31332	28764	10683	6601	4082
安 徽	Anhui	52670	26569	26101	9277	5626	3651
福 建	Fujian	35972	18429	17543	6880	4179	2701
江 西	Jiangxi	37851	19292	18559	8182	4947	3236
山 东	Shandong	87877	43977	43900	14278	8353	5925
河 南	Henan	81443	40259	41184	17102	9900	7202
湖 北	Hubei	51933	26514	25418	9470	5968	3502
湖 南	Hunan	56910	28876	28034	11141	6799	4343
广 东	Guangdong	109174	57392	51781	29166	18140	11026
广 西	Guangxi	41121	21104	20017	9920	6124	3796
海 南	Hainan	8685	4585	4100	2206	1406	800
重 庆	Chongqing	28823	14496	14327	5571	3252	2319
四 川	Sichuan	74807	37583	37224	14066	8302	5764
贵 州	Guizhou	31201	15757	15444	7132	4185	2947
云 南	Yunnan	40118	20628	19489	8570	5203	3367
西 藏	Tibet	2915	1540	1375	981	562	418
陕 西	Shaanxi	34697	17620	17077	6425	3908	2517
甘 肃	Gansu	21316	10775	10542	3923	2328	1595
青 海	Qinghai	4990	2497	2492	1140	641	499
宁 夏	Ningxia	6140	3119	3021	1138	656	481
新 疆	Xinjiang	21488	11139	10348	4477	2718	1759

2-36 续表 continued

单位：人 (person)

地 区	Region	有配偶 Married	男 Male	女 Female	离 婚 Divorced	男 Male	女 Female	丧 偶 Widowed	男 Male	女 Female
全 国	**National Total**	**895198**	**447679**	**447519**	**29002**	**15988**	**13013**	**69725**	**18709**	**51016**
北 京	Beijing	14751	7556	7195	541	243	297	788	190	597
天 津	Tianjin	9257	4764	4493	383	177	206	677	197	481
河 北	Hebei	49136	24005	25131	1156	664	492	3547	1030	2517
山 西	Shanxi	23005	11726	11279	574	335	240	1740	439	1301
内蒙古	Inner Mongolia	16724	8508	8217	591	312	279	1144	270	874
辽 宁	Liaoning	29271	14425	14846	1654	804	850	2709	710	1999
吉 林	Jilin	16336	8196	8141	979	518	461	1574	432	1142
黑龙江	Heilongjiang	21913	10946	10966	1353	750	603	1942	539	1403
上 海	Shanghai	17349	9054	8295	681	305	376	1014	213	802
江 苏	jiangsu	58864	29400	29464	1509	782	727	4267	1202	3065
浙 江	Zhejiang	45374	23392	21982	1340	731	609	2699	608	2091
安 徽	Anhui	39103	19317	19786	1162	685	477	3128	941	2187
福 建	Fujian	26505	13474	13032	744	383	361	1843	393	1450
江 西	Jiangxi	26888	13436	13452	710	411	299	2071	498	1573
山 东	Shandong	67020	33359	33661	1260	753	508	5319	1513	3806
河 南	Henan	58281	28155	30126	1286	789	497	4774	1415	3359
湖 北	Hubei	37976	18907	19069	1213	668	546	3273	972	2302
湖 南	Hunan	40751	20385	20366	1300	763	536	3718	929	2789
广 东	Guangdong	73798	37270	36528	2084	1036	1048	4125	945	3179
广 西	Guangxi	27815	13816	13999	822	506	316	2564	658	1906
海 南	Hainan	5932	3003	2930	142	87	55	406	89	316
重 庆	Chongqing	20504	10214	10289	1003	544	459	1746	486	1259
四 川	Sichuan	53485	26589	26896	2222	1244	977	5035	1448	3586
贵 州	Guizhou	21148	10434	10714	930	599	330	1991	539	1453
云 南	Yunnan	27875	14058	13816	1165	704	461	2509	663	1845
西 藏	Tibet	1721	906	815	65	29	36	149	43	106
陕 西	Shaanxi	25658	12760	12897	601	361	240	2013	591	1423
甘 肃	Gansu	15640	7809	7832	383	233	150	1370	405	965
青 海	Qinghai	3403	1697	1704	162	85	78	285	74	211
宁 夏	Ningxia	4554	2304	2250	181	93	88	268	66	202
新 疆	Xinjiang	15165	7816	7350	807	396	410	1038	209	829

2-37 各地区城市分性别、婚姻状况的人口
City Population by Sex, Marital Status and Region

单位：人 (person)

地 区	Region	15岁及以上人口 Population Aged 15 and Over	男 Male	女 Female	未 婚 Never Married	男 Male	女 Female
全 国	**National Total**	**509577**	**255971**	**253605**	**115579**	**65557**	**50022**
北 京	Beijing	16391	8184	8206	3630	1976	1654
天 津	Tianjin	10003	5094	4910	1951	1095	855
河 北	Hebei	18403	8772	9630	3170	1727	1443
山 西	Shanxi	11332	5561	5771	2280	1180	1100
内蒙古	Inner Mongolia	8403	4224	4180	1604	922	682
辽 宁	Liaoning	23443	11304	12139	4058	2289	1769
吉 林	Jilin	9685	4719	4967	1713	1002	711
黑龙江	Heilongjiang	13137	6486	6652	2603	1486	1117
上 海	Shanghai	18876	9560	9316	3926	2196	1730
江 苏	Jiangsu	37243	18584	18659	7264	4053	3211
浙 江	Zhejiang	30768	15953	14815	6483	3768	2715
安 徽	Anhui	14826	7588	7237	2954	1847	1107
福 建	Fujian	14555	7372	7183	3404	1967	1437
江 西	Jiangxi	11392	5680	5712	3259	1806	1453
山 东	Shandong	33151	16315	16836	5955	3198	2757
河 南	Henan	21864	10684	11180	5884	3122	2762
湖 北	Hubei	22855	11373	11482	5343	3109	2234
湖 南	Hunan	16614	8211	8403	4218	2272	1946
广 东	Guangdong	66343	35516	30827	19413	11977	7436
广 西	Guangxi	12542	6181	6360	3453	1870	1583
海 南	Hainan	3134	1579	1555	847	470	377
重 庆	Chongqing	15193	7536	7656	3416	1929	1487
四 川	Sichuan	28068	13885	14183	6694	3711	2983
贵 州	Guizhou	8334	4013	4321	2341	1187	1154
云 南	Yunnan	10183	5026	5157	2527	1276	1251
西 藏	Tibet	733	394	338	257	147	111
陕 西	Shaanxi	13630	6867	6763	2782	1634	1148
甘 肃	Gansu	6049	3001	3047	1512	790	722
青 海	Qinghai	1873	898	975	383	208	176
宁 夏	Ningxia	2493	1236	1257	510	285	224
新 疆	Xinjiang	8061	4173	3888	1744	1058	686

2-37 续表 continued

单位：人 (person)

地 区	Region	有配偶 Married	男 Male	女 Female	离 婚 Divorced	男 Male	女 Female	丧 偶 Widowed	男 Male	女 Female
全 国	**National Total**	**359263**	**179399**	**179866**	**14660**	**6472**	**8187**	**20074**	**4544**	**15530**
北 京	Beijing	11695	5873	5822	462	199	263	604	137	467
天 津	Tianjin	7247	3733	3514	313	135	179	493	130	362
河 北	Hebei	14005	6676	7330	421	166	254	807	203	604
山 西	Shanxi	8361	4183	4178	235	99	136	455	98	357
内蒙古	Inner Mongolia	6166	3103	3063	264	115	149	368	83	285
辽 宁	Liaoning	16843	8207	8635	1171	521	650	1372	286	1086
吉 林	Jilin	6763	3339	3424	563	244	319	646	134	513
黑龙江	Heilongjiang	8924	4441	4483	741	351	389	870	208	662
上 海	Shanghai	13619	6994	6626	547	220	327	783	150	633
江 苏	Jiangsu	27667	13807	13861	825	340	485	1487	385	1103
浙 江	Zhejiang	22596	11611	10985	765	370	395	924	204	720
安 徽	Anhui	10865	5398	5468	445	196	249	561	147	413
福 建	Fujian	10339	5183	5157	359	138	222	453	85	367
江 西	Jiangxi	7441	3672	3769	268	113	155	424	89	335
山 东	Shandong	25229	12493	12737	569	285	284	1397	339	1058
河 南	Henan	14657	7153	7505	457	185	272	865	224	641
湖 北	Hubei	15838	7730	8108	637	283	355	1036	252	785
湖 南	Hunan	11293	5624	5669	415	166	249	687	148	539
广 东	Guangdong	43888	22565	21324	1516	665	852	1525	309	1216
广 西	Guangxi	8277	4066	4211	339	150	188	473	95	377
海 南	Hainan	2133	1065	1068	56	24	32	98	19	78
重 庆	Chongqing	10519	5174	5345	668	312	356	589	122	468
四 川	Sichuan	19292	9464	9828	988	474	514	1094	237	857
贵 州	Guizhou	5333	2608	2725	325	143	182	334	75	259
云 南	Yunnan	6905	3510	3394	355	153	202	396	87	309
西 藏	Tibet	427	229	198	22	11	11	27	8	19
陕 西	Shaanxi	10099	4991	5107	269	126	144	479	115	363
甘 肃	Gansu	4109	2081	2029	162	69	93	265	62	203
青 海	Qinghai	1325	640	684	63	30	33	102	19	82
宁 夏	Ningxia	1792	890	901	91	42	49	100	19	81
新 疆	Xinjiang	5611	2895	2716	347	147	200	360	74	286

2-38 各地区镇分性别、婚姻状况的人口
Town Population by Sex, Marital Status and Region

单位：人 (person)

地 区	Region	15岁及以上人口 Population Aged 15 and Over	男 Male	女 Female	未 婚 Never Married	男 Male	女 Female
全 国	**National Total**	**295009**	**147928**	**147080**	**53566**	**31524**	**22041**
北 京	Beijing	1407	765	643	344	182	162
天 津	Tianjin	733	385	348	104	58	46
河 北	Hebei	20898	10046	10852	3630	1896	1734
山 西	Shanxi	8065	4122	3944	1527	911	616
内蒙古	Inner Mongolia	6346	3134	3212	972	533	439
辽 宁	Liaoning	5498	2602	2895	814	429	385
吉 林	Jilin	4380	2120	2260	711	344	366
黑龙江	Heilongjiang	6418	3107	3311	738	370	368
上 海	Shanghai	2242	1240	1002	467	317	150
江 苏	Jiangsu	19269	9825	9444	2632	1706	926
浙 江	Zhejiang	12646	6588	6058	2013	1332	682
安 徽	Anhui	16738	8062	8676	3134	1656	1478
福 建	Fujian	10496	5329	5167	1799	1102	697
江 西	Jiangxi	12108	6137	5971	2289	1416	873
山 东	Shandong	22786	11508	11278	4093	2472	1621
河 南	Henan	25218	12587	12631	5526	3148	2378
湖 北	Hubei	10547	5392	5155	1372	892	481
湖 南	Hunan	17688	8904	8784	2968	1871	1097
广 东	Guangdong	16844	8738	8106	3672	2256	1416
广 西	Guangxi	10557	5387	5170	2439	1502	937
海 南	Hainan	2186	1187	999	526	356	170
重 庆	Chongqing	5016	2399	2618	756	404	352
四 川	Sichuan	15369	7411	7959	2228	1238	990
贵 州	Guizhou	8886	4498	4388	1984	1193	791
云 南	Yunnan	10729	5535	5194	2514	1536	977
西 藏	Tibet	442	237	205	136	73	64
陕 西	Shaanxi	8397	4127	4269	1581	858	723
甘 肃	Gansu	5357	2666	2691	856	518	338
青 海	Qinghai	1272	619	653	330	178	152
宁 夏	Ningxia	1592	795	797	308	166	142
新 疆	Xinjiang	4878	2474	2403	1105	617	489

2-38 续表 continued

单位：人 (person)

地 区	Region	有配偶 Married	男 Male	女 Female	离 婚 Divorced	男 Male	女 Female	丧 偶 Widowed	男 Male	女 Female
全 国	**National Total**	**220240**	**109138**	**111102**	**6076**	**3366**	**2711**	**15126**	**3900**	**11226**
北 京	Beijing	999	558	442	25	14	11	39	12	27
天 津	Tianjin	569	299	270	21	12	9	39	17	22
河 北	Hebei	15956	7732	8225	314	171	143	998	248	750
山 西	Shanxi	6103	3070	3033	126	75	52	308	66	242
内蒙古	Inner Mongolia	4915	2464	2450	176	87	89	283	49	233
辽 宁	Liaoning	4090	1979	2111	200	85	114	394	110	285
吉 林	Jilin	3241	1620	1621	168	84	84	261	72	189
黑龙江	Heilongjiang	5043	2506	2537	260	146	114	378	86	292
上 海	Shanghai	1652	878	775	52	30	21	69	15	55
江 苏	Jiangsu	15396	7671	7724	330	186	144	912	261	651
浙 江	Zhejiang	9878	5010	4869	249	136	113	505	110	394
安 徽	Anhui	12482	6005	6478	301	174	127	820	228	593
福 建	Fujian	7942	4004	3938	197	107	90	558	116	442
江 西	Jiangxi	9057	4471	4585	226	128	98	536	121	414
山 东	Shandong	17241	8547	8694	267	153	114	1184	336	848
河 南	Henan	18153	8869	9284	375	230	145	1164	341	823
湖 北	Hubei	8329	4195	4133	204	116	88	642	189	453
湖 南	Hunan	13159	6523	6636	421	236	184	1140	273	867
广 东	Guangdong	12134	6145	5989	251	139	111	789	198	590
广 西	Guangxi	7343	3625	3719	188	111	76	587	150	437
海 南	Hainan	1522	786	735	38	25	13	102	21	81
重 庆	Chongqing	3820	1847	1973	122	69	53	319	79	240
四 川	Sichuan	11760	5704	6056	471	233	238	911	237	674
贵 州	Guizhou	6150	3016	3134	257	163	94	495	127	368
云 南	Yunnan	7278	3640	3638	345	201	144	593	158	435
西 藏	Tibet	275	153	122	16	8	7	15	3	12
陕 西	Shaanxi	6239	3061	3178	131	77	54	446	131	314
甘 肃	Gansu	4124	2022	2102	72	42	30	306	85	221
青 海	Qinghai	844	407	435	35	15	19	64	19	45
宁 夏	Ningxia	1174	592	582	52	26	26	57	11	46
新 疆	Xinjiang	3371	1738	1633	188	86	102	213	33	179

2-39 各地区农村分性别、婚姻状况的人口
Rural Population by Sex, Marital Status and Region

单位：人 (person)

地区	Region	15岁及以上人口 Population Aged 15 and Over	男 Male	女 Female	未婚 Never Married	男 Male	女 Female
全国	**National Total**	**428092**	**221338**	**206754**	**69607**	**45780**	**23827**
北京	Beijing	2580	1425	1155	325	226	99
天津	Tianjin	1875	967	908	239	155	85
河北	Hebei	24422	12452	11970	3084	1948	1136
山西	Shanxi	11604	6122	5482	1875	1215	660
内蒙古	Inner Mongolia	7179	3811	3368	892	623	269
辽宁	Liaoning	11032	5725	5307	1468	974	493
吉林	Jilin	8277	4298	3979	1029	645	385
黑龙江	Heilongjiang	10306	5319	4987	1314	821	492
上海	Shanghai	2659	1521	1138	338	237	102
江苏	Jiangsu	20344	10280	10064	2321	1547	774
浙江	Zhejiang	16682	8791	7891	2187	1501	686
安徽	Anhui	21106	10919	10187	3188	2123	1066
福建	Fujian	10920	5727	5193	1678	1111	567
江西	Jiangxi	14351	7475	6876	2635	1725	910
山东	Shandong	31940	16154	15786	4230	2683	1546
河南	Henan	34360	16988	17372	5692	3630	2062
湖北	Hubei	18530	9749	8782	2755	1968	787
湖南	Hunan	22609	11761	10847	3955	2655	1300
广东	Guangdong	25987	13138	12849	6082	3907	2175
广西	Guangxi	18022	9536	8487	4028	2753	1276
海南	Hainan	3365	1818	1546	834	581	253
重庆	Chongqing	8614	4561	4053	1399	919	480
四川	Sichuan	31369	16287	15082	5144	3353	1791
贵州	Guizhou	13982	7246	6735	2807	1805	1001
云南	Yunnan	19205	10067	9138	3530	2391	1138
西藏	Tibet	1740	909	831	587	343	244
陕西	Shaanxi	12670	6626	6045	2062	1416	645
甘肃	Gansu	9911	5107	4803	1555	1020	536
青海	Qinghai	1845	981	864	426	255	171
宁夏	Ningxia	2055	1087	968	320	205	115
新疆	Xinjiang	8549	4492	4057	1628	1043	584

2-39 续表 continued

单位：人 (person)

地 区	Region	有配偶 Married	男 Male	女 Female	离 婚 Divorced	男 Male	女 Female	丧 偶 Widowed	男 Male	女 Female
全 国	**National Total**	**315694**	**159143**	**156551**	**8265**	**6150**	**2115**	**34525**	**10265**	**24260**
北 京	Beijing	2057	1126	931	54	31	23	144	42	103
天 津	Tianjin	1441	732	710	48	31	18	146	50	96
河 北	Hebei	19175	9598	9577	421	326	95	1742	579	1162
山 西	Shanxi	8540	4472	4068	213	161	52	977	274	702
内蒙古	Inner Mongolia	5643	2939	2703	151	110	41	494	138	355
辽 宁	Liaoning	8339	4239	4100	283	197	86	942	314	628
吉 林	Jilin	6332	3236	3095	249	190	59	667	227	441
黑龙江	Heilongjiang	7946	3999	3947	352	253	100	694	245	449
上 海	Shanghai	2076	1182	894	82	54	28	162	48	114
江 苏	Jiangsu	15801	7922	7880	354	256	99	1868	556	1312
浙 江	Zhejiang	12899	6771	6128	325	224	101	1271	295	976
安 徽	Anhui	15755	7915	7840	416	315	101	1747	566	1181
福 建	Fujian	8223	4286	3937	187	138	49	831	191	640
江 西	Jiangxi	10389	5292	5096	216	170	46	1111	288	824
山 东	Shandong	24549	12320	12230	424	315	110	2737	837	1900
河 南	Henan	25469	12133	13336	454	375	80	2745	851	1895
湖 北	Hubei	13808	6982	6827	372	269	103	1595	531	1064
湖 南	Hunan	16299	8238	8061	464	360	103	1891	508	1383
广 东	Guangdong	17776	8560	9216	317	232	85	1811	438	1373
广 西	Guangxi	12194	6126	6068	296	244	52	1505	413	1092
海 南	Hainan	2277	1151	1126	48	38	10	206	49	157
重 庆	Chongqing	6164	3193	2971	213	163	50	838	286	552
四 川	Sichuan	22433	11421	11011	763	538	225	3029	975	2055
贵 州	Guizhou	9666	4811	4854	347	293	54	1162	337	825
云 南	Yunnan	13692	6908	6784	465	350	115	1519	419	1100
西 藏	Tibet	1019	524	495	28	10	18	106	32	74
陕 西	Shaanxi	9318	4707	4612	201	158	42	1089	344	745
甘 肃	Gansu	7408	3707	3700	149	122	27	799	259	541
青 海	Qinghai	1234	650	585	65	40	25	119	36	83
宁 夏	Ningxia	1588	822	766	37	25	12	111	36	75
新 疆	Xinjiang	6183	3182	3001	272	164	108	466	102	364

2-40 全国育龄妇女分年龄、孩次的生育状况（2020年11月1日至2021年10月31日）
Age-specific Fertility Rate of Women at Childbearing Ages by Age of Mother and Birth Order (2020.11.1-2021.10.31)

年龄 Age	平均育龄妇女人数(人) Average Number of Childbearing Women (person)	出生人数(人) Births (person)	一孩 1st Birth	二孩 2nd Birth	三孩及以上 3rd Birth and Above	生育率(‰) Fertility Rate (‰)	一孩 1st Birth	二孩 2nd Birth	三孩及以上 3rd Birth and Above
总计 Total	**338553**	**10588**	**4796**	**4563**	**1229**	**31.27**	**14.17**	**13.48**	**3.63**
15-19	**37208**	**105**	**90**	**14**	**1**	**2.82**	**2.42**	**0.38**	**0.03**
15	7462					0.05			
16	8085	8	8			0.96	0.99		
17	6741	18	15	4		2.74	2.23	0.59	
18	7004	35	28	6	1	5.00	4.00	0.86	0.14
19	7915	43	39	4		5.48	4.93	0.51	
20-24	**36060**	**1258**	**843**	**363**	**52**	**34.89**	**23.38**	**10.07**	**1.44**
20	8481	101	77	24	1	11.95	9.08	2.83	0.12
21	7522	194	142	46	5	25.75	18.88	6.12	0.66
22	6561	239	150	77	11	36.38	22.86	11.74	1.68
23	6278	338	225	98	15	53.87	35.84	15.61	2.39
24	7217	386	249	117	20	53.49	34.50	16.21	2.77
25-29	**44533**	**3922**	**2223**	**1386**	**312**	**88.06**	**49.92**	**31.12**	**7.01**
25	8366	572	351	178	42	68.36	41.96	21.28	5.02
26	8373	739	441	239	59	88.30	52.67	28.54	7.05
27	8631	824	481	289	55	95.53	55.73	33.48	6.37
28	9426	924	522	339	62	98.02	55.38	35.96	6.58
29	9737	862	427	340	95	88.51	43.85	34.92	9.76
30-34	**63185**	**3741**	**1297**	**1939**	**505**	**59.20**	**20.53**	**30.69**	**7.99**
30	11573	754	340	350	64	65.16	29.38	30.24	5.53
31	13137	929	347	463	120	70.72	26.41	35.24	9.13
32	12650	833	286	431	116	65.84	22.61	34.07	9.17
33	13155	640	181	370	89	48.66	13.76	28.13	6.77
34	12671	584	143	324	118	46.12	11.29	25.57	9.31
35-39	**52178**	**1249**	**280**	**695**	**275**	**23.95**	**5.37**	**13.32**	**5.27**
35	10944	401	91	228	82	36.68	8.32	20.83	7.49
36	9828	272	68	142	63	27.72	6.92	14.45	6.41
37	9764	243	51	138	54	24.93	5.22	14.13	5.53
38	10569	189	41	105	43	17.91	3.88	9.93	4.07
39	11073	143	29	82	32	12.91	2.62	7.41	2.89
40-44	**47625**	**283**	**59**	**150**	**75**	**5.93**	**1.24**	**3.15**	**1.57**
40	9090	104	28	52	25	11.47	3.08	5.72	2.75
41	9950	69	10	36	22	6.93	1.01	3.62	2.21
42	9754	53	11	35	8	5.46	1.13	3.59	0.82
43	9292	28	5	14	8	3.01	0.54	1.51	0.86
44	9539	28	5	14	10	2.97	0.52	1.47	1.05
45-49	**57764**	**31**	**4**	**17**	**9**	**0.53**	**0.07**	**0.29**	**0.16**
45	10298	13	3	8	2	1.31	0.29	0.78	0.19
46	10785	9		5	4	0.86		0.46	0.37
47	11632	4		2	1	0.33		0.17	0.09
48	12407	3		2	1	0.26		0.16	0.08
49	12642	1	1			0.07	0.08		

2-41 全国城市育龄妇女分年龄、孩次的生育状况 (2020年11月1日至2021年10月31日)

Age-specific Fertility Rate of City Women at Childbearing Ages by Age of Mother and Birth Order (2020.11.1-2021.10.31)

年 龄 Age	平均育龄妇女人数(人) Average Number of Childbearing Women (person)	出生人数(人) Births (person)	一孩 1st Birth	二孩 2nd Birth	三孩及以上 3rd Birth and Above	生育率(‰) Fertility Rate (‰)	一孩 1st Birth	二孩 2nd Birth	三孩及以上 3rd Birth and Above
总计 Total	**158844**	**4593**	**2374**	**1917**	**302**	**28.91**	**14.95**	**12.07**	**1.90**
15-19	**16870**	**28**	**24**	**4**		**1.68**	**1.42**	**0.24**	
15	2753								
16	3199	3	3			0.81	0.94		
17	2805	3	3			1.12	1.07		
18	3572	10	9	2		2.93	2.52	0.56	
19	4541	12	10	3		2.69	2.20	0.66	
20-24	**19122**	**330**	**254**	**74**	**2**	**17.28**	**13.28**	**3.87**	**0.10**
20	4840	14	10	4		2.89	2.07	0.83	
21	4130	40	39	2		9.78	9.44	0.48	
22	3403	57	34	23		16.66	9.99	6.76	
23	3109	88	69	18	1	28.18	22.19	5.79	0.32
24	3639	132	103	27	1	36.2	28.30	7.42	0.27
25-29	**21480**	**1633**	**1111**	**467**	**55**	**76.04**	**51.72**	**21.74**	**2.56**
25	4087	194	142	50	2	47.35	34.74	12.23	0.49
26	4086	285	200	75	10	69.66	48.95	18.36	2.45
27	4144	373	253	113	7	89.92	61.05	27.27	1.69
28	4522	397	276	109	12	87.89	61.03	24.10	2.65
29	4642	385	241	120	24	82.96	51.92	25.85	5.17
30-34	**30545**	**1835**	**783**	**917**	**136**	**60.09**	**25.63**	**30.02**	**4.45**
30	5550	379	219	146	14	68.2	39.46	26.31	2.52
31	6241	451	200	218	33	72.25	32.05	34.93	5.29
32	6038	393	171	194	28	65.16	28.32	32.13	4.64
33	6326	317	107	179	32	50.1	16.91	28.30	5.06
34	6389	296	86	180	29	46.25	13.46	28.17	4.54
35-39	**25488**	**613**	**171**	**366**	**76**	**24.04**	**6.71**	**14.36**	**2.98**
35	5269	188	55	118	15	35.71	10.44	22.40	2.85
36	4749	135	41	67	26	28.35	8.63	14.11	5.47
37	4808	123	30	79	14	25.63	6.24	16.43	2.91
38	5245	100	26	61	13	19.1	4.96	11.63	2.48
39	5417	66	19	39	8	12.28	3.51	7.20	1.48
40-44	**21825**	**133**	**29**	**76**	**27**	**6.09**	**1.33**	**3.48**	**1.24**
40	4204	46	11	24	11	10.84	2.62	5.71	2.62
41	4699	38	5	19	14	8.13	1.06	4.04	2.98
42	4434	32	7	24	1	7.2	1.58	5.41	0.23
43	4221	5	2	3		1.16	0.47	0.71	
44	4267	12	4	6	2	2.87	0.94	1.41	0.47
45-49	**23514**	**20**	**1**	**13**	**6**	**0.84**	**0.04**	**0.55**	**0.26**
45	4435	8		7	1	1.87		1.58	0.23
46	4450	7		3	4	1.66		0.67	0.90
47	4758	2		2		0.32		0.42	
48	4967	2		1	1	0.36		0.20	0.20
49	4903	1	1			0.17	0.20		

2-42 全国镇育龄妇女分年龄、孩次的生育状况（2020年11月1日至2021年10月31日）

Age-specific Fertility Rate of Town Women at Childbearing Ages by Age of Mother and Birth Order (2020.11.1-2021.10.31)

年龄 Age	平均育龄妇女人数(人) Average Number of Childbearing Women (person)	出生人数(人) Births (person)	一孩 1st Birth	二孩 2nd Birth	三孩及以上 3rd Birth and Above	生育率(‰) Fertility Rate (‰)	一孩 1st Birth	二孩 2nd Birth	三孩及以上 3rd Birth and Above
总计 Total	**84980**	**2676**	**1086**	**1214**	**376**	**31.49**	**12.78**	**14.29**	**4.42**
15-19	**10026**	**18**	**15**	**2**	**1**	**1.75**	**1.50**	**0.20**	**0.10**
15	2255								
16	2477	1	1			0.44	0.40		
17	2003	4	4			2.22	2.00		
18	1656	9	7	2	1	5.64	4.23	1.21	0.60
19	1634	3	3			1.62	1.84		
20-24	**7652**	**308**	**205**	**89**	**14**	**40.25**	**26.79**	**11.63**	**1.83**
20	1743	25	19	6		14.42	10.90	3.44	
21	1624	47	38	8	1	29.19	23.40	4.93	0.62
22	1413	66	42	18	7	46.98	29.72	12.74	4.95
23	1334	93	58	29	5	69.41	43.48	21.74	3.75
24	1538	77	47	27	2	49.76	30.56	17.56	1.30
25-29	**10844**	**1002**	**550**	**368**	**84**	**92.41**	**50.72**	**33.94**	**7.75**
25	1924	156	90	55	11	81.18	46.78	28.59	5.72
26	1903	184	115	53	16	96.60	60.43	27.85	8.41
27	2160	205	120	70	15	94.75	55.56	32.41	6.94
28	2383	231	127	92	12	96.89	53.29	38.61	5.04
29	2475	227	98	99	29	91.55	39.60	40.00	11.72
30-34	**16225**	**958**	**254**	**535**	**168**	**59.05**	**15.65**	**32.97**	**10.35**
30	2910	172	60	92	20	59.06	20.62	31.62	6.87
31	3420	248	68	134	45	72.56	19.88	39.18	13.16
32	3315	224	62	125	37	67.55	18.70	37.71	11.16
33	3366	163	39	96	28	48.47	11.59	28.52	8.32
34	3214	151	26	87	38	46.98	8.09	27.07	11.82
35-39	**13246**	**307**	**50**	**172**	**85**	**23.15**	**3.77**	**12.99**	**6.42**
35	2867	110	23	61	27	38.52	8.02	21.28	9.42
36	2509	58	9	31	18	23.14	3.59	12.36	7.17
37	2463	63	8	37	17	25.48	3.25	15.02	6.90
38	2630	36	6	21	10	13.78	2.28	7.98	3.80
39	2778	39	3	22	14	14.11	1.08	7.92	5.04
40-44	**12217**	**77**	**11**	**44**	**21**	**6.30**	**0.90**	**3.60**	**1.72**
40	2314	26	6	13	6	11.27	2.59	5.62	2.59
41	2552	15	2	11	2	5.74	0.78	4.31	0.78
42	2500	10		7	3	4.11		2.80	1.20
43	2373	14	3	7	4	5.96	1.26	2.95	1.69
44	2478	12		6	6	4.77		2.42	2.42
45-49	**14770**	**7**	**1**	**4**	**1**	**0.46**	**0.07**	**0.27**	**0.07**
45	2685	3	1	1	1	1.15	0.37	0.37	0.37
46	2800	2		1		0.58		0.36	
47	3025	1		1		0.31		0.33	
48	3111	1		1		0.34		0.32	
49	3149								

2-43 全国乡村育龄妇女分年龄、孩次的生育状况（2020年11月1日至2021年10月31日）

Age-specific Fertility Rate of Rural Women at Childbearing Ages by Age of Mother and Birth Order(2020.11.1-2021.10.31)

年 龄 Age	平均育龄妇女人数(人) Average Number of Childbearing Women (person)	出生人数(人) Births (person)				生育率(‰) Fertility Rate (‰)			
			一孩 1st Birth	二孩 2nd Birth	三孩及以上 3rd Birth and Above		一孩 1st Birth	二孩 2nd Birth	三孩及以上 3rd Birth and Above
总计 Total	**94729**	**3319**	**1336**	**1432**	**551**	**35.04**	**14.10**	**15.12**	**5.82**
15-19	**10312**	**59**	**51**	**8**		**5.73**	**4.95**	**0.78**	
15	2453					0.15			
16	2409	4	4			1.71	1.66		
17	1933	11	7	4		5.62	3.62	2.07	
18	1776	15	13	3		8.59	7.32	1.69	
19	1741	29	27	1		16.38	15.51	0.57	
20-24	**9286**	**620**	**384**	**200**	**36**	**66.73**	**41.35**	**21.54**	**3.88**
20	1897	62	49	13	1	32.83	25.83	6.85	0.53
21	1768	106	65	36	4	59.91	36.76	20.36	2.26
22	1745	116	74	36	5	66.25	42.41	20.63	2.87
23	1836	158	98	51	8	86.12	53.38	27.78	4.36
24	2040	178	98	62	17	87.14	48.04	30.39	8.33
25-29	**12209**	**1286**	**562**	**551**	**174**	**105.35**	**46.03**	**45.13**	**14.25**
25	2355	222	119	74	29	94.33	50.53	31.42	12.31
26	2384	271	126	112	33	113.63	52.85	46.98	13.84
27	2327	247	109	105	33	106.22	46.84	45.12	14.18
28	2522	296	120	138	38	117.25	47.58	54.72	15.07
29	2621	250	88	121	40	95.49	33.57	46.17	15.26
30-34	**16416**	**947**	**260**	**487**	**201**	**57.71**	**15.84**	**29.67**	**12.24**
30	3113	204	62	111	30	65.45	19.92	35.66	9.64
31	3475	230	79	110	41	66.17	22.73	31.65	11.80
32	3297	216	53	113	50	65.39	16.08	34.27	15.17
33	3463	160	36	95	29	46.22	10.40	27.43	8.37
34	3067	138	30	57	50	44.96	9.78	18.58	16.30
35-39	**13444**	**330**	**59**	**158**	**113**	**24.55**	**4.39**	**11.75**	**8.41**
35	2808	103	13	49	41	36.62	4.63	17.45	14.60
36	2569	80	17	44	18	31.02	6.62	17.13	7.01
37	2493	57	13	22	23	23.03	5.21	8.82	9.23
38	2695	53	9	23	21	19.62	3.34	8.53	7.79
39	2879	37	7	20	11	12.94	2.43	6.95	3.82
40-44	**13582**	**73**	**18**	**30**	**25**	**5.36**	**1.33**	**2.21**	**1.84**
40	2571	33	10	15	8	12.67	3.89	5.83	3.11
41	2699	16	3	6	6	5.97	1.11	2.22	2.22
42	2820	11	4	3	3	3.91	1.42	1.06	1.06
43	2699	9		4	4	3.30		1.48	1.48
44	2794	4	1	2	2	1.51	0.36	0.72	0.72
45-49	**19480**	**4**	**2**		**1**	**0.21**	**0.10**		**0.05**
45	3178	2	2			0.66	0.63		
46	3535					0.07			
47	3849	1			1	0.35			0.26
48	4329					0.09			
49	4590								

2-44 全国分年龄、性别的死亡人口状况（2020年11月1日至2021年10月31日）
Status of Deaths by Age and Sex (2020.11.1-2021.10.31)

年 龄 Age	年平均人口(人) Average Population (person)	男 Male	女 Female	死亡人口(人) Deaths (person)	男 Male	女 Female	死亡率(‰) Death Rate (‰)	男 Male	女 Female
总计 Total	**1495649**	**765246**	**730403**	**6546**	**3980**	**2566**	**4.38**	**5.20**	**3.51**
0-4	**78009**	**40980**	**37030**	**28**	**19**	**9**	**0.36**	**0.47**	**0.24**
0	10552	5488	5064	15	9	6	1.45	1.67	1.21
1	13876	7389	6486	2	1	1	0.15	0.17	0.13
2	15387	8096	7291	5	3	2	0.31	0.35	0.26
3	17701	9263	8438	3	3		0.19	0.37	
4	20494	10744	9750	2	2		0.12	0.23	
5-9	**95599**	**50782**	**44817**	**10**	**7**	**3**	**0.10**	**0.14**	**0.06**
5	17128	9109	8019						
6	19536	10458	9078	2	2		0.08	0.16	
7	19145	10040	9105	3	1	1	0.13	0.15	0.12
8	20508	10886	9622	4	3	1	0.21	0.30	0.11
9	19282	10288	8994	1	1	1	0.07	0.08	0.07
10-14	**90828**	**48596**	**42231**	**17**	**11**	**5**	**0.18**	**0.23**	**0.13**
10	18577	9989	8588	4	4		0.19	0.35	
11	18729	9906	8823	4	4	1	0.24	0.37	0.09
12	18353	9860	8493	5	3	1	0.25	0.32	0.18
13	18292	9818	8474	2		2	0.09		0.19
14	16877	9024	7853	2	1	2	0.14	0.08	0.20
15-19	**80296**	**43089**	**37208**	**18**	**16**	**3**	**0.23**	**0.36**	**0.08**
15	16514	9053	7462	7	6	1	0.40	0.64	0.11
16	18034	9949	8085	1	1		0.07	0.12	0.02
17	14615	7874	6741	2	2		0.13	0.24	
18	14543	7539	7004	3	3		0.21	0.41	
19	16590	8674	7915	5	4	2	0.33	0.42	0.23
20-24	**76811**	**40751**	**36060**	**17**	**15**	**2**	**0.22**	**0.36**	**0.07**
20	17401	8920	8481	3	3		0.16	0.30	
21	15676	8154	7522	3	2		0.17	0.29	0.03
22	14392	7830	6561	4	4		0.27	0.50	
23	13886	7608	6278	5	2	2	0.33	0.31	0.34
24	15456	8239	7217	4	4		0.23	0.43	
25-29	**93819**	**49286**	**44533**	**31**	**25**	**6**	**0.33**	**0.51**	**0.12**
25	17414	9048	8366	2	2		0.14	0.27	
26	17771	9398	8373	4	1	2	0.21	0.16	0.28
27	18292	9661	8631	10	9	1	0.55	0.89	0.17
28	19725	10299	9426	9	7	2	0.44	0.67	0.19
29	20618	10881	9737	6	6		0.27	0.52	

2-44 续表 1 continued

年 龄 Age	年平均人口(人) Average Population (person)	男 Male	女 Female	死亡人口(人) Deaths (person)	男 Male	女 Female	死亡率(‰) Death Rate (‰)	男 Male	女 Female
30-34	**130273**	**67087**	**63185**	**50**	**35**	**16**	**0.39**	**0.52**	**0.25**
30	24083	12510	11573	4	3	1	0.16	0.22	0.09
31	27248	14111	13137	10	8	2	0.35	0.55	0.15
32	25957	13307	12650	8	3	5	0.32	0.24	0.41
33	27134	13980	13155	14	11	3	0.52	0.81	0.21
34	25850	13179	12671	14	10	5	0.55	0.74	0.37
35-39	**107376**	**55197**	**52178**	**57**	**45**	**12**	**0.53**	**0.81**	**0.23**
35	22363	11419	10944	9	8	1	0.38	0.66	0.09
36	20430	10602	9828	19	15	4	0.94	1.42	0.43
37	20191	10427	9764	12	9	3	0.60	0.85	0.33
38	21666	11097	10569	8	6	2	0.39	0.56	0.20
39	22726	11653	11073	8	7	1	0.37	0.60	0.13
40-44	**97789**	**50164**	**47625**	**110**	**81**	**29**	**1.12**	**1.61**	**0.60**
40	18636	9546	9090	14	12	2	0.77	1.27	0.25
41	20354	10404	9950	21	18	3	1.03	1.73	0.30
42	19936	10182	9754	20	14	6	1.02	1.38	0.64
43	19193	9901	9292	20	13	7	1.05	1.28	0.79
44	19670	10131	9539	34	24	10	1.73	2.38	1.04
45-49	**117609**	**59845**	**57764**	**169**	**115**	**54**	**1.44**	**1.92**	**0.94**
45	20831	10532	10298	34	19	15	1.61	1.76	1.46
46	22011	11226	10785	27	21	6	1.23	1.88	0.55
47	23796	12164	11632	34	24	11	1.44	1.94	0.92
48	25240	12833	12407	33	23	10	1.30	1.82	0.77
49	25732	13090	12642	41	28	13	1.61	2.16	1.05
50-54	**128728**	**64846**	**63882**	**302**	**215**	**87**	**2.35**	**3.32**	**1.36**
50	26732	13620	13112	47	31	16	1.76	2.27	1.24
51	26709	13530	13179	63	52	10	2.35	3.87	0.79
52	27979	14066	13913	56	41	15	1.99	2.88	1.09
53	24211	12005	12206	61	41	21	2.53	3.39	1.69
54	23097	11626	11472	76	51	25	3.28	4.37	2.16
55-59	**115804**	**58174**	**57630**	**419**	**276**	**142**	**3.62**	**4.75**	**2.47**
55	25119	12703	12416	85	62	23	3.39	4.88	1.86
56	24304	12285	12019	72	48	24	2.95	3.90	1.98
57	25861	13040	12821	108	68	40	4.19	5.24	3.12
58	26172	12999	13173	93	61	31	3.54	4.72	2.38
59	14348	7147	7201	61	37	24	4.23	5.16	3.32

2-44 续表 2 continued

年 龄 Age	年平均人口(人) Average Population (person)	男 Male	女 Female	死亡人口(人) Deaths (person)	男 Male	女 Female	死亡率(‰) Death Rate (‰)	男 Male	女 Female
60-64	**73940**	**37106**	**36834**	**467**	**335**	**132**	**6.31**	**9.02**	**3.59**
60	11782	5786	5995	60	42	19	5.13	7.22	3.10
61	12867	6349	6518	68	55	13	5.31	8.68	2.02
62	14315	7238	7076	99	71	28	6.92	9.87	3.91
63	17861	9099	8763	114	88	26	6.38	9.66	2.98
64	17116	8633	8483	125	78	47	7.30	9.08	5.49
65-69	**80400**	**39424**	**40976**	**733**	**492**	**242**	**9.12**	**12.48**	**5.90**
65	16345	8017	8328	115	83	32	7.03	10.30	3.89
66	17830	8778	9052	157	107	50	8.80	12.20	5.51
67	16498	8074	8424	152	94	59	9.23	11.60	6.96
68	15660	7727	7933	145	98	47	9.28	12.70	5.95
69	14066	6827	7238	164	110	54	11.65	16.16	7.40
70-74	**54686**	**26635**	**28051**	**871**	**555**	**315**	**15.92**	**20.86**	**11.24**
70	12630	6120	6509	158	103	55	12.52	16.79	8.50
71	12699	6216	6483	175	121	54	13.78	19.50	8.30
72	10490	5141	5350	186	114	72	17.69	22.11	13.44
73	9742	4841	4901	177	108	69	18.16	22.25	14.13
74	9125	4317	4808	175	110	65	19.20	25.52	13.54
75-79	**34249**	**16316**	**17932**	**871**	**529**	**342**	**25.44**	**32.41**	**19.09**
75	8330	3961	4369	152	91	61	18.29	22.96	14.06
76	7159	3405	3754	182	111	71	25.39	32.67	18.79
77	6752	3267	3485	170	109	61	25.11	33.31	17.42
78	6116	2937	3179	188	108	80	30.77	36.70	25.30
79	5891	2746	3145	179	110	69	30.43	40.04	22.03
80-84	**22350**	**10073**	**12277**	**1001**	**560**	**441**	**44.78**	**55.59**	**35.91**
80	5539	2570	2969	212	134	77	38.25	52.29	26.10
81	4826	2200	2626	214	113	100	44.27	51.49	38.23
82	4446	1994	2451	171	96	75	38.45	48.04	30.64
83	3916	1751	2165	199	104	95	50.80	59.18	44.01
84	3624	1557	2066	206	113	93	56.71	72.44	44.85
85-89	**12163**	**5040**	**7123**	**857**	**428**	**430**	**70.47**	**84.84**	**60.30**
85	3275	1365	1910	206	105	100	62.75	77.03	52.56
86	2756	1176	1580	165	86	80	60.04	72.78	50.56
87	2529	1060	1469	177	88	89	70.07	83.23	60.57
88	1993	779	1214	171	88	84	85.94	112.34	69.01
89	1609	660	949	138	61	76	85.47	92.60	80.52
90+	**4920**	**1854**	**3066**	**518**	**222**	**296**	**105.28**	**119.74**	**96.54**

2-45 全国城市分年龄、性别的死亡人口状况（2020年11月1日至2021年10月31日）

Status of City Deaths by Age and Sex (2020.11.1-2021.10.31)

年 龄 Age	年平均人口(人) Average Population (person)	男 Male	女 Female	死亡人口(人) Deaths (person)	男 Male	女 Female	死亡率(‰) Death Rate (‰)	男 Male	女 Female
总计 Total	**601299**	**304804**	**296495**	**1504**	**937**	**567**	**2.50**	**3.08**	**1.91**
0-4	**29859**	**15743**	**14116**	**3**	**2**	**1**	**0.09**	**0.11**	**0.07**
0	3981	2096	1885	3	2	1	0.69	0.84	0.52
1	5347	2841	2507						
2	5864	3092	2772						
3	6696	3515	3181						
4	7970	4199	3771						
5-9	**33980**	**18067**	**15913**						
5	6210	3364	2846						
6	7353	3950	3403						
7	6769	3494	3275						
8	7103	3803	3300						
9	6545	3456	3089						
10-14	**29215**	**15615**	**13600**	**2**	**2**		**0.08**	**0.15**	
10	6025	3261	2765						
11	5910	3149	2761	1	1		0.15	0.28	
12	5758	3108	2650	1	1		0.25	0.46	
13	5818	3107	2710						
14	5704	2991	2713						
15-19	**35935**	**19065**	**16870**	**4**	**4**		**0.10**	**0.20**	
15	6287	3534	2753	2	2		0.24	0.43	
16	7128	3929	3199						
17	5945	3140	2805						
18	7283	3711	3572	2	2		0.30	0.60	
19	9292	4751	4541						
20-24	**39840**	**20718**	**19122**	**2**	**2**		**0.06**	**0.12**	
20	9817	4977	4840	1	1		0.15	0.30	
21	8440	4310	4130	1	1		0.11	0.22	
22	7324	3920	3403						
23	6745	3635	3109						
24	7515	3876	3639						
25-29	**44633**	**23153**	**21480**	**3**	**2**	**1**	**0.07**	**0.09**	**0.05**
25	8401	4315	4087	1	1		0.09	0.17	
26	8546	4460	4086	1		1	0.12		0.26
27	8744	4600	4144	1	1		0.14	0.27	
28	9357	4836	4522						
29	9584	4942	4642						

2-45 续表 1 continued

年 龄 Age	年平均人口(人) Average Population (person)	男 Male	女 Female	死亡人口(人) Deaths (person)	男 Male	女 Female	死亡率(‰) Death Rate (‰)	男 Male	女 Female
30-34	**61653**	**31108**	**30545**	**9**	**4**	**5**	**0.15**	**0.13**	**0.17**
30	11190	5640	5550						
31	12735	6494	6241	1		1	0.06		0.12
32	12300	6263	6038	2	1	1	0.15	0.14	0.16
33	12800	6474	6326	3	1	2	0.27	0.23	0.32
34	12627	6237	6389	3	2	2	0.25	0.27	0.24
35-39	**51717**	**26228**	**25488**	**15**	**12**	**3**	**0.29**	**0.44**	**0.12**
35	10683	5413	5269	2	2		0.16	0.32	
36	9710	4961	4749	2	1	1	0.20	0.21	0.19
37	9690	4882	4808	5	4	1	0.47	0.76	0.17
38	10588	5344	5245	3	3		0.32	0.63	
39	11045	5629	5417	3	2	1	0.29	0.32	0.27
40-44	**43842**	**22016**	**21825**	**23**	**17**	**6**	**0.53**	**0.76**	**0.29**
40	8507	4303	4204	1	1		0.10	0.20	
41	9424	4725	4699	2	1	1	0.24	0.27	0.20
42	8913	4478	4434	6	3	3	0.68	0.76	0.60
43	8522	4301	4221	9	7	2	1.03	1.64	0.41
44	8476	4209	4267	5	4	1	0.60	1.00	0.21
45-49	**47879**	**24365**	**23514**	**32**	**22**	**9**	**0.66**	**0.92**	**0.40**
45	8979	4544	4435	6	5	1	0.64	1.10	0.16
46	9086	4636	4450	5	4	1	0.58	0.86	0.28
47	9737	4978	4758	6	4	3	0.65	0.72	0.58
48	10045	5078	4967	3	3		0.31	0.61	
49	10031	5128	4903	11	7	5	1.13	1.31	0.95
50-54	**46881**	**23461**	**23421**	**60**	**47**	**14**	**1.29**	**1.99**	**0.58**
50	10266	5246	5021	9	6	2	0.85	1.23	0.45
51	10121	5116	5005	13	11	2	1.27	2.15	0.36
52	10184	5070	5114	17	12	5	1.69	2.46	0.92
53	8573	4212	4361	8	6	2	0.97	1.51	0.45
54	7737	3818	3920	13	10	3	1.72	2.71	0.75
55-59	**41500**	**20573**	**20927**	**81**	**57**	**24**	**1.95**	**2.76**	**1.16**
55	8686	4272	4414	19	15	5	2.24	3.45	1.07
56	8674	4307	4367	6	5	2	0.73	1.10	0.36
57	9637	4878	4759	23	15	8	2.37	3.01	1.70
58	9483	4646	4837	22	17	5	2.27	3.65	0.94
59	5019	2469	2551	11	6	5	2.16	2.28	2.05

2-45 续表 2 continued

年 龄 Age	年平均人口(人) Average Population (person)	男 Male	女 Female	死亡人口(人) Deaths (person)	男 Male	女 Female	死亡率(‰) Death Rate (‰)	男 Male	女 Female
60-64	**27350**	**13536**	**13814**	**126**	**88**	**39**	**4.62**	**6.48**	**2.79**
60	4592	2227	2365	15	9	6	3.25	3.87	2.67
61	4882	2385	2497	23	19	4	4.73	7.95	1.65
62	5388	2717	2671	26	20	6	4.81	7.23	2.35
63	6517	3239	3278	33	26	7	5.05	8.10	2.04
64	5971	2968	3003	30	14	15	4.95	4.82	5.07
65-69	**26565**	**12614**	**13951**	**161**	**108**	**53**	**6.05**	**8.57**	**3.76**
65	5677	2737	2940	21	12	10	3.73	4.23	3.26
66	6025	2862	3163	41	29	12	6.83	10.28	3.71
67	5357	2505	2851	35	21	13	6.46	8.57	4.62
68	5036	2385	2651	34	26	8	6.72	10.75	3.10
69	4471	2125	2346	30	20	10	6.67	9.41	4.19
70-74	**16964**	**7972**	**8992**	**175**	**117**	**58**	**10.31**	**14.62**	**6.49**
70	4057	1915	2142	34	23	11	8.30	11.99	5.00
71	3988	1935	2053	34	21	13	8.47	10.65	6.42
72	3180	1493	1688	31	22	9	9.63	14.74	5.10
73	2914	1381	1533	39	22	17	13.53	16.24	11.09
74	2825	1249	1576	37	29	9	13.23	22.85	5.60
75-79	**10399**	**4878**	**5521**	**192**	**116**	**77**	**18.49**	**23.68**	**13.91**
75	2496	1192	1304	34	21	13	13.67	17.44	10.22
76	2135	1010	1125	40	24	17	18.90	23.56	14.72
77	2006	945	1061	35	27	9	17.65	28.05	8.38
78	1903	889	1014	45	22	23	23.88	24.69	23.17
79	1860	843	1017	37	22	15	19.90	26.69	14.28
80-84	**7300**	**3238**	**4061**	**253**	**153**	**100**	**34.67**	**47.26**	**24.63**
80	1749	784	965	67	48	19	38.31	60.62	20.18
81	1534	710	825	43	27	16	27.92	37.67	19.52
82	1495	651	843	43	32	11	29.06	49.38	13.35
83	1312	572	740	51	27	24	38.85	47.98	31.79
84	1210	521	689	49	19	30	40.35	36.76	43.07
85-89	**4136**	**1753**	**2383**	**209**	**111**	**97**	**50.48**	**63.56**	**40.85**
85	1105	468	636	43	26	18	39.20	54.96	27.62
86	948	415	533	53	29	25	56.42	69.25	46.44
87	826	338	488	46	26	20	55.74	75.99	41.71
88	711	284	427	39	19	20	54.80	68.43	45.74
89	546	248	298	27	12	15	49.38	47.78	50.71
90+	**1651**	**698**	**953**	**153**	**75**	**79**	**92.67**	**107.45**	**82.90**

2-46 全国镇分年龄、性别的死亡人口状况
(2020年11月1日至2021年10月31日)
Status of Town Deaths by Age and Sex (2020.11.1-2021.10.31)

年 龄 Age	年平均人口(人) Average Population (person)	男 Male	女 Female	死亡人口(人) Deaths (person)	男 Male	女 Female	死亡率(‰) Death Rate (‰)	男 Male	女 Female
总计 Total	**364565**	**184964**	**179601**	**1299**	**805**	**494**	**3.56**	**4.35**	**2.75**
0-4	**19952**	**10455**	**9498**	**11**	**8**	**3**	**0.53**	**0.75**	**0.29**
0	2675	1384	1291	6	3	3	2.09	2.04	2.13
1	3450	1831	1619						
2	3902	2045	1858	2	2		0.46	0.87	
3	4568	2398	2170	1	1		0.19	0.36	
4	5356	2797	2559	2	2		0.44	0.85	
5-9	**25696**	**13626**	**12070**	**1**	**1**		**0.04**	**0.07**	**0.02**
5	4615	2384	2231						
6	5236	2779	2458						
7	5101	2705	2396	1	1		0.21	0.33	0.08
8	5630	2975	2655						
9	5114	2783	2330						
10-14	**24893**	**13363**	**11531**	**2**	**1**	**1**	**0.07**	**0.07**	**0.07**
10	5100	2731	2369	1	1		0.18	0.33	
11	5185	2757	2429	1		1	0.16		0.33
12	4918	2693	2225						
13	4953	2628	2326						
14	4736	2555	2182						
15-19	**21388**	**11363**	**10026**	**6**	**5**	**1**	**0.28**	**0.46**	**0.08**
15	4920	2665	2255	2	2		0.39	0.72	
16	5513	3036	2477						
17	4244	2242	2003	2	2		0.42	0.79	
18	3366	1710	1656						
19	3344	1710	1634	2	2	1	0.68	0.88	0.47
20-24	**16105**	**8453**	**7652**	**2**	**1**	**1**	**0.13**	**0.14**	**0.11**
20	3452	1709	1743						
21	3311	1686	1624				0.08	0.15	
22	3039	1625	1413	1	1		0.32	0.59	
23	2935	1601	1334	1		1	0.28		0.61
24	3369	1831	1538						
25-29	**22109**	**11265**	**10844**	**6**	**6**		**0.28**	**0.55**	
25	3903	1978	1924	1	1		0.23	0.45	
26	3984	2081	1903						
27	4410	2250	2160	2	2		0.39	0.76	
28	4728	2345	2383	4	4		0.77	1.56	
29	5085	2611	2475						

2-46 续表 1 continued

年 龄 Age	年平均人口(人) Average Population (person)	男 Male	女 Female	死亡人口(人) Deaths (person)	男 Male	女 Female	死亡率(‰) Death Rate (‰)	男 Male	女 Female
30-34	**32760**	**16536**	**16225**	**7**	**5**	**2**	**0.20**	**0.30**	**0.10**
30	5930	3020	2910						
31	6845	3426	3420	2	2		0.35	0.69	
32	6637	3322	3315	1		1	0.12		0.24
33	6830	3464	3366						
34	6518	3304	3214	3	3	1	0.53	0.80	0.25
35-39	**26518**	**13272**	**13246**	**9**	**9**		**0.33**	**0.66**	
35	5609	2742	2867	3	3		0.54	1.10	
36	5148	2639	2509	2	2		0.36	0.71	
37	5031	2568	2463						
38	5264	2634	2630						
39	5467	2689	2778	4	4		0.71	1.45	
40-44	**24949**	**12732**	**12217**	**20**	**12**	**8**	**0.81**	**0.94**	**0.67**
40	4655	2341	2314	1	1		0.27	0.53	
41	5120	2568	2552	4	4		0.87	1.74	
42	5098	2597	2500	5	1	3	0.93	0.56	1.32
43	4916	2543	2373	3	2	1	0.61	0.68	0.53
44	5160	2682	2478	7	3	4	1.30	1.14	1.48
45-49	**29500**	**14730**	**14770**	**33**	**21**	**12**	**1.11**	**1.39**	**0.83**
45	5230	2545	2685	6	1	5	1.15	0.42	1.84
46	5558	2759	2800	6	5	2	1.15	1.67	0.64
47	6040	3015	3025	6	6		1.05	2.11	
48	6355	3244	3111	11	5	5	1.69	1.61	1.77
49	6317	3168	3149	3	3		0.52	1.04	
50-54	**32085**	**16037**	**16048**	**70**	**55**	**15**	**2.18**	**3.45**	**0.91**
50	6577	3321	3256	10	10		1.51	2.91	0.07
51	6631	3339	3292	15	13	1	2.23	3.98	0.45
52	7028	3496	3532	11	11		1.58	3.12	0.05
53	6067	2969	3098	18	14	5	3.02	4.58	1.53
54	5783	2912	2870	16	8	8	2.72	2.69	2.75
55-59	**27625**	**13818**	**13807**	**91**	**60**	**31**	**3.29**	**4.37**	**2.22**
55	6212	3126	3087	14	11	3	2.23	3.62	0.82
56	5821	2946	2875	15	9	6	2.61	3.19	2.00
57	6123	3033	3090	26	14	12	4.32	4.61	4.03
58	6182	3064	3118	19	13	6	3.06	4.36	1.79
59	3287	1649	1638	17	12	4	5.06	7.50	2.61

2-46 续表 2 continued

年 龄 Age	年平均人口(人) Average Population (person)	男 Male	女 Female	死亡人口(人) Deaths (person)	男 Male	女 Female	死亡率(‰) Death Rate (‰)	男 Male	女 Female
60-64	**16322**	**8076**	**8246**	**100**	**75**	**25**	**6.10**	**9.24**	**3.02**
60	2579	1258	1321	19	11	8	7.42	9.08	5.83
61	2844	1391	1454	10	10		3.65	7.46	
62	3154	1508	1646	21	15	6	6.68	9.97	3.67
63	3953	2021	1932	22	17	5	5.49	8.24	2.62
64	3792	1899	1893	27	21	6	7.19	11.15	3.21
65-69	**17636**	**8661**	**8975**	**149**	**104**	**45**	**8.42**	**12.01**	**4.96**
65	3539	1756	1783	33	23	9	9.21	13.38	5.11
66	3981	1954	2027	26	20	6	6.46	10.02	3.03
67	3604	1767	1837	24	13	11	6.65	7.27	6.05
68	3459	1687	1772	31	20	11	9.01	12.14	6.04
69	3053	1497	1556	35	28	7	11.49	18.44	4.80
70-74	**11570**	**5631**	**5939**	**156**	**99**	**57**	**13.51**	**17.61**	**9.62**
70	2667	1300	1367	28	20	9	10.60	15.05	6.37
71	2681	1302	1378	36	27	9	13.28	20.54	6.42
72	2261	1088	1174	44	23	20	19.35	21.47	17.37
73	2088	1029	1059	26	16	10	12.58	15.83	9.43
74	1873	912	961	22	13	9	11.95	14.45	9.58
75-79	**7306**	**3450**	**3856**	**180**	**114**	**67**	**24.70**	**33.01**	**17.27**
75	1755	812	942	28	17	12	16.15	20.39	12.49
76	1567	716	850	42	22	21	27.04	30.24	24.35
77	1480	740	739	36	25	11	24.27	33.79	14.74
78	1260	607	653	41	27	14	32.47	43.98	21.78
79	1245	574	670	33	24	9	26.46	41.69	13.40
80-84	**4636**	**2081**	**2555**	**190**	**105**	**85**	**40.98**	**50.24**	**33.43**
80	1191	550	642	40	25	15	33.58	45.51	23.36
81	1024	461	563	40	23	17	39.21	49.42	30.83
82	880	390	490	35	16	19	39.62	41.02	38.51
83	804	364	440	33	14	19	40.63	37.71	43.04
84	736	317	419	42	27	15	57.44	85.42	36.30
85-89	**2492**	**1050**	**1443**	**172**	**87**	**85**	**68.94**	**82.78**	**58.87**
85	705	295	409	46	21	25	64.78	70.87	60.39
86	546	227	319	32	16	16	58.21	68.86	50.65
87	532	231	301	34	16	18	63.83	67.95	60.66
88	375	161	214	35	22	14	94.57	136.36	63.19
89	335	136	199	25	13	12	74.61	93.71	61.55
90+	**1021**	**366**	**654**	**95**	**37**	**58**	**93.05**	**101.09**	**88.69**

2-47 全国乡村分年龄、性别的死亡人口状况
（2020年11月1日至2021年10月31日）
Status of Rural Deaths by Age and Sex (2020.11.1-2021.10.31)

年 龄 Age	年平均人口(人) Average Population (person)	男 Male	女 Female	死亡人口(人) Deaths (person)	男 Male	女 Female	死亡率(‰) Death Rate (‰)	男 Male	女 Female
总计 Total	**529785**	**275478**	**254307**	**3742**	**2238**	**1505**	**7.06**	**8.12**	**5.92**
0-4	**28198**	**14782**	**13416**	**15**	**10**	**5**	**0.52**	**0.65**	**0.38**
0	3896	2008	1887	7	5	2	1.80	2.29	1.27
1	5078	2718	2360	2	1	1	0.41	0.46	0.35
2	5620	2959	2661	3	1	2	0.52	0.35	0.71
3	6436	3349	3087	3	3		0.40	0.76	
4	7168	3748	3420				0.02	0.03	
5-9	**35923**	**19089**	**16834**	**9**	**6**	**3**	**0.25**	**0.33**	**0.15**
5	6302	3360	2942						
6	6947	3730	3217	2	2		0.24	0.44	
7	7275	3841	3434	1	1	1	0.21	0.16	0.26
8	7775	4108	3667	4	3	1	0.56	0.81	0.28
9	7624	4049	3574	1	1	1	0.19	0.20	0.17
10-14	**36719**	**19618**	**17101**	**13**	**8**	**5**	**0.34**	**0.40**	**0.27**
10	7451	3998	3454	3	3		0.35	0.66	
11	7633	4001	3633	3	3		0.36	0.69	
12	7677	4059	3618	3	2	1	0.42	0.43	0.41
13	7520	4083	3438	2		2	0.22		0.47
14	6437	3478	2959	2	1	2	0.36	0.22	0.53
15-19	**22973**	**12661**	**10312**	**9**	**7**	**2**	**0.38**	**0.52**	**0.20**
15	5307	2854	2453	3	2	1	0.60	0.82	0.34
16	5393	2984	2409	1	1		0.25	0.39	0.08
17	4426	2492	1933				0.03	0.05	
18	3894	2118	1776	1	1		0.22	0.40	
19	3953	2213	1741	3	2	1	0.80	0.96	0.60
20-24	**20866**	**11580**	**9286**	**13**	**11**	**2**	**0.61**	**0.97**	**0.17**
20	4132	2234	1897	1	1		0.30	0.55	
21	3926	2158	1768	1	1		0.36	0.54	0.14
22	4029	2285	1745	3	3		0.72	1.28	
23	4207	2371	1836	4	2	1	0.88	1.00	0.73
24	4572	2532	2040	4	4		0.78	1.40	
25-29	**27077**	**14868**	**12209**	**21**	**17**	**4**	**0.79**	**1.13**	**0.37**
25	5110	2754	2355	1	1		0.15	0.28	
26	5241	2857	2384	3	1	1	0.52	0.52	0.52
27	5138	2811	2327	7	6	1	1.39	2.03	0.63
28	5639	3118	2522	5	3	2	0.89	1.03	0.71
29	5949	3328	2621	6	6		0.95	1.70	

2-47 续表 1 continued

年 龄 Age	年平均人口(人) Average Population (person)	男 Male	女 Female	死亡人口(人) Deaths (person)	男 Male	女 Female	死亡率(‰) Death Rate (‰)	男 Male	女 Female
30-34	**35860**	**19443**	**16416**	**34**	**26**	**9**	**0.96**	**1.32**	**0.53**
30	6963	3850	3113	4	3	1	0.55	0.72	0.33
31	7668	4192	3475	7	5	1	0.85	1.28	0.35
32	7020	3722	3297	6	2	3	0.81	0.61	1.02
33	7504	4041	3463	11	10	1	1.42	2.44	0.24
34	6706	3638	3067	8	5	2	1.14	1.47	0.75
35-39	**29141**	**15697**	**13444**	**33**	**24**	**9**	**1.14**	**1.55**	**0.65**
35	6072	3264	2808	4	3	1	0.62	0.87	0.33
36	5571	3002	2569	15	12	3	2.77	4.03	1.29
37	5470	2977	2493	7	5	2	1.37	1.71	0.96
38	5814	3119	2695	5	3	2	0.87	0.93	0.79
39	6214	3335	2879	1	1		0.22	0.41	
40-44	**28999**	**15416**	**13582**	**66**	**52**	**14**	**2.29**	**3.39**	**1.05**
40	5473	2902	2571	12	10	2	2.25	3.47	0.88
41	5810	3111	2699	14	12	2	2.44	3.92	0.74
42	5926	3106	2820	9	9		1.60	2.95	0.11
43	5756	3057	2699	8	4	4	1.44	1.29	1.62
44	6034	3240	2794	22	17	5	3.68	5.20	1.92
45-49	**40230**	**20750**	**19480**	**105**	**72**	**33**	**2.61**	**3.47**	**1.69**
45	6622	3443	3178	22	12	9	3.31	3.62	2.96
46	7366	3832	3535	15	13	3	2.10	3.27	0.83
47	8020	4171	3849	22	14	8	2.70	3.29	2.06
48	8839	4511	4329	19	15	4	2.16	3.34	0.94
49	9383	4794	4590	27	18	9	2.86	3.81	1.87
50-54	**49762**	**25349**	**24413**	**172**	**113**	**59**	**3.46**	**4.47**	**2.42**
50	9889	5053	4836	28	15	14	2.88	2.92	2.84
51	9957	5076	4881	35	28	7	3.53	5.52	1.46
52	10768	5500	5267	27	17	10	2.54	3.12	1.94
53	9571	4824	4747	35	21	14	3.61	4.29	2.93
54	9577	4896	4682	47	33	14	4.87	6.67	2.99
55-59	**46679**	**23783**	**22896**	**247**	**159**	**87**	**5.28**	**6.70**	**3.82**
55	10221	5305	4916	52	36	16	5.06	6.77	3.22
56	9809	5032	4777	50	34	16	5.12	6.71	3.44
57	10101	5129	4972	59	40	19	5.85	7.74	3.91
58	10506	5288	5218	52	31	21	4.97	5.87	4.07
59	6042	3029	3013	33	19	14	5.51	6.22	4.79

2-47 续表 2 continued

年 龄 Age	年平均人口(人) Average Population (person)	男 Male	女 Female	死亡人口(人) Deaths (person)	男 Male	女 Female	死亡率(‰) Death Rate (‰)	男 Male	女 Female
60-64	**30269**	**15493**	**14775**	**241**	**172**	**69**	**7.96**	**11.11**	**4.64**
60	4611	2301	2309	26	22	5	5.71	9.45	1.99
61	5140	2573	2567	35	26	9	6.77	10.00	3.53
62	5773	3014	2759	52	37	15	9.03	12.20	5.56
63	7392	3839	3553	59	45	14	8.03	11.73	4.04
64	7353	3766	3587	68	43	25	9.28	11.40	7.04
65-69	**36199**	**18149**	**18050**	**424**	**280**	**145**	**11.72**	**15.41**	**8.01**
65	7130	3525	3605	61	48	14	8.58	13.49	3.79
66	7825	3962	3863	90	58	32	11.51	14.67	8.28
67	7538	3801	3736	94	59	34	12.43	15.61	9.19
68	7165	3655	3510	80	52	28	11.21	14.23	8.06
69	6542	3205	3336	99	63	36	15.13	19.57	10.86
70-74	**26152**	**13031**	**13121**	**540**	**340**	**200**	**20.64**	**26.08**	**15.23**
70	5906	2905	3001	96	60	36	16.27	20.72	11.97
71	6031	2979	3052	106	74	32	17.52	24.80	10.41
72	5048	2560	2488	111	68	43	22.03	26.68	17.24
73	4740	2431	2308	111	69	42	23.47	28.38	18.30
74	4427	2156	2271	115	68	47	26.08	31.74	20.72
75-79	**16544**	**7988**	**8556**	**498**	**299**	**199**	**30.13**	**37.48**	**23.26**
75	4080	1957	2123	90	54	36	22.05	27.40	17.12
76	3457	1679	1778	99	66	33	28.65	39.19	18.70
77	3267	1582	1684	98	57	41	30.08	36.23	24.30
78	2953	1441	1512	102	59	43	34.49	41.05	28.24
79	2787	1329	1458	109	64	46	39.22	47.79	31.40
80-84	**10414**	**4753**	**5661**	**558**	**302**	**256**	**53.56**	**63.60**	**45.13**
80	2599	1236	1362	105	62	43	40.35	50.02	31.58
81	2267	1029	1239	131	64	67	57.63	61.95	54.04
82	2071	953	1118	93	48	45	44.72	50.00	40.23
83	1799	815	984	115	62	53	64.05	76.63	53.64
84	1678	720	958	114	67	48	68.19	92.56	49.88
85-89	**5534**	**2237**	**3298**	**476**	**229**	**247**	**86.09**	**102.48**	**74.98**
85	1466	601	864	117	58	58	79.53	97.24	67.22
86	1262	534	728	80	41	39	63.56	77.18	53.55
87	1171	491	680	97	47	50	83.00	95.39	74.05
88	907	334	573	97	46	51	106.81	138.12	88.54
89	728	276	452	86	37	49	117.55	132.38	108.50
90+	**2247**	**788**	**1459**	**268**	**110**	**158**	**119.27**	**139.59**	**108.29**

2-48 各地区分性别的各种户口状况人口

单位：人

地 区	Region	人口数 Population			住本乡、镇、街道，户口在本乡、镇、街道 Residing in the Townships, Towns and Street Communities with Permanent Household Registration There		
		合计 Total	男 Male	女 Female	小计 Sub-total	男 Male	女 Female
全　国	**National Total**	**1494054**	**763842**	**730212**	**1041754**	**530881**	**510873**
北　京	Beijing	23185	11835	11351	10081	5130	4951
天　津	Tianjin	14541	7457	7083	8926	4505	4420
河　北	Hebei	78885	39240	39645	62167	31435	30731
山　西	Shanxi	36863	18828	18035	26064	13403	12660
内蒙古	Inner Mongolia	25418	12981	12436	15067	7746	7322
辽　宁	Liaoning	44797	22127	22671	30567	15282	15285
吉　林	Jilin	25158	12597	12560	15547	7889	7658
黑龙江	Heilongjiang	33098	16584	16514	23638	11984	11654
上　海	Shanghai	26365	13674	12691	11206	5670	5536
江　苏	Jiangsu	90085	45718	44367	60480	30269	30211
浙　江	Zhejiang	69273	36198	33074	39729	19953	19777
安　徽	Anhui	64744	33061	31684	45833	23695	22138
福　建	Fujian	44352	22978	21374	27675	13988	13686
江　西	Jiangxi	47847	24739	23109	36364	18892	17472
山　东	Shandong	107712	54665	53047	81745	41562	40183
河　南	Henan	104679	52601	52078	85976	43290	42686
湖　北	Hubei	61748	31813	29934	42808	21815	20993
湖　南	Hunan	70141	35937	34205	53215	27386	25829
广　东	Guangdong	134340	70883	63458	78330	39803	38528
广　西	Guangxi	53347	27634	25713	41612	21872	19740
海　南	Hainan	10800	5741	5059	7864	4221	3643
重　庆	Chongqing	34019	17206	16814	21352	10796	10556
四　川	Sichuan	88670	44782	43889	62755	31983	30772
贵　州	Guizhou	40798	20876	19922	30771	15956	14815
云　南	Yunnan	49677	25602	24076	38149	19609	18540
西　藏	Tibet	3873	2029	1844	3143	1627	1515
陕　西	Shaanxi	41876	21375	20502	30809	15710	15100
甘　肃	Gansu	26368	13407	12961	20592	10476	10116
青　海	Qinghai	6289	3163	3126	4503	2278	2224
宁　夏	Ningxia	7678	3916	3762	4692	2357	2335
新　疆	Xinjiang	27427	14196	13231	20095	10300	9795

Population by Sex, Household Registration Status and Region

(person)

住本乡、镇、街道，户口在外乡、镇、街道，离开户口登记地半年以上 Residing in Townships, Towns and Street Communities, with Permanent Household Registration Elsewhere, Having Been Away from That Places For More Than 6 Months.			住本乡、镇、街道，户口待定 Residing in Townships, Towns and Street Communities, with Place of Permanent Household Registration Unsettled			居住港澳台或国外，户口在本乡、镇、街道 Residing in Taiwan, Macao, Hong Kong Special Administrative Region and other countries, with Place of Permanent Household Registration in Township, Towns and Street Communities		
小 计 Sub-total	男 Male	女 Female	小 计 Sub-total	男 Male	女 Female	小 计 Sub-total	男 Male	女 Female
445361	**229119**	**216242**	**3562**	**1949**	**1612**	**3377**	**1892**	**1485**
12898	6600	6298	49	30	19	157	75	82
5574	2931	2643	14	8	5	28	13	15
16537	7699	8839	96	51	45	85	54	30
10699	5367	5331	82	50	33	19	8	11
10303	5207	5096	35	20	15	13	9	4
13960	6693	7268	29	18	11	241	134	107
9481	4630	4852	10	4	6	119	75	45
9359	4547	4812	20	8	13	81	46	36
14967	7907	7060	42	19	23	150	79	72
29254	15247	14008	160	79	81	191	123	67
28708	15771	12937	430	288	143	405	186	218
18684	9240	9444	148	75	73	79	50	29
15874	8552	7323	180	87	93	623	351	272
11297	5768	5529	151	53	98	36	26	10
25399	12735	12664	401	264	136	167	104	63
18517	9201	9315	94	42	51	93	67	25
18772	9902	8870	109	60	49	59	36	22
16755	8453	8302	77	36	41	94	62	32
55060	30602	24458	586	312	275	364	167	197
11552	5682	5870	139	60	79	45	21	24
2898	1502	1396	30	15	15	8	3	5
12589	6370	6219	37	19	18	41	21	20
25684	12667	13017	130	61	69	102	70	31
9907	4853	5054	92	49	43	28	19	9
11308	5868	5440	147	79	69	72	46	26
711	393	318	19	9	10	1		
10899	5546	5352	132	95	37	36	23	12
5719	2906	2812	41	15	26	16	9	7
1770	877	893	16	7	9	1	1	
2971	1549	1422	10	6	4	5	4	1
7256	3856	3400	56	30	27	20	10	10

2-49 各地区城市分性别的各种户口状况人口

单位：人

地区	Region	人口数 Population			住本乡、镇、街道，户口在本乡、镇、街道 Residing in the Townships, Towns and Street Communities with Permanent Household Registration There		
		合计 Total	男 Male	女 Female	小计 Sub-total	男 Male	女 Female
全国	**National Total**	**601812**	**304955**	**296857**	**297175**	**147678**	**149497**
北京	Beijing	18740	9409	9330	7561	3831	3730
天津	Tianjin	11477	5870	5607	6178	3088	3090
河北	Hebei	22389	10862	11527	13464	6575	6889
山西	Shanxi	13545	6685	6861	7048	3531	3517
内蒙古	Inner Mongolia	9760	4928	4832	4234	2107	2128
辽宁	Liaoning	26425	12844	13581	14727	7123	7604
吉林	Jilin	10946	5384	5562	4885	2383	2502
黑龙江	Heilongjiang	14468	7164	7304	8925	4366	4559
上海	Shanghai	21092	10722	10370	8956	4514	4443
江苏	Jiangsu	43352	21905	21447	23953	11892	12061
浙江	Zhejiang	35600	18548	17052	16212	7970	8242
安徽	Anhui	17691	9127	8564	8160	4116	4044
福建	Fujian	17749	9097	8652	7920	3845	4074
江西	Jiangxi	13964	7092	6872	7191	3662	3529
山东	Shandong	40473	20191	20283	23714	11852	11862
河南	Henan	27000	13419	13580	15810	7813	7997
湖北	Hubei	26773	13465	13308	12950	6425	6525
湖南	Hunan	19851	9941	9910	9232	4558	4674
广东	Guangdong	79101	42464	36637	32303	16418	15885
广西	Guangxi	15708	7877	7831	8146	4103	4043
海南	Hainan	3867	1981	1886	1758	926	832
重庆	Chongqing	17721	8841	8880	7749	3809	3940
四川	Sichuan	32569	16224	16345	14585	7196	7389
贵州	Guizhou	10421	5100	5322	4805	2304	2501
云南	Yunnan	11882	5914	5968	5625	2783	2842
西藏	Tibet	832	442	390	413	208	205
陕西	Shaanxi	16374	8314	8060	8770	4396	4374
甘肃	Gansu	7149	3569	3580	3951	1960	1991
青海	Qinghai	2235	1087	1148	1194	571	622
宁夏	Ningxia	3045	1521	1524	1482	719	764
新疆	Xinjiang	9612	4970	4642	5272	2634	2638

City Population by Sex, Household Registration Status and Region

(person)

住本乡、镇、街道，户口在外乡、镇、街道，离开户口登记地半年以上 Residing in Townships, Towns and Street Communities, with Permanent Household Registration Elsewhere, Having Been Away from That Places For More Than 6 Months.			住本乡、镇、街道，户口待定 Residing in Townships, Towns and Street Communities, with Place of Permanent Household Registration Unsettled			居住港澳台或国外，户口在本乡、镇、街道 Residing in Taiwan, Macao, Hong Kong Special Administrative Region and other countries, with Place of Permanent Household Registration in Township, Towns and Street Communities		
小计 Sub-total	男 Male	女 Female	小计 Sub-total	男 Male	女 Female	小计 Sub-total	男 Male	女 Female
301317	**155440**	**145877**	**1829**	**1122**	**707**	**1490**	**715**	**776**
10982	5477	5505	44	28	16	153	73	80
5260	2763	2497	13	8	5	26	11	15
8891	4271	4621	23	12	11	12	5	7
6446	3124	3321	48	29	19	4	1	3
5497	2802	2695	20	14	5	9	5	4
11563	5645	5918	20	14	6	115	62	52
6014	2975	3039	6	4	3	41	22	18
5495	2775	2720	9	2	7	38	21	18
11960	6119	5842	30	14	16	145	75	70
19205	9914	9291	97	49	48	98	50	47
18806	10223	8583	352	251	101	231	104	127
9482	4989	4493	27	14	13	23	8	14
9643	5156	4487	54	27	27	132	68	64
6688	3407	3281	74	14	59	11	9	3
16403	8092	8311	280	210	71	77	37	39
11134	5572	5561	30	20	10	26	13	12
13750	6999	6752	38	22	16	34	19	15
10581	5360	5222	28	15	13	9	8	1
46246	25760	20486	368	217	151	184	69	115
7502	3747	3755	44	23	22	16	4	12
2095	1048	1047	11	7	5	3	1	2
9925	5012	4913	24	11	13	23	9	15
17935	9002	8933	27	13	13	22	11	10
5585	2780	2805	22	12	10	9	3	6
6214	3110	3104	29	15	14	14	6	8
414	231	182	5	3	2			
7516	3849	3667	74	61	13	14	7	7
3177	1601	1576	12	4	8	9	5	4
1037	513	524	3	2	1			
1555	798	758	5	3	2	3	2	1
4316	2325	1991	13	5	8	12	6	6

2-50 各地区镇分性别的各种户口状况人口

单位：人

地区	Region	人口数 Population			住本乡、镇、街道，户口在本乡、镇、街道 Residing in the Townships, Towns and Street Communities with Permanent Household Registration There		
		合计 Total	男 Male	女 Female	小计 Sub-total	男 Male	女 Female
全国	**National Total**	**364415**	**184742**	**179673**	**253653**	**129106**	**124548**
北京	Beijing	1546	837	709	652	336	316
天津	Tianjin	865	451	414	706	366	341
河北	Hebei	25839	12625	13214	18779	9432	9347
山西	Shanxi	9832	5052	4780	6496	3304	3191
内蒙古	Inner Mongolia	7577	3768	3808	3879	1978	1901
辽宁	Liaoning	6193	2960	3233	4577	2269	2308
吉林	Jilin	4993	2427	2566	2729	1369	1360
黑龙江	Heilongjiang	7275	3557	3718	4894	2477	2417
上海	Shanghai	2451	1345	1106	949	489	460
江苏	Jiangsu	23260	11880	11381	15951	8090	7861
浙江	Zhejiang	14733	7662	7071	8297	4126	4171
安徽	Anhui	20758	10225	10533	12546	6442	6104
福建	Fujian	13163	6785	6378	8540	4342	4197
江西	Jiangxi	15442	7950	7491	11296	5825	5471
山东	Shandong	28399	14587	13812	20233	10365	9868
河南	Henan	32092	16251	15841	25183	12881	12302
湖北	Hubei	12801	6626	6175	9593	4863	4730
湖南	Hunan	22034	11219	10815	16445	8415	8030
广东	Guangdong	21155	11003	10152	14713	7572	7141
广西	Guangxi	13678	7065	6613	10478	5464	5014
海南	Hainan	2718	1482	1236	2162	1164	998
重庆	Chongqing	6200	3023	3177	4210	2054	2156
四川	Sichuan	18697	9139	9559	13399	6730	6669
贵州	Guizhou	11744	6053	5692	8713	4491	4222
云南	Yunnan	13478	6957	6521	9565	4878	4687
西藏	Tibet	585	313	272	356	191	165
陕西	Shaanxi	10273	5096	5177	7348	3667	3681
甘肃	Gansu	6913	3490	3423	4966	2500	2465
青海	Qinghai	1603	784	820	937	458	479
宁夏	Ningxia	2025	1024	1001	1071	529	542
新疆	Xinjiang	6092	3105	2987	3992	2040	1952

Town Population by Sex, Household Registration Status and Region

(person)

住本乡、镇、街道，户口在外乡、镇、街道，离开户口登记地半年以上 Residing in Townships, Towns and Street Communities, with Permanent Household Registration Elsewhere, Having Been Away from That Places For More Than 6 Months.			住本乡、镇、街道，户口待定 Residing in Townships, Towns and Street Communities, with Place of Permanent Household Registration Unsettled			居住港澳台或国外，户口在本乡、镇、街道 Residing in Taiwan, Macao, Hong Kong Special Administrative Region and other countries, with Place of Permanent Household Registration in Township, Towns and Street Communities		
小　计 Sub-total	男 Male	女 Female	小　计 Sub-total	男 Male	女 Female	小　计 Sub-total	男 Male	女 Female
109521	**54968**	**54553**	**736**	**361**	**375**	**505**	**308**	**197**
890	500	390	2	1	1	2	1	1
159	86	73						
6984	3146	3838	32	16	16	44	32	12
3313	1736	1576	18	9	9	6	3	3
3690	1787	1902	8	3	5			
1606	690	916	4	1	2	7		7
2253	1052	1201	2		2	10	6	3
2366	1073	1293	6	2	3	9	5	5
1493	851	642	6	3	3	3	2	1
7229	3730	3499	25	14	11	55	45	9
6350	3499	2852	33	14	20	53	25	28
8140	3745	4395	48	23	25	24	15	9
4416	2325	2091	66	34	33	141	83	58
4100	2101	1999	38	20	18	7	4	4
8050	4162	3888	90	43	47	25	16	9
6872	3347	3525	18	7	12	18	17	2
3176	1743	1433	25	14	11	6	5	1
5538	2774	2764	19	11	8	32	19	13
6346	3386	2959	84	40	44	12	5	7
3171	1589	1582	21	7	14	8	5	4
546	313	233	7	3	4	2	1	1
1985	965	1019	5	3	2	1	1	
5272	2397	2875	21	10	10	5	1	4
3011	1553	1458	19	7	12	2	2	
3859	2052	1807	36	21	15	19	7	12
227	122	105	3	1	2			
2866	1397	1470	50	29	22	8	4	4
1932	983	950	14	6	7	1		1
660	323	337	7	3	4			
949	491	458	3	2	1	2	1	
2072	1048	1023	25	14	11	3	2	1

2-51 各地区乡村分性别的各种户口状况人口

单位：人

地 区	Region	人口数 Population			住本乡、镇、街道，户口在本乡、镇、街道 Residing in the Townships, Towns and Street Communities with Permanent Household Registration There		
		合计 Total	男 Male	女 Female	小计 Sub-total	男 Male	女 Female
全 国	**National Total**	**527827**	**274145**	**253682**	**490925**	**254097**	**236828**
北 京	Beijing	2899	1588	1311	1868	963	905
天 津	Tianjin	2199	1136	1062	2042	1052	990
河 北	Hebei	30657	15752	14905	29924	15428	14496
山 西	Shanxi	13486	7091	6395	12520	6568	5952
内蒙古	Inner Mongolia	8081	4285	3797	6954	3661	3293
辽 宁	Liaoning	12180	6323	5857	11263	5891	5372
吉 林	Jilin	9218	4786	4432	7933	4137	3796
黑龙江	Heilongjiang	11355	5862	5493	9818	5141	4678
上 海	Shanghai	2821	1607	1214	1301	667	633
江 苏	Jiangsu	23472	11933	11539	20576	10287	10289
浙 江	Zhejiang	18939	9988	8951	15220	7857	7364
安 徽	Anhui	26295	13708	12586	25127	13137	11990
福 建	Fujian	13440	7096	6344	11216	5801	5415
江 西	Jiangxi	18442	9697	8745	17877	9405	8472
山 东	Shandong	38840	19888	18952	37798	19345	18453
河 南	Henan	45588	22931	22657	44983	22597	22387
湖 北	Hubei	22174	11723	10451	20265	10526	9738
湖 南	Hunan	28257	14777	13480	27537	14412	13125
广 东	Guangdong	34085	17416	16668	31314	15813	15501
广 西	Guangxi	23961	12692	11269	22988	12305	10683
海 南	Hainan	4215	2278	1938	3944	2131	1813
重 庆	Chongqing	10098	5342	4756	9393	4933	4460
四 川	Sichuan	37404	19419	17985	34771	18057	16714
贵 州	Guizhou	18632	9724	8908	17253	9161	8092
云 南	Yunnan	24317	12731	11586	22959	11948	11011
西 藏	Tibet	2455	1274	1182	2373	1229	1145
陕 西	Shaanxi	15229	7964	7265	14691	7646	7045
甘 肃	Gansu	12307	6349	5958	11676	6016	5659
青 海	Qinghai	2451	1292	1159	2372	1249	1123
宁 夏	Ningxia	2608	1372	1236	2138	1109	1029
新 疆	Xinjiang	11723	6121	5602	10832	5626	5205

Rural Population by Sex, Household Registration Status and Region

(person)

住本乡、镇、街道，户口在外乡、镇、街道，离开户口登记地半年以上 Residing in Townships, Towns and Street Communities, with Permanent Household Registration Elsewhere, Having Been Away from That Places For More Than 6 Months.			住本乡、镇、街道，户口待定 Residing in Townships, Towns and Street Communities, with Place of Permanent Household Registration Unsettled			居住港澳台或国外，户口在本乡、镇、街道 Residing in Taiwan, Macao, Hong Kong Special Administrative Region and other countries, with Place of Permanent Household Registration in Township, Towns and Street Communities		
小计 Sub-total	男 Male	女 Female	小计 Sub-total	男 Male	女 Female	小计 Sub-total	男 Male	女 Female
34524	**18711**	**15812**	**997**	**467**	**530**	**1381**	**869**	**512**
1026	623	404	3	2	1	2	1	1
155	83	72	1			1	1	
662	282	380	41	24	18	29	18	11
940	506	433	17	12	5	9	5	5
1117	617	500	7	3	4	4	4	
792	358	434	5	3	2	120	72	48
1214	602	612	2	1	1	69	46	23
1497	699	799	6	3	3	34	20	14
1513	937	576	6	2	4	2	1	1
2821	1603	1218	38	16	22	38	28	10
3552	2050	1502	46	23	22	122	58	64
1062	506	556	73	38	35	32	27	6
1816	1070	745	59	26	33	350	199	150
508	259	249	40	19	21	17	14	3
947	481	466	30	11	18	65	50	15
511	282	229	45	15	29	48	37	12
1846	1160	685	46	24	22	18	12	6
636	320	317	30	11	19	53	35	19
2468	1455	1013	134	55	79	169	93	75
879	345	534	73	30	43	21	12	9
257	140	116	11	5	7	3	1	2
679	393	286	8	4	4	17	11	6
2476	1267	1209	82	38	45	75	58	17
1311	520	792	51	29	22	17	14	3
1235	706	529	83	43	40	39	33	7
70	40	31	11	5	6	1		
516	300	216	8	5	3	14	12	2
610	323	287	15	5	10	6	5	1
72	40	32	6	3	4	1	1	
466	260	206	2	1	1	1	1	
868	482	386	18	10	8	5	2	3

第三部分

Chapter Three

2021 年劳动力调查主要数据

Main Data from
2021 Labor Force Survey

3-1 全国分地区就业人员受教育程度构成

单位：%

地　区	Region	就业人员 Employed Persons	男 Male	女 Female	未上过学 No Schooling
全　国	**National Total**	**100.0**	**56.9**	**43.1**	**2.3**
北　京	Beijing	100.0	57.6	42.4	0.2
天　津	Tianjin	100.0	59.3	40.7	0.5
河　北	Hebei	100.0	56.7	43.3	1.4
山　西	Shanxi	100.0	60.4	39.6	0.8
内蒙古	Inner Mongolia	100.0	58.3	41.7	2.5
辽　宁	Liaoning	100.0	55.6	44.4	0.5
吉　林	Jilin	100.0	55.6	44.4	0.8
黑龙江	Heilongjiang	100.0	57.5	42.5	0.8
上　海	Shanghai	100.0	58.4	41.6	0.5
江　苏	Jiangsu	100.0	57.1	42.9	1.8
浙　江	Zhejiang	100.0	58.1	41.9	2.0
安　徽	Anhui	100.0	58.3	41.7	5.3
福　建	Fujian	100.0	58.5	41.5	1.9
江　西	Jiangxi	100.0	57.0	43.0	1.9
山　东	Shandong	100.0	55.6	44.4	2.5
河　南	Henan	100.0	54.3	45.7	2.7
湖　北	Hubei	100.0	56.9	43.1	2.3
湖　南	Hunan	100.0	57.4	42.6	0.9
广　东	Guangdong	100.0	58.7	41.3	0.6
广　西	Guangxi	100.0	55.9	44.1	1.1
海　南	Hainan	100.0	57.3	42.7	1.0
重　庆	Chongqing	100.0	56.1	43.9	1.6
四　川	Sichuan	100.0	55.6	44.4	4.5
贵　州	Guizhou	100.0	55.5	44.5	7.3
云　南	Yunnan	100.0	55.4	44.6	4.3
西　藏	Tibet	100.0	58.6	41.4	23.3
陕　西	Shaanxi	100.0	57.2	42.8	2.6
甘　肃	Gansu	100.0	56.0	44.0	7.3
青　海	Qinghai	100.0	57.3	42.7	7.5
宁　夏	Ningxia	100.0	58.4	41.6	7.4
新　疆	Xinjiang	100.0	56.7	43.3	0.9

注：为与教育部学历分类保持一致，对受教育程度分类进行了合并调整，其中高中包括中等职业教育，大学专科包括高等职业教育。
资料来源：2021年劳动力调查资料(下表同)。

Educational Attainment of Employed Persons by Region

(%)

小学 Primary School	初中 Junior Secondary School	高中 Senior Secondary School	大学专科 College	大学本科 University	研究生 Graduate and Higher Level
15.8	**41.0**	**17.8**	**11.5**	**10.3**	**1.3**
2.6	18.0	16.4	19.0	31.8	12.0
5.3	29.9	18.6	17.6	24.2	3.9
12.4	48.6	18.1	10.9	8.0	0.6
10.5	44.6	19.6	13.2	10.4	0.9
15.9	38.8	15.9	13.3	12.4	1.2
12.3	46.6	14.2	12.0	12.7	1.6
17.4	44.4	15.5	9.9	10.9	1.2
15.3	45.3	16.2	10.8	10.7	0.9
4.6	25.0	17.4	18.4	26.9	7.3
11.9	38.2	20.3	14.1	12.3	1.3
15.1	37.9	17.8	13.6	12.4	1.3
19.0	41.8	14.3	10.3	8.5	0.9
16.9	39.1	18.4	11.1	11.7	1.0
18.7	43.3	18.2	9.6	7.6	0.7
14.2	44.4	18.6	10.4	8.7	1.1
14.3	49.0	17.9	9.0	6.3	0.7
16.4	40.1	19.8	10.9	9.2	1.2
13.7	41.3	23.3	11.3	8.5	1.0
9.9	40.2	23.6	13.7	10.8	1.1
17.2	49.2	15.5	9.0	7.4	0.5
10.2	46.9	19.4	11.4	10.4	0.7
22.0	34.5	18.1	12.3	10.5	1.0
25.4	36.7	15.0	10.0	7.4	0.9
27.8	39.7	10.5	7.2	7.2	0.4
31.6	36.4	11.9	7.9	7.5	0.5
34.8	18.5	5.4	7.4	10.2	0.3
13.6	43.2	17.6	11.9	10.0	1.1
25.2	34.5	13.3	9.7	9.3	0.7
24.4	31.3	12.7	11.6	11.9	0.6
18.1	33.2	15.0	13.3	12.0	0.9
16.9	42.2	16.4	13.3	9.6	0.5

Note:In order to be consistent with the education classification of the Ministry of Education, the classification of educational attainment has been merged and adjusted. Senior secondary school include medium vocational education and college include high vocational education.

Data Source: 2021 Labor Force Survey. The same applies to the tables following.

3-2 全国分地区男性就业人员受教育程度构成
Educational Attainment of Male Employed Persons by Region

单位：% (%)

地区	Region	男性就业人员 Male Employed Persons	未上过学 No Schooling	小学 Primary School	初中 Junior Secondary School	高中 Senior Secondary School	大学专科 College	大学本科 University	研究生 Graduate and Higher Level
全国	**National Total**	**100.0**	**1.2**	**13.6**	**43.4**	**19.7**	**11.5**	**9.5**	**1.2**
北京	Beijing	100.0	0.1	2.6	20.4	18.3	18.8	29.1	10.8
天津	Tianjin	100.0	0.3	5.2	32.1	19.9	17.2	22.0	3.3
河北	Hebei	100.0	0.5	10.8	51.1	19.7	10.6	6.7	0.5
山西	Shanxi	100.0	0.5	9.5	46.4	21.5	12.6	8.7	0.6
内蒙古	Inner Mongolia	100.0	1.2	14.1	41.7	17.4	13.8	11.0	0.9
辽宁	Liaoning	100.0	0.3	11.0	48.3	15.6	11.9	11.5	1.5
吉林	Jilin	100.0	0.6	15.5	45.7	16.9	10.3	10.1	1.0
黑龙江	Heilongjiang	100.0	0.6	14.2	46.9	17.1	10.9	9.6	0.7
上海	Shanghai	100.0	0.3	4.1	27.0	19.7	17.9	24.2	6.8
江苏	Jiangsu	100.0	0.8	9.6	39.6	23.0	14.3	11.5	1.3
浙江	Zhejiang	100.0	1.0	13.6	39.8	19.9	13.3	11.1	1.3
安徽	Anhui	100.0	2.7	15.9	45.4	16.7	10.4	8.1	0.9
福建	Fujian	100.0	0.8	13.7	42.6	20.2	10.6	11.2	0.9
江西	Jiangxi	100.0	0.9	14.7	46.1	20.2	9.9	7.5	0.8
山东	Shandong	100.0	1.1	10.9	46.8	21.2	10.8	8.3	1.0
河南	Henan	100.0	1.4	12.0	51.2	19.8	9.2	5.8	0.7
湖北	Hubei	100.0	0.9	13.5	42.3	21.8	11.4	8.9	1.2
湖南	Hunan	100.0	0.5	12.5	42.6	24.8	10.8	7.9	1.0
广东	Guangdong	100.0	0.2	7.8	42.1	25.3	13.2	10.2	1.1
广西	Guangxi	100.0	0.4	14.6	52.3	16.9	8.8	6.5	0.5
海南	Hainan	100.0	0.4	7.9	47.3	21.7	11.9	10.2	0.6
重庆	Chongqing	100.0	0.7	19.8	37.0	19.7	12.0	9.7	1.0
四川	Sichuan	100.0	2.5	23.2	40.2	16.4	9.8	7.2	0.9
贵州	Guizhou	100.0	2.6	25.7	45.4	11.9	7.3	6.8	0.3
云南	Yunnan	100.0	2.3	29.0	40.7	12.8	7.8	6.9	0.4
西藏	Tibet	100.0	19.7	36.0	21.7	6.5	7.2	8.6	0.4
陕西	Shaanxi	100.0	1.5	11.7	45.1	19.5	11.9	9.2	1.1
甘肃	Gansu	100.0	4.2	22.2	38.3	15.7	9.9	9.1	0.7
青海	Qinghai	100.0	4.6	23.1	36.1	13.4	11.7	10.6	0.6
宁夏	Ningxia	100.0	4.4	17.1	37.6	16.4	12.9	10.8	0.7
新疆	Xinjiang	100.0	0.8	16.0	43.3	17.9	13.1	8.5	0.5

3-3 全国分地区女性就业人员受教育程度构成
Educational Attainment of Female Employed Persons by Region

单位：% (%)

地区	Region	女性就业人员 Female Employed Persons	未上过学 No Schooling	小学 Primary School	初中 Junior Secondary School	高中 Senior Secondary School	大学专科 College	大学本科 University	研究生 Graduate and Higher Level
全国	**National Total**	**100.0**	**3.9**	**18.7**	**37.8**	**15.4**	**11.6**	**11.2**	**1.4**
北京	Beijing	100.0	0.4	2.6	14.8	13.8	19.4	35.4	13.6
天津	Tianjin	100.0	0.7	5.5	26.7	16.6	18.2	27.5	4.8
河北	Hebei	100.0	2.5	14.6	45.2	15.9	11.4	9.6	0.8
山西	Shanxi	100.0	1.3	11.9	41.8	16.7	14.1	13.0	1.2
内蒙古	Inner Mongolia	100.0	4.4	18.5	34.7	13.7	12.7	14.3	1.5
辽宁	Liaoning	100.0	0.8	13.9	44.6	12.5	12.1	14.3	1.8
吉林	Jilin	100.0	1.1	19.7	42.9	13.7	9.4	11.9	1.3
黑龙江	Heilongjiang	100.0	1.0	16.9	43.1	15.1	10.6	12.0	1.2
上海	Shanghai	100.0	0.8	5.2	22.0	14.2	19.1	30.7	8.0
江苏	Jiangsu	100.0	3.2	15.0	36.4	16.8	13.8	13.4	1.3
浙江	Zhejiang	100.0	3.3	17.2	35.2	14.8	13.9	14.2	1.3
安徽	Anhui	100.0	8.9	23.3	36.7	11.1	10.2	8.9	0.9
福建	Fujian	100.0	3.4	21.3	34.2	15.8	11.7	12.5	1.1
江西	Jiangxi	100.0	3.3	24.0	39.6	15.6	9.1	7.8	0.6
山东	Shandong	100.0	4.2	18.4	41.4	15.3	10.1	9.3	1.3
河南	Henan	100.0	4.2	17.0	46.5	15.7	8.7	7.0	0.8
湖北	Hubei	100.0	4.3	20.3	37.1	17.1	10.3	9.6	1.2
湖南	Hunan	100.0	1.4	15.3	39.7	21.2	11.9	9.4	1.0
广东	Guangdong	100.0	1.2	12.8	37.5	21.0	14.5	11.7	1.2
广西	Guangxi	100.0	2.1	20.5	45.4	13.8	9.3	8.4	0.6
海南	Hainan	100.0	1.9	13.2	46.4	16.4	10.6	10.8	0.7
重庆	Chongqing	100.0	2.8	24.7	31.3	16.1	12.6	11.5	1.0
四川	Sichuan	100.0	7.1	28.1	32.3	13.4	10.3	7.7	1.0
贵州	Guizhou	100.0	13.1	30.4	32.6	8.8	7.0	7.7	0.4
云南	Yunnan	100.0	6.7	34.8	31.1	10.7	7.9	8.3	0.5
西藏	Tibet	100.0	28.4	33.2	13.9	3.9	7.7	12.6	0.2
陕西	Shaanxi	100.0	4.1	16.1	40.7	15.0	11.8	11.1	1.2
甘肃	Gansu	100.0	11.1	29.1	29.7	10.3	9.5	9.5	0.7
青海	Qinghai	100.0	11.4	26.2	24.8	11.7	11.5	13.7	0.7
宁夏	Ningxia	100.0	11.5	19.6	27.1	13.1	13.7	13.8	1.3
新疆	Xinjiang	100.0	1.1	18.2	40.7	14.5	13.7	11.1	0.6

3-4 全国按年龄、性别分的就业人员受教育程度构成
Educational Attainment of Employed Persons by Age and Sex

单位：% (%)

年 龄 Age	就业人员 Employed Persons	未上过学 No Schooling	小学 Primary School	初中 Junior Secondary School	高中 Senior Secondary School	大学专科 College	大学本科 University	研究生 Graduate and Higher Level
总计 Total	**100.0**	**2.3**	**15.8**	**41.0**	**17.8**	**11.5**	**10.3**	**1.3**
16-19	100.0	0.2	2.3	46.7	39.2	9.0	2.6	0.0
20-24	100.0	0.2	2.0	28.0	26.5	26.3	16.5	0.5
25-29	100.0	0.2	2.4	29.9	23.2	20.5	21.5	2.4
30-34	100.0	0.2	3.7	36.6	22.0	18.1	17.1	2.3
35-39	100.0	0.5	6.1	43.6	18.7	14.0	14.9	2.3
40-44	100.0	0.9	10.5	46.4	19.4	11.1	10.1	1.6
45-49	100.0	1.5	17.3	49.5	16.2	8.3	6.4	0.8
50-54	100.0	2.4	25.1	49.2	12.6	5.8	4.4	0.5
55-59	100.0	3.0	26.2	48.5	14.5	4.4	3.1	0.4
60-64	100.0	7.6	36.7	39.3	14.7	1.2	0.5	0.1
65+	100.0	15.1	54.8	24.4	5.0	0.5	0.2	0.0
男 Male	**100.0**	**1.2**	**13.6**	**43.4**	**19.7**	**11.5**	**9.5**	**1.2**
16-19	100.0	0.3	2.3	50.2	37.9	7.5	1.9	
20-24	100.0	0.1	2.2	32.3	28.8	23.5	12.8	0.4
25-29	100.0	0.1	2.5	32.8	25.3	19.5	17.8	1.8
30-34	100.0	0.2	3.6	37.7	23.4	17.8	15.5	1.9
35-39	100.0	0.3	5.4	44.1	19.6	13.9	14.4	2.3
40-44	100.0	0.5	9.0	47.1	20.2	11.3	10.2	1.8
45-49	100.0	0.8	14.4	50.8	17.4	8.8	6.8	1.0
50-54	100.0	1.2	20.1	51.5	15.0	6.7	4.9	0.6
55-59	100.0	1.1	19.7	50.2	18.2	6.0	4.2	0.5
60-64	100.0	3.2	29.6	45.7	19.1	1.6	0.6	0.1
65+	100.0	7.5	51.7	32.6	7.3	0.7	0.2	0.0
女 Female	**100.0**	**3.9**	**18.7**	**37.8**	**15.4**	**11.6**	**11.2**	**1.4**
16-19	100.0	0.2	2.2	41.3	41.3	11.3	3.6	0.0
20-24	100.0	0.2	1.7	22.3	23.4	30.2	21.4	0.7
25-29	100.0	0.2	2.3	26.0	20.4	21.8	26.3	3.1
30-34	100.0	0.3	3.9	35.1	20.2	18.5	19.2	2.8
35-39	100.0	0.7	7.0	42.8	17.6	14.1	15.4	2.4
40-44	100.0	1.3	12.4	45.5	18.4	10.9	10.0	1.5
45-49	100.0	2.3	20.9	47.9	14.8	7.7	5.8	0.6
50-54	100.0	4.2	32.2	45.9	9.2	4.5	3.7	0.3
55-59	100.0	6.2	37.1	45.5	8.2	1.6	1.3	0.2
60-64	100.0	14.2	47.2	29.7	8.2	0.5	0.2	0.0
65+	100.0	25.2	59.0	13.7	1.8	0.2	0.1	0.0

3-5 全国按受教育程度、性别分的就业人员年龄构成
Age Composition of Employed Persons by Educational Attainment and Sex

单位：% (%)

年 龄 Age	就业人员 Employed Persons	未上过学 No Schooling	小学 Primary School	初中 Junior Secondary School	高中 Senior Secondary School	大学专科 College	大学本科 University	研究生 Graduate and Higher Level
总计 Total	**100.0**	**100.0**	**100.0**	**100.0**	**100.0**	**100.0**	**100.0**	**100.0**
16-19	1.0	0.1	0.1	1.1	2.1	0.8	0.2	0.0
20-24	5.6	0.4	0.7	3.8	8.3	12.8	9.0	2.3
25-29	10.5	0.7	1.6	7.7	13.7	18.8	22.0	19.6
30-34	14.6	1.4	3.4	13.0	18.1	23.0	24.3	26.5
35-39	11.8	2.4	4.5	12.5	12.4	14.3	17.1	21.7
40-44	11.1	4.2	7.4	12.6	12.1	10.7	11.0	14.3
45-49	13.2	8.4	14.4	15.9	12.0	9.5	8.2	8.1
50-54	12.3	12.7	19.5	14.7	8.7	6.2	5.3	4.5
55-59	8.7	11.3	14.4	10.3	7.1	3.3	2.7	2.7
60-64	4.4	14.3	10.1	4.2	3.6	0.4	0.2	0.3
65+	6.9	44.3	23.8	4.1	1.9	0.3	0.1	0.1
男 Male	**100.0**	**100.0**	**100.0**	**100.0**	**100.0**	**100.0**	**100.0**	**100.0**
16-19	1.0	0.2	0.2	1.2	2.0	0.7	0.2	
20-24	5.7	0.5	0.9	4.2	8.3	11.6	7.6	1.7
25-29	10.5	1.0	2.0	8.0	13.6	18.0	19.7	16.1
30-34	14.4	2.1	3.8	12.6	17.2	22.3	23.5	23.4
35-39	11.4	3.0	4.5	11.6	11.4	13.9	17.4	22.0
40-44	10.6	4.6	6.9	11.5	10.9	10.4	11.4	15.7
45-49	12.6	9.0	13.2	14.8	11.1	9.6	9.0	10.3
50-54	12.6	12.8	18.6	15.0	9.6	7.4	6.5	5.9
55-59	9.6	9.5	13.9	11.2	8.9	5.0	4.3	4.2
60-64	4.6	12.9	10.0	4.9	4.5	0.6	0.3	0.5
65+	6.9	44.4	26.0	5.2	2.6	0.4	0.2	0.1
女 Female	**100.0**	**100.0**	**100.0**	**100.0**	**100.0**	**100.0**	**100.0**	**100.0**
16-19	0.9	0.0	0.1	1.0	2.3	0.9	0.3	0.0
20-24	5.5	0.3	0.5	3.3	8.4	14.4	10.5	3.0
25-29	10.5	0.6	1.3	7.2	14.0	19.8	24.5	23.5
30-34	14.8	1.1	3.1	13.8	19.6	23.8	25.3	30.0
35-39	12.2	2.1	4.5	13.8	14.0	14.8	16.7	21.4
40-44	11.8	4.0	7.8	14.2	14.1	11.1	10.5	12.6
45-49	13.9	8.2	15.5	17.7	13.4	9.3	7.2	5.6
50-54	11.8	12.7	20.3	14.4	7.1	4.6	3.9	2.8
55-59	7.6	11.9	15.0	9.1	4.0	1.0	0.9	1.0
60-64	4.1	14.8	10.3	3.2	2.2	0.2	0.1	0.1
65+	6.9	44.3	21.6	2.5	0.8	0.1	0.1	0.0

3-6 全国按行业、性别分的就业人员受教育程度构成
Educational Attainment of Employed Persons by Sector and Sex

单位：% (%)

受教育程度	Educational Attainment	就业人员 Employed Persons	农、林、牧、渔业 Agriculture, Forestry, Animal Husbandry and Fishery	采矿业 Mining	制造业 Manu-facturing	电力、热力、燃气及水生产和供应业 Production and Supply of Electricity Power, Heat Power, Gas and Water	建筑业 Construction	批发和零售业 Wholesale and Retail Trades
总 计	**Total**	**100.0**	**100.0**	**100.0**	**100.0**	**100.0**	**100.0**	**100.0**
未上过学	No Schooling	2.3	7.6	0.5	1.0	0.4	1.2	0.7
小 学	Primary School	15.8	38.6	7.7	11.3	4.5	17.3	7.9
初 中	Junior Secondary School	41.0	45.7	38.3	49.2	24.4	55.2	42.4
高 中	Senior Secondary School	17.8	6.8	24.9	21.2	23.9	14.5	27.6
大学专科	College	11.5	0.9	16.5	10.5	22.9	6.9	14.4
大学本科	University	10.3	0.3	11.2	6.1	21.5	4.7	6.7
研究生	Graduate and Higher Level	1.3	0.0	1.0	0.7	2.3	0.2	0.4
男	**Male**	**100.0**	**100.0**	**100.0**	**100.0**	**100.0**	**100.0**	**100.0**
未上过学	No Schooling	1.2	4.0	0.4	0.4	0.3	0.9	0.4
小 学	Primary School	13.6	34.8	7.7	8.3	4.5	16.5	7.4
初 中	Junior Secondary School	43.4	50.5	40.5	47.1	26.2	57.4	41.0
高 中	Senior Secondary School	19.7	9.1	25.1	24.5	25.5	15.0	27.8
大学专科	College	11.5	1.2	15.7	12.0	21.7	6.1	15.3
大学本科	University	9.5	0.4	9.7	6.8	19.7	3.9	7.6
研究生	Graduate and Higher Level	1.2	0.0	0.9	0.8	2.0	0.2	0.4
女	**Female**	**100.0**	**100.0**	**100.0**	**100.0**	**100.0**	**100.0**	**100.0**
未上过学	No Schooling	3.9	11.0	0.9	1.9	0.6	3.0	0.9
小 学	Primary School	18.7	42.2	7.2	15.5	4.7	22.8	8.4
初 中	Junior Secondary School	37.8	41.1	25.4	52.0	18.5	40.6	43.6
高 中	Senior Secondary School	15.4	4.7	23.5	16.6	18.7	11.4	27.3
大学专科	College	11.6	0.6	20.9	8.3	27.0	12.0	13.5
大学本科	University	11.2	0.2	20.3	5.1	27.2	9.7	5.9
研究生	Graduate and Higher Level	1.4	0.0	1.7	0.5	3.4	0.5	0.3

3-6 续表 1 continued

单位：% (%)

受教育程度	Educational Attainment	交通运输、仓储和邮政业 Transport, Storage and Post	住宿和餐饮业 Hotels and Catering Services	信息传输、软件和信息技术服务业 Information Transmission, Software and Information Technical Services	金融业 Financial Intermediation	房地产业 Real Estate	租赁和商务服务业 Leasing and Business Services	科学研究和技术服务业 Scientific Research and Technical Services
总　计	**Total**	**100.0**	**100.0**	**100.0**	**100.0**	**100.0**	**100.0**	**100.0**
未上过学	No Schooling	0.3	1.0	0.0	0.1	0.8	0.3	0.1
小　学	Primary School	7.2	11.5	0.8	0.9	6.2	4.0	1.3
初　中	Junior Secondary School	47.9	53.1	10.0	9.1	28.1	24.5	9.7
高　中	Senior Secondary School	24.8	23.7	15.8	14.8	27.1	21.9	13.6
大学专科	College	12.8	7.9	28.3	25.2	22.1	24.0	25.9
大学本科	University	6.6	2.8	38.9	43.0	14.8	22.5	38.3
研究生	Graduate and Higher Level	0.4	0.1	6.1	6.9	1.0	2.9	11.1
男	**Male**	**100.0**	**100.0**	**100.0**	**100.0**	**100.0**	**100.0**	**100.0**
未上过学	No Schooling	0.2	0.3	0.0	0.1	0.4	0.2	0.1
小　学	Primary School	7.4	7.0	0.9	0.6	5.5	4.5	1.3
初　中	Junior Secondary School	50.6	52.9	10.0	7.3	29.9	29.2	10.7
高　中	Senior Secondary School	25.2	27.9	15.9	13.8	28.3	24.0	14.8
大学专科	College	11.0	8.9	27.7	25.8	21.0	20.8	26.0
大学本科	University	5.2	2.9	39.2	44.7	14.0	18.9	36.8
研究生	Graduate and Higher Level	0.3	0.1	6.2	7.8	1.0	2.4	10.4
女	**Female**	**100.0**	**100.0**	**100.0**	**100.0**	**100.0**	**100.0**	**100.0**
未上过学	No Schooling	0.5	1.6	0.1	0.1	1.3	0.4	0.2
小　学	Primary School	6.1	15.5	0.7	1.1	7.2	3.2	1.3
初　中	Junior Secondary School	33.4	53.3	9.9	10.7	25.5	17.9	7.9
高　中	Senior Secondary School	22.5	19.9	15.5	15.8	25.5	18.9	11.2
大学专科	College	22.3	7.0	29.5	24.7	23.6	28.5	25.6
大学本科	University	14.1	2.6	38.4	41.6	15.8	27.6	41.3
研究生	Graduate and Higher Level	1.0	0.1	5.8	6.0	1.1	3.6	12.5

3-6 续表 2 continued

单位：% (%)

受教育程度	Educational Attainment	水利、环境和公共设施管理业 Management of Water Conservancy, Environment and Public Facilities	居民服务、修理和其他服务业 Services to Households, Repair and Other Services	教育 Education	卫生和社会工作 Health and Society	文化、体育和娱乐业 Culture, Sports and Entertainment	公共管理、社会保障和社会组织 Public Management Social Security and Social Organizations
总计	**Total**	**100.0**	**100.0**	**100.0**	**100.0**	**100.0**	**100.0**
未上过学	No Schooling	3.5	1.3	0.1	0.3	0.3	0.7
小学	Primary School	20.1	12.3	1.7	2.3	4.4	3.9
初中	Junior Secondary School	34.7	48.7	10.1	9.5	25.1	12.7
高中	Senior Secondary School	15.9	24.9	12.5	17.9	22.8	17.6
大学专科	College	13.1	9.2	23.4	30.6	21.4	26.7
大学本科	University	11.4	3.4	44.7	34.4	23.3	34.8
研究生	Graduate and Higher Level	1.4	0.2	7.4	5.0	2.7	3.5
男	**Male**	**100.0**	**100.0**	**100.0**	**100.0**	**100.0**	**100.0**
未上过学	No Schooling	2.3	0.8	0.1	0.2	0.1	0.4
小学	Primary School	16.5	10.4	1.5	2.4	3.6	3.6
初中	Junior Secondary School	36.3	49.3	9.8	11.8	24.3	13.6
高中	Senior Secondary School	18.0	26.6	11.2	20.6	24.7	19.4
大学专科	College	14.3	9.5	22.0	25.4	22.5	27.3
大学本科	University	11.2	3.3	46.2	32.7	22.8	32.7
研究生	Graduate and Higher Level	1.3	0.2	9.2	7.0	2.0	3.1
女	**Female**	**100.0**	**100.0**	**100.0**	**100.0**	**100.0**	**100.0**
未上过学	No Schooling	5.8	2.0	0.2	0.3	0.5	1.3
小学	Primary School	26.3	14.3	1.8	2.2	5.4	4.4
初中	Junior Secondary School	31.7	48.0	10.2	8.3	26.0	11.2
高中	Senior Secondary School	12.1	23.2	13.1	16.5	20.5	14.6
大学专科	College	11.0	8.9	24.1	33.2	20.2	25.7
大学本科	University	11.6	3.4	44.0	35.3	24.0	38.7
研究生	Graduate and Higher Level	1.5	0.2	6.6	4.1	3.5	4.2

3-7 全国按职业、性别分的就业人员受教育程度构成
Educational Attainment of Employed Persons by Occupation and Sex

单位：% (%)

受教育程度	Educational Attainment	就业人员 Employed Persons	单位负责人 Unit Heads	专业技术人员 Technical Personnel	办事人员和有关人员 Clerk and Related Workers	商业、服务业人员 Business Service Personnel	农林牧渔水利业生产人员 Producers of Agriculture, Forestry, Animal Husbandry, Fishery and Water Conservancy	生产运输设备操作人员及有关人员 Production, Transport Equipment Operators and Related Workers	其他 Others
总计	**Total**	**100.0**	**100.0**	**100.0**	**100.0**	**100.0**	**100.0**	**100.0**	**100.0**
未上过学	No Schooling	2.3	0.1	0.1	0.2	1.0	7.7	1.3	2.6
小学	Primary School	15.8	2.7	1.1	2.8	9.5	38.9	16.0	20.2
初中	Junior Secondary School	41.0	25.7	9.0	18.4	44.4	45.7	57.9	50.4
高中	Senior Secondary School	17.8	25.8	14.5	22.0	25.0	6.7	17.5	15.6
大学专科	College	11.5	22.5	27.2	26.7	12.5	0.8	5.4	6.9
大学本科	University	10.3	20.5	41.1	27.2	7.1	0.2	1.8	3.7
研究生	Graduate and Higher Level	1.3	2.6	7.1	2.8	0.6	0.0	0.1	0.5
男	**Male**	**100.0**	**100.0**	**100.0**	**100.0**	**100.0**	**100.0**	**100.0**	**100.0**
未上过学	No Schooling	1.2	0.1	0.1	0.2	0.5	4.1	0.7	2.1
小学	Primary School	13.6	2.4	1.5	3.4	7.8	35.2	14.0	19.0
初中	Junior Secondary School	43.4	25.7	11.5	20.8	44.1	50.6	57.5	50.8
高中	Senior Secondary School	19.7	26.0	14.9	22.7	26.2	8.9	19.4	16.8
大学专科	College	11.5	22.7	24.7	25.0	13.2	1.0	6.3	7.3
大学本科	University	9.5	20.5	39.4	25.4	7.5	0.3	2.0	3.7
研究生	Graduate and Higher Level	1.2	2.7	8.0	2.5	0.6	0.0	0.1	0.4
女	**Female**	**100.0**	**100.0**	**100.0**	**100.0**	**100.0**	**100.0**	**100.0**	**100.0**
未上过学	No Schooling	3.9	0.2	0.1	0.2	1.5	11.1	2.6	3.8
小学	Primary School	18.7	3.7	0.8	2.0	11.6	42.4	20.5	22.6
初中	Junior Secondary School	37.8	25.8	7.0	14.9	44.8	41.2	58.9	49.6
高中	Senior Secondary School	15.4	25.1	14.3	20.8	23.6	4.6	13.1	13.2
大学专科	College	11.6	22.1	29.2	29.2	11.5	0.5	3.5	6.3
大学本科	University	11.2	20.7	42.4	29.8	6.5	0.2	1.3	3.8
研究生	Graduate and Higher Level	1.4	2.4	6.3	3.1	0.6	0.0	0.1	0.9

3-8 全国按受教育程度、性别分的就业人员职业构成
Occupation of Employed Persons by Educational Attainment and Sex

单位：% (%)

受教育程度	Educational Attainment	就业人员 Employed Persons	单位负责人 Unit Heads	专业技术人员 Technical Personnel	办事人员和有关人员 Clerk and Related Workers	商业、服务业人员 Business Service Personnel	农林牧渔水利业生产人员 Producers of Agriculture, Forestry, Animal Husbandry, Fishery and Water Conservancy	生产运输设备操作人员及有关人员 Production, Transport Equipment Operators and Related	其他 Others
总　计	**Total**	**100.0**	**1.8**	**9.9**	**11.4**	**31.6**	**22.4**	**22.7**	**0.1**
未上过学	No Schooling	100.0	0.1	0.3	0.9	12.8	73.3	12.4	0.1
小　学	Primary School	100.0	0.3	0.7	2.0	18.9	55.1	22.9	0.1
初　中	Junior Secondary School	100.0	1.2	2.2	5.1	34.2	25.0	32.1	0.1
高　中	Senior Secondary School	100.0	2.7	8.1	14.0	44.4	8.4	22.3	0.1
大学专科	College	100.0	3.6	23.5	26.4	34.2	1.5	10.7	0.1
大学本科	University	100.0	3.7	39.7	30.2	21.8	0.5	4.1	0.0
研究生	Graduate and Higher Level	100.0	3.8	55.0	24.8	14.4	0.3	1.7	0.0
男	**Male**	**100.0**	**2.4**	**7.7**	**11.9**	**30.9**	**19.2**	**27.8**	**0.1**
未上过学	No Schooling	100.0	0.1	0.5	1.7	13.0	67.1	17.3	0.3
小　学	Primary School	100.0	0.4	0.8	3.0	17.7	49.5	28.4	0.2
初　中	Junior Secondary School	100.0	1.4	2.0	5.7	31.4	22.4	36.8	0.2
高　中	Senior Secondary School	100.0	3.2	5.8	13.7	41.1	8.6	27.3	0.1
大学专科	College	100.0	4.8	16.6	25.9	35.7	1.7	15.2	0.1
大学本科	University	100.0	5.3	31.9	31.7	24.5	0.6	6.0	0.1
研究生	Graduate and Higher Level	100.0	5.5	51.4	25.2	15.5	0.3	2.1	0.0
女	**Female**	**100.0**	**1.1**	**12.9**	**10.7**	**32.5**	**26.7**	**16.1**	**0.1**
未上过学	No Schooling	100.0	0.1	0.2	0.6	12.7	75.8	10.5	0.1
小　学	Primary School	100.0	0.2	0.5	1.1	20.0	60.4	17.6	0.1
初　中	Junior Secondary School	100.0	0.7	2.4	4.2	38.4	29.1	25.0	0.1
高　中	Senior Secondary School	100.0	1.7	11.9	14.5	49.9	8.1	13.8	0.1
大学专科	College	100.0	2.0	32.5	27.0	32.4	1.2	4.8	0.0
大学本科	University	100.0	1.9	48.5	28.4	18.8	0.4	1.9	0.0
研究生	Graduate and Higher Level	100.0	1.8	59.0	24.4	13.1	0.3	1.3	0.1

3-9 全国按年龄、性别分的就业人员就业身份构成
Employment Status of Employed Persons by Age and Sex

单位：% (%)

年 龄 Age	就业人员 Employed Persons	雇 员 Employee	雇 主 Employer	自营劳动者 Self-Employed	家庭帮工 Unpaid Familial Worker
总计 Total	**100.0**	**63.3**	**4.3**	**31.0**	**1.4**
16–19	100.0	80.1	0.9	14.9	4.2
20–24	100.0	86.5	1.6	10.7	1.2
25–29	100.0	81.7	3.3	14.1	0.9
30–34	100.0	75.7	5.1	18.2	1.0
35–39	100.0	71.2	6.1	21.7	1.0
40–44	100.0	67.0	6.1	25.9	1.1
45–49	100.0	63.0	5.2	30.7	1.2
50–54	100.0	55.8	4.2	38.5	1.6
55–59	100.0	49.2	3.3	45.5	2.0
60–64	100.0	33.5	2.4	61.4	2.6
65+	100.0	18.5	1.6	76.7	3.3
男 Male	**100.0**	**64.5**	**5.2**	**29.5**	**0.8**
16–19	100.0	80.1	0.9	15.0	4.1
20–24	100.0	85.9	1.9	11.1	1.1
25–29	100.0	80.9	4.0	14.5	0.5
30–34	100.0	75.1	6.1	18.4	0.4
35–39	100.0	70.4	7.4	21.8	0.4
40–44	100.0	66.2	7.5	25.9	0.5
45–49	100.0	63.2	6.5	29.7	0.6
50–54	100.0	60.3	5.1	33.9	0.7
55–59	100.0	57.3	3.9	37.8	1.0
60–64	100.0	40.0	3.0	55.2	1.7
65+	100.0	21.9	1.9	73.6	2.6
女 Female	**100.0**	**61.6**	**3.1**	**33.1**	**2.3**
16–19	100.0	80.1	0.9	14.7	4.3
20–24	100.0	87.4	1.2	10.1	1.3
25–29	100.0	82.8	2.3	13.4	1.5
30–34	100.0	76.4	3.8	18.0	1.7
35–39	100.0	72.1	4.4	21.6	1.8
40–44	100.0	67.9	4.5	25.9	1.8
45–49	100.0	62.6	3.6	31.8	2.0
50–54	100.0	49.4	3.0	44.9	2.8
55–59	100.0	35.5	2.4	58.5	3.6
60–64	100.0	23.7	1.6	70.7	4.0
65+	100.0	13.9	1.2	80.7	4.2

3-10 全国按就业身份、性别分的就业人员年龄构成
Age Composition of Employed Persons by Employment Status and Sex

单位：% (%)

年 龄 Age	就业人员 Employed Persons	雇 员 Employee	雇 主 Employer	自营劳动者 Self-Employed	家庭帮工 Unpaid Familial Worker
总计 Total	**100.0**	**100.0**	**100.0**	**100.0**	**100.0**
16-19	1.0	1.2	0.2	0.5	2.8
20-24	5.6	7.7	2.1	1.9	4.7
25-29	10.5	13.6	8.1	4.8	6.8
30-34	14.6	17.5	17.4	8.6	10.0
35-39	11.8	13.2	16.7	8.2	8.2
40-44	11.1	11.8	15.8	9.3	8.1
45-49	13.2	13.1	15.9	13.0	10.9
50-54	12.3	10.8	12.1	15.2	13.2
55-59	8.7	6.8	6.8	12.8	11.8
60-64	4.4	2.3	2.5	8.7	8.0
65+	6.9	2.0	2.5	17.0	15.6
男 Male	**100.0**	**100.0**	**100.0**	**100.0**	**100.0**
16-19	1.0	1.3	0.2	0.5	5.1
20-24	5.7	7.5	2.1	2.1	7.6
25-29	10.5	13.2	8.3	5.2	6.8
30-34	14.4	16.8	17.0	9.0	7.3
35-39	11.4	12.5	16.4	8.5	5.5
40-44	10.6	10.9	15.3	9.3	5.9
45-49	12.6	12.3	15.8	12.7	8.6
50-54	12.6	11.8	12.6	14.5	10.5
55-59	9.6	8.6	7.3	12.4	11.5
60-64	4.6	2.9	2.7	8.6	9.6
65+	6.9	2.3	2.5	17.2	21.6
女 Female	**100.0**	**100.0**	**100.0**	**100.0**	**100.0**
16-19	0.9	1.1	0.2	0.4	1.6
20-24	5.5	7.9	2.1	1.7	3.3
25-29	10.5	14.1	7.6	4.3	6.8
30-34	14.8	18.4	18.1	8.1	11.3
35-39	12.2	14.3	17.3	8.0	9.5
40-44	11.8	13.0	16.8	9.2	9.1
45-49	13.9	14.2	16.1	13.4	12.0
50-54	11.8	9.5	11.2	16.1	14.5
55-59	7.6	4.4	5.8	13.4	12.0
60-64	4.1	1.6	2.1	8.7	7.2
65+	6.9	1.5	2.7	16.8	12.7

3-11 全国按受教育程度、性别分的就业人员就业身份构成
Employment Status of Employed Persons by Educational Attainment and Sex

单位：%

(%)

受教育程度	Educational Attainment	就业人员 Employed Persons	雇员 Employee	雇主 Employer	自营劳动者 Self-Employed	家庭帮工 Unpaid Familial Worker
总计	**Total**	**100.0**	**63.3**	**4.3**	**31.0**	**1.4**
未上过学	No Schooling	100.0	22.8	1.4	71.9	3.8
小学	Primary School	100.0	36.0	2.2	59.2	2.5
初中	Junior Secondary School	100.0	57.0	4.4	36.9	1.6
高中	Senior Secondary School	100.0	72.2	6.3	20.4	1.1
大学专科	College	100.0	86.9	5.2	7.4	0.5
大学本科	University	100.0	93.4	3.3	3.0	0.3
研究生	Graduate and Higher Level	100.0	96.6	2.2	1.1	0.1
男	**Male**	**100.0**	**64.5**	**5.2**	**29.5**	**0.8**
未上过学	No Schooling	100.0	27.7	1.8	67.7	2.8
小学	Primary School	100.0	39.8	2.7	55.9	1.6
初中	Junior Secondary School	100.0	58.1	5.1	35.9	0.9
高中	Senior Secondary School	100.0	71.1	7.0	21.3	0.7
大学专科	College	100.0	84.9	6.4	8.3	0.4
大学本科	University	100.0	91.9	4.5	3.4	0.2
研究生	Graduate and Higher Level	100.0	95.6	3.1	1.2	0.1
女	**Female**	**100.0**	**61.6**	**3.1**	**33.1**	**2.3**
未上过学	No Schooling	100.0	20.9	1.2	73.6	4.3
小学	Primary School	100.0	32.5	1.8	62.4	3.3
初中	Junior Secondary School	100.0	55.3	3.5	38.5	2.8
高中	Senior Secondary School	100.0	74.1	5.1	18.9	1.9
大学专科	College	100.0	89.4	3.6	6.3	0.7
大学本科	University	100.0	95.2	2.1	2.4	0.3
研究生	Graduate and Higher Level	100.0	97.7	1.2	1.0	0.1

3-12 全国按就业身份、性别分的就业人员受教育程度构成
Educational Attainment of Employed Persons by Employment Status and Sex

单位：% (%)

受教育程度	Educational Attainment	就业人员 Employed Persons	雇员 Employee	雇主 Employer	自营劳动者 Self-Employed	家庭帮工 Unpaid Familial Worker
总计	**Total**	**100.0**	**100.0**	**100.0**	**100.0**	**100.0**
未上过学	No Schooling	2.3	0.8	0.8	5.4	6.2
小学	Primary School	15.8	9.0	8.3	30.3	27.3
初中	Junior Secondary School	41.0	36.9	42.4	48.8	46.5
高中	Senior Secondary School	17.8	20.3	26.0	11.7	13.9
大学专科	College	11.5	15.8	13.9	2.8	4.2
大学本科	University	10.3	15.2	8.0	1.0	1.9
研究生	Graduate and Higher Level	1.3	1.9	0.7	0.0	0.1
男	**Male**	**100.0**	**100.0**	**100.0**	**100.0**	**100.0**
未上过学	No Schooling	1.2	0.5	0.4	2.7	3.9
小学	Primary School	13.6	8.4	7.2	25.9	26.6
初中	Junior Secondary School	43.4	39.0	42.8	52.9	45.9
高中	Senior Secondary School	19.7	21.7	26.5	14.2	15.9
大学专科	College	11.5	15.1	14.2	3.2	5.2
大学本科	University	9.5	13.5	8.2	1.1	2.6
研究生	Graduate and Higher Level	1.2	1.8	0.7	0.1	0.1
女	**Female**	**100.0**	**100.0**	**100.0**	**100.0**	**100.0**
未上过学	No Schooling	3.9	1.3	1.6	8.7	7.4
小学	Primary School	18.7	9.9	10.7	35.4	27.7
初中	Junior Secondary School	37.8	33.9	41.6	44.0	46.8
高中	Senior Secondary School	15.4	18.5	25.1	8.8	12.9
大学专科	College	11.6	16.8	13.1	2.2	3.7
大学本科	University	11.2	17.4	7.4	0.8	1.5
研究生	Graduate and Higher Level	1.4	2.2	0.5	0.0	0.1

3-13 城镇按年龄、性别分的就业人员就业身份构成
Employment Status of Urban Employed Persons by Age and Sex

单位：% (%)

年 龄 Age	城 镇 就业人员 Urban Employed Persons	雇 员 Employee	雇 主 Employer	自营劳动者 Self- Employed	家庭帮工 Unpaid Familial Worker
总计 Total	**100.0**	**75.3**	**5.4**	**18.1**	**1.1**
16-19	100.0	87.0	0.9	8.3	3.8
20-24	100.0	90.6	1.8	6.5	1.1
25-29	100.0	85.8	3.7	9.7	0.8
30-34	100.0	80.2	5.9	13.1	0.8
35-39	100.0	76.7	7.1	15.4	0.9
40-44	100.0	74.3	7.2	17.6	0.9
45-49	100.0	73.2	6.4	19.5	1.0
50-54	100.0	69.8	5.5	23.4	1.3
55-59	100.0	66.6	4.5	27.3	1.6
60-64	100.0	52.4	4.0	41.0	2.7
65+	100.0	34.8	2.7	58.7	3.8
男 Male	**100.0**	**74.4**	**6.5**	**18.5**	**0.6**
16-19	100.0	86.7	0.9	8.4	4.0
20-24	100.0	89.4	2.2	7.3	1.1
25-29	100.0	83.9	4.7	11.0	0.4
30-34	100.0	78.3	7.1	14.3	0.3
35-39	100.0	74.7	8.6	16.5	0.3
40-44	100.0	71.9	8.9	18.9	0.3
45-49	100.0	71.4	7.8	20.4	0.4
50-54	100.0	71.4	6.4	21.7	0.5
55-59	100.0	71.8	4.8	22.6	0.7
60-64	100.0	58.0	4.6	35.7	1.7
65+	100.0	39.4	3.1	54.6	2.9
女 Female	**100.0**	**76.5**	**4.0**	**17.6**	**1.9**
16-19	100.0	87.5	0.8	8.1	3.5
20-24	100.0	92.1	1.3	5.4	1.2
25-29	100.0	88.2	2.5	8.1	1.2
30-34	100.0	82.5	4.4	11.6	1.5
35-39	100.0	79.1	5.3	14.1	1.6
40-44	100.0	77.0	5.3	16.2	1.5
45-49	100.0	75.4	4.6	18.3	1.7
50-54	100.0	67.3	4.1	26.1	2.5
55-59	100.0	54.7	3.7	37.8	3.7
60-64	100.0	42.2	2.7	50.6	4.5
65+	100.0	27.4	2.0	65.3	5.3

3-14 城镇按就业身份、性别分的就业人员年龄构成
Age Composition of Urban Employed Persons by Employment Status and Sex

单位：% (%)

年龄 Age	城镇就业人员 Urban Employed Persons	雇员 Employee	雇主 Employer	自营劳动者 Self-Employed	家庭帮工 Unpaid Familial Worker
总计 Total	**100.0**	**100.0**	**100.0**	**100.0**	**100.0**
16-19	1.0	1.1	0.2	0.4	3.3
20-24	6.2	7.4	2.1	2.2	6.1
25-29	12.2	13.8	8.3	6.5	8.5
30-34	17.2	18.3	18.6	12.4	12.7
35-39	13.8	14.0	17.9	11.7	10.4
40-44	12.5	12.3	16.6	12.2	9.4
45-49	13.7	13.3	16.0	14.7	11.7
50-54	11.1	10.3	11.3	14.4	12.3
55-59	7.1	6.3	5.9	10.8	10.4
60-64	2.5	1.8	1.9	5.8	6.0
65+	2.8	1.3	1.4	9.0	9.3
男 Male	**100.0**	**100.0**	**100.0**	**100.0**	**100.0**
16-19	1.0	1.2	0.1	0.5	7.0
20-24	6.0	7.2	2.1	2.4	11.1
25-29	11.8	13.3	8.6	7.0	8.9
30-34	16.6	17.5	18.2	12.9	8.7
35-39	13.2	13.2	17.4	11.8	6.1
40-44	11.8	11.4	16.2	12.0	6.2
45-49	13.1	12.5	15.8	14.4	8.3
50-54	12.0	11.5	11.8	14.0	9.8
55-59	8.7	8.4	6.4	10.6	10.8
60-64	2.9	2.2	2.1	5.6	8.3
65+	3.0	1.6	1.4	8.8	14.8
女 Female	**100.0**	**100.0**	**100.0**	**100.0**	**100.0**
16-19	0.9	1.1	0.2	0.4	1.8
20-24	6.4	7.7	2.0	1.9	4.0
25-29	12.6	14.5	7.8	5.8	8.4
30-34	17.9	19.4	19.5	11.8	14.4
35-39	14.6	15.1	19.0	11.6	12.1
40-44	13.4	13.5	17.6	12.3	10.7
45-49	14.5	14.3	16.4	15.0	13.1
50-54	10.0	8.8	10.2	14.8	13.4
55-59	5.1	3.7	4.7	11.0	10.2
60-64	2.1	1.2	1.4	6.0	5.0
65+	2.5	0.9	1.3	9.3	7.1

3-15 城镇按受教育程度、性别分的就业人员就业身份构成
Employment Status of Urban Employed Persons by Educational Attainment and Sex

单位：% (%)

受教育程度	Educational Attainment	城镇就业人员 Urban Employed Persons	雇员 Employee	雇主 Employer	自营劳动者 Self-Employed	家庭帮工 Unpaid Familial Worker
总　计	**Total**	**100.0**	**75.3**	**5.4**	**18.1**	**1.1**
未上过学	No Schooling	100.0	43.6	2.1	49.8	4.5
小　学	Primary School	100.0	54.7	3.6	39.1	2.6
初　中	Junior Secondary School	100.0	65.8	5.9	26.7	1.6
高　中	Senior Secondary School	100.0	75.3	7.1	16.6	1.0
大学专科	College	100.0	87.2	5.5	6.8	0.5
大学本科	University	100.0	93.6	3.5	2.7	0.2
研究生	Graduate and Higher Level	100.0	96.6	2.3	1.0	0.1
男	**Male**	**100.0**	**74.4**	**6.5**	**18.5**	**0.6**
未上过学	No Schooling	100.0	48.2	2.7	46.2	3.0
小　学	Primary School	100.0	56.4	4.3	37.9	1.4
初　中	Junior Secondary School	100.0	65.5	6.8	27.0	0.7
高　中	Senior Secondary School	100.0	74.3	7.9	17.2	0.6
大学专科	College	100.0	85.2	6.8	7.6	0.3
大学本科	University	100.0	92.0	4.6	3.2	0.2
研究生	Graduate and Higher Level	100.0	95.6	3.2	1.2	0.0
女	**Female**	**100.0**	**76.5**	**4.0**	**17.6**	**1.9**
未上过学	No Schooling	100.0	41.4	1.9	51.6	5.2
小　学	Primary School	100.0	53.1	2.9	40.3	3.8
初　中	Junior Secondary School	100.0	66.3	4.7	26.2	2.9
高　中	Senior Secondary School	100.0	77.0	5.8	15.5	1.8
大学专科	College	100.0	89.7	3.8	5.8	0.7
大学本科	University	100.0	95.4	2.1	2.2	0.3
研究生	Graduate and Higher Level	100.0	97.9	1.2	0.8	0.1

3-16 城镇按就业身份、性别分的就业人员受教育程度构成
Educational Attainment of Urban Employed Persons by Employment Status and Sex

单位：% (%)

受教育程度	Educational Attainment	城镇就业人员 Urban Employed Persons	雇员 Employee	雇主 Employer	自营劳动者 Self-Employed	家庭帮工 Unpaid Familial Worker
总 计	**Total**	**100.0**	**100.0**	**100.0**	**100.0**	**100.0**
未上过学	No Schooling	0.9	0.5	0.4	2.5	3.6
小 学	Primary School	7.9	5.7	5.2	17.1	18.1
初 中	Junior Secondary School	34.9	30.5	38.1	51.3	47.9
高 中	Senior Secondary School	22.3	22.3	29.0	20.4	20.4
大学专科	College	16.6	19.2	16.7	6.3	7.0
大学本科	University	15.4	19.1	9.8	2.3	3.0
研究生	Graduate and Higher Level	2.0	2.6	0.8	0.1	0.1
男	**Male**	**100.0**	**100.0**	**100.0**	**100.0**	**100.0**
未上过学	No Schooling	0.5	0.3	0.2	1.3	2.6
小 学	Primary School	6.8	5.2	4.6	14.0	16.6
初 中	Junior Secondary School	36.4	32.0	38.0	53.1	43.2
高 中	Senior Secondary School	23.9	23.9	29.1	22.3	23.9
大学专科	College	16.3	18.7	17.1	6.7	9.1
大学本科	University	14.2	17.5	10.1	2.4	4.5
研究生	Graduate and Higher Level	1.9	2.4	0.9	0.1	0.1
女	**Female**	**100.0**	**100.0**	**100.0**	**100.0**	**100.0**
未上过学	No Schooling	1.4	0.8	0.7	4.2	4.0
小 学	Primary School	9.3	6.5	6.6	21.4	18.7
初 中	Junior Secondary School	32.9	28.5	38.2	48.8	49.9
高 中	Senior Secondary School	20.2	20.3	28.9	17.7	18.9
大学专科	College	17.0	19.9	15.9	5.6	6.1
大学本科	University	17.0	21.2	9.1	2.1	2.3
研究生	Graduate and Higher Level	2.2	2.8	0.7	0.1	0.1

3-17 城镇按年龄、性别分的就业人员行业构成
Urban Employed Persons by Age, Sex and Sector

单位：% (%)

年 龄 Age	城 镇 就业人员 Urban Employed Persons	农、林、牧、渔业 Agriculture, Forestry, Animal Husbandry and Fishery	采矿业 Mining	制造业 Manu-facturing	电力、热力、燃气及水生产和供应业 Production and Supply of Electricity Power, Heat Power, Gas and Water	建筑业 Construction	批发和零售业 Wholesale and Retail Trades
总计 Total	**100.0**	**7.2**	**0.9**	**20.6**	**1.3**	**8.9**	**16.0**
16–19	100.0	5.8	0.1	26.9	0.3	3.8	15.0
20–24	100.0	2.0	0.2	20.9	0.9	5.6	15.2
25–29	100.0	2.1	0.6	19.6	1.1	7.1	15.8
30–34	100.0	2.7	0.9	22.4	1.2	8.1	17.4
35–39	100.0	3.3	1.0	22.9	1.3	8.1	18.0
40–44	100.0	4.4	1.1	21.9	1.4	9.0	17.8
45–49	100.0	6.4	1.4	21.4	1.7	10.3	16.3
50–54	100.0	10.1	1.3	19.5	1.7	11.9	14.4
55–59	100.0	15.5	1.0	16.3	1.6	12.3	12.3
60–64	100.0	30.5	0.5	13.8	0.6	10.3	11.6
65+	100.0	52.3	0.1	9.7	0.3	5.2	9.4
男 Male	**100.0**	**6.4**	**1.4**	**21.4**	**1.7**	**13.3**	**12.8**
16–19	100.0	5.7	0.2	29.7	0.4	5.7	12.2
20–24	100.0	2.1	0.3	25.4	1.1	8.4	13.1
25–29	100.0	2.0	0.8	22.3	1.5	10.7	13.6
30–34	100.0	2.4	1.3	24.3	1.7	12.3	13.8
35–39	100.0	3.1	1.5	23.7	1.6	12.3	14.0
40–44	100.0	4.1	1.7	21.7	1.8	13.7	13.6
45–49	100.0	5.7	2.0	20.8	2.1	15.7	12.5
50–54	100.0	7.8	2.0	19.5	2.4	17.0	11.6
55–59	100.0	10.9	1.3	16.6	2.1	16.1	10.5
60–64	100.0	23.9	0.6	15.2	0.9	15.0	10.9
65+	100.0	46.6	0.2	10.0	0.4	8.1	9.4
女 Female	**100.0**	**8.3**	**0.4**	**19.4**	**0.8**	**3.0**	**20.2**
16–19	100.0	5.9		22.7	0.1	1.2	19.1
20–24	100.0	1.9	0.1	15.3	0.5	2.1	17.8
25–29	100.0	2.2	0.2	16.2	0.7	2.7	18.5
30–34	100.0	3.0	0.3	20.0	0.7	2.8	21.9
35–39	100.0	3.6	0.4	21.9	0.9	2.9	22.8
40–44	100.0	4.8	0.5	22.2	0.9	3.4	22.7
45–49	100.0	7.2	0.6	22.1	1.2	3.8	21.0
50–54	100.0	13.9	0.3	19.4	0.6	3.8	18.9
55–59	100.0	26.0	0.2	15.9	0.3	3.5	16.5
60–64	100.0	42.7	0.1	11.2	0.2	1.7	12.9
65+	100.0	61.3	0.0	9.1	0.1	0.6	9.6

3-17 续表 1 continued

单位：% (%)

年 龄 Age	交通运输、仓储和邮政业 Transport, Storage and Post	住宿和餐饮业 Hotels and Catering Services	信息传输、软件和信息技术服务业 Information Transmission, Software and Information Technical Services	金融业 Financial Intermediation	房地产业 Real Estate	租赁和商务服务业 Leasing and Business Services	科学研究和技术服务业 Scientific Research and Technical Services
总计 Total	**5.9**	**5.7**	**2.4**	**2.1**	**2.4**	**3.1**	**1.6**
16–19	2.8	17.5	2.3	0.3	1.4	2.3	0.5
20–24	4.8	7.3	5.1	2.2	2.4	4.6	2.3
25–29	5.4	5.6	4.9	3.1	2.7	4.3	2.4
30–34	5.9	5.4	3.5	2.9	2.5	3.7	2.1
35–39	6.4	5.5	2.7	2.5	2.3	3.2	1.9
40–44	6.9	5.9	1.7	1.8	1.9	2.9	1.4
45–49	6.9	6.1	1.1	1.7	1.9	2.4	1.0
50–54	6.2	5.7	0.7	1.7	2.2	2.3	0.9
55–59	5.4	5.0	0.5	1.4	2.9	2.4	0.9
60–64	2.7	4.6	0.2	0.4	4.0	2.1	0.4
65+	1.2	2.5	0.1	0.2	2.6	1.1	0.2
男 Male	**8.5**	**4.8**	**2.6**	**1.7**	**2.4**	**3.1**	**1.8**
16–19	3.3	18.6	2.3	0.2	1.5	2.4	0.5
20–24	6.4	8.1	5.5	1.8	2.6	4.1	2.5
25–29	7.5	5.9	5.4	2.6	2.8	3.9	2.6
30–34	8.4	5.1	3.9	2.4	2.4	3.5	2.4
35–39	9.4	4.7	3.2	2.0	2.2	3.2	2.1
40–44	10.5	4.7	2.0	1.3	1.8	3.0	1.7
45–49	10.5	4.1	1.3	1.3	1.8	2.6	1.2
50–54	9.0	3.6	0.8	1.5	2.2	2.7	1.0
55–59	7.4	3.0	0.7	1.5	3.1	2.8	1.1
60–64	3.8	3.2	0.2	0.4	4.6	2.5	0.6
65+	1.9	2.0	0.2	0.2	3.1	1.4	0.3
女 Female	**2.4**	**7.0**	**2.0**	**2.6**	**2.4**	**3.1**	**1.3**
16–19	1.9	15.8	2.4	0.4	1.2	2.2	0.4
20–24	2.8	6.3	4.6	2.6	2.2	5.2	2.0
25–29	2.7	5.3	4.2	3.7	2.7	4.8	2.1
30–34	2.7	5.7	2.9	3.4	2.8	3.9	1.7
35–39	2.6	6.5	2.2	3.1	2.5	3.2	1.6
40–44	2.5	7.3	1.3	2.3	2.1	2.7	1.1
45–49	2.6	8.5	0.8	2.2	2.1	2.2	0.8
50–54	1.7	9.2	0.4	2.0	2.1	1.7	0.7
55–59	1.0	9.5	0.1	1.0	2.4	1.4	0.5
60–64	0.7	7.2	0.1	0.4	2.7	1.2	0.1
65+	0.2	3.3	0.1	0.2	1.6	0.6	0.1

3-17 续表 2 continued

单位：% (%)

年 龄 Age	水利、环境和公共设施管理业 Management of Water Conservancy, Environment and Public Facilities	居民服务、修理和其他服务业 Services to Households, Repair and Other Services	教 育 Education	卫生和社会工作 Health and Society	文化、体育和娱乐业 Culture, Sports and Entertainment	公共管理、社会保障和社会组织 Public Management Social Security and Social Organizations
总计 Total	**0.9**	**5.2**	**5.8**	**3.1**	**1.2**	**5.8**
16–19	0.2	10.4	5.7	1.0	2.8	1.1
20–24	0.4	5.6	8.7	4.7	2.6	4.4
25–29	0.5	4.8	7.5	4.6	1.8	6.1
30–34	0.6	4.8	5.5	3.6	1.3	5.6
35–39	0.7	4.8	5.7	3.1	1.1	5.7
40–44	0.8	4.7	6.6	2.9	1.0	6.1
45–49	1.1	5.3	5.3	2.5	0.8	6.3
50–54	1.3	5.5	5.2	2.3	0.7	6.4
55–59	1.8	5.9	4.6	2.2	0.8	7.3
60–64	2.7	7.3	2.1	2.0	0.7	3.4
65+	2.7	5.9	1.0	1.8	0.6	2.9
男 Male	**1.1**	**4.6**	**3.3**	**1.8**	**1.1**	**6.4**
16–19	0.2	10.9	1.5	0.4	3.0	1.3
20–24	0.4	5.9	3.3	1.9	2.6	4.5
25–29	0.6	5.0	3.2	1.9	1.7	6.1
30–34	0.7	4.5	2.4	1.7	1.2	5.6
35–39	0.8	4.2	3.0	1.8	1.0	6.0
40–44	0.9	4.0	4.1	1.9	0.9	6.7
45–49	1.1	3.9	3.7	1.7	0.7	7.2
50–54	1.4	4.0	3.9	1.6	0.7	7.5
55–59	1.8	4.5	4.7	2.0	0.8	9.2
60–64	2.7	6.7	2.2	1.8	0.7	4.1
65+	3.0	5.9	1.1	1.9	0.6	3.4
女 Female	**0.8**	**6.1**	**9.1**	**5.0**	**1.3**	**5.0**
16–19	0.1	9.6	11.7	2.0	2.5	0.7
20–24	0.3	5.3	15.5	8.3	2.7	4.3
25–29	0.4	4.7	13.0	8.1	1.9	6.0
30–34	0.5	5.2	9.4	5.9	1.4	5.5
35–39	0.6	5.4	9.0	4.6	1.2	5.2
40–44	0.7	5.6	9.5	4.1	1.0	5.3
45–49	1.0	7.0	7.2	3.5	1.0	5.3
50–54	1.2	7.8	7.3	3.5	0.9	4.5
55–59	1.6	9.0	4.5	2.8	0.8	3.0
60–64	2.7	8.4	2.0	2.4	0.8	2.2
65+	2.4	6.0	0.7	1.7	0.5	2.0

3-18 城镇按行业、性别分的就业人员年龄构成
Age Composition of Urban Employed Persons by Sector and Sex

单位：% (%)

年 龄 Age	城镇就业人员 Urban Employed Persons	农、林、牧、渔业 Agriculture, Forestry, Animal Husbandry and Fishery	采矿业 Mining	制造业 Manu-facturing	电力、热力、燃气及水生产和供应业 Production and Supply of Electricity Power, Heat Power, Gas and Water	建筑业 Construction	批发和零售业 Wholesale and Retail Trades
总计 Total	**100.0**	**100.0**	**100.0**	**100.0**	**100.0**	**100.0**	**100.0**
16-19	1.0	0.8	0.1	1.3	0.2	0.4	0.9
20-24	6.2	1.7	1.6	6.3	4.1	3.9	5.9
25-29	12.2	3.5	7.2	11.6	10.4	9.7	12.0
30-34	17.2	6.4	16.4	18.7	16.2	15.6	18.7
35-39	13.8	6.3	14.8	15.3	13.4	12.5	15.6
40-44	12.5	7.6	14.9	13.3	13.1	12.6	13.9
45-49	13.7	12.0	20.2	14.2	17.9	15.8	14.0
50-54	11.1	15.5	15.8	10.5	14.4	14.9	10.0
55-59	7.1	15.3	7.4	5.7	8.5	9.8	5.5
60-64	2.5	10.7	1.2	1.7	1.3	3.0	1.9
65+	2.8	20.1	0.4	1.3	0.6	1.6	1.6
男 Male	**100.0**	**100.0**	**100.0**	**100.0**	**100.0**	**100.0**	**100.0**
16-19	1.0	0.9	0.1	1.4	0.2	0.4	1.0
20-24	6.0	2.0	1.5	7.1	4.0	3.8	6.2
25-29	11.8	3.6	7.0	12.3	10.1	9.5	12.6
30-34	16.6	6.3	16.2	18.9	15.9	15.4	17.9
35-39	13.2	6.4	14.5	14.6	12.4	12.3	14.5
40-44	11.8	7.5	14.3	11.9	12.1	12.2	12.6
45-49	13.1	11.7	19.3	12.7	16.2	15.4	12.7
50-54	12.0	14.5	17.1	10.9	16.4	15.3	10.8
55-59	8.7	14.8	8.2	6.7	10.6	10.5	7.1
60-64	2.9	10.8	1.3	2.0	1.5	3.3	2.5
65+	3.0	21.7	0.4	1.4	0.7	1.8	2.2
女 Female	**100.0**	**100.0**	**100.0**	**100.0**	**100.0**	**100.0**	**100.0**
16-19	0.9	0.7		1.1	0.2	0.4	0.9
20-24	6.4	1.5	1.6	5.0	4.4	4.4	5.6
25-29	12.6	3.3	7.9	10.5	11.3	11.1	11.5
30-34	17.9	6.5	17.5	18.5	17.2	16.8	19.4
35-39	14.6	6.2	16.4	16.4	16.5	13.8	16.4
40-44	13.4	7.7	18.2	15.3	16.4	15.2	15.0
45-49	14.5	12.4	24.9	16.5	22.9	18.2	15.0
50-54	10.0	16.6	9.1	10.0	8.3	12.6	9.4
55-59	5.1	15.9	3.1	4.2	2.2	5.8	4.2
60-64	2.1	10.7	0.9	1.2	0.5	1.2	1.3
65+	2.5	18.5	0.3	1.2	0.2	0.5	1.2

3-18 续表 1 continued

单位：% (%)

年 龄 Age	交通运输、仓储和邮政业 Transport, Storage and Post	住宿和餐饮业 Hotels and Catering Services	信息传输、软件和信息技术服务业 Information Transmission, Software and Information Technical Services	金融业 Financial Intermediation	房地产业 Real Estate	租赁和商务服务业 Leasing and Business Services	科学研究和技术服务业 Scientific Research and Technical Services
总计 Total	**100.0**	**100.0**	**100.0**	**100.0**	**100.0**	**100.0**	**100.0**
16-19	0.5	3.0	1.0	0.1	0.6	0.7	0.3
20-24	5.1	7.9	13.2	6.4	6.3	9.1	9.0
25-29	11.1	11.9	24.9	17.8	14.0	16.9	18.9
30-34	17.3	16.1	25.0	23.3	18.4	20.4	23.1
35-39	15.0	13.3	15.8	16.3	13.3	14.2	16.6
40-44	14.7	12.8	8.9	10.6	10.1	11.5	11.2
45-49	16.2	14.5	6.2	11.0	11.2	10.6	9.1
50-54	11.8	11.1	3.1	9.1	10.2	8.3	6.4
55-59	6.6	6.2	1.5	4.6	8.7	5.5	4.2
60-64	1.2	2.1	0.2	0.5	4.3	1.7	0.7
65+	0.6	1.2	0.2	0.3	3.0	1.0	0.4
男 Male	**100.0**	**100.0**	**100.0**	**100.0**	**100.0**	**100.0**	**100.0**
16-19	0.4	4.0	0.9	0.1	0.6	0.8	0.3
20-24	4.6	10.3	12.7	6.3	6.6	7.8	8.5
25-29	10.5	14.6	24.3	17.7	13.9	14.9	17.8
30-34	16.6	17.7	24.6	22.8	16.5	18.8	22.5
35-39	14.7	13.1	15.9	15.2	12.0	13.6	16.0
40-44	14.7	11.5	9.1	8.9	8.7	11.3	11.4
45-49	16.3	11.2	6.3	9.8	9.9	10.8	9.3
50-54	12.8	8.9	3.7	10.5	11.1	10.4	7.1
55-59	7.5	5.5	2.2	7.6	11.2	7.8	5.6
60-64	1.3	2.0	0.2	0.7	5.6	2.3	0.9
65+	0.7	1.3	0.2	0.4	3.9	1.4	0.6
女 Female	**100.0**	**100.0**	**100.0**	**100.0**	**100.0**	**100.0**	**100.0**
16-19	0.8	2.1	1.1	0.1	0.5	0.7	0.3
20-24	7.5	5.7	14.2	6.4	5.9	10.8	10.0
25-29	14.2	9.5	26.1	17.9	14.1	19.7	20.8
30-34	20.6	14.6	25.8	23.8	21.0	22.7	24.2
35-39	16.2	13.4	15.6	17.3	15.1	15.1	17.6
40-44	14.5	13.9	8.7	12.0	12.1	11.7	10.9
45-49	16.0	17.4	6.0	12.2	12.8	10.2	8.8
50-54	7.2	13.1	2.0	7.9	9.0	5.4	5.1
55-59	2.2	6.9	0.4	2.0	5.3	2.3	1.8
60-64	0.6	2.1	0.1	0.4	2.4	0.8	0.2
65+	0.2	1.2	0.1	0.2	1.7	0.5	0.2

3-18 续表 2 continued

单位：% (%)

年 龄 Age	水利、环境和公共设施管理业 Management of Water Conservancy, Environment and Public Facilities	居民服务、修理和其他服务业 Services to Households, Repair and Other Services	教 育 Education	卫生和社会工作 Health and Society	文化、体育和娱乐业 Culture, Sports and Entertainment	公共管理、社会保障和社会组织 Public Management Social Security and Social Organizations
总计 Total	**100.0**	**100.0**	**100.0**	**100.0**	**100.0**	**100.0**
16-19	0.2	2.0	1.0	0.3	2.3	0.2
20-24	2.3	6.7	9.3	9.3	13.7	4.7
25-29	6.9	11.3	15.8	18.0	18.3	12.7
30-34	11.2	15.8	16.4	19.7	18.5	16.5
35-39	10.0	12.6	13.6	13.5	12.9	13.5
40-44	10.3	11.4	14.2	11.6	10.0	13.2
45-49	15.3	13.9	12.5	11.1	9.4	15.0
50-54	15.2	11.6	10.0	8.1	7.0	12.2
55-59	13.2	8.0	5.7	5.0	4.9	9.1
60-64	7.3	3.6	0.9	1.6	1.6	1.5
65+	8.0	3.2	0.5	1.6	1.3	1.4
男 Male	**100.0**	**100.0**	**100.0**	**100.0**	**100.0**	**100.0**
16-19	0.2	2.4	0.5	0.2	2.8	0.2
20-24	2.2	7.8	5.9	6.3	14.2	4.3
25-29	7.0	12.9	11.3	12.8	18.4	11.3
30-34	11.3	16.2	11.9	15.9	18.1	14.6
35-39	9.8	12.3	12.0	13.2	12.1	12.5
40-44	9.8	10.3	14.7	12.7	9.4	12.5
45-49	13.9	11.2	14.7	12.7	8.2	14.7
50-54	15.5	10.4	13.9	10.5	7.3	14.0
55-59	14.7	8.5	12.3	9.5	6.2	12.5
60-64	7.4	4.2	1.9	2.9	1.8	1.8
65+	8.3	3.8	1.0	3.2	1.7	1.6
女 Female	**100.0**	**100.0**	**100.0**	**100.0**	**100.0**	**100.0**
16-19	0.2	1.5	1.2	0.4	1.8	0.1
20-24	2.6	5.6	10.9	10.7	13.2	5.5
25-29	6.8	9.7	18.1	20.6	18.2	15.3
30-34	11.2	15.3	18.6	21.6	19.0	19.9
35-39	10.3	13.0	14.5	13.6	13.9	15.2
40-44	11.2	12.4	14.0	11.1	10.8	14.4
45-49	17.8	16.6	11.4	10.4	10.8	15.5
50-54	14.7	12.9	8.1	7.0	6.7	9.1
55-59	10.6	7.6	2.5	2.8	3.3	3.1
60-64	7.2	2.9	0.5	1.0	1.3	0.9
65+	7.5	2.5	0.2	0.8	0.9	1.0

3-19 城镇按受教育程度、性别分的就业人员行业构成
Urban Employed Persons by Sex, Educational Attainment and Sector

单位：% (%)

受教育程度	Educational Attainment	城镇就业人员 Urban Employed Persons	农、林、牧、渔业 Agriculture, Forestry, Animal Husbandry and Fishery	采矿业 Mining	制造业 Manu-facturing	电力、热力、燃气及水生产和供应业 Production and Supply of Electricity Power, Heat Power, Gas and Water	建筑业 Construction	批发和零售业 Wholesale and Retail Trades
总 计	**Total**	**100.0**	**7.2**	**0.9**	**20.6**	**1.3**	**8.9**	**16.0**
未上过学	No Schooling	100.0	43.7	0.3	14.8	0.2	8.7	9.4
小 学	Primary School	100.0	26.7	0.5	20.7	0.4	14.0	12.3
初 中	Junior Secondary School	100.0	10.5	0.8	25.7	0.7	12.6	17.6
高 中	Senior Secondary School	100.0	3.7	1.2	22.8	1.5	7.5	21.4
大学专科	College	100.0	1.0	1.1	17.0	2.1	5.8	15.9
大学本科	University	100.0	0.4	0.9	11.0	2.1	4.3	8.1
研究生	Graduate and Higher Level	100.0	0.3	0.7	10.2	1.8	1.8	3.6
男	**Male**	**100.0**	**6.4**	**1.4**	**21.4**	**1.7**	**13.3**	**12.8**
未上过学	No Schooling	100.0	38.1	0.8	11.9	0.3	18.0	8.4
小 学	Primary School	100.0	23.3	0.9	17.8	0.6	23.1	10.3
初 中	Junior Secondary School	100.0	9.5	1.3	24.2	1.0	18.9	13.0
高 中	Senior Secondary School	100.0	3.8	1.7	24.7	1.9	10.7	16.0
大学专科	College	100.0	1.2	1.6	20.1	2.6	7.8	13.9
大学本科	University	100.0	0.5	1.2	13.5	2.8	5.9	8.1
研究生	Graduate and Higher Level	100.0	0.3	0.9	12.9	2.2	2.5	3.7
女	**Female**	**100.0**	**8.3**	**0.4**	**19.4**	**0.8**	**3.0**	**20.2**
未上过学	No Schooling	100.0	46.4	0.1	16.2	0.2	4.2	9.8
小 学	Primary School	100.0	30.1	0.1	23.5	0.2	4.9	14.2
初 中	Junior Secondary School	100.0	12.0	0.2	28.0	0.3	3.2	24.5
高 中	Senior Secondary School	100.0	3.6	0.5	19.6	0.7	2.3	30.1
大学专科	College	100.0	0.8	0.5	13.2	1.3	3.1	18.6
大学本科	University	100.0	0.3	0.5	8.2	1.4	2.6	8.1
研究生	Graduate and Higher Level	100.0	0.3	0.3	7.1	1.3	1.1	3.4

3-19 续表 1 continued

单位：% (%)

受教育程度	Educational Attainment	交通运输、仓储和邮政业 Transport, Storage and Post	住宿和餐饮业 Hotels and Catering Services	信息传输、软件和信息技术服务业 Information Transmission, Software and Information Technical Services	金融业 Financial Intermediation	房地产业 Real Estate	租赁和商务服务业 Leasing and Business Services	科学研究和技术服务业 Scientific Research and Technical Services
总 计	**Total**	**5.9**	**5.7**	**2.4**	**2.1**	**2.4**	**3.1**	**1.6**
未上过学	No Schooling	1.4	5.5	0.1	0.1	2.0	0.8	0.2
小 学	Primary School	3.9	6.9	0.2	0.2	1.7	1.1	0.2
初 中	Junior Secondary School	7.1	8.2	0.5	0.4	1.8	1.9	0.3
高 中	Senior Secondary School	7.3	6.9	1.6	1.4	2.9	3.1	0.9
大学专科	College	5.5	3.4	4.1	3.2	3.3	4.8	2.5
大学本科	University	3.1	1.3	6.4	6.1	2.4	4.9	4.1
研究生	Graduate and Higher Level	1.5	0.3	7.7	7.7	1.3	5.1	9.4
男	**Male**	**8.5**	**4.8**	**2.6**	**1.7**	**2.4**	**3.1**	**1.8**
未上过学	No Schooling	3.3	2.6	0.2	0.2	1.9	1.1	0.3
小 学	Primary School	6.8	4.0	0.2	0.1	1.7	1.5	0.2
初 中	Junior Secondary School	10.5	6.4	0.6	0.3	1.8	2.2	0.4
高 中	Senior Secondary School	10.1	6.1	1.6	1.0	2.9	3.2	1.0
大学专科	College	7.0	3.2	4.5	2.8	3.2	4.3	2.9
大学本科	University	3.9	1.2	7.7	5.7	2.5	4.7	4.8
研究生	Graduate and Higher Level	1.7	0.3	9.6	7.8	1.3	4.6	10.6
女	**Female**	**2.4**	**7.0**	**2.0**	**2.6**	**2.4**	**3.1**	**1.3**
未上过学	No Schooling	0.5	6.8	0.1	0.1	2.1	0.7	0.1
小 学	Primary School	1.2	9.8	0.1	0.2	1.7	0.8	0.1
初 中	Junior Secondary School	2.0	10.8	0.5	0.7	1.7	1.4	0.2
高 中	Senior Secondary School	2.8	8.1	1.5	2.0	3.0	2.9	0.7
大学专科	College	3.6	3.6	3.6	3.8	3.4	5.4	2.0
大学本科	University	2.3	1.3	4.8	6.6	2.3	5.2	3.2
研究生	Graduate and Higher Level	1.3	0.3	5.6	7.7	1.2	5.6	7.9

3-19 续表 2 continued

单位：% (%)

受教育程度	Educational Attainment	水利、环境和公共设施管理业 Management of Water Conservancy, Environment and Public Facilities	居民服务、修理和其他服务业 Services to Households, Repair and Other Services	教 育 Education	卫生和社会工作 Health and Society	文化、体育和娱乐业 Culture, Sports and Entertainment	公共管理、社会保障和社会组织 Public Management Social Security and Social Organizations
总 计	**Total**	**0.9**	**5.2**	**5.8**	**3.1**	**1.2**	**5.8**
未上过学	No Schooling	2.9	6.0	0.6	0.7	0.3	2.2
小 学	Primary School	1.7	6.3	0.9	0.6	0.5	1.3
初 中	Junior Secondary School	0.8	6.8	1.3	0.7	0.7	1.5
高 中	Senior Secondary School	0.8	6.5	2.9	2.3	1.2	4.3
大学专科	College	1.0	3.5	8.1	5.9	1.7	10.0
大学本科	University	0.9	1.4	17.9	7.7	2.0	14.9
研究生	Graduate and Higher Level	0.9	0.6	24.5	8.9	1.8	11.9
男	**Male**	**1.1**	**4.6**	**3.3**	**1.8**	**1.1**	**6.4**
未上过学	No Schooling	3.9	5.2	0.4	0.5	0.2	2.8
小 学	Primary School	1.7	5.1	0.5	0.4	0.4	1.4
初 中	Junior Secondary School	0.9	5.8	0.7	0.5	0.6	1.6
高 中	Senior Secondary School	0.9	5.7	1.4	1.3	1.1	4.8
大学专科	College	1.2	3.3	4.4	2.9	1.7	11.5
大学本科	University	1.1	1.4	11.5	4.6	1.9	17.0
研究生	Graduate and Higher Level	0.9	0.6	18.4	7.7	1.3	12.6
女	**Female**	**0.8**	**6.1**	**9.1**	**5.0**	**1.3**	**5.0**
未上过学	No Schooling	2.4	6.3	0.8	0.9	0.3	2.0
小 学	Primary School	1.7	7.6	1.2	0.8	0.6	1.1
初 中	Junior Secondary School	0.7	8.4	2.1	1.0	0.9	1.2
高 中	Senior Secondary School	0.6	7.8	5.3	3.7	1.3	3.4
大学专科	College	0.7	3.8	13.0	9.8	1.6	8.1
大学本科	University	0.7	1.5	25.0	11.1	2.0	12.7
研究生	Graduate and Higher Level	0.8	0.6	31.5	10.4	2.3	11.1

3-20 城镇按行业、性别分的就业人员受教育程度构成
Educational Attainment of Urban Employed Persons by Sector and Sex

单位：% (%)

受教育程度	Educational Attainment	城镇就业人员 Urban Employed Persons	农、林、牧、渔业 Agriculture, Forestry, Animal Husbandry and Fishery	采矿业 Mining	制造业 Manu-facturing	电力、热力、燃气及水生产和供应业 Production and Supply of Electricity Power, Heat Power, Gas and Water	建筑业 Construction	批发和零售业 Wholesale and Retail Trades
总 计	**Total**	**100.0**	**100.0**	**100.0**	**100.0**	**100.0**	**100.0**	**100.0**
未上过学	No Schooling	0.9	5.5	0.3	0.7	0.1	0.9	0.5
小 学	Primary School	7.9	29.2	4.1	8.0	2.4	12.4	6.1
初 中	Junior Secondary School	34.9	50.5	31.0	43.6	19.2	49.3	38.6
高 中	Senior Secondary School	22.3	11.5	28.9	24.7	24.9	18.7	30.0
大学专科	College	16.6	2.4	20.0	13.8	26.0	10.7	16.5
大学本科	University	15.4	0.9	14.3	8.3	24.6	7.5	7.8
研究生	Graduate and Higher Level	2.0	0.1	1.4	1.0	2.7	0.4	0.4
男	**Male**	**100.0**	**100.0**	**100.0**	**100.0**	**100.0**	**100.0**	**100.0**
未上过学	No Schooling	0.5	3.0	0.3	0.3	0.1	0.7	0.3
小 学	Primary School	6.8	24.8	4.3	5.7	2.4	11.9	5.5
初 中	Junior Secondary School	36.4	53.7	33.3	41.1	21.0	51.9	37.0
高 中	Senior Secondary School	23.9	14.2	29.3	27.6	26.6	19.3	29.9
大学专科	College	16.3	3.1	19.0	15.3	24.9	9.6	17.7
大学本科	University	14.2	1.1	12.5	8.9	22.7	6.3	9.0
研究生	Graduate and Higher Level	1.9	0.1	1.3	1.1	2.4	0.4	0.5
女	**Female**	**100.0**	**100.0**	**100.0**	**100.0**	**100.0**	**100.0**	**100.0**
未上过学	No Schooling	1.4	8.0	0.5	1.2	0.3	2.0	0.7
小 学	Primary School	9.3	33.7	3.2	11.3	2.5	15.2	6.6
初 中	Junior Secondary School	32.9	47.3	18.8	47.4	13.9	34.5	39.9
高 中	Senior Secondary School	20.2	8.7	26.4	20.4	19.6	15.4	30.1
大学专科	College	17.0	1.6	25.1	11.5	29.5	17.6	15.6
大学本科	University	17.0	0.7	23.9	7.2	30.5	14.5	6.8
研究生	Graduate and Higher Level	2.2	0.1	2.2	0.8	3.8	0.8	0.4

3-20 续表 1 continued

单位：% (%)

受教育程度	Educational Attainment	交通运输、仓储和邮政业 Transport, Storage and Post	住宿和餐饮业 Hotels and Catering Services	信息传输、软件和信息技术服务业 Information Transmission, Software and Information Technical Services	金融业 Financial Intermediation	房地产业 Real Estate	租赁和商务服务业 Leasing and Business Services	科学研究和技术服务业 Scientific Research and Technical Services
总　计	**Total**	**100.0**	**100.0**	**100.0**	**100.0**	**100.0**	**100.0**	**100.0**
未上过学	No Schooling	0.2	0.9	0.0	0.1	0.8	0.2	0.1
小　学	Primary School	5.3	9.5	0.5	0.6	5.6	2.9	0.8
初　中	Junior Secondary School	42.3	49.6	7.9	7.2	25.8	21.2	7.4
高　中	Senior Secondary School	27.8	26.8	14.9	14.4	27.7	22.3	12.9
大学专科	College	15.7	9.7	28.9	25.5	23.2	25.6	26.4
大学本科	University	8.2	3.4	41.2	44.9	15.8	24.5	40.3
研究生	Graduate and Higher Level	0.5	0.1	6.6	7.4	1.1	3.3	12.1
男	**Male**	**100.0**	**100.0**	**100.0**	**100.0**	**100.0**	**100.0**	**100.0**
未上过学	No Schooling	0.2	0.3	0.0	0.1	0.4	0.2	0.1
小　学	Primary School	5.5	5.7	0.6	0.4	4.9	3.3	0.7
初　中	Junior Secondary School	45.2	48.7	7.9	5.9	27.4	25.4	8.0
高　中	Senior Secondary School	28.6	30.7	14.9	13.2	29.0	24.7	14.0
大学专科	College	13.6	10.9	28.2	25.8	22.1	22.5	26.8
大学本科	University	6.6	3.6	41.6	46.4	15.1	21.1	39.1
研究生	Graduate and Higher Level	0.4	0.1	6.8	8.4	1.1	2.8	11.4
女	**Female**	**100.0**	**100.0**	**100.0**	**100.0**	**100.0**	**100.0**	**100.0**
未上过学	No Schooling	0.3	1.4	0.1	0.1	1.3	0.3	0.1
小　学	Primary School	4.6	13.0	0.5	0.8	6.6	2.4	0.9
初　中	Junior Secondary School	28.1	50.5	7.9	8.5	23.5	15.3	6.3
高　中	Senior Secondary School	23.7	23.1	14.8	15.5	26.0	19.0	10.8
大学专科	College	25.8	8.6	30.1	25.2	24.8	29.9	25.9
大学本科	University	16.3	3.2	40.5	43.5	16.8	29.1	42.5
研究生	Graduate and Higher Level	1.2	0.1	6.1	6.5	1.1	4.0	13.5

3-20 续表 2 continued

单位：% (%)

受教育程度	Educational Attainment	水利、环境和公共设施管理业 Management of Water Conservancy, Environment and Public Facilities	居民服务、修理和其他服务业 Services to Households, Repair and Other Services	教 育 Education	卫生和社会工作 Health and Society	文化、体育和娱乐业 Culture, Sports and Entertainment	公共管理、社会保障和社会组织 Public Management Social Security and Social Organizations
总 计	**Total**	**100.0**	**100.0**	**100.0**	**100.0**	**100.0**	**100.0**
未上过学	No Schooling	2.8	1.0	0.1	0.2	0.2	0.4
小 学	Primary School	14.2	9.6	1.2	1.6	3.5	1.7
初 中	Junior Secondary School	30.4	45.8	7.8	7.5	21.4	8.8
高 中	Senior Secondary School	18.7	27.9	11.3	16.1	23.1	16.4
大学专科	College	16.9	11.3	23.4	31.2	23.2	28.8
大学本科	University	15.1	4.2	47.6	37.7	25.5	39.8
研究生	Graduate and Higher Level	1.8	0.2	8.5	5.7	3.0	4.1
男	**Male**	**100.0**	**100.0**	**100.0**	**100.0**	**100.0**	**100.0**
未上过学	No Schooling	1.9	0.6	0.1	0.1	0.1	0.2
小 学	Primary School	10.9	7.6	1.1	1.7	2.6	1.5
初 中	Junior Secondary School	31.5	45.9	7.8	9.3	20.2	9.4
高 中	Senior Secondary School	20.9	29.7	10.4	17.7	25.1	18.0
大学专科	College	18.2	11.7	21.3	26.5	24.6	29.4
大学本科	University	15.0	4.3	49.0	36.6	25.2	37.7
研究生	Graduate and Higher Level	1.6	0.2	10.4	8.1	2.3	3.7
女	**Female**	**100.0**	**100.0**	**100.0**	**100.0**	**100.0**	**100.0**
未上过学	No Schooling	4.4	1.5	0.1	0.3	0.4	0.6
小 学	Primary School	20.2	11.6	1.3	1.6	4.6	2.0
初 中	Junior Secondary School	28.5	45.6	7.8	6.6	22.8	7.9
高 中	Senior Secondary School	14.8	26.1	11.8	15.3	21.0	13.7
大学专科	College	14.5	10.8	24.4	33.5	21.5	27.6
大学本科	University	15.4	4.2	47.0	38.2	25.8	43.3
研究生	Graduate and Higher Level	2.2	0.2	7.6	4.6	3.9	4.9

3-21 城镇按年龄、性别分的就业人员职业构成
Occupation of Urban Employed Persons by Age and Sex

单位：% (%)

年龄 Age	城镇就业人员 Urban Employed Persons	单位负责人 Unit Heads	专业技术人员 Technical Personnel	办事人员和有关人员 Clerk and Related Workers	商业、服务业人员 Business Service Personnel	农林牧渔水利业生产人员 Producers of Agriculture, Forestry, Animal Husbandry, Fishery and Water Conservancy	生产运输设备操作人员及有关人员 Production, Transport Equipment Operators and Related Workers	其他 Others
总计 Total	**100.0**	**2.6**	**13.9**	**16.0**	**39.1**	**7.0**	**21.2**	**0.1**
16-19	100.0	0.1	8.4	7.3	51.1	5.8	27.2	0.1
20-24	100.0	0.7	21.2	15.9	41.8	1.9	18.4	0.1
25-29	100.0	1.6	20.9	18.1	40.1	1.9	17.3	0.1
30-34	100.0	2.6	16.9	17.7	40.2	2.5	20.0	0.1
35-39	100.0	3.5	15.3	17.5	39.9	3.1	20.6	0.1
40-44	100.0	3.6	13.9	16.4	39.6	4.2	22.2	0.1
45-49	100.0	3.3	10.6	15.4	39.7	6.1	24.9	0.1
50-54	100.0	2.9	9.3	14.5	37.9	9.7	25.6	0.1
55-59	100.0	2.6	7.7	16.0	35.2	15.2	23.0	0.2
60-64	100.0	1.6	3.7	10.3	34.9	30.2	19.1	0.2
65+	100.0	0.9	2.6	6.5	26.3	52.2	11.4	0.2
男 Male	**100.0**	**3.4**	**10.6**	**16.4**	**37.4**	**6.1**	**25.9**	**0.1**
16-19	100.0	0.1	4.3	6.4	50.8	5.7	32.5	0.0
20-24	100.0	0.9	13.4	13.6	44.8	1.9	25.2	0.1
25-29	100.0	2.0	14.3	15.9	42.6	1.8	23.2	0.1
30-34	100.0	3.4	12.4	16.1	40.3	2.2	25.4	0.1
35-39	100.0	4.6	12.1	17.0	38.8	2.8	24.8	0.1
40-44	100.0	4.9	11.1	17.0	37.3	3.8	25.8	0.1
45-49	100.0	4.4	9.0	16.7	35.6	5.3	28.9	0.1
50-54	100.0	3.8	8.1	17.4	33.4	7.3	30.0	0.2
55-59	100.0	3.2	8.4	20.6	30.5	10.6	26.5	0.2
60-64	100.0	2.1	4.1	14.1	31.9	23.6	24.0	0.3
65+	100.0	1.2	3.1	9.3	26.2	46.5	13.5	0.2
女 Female	**100.0**	**1.6**	**18.3**	**15.6**	**41.3**	**8.2**	**15.0**	**0.1**
16-19	100.0	0.0	14.5	8.5	51.4	6.0	19.4	0.2
20-24	100.0	0.5	30.9	18.9	38.0	1.8	9.7	0.1
25-29	100.0	1.1	29.3	20.9	36.9	2.1	9.7	0.1
30-34	100.0	1.7	22.5	19.6	40.1	2.9	13.3	0.1
35-39	100.0	2.2	19.3	18.1	41.3	3.4	15.6	0.1
40-44	100.0	2.1	17.3	15.6	42.3	4.6	17.9	0.1
45-49	100.0	1.9	12.7	13.9	44.6	6.9	19.9	0.1
50-54	100.0	1.5	11.3	9.9	45.1	13.6	18.6	0.1
55-59	100.0	1.2	6.1	5.6	45.8	25.9	15.3	0.1
60-64	100.0	0.7	2.8	3.4	40.6	42.3	10.0	0.1
65+	100.0	0.3	1.7	1.9	26.5	61.3	8.2	0.1

3-22 城镇按职业、性别分的就业人员年龄构成
Age Composition of Urban Employed Persons by Occupation and Sex

单位：% (%)

年龄 Age	城镇就业人员 Urban Employed Persons	单位负责人 Unit Heads	专业技术人员 Technical Personnel	办事人员和有关人员 Clerk and Related Workers	商业、服务业人员 Business Service Personnel	农林牧渔水利业生产人员 Producers of Agriculture, Forestry, Animal Husbandry, Fishery and Water Conservancy	生产运输设备操作人员及有关人员 Production, Transport Equipment Operators and Related Workers	其他 Others
总计 Total	**100.0**	**100.0**	**100.0**	**100.0**	**100.0**	**100.0**	**100.0**	**100.0**
16-19	1.0	0.0	0.6	0.4	1.3	0.8	1.3	1.0
20-24	6.2	1.7	9.4	6.1	6.6	1.7	5.3	6.4
25-29	12.2	7.4	18.3	13.7	12.5	3.3	9.9	9.1
30-34	17.2	17.1	20.9	18.9	17.7	6.2	16.2	14.0
35-39	13.8	18.1	15.2	15.0	14.1	6.1	13.4	11.0
40-44	12.5	17.1	12.5	12.8	12.7	7.4	13.1	11.1
45-49	13.7	16.9	10.5	13.1	13.9	11.8	16.0	13.7
50-54	11.1	12.2	7.4	10.0	10.8	15.5	13.4	14.1
55-59	7.1	7.1	4.0	7.1	6.4	15.6	7.8	10.2
60-64	2.5	1.6	0.7	1.6	2.3	11.0	2.3	5.0
65+	2.8	0.9	0.5	1.1	1.9	20.7	1.5	4.4
男 Male	**100.0**	**100.0**	**100.0**	**100.0**	**100.0**	**100.0**	**100.0**	**100.0**
16-19	1.0	0.0	0.4	0.4	1.4	0.9	1.3	0.4
20-24	6.0	1.6	7.6	5.0	7.2	1.9	5.8	6.8
25-29	11.8	6.9	16.0	11.5	13.5	3.5	10.6	9.4
30-34	16.6	16.5	19.5	16.3	17.9	6.1	16.3	13.9
35-39	13.2	17.5	15.0	13.6	13.7	6.0	12.6	9.4
40-44	11.8	16.8	12.4	12.3	11.8	7.3	11.8	9.7
45-49	13.1	16.8	11.0	13.3	12.4	11.4	14.6	13.4
50-54	12.0	13.1	9.1	12.6	10.6	14.3	13.8	15.0
55-59	8.7	8.2	6.9	10.9	7.1	14.9	8.9	11.5
60-64	2.9	1.8	1.1	2.5	2.5	11.1	2.7	5.9
65+	3.0	1.0	0.9	1.7	2.1	22.6	1.6	4.6
女 Female	**100.0**	**100.0**	**100.0**	**100.0**	**100.0**	**100.0**	**100.0**	**100.0**
16-19	0.9	0.0	0.7	0.5	1.2	0.7	1.2	2.2
20-24	6.4	2.2	10.8	7.7	5.9	1.4	4.1	5.7
25-29	12.6	8.7	20.1	16.9	11.3	3.2	8.2	8.5
30-34	17.9	19.0	22.0	22.5	17.4	6.3	15.8	14.0
35-39	14.6	20.1	15.3	17.0	14.6	6.1	15.1	14.1
40-44	13.4	18.0	12.7	13.5	13.8	7.6	16.0	13.7
45-49	14.5	17.2	10.0	13.0	15.6	12.3	19.2	14.2
50-54	10.0	9.5	6.1	6.4	10.9	16.7	12.4	12.3
55-59	5.1	3.8	1.7	1.8	5.7	16.2	5.2	7.9
60-64	2.1	1.0	0.3	0.5	2.1	10.9	1.4	3.3
65+	2.5	0.5	0.2	0.3	1.6	18.8	1.4	4.1

3-23 城镇按受教育程度、性别分的就业人员职业构成
Occupation of Urban Employed Persons by Educational Attainment and Sex

单位：%　　(%)

受教育程度	Educational Attainment	城镇就业人员 Urban Employed Persons	单位负责人 Unit Heads	专业技术人员 Technical Personnel	办事人员和有关人员 Clerk and Related Workers	商业、服务业人员 Business Service Personnel	农林牧渔水利业生产人员 Producers in the Sectors of Agriculture, Forestry,Animal Husbandry, Fishery and Water Conservancy	生产运输设备操作人员及有关人员 Production, Transport Equipment Operators and Related Workers	其他 Others
总　计	**Total**	**100.0**	**2.6**	**13.9**	**16.0**	**39.1**	**7.0**	**21.2**	**0.1**
未上过学	No Schooling	100.0	0.2	0.6	2.3	31.9	43.5	21.3	0.2
小　学	Primary School	100.0	0.7	1.1	3.9	35.9	26.5	31.7	0.2
初　中	Junior Secondary School	100.0	1.8	2.6	7.0	45.1	10.2	33.1	0.1
高　中	Senior Secondary School	100.0	3.0	8.3	15.6	48.4	3.5	21.2	0.1
大学专科	College	100.0	3.7	23.1	27.4	34.9	0.7	10.1	0.1
大学本科	University	100.0	3.8	39.6	30.9	21.7	0.2	3.7	0.0
研究生	Graduate and Higher Level	100.0	3.9	55.1	25.0	14.3	0.1	1.6	0.1
男	**Male**	**100.0**	**3.4**	**10.6**	**16.4**	**37.4**	**6.1**	**25.9**	**0.1**
未上过学	No Schooling	100.0	0.4	1.1	4.0	28.6	37.8	27.9	0.3
小　学	Primary School	100.0	0.9	1.3	5.6	31.3	23.0	37.7	0.2
初　中	Junior Secondary School	100.0	2.2	2.5	7.8	40.6	9.2	37.6	0.2
高　中	Senior Secondary School	100.0	3.7	6.0	15.4	44.9	3.5	26.3	0.1
大学专科	College	100.0	5.0	16.4	27.0	36.3	0.9	14.4	0.1
大学本科	University	100.0	5.4	31.9	32.5	24.4	0.3	5.5	0.0
研究生	Graduate and Higher Level	100.0	5.6	51.5	25.4	15.4	0.1	1.9	0.0
女	**Female**	**100.0**	**1.6**	**18.3**	**15.6**	**41.3**	**8.2**	**15.0**	**0.1**
未上过学	No Schooling	100.0	0.2	0.4	1.5	33.4	46.2	18.2	0.1
小　学	Primary School	100.0	0.6	0.9	2.2	40.5	29.9	25.8	0.1
初　中	Junior Secondary School	100.0	1.2	2.8	5.9	51.9	11.8	26.3	0.1
高　中	Senior Secondary School	100.0	2.0	11.9	15.8	53.9	3.4	12.9	0.1
大学专科	College	100.0	2.1	31.9	27.9	33.0	0.5	4.5	0.1
大学本科	University	100.0	2.0	48.2	29.1	18.7	0.2	1.8	0.0
研究生	Graduate and Higher Level	100.0	1.9	59.3	24.5	13.0	0.1	1.2	0.1

3-24 城镇按职业、性别分的就业人员受教育程度构成
Educational Attainment of Urban Employed Persons by Occupation and Sex

单位：% (%)

受教育程度	Educational Attainment	城镇就业人员 Urban Employed Persons	单位负责人 Unit Heads	专业技术人员 Technical Personnel	办事人员和有关人员 Clerk and Related Workers	商业、服务业人员 Business Service Personnel	农林牧渔水利业生产人员 Producers in the Sectors of Agriculture, Forestry,Animal Husbandry, Fishery and Water Conservancy	生产运输设备操作人员及有关人员 Production, Transport Equipment Operators and Related Workers	其他 Others
总计	**Total**	**100.0**	**100.0**	**100.0**	**100.0**	**100.0**	**100.0**	**100.0**	**100.0**
未上过学	No Schooling	0.9	0.1	0.0	0.1	0.7	5.6	0.9	1.4
小学	Primary School	7.9	2.2	0.6	1.9	7.3	29.9	11.8	14.0
初中	Junior Secondary School	34.9	23.5	6.6	15.2	40.3	51.0	54.3	48.3
高中	Senior Secondary School	22.3	25.7	13.3	21.7	27.6	11.1	22.3	19.7
大学专科	College	16.6	23.4	27.6	28.3	14.8	1.8	7.9	10.1
大学本科	University	15.4	22.1	43.8	29.6	8.6	0.5	2.7	5.6
研究生	Graduate and Higher Level	2.0	3.0	8.0	3.1	0.7	0.0	0.2	0.9
男	**Male**	**100.0**	**100.0**	**100.0**	**100.0**	**100.0**	**100.0**	**100.0**	**100.0**
未上过学	No Schooling	0.5	0.1	0.1	0.1	0.4	3.1	0.6	1.1
小学	Primary School	6.8	1.9	0.8	2.3	5.7	25.7	10.0	12.9
初中	Junior Secondary School	36.4	23.3	8.5	17.3	39.4	54.3	52.9	48.1
高中	Senior Secondary School	23.9	25.9	13.6	22.5	28.7	13.6	24.4	21.5
大学专科	College	16.3	23.6	25.2	26.8	15.8	2.4	9.0	10.2
大学本科	University	14.2	22.2	42.7	28.1	9.2	0.7	3.0	5.5
研究生	Graduate and Higher Level	1.9	3.1	9.1	2.9	0.8	0.0	0.1	0.7
女	**Female**	**100.0**	**100.0**	**100.0**	**100.0**	**100.0**	**100.0**	**100.0**	**100.0**
未上过学	No Schooling	1.4	0.2	0.0	0.1	1.2	8.2	1.8	1.9
小学	Primary School	9.3	3.3	0.4	1.3	9.2	34.2	16.1	15.9
初中	Junior Secondary School	32.9	24.2	5.1	12.4	41.3	47.6	57.5	48.6
高中	Senior Secondary School	20.2	25.2	13.1	20.5	26.4	8.5	17.4	16.4
大学专科	College	17.0	22.8	29.5	30.4	13.6	1.1	5.1	9.9
大学本科	University	17.0	21.7	44.7	31.8	7.7	0.4	2.0	5.7
研究生	Graduate and Higher Level	2.2	2.6	7.1	3.5	0.7	0.0	0.2	1.5

3-25 城镇就业人员调查周平均工作时间
Weekly Working Hours of Urban Employed Persons

单位：小时／周 (hours/week)

分组	Group	2015	2016	2017	2018	2019	2020	2021
全部	**Total**	**45.5**	**46.1**	**46.2**	**46.5**	**46.8**	**47.0**	**47.6**
一、按年龄分组	**By Age**							
	16-19	48.4	48.4	48.6	48.3	48.1	48.6	48.3
	20-24	46.2	46.7	46.5	46.8	46.3	47.0	47.2
	25-29	45.8	46.3	46.5	46.6	46.9	47.2	47.6
	30-34	45.7	46.4	46.5	46.8	47.5	47.9	48.3
	35-39	45.9	46.4	46.6	46.9	47.2	47.7	48.2
	40-44	46.1	46.6	46.7	47.0	47.5	47.8	48.4
	45-49	45.7	46.3	46.4	46.8	47.6	47.7	48.4
	50-54	44.9	45.6	45.9	46.4	46.9	47.0	47.9
	55-59	43.9	44.7	44.8	45.2	45.7	45.7	46.4
	60-64	42.4	42.8	43.3	44.1	43.9	43.4	44.6
	65+	37.2	38.4	38.9	39.1	39.0	37.8	38.4
二、按职业分组	**By Occupation**							
单位负责人	Unit Head	46.9	47.8	47.5	47.8	48.3	48.6	48.9
专业技术人员	Technical Personnel	42.9	43.4	43.0	43.2	43.5	43.7	43.9
办事人员和有关人员	Clerk and Related Workers	43.1	43.7	43.5	43.6	44.2	44.7	45.2
商业、服务业人员	Business Service Personnel	47.7	48.4	48.3	48.5	49.1	49.6	49.7
农林牧渔水利业生产人员	Producers in the Sectors of Agriculture, Forestry, Animal Husbandry, Fishery and Water Conservancy	38.9	39.4	39.2	39.4	38.7	36.7	37.5
生产、运输设备操作人员及有关人员	Production, Transport Equipment Operators and Related Workers	47.9	48.5	48.9	49.2	49.8	50.3	51.2
其他	Others	44.6	50.6	44.6	44.9	47.6	50.2	47.3
三、按受教育程度分组	**By Educational Attainment**							
未上过学	No Schooling	42.1	41.9	41.8	42.0	41.5	39.5	41.6
小学	Primary School	45.3	46.1	46.2	46.5	46.4	45.6	46.9
初中	Junior Secondary School	48.1	48.6	48.9	49.2	49.5	49.6	50.4
高中	Senior Secondary School	46.0	46.7	46.9	47.3	47.9	48.5	48.9
大学专科	College	43.4	44.0	44.0	44.3	44.7	45.2	45.5
大学本科	University	41.7	42.3	42.1	42.3	42.7	42.8	43.1
研究生	Graduate and Higher Level	41.0	41.7	41.5	41.5	42.0	42.0	42.4

注：高中包括中等职业教育，大学专科包括高等职业教育，2015-2018年的数据依据此分类重新计算(下表同)。
Note: Senior secondary school include medium vocational education, and college include high vocational education. The data from 2015 to 2018 are recalculated according to this classification. The same applies to the tables following.

3-26 城镇男性就业人员调查周平均工作时间
Weekly Working Hours of Urban Male Employed Persons

单位：小时／周 (hours/week)

分 组	Group	2015	2016	2017	2018	2019	2020	2021
全 部	**Total**	**46.1**	**46.8**	**47.0**	**47.3**	**47.8**	**48.1**	**48.7**
一、按年龄分组	**By Age**							
	16-19	49.1	48.9	49.2	49.2	48.9	49.4	49.6
	20-24	46.9	47.5	47.4	47.6	47.5	48.1	48.6
	25-29	46.6	47.1	47.3	47.5	48.2	48.5	49.1
	30-34	46.4	47.2	47.3	47.8	48.7	49.2	49.7
	35-39	46.5	47.2	47.5	47.8	48.2	48.8	49.4
	40-44	46.7	47.2	47.3	47.6	48.4	48.7	49.4
	45-49	46.2	46.9	47.1	47.5	48.4	48.5	49.2
	50-54	45.3	46.1	46.4	46.9	47.6	47.9	48.5
	55-59	44.6	45.3	45.4	45.8	46.4	46.6	47.2
	60-64	44.2	44.6	45.2	45.7	45.6	45.4	46.3
	65+	39.0	40.1	40.6	40.8	40.7	39.8	40.4
二、按职业分组	**By Occupation**							
单位负责人	Unit Head	47.0	47.8	47.7	48.0	48.4	48.7	48.9
专业技术人员	Technical Personnel	43.4	44.0	43.6	43.9	44.3	44.7	45.0
办事人员和有关人员	Clerk and Related Workers	43.6	44.3	44.1	44.2	45.0	45.6	46.2
商业、服务业人员	Business Service Personnel	48.2	49.0	48.8	49.1	49.7	50.2	50.5
农林牧渔水利业生产人员	Producers in the Sectors of Agriculture, Forestry, Animal Husbandry, Fishery and Water Conservancy	40.9	41.3	41.2	41.4	40.8	39.2	39.7
生产、运输设备操作人员及有关人员	Production, Transport Equipment Operators and Related Workers	47.9	48.6	49.0	49.3	50.0	50.4	51.2
其 他	Others	45.2	51.1	45.3	45.9	49.1	50.6	48.7
三、按受教育程度分组	**By Educational Attainment**							
未上过学	No Schooling	44.3	44.7	44.2	43.6	43.4	41.5	43.3
小 学	Primary School	46.3	47.2	47.4	47.6	48.0	47.1	48.0
初 中	Junior Secondary School	48.7	49.3	49.6	50.0	50.3	50.5	51.3
高 中	Senior Secondary School	46.5	47.2	47.5	47.9	48.7	49.2	49.8
大学专科	College	43.8	44.4	44.5	44.9	45.5	46.0	46.4
大学本科	University	42.0	42.6	42.4	42.7	43.2	43.4	43.8
研究生	Graduate and Higher Level	41.2	42.0	41.7	41.8	42.4	42.4	42.9

3-27 城镇女性就业人员调查周平均工作时间
Weekly Working Hours of Urban Female Employed Persons

单位：小时／周 (hours/week)

分 组	Group	2015	2016	2017	2018	2019	2020	2021
全 部	**Total**	**44.7**	**45.2**	**45.2**	**45.5**	**45.5**	**45.6**	**46.2**
一、按年龄分组	**By Age**							
	16-19	47.6	47.7	47.6	46.8	46.8	47.6	46.3
	20-24	45.4	45.7	45.4	45.7	44.6	45.6	45.5
	25-29	44.8	45.3	45.4	45.4	45.3	45.6	45.8
	30-34	44.8	45.4	45.6	45.7	46.1	46.3	46.6
	35-39	45.2	45.5	45.6	45.8	46.0	46.4	46.8
	40-44	45.2	45.8	45.8	46.1	46.5	46.6	47.3
	45-49	45.1	45.6	45.6	46.0	46.7	46.8	47.5
	50-54	44.0	44.6	44.8	45.4	45.7	45.6	46.8
	55-59	42.0	42.9	43.3	43.9	44.1	43.7	44.8
	60-64	39.1	39.8	40.3	41.6	40.7	39.9	41.4
	65+	33.9	35.5	36.1	36.3	36.2	34.6	35.2
二、按职业分组	**By Occupation**							
单位负责人	Unit Head	46.7	47.9	46.9	47.5	47.7	48.4	48.7
专业技术人员	Technical Personnel	42.3	42.8	42.4	42.6	42.8	43.0	43.1
办事人员和有关人员	Clerk and Related Workers	42.3	42.7	42.6	42.8	43.0	43.4	43.7
商业、服务业人员	Business Service Personnel	47.2	47.8	47.7	47.8	48.4	48.8	48.8
农林牧渔水利业生产人员	Producers in the Sectors of Agriculture, Forestry, Animal Husbandry, Fishery and Water Conservancy	37.1	37.5	37.4	37.6	36.7	34.4	35.2
生产、运输设备操作人员及有关人员	Production, Transport Equipment Operators and Related Workers	47.7	48.1	48.7	49.0	49.4	49.9	51.2
其 他	Others	43.9	49.8	43.5	43.5	44.8	49.3	44.4
三、按受教育程度分组	**By Educational Attainment**							
未上过学	No Schooling	41.0	40.6	40.7	41.3	40.8	38.7	40.8
小 学	Primary School	44.3	44.9	44.9	45.3	44.9	44.1	45.7
初 中	Junior Secondary School	47.3	47.6	47.8	48.0	48.2	48.1	49.1
高 中	Senior Secondary School	45.3	45.9	46.0	46.5	46.7	47.3	47.4
大学专科	College	42.8	43.4	43.3	43.6	43.7	44.2	44.3
大学本科	University	41.2	41.9	41.7	41.9	42.1	42.2	42.3
研究生	Graduate and Higher Level	40.8	41.3	41.2	41.2	41.5	41.5	41.7

3-28 城镇按年龄、性别分的就业人员工作时间构成
Working Hours of Urban Employed Persons by Age and Sex

单位：% (%)

年龄 Age	城镇就业人员 Urban Employed Persons	1-8小时 1-8 Hours	9-19小时 9-19 Hours	20-39小时 20-39 Hours	40小时 40 Hours	41-48小时 41-48 Hours	48小时以上 48 Hours Above
总计 Total	**100.0**	**0.9**	**1.2**	**5.8**	**33.2**	**23.8**	**35.1**
16-19	100.0	1.9	3.5	7.7	19.6	26.6	40.8
20-24	100.0	1.0	1.0	4.0	34.0	29.0	31.0
25-29	100.0	0.7	0.6	3.4	36.8	27.5	31.1
30-34	100.0	0.6	0.7	3.5	34.7	26.3	34.2
35-39	100.0	0.7	0.7	3.8	35.3	24.5	35.0
40-44	100.0	0.8	0.8	4.1	34.2	23.3	36.9
45-49	100.0	0.8	0.9	5.0	32.6	22.7	38.0
50-54	100.0	0.9	1.4	7.0	30.9	21.2	38.5
55-59	100.0	1.3	1.9	10.0	31.5	19.1	36.3
60-64	100.0	2.1	3.9	16.5	24.3	16.6	36.6
65+	100.0	4.0	8.0	27.9	22.6	12.2	25.3
男 Male	**100.0**	**0.8**	**1.0**	**4.8**	**31.2**	**24.0**	**38.3**
16-19	100.0	1.2	3.2	7.3	17.7	27.0	43.6
20-24	100.0	0.8	0.9	3.7	29.4	29.1	36.0
25-29	100.0	0.5	0.5	2.8	32.1	27.7	36.4
30-34	100.0	0.5	0.6	2.6	30.8	26.8	38.7
35-39	100.0	0.5	0.6	2.9	32.4	24.9	38.7
40-44	100.0	0.7	0.6	3.4	32.3	23.3	39.7
45-49	100.0	0.6	0.7	4.2	31.4	22.8	40.1
50-54	100.0	0.8	1.0	5.4	31.6	21.7	39.6
55-59	100.0	1.0	1.3	7.4	34.0	19.8	36.5
60-64	100.0	1.7	3.1	13.1	24.2	17.9	40.0
65+	100.0	3.4	6.5	25.0	22.8	13.4	29.0
女 Female	**100.0**	**1.1**	**1.5**	**7.0**	**36.0**	**23.5**	**30.8**
16-19	100.0	3.0	3.9	8.2	22.3	25.9	36.6
20-24	100.0	1.3	1.1	4.3	39.9	28.7	24.7
25-29	100.0	0.8	0.8	4.2	42.7	27.2	24.3
30-34	100.0	0.8	0.8	4.6	39.4	25.8	28.6
35-39	100.0	0.9	0.9	4.9	38.8	24.0	30.5
40-44	100.0	0.9	1.0	5.0	36.4	23.3	33.6
45-49	100.0	0.9	1.1	6.0	34.1	22.5	35.5
50-54	100.0	1.2	2.0	9.7	29.8	20.5	36.8
55-59	100.0	1.8	3.4	15.9	25.8	17.5	35.7
60-64	100.0	2.8	5.5	22.7	24.4	14.2	30.3
65+	100.0	5.0	10.3	32.6	22.3	10.4	19.4

3-29 城镇按受教育程度、性别分的就业人员工作时间构成
Working Hours of Urban Employed Persons by Educational Attainment and Sex

单位：% (%)

受教育程度	Educational Attainment	城镇就业人员 Urban Employed Persons	1-8小时 1-8 Hours	9-19小时 9-19 Hours	20-39小时 20-39 Hours	40小时 40 Hours	41-48小时 41-48 Hours	48小时以上 48 Hours Above
总　计	**Total**	**100.0**	**0.9**	**1.2**	**5.8**	**33.2**	**23.8**	**35.1**
未上过学	No Schooling	100.0	2.9	7.6	23.4	19.2	13.6	33.3
小　学	Primary School	100.0	1.7	3.2	14.5	19.8	17.3	43.6
初　中	Junior Secondary School	100.0	1.0	1.5	6.9	19.2	21.5	49.9
高　中	Senior Secondary School	100.0	0.8	0.9	4.1	28.3	25.2	40.6
大学专科	College	100.0	0.7	0.5	3.1	46.1	31.6	18.0
大学本科	University	100.0	0.8	0.4	3.2	61.6	23.2	10.9
研究生	Graduate and Higher Level	100.0	0.8	0.4	3.1	69.2	17.1	9.5
男	**Male**	**100.0**	**0.8**	**1.0**	**4.8**	**31.2**	**24.0**	**38.3**
未上过学	No Schooling	100.0	2.3	6.9	20.7	18.5	14.7	36.8
小　学	Primary School	100.0	1.5	2.6	12.5	19.3	17.7	46.5
初　中	Junior Secondary School	100.0	0.8	1.3	5.8	18.3	21.2	52.6
高　中	Senior Secondary School	100.0	0.7	0.8	3.5	26.6	24.6	43.7
大学专科	College	100.0	0.6	0.4	2.6	43.3	32.6	20.5
大学本科	University	100.0	0.6	0.4	2.7	59.2	24.5	12.7
研究生	Graduate and Higher Level	100.0	0.6	0.4	2.7	67.2	18.0	11.0
女	**Female**	**100.0**	**1.1**	**1.5**	**7.0**	**36.0**	**23.5**	**30.8**
未上过学	No Schooling	100.0	3.1	8.0	24.7	19.5	13.0	31.7
小　学	Primary School	100.0	1.9	3.8	16.5	20.2	16.9	40.8
初　中	Junior Secondary School	100.0	1.2	1.9	8.4	20.6	22.0	45.9
高　中	Senior Secondary School	100.0	0.9	1.1	5.1	31.0	26.2	35.7
大学专科	College	100.0	0.8	0.7	3.8	49.6	30.3	14.8
大学本科	University	100.0	0.9	0.5	3.7	64.3	21.8	8.8
研究生	Graduate and Higher Level	100.0	0.9	0.5	3.4	71.4	16.0	7.8

3-30 城镇按行业、性别分的就业人员工作时间构成
Working Hours of Urban Employed Persons by Sector and Sex

单位：% (%)

项　目	Item	城镇就业人员 Urban Employed Persons	1-8小时 1-8 Hours	9-19小时 9-19 Hours	20-39小时 20-39 Hours	40小时 40 Hours	41-48小时 41-48 Hours	48小时以上 48 Hours Above
总　计	**National Total**	**100.0**	**0.9**	**1.2**	**5.8**	**33.2**	**23.8**	**35.1**
农、林、牧、渔业	Agriculture, Forestry, Animal Husbandry and Fishery	100.0	3.5	7.3	28.9	25.5	12.4	22.4
采矿业	Mining	100.0	0.5	0.3	1.9	38.4	24.0	34.8
制造业	Manufacturing	100.0	0.5	0.6	2.9	24.4	27.2	44.3
电力、热力、燃气及水生产和供应业	Production and Supply of Electricity Power, Heat Power, Gas and Water	100.0	0.4	0.3	3.2	52.9	22.1	21.1
建筑业	Construction	100.0	0.8	0.8	5.2	24.9	23.9	44.4
批发和零售业	Wholesale and Retail Trades	100.0	0.7	0.9	4.1	25.5	25.3	43.5
交通运输、仓储和邮政业	Transport, Storage and Post	100.0	0.7	0.8	4.5	28.7	23.3	41.9
住宿和餐饮业	Hotels and Catering Services	100.0	0.6	1.1	4.3	18.8	23.1	52.1
信息传输、软件和信息技术服务业	Information Transmission, Software and Information Technical Services	100.0	0.5	0.3	2.8	55.5	23.4	17.5
金融业	Financial Intermediation	100.0	0.6	0.7	3.8	62.2	21.4	11.4
房地产业	Real Estate	100.0	0.5	0.4	2.5	36.1	30.6	29.8
租赁和商务服务业	Leasing and Business Services	100.0	0.9	0.6	4.1	46.3	23.9	24.3
科学研究和技术服务业	Scientific Research and Technical Services	100.0	0.6	0.3	3.1	58.8	22.3	14.9
水利、环境和公共设施管理业	Management of Water Conservancy, Environment and Public Facilities	100.0	0.7	0.8	4.9	40.7	22.6	30.2
居民服务、修理和其他服务业	Services to Households, Repair and Other Services	100.0	1.0	1.4	5.6	23.4	23.5	45.0
教育	Education	100.0	1.6	1.1	4.3	58.3	22.0	12.8
卫生和社会工作	Health and Society	100.0	0.5	0.3	3.2	47.0	29.4	19.6
文化体育和娱乐业	Culture, Sports and Entertainment	100.0	1.0	1.0	6.4	42.1	24.0	25.5
公共管理、社会保障和社会组织	Public Management, Social Security and Social	100.0	0.8	0.4	4.2	61.0	20.2	13.4
男	**Male**	**100.0**	**0.8**	**1.0**	**4.8**	**31.2**	**24.0**	**38.3**
农、林、牧、渔业	Agriculture, Forestry, Animal Husbandry and Fishery	100.0	2.9	5.8	24.8	25.6	14.0	26.9
采矿业	Mining	100.0	0.5	0.3	1.8	35.5	24.6	37.3
制造业	Manufacturing	100.0	0.5	0.5	2.1	24.1	27.6	45.2
电力、热力、燃气及水生产和供应业	Production and Supply of Electricity Power, Heat Power, Gas and Water	100.0	0.4	0.3	3.1	49.8	23.0	23.5
建筑业	Construction	100.0	0.7	0.8	5.0	23.1	24.0	46.4
批发和零售业	Wholesale and Retail Trades	100.0	0.7	0.8	3.6	24.6	24.4	45.8
交通运输、仓储和邮政业	Transport, Storage and Post	100.0	0.7	0.9	4.5	26.1	23.3	44.6
住宿和餐饮业	Hotels and Catering Services	100.0	0.5	0.8	3.1	16.8	23.0	55.7
信息传输、软件和信息技术服务业	Information Transmission, Software and Information Technical Services	100.0	0.5	0.3	2.1	53.7	24.0	19.4

3-30 续表 continued

单位：% (%)

项　目	Item	城镇就业人员 Urban Employed Persons	1-8小时 1-8 Hours	9-19小时 9-19 Hours	20-39小时 20-39 Hours	40小时 40 Hours	41-48小时 41-48 Hours	48小时以上 48 Hours Above
金融业	Financial Intermediation	100.0	0.4	0.3	2.6	62.7	21.8	12.1
房地产业	Real Estate	100.0	0.5	0.4	1.9	33.3	29.6	34.4
租赁和商务服务业	Leasing and Business Services	100.0	0.7	0.5	3.7	41.3	25.0	28.9
科学研究和技术服务业	Scientific Research and Technical Services	100.0	0.5	0.3	2.7	56.0	23.5	17.0
水利、环境和公共设施管理业	Management of Water Conservancy, Environment and Public Facilities	100.0	0.6	0.6	4.3	40.8	22.8	30.9
居民服务、修理和其他服务业	Services to Households, Repair and Other Services	100.0	0.9	1.2	4.5	21.4	23.3	48.7
教育	Education	100.0	1.4	1.1	4.2	54.6	22.7	15.9
卫生和社会工作	Health and Society	100.0	0.6	0.3	2.9	44.5	28.8	22.8
文化体育和娱乐业	Culture, Sports and Entertainment	100.0	0.7	0.8	5.8	40.4	25.2	27.1
公共管理、社会保障和社会组织	Public Management, Social Security and Social Organizations	100.0	0.7	0.3	3.5	59.1	20.9	15.5
女	**Female**	**100.0**	**1.1**	**1.5**	**7.0**	**36.0**	**23.5**	**30.8**
农、林、牧、渔业	Agriculture, Forestry, Animal Husbandry and Fishery	100.0	4.2	8.8	33.1	25.4	10.8	17.7
采矿业	Mining	100.0	0.5	0.4	2.7	53.9	20.9	21.6
制造业	Manufacturing	100.0	0.6	0.7	4.2	25.0	26.7	42.9
电力、热力、燃气及水生产和供应业	Production and Supply of Electricity Power, Heat Power, Gas and Water	100.0	0.4	0.4	3.6	62.3	19.4	14.0
建筑业	Construction	100.0	1.0	1.1	6.6	35.4	23.6	32.3
批发和零售业	Wholesale and Retail Trades	100.0	0.8	0.9	4.5	26.3	26.0	41.5
交通运输、仓储和邮政业	Transport, Storage and Post	100.0	0.7	0.6	4.6	41.3	23.8	29.0
住宿和餐饮业	Hotels and Catering Services	100.0	0.7	1.3	5.3	20.6	23.2	48.9
信息传输、软件和信息技术服务业	Information Transmission, Software and Information Technolody	100.0	0.6	0.4	3.9	58.6	22.3	14.2
金融业	Financial Intermediation	100.0	0.7	0.9	4.8	61.8	21.0	10.8
房地产业	Real Estate	100.0	0.6	0.4	3.3	40.0	32.1	23.6
租赁和商务服务业	Leasing and Business Services	100.0	1.1	0.7	4.7	53.1	22.3	18.1
科学研究和技术服务业	Scientific Research and Technical Services	100.0	0.6	0.4	3.9	64.0	19.9	11.1
水利、环境和公共设施管理业	Management of Water Conservancy, Environment and Public Facilities	100.0	1.1	1.0	6.1	40.5	22.4	28.9
居民服务、修理和其他服务业	Services to Households, Repair and Other Services	100.0	1.1	1.6	6.8	25.4	23.8	41.2
教育	Education	100.0	1.6	1.0	4.3	60.1	21.7	11.2
卫生和社会工作	Health and Society	100.0	0.5	0.3	3.3	48.3	29.7	18.0
文化体育和娱乐业	Culture, Sports and Entertainment	100.0	1.2	1.2	7.2	44.1	22.7	23.6
公共管理、社会保障和社会组织	Public Management, Social Security and Social Organizations	100.0	0.9	0.6	5.3	64.2	19.1	9.9

3-31 城镇按职业、性别分的就业人员工作时间构成

单位：%

职 业	Occupation	城 镇 就业人员 Urban Employed Persons	1-8 小时 1-8 Hours
合 计	**Total**	**100.0**	**0.9**
单位负责人	Unit Head	100.0	0.5
专业技术人员	Technical Personnel	100.0	0.9
办事人员和有关人员	Clerk and Related Workers	100.0	0.7
商业、服务业人员	Business Service Personnel	100.0	0.7
农林牧渔水利业生产人员	Producers in the Sectors of Agriculture, Forestry, Animal Husbandry, Fishery and Water Conservancy	100.0	3.6
生产运输设备操作人员及有关人员	Production, Transport Equipment Operators and Related Workers	100.0	0.6
其 他	Others	100.0	1.4
男	**Male**	**100.0**	**0.8**
单位负责人	Unit Head	100.0	0.4
专业技术人员	Technical Personnel	100.0	0.8
办事人员和有关人员	Clerk and Related Workers	100.0	0.6
商业、服务业人员	Business Service Personnel	100.0	0.6
农林牧渔水利业生产人员	Producers in the Sectors of Agriculture, Forestry, Animal Husbandry, Fishery and Water Conservancy	100.0	3.0
生产运输设备操作人员及有关人员	Production, Transport Equipment Operators and Related Workers	100.0	0.6
其 他	Others	100.0	1.1
女	**Female**	**100.0**	**1.1**
单位负责人	Unit Head	100.0	0.8
专业技术人员	Technical Personnel	100.0	1.1
办事人员和有关人员	Clerk and Related Workers	100.0	0.7
商业、服务业人员	Business Service Personnel	100.0	0.8
农林牧渔水利业生产人员	Producers in the Sectors of Agriculture, Forestry, Animal Husbandry, Fishery and Water Conservancy	100.0	4.3
生产运输设备操作人员及有关人员	Production, Transport Equipment Operators and Related Workers	100.0	0.7
其 他	Others	100.0	1.8

Working Hours of Urban Employed Persons by Occupation and Sex

(%)

9-19 小时 9-19 Hours	20-39 小时 20-39 Hours	40 小时 40 Hours	41-48 小时 41-48 Hours	48小时 以上 48 Hours Above
1.2	**5.8**	**33.2**	**23.8**	**35.1**
0.4	3.4	37.8	23.2	34.7
0.6	3.5	53.9	25.0	16.1
0.3	3.0	51.7	23.7	20.6
1.0	4.4	26.8	24.9	42.2
7.5	29.7	25.2	12.0	21.9
0.8	4.1	19.8	25.0	49.7
2.1	9.9	26.7	19.1	40.8
1.0	**4.8**	**31.2**	**24.0**	**38.3**
0.4	3.1	37.4	23.9	34.8
0.5	3.0	50.1	25.6	19.9
0.3	2.6	48.8	23.8	24.0
0.8	3.7	26.1	24.6	44.1
6.1	25.7	25.3	13.6	26.3
0.7	3.7	20.1	25.1	49.8
1.7	7.3	25.8	19.3	44.8
1.5	**7.0**	**36.0**	**23.5**	**30.8**
0.7	4.3	38.8	21.1	34.3
0.7	3.8	56.9	24.5	13.1
0.4	3.6	55.9	23.7	15.7
1.1	5.2	27.7	25.2	40.0
8.9	33.7	25.2	10.5	17.4
1.0	5.2	19.1	24.6	49.4
2.8	14.8	28.6	18.7	33.2

3-32 城镇按年龄、性别分的失业人员结束上一份工作原因构成

单位：%

年龄 Age	城镇失业人员 Urban Unemployed Persons	从没工作过 Never worked	退休 Retired	健康或身体原因 Health or Physical Reasons	照顾家庭 To take care of Family	参加学习培训 Participated in Learning and Training
总计 Total	**100.0**	**18.2**	**3.4**	**7.0**	**21.5**	**4.6**
16–19	100.0	51.7		1.2	1.3	19.1
20–24	100.0	55.5		1.8	3.6	11.7
25–29	100.0	19.6		4.4	18.5	7.3
30–34	100.0	6.0		5.9	38.0	2.8
35–39	100.0	4.9		5.9	38.6	1.4
40–44	100.0	5.3	0.0	7.9	33.8	0.7
45–49	100.0	4.8	0.7	11.2	24.7	0.5
50–54	100.0	4.6	12.8	12.3	20.2	0.1
55–59	100.0	3.9	13.8	12.6	18.4	0.2
60–64	100.0	3.9	25.8	12.0	14.2	0.0
65+	100.0	4.8	22.2	16.9	13.8	0.0
男 Male	**100.0**	**18.6**	**2.1**	**7.1**	**6.4**	**4.9**
16–19	100.0	54.3		0.9	0.8	16.7
20–24	100.0	54.6		1.3	1.4	11.1
25–29	100.0	20.5		2.7	4.5	7.4
30–34	100.0	3.8		5.9	8.8	3.7
35–39	100.0	2.9		6.0	8.6	2.1
40–44	100.0	2.1	0.1	8.3	10.2	1.2
45–49	100.0	1.6	0.3	11.2	8.9	0.7
50–54	100.0	2.3	0.9	14.5	9.7	0.2
55–59	100.0	1.6	6.4	14.7	8.7	0.1
60–64	100.0	1.3	27.8	12.5	8.2	
65+	100.0	3.0	23.3	17.6	8.1	0.0
女 Female	**100.0**	**18.0**	**4.5**	**6.9**	**34.3**	**4.3**
16–19	100.0	48.2		1.6	1.9	22.5
20–24	100.0	56.5		2.3	5.9	12.4
25–29	100.0	18.9		6.0	31.3	7.3
30–34	100.0	7.2		5.9	55.0	2.3
35–39	100.0	6.1		5.9	55.7	1.1
40–44	100.0	7.2	0.0	7.6	48.2	0.4
45–49	100.0	7.1	0.9	11.2	36.0	0.4
50–54	100.0	6.5	22.5	10.5	28.6	0.1
55–59	100.0	6.8	22.8	10.1	30.2	0.4
60–64	100.0	8.6	22.0	11.1	25.2	0.1
65+	100.0	7.5	20.5	15.7	22.8	

注：根据劳动力调查制度调整，原失业人员未工作原因调整为结束上一份工作原因数据表(下表同)。

Note: According to the adjustment of the Labor Force Survey, the table of the reason for unemployment of urban unemployed persons is adjusted to the table of the reason for ending previous job of urban unemployed persons. The same applies to the tables following.

Reason for Ending Previous Job of Urban Unemployed Persons by Age and Sex

(%)

对上份工作不满意满意 Dissatisfied with last job Last Job	上一份工作任务完成(包括打零工) Last Job Task Completed (Including Part-time Job)	被解聘 Fired	季节性歇业 Seasonal Shut down	单位/个体经营户倒闭停产 Unit/Self-employed Individuals Closed down or Stopped Production	承包土地被征用或流转 Land Expropriated or Transferred	其 他 Others
17.3	**12.4**	**2.7**	**3.3**	**7.2**	**0.4**	**2.0**
14.1	8.0	1.5	0.6	1.5	0.0	0.9
17.3	6.0	0.9	0.7	1.7	0.0	0.8
29.6	9.0	2.0	1.4	5.6	0.0	2.4
22.6	10.0	2.0	2.9	7.4	0.2	2.2
19.3	11.7	2.4	3.6	9.1	0.2	2.7
16.3	14.0	3.8	4.6	10.4	0.3	2.8
14.5	17.3	4.7	5.1	13.5	0.5	2.5
9.0	18.0	4.2	5.4	10.1	0.9	2.3
8.2	20.5	4.5	5.8	9.1	1.3	1.7
3.5	23.4	3.9	6.9	3.5	1.1	1.7
3.0	20.9	5.2	5.9	3.2	2.1	2.0
22.3	**18.5**	**3.7**	**4.3**	**9.3**	**0.4**	**2.5**
14.3	7.9	2.4	0.6	1.3		0.9
19.5	7.5	0.9	0.8	2.0		1.0
36.8	13.4	2.4	2.0	7.2	0.1	2.8
37.0	18.6	3.1	4.5	11.1	0.2	3.2
30.5	21.3	4.0	6.1	14.7	0.3	3.4
24.1	23.0	4.3	7.5	14.9	0.3	4.0
18.2	26.7	5.4	6.8	16.4	0.5	3.4
12.6	28.3	6.1	7.4	14.3	0.8	3.1
10.7	28.0	6.8	6.5	13.3	1.2	2.1
3.9	28.7	5.1	5.9	3.4	1.0	2.2
3.6	22.9	6.9	6.1	4.3	1.9	2.3
13.1	**7.3**	**2.0**	**2.4**	**5.4**	**0.4**	**1.6**
13.8	8.3	0.2	0.5	1.9	0.1	1.0
14.9	4.4	1.0	0.5	1.5	0.0	0.6
23.0	4.9	1.6	0.9	4.2	0.0	1.9
14.3	5.0	1.3	2.0	5.3	0.2	1.7
12.9	6.1	1.5	2.2	6.0	0.2	2.3
11.6	8.5	3.5	2.9	7.7	0.3	2.0
11.9	10.6	4.1	4.0	11.4	0.5	2.0
6.2	9.7	2.6	3.9	6.7	1.0	1.7
5.1	11.3	1.7	5.0	4.0	1.4	1.1
2.9	14.0	1.7	8.7	3.6	1.4	0.8
2.0	17.7	2.4	5.7	1.6	2.5	1.7

3-33 城镇按结束上一份工作原因、性别分的失业人员年龄构成

单位：%

年 龄 Age	城 镇 失业人员 Urban Unemployed Persons	从没工作过 Never worked	退 休 Retired	健康或身体原因 Health or Physical Reasons	照顾家庭 To take care of Family	参加学习培训 Participated in Learning and Training
总计 Total	**100.0**	**100.0**	**100.0**	**100.0**	**100.0**	**100.0**
16-19	3.7	10.4		0.6	0.2	15.3
20-24	19.0	57.8		4.9	3.1	48.7
25-29	13.3	14.4		8.5	11.5	21.4
30-34	13.1	4.3		11.1	23.1	8.2
35-39	10.0	2.7		8.4	17.8	3.1
40-44	8.6	2.5	0.1	9.7	13.5	1.4
45-49	10.5	2.8	2.0	16.9	12.0	1.2
50-54	10.7	2.7	40.4	18.9	10.0	0.3
55-59	7.0	1.5	28.3	12.6	6.0	0.4
60-64	2.4	0.5	17.8	4.1	1.6	0.0
65+	1.7	0.5	11.4	4.2	1.1	0.0
男 Male	**100.0**	**100.0**	**100.0**	**100.0**	**100.0**	**100.0**
16-19	4.7	13.7		0.6	0.6	15.8
20-24	21.6	63.3		4.0	4.8	48.4
25-29	13.9	15.3		5.4	9.9	20.9
30-34	10.6	2.2		8.9	14.7	7.9
35-39	8.0	1.2		6.7	10.8	3.4
40-44	7.1	0.8	0.3	8.3	11.4	1.8
45-49	9.6	0.8	1.3	15.2	13.3	1.3
50-54	10.5	1.3	4.4	21.6	15.9	0.3
55-59	8.4	0.7	25.1	17.5	11.4	0.2
60-64	3.3	0.2	43.4	5.9	4.3	
65+	2.3	0.4	25.5	5.8	3.0	0.0
女 Female	**100.0**	**100.0**	**100.0**	**100.0**	**100.0**	**100.0**
16-19	2.8	7.5		0.7	0.2	14.8
20-24	16.8	53.0		5.7	2.9	49.0
25-29	12.9	13.5		11.2	11.7	22.0
30-34	15.3	6.1		12.9	24.5	8.4
35-39	11.7	4.0		9.9	18.9	2.9
40-44	9.8	3.9	0.0	10.9	13.8	1.0
45-49	11.3	4.5	2.3	18.3	11.8	1.2
50-54	10.9	4.0	54.8	16.6	9.1	0.3
55-59	5.8	2.2	29.5	8.5	5.1	0.5
60-64	1.5	0.7	7.6	2.5	1.1	0.0
65+	1.2	0.5	5.7	2.8	0.8	.

Age Composition of Urban Unemployed Persons by Reason and Sex

(%)

对上份工作不满意 满意 Dissatisfied with last job Last Job	上一份工作任务完成(包括打零工) Last Job Task Completed (Including Part-time Job)	被解聘 Fired	季节性歇业 Seasonal Shut down	单位/个体经营户倒闭停产 Unit/Self-employed Individuals Closed down or Stopped Production	承包土地被征用或流转 Land Expropriated or Transferred	其　他 Others
100.0	**100.0**	**100.0**	**100.0**	**100.0**	**100.0**	**100.0**
3.0	2.4	2.0	0.6	0.8	0.4	1.7
19.0	9.2	6.4	3.9	4.5	0.2	7.5
22.9	9.7	9.6	5.8	10.5	1.6	15.7
17.2	10.6	9.3	11.6	13.6	5.6	14.5
11.2	9.4	8.7	11.1	12.7	6.4	13.5
8.1	9.7	11.9	12.1	12.5	6.4	12.0
8.8	14.6	17.8	16.4	19.7	14.0	13.3
5.6	15.6	16.2	17.8	15.1	25.5	12.3
3.3	11.5	11.4	12.4	8.8	23.2	5.8
0.5	4.4	3.3	5.0	1.1	7.0	2.0
0.3	2.9	3.3	3.1	0.8	9.6	1.8
100.0	**100.0**	**100.0**	**100.0**	**100.0**	**100.0**	**100.0**
3.0	2.0	3.0	0.7	0.6		1.7
18.9	8.7	5.2	4.2	4.5		8.3
23.0	10.1	9.3	6.5	10.8	2.9	15.9
17.6	10.7	9.1	11.1	12.7	4.5	13.6
10.9	9.2	8.7	11.3	12.6	7.2	10.9
7.7	8.9	8.4	12.4	11.4	5.5	11.6
7.8	13.8	14.3	15.1	16.9	12.7	12.9
5.9	16.1	17.5	18.1	16.1	21.8	13.0
4.1	12.7	15.6	12.7	12.0	25.8	7.1
0.6	5.1	4.6	4.6	1.2	8.5	2.9
0.4	2.9	4.4	3.3	1.1	11.2	2.1
100.0	**100.0**	**100.0**	**100.0**	**100.0**	**100.0**	**100.0**
3.0	3.2	0.3	0.6	1.0	0.7	1.7
19.2	10.2	8.3	3.5	4.5	0.4	6.3
22.7	8.8	10.2	4.8	9.9	0.4	15.4
16.7	10.5	9.6	12.4	14.9	6.5	15.8
11.5	9.8	8.7	10.8	12.8	5.9	16.9
8.7	11.6	17.4	11.7	14.0	7.2	12.5
10.3	16.4	23.3	18.4	23.7	15.2	13.7
5.2	14.6	14.3	17.4	13.6	28.7	11.4
2.3	9.0	5.0	11.9	4.2	21.1	4.0
0.3	3.0	1.3	5.6	1.0	5.8	0.8
0.2	3.0	1.5	2.9	0.4	8.2	1.3

3-34 城镇按受教育程度、性别分的失业人员结束上一份工作原因构成

单位：%

受教育程度	Educational Attainment	城镇失业人员 Urban Unemployed Persons	从没工作过 Never worked	退休 Retired	健康或身体原因 Health or Physical Reasons	照顾家庭 To take care of Family
总计	**Total**	**100.0**	**18.2**	**3.4**	**7.0**	**21.5**
未上过学	No Schooling	100.0	11.0	2.6	21.1	21.3
小学	Primary School	100.0	6.3	3.3	13.8	24.9
初中	Junior Secondary School	100.0	6.8	3.8	8.9	27.5
高中	Senior Secondary School	100.0	10.8	5.8	6.7	23.8
大学专科	College	100.0	24.9	2.6	4.2	18.4
大学本科	University	100.0	45.7	0.8	2.1	9.7
研究生	Graduate and Higher Level	100.0	69.7	0.5	0.7	5.0
男	**Male**	**100.0**	**18.6**	**2.1**	**7.1**	**6.4**
未上过学	No Schooling	100.0	7.6	3.6	24.5	6.1
小学	Primary School	100.0	2.9	2.7	15.5	8.1
初中	Junior Secondary School	100.0	5.0	2.3	10.0	7.9
高中	Senior Secondary School	100.0	11.7	3.1	6.4	6.9
大学专科	College	100.0	29.0	1.5	3.1	4.7
大学本科	University	100.0	47.4	0.8	1.8	4.1
研究生	Graduate and Higher Level	100.0	68.6	1.0	0.3	2.4
女	**Female**	**100.0**	**18.0**	**4.5**	**6.9**	**34.3**
未上过学	No Schooling	100.0	12.2	2.3	19.9	26.6
小学	Primary School	100.0	9.0	3.8	12.4	37.9
初中	Junior Secondary School	100.0	8.3	5.0	8.0	43.4
高中	Senior Secondary School	100.0	9.9	8.1	7.1	39.2
大学专科	College	100.0	21.2	3.5	5.2	30.4
大学本科	University	100.0	44.3	0.9	2.4	14.6
研究生	Graduate and Higher Level	100.0	70.5	0.2	1.0	7.0

Reason for Ending Previous Job of Urban Unemployed Persons by Educational Attainment and Sex

(%)

参加学习培训 Participated in Learning and Training	对上份工作不满意满意 Dissatisfied with last job Last Job	上一份工作任务完成(包括打零工) Last Job Task Completed (Including Part-time Job)	被解聘 Fired	季节性歇业 Seasonal Shut down	单位/个体经营户倒闭停产 Unit/Self-employed Individuals Closed down or Stopped Production	承包土地被征用或流转 Land Expropriated or Transferred	其 他 Others
4.6	**17.3**	**12.4**	**2.7**	**3.3**	**7.2**	**0.4**	**2.0**
0.1	4.1	21.7	3.2	7.7	4.3	1.2	1.5
0.3	10.0	23.7	2.9	6.6	5.4	1.0	1.8
1.0	16.4	16.8	3.0	4.9	8.0	0.5	2.4
2.4	20.5	11.2	3.5	2.8	9.8	0.4	2.3
7.5	22.7	6.6	2.4	1.6	7.2	0.1	1.8
13.8	15.5	4.7	1.7	0.5	4.0	0.0	1.3
11.1	6.6	3.7	0.5	0.2	1.8		0.3
4.9	**22.3**	**18.5**	**3.7**	**4.3**	**9.3**	**0.4**	**2.5**
0.1	3.7	35.1	3.8	7.7	5.6	0.1	2.3
0.4	12.9	35.9	3.6	8.6	6.4	0.9	2.2
1.2	21.7	26.8	4.1	6.6	10.6	0.6	3.2
3.0	27.5	16.9	4.9	3.7	12.8	0.4	2.7
8.6	28.2	9.0	3.0	2.0	8.8	0.1	2.1
13.2	17.6	5.7	2.2	0.8	5.0	0.1	1.6
11.2	8.2	3.9	0.7	0.4	3.1		0.3
4.3	**13.1**	**7.3**	**2.0**	**2.4**	**5.4**	**0.4**	**1.6**
0.1	4.2	17.1	3.1	7.8	3.9	1.6	1.3
0.1	7.8	14.3	2.3	5.1	4.7	1.2	1.4
0.9	12.0	8.6	2.1	3.4	5.9	0.5	1.8
1.8	14.3	6.1	2.3	2.0	7.0	0.3	1.9
6.5	17.9	4.6	1.9	1.2	5.8	0.1	1.6
14.3	13.7	3.9	1.3	0.4	3.2		1.1
11.0	5.4	3.5	0.3		0.9		0.3

3-35 城镇按结束上一份工作原因、性别分的失业人员受教育程度构成

单位：%

受教育程度	Educational Attainment	城镇失业人员 Urban Unemployed Persons	从没工作过 Never worked	退休 Retired	健康或身体原因 Health or Physical Reasons	照顾家庭 To take care of Family
总　计	**Total**	**100.0**	**100.0**	**100.0**	**100.0**	**100.0**
未上过学	No Schooling	0.9	0.5	0.7	2.7	0.9
小　学	Primary School	9.7	3.4	9.5	19.2	11.2
初　中	Junior Secondary School	33.4	12.5	37.4	42.6	42.6
高　中	Senior Secondary School	20.9	12.3	35.3	20.2	23.1
大学专科	College	17.1	23.3	13.0	10.3	14.6
大学本科	University	15.9	39.9	3.8	4.8	7.2
研究生	Graduate and Higher Level	2.1	8.1	0.3	0.2	0.5
男	**Male**	**100.0**	**100.0**	**100.0**	**100.0**	**100.0**
未上过学	No Schooling	0.5	0.2	0.9	1.7	0.5
小　学	Primary School	9.3	1.4	11.8	20.4	11.7
初　中	Junior Secondary School	32.8	8.8	36.2	46.5	40.6
高　中	Senior Secondary School	21.7	13.7	31.8	19.6	23.4
大学专科	College	17.5	27.3	12.5	7.6	12.7
大学本科	University	16.2	41.3	5.8	4.1	10.3
研究生	Graduate and Higher Level	2.0	7.3	0.9	0.1	0.7
女	**Female**	**100.0**	**100.0**	**100.0**	**100.0**	**100.0**
未上过学	No Schooling	1.2	0.8	0.6	3.5	0.9
小　学	Primary School	10.1	5.1	8.6	18.2	11.1
初　中	Junior Secondary School	33.8	15.7	37.9	39.3	42.8
高　中	Senior Secondary School	20.2	11.1	36.6	20.7	23.0
大学专科	College	16.8	19.8	13.2	12.7	14.9
大学本科	University	15.7	38.6	3.0	5.4	6.7
研究生	Graduate and Higher Level	2.2	8.8	0.1	0.3	0.5

Educational Attainment of Urban Unemployed Persons by Reason and Sex

(%)

参加学习培训 Participated in Learning and Training	对上份工作不满意满意 Dissatisfied with last job Last Job	上一份工作任务完成(包括打零工) Last Job Task Completed (Including Part-time Job)	被解聘 Fired	季节性歇业 Seasonal Shut down	单位/个体经营户倒闭停产 Unit/Self-employed Individuals Closed down or Stopped Production	承包土地被征用或流转 Land Expropriated or Transferred	其　他 Others
100.0	**100.0**	**100.0**	**100.0**	**100.0**	**100.0**	**100.0**	**100.0**
0.0	0.2	1.6	1.0	2.1	0.5	2.8	0.7
0.5	5.6	18.5	10.1	19.6	7.3	26.5	8.5
7.5	31.7	45.2	36.6	49.5	37.2	44.9	40.4
10.9	24.8	18.9	26.9	17.8	28.3	19.5	24.0
27.9	22.5	9.1	15.2	8.3	17.2	4.4	15.6
47.9	14.3	6.1	9.8	2.6	8.9	1.9	10.6
5.1	0.8	0.6	0.4	0.1	0.5		0.3
100.0	**100.0**	**100.0**	**100.0**	**100.0**	**100.0**	**100.0**	**100.0**
0.0	0.1	0.9	0.5	0.9	0.3	0.1	0.5
0.8	5.4	18.0	9.2	18.6	6.3	21.5	8.2
8.1	32.0	47.5	36.8	50.6	37.4	47.4	42.2
13.3	26.8	19.7	29.0	18.7	30.0	23.7	23.9
30.3	22.2	8.5	14.4	8.2	16.6	3.1	14.6
43.1	12.8	5.0	9.6	2.8	8.6	4.2	10.5
4.5	0.7	0.4	0.4	0.2	0.6		0.2
100.0	**100.0**	**100.0**	**100.0**	**100.0**	**100.0**	**100.0**	**100.0**
0.0	0.4	2.9	1.9	3.9	0.9	5.1	1.0
0.3	6.0	19.8	11.5	21.1	8.7	30.7	8.9
7.0	31.2	40.2	36.1	47.8	36.8	42.9	38.0
8.6	22.0	17.1	23.7	16.3	26.0	15.9	24.0
25.6	23.0	10.6	16.3	8.6	18.0	5.4	16.8
52.6	16.4	8.4	10.2	2.4	9.2		10.8
5.8	0.9	1.1	0.3		0.4		0.4

3-36 城镇按年龄、性别分的失业人员受教育程度构成
Educational Attainment of Urban Unemployed Persons by Age and Sex

单位：% (%)

年龄 Age	城镇失业人员 Urban Unemployed Persons	未上过学 No Schooling	小学 Primary School	初中 Junior Secondary School	高中 Senior Secondary School	大学专科 College	大学本科 University	研究生 Graduate and Higher Level
总计 Total	**100.0**	**0.9**	**9.7**	**33.4**	**20.9**	**17.1**	**15.9**	**2.1**
16-19	100.0	0.1	1.4	26.0	33.4	20.9	18.2	
20-24	100.0	0.0	0.7	10.1	12.8	29.6	43.0	3.8
25-29	100.0	0.1	1.6	23.0	21.3	23.3	22.8	7.8
30-34	100.0	0.1	4.1	35.4	25.5	21.5	12.1	1.2
35-39	100.0	0.4	6.0	40.7	23.3	17.6	11.2	0.9
40-44	100.0	0.7	10.5	44.6	25.1	12.4	6.3	0.4
45-49	100.0	1.3	16.9	47.6	22.1	8.4	3.6	0.3
50-54	100.0	1.9	22.5	48.8	18.5	6.1	2.1	0.2
55-59	100.0	2.0	23.9	46.7	20.5	4.7	2.2	0.0
60-64	100.0	3.8	28.0	37.0	25.8	4.1	1.1	0.2
65+	100.0	10.6	43.7	31.3	11.6	1.9	0.7	0.1
男 Male	**100.0**	**0.5**	**9.3**	**32.8**	**21.7**	**17.5**	**16.2**	**2.0**
16-19	100.0		1.8	27.9	35.5	19.5	15.4	
20-24	100.0	0.0	1.0	11.4	14.6	31.3	38.9	2.8
25-29	100.0	0.2	1.9	23.0	22.2	22.8	22.4	7.4
30-34	100.0	0.1	4.9	35.9	26.0	20.1	11.9	1.2
35-39	100.0	0.4	6.6	39.2	23.5	17.0	12.2	1.1
40-44	100.0	0.3	10.1	42.6	25.7	12.8	8.0	0.5
45-49	100.0	0.7	15.6	46.7	22.6	8.6	5.4	0.4
50-54	100.0	1.0	19.5	49.8	18.8	7.2	3.4	0.3
55-59	100.0	0.9	19.9	47.8	23.2	5.5	2.6	0.0
60-64	100.0	1.4	23.4	39.2	29.3	4.8	1.6	0.4
65+	100.0	5.1	41.5	38.0	12.1	2.0	1.2	0.1
女 Female	**100.0**	**1.2**	**10.1**	**33.8**	**20.2**	**16.8**	**15.7**	**2.2**
16-19	100.0	0.3	0.8	23.3	30.5	22.9	22.2	
20-24	100.0	0.0	0.4	8.7	10.8	27.7	47.4	5.0
25-29	100.0	0.1	1.3	22.9	20.5	23.8	23.1	8.2
30-34	100.0	0.1	3.7	35.2	25.3	22.3	12.2	1.3
35-39	100.0	0.4	5.6	41.6	23.2	17.9	10.7	0.8
40-44	100.0	1.0	10.7	45.9	24.8	12.1	5.2	0.4
45-49	100.0	1.7	17.8	48.2	21.7	8.2	2.3	0.1
50-54	100.0	2.6	24.9	48.0	18.2	5.2	1.1	0.1
55-59	100.0	3.3	28.9	45.4	17.2	3.6	1.6	0.0
60-64	100.0	8.2	36.2	33.1	19.5	2.8	0.2	
65+	100.0	19.2	47.2	20.8	10.9	1.8	0.1	

3-37 城镇按受教育程度、性别分的失业人员年龄构成
Age Composition of Urban Unemployed Persons by Educational Attainment and Sex

单位：% (%)

年龄 Age	城镇失业人员 Urban Unemployed Persons	未上过学 No Schooling	小学 Primary School	初中 Junior Secondary School	高中 Senior Secondary School	大学专科 College	大学本科 University	研究生 Graduate and Higher Level
总计 Total	**100.0**	**100.0**	**100.0**	**100.0**	**100.0**	**100.0**	**100.0**	**100.0**
16-19	3.7	0.5	0.5	2.8	5.9	4.5	4.2	
20-24	19.0	0.3	1.4	5.7	11.6	32.8	51.3	34.4
25-29	13.3	2.0	2.2	9.2	13.6	18.2	19.1	49.4
30-34	13.1	1.9	5.6	13.9	16.1	16.5	10.0	7.6
35-39	10.0	4.3	6.1	12.2	11.1	10.2	7.0	4.2
40-44	8.6	7.0	9.3	11.5	10.3	6.2	3.4	1.6
45-49	10.5	15.1	18.3	15.0	11.1	5.1	2.4	1.3
50-54	10.7	22.5	24.8	15.7	9.5	3.8	1.4	1.0
55-59	7.0	15.5	17.2	9.8	6.8	1.9	1.0	0.1
60-64	2.4	10.1	6.8	2.6	2.9	0.6	0.2	0.3
65+	1.7	20.7	7.8	1.6	1.0	0.2	0.1	0.0
男 Male	**100.0**	**100.0**	**100.0**	**100.0**	**100.0**	**100.0**	**100.0**	**100.0**
16-19	4.7		0.9	4.0	7.7	5.2	4.5	
20-24	21.6	0.1	2.3	7.5	14.5	38.6	51.8	30.3
25-29	13.9	4.2	2.9	9.8	14.2	18.1	19.3	52.6
30-34	10.6	3.2	5.6	11.6	12.7	12.2	7.8	6.2
35-39	8.0	6.0	5.7	9.5	8.6	7.7	6.0	4.6
40-44	7.1	4.5	7.8	9.3	8.4	5.2	3.5	1.7
45-49	9.6	13.1	16.1	13.6	10.0	4.7	3.2	2.0
50-54	10.5	20.8	22.1	15.9	9.1	4.3	2.2	1.7
55-59	8.4	14.9	18.0	12.2	9.0	2.7	1.4	0.2
60-64	3.3	9.3	8.4	4.0	4.5	0.9	0.3	0.6
65+	2.3	24.0	10.4	2.7	1.3	0.3	0.2	0.1
女 Female	**100.0**	**100.0**	**100.0**	**100.0**	**100.0**	**100.0**	**100.0**	**100.0**
16-19	2.8	0.7	0.2	1.9	4.2	3.8	4.0	
20-24	16.8	0.4	0.7	4.3	9.0	27.7	50.9	37.5
25-29	12.9	1.2	1.7	8.7	13.1	18.2	19.0	47.1
30-34	15.3	1.5	5.5	15.9	19.1	20.3	11.9	8.6
35-39	11.7	3.8	6.5	14.3	13.4	12.4	7.9	3.9
40-44	9.8	7.9	10.5	13.3	12.1	7.1	3.3	1.6
45-49	11.3	15.8	19.9	16.1	12.2	5.5	1.6	0.7
50-54	10.9	23.0	27.0	15.5	9.8	3.4	0.7	0.5
55-59	5.8	15.7	16.6	7.8	4.9	1.2	0.6	0.1
60-64	1.5	10.4	5.6	1.5	1.5	0.3	0.0	
65+	1.2	19.6	5.8	0.8	0.7	0.1	0.0	

3-38 城镇按年龄、性别分的失业人员寻找工作方式构成

单位：%

年龄 Age	城镇失业人员 Urban Unemployed Persons	为自己经营做准备 Prepare for Own Business	为找到工作参加培训、实习、招考 Participate in Training, Internships, and Exams to Find a Job	委托亲戚朋友介绍 Ask Friends Relatives about Job
总计 Total	**100.0**	**9.9**	**11.5**	**42.4**
16-19	100.0	5.2	16.6	37.2
20-24	100.0	4.7	31.0	17.6
25-29	100.0	9.0	19.0	26.6
30-34	100.0	13.2	7.0	38.6
35-39	100.0	13.6	4.3	44.1
40-44	100.0	14.0	2.7	49.8
45-49	100.0	12.2	2.8	56.7
50-54	100.0	10.7	2.1	63.8
55-59	100.0	9.8	1.0	69.5
60-64	100.0	7.1	1.2	73.3
65+	100.0	5.8	1.0	80.8
男 Male	**100.0**	**11.2**	**11.5**	**40.2**
16-19	100.0	5.7	16.3	38.0
20-24	100.0	5.0	28.5	19.4
25-29	100.0	10.2	18.9	26.5
30-34	100.0	16.5	6.4	34.2
35-39	100.0	17.8	3.6	39.8
40-44	100.0	18.9	2.2	43.9
45-49	100.0	15.6	2.6	52.1
50-54	100.0	12.5	1.8	58.8
55-59	100.0	10.0	0.9	66.0
60-64	100.0	7.1	1.3	73.8
65+	100.0	6.6	1.3	78.9
女 Female	**100.0**	**8.7**	**11.5**	**44.3**
16-19	100.0	4.5	16.9	36.2
20-24	100.0	4.3	33.8	15.6
25-29	100.0	8.0	19.0	26.8
30-34	100.0	11.2	7.3	41.1
35-39	100.0	11.1	4.7	46.7
40-44	100.0	11.1	3.1	53.3
45-49	100.0	9.8	2.9	60.0
50-54	100.0	9.4	2.3	67.8
55-59	100.0	9.6	1.2	73.7
60-64	100.0	7.2	1.0	72.3
65+	100.0	4.6	0.5	83.8

注：失业人员寻找工作方式分类根据劳动力调查制度进行了调整(下表同)。

Note: The classification of the Job-seeking methods of Urban Unemployed Persons has been adjusted according to the Labor Force Survey. The same applies to the tables following.

Methods of Job-seeking of Urban Unemployed Persons by Age and Sex

(%)

查询招聘网站或广告 Check Recruitment Website or Advertisement	直接联系雇主或单位 Contact Directly with Employers	联系就业服务机构 Contact with Employment Agency Office	参加招聘会 Take Part in Employment Advertise Meeting	其 他 Others
24.1	**7.4**	**1.2**	**3.4**	**0.2**
30.5	7.7	0.6	2.1	0.2
32.5	5.2	0.8	8.1	0.1
33.8	5.9	1.0	4.6	0.2
30.6	7.0	1.3	2.2	0.2
26.9	7.3	1.3	2.2	0.3
22.1	8.4	1.0	1.9	0.1
15.7	9.5	1.5	1.6	0.1
10.9	9.4	1.6	1.2	0.2
7.7	8.9	1.6	1.3	0.3
5.1	11.3	1.4	0.5	0.1
2.9	8.2	0.8	0.5	0.1
23.4	**8.5**	**1.2**	**3.8**	**0.2**
31.0	6.7	0.3	1.9	0.1
31.7	6.1	0.9	8.4	0.1
31.7	6.5	1.1	4.9	0.2
29.7	8.0	2.0	2.8	0.3
25.6	8.9	1.5	2.5	0.4
21.8	10.3	0.8	1.9	0.2
15.3	10.8	1.5	2.1	0.1
12.5	11.4	1.5	1.4	0.3
9.0	10.6	1.7	1.5	0.2
4.2	11.5	1.4	0.5	0.2
2.7	9.0	0.7	0.6	0.1
24.7	**6.5**	**1.1**	**3.0**	**0.2**
29.8	9.0	1.1	2.3	0.2
33.5	4.2	0.8	7.8	0.1
35.7	5.3	0.9	4.3	0.2
31.2	6.4	0.8	1.9	0.1
27.7	6.3	1.1	2.1	0.3
22.2	7.3	1.0	1.9	0.1
15.9	8.5	1.4	1.3	0.1
9.7	7.8	1.7	1.1	0.2
6.1	6.8	1.3	1.0	0.3
6.8	10.7	1.6	0.4	0.0
3.1	6.9	0.8	0.2	

3-39 城镇按受教育程度、性别分的失业人员寻找工作方式构成

单位：%

受教育程度	Educational Attainment	城镇失业人员 Urban Unemployed Persons	为自己经营做准备 Prepare for Own Business	为找到工作参加培训、实习、招考 Participate in Training, Internships, and Exams to Find a Job
总　计	**Total**	**100.0**	**9.9**	**11.5**
未上过学	No Schooling	100.0	9.1	0.5
小　学	Primary School	100.0	9.6	1.9
初　中	Junior Secondary School	100.0	11.3	3.3
高　中	Senior Secondary School	100.0	11.6	6.4
大学专科	College	100.0	9.6	16.9
大学本科	University	100.0	6.3	32.3
研究生	Graduate and Higher Level	100.0	3.2	30.7
男	**Male**	**100.0**	**11.2**	**11.5**
未上过学	No Schooling	100.0	9.1	1.0
小　学	Primary School	100.0	10.2	1.9
初　中	Junior Secondary School	100.0	12.5	3.5
高　中	Senior Secondary School	100.0	13.1	7.0
大学专科	College	100.0	11.3	16.9
大学本科	University	100.0	7.6	30.8
研究生	Graduate and Higher Level	100.0	4.7	26.4
女	**Female**	**100.0**	**8.7**	**11.5**
未上过学	No Schooling	100.0	9.1	0.4
小　学	Primary School	100.0	9.0	1.8
初　中	Junior Secondary School	100.0	10.3	3.2
高　中	Senior Secondary School	100.0	10.2	5.7
大学专科	College	100.0	8.2	16.8
大学本科	University	100.0	5.2	33.6
研究生	Graduate and Higher Level	100.0	2.2	33.9

Methods of Job-seeking of Urban Unemployed Persons by Educational Attainment and Sex

(%)

委托亲戚朋友介绍 Ask Friends Relatives about Job	查询招聘网站或广告 Check Recruitment Website or Advertisement	直接联系雇主或单位 Contact Directly with Employers	联系就业服务机构 Contact with Employment Agency Office	参加招聘会 Take Part in Employment Advertise Meeting	其他 Others
42.4	**24.1**	**7.4**	**1.2**	**3.4**	**0.2**
71.4	3.5	12.8	1.0	1.0	0.6
67.2	7.0	11.8	1.4	1.0	0.2
58.5	14.6	9.5	1.2	1.5	0.1
45.6	25.2	7.4	1.3	2.3	0.2
25.0	37.5	5.0	1.1	4.7	0.2
13.7	36.2	3.6	0.8	6.9	0.2
5.0	41.0	2.8	0.7	16.3	0.2
40.2	**23.4**	**8.5**	**1.2**	**3.8**	**0.2**
69.8	2.6	14.0	0.6	1.7	1.1
64.9	7.4	13.0	1.4	1.0	0.2
56.3	13.3	11.4	1.2	1.6	0.2
42.9	23.9	8.8	1.6	2.5	0.2
23.0	36.3	5.4	1.3	5.5	0.2
13.8	35.7	3.9	0.8	7.4	0.1
6.1	38.6	3.2	1.0	19.5	0.5
44.3	**24.7**	**6.5**	**1.1**	**3.0**	**0.2**
71.9	3.9	12.4	1.2	0.8	0.4
69.0	6.7	10.8	1.5	1.0	0.2
60.2	15.6	7.9	1.3	1.4	0.1
48.1	26.4	6.1	1.1	2.1	0.1
26.8	38.5	4.7	0.9	4.0	0.2
13.6	36.7	3.5	0.8	6.4	0.3
4.2	42.7	2.6	0.5	13.9	0.1

3-40 城镇按年龄、性别分的失业人员失业前的行业构成
Sector of Urban Unemployed Persons (Prior to Unemployment) by Age and Sex

单位：% (%)

年龄 Age	城镇失业人员 Urban Unemployed Persons	农、林、牧、渔业 Agriculture, Forestry, Animal Husbandry and Fishery	采矿业 Mining	制造业 Manufacturing	电力、热力、燃气及水生产和供应业 Production and Supply of Electricity Power, Heat Power, Gas and Water	建筑业 Construction	批发和零售业 Wholesale and Retail Trades
总计 Total	**100.0**	**4.5**	**0.7**	**20.8**	**0.6**	**10.5**	**19.9**
16-19	100.0	0.9		24.2	0.1	3.5	14.7
20-24	100.0	1.1	0.1	18.1	0.5	5.0	16.6
25-29	100.0	1.0	0.3	17.5	0.5	6.7	20.7
30-34	100.0	2.4	0.4	21.1	0.5	7.7	25.1
35-39	100.0	2.5	0.6	20.9	0.7	8.8	25.3
40-44	100.0	3.4	0.7	21.7	0.4	10.1	23.9
45-49	100.0	5.1	0.9	22.0	0.8	13.4	21.1
50-54	100.0	7.1	1.1	23.1	1.0	14.8	16.2
55-59	100.0	10.3	1.4	22.1	0.8	18.1	13.0
60-64	100.0	14.3	1.1	19.2	0.9	19.2	9.3
65+	100.0	21.8	1.1	18.1	0.8	16.8	7.4
男 Male	**100.0**	**3.9**	**1.0**	**19.9**	**1.0**	**18.9**	**12.6**
16-19	100.0	1.3		27.7	0.0	5.2	10.4
20-24	100.0	1.3	0.2	21.6	0.8	8.3	12.7
25-29	100.0	1.2	0.6	18.3	0.5	11.5	13.3
30-34	100.0	2.3	0.9	21.0	0.8	15.6	14.8
35-39	100.0	2.5	1.2	18.8	1.3	17.9	15.9
40-44	100.0	3.1	1.4	19.3	0.7	21.0	13.5
45-49	100.0	4.6	1.3	19.8	1.3	24.3	12.3
50-54	100.0	5.5	1.4	19.9	1.2	26.0	11.5
55-59	100.0	7.5	1.7	20.0	1.2	28.2	10.4
60-64	100.0	9.1	1.2	18.0	1.3	26.9	8.3
65+	100.0	15.9	1.4	16.3	1.0	26.2	6.0
女 Female	**100.0**	**4.9**	**0.3**	**21.5**	**0.4**	**3.5**	**26.1**
16-19	100.0	0.4		19.9	0.1	1.3	20.0
20-24	100.0	0.9		14.2	0.1	1.3	21.1
25-29	100.0	0.9	0.0	16.9	0.5	2.4	27.3
30-34	100.0	2.4	0.1	21.1	0.3	2.9	31.4
35-39	100.0	2.5	0.3	22.2	0.3	3.4	30.9
40-44	100.0	3.6	0.2	23.2	0.2	3.2	30.5
45-49	100.0	5.5	0.5	23.7	0.4	5.3	27.7
50-54	100.0	8.5	0.7	25.8	0.8	5.2	20.2
55-59	100.0	14.1	0.9	24.9	0.4	5.1	16.3
60-64	100.0	24.5	1.0	21.4	0.0	4.3	11.3
65+	100.0	31.5	0.6	20.9	0.5	1.3	9.8

3-40 续表 1 continued

单位：% (%)

年 龄 Age	交通运输、仓储和邮政业 Transport, Storage and Post	住宿和餐饮业 Hotels and Catering Services	信息传输、软件和信息技术服务业 Information Transmission, Software and Information Technical Services	金融业 Financial Intermediation	房地产业 Real Estate	租赁和商务服务业 Leasing and Business Services	科学研究和技术服务业 Scientific Research and Technical Services
总计 Total	**5.4**	**9.1**	**2.2**	**1.8**	**2.8**	**3.5**	**0.9**
16-19	4.4	22.2	1.9	0.4	0.7	1.8	0.5
20-24	4.9	11.2	3.7	2.4	3.1	5.3	1.7
25-29	5.0	8.0	5.3	2.9	4.1	4.7	1.6
30-34	4.6	9.0	3.4	2.4	3.1	3.9	1.1
35-39	5.2	8.8	2.2	2.1	2.8	4.0	0.9
40-44	6.6	10.7	1.3	1.7	2.9	2.7	0.6
45-49	6.8	9.2	0.8	1.2	2.4	2.6	0.7
50-54	6.4	8.3	0.4	1.4	2.3	2.8	0.5
55-59	4.8	7.3	0.5	0.6	2.3	2.5	0.6
60-64	4.7	5.8	0.3	0.4	2.3	2.5	0.5
65+	2.9	3.7	0.1	0.1	2.2	1.3	0.1
男 Male	**9.1**	**7.7**	**2.5**	**1.5**	**3.0**	**3.8**	**1.1**
16-19	5.9	24.6	1.1	0.6	0.9	2.0	0.5
20-24	6.7	13.2	3.9	2.1	3.0	4.6	1.7
25-29	7.5	8.5	6.3	2.8	4.1	5.0	1.9
30-34	8.6	8.4	4.0	2.4	3.2	4.1	1.4
35-39	10.6	7.5	2.3	1.8	3.2	5.0	1.1
40-44	12.8	7.8	1.6	1.2	2.8	2.9	0.8
45-49	12.9	5.4	0.8	0.8	2.8	2.7	0.9
50-54	10.4	4.6	0.6	1.1	2.6	3.4	0.6
55-59	7.3	4.6	0.5	0.4	2.8	3.3	0.6
60-64	6.7	3.4	0.2	0.5	2.8	3.1	0.8
65+	4.2	2.4		0.1	2.9	1.7	0.2
女 Female	**2.4**	**10.3**	**2.0**	**2.0**	**2.7**	**3.3**	**0.8**
16-19	2.5	19.2	2.9	0.2	0.6	1.5	0.4
20-24	2.8	9.1	3.5	2.7	3.3	6.0	1.6
25-29	2.7	7.5	4.4	3.0	4.1	4.5	1.4
30-34	2.2	9.3	3.0	2.4	3.0	3.8	0.9
35-39	2.1	9.6	2.1	2.3	2.5	3.4	0.7
40-44	2.5	12.5	1.0	2.0	2.9	2.5	0.4
45-49	2.2	12.1	0.8	1.4	2.1	2.5	0.5
50-54	3.1	11.4	0.3	1.6	2.1	2.3	0.4
55-59	1.6	10.8	0.4	0.9	1.6	1.5	0.5
60-64	0.8	10.5	0.3	0.1	1.3	1.4	0.1
65+	0.9	5.8	0.2	0.1	1.2	0.7	

3-40 续表 2 continued

单位：% (%)

年 龄 Age	水利、环境和公共设施管理业 Management of Water Conservancy, Environment and Public Facilities	居民服务、修理和其他服务业 Services to Households, Repair and Other Services	教 育 Education	卫生和社会工作 Health and Society	文化、体育和娱乐业 Culture, Sports and Entertainment	公共管理、社会保障和社会组织 Public Management Social Security and Social Organizations
总计 Total	**0.7**	**6.2**	**5.2**	**1.2**	**1.7**	**2.4**
16-19	0.2	7.0	11.6	0.3	4.4	1.4
20-24	0.2	5.1	12.3	1.9	3.5	3.4
25-29	0.3	5.0	8.6	1.9	2.6	3.2
30-34	0.4	5.3	5.1	1.2	1.6	2.0
35-39	0.6	6.1	4.4	1.1	1.6	1.3
40-44	0.4	5.8	3.3	0.8	1.4	1.8
45-49	0.7	6.6	2.5	0.6	1.2	1.5
50-54	1.2	7.3	2.2	0.9	0.8	2.2
55-59	1.4	7.3	2.3	1.0	0.7	3.1
60-64	2.1	8.7	3.2	1.0	0.4	4.1
65+	4.1	9.3	2.9	1.2	0.9	5.2
男 Male	**0.8**	**4.8**	**2.8**	**0.7**	**1.8**	**3.0**
16-19	0.3	7.4	6.2	0.3	4.0	1.6
20-24	0.3	4.2	6.7	0.6	3.5	4.7
25-29	0.5	4.7	5.0	1.4	2.5	4.4
30-34	0.6	4.2	2.0	0.5	2.3	3.0
35-39	0.6	4.4	1.7	0.6	1.6	2.0
40-44	0.8	3.6	1.9	0.5	1.6	2.4
45-49	0.9	4.9	1.2	0.5	1.0	1.7
50-54	0.9	5.3	1.2	0.7	1.0	1.8
55-59	1.1	5.0	1.1	0.7	0.6	3.0
60-64	1.9	7.2	2.7	1.0	0.5	4.4
65+	3.4	7.9	2.4	1.3	1.2	5.5
女 Female	**0.6**	**7.3**	**7.1**	**1.5**	**1.6**	**1.8**
16-19	0.1	6.4	18.2	0.3	4.8	1.2
20-24	0.1	6.2	18.5	3.3	3.3	2.0
25-29	0.1	5.2	11.9	2.4	2.6	2.2
30-34	0.3	5.9	6.9	1.6	1.1	1.4
35-39	0.5	7.2	6.0	1.5	1.6	0.9
40-44	0.2	7.2	4.2	1.1	1.2	1.4
45-49	0.6	7.9	3.4	0.7	1.3	1.4
50-54	1.3	8.9	3.0	1.1	0.7	2.6
55-59	1.7	10.2	4.0	1.4	0.7	3.1
60-64	2.5	11.6	4.1	0.9	0.3	3.6
65+	5.1	11.6	3.9	0.8	0.6	4.7

3-41 城镇按受教育程度、性别分的失业人员失业前的行业构成

of Urban Unemployed Persons (Prior to Unemployment) by Educational Attainment a

单位：% (%)

受教育程度	Educational Attainment	城镇失业人员 Urban Unemployed Persons	农、林、牧、渔业 Agriculture, Forestry, Animal Husbandry and Fishery	采矿业 Mining	制造业 Manufacturing	电力、热力、燃气及水生产和供应业 Production and Supply of Electricity Power, Heat Power, Gas and Water	建筑业 Construction	批发和零售业 Wholesale and Retail Trades
总 计	**Total**	**100.0**	**4.5**	**0.7**	**20.8**	**0.6**	**10.5**	**19.9**
未上过学	No Schooling	100.0	24.2	0.7	17.0	0.1	18.6	7.3
小 学	Primary School	100.0	13.0	0.7	22.0	0.7	21.0	12.0
初 中	Junior Secondary School	100.0	5.5	0.8	25.0	0.6	13.1	19.4
高 中	Senior Secondary School	100.0	2.2	0.7	21.0	0.7	7.3	25.5
大学专科	College	100.0	0.9	0.5	15.0	0.7	5.4	23.3
大学本科	University	100.0	0.4	0.2	12.8	0.7	4.3	15.1
研究生	Graduate and Higher Level	100.0	0.1	0.3	15.3	0.1	1.6	10.7
男	**Male**	**100.0**	**3.9**	**1.0**	**19.9**	**1.0**	**18.9**	**12.6**
未上过学	No Schooling	100.0	16.1	1.0	9.8	0.3	37.5	7.1
小 学	Primary School	100.0	10.5	1.1	15.8	1.3	37.9	7.6
初 中	Junior Secondary School	100.0	4.8	1.3	22.0	0.9	24.3	10.2
高 中	Senior Secondary School	100.0	2.6	1.0	22.2	0.9	13.5	15.2
大学专科	College	100.0	1.2	0.8	16.9	0.9	8.3	17.4
大学本科	University	100.0	0.5	0.3	16.7	0.9	6.9	13.9
研究生	Graduate and Higher Level	100.0	0.3	0.6	18.0	0.3	3.2	9.3
女	**Female**	**100.0**	**4.9**	**0.3**	**21.5**	**0.4**	**3.5**	**26.1**
未上过学	No Schooling	100.0	27.2	0.6	19.6		11.8	7.3
小 学	Primary School	100.0	15.1	0.3	27.1	0.2	7.1	15.6
初 中	Junior Secondary School	100.0	6.1	0.4	27.6	0.3	3.7	27.1
高 中	Senior Secondary School	100.0	1.9	0.5	20.0	0.4	1.9	34.6
大学专科	College	100.0	0.6	0.2	13.5	0.5	3.1	28.0
大学本科	University	100.0	0.3	0.0	9.6	0.6	2.3	16.1
研究生	Graduate and Higher Level	100.0			13.2		0.3	11.8

3-41 续表 1 continued

单位：% (%)

受教育程度	Educational Attainment	交通运输、仓储和邮政业 Transport, Storage and Post	住宿和餐饮业 Hotels and Catering Services	信息传输、软件和信息技术服务业 Information Transmission, Software and Information Technical Services	金融业 Financial Intermediation	房地产业 Real Estate	租赁和商务服务业 Leasing and Business Services	科学研究和技术服务业 Scientific Research and Technical Services
总　计	**Total**	**5.4**	**9.1**	**2.2**	**1.8**	**2.8**	**3.5**	**0.9**
未上过学	No Schooling	3.4	10.0	0.4	0.0	1.2	0.7	0.3
小　学	Primary School	4.3	10.0	0.2	0.2	1.6	1.7	0.1
初　中	Junior Secondary School	6.5	10.8	0.8	0.6	1.9	1.9	0.3
高　中	Senior Secondary School	6.5	9.5	1.5	1.8	3.4	3.5	0.7
大学专科	College	4.7	7.1	4.3	3.7	4.3	6.3	1.8
大学本科	University	2.1	4.7	7.4	4.7	4.1	7.0	3.0
研究生	Graduate and Higher Level	1.3	1.7	9.8	5.5	4.8	6.1	6.7
男	**Male**	**9.1**	**7.7**	**2.5**	**1.5**	**3.0**	**3.8**	**1.1**
未上过学	No Schooling	8.4	2.9		0.1	2.8	0.8	0.1
小　学	Primary School	7.8	4.6	0.1	0.1	1.6	2.1	0.1
初　中	Junior Secondary School	11.5	8.3	1.0	0.4	2.2	2.5	0.4
高　中	Senior Secondary School	10.0	9.7	1.3	1.5	3.5	4.0	0.9
大学专科	College	7.3	7.8	5.1	3.6	4.6	5.6	2.3
大学本科	University	2.6	4.8	8.7	4.1	4.1	6.9	3.3
研究生	Graduate and Higher Level	2.2	2.2	9.8	4.1	5.3	6.5	4.6
女	**Female**	**2.4**	**10.3**	**2.0**	**2.0**	**2.7**	**3.3**	**0.8**
未上过学	No Schooling	1.7	12.6	0.5		0.6	0.7	0.4
小　学	Primary School	1.4	14.4	0.2	0.3	1.5	1.3	0.1
初　中	Junior Secondary School	2.2	13.0	0.7	0.8	1.6	1.4	0.2
高　中	Senior Secondary School	3.3	9.3	1.6	2.1	3.3	3.0	0.5
大学专科	College	2.8	6.5	3.6	3.8	4.2	6.8	1.4
大学本科	University	1.7	4.6	6.4	5.3	4.2	7.0	2.8
研究生	Graduate and Higher Level	0.6	1.3	9.7	6.6	4.4	5.8	8.4

3-41 续表 2 continued

单位：% (%)

受教育程度	Educational Attainment	水利、环境和公共设施管理业 Management of Water Conservancy, Environment and Public Facilities	居民服务、修理和其他服务业 Services to Households, Repair and Other Services	教　育 Education	卫生和社会工作 Health and Society	文化、体育和娱乐业 Culture, Sports and Entertainment	公共管理、社会保障和社会组织 Public Management Social Security and Social Organizations
总　计	**Total**	**0.7**	**6.2**	**5.2**	**1.2**	**1.7**	**2.4**
未上过学	No Schooling	4.1	7.9	0.7	0.7	0.9	1.9
小　学	Primary School	1.4	8.0	1.1	0.3	0.5	1.2
初　中	Junior Secondary School	0.7	7.2	1.8	0.5	1.2	1.4
高　中	Senior Secondary School	0.5	6.4	3.4	1.2	1.8	2.5
大学专科	College	0.4	4.4	8.4	2.5	2.6	3.8
大学本科	University	0.6	2.6	19.6	2.4	3.2	5.0
研究生	Graduate and Higher Level	0.9	2.0	25.1	1.8	3.8	2.6
男	**Male**	**0.8**	**4.8**	**2.8**	**0.7**	**1.8**	**3.0**
未上过学	No Schooling	1.8	5.4	0.8	0.4	2.1	2.8
小　学	Primary School	1.2	5.7	0.4	0.3	0.4	1.2
初　中	Junior Secondary School	0.9	5.4	0.7	0.5	1.1	1.6
高　中	Senior Secondary School	0.7	5.4	1.8	0.7	1.9	3.2
大学专科	College	0.5	3.8	4.1	1.2	3.2	5.5
大学本科	University	0.8	2.5	11.9	1.3	3.7	6.0
研究生	Graduate and Higher Level	0.1	2.3	25.0	1.7	0.8	3.7
女	**Female**	**0.6**	**7.3**	**7.1**	**1.5**	**1.6**	**1.8**
未上过学	No Schooling	4.9	8.8	0.7	0.7	0.4	1.5
小　学	Primary School	1.6	10.0	1.6	0.3	0.6	1.1
初　中	Junior Secondary School	0.5	8.8	2.7	0.5	1.2	1.1
高　中	Senior Secondary School	0.3	7.3	4.8	1.6	1.6	1.8
大学专科	College	0.4	4.8	11.7	3.5	2.1	2.5
大学本科	University	0.4	2.6	26.0	3.2	2.8	4.1
研究生	Graduate and Higher Level	1.5	1.7	25.1	1.8	6.1	1.7

3-42 城镇按年龄、性别分的失业人员失业前的职业构成
Occupation of Urban Unemployed Persons (Prior to Unemployment) by Age and Sex

单位：% (%)

年龄 Age	城镇失业人员 Urban Unemployed Persons	单位负责人 Unit Heads	专业技术人员 Technical Personnel	办事人员和有关人员 Clerk and Related Workers	商业、服务业人员 Business Service Personnel	农林牧渔水利业生产人员 Producers in the Sectors of Agriculture, Forestry, Animal Husbandry, Fishery and Water Conservancy	生产运输设备操作人员及有关人员 Production, Transport Equipment Operators and Related Workers	其他 Others
总计 Total	**100.0**	**1.1**	**9.2**	**12.3**	**48.1**	**4.2**	**24.7**	**0.3**
16-19	100.0		12.6	7.9	53.5	0.8	24.8	0.4
20-24	100.0	0.2	19.2	14.3	47.1	0.9	17.9	0.3
25-29	100.0	0.7	15.3	15.7	50.0	0.9	17.2	0.2
30-34	100.0	0.9	10.8	13.5	51.0	2.1	21.4	0.3
35-39	100.0	1.4	9.1	13.0	52.0	2.3	21.8	0.3
40-44	100.0	1.4	6.4	10.6	53.6	3.3	24.5	0.2
45-49	100.0	1.6	4.8	9.9	49.5	4.7	29.2	0.3
50-54	100.0	1.5	3.9	10.9	44.6	6.9	31.7	0.5
55-59	100.0	1.0	3.9	10.9	39.3	10.0	34.5	0.4
60-64	100.0	1.0	5.3	11.8	34.0	14.1	33.5	0.3
65+	100.0	0.6	4.8	11.4	33.3	21.7	28.0	0.1
男 Male	**100.0**	**1.7**	**7.0**	**12.6**	**42.9**	**3.6**	**31.9**	**0.4**
16-19	100.0		9.9	6.7	52.1	1.4	29.3	0.6
20-24	100.0	0.3	12.3	12.9	48.9	1.0	24.0	0.5
25-29	100.0	1.0	11.8	14.3	47.8	1.1	23.7	0.3
30-34	100.0	1.6	7.7	12.2	46.8	1.8	29.4	0.5
35-39	100.0	2.7	6.8	13.0	46.7	2.2	28.3	0.3
40-44	100.0	2.4	4.4	12.1	45.8	2.9	32.2	0.3
45-49	100.0	2.5	4.6	10.2	41.1	4.1	37.1	0.4
50-54	100.0	2.5	3.5	12.3	37.3	5.3	38.6	0.4
55-59	100.0	1.5	3.3	13.4	33.4	7.0	41.0	0.5
60-64	100.0	1.3	5.2	14.2	30.4	8.5	40.1	0.2
65+	100.0	0.9	5.4	15.0	29.4	15.5	33.5	0.2
女 Female	**100.0**	**0.6**	**11.1**	**12.1**	**52.5**	**4.8**	**18.7**	**0.2**
16-19	100.0		15.9	9.4	55.3	0.2	19.1	0.1
20-24	100.0	0.1	26.9	15.9	45.1	0.9	11.0	0.1
25-29	100.0	0.4	18.5	16.9	52.0	0.8	11.3	0.1
30-34	100.0	0.6	12.6	14.3	53.5	2.3	16.5	0.2
35-39	100.0	0.7	10.5	13.0	55.2	2.4	18.0	0.2
40-44	100.0	0.8	7.6	9.6	58.7	3.5	19.6	0.2
45-49	100.0	0.9	4.9	9.6	55.9	5.1	23.3	0.2
50-54	100.0	0.6	4.2	9.7	50.8	8.3	25.8	0.5
55-59	100.0	0.5	4.7	7.6	46.9	13.9	26.0	0.4
60-64	100.0	0.3	5.5	7.2	41.0	24.9	20.7	0.5
65+	100.0	0.2	3.8	5.5	39.6	32.0	18.9	

3-43 城镇按受教育程度、性别分的失业人员失业前的职业构成
on of Urban Unemployed Persons (Prior to Unemployment) by Educational Attainmen

单位：% (%)

受教育程度	Educational Attainment	城镇失业人员 Urban Unemployed Persons	单位负责人 Unit Heads	专业技术人员 Technical Personnel	办事人员和有关人员 Clerk and Related Workers	商业、服务业人员 Business Service Personnel	农林牧渔水利业生产人员 Producers in the Sectors of Agriculture, Forestry, Animal Husbandry, Fishery and Water Conservancy	生产运输设备操作人员及有关人员 Production, Transport Equipment Operators and Related Workers	其他 Others
总　计	**Total**	**100.0**	**1.1**	**9.2**	**12.3**	**48.1**	**4.2**	**24.7**	**0.3**
未上过学	No Schooling	100.0	0.1	0.7	2.9	38.2	24.6	33.3	0.3
小　学	Primary School	100.0	0.5	1.3	4.6	41.0	12.8	39.4	0.4
初　中	Junior Secondary School	100.0	0.8	2.5	7.0	50.1	5.2	34.0	0.4
高　中	Senior Secondary School	100.0	1.2	6.6	13.7	54.9	2.0	21.4	0.2
大学专科	College	100.0	1.5	18.0	21.3	48.6	0.6	9.7	0.3
大学本科	University	100.0	1.8	32.6	23.7	35.6	0.4	5.8	0.2
研究生	Graduate and Higher Level	100.0	2.4	46.2	19.3	27.6		4.0	0.5
男	**Male**	**100.0**	**1.7**	**7.0**	**12.6**	**42.9**	**3.6**	**31.9**	**0.4**
未上过学	No Schooling	100.0		0.3	4.7	32.4	16.6	46.0	0.1
小　学	Primary School	100.0	0.6	1.6	6.4	32.3	10.0	48.6	0.5
初　中	Junior Secondary School	100.0	1.2	2.2	8.0	41.4	4.4	42.5	0.4
高　中	Senior Secondary School	100.0	1.8	4.7	13.7	48.6	2.3	28.6	0.3
大学专科	College	100.0	2.4	12.3	19.9	49.6	0.8	14.4	0.6
大学本科	University	100.0	2.9	25.9	22.5	38.5	0.6	9.4	0.3
研究生	Graduate and Higher Level	100.0	4.6	38.5	22.8	26.0		7.3	0.8
女	**Female**	**100.0**	**0.6**	**11.1**	**12.1**	**52.5**	**4.8**	**18.7**	**0.2**
未上过学	No Schooling	100.0	0.1	0.9	2.3	40.3	27.4	28.7	0.3
小　学	Primary School	100.0	0.4	1.0	3.1	48.2	15.2	31.7	0.3
初　中	Junior Secondary School	100.0	0.4	2.7	6.2	57.5	5.9	26.9	0.3
高　中	Senior Secondary School	100.0	0.7	8.2	13.7	60.5	1.7	15.0	0.2
大学专科	College	100.0	0.7	22.4	22.5	47.8	0.4	6.0	0.1
大学本科	University	100.0	0.9	38.1	24.7	33.2	0.2	2.8	0.1
研究生	Graduate and Higher Level	100.0	0.6	52.3	16.6	28.8		1.4	0.3

3-44 城镇按受教育程度、性别分的失业人员失业时间构成
Unemployment Duration of Urban Unemployed Persons by Educational Attainment and Sex

单位：% (%)

受教育程度	Educational Attainment	城镇失业人员 Urban Unemployed Persons	1个月 1 Month	2-3个月 2-3 Months	4-6个月 4-6 Months	7-12个月 7-12 Months	13-24个月 13-24 Months	25个月以上 25+ Months+
总　计	**Total**	**100.0**	**30.5**	**33.9**	**16.0**	**10.9**	**5.1**	**3.6**
未上过学	No Schooling	100.0	40.5	27.7	12.4	12.4	4.4	2.5
小　学	Primary School	100.0	35.4	31.5	15.4	10.2	3.8	3.7
初　中	Junior Secondary School	100.0	31.5	33.1	16.0	10.9	4.8	3.8
高　中	Senior Secondary School	100.0	27.7	32.6	16.7	12.2	6.2	4.6
大学专科	College	100.0	28.9	35.0	16.0	11.1	5.9	3.2
大学本科	University	100.0	30.6	36.2	16.0	9.9	5.0	2.4
研究生	Graduate and Higher Level	100.0	26.9	48.3	14.7	6.1	2.7	1.2
男	**Male**	**100.0**	**31.8**	**32.7**	**16.2**	**11.0**	**5.3**	**3.0**
未上过学	No Schooling	100.0	43.6	22.1	11.7	15.8	4.2	2.5
小　学	Primary School	100.0	38.0	31.3	14.9	9.8	3.2	2.9
初　中	Junior Secondary School	100.0	34.0	31.5	15.6	10.9	5.0	3.0
高　中	Senior Secondary School	100.0	28.6	30.9	17.4	12.5	6.5	4.1
大学专科	College	100.0	30.1	33.9	16.0	11.3	5.8	2.8
大学本科	University	100.0	30.3	35.4	16.8	10.0	5.2	2.2
研究生	Graduate and Higher Level	100.0	25.9	48.5	15.9	5.9	2.5	1.3
女	**Female**	**100.0**	**29.4**	**34.9**	**15.9**	**10.7**	**5.1**	**4.0**
未上过学	No Schooling	100.0	39.5	29.6	12.7	11.2	4.5	2.5
小　学	Primary School	100.0	33.3	31.7	15.7	10.6	4.4	4.3
初　中	Junior Secondary School	100.0	29.4	34.3	16.3	10.8	4.6	4.5
高　中	Senior Secondary School	100.0	26.9	34.0	16.1	11.9	5.9	5.1
大学专科	College	100.0	27.9	35.9	16.0	10.8	5.9	3.6
大学本科	University	100.0	30.8	36.9	15.2	9.7	4.8	2.6
研究生	Graduate and Higher Level	100.0	27.7	48.2	13.9	6.3	2.8	1.2

3-45 城镇按年龄、性别分的失业人员失业时间构成
Unemployment Duration of Urban Unemployed Persons by Age and Sex

单位：%　　　　(%)

年龄 Age	城镇 失业人员 Urban Unemployed Persons	1个月 1 Month	2-3个月 2-3 Months	4-6个月 4-6 Months	7-12个月 7-12 Months	13-24个月 13-24 Months	25个月以上 25+ Months+
总计 Total	**100.0**	**30.5**	**33.9**	**16.0**	**10.9**	**5.1**	**3.6**
16-19	100.0	44.0	38.0	11.5	4.9	1.4	0.1
20-24	100.0	33.4	40.4	15.3	6.9	3.1	0.8
25-29	100.0	29.4	34.7	16.3	10.9	5.7	3.1
30-34	100.0	30.5	33.2	16.2	11.0	5.2	3.9
35-39	100.0	28.3	33.4	16.0	12.6	5.7	4.1
40-44	100.0	28.5	30.9	17.3	12.2	6.5	4.5
45-49	100.0	28.8	30.1	16.8	13.4	6.2	4.6
50-54	100.0	28.0	30.7	16.3	12.9	6.6	5.6
55-59	100.0	28.1	30.6	16.2	13.4	5.9	5.9
60-64	100.0	32.8	32.7	15.3	10.3	4.2	4.8
65+	100.0	32.9	28.7	16.3	11.6	4.5	6.0
男 Male	**100.0**	**31.8**	**32.7**	**16.2**	**11.0**	**5.3**	**3.0**
16-19	100.0	43.0	37.7	13.0	4.8	1.3	0.2
20-24	100.0	34.2	39.5	15.7	6.9	3.0	0.6
25-29	100.0	29.6	33.2	17.3	11.8	5.9	2.1
30-34	100.0	32.6	30.8	17.1	11.7	5.1	2.7
35-39	100.0	31.2	30.3	16.2	13.4	6.2	2.7
40-44	100.0	31.0	29.4	16.4	12.8	7.5	2.9
45-49	100.0	31.2	28.0	15.7	13.2	7.2	4.7
50-54	100.0	29.2	30.0	16.2	12.1	6.3	6.2
55-59	100.0	27.0	28.9	16.2	14.8	7.0	6.1
60-64	100.0	32.1	32.8	15.8	11.1	4.3	3.9
65+	100.0	32.9	28.3	16.7	12.2	3.6	6.3
女 Female	**100.0**	**29.4**	**34.9**	**15.9**	**10.7**	**5.1**	**4.0**
16-19	100.0	45.5	38.4	9.3	5.1	1.6	
20-24	100.0	32.5	41.4	15.0	7.0	3.1	0.9
25-29	100.0	29.1	36.1	15.3	10.1	5.5	3.9
30-34	100.0	29.3	34.6	15.7	10.5	5.2	4.7
35-39	100.0	26.6	35.1	15.9	12.1	5.4	4.9
40-44	100.0	26.9	31.8	17.9	11.9	6.0	5.5
45-49	100.0	27.2	31.7	17.6	13.5	5.6	4.6
50-54	100.0	27.0	31.2	16.3	13.5	6.8	5.1
55-59	100.0	29.3	32.6	16.2	11.8	4.5	5.6
60-64	100.0	34.1	32.5	14.2	8.7	4.1	6.5
65+	100.0	33.0	29.2	15.7	10.7	5.8	5.7

第四部分

Chapter Four

2021 年城镇单位就业人员统计数据

Data from Statistics on Employment in Urban Units in 2021

4-1 各地区分行业国有单位就业人员数
Employed Persons in State-owned Units by Sector and Region

单位：人 (person)

地区	Region	国有单位合计 Total	(一)企业 I. Enterprises	(二)政府 II. Institutions	(三)民间非营利组织 III. Civil Nonprofit Organizations	(四)其他 IV. Other
总计	**National Total**	**56330788**	**7705891**	**48300366**	**283622**	**40910**
北京	Beijing	1555736	271044	1276451	5953	2288
天津	Tianjin	668677	148194	518241	2241	
河北	Hebei	2557162	272139	2269343	15655	25
山西	Shanxi	1703398	211760	1483479	7785	375
内蒙古	Inner Mongolia	1315344	95399	1212665	7167	113
辽宁	Liaoning	1782555	288327	1485201	8675	352
吉林	Jilin	1192393	200084	986473	4391	1445
黑龙江	Heilongjiang	1579516	363118	1212607	3728	63
上海	Shanghai	952169	207778	729855	14464	72
江苏	Jiangsu	2922178	517430	2377890	23587	3270
浙江	Zhejiang	2302103	165004	2127771	2822	6506
安徽	Anhui	1793115	245528	1527588	19064	934
福建	Fujian	1504761	136825	1362355	4963	618
江西	Jiangxi	1728549	256498	1466218	5176	656
山东	Shandong	3814293	610261	3178168	24378	1486
河南	Henan	3535481	506671	3004223	21879	2709
湖北	Hubei	2327274	361129	1946950	18781	414
湖南	Hunan	2474622	323396	2141163	9824	239
广东	Guangdong	4315406	725999	3566832	14310	8265
广西	Guangxi	1876054	108314	1758891	8837	11
海南	Hainan	432377	65797	364885	1694	
重庆	Chongqing	1141614	127112	1007268	7217	18
四川	Sichuan	3067372	315238	2732003	16636	3495
贵州	Guizhou	1744417	167184	1570176	7039	18
云南	Yunnan	1923528	176075	1738923	8320	209
西藏	Tibet	267737	26126	240807	634	171
陕西	Shaanxi	1873877	324766	1537058	7432	4621
甘肃	Gansu	1385638	241310	1138398	4213	1716
青海	Qinghai	359273	36944	319769	2526	34
宁夏	Ningxia	356461	53897	301027	1537	
新疆	Xinjiang	1877711	156543	1717687	2694	787

4-1 续表 1 continued

单位：人 (person)

地区	Region	(一) 农、林、牧、渔业 I. Agriculture, Forestry, Animal Husbandry and Fishery	1.农业 1.Farming	2.林业 2.Forestry	3.畜牧业 3.Animal Husbandry	4.渔业 4.Fishery	5.农、林、牧、渔服务业 5.Service in Support of Agriculture
总 计	**National Total**	**549311**	**165188**	**232472**	**18184**	**4765**	**128702**
北 京	Beijing	1210	265	380	240	214	111
天 津	Tianjin	1195	446	255	174	14	306
河 北	Hebei	5357	747	2890	102	27	1591
山 西	Shanxi	5186	756	3502	118	7	803
内蒙古	Inner Mongolia	37378	11819	15402	693	56	9409
辽 宁	Liaoning	59657	50843	3624	54	449	4687
吉 林	Jilin	38767	2460	32251	264	291	3501
黑龙江	Heilongjiang	181912	48100	104048	549	332	28883
上 海	Shanghai	210	24		38		148
江 苏	Jiangsu	15092	1985	612	276	526	11693
浙 江	Zhejiang	1681	180	805	19	23	654
安 徽	Anhui	22354	8266	2289	24	105	11669
福 建	Fujian	8746	2092	5944	59	120	531
江 西	Jiangxi	23033	1880	6786	10059	315	3994
山 东	Shandong	4239	953	1678	135	179	1293
河 南	Henan	11424	3657	2202	492	227	4846
湖 北	Hubei	14284	8089	1786	125	1187	3096
湖 南	Hunan	10180	1179	4095	87	446	4374
广 东	Guangdong	12331	6115	2511	360	75	3270
广 西	Guangxi	19221	3709	11664	404	65	3379
海 南	Hainan	4587	2484	1412	90	2	599
重 庆	Chongqing	1784	81	820	135	2	746
四 川	Sichuan	14497	326	8479	187	14	5491
贵 州	Guizhou	2226	454	794	78		900
云 南	Yunnan	12489	802	7807	389	64	3426
西 藏	Tibet	477	197		179		101
陕 西	Shaanxi	10355	370	4229	238	25	5493
甘 肃	Gansu	12114	2207	3865	355		5687
青 海	Qinghai	5176	723	251	842		3360
宁 夏	Ningxia	3009	1367	971	140		532
新 疆	Xinjiang	9142	2615	1119	1279		4128

4-1 续表 2 continued

单位：人 (person)

地 区	Region	(二) 采矿业 II. Mining	1.煤炭开采和洗选业 1.Mining and Washing of Coal	2.石油和天然气开采业 2.Extraction of Petroleum and Natural Gas	3.黑色金属矿采选业 3.Mining and Processing of Ferrous Metal Ores	4.有色金属矿采选业 4.Mining and Processing of Non-ferrous Metal Ores	5.非金属矿采选业 5.Mining and Processing of Non-metal Ores	6.开采辅助活动 6.Support Activities for Mining
总 计	**National Total**	**166678**	**91137**	**30030**	**5326**	**5265**	**9671**	**25242**
北 京	Beijing							
天 津	Tianjin							
河 北	Hebei	1052			28	28	982	14
山 西	Shanxi	20903	20542		128	85	70	78
内蒙古	Inner Mongolia	6497	6327	164				6
辽 宁	Liaoning	248	12		132	104		
吉 林	Jilin	1371	369	937		38	27	
黑龙江	Heilongjiang	17310	1625				1018	14667
上 海	Shanghai							
江 苏	Jiangsu	763	73				690	
浙 江	Zhejiang	8					8	
安 徽	Anhui	7822	1791		4109	841	937	144
福 建	Fujian	1446			99		1347	
江 西	Jiangxi	3214	875			2141	198	
山 东	Shandong	23499	22792	212	7	27	461	
河 南	Henan	3010	2559		99		296	56
湖 北	Hubei	605	162		5	25	413	
湖 南	Hunan	159	13			86	60	
广 东	Guangdong	1218			71	681	55	411
广 西	Guangxi	213			16	140	57	
海 南	Hainan	267					267	
重 庆	Chongqing	1623		20			1603	
四 川	Sichuan	5794	818	3979	342	37	618	
贵 州	Guizhou	2488	1700		136	482	170	
云 南	Yunnan	8818	8677		120		21	
西 藏	Tibet	32				9	15	
陕 西	Shaanxi	27395	17334	58		8	129	9866
甘 肃	Gansu	15331	2685	12104		533	9	
青 海	Qinghai	187	31				156	
宁 夏	Ningxia	13950	1406	12510	34			
新 疆	Xinjiang	1457	1346	46			65	

4-1 续表 3 continued

单位：人 (person)

地 区	Region	7.其他采矿业 7.Mining of Other Ores	(三)制造业 III. Manufacturing	1.农副食品加工业 1.Processing of Food from Agricultural Products	2.食品制造业 2.Manufacture of Foods	3.酒、饮料和精制茶制造业 3.Manufacture of Liquor, Beverages and Refined Tea	4.烟草制品业 4.Manufacture of Tobacco	5.纺织业 5.Manufacture of Textile
总 计	**National Total**	**8**	**516386**	**34558**	**7451**	**8133**	**40809**	**6608**
北 京	Beijing		4659	35			814	
天 津	Tianjin		5294	572		19	757	324
河 北	Hebei		18582	460	253	451		
山 西	Shanxi		12960	591	472	12		5
内蒙古	Inner Mongolia		553		11			2
辽 宁	Liaoning		18843	750	735	228	1669	37
吉 林	Jilin		27068	85		510		
黑龙江	Heilongjiang		7576	810	95	59		
上 海	Shanghai		10275	71	364			31
江 苏	Jiangsu		36560	216	49	172	3997	25
浙 江	Zhejiang		11372	167	629	140		
安 徽	Anhui		24476	762	8	80	5697	
福 建	Fujian		5870	774	574	185		
江 西	Jiangxi		22903	1177	42	61		43
山 东	Shandong		40180	1439	659	335		834
河 南	Henan		26214	10769	6	234		114
湖 北	Hubei		40101	1408	21	512	339	579
湖 南	Hunan		28863	1062	186	248	8584	228
广 东	Guangdong		29105	7301	615	251		1962
广 西	Guangxi		12562	2500	266	803		170
海 南	Hainan		1631	537	93	96		
重 庆	Chongqing		9565	53	470	5		
四 川	Sichuan		12714	474	25	1708		1039
贵 州	Guizhou		5360	170	112	802		
云 南	Yunnan		40109	852	28	988	18567	
西 藏	Tibet	8	1059	235	134	8		
陕 西	Shaanxi		35202	409	545	119		1091
甘 肃	Gansu		15016	222	59	8		
青 海	Qinghai		3854	9				
宁 夏	Ningxia		1261	29			385	
新 疆	Xinjiang		6600	619	999	99		124

4-1 续表 4 continued

单位：人 (person)

地 区	Region	6.纺织服装、服饰业 6.Manufacture of Textile Wearing Apparel, and Accessories	7.皮革、毛皮、羽毛及其制品和制鞋业 7.Manufacture of Leather, Fur, Feather and Related Products and Footwear	8.木材加工和木、竹、藤、棕、草制品业 8.Processing of Timbers, Manufacture of Wood, Bamboo, Rattan, Palm and Straw Products	9.家具制造业 9.Manufacture of Furniture	10.造纸和纸制品业 10.Manufacture of Paper and Paper Products	11.印刷和记录媒介复制业 11.Printing and Reproduction of Recording Media
总 计	**National Total**	**8246**	**1050**	**4045**	**2848**	**4391**	**17945**
北 京	Beijing	28				10	1810
天 津	Tianjin	92	183				153
河 北	Hebei			66			901
山 西	Shanxi	686		555		7	511
内蒙古	Inner Mongolia						267
辽 宁	Liaoning	433		3	37	63	725
吉 林	Jilin			145			54
黑龙江	Heilongjiang	216		694	12	8	263
上 海	Shanghai	19	33	9	2267		552
江 苏	Jiangsu	885		182	35	41	830
浙 江	Zhejiang	189	10	3			213
安 徽	Anhui					8	101
福 建	Fujian	75		27			254
江 西	Jiangxi	1057	7	951	54	10	543
山 东	Shandong	517	10	4		2995	1613
河 南	Henan	881		10	11	18	608
湖 北	Hubei	36		44		314	492
湖 南	Hunan	5		131		25	130
广 东	Guangdong	765	86	215	416	40	704
广 西	Guangxi		21	218		385	657
海 南	Hainan						118
重 庆	Chongqing		361				1878
四 川	Sichuan	126				351	479
贵 州	Guizhou			62			190
云 南	Yunnan	166	40	709		105	1012
西 藏	Tibet		7				310
陕 西	Shaanxi	42		5		11	209
甘 肃	Gansu	228	292				1296
青 海	Qinghai	535					178
宁 夏	Ningxia						105
新 疆	Xinjiang	1266		11	16		790

4-1 续表 5 continued

单位：人 (person)

地 区	Region	12.文教工美、体育和娱乐用品制造业 12.Manufacture of Articles for Culture, Education, Arts and Crafts, Sport and Entertainment Activities	13.石油加工、炼焦和核燃料加工业 13.Processing of Petroleum, Coking, Processing of Nuclear Fuel	14.化学原料和化学制品制造业 14.Manufacture of Chemical Raw Material and Chemical Products	15.医药制造业 15.Manufacture of Medicines	16.化学纤维制造业 16.Manufacture of Chemical Fibres	17.橡胶和塑料制品业 17.Manufacture of Rubber and Plastics Products
总 计	**National Total**	**2647**	**10881**	**28377**	**7456**	**1263**	**8406**
北 京	Beijing	28		179	525		202
天 津	Tianjin	6		104			93
河 北	Hebei	257		525	261	678	288
山 西	Shanxi		335	2369	200		148
内蒙古	Inner Mongolia			34			
辽 宁	Liaoning	258	127	1456			136
吉 林	Jilin		27	3042	158		63
黑龙江	Heilongjiang	77		253	750		
上 海	Shanghai	85		66	35		405
江 苏	Jiangsu	147		2986	840	23	99
浙 江	Zhejiang	9		508			359
安 徽	Anhui	33		456			43
福 建	Fujian		19	997			38
江 西	Jiangxi		6	439	515		4
山 东	Shandong	603	1471	1334	1056	91	764
河 南	Henan	321	10	1551	61		3147
湖 北	Hubei	7	84	2984	10		10
湖 南	Hunan	31	5676	450	21		324
广 东	Guangdong	424		546	565		147
广 西	Guangxi		301		429		39
海 南	Hainan						
重 庆	Chongqing			159	96		
四 川	Sichuan		365	327			
贵 州	Guizhou	34		79	124		379
云 南	Yunnan	30		2855	1183		38
西 藏	Tibet				21		
陕 西	Shaanxi	297	1163	850	93		1543
甘 肃	Gansu		1297	3131	366	336	
青 海	Qinghai				148	135	
宁 夏	Ningxia						
新 疆	Xinjiang			698			137

4-1 续表 6 continued

单位：人 (person)

地 区	Region	18.非金属矿物制品业 18.Manufacture of Non-metallic Mineral Products	19.黑色金属冶炼和压延加工业 19.Smelting and Processing of Ferrous Metals	20.有色金属冶炼和压延加工业 20.Smelting and Processing of Non-ferrous Metals	21.金属制品业 21.Manufacture of Metal Products	22.通用设备制造业 22.Manufacture of General Purpose Machinery	23.专用设备制造业 23.Manufacture of Special Purpose Machinery
总 计	**National Total**	**38307**	**17612**	**40111**	**17120**	**37026**	**26172**
北 京	Beijing	20				496	159
天 津	Tianjin	244	7		59	80	621
河 北	Hebei	1318	403		1300	3244	4876
山 西	Shanxi	503		89	2514	288	1774
内蒙古	Inner Mongolia			201	33		
辽 宁	Liaoning	1248	492	510	1974	1019	1085
吉 林	Jilin	43			23	2923	2243
黑龙江	Heilongjiang	484	18		34	370	1936
上 海	Shanghai	627	78	63	35	420	192
江 苏	Jiangsu	3321		471	634	1352	1728
浙 江	Zhejiang	801				1524	49
安 徽	Anhui	1630		19	544	2632	811
福 建	Fujian	339			11	81	26
江 西	Jiangxi	1039	400	13679	193	412	766
山 东	Shandong	9421	133	458	3147	2611	2364
河 南	Henan	2324		128	202	337	1359
湖 北	Hubei	2547	2318	717	1932	4026	643
湖 南	Hunan	937	614	3675	394	200	1040
广 东	Guangdong	958	168	1152	1691	910	1422
广 西	Guangxi	1896	4528	134	27	26	70
海 南	Hainan	75	28				
重 庆	Chongqing	310		1081	142	249	35
四 川	Sichuan	3182	329	244		1062	686
贵 州	Guizhou	250		156	963	868	462
云 南	Yunnan	696	7716	3328	229	9	51
西 藏	Tibet	319			8		
陕 西	Shaanxi	1088	73	8319	242	11350	1129
甘 肃	Gansu	1278	103	3339	431	538	589
青 海	Qinghai	13		2348			
宁 夏	Ningxia	635					
新 疆	Xinjiang	761	204		359		57

4-1 续表 7 continued

单位：人 (person)

地区	Region	24.汽车制造业 24.Manufacture of Automobiles	25.铁路、船舶、航空航天和其他运输设备制造业 25. Manufacture of Railway,Ship, Aerospace and Other Transport Equipment	26.电气机械和器材制造业 26.Manufacture of Electrical Machinery and Apparatus	27.计算机、通信和其他电子设备制造业 27.Manufacture of Computers, Communication and Other Electronic Equipment	28.仪器仪表制造业 28.Manufacture of Measuring Instruments and Machinery	29.其他制造业 29. Other Manufature
总 计	**National Total**	**42774**	**25701**	**22841**	**26742**	**3913**	**1694**
北 京	Beijing			143	124	87	
天 津	Tianjin	384	259	683	605	49	
河 北	Hebei	5	52	443	425	10	
山 西	Shanxi		866	33	76	307	124
内蒙古	Inner Mongolia						
辽 宁	Liaoning	242	3820	249	135		64
吉 林	Jilin	17692			54	6	
黑龙江	Heilongjiang	29	1198		76		
上 海	Shanghai	215	876	59	1321	32	
江 苏	Jiangsu	4422	3410	7661	2346	546	111
浙 江	Zhejiang	98	1647	2546		50	
安 徽	Anhui	2139	456	219	4482		77
福 建	Fujian	53	868		1405		
江 西	Jiangxi		522	251	32		630
山 东	Shandong	3219	2104	1084	763	178	255
河 南	Henan	1632	850	189	459	700	
湖 北	Hubei	6468	3870	1592	7372	30	32
湖 南	Hunan	160	325	2435	1707		219
广 东	Guangdong	555	2182	605	1915	189	125
广 西	Guangxi		42				
海 南	Hainan				684		
重 庆	Chongqing	3701		171	274	426	24
四 川	Sichuan	702	36	260	1210	92	18
贵 州	Guizhou	324			44	216	
云 南	Yunnan			1032	116	352	7
西 藏	Tibet	5			12		
陕 西	Shaanxi	493	2319	1333	985	643	
甘 肃	Gansu	21		1282	120		
青 海	Qinghai			488			
宁 夏	Ningxia						
新 疆	Xinjiang	215		83			8

4-1 续表 8 continued

单位：人 (person)

地 区	Region	30.废弃资源综合利用业 30. Utilization of Waste Resources	31.金属制品、机械和设备修理业 31. Repair Service of Metal Products, Machinery and Eguipment	(四) 电力、热力、燃气及水生产和供应业 Production and Supply of Electricity, Heat, Gas and Water	1.电力、热力生产和供应业 1.Production and Supply of Electric Power and Heat Power	2.燃气生产和供应业 2.Production and Supply of Gas	3.水的生产和供应业 3.Production and Supply of Water
总 计	**National Total**	**2503**	**18759**	**985412**	**785687**	**11652**	**188074**
北 京	Beijing			9627	9459		168
天 津	Tianjin			4440	3557	89	794
河 北	Hebei	149	2217	58273	41274	1182	15817
山 西	Shanxi	33	463	49752	39146	2111	8495
内蒙古	Inner Mongolia		5	8725	3242	405	5079
辽 宁	Liaoning	937	411	15576	8392	70	7113
吉 林	Jilin			16720	8029	431	8260
黑龙江	Heilongjiang	194		21289	12225	181	8883
上 海	Shanghai		2421	1203	89	74	1040
江 苏	Jiangsu		32	9857	3938	364	5555
浙 江	Zhejiang		2431	5454	2782	556	2115
安 徽	Anhui	636	3643	12778	7077	59	5643
福 建	Fujian		144	4112	2039		2073
江 西	Jiangxi	70		11765	4605	267	6893
山 东	Shandong	2	716	123803	111237	512	12053
河 南	Henan	12	281	141633	120704	499	20430
湖 北	Hubei		1713	82449	74458	374	7617
湖 南	Hunan	32	24	90786	76678	269	13840
广 东	Guangdong	174	3023	39225	23833	190	15202
广 西	Guangxi		50	7466	2163		5303
海 南	Hainan			10159	7787	4	2368
重 庆	Chongqing	56	74	4667	2776	287	1604
四 川	Sichuan			22977	15946	1609	5422
贵 州	Guizhou		125	47636	45183	10	2443
云 南	Yunnan			4816	1130	107	3579
西 藏	Tibet			1162	590		572
陕 西	Shaanxi	60	792	48332	37721	1833	8778
甘 肃	Gansu	43	38	66194	60201	45	5948
青 海	Qinghai			10839	10140		699
宁 夏	Ningxia	105	2	13956	13233	48	675
新 疆	Xinjiang		154	39740	36049	76	3615

4-1 续表 9 continued

单位：人 (person)

地 区	Region	(五) 建筑业 V. Construction	1.房屋建筑业 1. Construction of Buildings	2.土木工程建筑业 2. Civil Engineering	3.建筑安装业 3.Building Installation	4.建筑装饰和其他建筑业 4.Building Decoration and Other Constructions	(六) 批发和零售业 VI. Wholesale and Retail Trades
总 计	**National Total**	**894540**	**423336**	**392639**	**56506**	**22059**	**478789**
北 京	Beijing	6661	545	3336	1982	798	14488
天 津	Tianjin	9023	630	7171	938	284	3745
河 北	Hebei	28788	5779	21327	68	1614	14772
山 西	Shanxi	18554	11114	4041	2466	933	14783
内蒙古	Inner Mongolia	1472	156	1316			7510
辽 宁	Liaoning	22468	2731	13648	5668	421	13632
吉 林	Jilin	7103	586	6384		133	10138
黑龙江	Heilongjiang	9175	1775	6724	656	20	14302
上 海	Shanghai	6027	2748	2846	35	398	10869
江 苏	Jiangsu	104793	65213	36519	1095	1965	29087
浙 江	Zhejiang	9537	127	8595	796	19	14837
安 徽	Anhui	30325	10622	16667	1457	1579	16337
福 建	Fujian	26629	24176	2305	88	60	15680
江 西	Jiangxi	46652	29853	12490	1502	2807	16981
山 东	Shandong	91393	27922	61431	1008	1032	19868
河 南	Henan	44363	10134	27627	6082	520	37683
湖 北	Hubei	44554	10911	32344	1039	260	26916
湖 南	Hunan	47556	18075	27520	923	1038	24331
广 东	Guangdong	136178	85347	39207	7434	4190	32363
广 西	Guangxi	9144	4483	3467	694	500	10997
海 南	Hainan	4772	4397	332		43	6976
重 庆	Chongqing	8968	2653	6157	42	116	9529
四 川	Sichuan	62425	50059	9528	2344	494	20290
贵 州	Guizhou	28878	22601	5916	189	172	20638
云 南	Yunnan	10641	3443	5772	203	1223	22708
西 藏	Tibet	1166	430	720		16	2989
陕 西	Shaanxi	29026	12753	15120	372	782	20877
甘 肃	Gansu	37357	10571	7850	18518	418	9904
青 海	Qinghai	3232	776	2456			2342
宁 夏	Ningxia	1801	232	1569			2579
新 疆	Xinjiang	5881	2493	2257	907	224	10639

4-1 续表 10 continued

单位：人 (person)

地 区	Region	1.批发业 1.Wholesale Trade	2.零售业 2.Retail Trade	(七) 交通运输、仓储和邮政业 VII. Transport, Storage and Post	1.铁路运输业 1.Railway Transport	2.道路运输业 2.Road Transport	3.水上运输业 3.Water Transport
总 计	**National Total**	**372196**	**106593**	**1044608**	**8038**	**594986**	**43675**
北 京	Beijing	7980	6507	3639		947	
天 津	Tianjin	2898	847	27980		15439	334
河 北	Hebei	12772	2000	71384	22	48805	244
山 西	Shanxi	11375	3407	25094	1052	18339	7
内蒙古	Inner Mongolia	6621	888	16328	1489	11036	
辽 宁	Liaoning	11013	2619	35175		17243	4984
吉 林	Jilin	6684	3454	20376		7814	32
黑龙江	Heilongjiang	10548	3754	49111		23352	129
上 海	Shanghai	6878	3991	22755		15742	2703
江 苏	Jiangsu	23662	5425	70115	76	35767	6479
浙 江	Zhejiang	11720	3117	20043	93	11831	2895
安 徽	Anhui	14461	1876	33368	5	13941	1028
福 建	Fujian	13846	1834	10929		6796	994
江 西	Jiangxi	14977	2004	31603		10361	44
山 东	Shandong	13150	6718	74792	1491	53712	6815
河 南	Henan	30461	7222	84396	10	60345	55
湖 北	Hubei	19966	6950	46491		28984	3260
湖 南	Hunan	19214	5117	27365		20506	374
广 东	Guangdong	21851	10512	96264	3590	40458	7150
广 西	Guangxi	9010	1986	14016	5	8676	898
海 南	Hainan	2800	4176	11652		3296	113
重 庆	Chongqing	8214	1315	32008	10	4365	4647
四 川	Sichuan	16824	3465	42629		24433	403
贵 州	Guizhou	18870	1768	8966		7031	
云 南	Yunnan	20863	1845	26349		16153	33
西 藏	Tibet	1563	1426	11791	10	5436	6
陕 西	Shaanxi	15379	5497	63141	16	46325	36
甘 肃	Gansu	6630	3273	21552		10719	
青 海	Qinghai	1915	427	7746	153	4558	
宁 夏	Ningxia	2209	370	10098		6757	14
新 疆	Xinjiang	7840	2800	27449	16	15822	

4-1 续表 11 continued

单位：人 (person)

地区	Region	4.航空运输业 4.Air Transport	5.管道运输业 5.Transport Via Pipeline	6.装卸搬运和运输代理业 6.Loading Unloading and Forwarding Ageney	7.仓储业 7.Storage	8.邮政业 8.Post	(八)住宿和餐饮业 VIII. Hotels and Catering Services
总计	**National Total**	**41918**	**12346**	**13380**	**74088**	**256176**	**187247**
北京	Beijing	207	1597	164	725		16306
天津	Tianjin	377		43	720	11068	2596
河北	Hebei	404	8152	397	2176	11185	9961
山西	Shanxi	446		555	2359	2337	8455
内蒙古	Inner Mongolia	624		24	1551	1605	1316
辽宁	Liaoning	3006		531	2561	6849	5040
吉林	Jilin	338		6	4467	7720	5063
黑龙江	Heilongjiang	624		198	5138	19670	3733
上海	Shanghai	2425	624	830	431		6969
江苏	Jiangsu	647	22	812	6762	19551	13441
浙江	Zhejiang	1045		184	406	3589	8340
安徽	Anhui	932		315	4406	12742	3126
福建	Fujian		83	94	759	2204	3570
江西	Jiangxi	3011		36	4454	13698	6210
山东	Shandong	835	204	1381	3833	6521	20581
河南	Henan	1323		265	9511	12886	8907
湖北	Hubei	540	16	111	2951	10628	3297
湖南	Hunan	583		5	2337	3560	4608
广东	Guangdong	4633	1390	6738	4443	27863	14974
广西	Guangxi	639		58	2128	1612	2496
海南	Hainan	471			366	7406	1273
重庆	Chongqing	3454		145	650	18737	1139
四川	Sichuan	5022		108	3112	9552	5990
贵州	Guizhou	569		58	1280	29	2253
云南	Yunnan	803		122	742	8496	5974
西藏	Tibet	4510			368	1461	1313
陕西	Shaanxi	1921		1	2661	12181	5649
甘肃	Gansu	91	258	43	1162	9278	4845
青海	Qinghai	280		30	509	2216	1284
宁夏	Ningxia	356			273	2698	964
新疆	Xinjiang	1803		127	847	8834	7575

4-1 续表 12 continued

单位：人 (person)

地 区	Region	1.住宿业 1.Hotels	2.餐饮业 2.Catering Services	(九) 信息传输、软件和信息技术服务业 Information Transmission, Software and Information Technology	1.电信、广播电视和卫星传输服务 1.Telecommunication, Radio and Television and Satellite Transmission Service	2.互联网和相关服务 2.Internet and Related Service	3.软件和信息技术服务业 3.Software and Information Technology
总 计	**National Total**	**152384**	**34864**	**275844**	**205305**	**15260**	**55280**
北 京	Beijing	14683	1623	12845	1855	2233	8757
天 津	Tianjin	2011	585	1736	563	158	1015
河 北	Hebei	8284	1677	12345	10981	920	445
山 西	Shanxi	7190	1266	6051	5613	108	329
内蒙古	Inner Mongolia	1187	129	8441	7070	252	1118
辽 宁	Liaoning	4388	652	11673	10786	393	493
吉 林	Jilin	4414	650	8827	8311	150	366
黑龙江	Heilongjiang	3118	615	8371	7567	118	687
上 海	Shanghai	5973	996	8137	418	1978	5741
江 苏	Jiangsu	8303	5139	15242	9844	394	5003
浙 江	Zhejiang	6585	1755	9001	7212	478	1311
安 徽	Anhui	2429	697	6092	5668	153	271
福 建	Fujian	3343	227	4149	2245	522	1382
江 西	Jiangxi	4563	1647	3951	3326	119	506
山 东	Shandong	15373	5208	20058	15548	849	3661
河 南	Henan	7822	1085	19329	17128	298	1903
湖 北	Hubei	1989	1308	14494	10862	2118	1514
湖 南	Hunan	3994	614	8688	6972	217	1499
广 东	Guangdong	12912	2062	23108	15545	1011	6553
广 西	Guangxi	1678	818	3510	2558	198	754
海 南	Hainan	1224	49	1768	1420	49	299
重 庆	Chongqing	815	324	13031	7055	152	5824
四 川	Sichuan	4747	1243	13764	11984	459	1321
贵 州	Guizhou	1795	458	3940	3134	355	452
云 南	Yunnan	5507	467	6614	4948	190	1476
西 藏	Tibet	1313		6619	6607	12	
陕 西	Shaanxi	4755	894	8462	6337	740	1384
甘 肃	Gansu	4029	816	7257	6901	287	69
青 海	Qinghai	1284		1021	916	23	82
宁 夏	Ningxia	776	188	1631	1585	30	16
新 疆	Xinjiang	5902	1673	5690	4344	296	1050

4-1 续表 13 continued

单位：人 (person)

地 区	Region	(十) 金融业 X. Financial Intermedia-tion	1.货币金融服务 1.Monetay and Financial Service	2.资本市场服务 2.Capital Market Service	3.保险业 3.Insurance	4.其他金融业 4.Other Financial Activities	(十一) 房地产业 XI. Real Estate
总 计	**National Total**	**656907**	**553621**	**31928**	**64864**	**6494**	**214895**
北 京	Beijing	11729	8691	2703		335	9351
天 津	Tianjin	27462	24662	351	2006	443	6117
河 北	Hebei	8138	7650	96	345	48	4792
山 西	Shanxi	24474	22473	261	1725	15	5604
内蒙古	Inner Mongolia	14687	12862	45	1780		1823
辽 宁	Liaoning	36379	33946	592	1798	42	10350
吉 林	Jilin	17902	13966	83	3639	214	3116
黑龙江	Heilongjiang	17327	16740	24	564		5494
上 海	Shanghai	58059	42201	14117	259	1483	7547
江 苏	Jiangsu	48989	44874	47	3755	313	13773
浙 江	Zhejiang	4707	3978	440	265	24	7377
安 徽	Anhui	25354	22083	168	2519	583	7203
福 建	Fujian	6468	4757	607	1056	49	6228
江 西	Jiangxi	22804	20446	99	2240	19	3776
山 东	Shandong	57597	44695	3110	9049	742	13987
河 南	Henan	7551	5933	1378	6	234	7916
湖 北	Hubei	16903	16748	14	133	8	8182
湖 南	Hunan	30506	26615	90	3396	405	4644
广 东	Guangdong	73911	57968	5545	9620	779	46775
广 西	Guangxi	4848	4665	104	45	34	4013
海 南	Hainan	7324	7175	149			3762
重 庆	Chongqing	3824	3074	734	2	14	2272
四 川	Sichuan	26423	18952	553	6779	140	5487
贵 州	Guizhou	2942	2814	41	33	54	2589
云 南	Yunnan	15930	15043	110	708	69	3429
西 藏	Tibet	3065	2895	57		113	806
陕 西	Shaanxi	37321	26002	80	11193	46	8128
甘 肃	Gansu	17251	16824	101	314	13	6221
青 海	Qinghai	2638	2594	39	5		459
宁 夏	Ningxia	5450	5010	36	382	22	189
新 疆	Xinjiang	18940	17282	156	1249	253	3485

4-1 续表 14 continued

单位：人 (person)

地区	Region	（十二）租赁和商务服务业 XII. Leasing and Business Services	1.租赁业 1.Leasing	2.商务服务业 2.Business Services	（十三）科学研究和技术服务业 XIII. Scientific Research and Technical Services	1.研究和试验发展 1.Research and Experimental Development	2.专业技术服务业 2.Professional Technical Services
总 计	**National Total**	**947889**	**7028**	**940862**	**1509197**	**333851**	**941277**
北 京	Beijing	129618	128	129490	138015	79437	41368
天 津	Tianjin	25534	117	25417	31208	3878	22156
河 北	Hebei	26264	1193	25071	45249	4453	36654
山 西	Shanxi	19810	321	19489	38280	4436	28074
内蒙古	Inner Mongolia	13134	85	13049	29859	3164	20040
辽 宁	Liaoning	20359	39	20320	47771	14863	27172
吉 林	Jilin	9983	37	9946	39165	9791	22033
黑龙江	Heilongjiang	27602	22	27580	40055	5754	26349
上 海	Shanghai	61550	178	61372	42360	20751	18165
江 苏	Jiangsu	82227	261	81966	74594	14332	48142
浙 江	Zhejiang	55294	340	54954	57247	13943	36866
安 徽	Anhui	22087	269	21818	45461	8043	32129
福 建	Fujian	21432	30	21402	33211	7204	22720
江 西	Jiangxi	19787	449	19338	39637	6114	29856
山 东	Shandong	43682	737	42945	71018	9763	52540
河 南	Henan	36071	373	35698	78238	10745	51626
湖 北	Hubei	33244	75	33169	63352	10510	42709
湖 南	Hunan	22933	174	22759	55832	7315	41219
广 东	Guangdong	135368	690	134678	117290	31659	75665
广 西	Guangxi	17000	351	16649	46322	7639	28145
海 南	Hainan	4634	84	4550	11717	3521	6458
重 庆	Chongqing	11140		11140	34025	6581	21256
四 川	Sichuan	26420	155	26265	71900	13847	45614
贵 州	Guizhou	9922	18	9904	27581	3984	20108
云 南	Yunnan	14180	186	13994	56605	8707	27820
西 藏	Tibet	2963	57	2906	6864	695	5026
陕 西	Shaanxi	23868	474	23394	56638	7030	37281
甘 肃	Gansu	13184	29	13155	46314	9333	30430
青 海	Qinghai	1834	95	1739	12105	733	9770
宁 夏	Ningxia	1906	24	1882	8853	825	5865
新 疆	Xinjiang	14858	37	14821	42430	4803	28021

4-1 续表 15 continued

单位：人 (person)

地 区	Region	3.科技推广和应用服务业 3.Science and Technology Popularization and Application Services	(十四) 水利、环境和公共设施管理业 XIV. Management of Water Conservancy, Enviroment and Public Facilities	1.水利管理业 1.Management of Water Conservancy	2.生态保护和环境治理业 2.Ecological Protection and Environmental Treatment	3.公共设施管理业 3.Management of Public Facilities	4.土地管理业 4.Management of Land
总 计	**National Total**	**234069**	**1211710**	**243847**	**105264**	**839090**	**23510**
北 京	Beijing	17210	56951	7866	2033	46808	243
天 津	Tianjin	5174	21549	3777	1367	16168	238
河 北	Hebei	4141	47212	8589	2651	35394	577
山 西	Shanxi	5770	59176	8832	4384	45203	758
内蒙古	Inner Mongolia	6655	23081	5829	3303	12913	1036
辽 宁	Liaoning	5737	45599	7521	4043	32676	1360
吉 林	Jilin	7341	43535	5589	1295	36351	300
黑龙江	Heilongjiang	7952	58721	8039	8923	41086	673
上 海	Shanghai	3444	13324	3380	1091	8492	361
江 苏	Jiangsu	12120	66512	16425	2299	46530	1258
浙 江	Zhejiang	6438	35190	5514	1631	26890	1155
安 徽	Anhui	5290	27522	9330	1356	16031	804
福 建	Fujian	3287	26500	4168	2137	19036	1159
江 西	Jiangxi	3667	13536	2002	1279	9879	376
山 东	Shandong	8715	54388	10263	2652	40021	1453
河 南	Henan	15867	71668	16742	4297	48704	1925
湖 北	Hubei	10134	57884	15675	3132	37495	1583
湖 南	Hunan	7297	65294	13522	4705	46116	951
广 东	Guangdong	9967	88456	16828	6989	63442	1198
广 西	Guangxi	10539	48367	8135	3175	36016	1041
海 南	Hainan	1738	12027	1469	2975	7213	370
重 庆	Chongqing	6188	12785	1165	1662	9411	547
四 川	Sichuan	12438	53931	5923	3750	43401	856
贵 州	Guizhou	3489	14859	1392	1313	11607	548
云 南	Yunnan	20078	37417	5989	15156	15756	515
西 藏	Tibet	1143	657	167	161	256	73
陕 西	Shaanxi	12328	57168	16427	5806	33948	987
甘 肃	Gansu	6552	30918	10847	5134	14572	366
青 海	Qinghai	1601	7144	2081	1681	3264	118
宁 夏	Ningxia	2164	11591	3207	1162	6976	246
新 疆	Xinjiang	9606	48748	17156	3722	27434	436

4-1 续表 16 continued

单位：人 (person)

地 区	Region	(十五) 居民服务、修理和其他服务业 XV. Service to Households, Repair and Other Services	1.居民服务业 1.Service to Households	2.机动车、电子产品和日用产品修理业 2.Repair of Motor Vehicle, Electronics and Household Products	3.其他服务业 3.Other Sevices	(十六) 教育 XVI. Education	(十七) 卫生和社会工作 XVII. Health and Social Service	1.卫生 1.Health	2.社会工作 2.Social Service
总 计	**National Total**	**133469**	**78719**	**8552**	**46198**	**16628278**	**9343906**	**9129556**	**214351**
北 京	Beijing	9588	4799	1066	3723	366510	246320	238821	7499
天 津	Tianjin	3404	2313	58	1033	183209	106415	104834	1582
河 北	Hebei	4117	3056	247	815	785341	406796	398723	8073
山 西	Shanxi	1760	1309	311	140	479341	248818	243766	5052
内蒙古	Inner Mongolia	2537	1583	112	842	358152	192975	188167	4808
辽 宁	Liaoning	4711	3287	122	1303	472430	297610	290506	7103
吉 林	Jilin	3272	2393	5	875	329617	195305	188173	7132
黑龙江	Heilongjiang	6360	4024	753	1583	365671	234276	228971	5305
上 海	Shanghai	6768	5366	1289	113	286723	206045	197265	8781
江 苏	Jiangsu	7773	4713	379	2681	910089	463258	450996	12262
浙 江	Zhejiang	4624	2771	53	1800	734685	474781	465886	8895
安 徽	Anhui	4117	2361	200	1556	591835	292959	286851	6108
福 建	Fujian	2527	1691	194	642	546070	238786	235363	3422
江 西	Jiangxi	2387	1276	119	992	553709	259321	253852	5469
山 东	Shandong	9111	4722	576	3813	1112589	646229	636700	9529
河 南	Henan	9816	4876	331	4609	1076123	599623	588249	11374
湖 北	Hubei	7583	4275	611	2697	641943	427921	415866	12055
湖 南	Hunan	4027	2442	63	1522	735123	405502	395253	10249
广 东	Guangdong	12238	8814	912	2512	1110569	776563	756988	19575
广 西	Guangxi	2681	1478	178	1025	697123	363398	358578	4819
海 南	Hainan	952	297	5	650	126272	68167	67402	765
重 庆	Chongqing	2535	973	68	1494	400090	201356	195752	5604
四 川	Sichuan	5187	2984	82	2120	970268	567950	552867	15083
贵 州	Guizhou	3064	1278	58	1729	551382	271939	267917	4022
云 南	Yunnan	3358	1344	112	1902	606252	320277	314743	5534
西 藏	Tibet	529	281		248	49313	18406	17586	820
陕 西	Shaanxi	3301	1851	200	1250	508545	293284	282184	11100
甘 肃	Gansu	1149	742		407	378346	181367	177972	3394
青 海	Qinghai	812	86	15	711	85291	55434	54027	1407
宁 夏	Ningxia	321	161		160	101051	53352	52105	1246
新 疆	Xinjiang	2859	1172	433	1255	514617	229477	223194	6283

4-1 续表 17 continued

单位：人 (person)

地 区	Region	(十八) 文化、体育和娱乐业 XVIII. Culture, Sports and Entertainment	1.新闻和出版业 1.Journalism and Publishing Activities	2.广播、电视、电影和影视录音制作业 2.Radio, Television, Motion Picture and Videotape Programme Production Services	3.文化艺术业 3.Cultural and Art Activities	4.体育 4.Sports Activities	5.娱乐业 5.Entertainment
总 计	**National Total**	**856109**	**166499**	**242501**	**365641**	**49351**	**32118**
北 京	Beijing	87091	35190	21146	25272	4865	619
天 津	Tianjin	8794	1269	575	5627	927	396
河 北	Hebei	37635	6501	14002	14320	1712	1101
山 西	Shanxi	31597	4410	9762	15974	672	780
内蒙古	Inner Mongolia	27662	4500	7493	14038	780	851
辽 宁	Liaoning	30505	7797	9314	10885	581	1928
吉 林	Jilin	21271	3017	7521	8572	1698	463
黑龙江	Heilongjiang	17693	3838	4184	7477	1591	603
上 海	Shanghai	17219	3176	602	11236	1782	423
江 苏	Jiangsu	43291	6718	9964	19911	3453	3246
浙 江	Zhejiang	39421	6888	11238	18002	1978	1314
安 徽	Anhui	20390	4293	6985	7805	851	456
福 建	Fujian	26075	4153	7470	11146	2407	900
江 西	Jiangxi	19804	4116	6014	8892	286	496
山 东	Shandong	47836	6855	18350	17720	3041	1870
河 南	Henan	47772	8049	14845	20697	2632	1550
湖 北	Hubei	36562	5857	9032	16828	2714	2130
湖 南	Hunan	31325	4685	10580	12723	2007	1330
广 东	Guangdong	53004	10470	16194	18382	4868	3090
广 西	Guangxi	19841	3564	4319	9730	1747	482
海 南	Hainan	5123	1113	1904	1873	95	138
重 庆	Chongqing	13425	2973	2318	5802	386	1946
四 川	Sichuan	38564	6969	10959	18797	992	846
贵 州	Guizhou	13443	2218	3338	6383	893	610
云 南	Yunnan	23384	3559	6734	10379	2120	591
西 藏	Tibet	5061	499	1815	2298	178	271
陕 西	Shaanxi	33620	3702	8036	19370	1382	1129
甘 肃	Gansu	20022	2223	5496	10711	944	649
青 海	Qinghai	5370	954	905	2457	656	398
宁 夏	Ningxia	5739	1227	1389	2656	276	192
新 疆	Xinjiang	27568	5716	10017	9678	834	1323

4-1 续表 18 continued

单位：人 (person)

地 区	Region	(十九)公共管理、社会保障和社会组织 XIX.Public Management, Social Security and Social Organization	#中国共产党机关 Organs of Communist Party of China	#国家机构 Government Agencies	#人民政协、民主党派 People's Political Consultative Conference and Democratic Parties	#社会保障 Social Security	#群众社团、社会团体和其他成员组织 Non-Governmental Organizations, Social Organizations and Membership Organizations
总 计	**National Total**	**19729612**	**945946**	**18358888**	**112284**	**156408**	**156086**
北 京	Beijing	431130	13922	407732	2280	1438	5757
天 津	Tianjin	198976	9879	184246	753	2729	1369
河 北	Hebei	971104	46914	904411	5253	7076	7450
山 西	Shanxi	632800	34659	580047	3985	7951	6159
内蒙古	Inner Mongolia	563214	32451	515355	3507	5382	6519
辽 宁	Liaoning	634530	29639	587601	3411	8872	5006
吉 林	Jilin	393793	15734	369517	2212	3829	2501
黑龙江	Heilongjiang	493536	25130	456675	2713	5661	3356
上 海	Shanghai	186129	6808	174357	893	2886	1186
江 苏	Jiangsu	916723	50383	848894	4751	7473	5222
浙 江	Zhejiang	808504	29611	764191	4341	4767	5594
安 徽	Anhui	599508	29066	556866	3610	3726	6240
福 建	Fujian	516333	31760	470969	3255	4618	5730
江 西	Jiangxi	627475	24494	588933	3713	6224	4112
山 东	Shandong	1339444	60567	1255940	6212	6594	10131
河 南	Henan	1223743	58109	1141542	5650	11023	7419
湖 北	Hubei	760509	35882	706642	4577	8407	5002
湖 南	Hunan	876901	44993	812190	5211	8581	5927
广 东	Guangdong	1516464	54842	1444340	5230	5461	6592
广 西	Guangxi	592835	31734	544835	3726	5886	6655
海 南	Hainan	149314	6880	139418	537	650	1829
重 庆	Chongqing	377848	15713	354405	2284	2612	2833
四 川	Sichuan	1100164	58255	1015165	8739	9250	8755
贵 州	Guizhou	724310	28248	684042	3754	1596	6670
云 南	Yunnan	704178	41568	640511	6663	7135	8301
西 藏	Tibet	153466	11767	138983	1389	225	1102
陕 西	Shaanxi	603565	33149	552256	4204	8003	5953
甘 肃	Gansu	501294	26658	463859	4368	2719	3690
青 海	Qinghai	152506	7289	140613	1462	1074	2068
宁 夏	Ningxia	118761	5732	109461	1101	713	1753
新 疆	Xinjiang	860557	44112	804892	2501	3845	5205

4-2 各地区分行业城镇集体单位就业人员数
Employed Persons in Urban Collective-owned Units by Sector and Region

单位：人

地　区	Region	城镇集体单位合计 Total	(一)企业 I. Enterprises	(二)政府 II. Institutions	(三)民间非营利组织 III. Civil Nonprofit Organizations	(四)其他 IV. Other
总　计	**National Total**	**2616741**	**1686134**	**753183**	**169242**	**8183**
北　京	Beijing	94245	82470	5778	5906	91
天　津	Tianjin	19593	14638	3420	1535	
河　北	Hebei	103839	51025	47424	5363	27
山　西	Shanxi	51213	49114	44	2046	9
内蒙古	Inner Mongolia	18399	11275	4892	2199	33
辽　宁	Liaoning	76659	62072	11902	2660	26
吉　林	Jilin	9781	7868	1327	586	
黑龙江	Heilongjiang	20406	16224	3948	227	7
上　海	Shanghai	79558	36884	27482	15191	
江　苏	Jiangsu	313903	100253	185166	27845	638
浙　江	Zhejiang	71766	56961	4422	10330	53
安　徽	Anhui	71119	38679	27991	4413	36
福　建	Fujian	83265	43229	37699	2271	66
江　西	Jiangxi	82874	67913	12558	2203	200
山　东	Shandong	178918	112035	55214	11407	262
河　南	Henan	190739	100227	83337	7125	50
湖　北	Hubei	78905	48328	24071	6450	56
湖　南	Hunan	131997	97092	33073	1800	32
广　东	Guangdong	363204	269460	71942	15856	5946
广　西	Guangxi	60259	57333	916	1986	23
海　南	Hainan	9663	6455	3140	68	
重　庆	Chongqing	42480	29213	11639	1595	33
四　川	Sichuan	151095	115107	30040	5921	26
贵　州	Guizhou	26962	22194	1483	3255	30
云　南	Yunnan	112348	66176	20436	25263	473
西　藏	Tibet	2834	2420	362	45	7
陕　西	Shaanxi	90779	61741	25606	3383	50
甘　肃	Gansu	52288	38608	11714	1956	10
青　海	Qinghai	6027	4370	1396	261	
宁　夏	Ningxia	3936	2193	1691	52	
新　疆	Xinjiang	17689	14576	3069	44	

4-2 续表 1 continued

单位：人

地 区	Region	(一)农、林、牧、渔业 I. Agriculture, Forestry, Animal Husbandry and Fishery	1.农业 1.Farming	2.林业 2.Forestry	3.畜牧业 3.Animal Husbandry	4.渔业 4.Fishery	5.农、林、牧、渔服务业 5.Service in Support of Agriculture
总 计	**National Total**	**28114**	**15366**	**7023**	**967**	**1428**	**3330**
北 京	Beijing	5864	767	4976	30	26	66
天 津	Tianjin	25		3	1		21
河 北	Hebei	505	138	171			196
山 西	Shanxi	339	48	143	140		9
内蒙古	Inner Mongolia	53		41	12		
辽 宁	Liaoning	3863	3392	15	16	432	8
吉 林	Jilin	105	2	103			
黑龙江	Heilongjiang	107			87		20
上 海	Shanghai	519	165	85	16	186	68
江 苏	Jiangsu	980	217	97	25	173	468
浙 江	Zhejiang	213	48	58		74	33
安 徽	Anhui	590	265	51	10	11	254
福 建	Fujian	149	72	56		12	9
江 西	Jiangxi	667	225	150		15	277
山 东	Shandong	684	64	14		282	324
河 南	Henan	560	231	19	42	4	265
湖 北	Hubei	9077	8703	32	147	30	165
湖 南	Hunan	602	58	334	7	60	143
广 东	Guangdong	425	210	60		59	96
广 西	Guangxi	192	36	77	19	24	36
海 南	Hainan	260	129	131			
重 庆	Chongqing	229	135	43	1	36	14
四 川	Sichuan	143	5	60			78
贵 州	Guizhou	352	175	91	86		
云 南	Yunnan	485	136	151	71	4	124
西 藏	Tibet	51	44		7		
陕 西	Shaanxi	162	46	37	3		76
甘 肃	Gansu	268	20	27	24		197
青 海	Qinghai	390	35				355
宁 夏	Ningxia						
新 疆	Xinjiang	253			224		29

4-2 续表 2 continued

单位：人

地区	Region	(二) 采矿业 II. Mining	1.煤炭开采和洗选业 1.Mining and Washing of Coal	2.石油和天然气开采业 2.Extraction of Petroleum and Natural Gas	3.黑色金属矿采选业 3.Mining and Processing of Ferrous Metal Ores	4.有色金属矿采选业 4.Mining and Processing of Non-ferrous Metal Ores	5.非金属矿采选业 5.Mining and Processing of Non-metal Ores	6.开采辅助活动 6.Support Activities for Mining
总 计	**National Total**	**22199**	**13636**	**11**	**2086**	**1131**	**5054**	**245**
北 京	Beijing							
天 津	Tianjin							
河 北	Hebei	196			128		68	
山 西	Shanxi	4896	4793		53	4	46	
内蒙古	Inner Mongolia							
辽 宁	Liaoning	407			387		20	
吉 林	Jilin	45					45	
黑龙江	Heilongjiang	4117	3873					245
上 海	Shanghai							
江 苏	Jiangsu	108					108	
浙 江	Zhejiang	161					161	
安 徽	Anhui	37					37	
福 建	Fujian	1706	258		662	274	512	
江 西	Jiangxi	203	138				65	
山 东	Shandong	208			88		120	
河 南	Henan							
湖 北	Hubei	677			347	57	273	
湖 南	Hunan	2060	817		60	119	1064	
广 东	Guangdong	37					7	
广 西	Guangxi	48					48	
海 南	Hainan							
重 庆	Chongqing	365		11		57	297	
四 川	Sichuan	193	30		101	62		
贵 州	Guizhou	254			234	3	17	
云 南	Yunnan	1583	1020		7	275	281	
西 藏	Tibet	432				268	157	
陕 西	Shaanxi	2462	1793		19		650	
甘 肃	Gansu	1977	915				1062	
青 海	Qinghai							
宁 夏	Ningxia							
新 疆	Xinjiang	28				12	16	

4-2 续表 3 continued

单位：人

地区 Region	7.其他采矿业 7.Mining of Other Ores	(三)制造业 III. Manufacturing	1.农副食品加工业 1.Processing of Food from Agricultural Products	2.食品制造业 2.Manufacture of Foods	3.酒、饮料和精制茶制造业 3.Manufacture of Liquor, Beverages and Refined Tea	4.烟草制品业 4.Manufacture of Tobacco
总　计 National Total	**37**	**188377**	**3856**	**1517**	**4062**	**1474**
北　京 Beijing		7181	69	59	141	
天　津 Tianjin		2933	103	18	20	
河　北 Hebei		13352	35	154	11	
山　西 Shanxi		9514	68	31	167	
内蒙古 Inner Mongolia		897		6		
辽　宁 Liaoning		16359	89	47	20	
吉　林 Jilin		1155		10	14	
黑龙江 Heilongjiang		3035	47	10		
上　海 Shanghai		5900		57		
江　苏 Jiangsu		14058	186		604	
浙　江 Zhejiang		4826	84	57	64	
安　徽 Anhui		5003	67	12	725	697
福　建 Fujian		8384	409	14	1415	
江　西 Jiangxi		3160	50	150	10	
山　东 Shandong		12476	357	49	25	
河　南 Henan		15823	240	152	107	224
湖　北 Hubei		2869	42		72	
湖　南 Hunan		10613	540	20	82	12
广　东 Guangdong	30	26721	709	223	106	3
广　西 Guangxi		4420	264	3	80	
海　南 Hainan		195	123	6		
重　庆 Chongqing		3670	22	37	70	
四　川 Sichuan		4230	36	10	56	
贵　州 Guizhou		1129		69	27	
云　南 Yunnan		3572	195	134	189	538
西　藏 Tibet	7	400	45	11		
陕　西 Shaanxi		4763	66	110	57	
甘　肃 Gansu		1117	4			
青　海 Qinghai		220		8		
宁　夏 Ningxia		247		20		
新　疆 Xinjiang		154	7	40		

4-2 续表 4 continued

单位：人

地区	Region	5.纺织业 5.Manufacture of Textile	6.纺织服装、服饰业 6.Manufacture of Textile Wearing Apparel, and Accessories	7.皮革、毛皮、羽毛及其制品和制鞋业 7.Manufacture of Leather, Fur, Feather and Related Products and Footwear	8.木材加工和木、竹、藤、棕、草制品业 8.Processing of Timbers, Manufacture of Wood, Bamboo, Rattan, Palm and Straw Products	9.家具制造业 9.Manufacture of Furniture	10.造纸和纸制品业 10.Manufacture of Paper and Paper Products
总　计	**National Total**	**5345**	**5927**	**1965**	**2132**	**363**	**6704**
北　京	Beijing	57	543	93	79		373
天　津	Tianjin	4	86		26		151
河　北	Hebei		363	102	6	1	340
山　西	Shanxi	32	175	5	56	10	152
内蒙古	Inner Mongolia	16	79				124
辽　宁	Liaoning		383		65	7	125
吉　林	Jilin	11	37				
黑龙江	Heilongjiang				179		3
上　海	Shanghai	100	163	159	171		154
江　苏	Jiangsu	1963	1023	63	61	20	196
浙　江	Zhejiang	221	104	10	148	5	59
安　徽	Anhui	42	5	47			677
福　建	Fujian	1796	65	52	65	37	482
江　西	Jiangxi	8	22	34	44		34
山　东	Shandong	43	467	9	256	8	121
河　南	Henan	179	873	235	46	75	1502
湖　北	Hubei	7	254		2		20
湖　南	Hunan	73	136		198		504
广　东	Guangdong	472	523	1106	41	140	540
广　西	Guangxi		127		61	5	257
海　南	Hainan						
重　庆	Chongqing	5	80	10	553		214
四　川	Sichuan	170	145		20	9	
贵　州	Guizhou	15	15		10		
云　南	Yunnan	1	95	40		24	309
西　藏	Tibet	42	27			18	
陕　西	Shaanxi	85	61		46	4	207
甘　肃	Gansu	4	5				159
青　海	Qinghai		33				
宁　夏	Ningxia						3
新　疆	Xinjiang		38				

4-2 续表 5 continued

单位：人

地区	Region	11.印刷和记录媒介复制业 11.Printing and Reproduction of Recording Media	12.文教工美、体育和娱乐用品制造业 12.Manufacture of Articles for Culture, Education, Arts and Crafts, Sport and Entertainment Activities	13.石油加工、炼焦和核燃料加工业 13.Processing of Petroleum, Coking, Processing of Nuclear Fuel	14.化学原料和化学制品制造业 14.Manufacture of Chemical Raw Material and Chemical Products	15.医药制造业 15.Manufacture of Medicines	16.化学纤维制造业 16.Manufacture of Chemical Fibres
总 计	**National Total**	**12089**	**11077**	**2536**	**11696**	**2200**	**149**
北 京	Beijing	1393	124		179	194	
天 津	Tianjin	28	262	30	272	34	
河 北	Hebei	255	77	21	687	134	
山 西	Shanxi	462	7	1892	145		
内蒙古	Inner Mongolia	57					
辽 宁	Liaoning	311	167	482	910	50	
吉 林	Jilin	476			146	58	
黑龙江	Heilongjiang	84	11		1578		
上 海	Shanghai	206	376	2	272		18
江 苏	Jiangsu	969	691	11	756	12	120
浙 江	Zhejiang	249	38		228		
安 徽	Anhui	261	81		61	14	
福 建	Fujian	418	148		44	76	
江 西	Jiangxi	357	16		30		
山 东	Shandong	512	521		947		11
河 南	Henan	2056	290	20	563	771	
湖 北	Hubei	379	120		42	6	
湖 南	Hunan	1437	42		2722	534	
广 东	Guangdong	690	7234	25	260	39	
广 西	Guangxi	229	73		657	64	
海 南	Hainan	13					
重 庆	Chongqing	92	2		52		
四 川	Sichuan	319	27		810		
贵 州	Guizhou	227	16		44	58	
云 南	Yunnan	58	684	17	127	157	
西 藏	Tibet				6		
陕 西	Shaanxi	331	36		145		
甘 肃	Gansu	163	22	36	13		
青 海	Qinghai	21					
宁 夏	Ningxia	34					
新 疆	Xinjiang	4	12				

4-2 续表 6 continued

单位：人

地 区	Region	17.橡胶和塑料制品业 17.Manufacture of Rubber and Plastics Products	18.非金属矿物制品业 18.Manufacture of Non-metallic Mineral Products	19.黑色金属冶炼和压延加工业 19.Smelting and Processing of Ferrous Metals	20.有色金属冶炼和压延加工业 20.Smelting and Processing of Non-ferrous Metals	21.金属制品业 21.Manufacture of Metal Products	22.通用设备制造业 22.Manufacture of General Purpose Machinery
总 计	**National Total**	**10699**	**12274**	**3853**	**2616**	**19399**	**15349**
北 京	Beijing	283	818	27	20	696	636
天 津	Tianjin	339	5	5		556	228
河 北	Hebei	273	777	49	75	1233	1858
山 西	Shanxi	205	934		155	1385	1378
内蒙古	Inner Mongolia	32	17			14	7
辽 宁	Liaoning	978	877	2803	67	3410	1362
吉 林	Jilin	23	94			106	108
黑龙江	Heilongjiang	12	39			235	60
上 海	Shanghai	614	64	79	5	1124	380
江 苏	Jiangsu	778	209	234	310	1357	748
浙 江	Zhejiang	260	257	6	15	1205	575
安 徽	Anhui	354	161	25		373	242
福 建	Fujian	245	49			1734	839
江 西	Jiangxi	85	789	69		234	625
山 东	Shandong	955	512	130	666	630	1230
河 南	Henan	456	948	119		2071	1630
湖 北	Hubei	179	478	278	3	199	230
湖 南	Hunan	423	1329		307	162	600
广 东	Guangdong	2835	986	6	118	582	1042
广 西	Guangxi	216	453		6	167	36
海 南	Hainan		50				
重 庆	Chongqing	86	553	8	424	133	149
四 川	Sichuan	564	283		8	574	236
贵 州	Guizhou	90	18		83		157
云 南	Yunnan	65	137	13	151	407	81
西 藏	Tibet		251				
陕 西	Shaanxi	106	785		204	735	776
甘 肃	Gansu	227	232	3		6	88
青 海	Qinghai		78			11	
宁 夏	Ningxia		78			61	51
新 疆	Xinjiang	18	15				

4-2 续表 7 continued

单位：人

地 区	Region	23.专用设备制造业 23.Manufacture of Special Purpose Machinery	24.汽车制造业 24.Manufacture of Automobiles	25.铁路、船舶、航空航天和其他运输设备制造业 25. Manufacture of Railway,Ship, Aerospace and Other Transport Equipment	26.电气机械和器材制造业 26.Manufacture of Electrical Machinery and Apparatus	27.计算机、通信和其他电子设备制造业 27.Manufacture of Computers, Communication and Other Electronic Equipment	28.仪器仪表制造业 28.Manufacture of Measuring Instruments and Machinery
总 计	**National Total**	**13104**	**3267**	**5398**	**9233**	**9745**	**2215**
北 京	Beijing	439	206	50	253	59	242
天 津	Tianjin	172	15	12	219	4	21
河 北	Hebei	2790	250	980	201	1023	32
山 西	Shanxi	694		297	47	88	18
内蒙古	Inner Mongolia		176	354	9		
辽 宁	Liaoning	239	51	1181	238	855	31
吉 林	Jilin	21			16		
黑龙江	Heilongjiang	126		6	65		
上 海	Shanghai	759	440		249	85	58
江 苏	Jiangsu	964	217	58	1661	369	226
浙 江	Zhejiang	155	326	34	100	431	129
安 徽	Anhui	1054	58		28		7
福 建	Fujian	91	25		38		39
江 西	Jiangxi	24	176		206	81	24
山 东	Shandong	735	280		3599	29	329
河 南	Henan	1626	366	461	360	110	77
湖 北	Hubei	13	269	92	50	3	50
湖 南	Hunan	217		133	354		67
广 东	Guangdong	1859	4	128	624	6322	25
广 西	Guangxi	170	28	602	63	11	715
海 南	Hainan				3		
重 庆	Chongqing	2	311	778		41	32
四 川	Sichuan	107	2	148	438	169	55
贵 州	Guizhou	186		9	23	44	
云 南	Yunnan	42	31		42		30
西 藏	Tibet						
陕 西	Shaanxi	529	36	76	239	21	8
甘 肃	Gansu				110		
青 海	Qinghai	69					
宁 夏	Ningxia						
新 疆	Xinjiang	20					

4-2 续表 8 continued

单位：人

地 区	Region	29.其他制造业 29. Other Manufature	30.废弃资源综合利用业 30. Utilization of Waste Resources	31.金属制品、机械和设备修理业 31. Repair Service of Metal Products, Machinery and Eguipment	(四) 电力、热力、燃气及水生产和供应业 Production and Supply of Electricity, Heat, Gas and Water	1.电力、热力生产和供应业 1.Production and Supply of Electric Power and Heat Power	2.燃气生产和供应业 2.Production and Supply of Gas
总 计	**National Total**	**568**	**1593**	**5971**	**32384**	**9935**	**596**
北 京	Beijing	34	51	64	418	228	
天 津	Tianjin		10	314	81	81	
河 北	Hebei	86	1126	414	519	27	30
山 西	Shanxi	19	166	929	569	219	42
内蒙古	Inner Mongolia			6	15		
辽 宁	Liaoning			1612	486	251	
吉 林	Jilin	3		32	71	20	2
黑龙江	Heilongjiang			580	101	73	17
上 海	Shanghai	33		333	141		
江 苏	Jiangsu	216		36	2310	120	10
浙 江	Zhejiang			67	3345	1484	110
安 徽	Anhui	12			323	29	
福 建	Fujian	26		279	1558	790	
江 西	Jiangxi		28	65	235	77	
山 东	Shandong	7		50	770	158	
河 南	Henan	54		213	1273	716	112
湖 北	Hubei	8	31	41	2639	729	12
湖 南	Hunan		84	640	3380	2022	
广 东	Guangdong	57		24	8986	894	109
广 西	Guangxi			132	736	184	
海 南	Hainan				181	148	
重 庆	Chongqing	6		9	1076	536	
四 川	Sichuan			45	1376	463	152
贵 州	Guizhou	6		32	325	225	
云 南	Yunnan	1		5	712	250	
西 藏	Tibet				9		
陕 西	Shaanxi		51	50	159	20	
甘 肃	Gansu		46		394	167	
青 海	Qinghai				62	9	
宁 夏	Ningxia				56		
新 疆	Xinjiang				78	17	

4-2 续表 9 continued

单位：人

地区	Region	3.水的生产和供应业 3.Production and Supply of Water	（五）建筑业 V. Construction	1.房屋建筑业 1. Construction of Buildings	2.土木工程建筑业 2. Civil Engineering	3.建筑安装业 3.Building Installation	4.建筑装饰和其他建筑业 4.Building Decoration and Other Constructions
总 计	**National Total**	**21853**	**745486**	**632370**	**70793**	**25349**	**16974**
北 京	Beijing	190	4564	3325	417	369	454
天 津	Tianjin		2658	1039	762	857	
河 北	Hebei	462	10114	9257	504	307	46
山 西	Shanxi	308	7439	5479	1290	657	13
内蒙古	Inner Mongolia	15	267		267		
辽 宁	Liaoning	235	16389	6077	4832	5052	428
吉 林	Jilin	49	1390	400	827	163	
黑龙江	Heilongjiang	11	3739	1899	1545	176	119
上 海	Shanghai	141	6852	6459	104	178	111
江 苏	Jiangsu	2180	18874	7297	6692	1933	2952
浙 江	Zhejiang	1751	25946	21560	4277	55	54
安 徽	Anhui	294	22194	11625	1788	3369	5412
福 建	Fujian	768	17132	16845	151	56	80
江 西	Jiangxi	158	56346	52203	3650	397	96
山 东	Shandong	612	65028	60144	2563	688	1633
河 南	Henan	446	41980	31649	4345	2231	3755
湖 北	Hubei	1897	13387	11076	1232	719	360
湖 南	Hunan	1359	66060	64608	748	701	3
广 东	Guangdong	7984	129515	122955	4024	1905	630
广 西	Guangxi	552	43858	41179	2490	145	44
海 南	Hainan	33	2787	2682	102		3
重 庆	Chongqing	540	18348	16715	1385	203	46
四 川	Sichuan	761	89422	65744	20717	2887	74
贵 州	Guizhou	101	6578	6022	124	327	105
云 南	Yunnan	462	18620	16597	1958	45	20
西 藏	Tibet	9	1042	750	268	24	
陕 西	Shaanxi	139	28521	25700	2103	509	210
甘 肃	Gansu	227	24050	22254	1182	288	326
青 海	Qinghai	53	1875	481	297	1097	
宁 夏	Ningxia	56	186	186			
新 疆	Xinjiang	61	324	163	150	11	

4-2 续表 10 continued

单位：人

地区	Region	(六)批发和零售业 VI. Wholesale and Retail Trades	1.批发业 1.Wholesale Trade	2.零售业 2.Retail Trade	(七)交通运输、仓储和邮政业 VII. Transport, Storage and Post	1.铁路运输业 1.Railway Transport	2.道路运输业 2.Road Transport
总 计	**National Total**	**82694**	**34736**	**47958**	**58320**	**1036**	**33777**
北 京	Beijing	4080	1590	2489	2870		2485
天 津	Tianjin	1133	419	714	905		591
河 北	Hebei	4302	2489	1814	1489		625
山 西	Shanxi	7273	4006	3267	1794	160	658
内蒙古	Inner Mongolia	223	26	197	606		475
辽 宁	Liaoning	2510	1146	1364	1983		1450
吉 林	Jilin	215	82	133	373	160	91
黑龙江	Heilongjiang	899	150	749	621		243
上 海	Shanghai	2095	896	1199	1766		1050
江 苏	Jiangsu	4999	2131	2868	7459	236	4659
浙 江	Zhejiang	2695	843	1853	2259	7	1354
安 徽	Anhui	947	410	537	2015		887
福 建	Fujian	3611	1681	1931	1123		409
江 西	Jiangxi	1067	473	594	1473		931
山 东	Shandong	5954	3343	2611	2482	227	1803
河 南	Henan	7123	3584	3540	6721	183	3633
湖 北	Hubei	6812	938	5875	2383		1457
湖 南	Hunan	3182	789	2393	3889		2500
广 东	Guangdong	6931	2585	4345	5042		2988
广 西	Guangxi	1891	1181	710	1209		868
海 南	Hainan	324	60	264	553		528
重 庆	Chongqing	1071	396	675	1067		630
四 川	Sichuan	2146	1316	830	3110	63	1591
贵 州	Guizhou	833	523	311	908		146
云 南	Yunnan	2064	804	1260	1552		366
西 藏	Tibet	56		56	18		18
陕 西	Shaanxi	3807	1067	2740	2063		1094
甘 肃	Gansu	914	495	419	249		119
青 海	Qinghai	224	80	144	119		103
宁 夏	Ningxia	710	102	608	9		
新 疆	Xinjiang	2602	1133	1470	211		25

4-2 续表 11 continued

单位：人

地 区	Region	3.水上运输业 3.Water Transport	4.航空运输业 4.Air Transport	5.管道运输业 5.Transport Via Pipeline	6.装卸搬运和运输代理业 6.Loading Unloading and Forwarding Ageney	7.仓储业 7.Storage	8.邮政业 8.Post
总 计	**National Total**	**5130**	**105**		**1152**	**16635**	**484**
北 京	Beijing		105		10	270	
天 津	Tianjin				16	298	
河 北	Hebei				114	750	
山 西	Shanxi				15	961	
内蒙古	Inner Mongolia					131	
辽 宁	Liaoning				123	325	85
吉 林	Jilin					109	13
黑龙江	Heilongjiang					378	
上 海	Shanghai				22	694	
江 苏	Jiangsu	1319			51	1188	6
浙 江	Zhejiang	299			124	357	118
安 徽	Anhui	417			45	666	1
福 建	Fujian	285			3	425	
江 西	Jiangxi	106			15	421	
山 东	Shandong	100			30	321	
河 南	Henan	1011			191	1533	170
湖 北	Hubei	174			91	662	
湖 南	Hunan	176			16	1197	
广 东	Guangdong	722			156	1176	
广 西	Guangxi	293				47	
海 南	Hainan					25	
重 庆	Chongqing	112				325	
四 川	Sichuan	116			26	1289	25
贵 州	Guizhou					762	
云 南	Yunnan				4	1182	
西 藏	Tibet						
陕 西	Shaanxi				43	918	8
甘 肃	Gansu				45	85	
青 海	Qinghai					16	
宁 夏	Ningxia					9	
新 疆	Xinjiang				13	115	58

4-2 续表 12 continued

单位：人

地 区	Region	(八) 住宿和 餐饮业 VIII. Hotels and Catering Services	1.住宿业 1.Hotels	2.餐饮业 2.Catering Services	(九) 信息传输、 软件和信息 技术服务业 Information Transmission, Software and Information Technology	1.电信、 广播电视 和卫星 传输服务 1.Telecommunication, Radio and Television and Satellite Transmission Service	2.互联网 和相关服务 2.Internet and Related Service
总 计	**National Total**	**24094**	**14959**	**9135**	**4404**	**2419**	**545**
北 京	Beijing	4482	3287	1195	744	115	9
天 津	Tianjin	221	155	66	51		
河 北	Hebei	760	596	165	200	200	
山 西	Shanxi	594	456	138	110	89	
内蒙古	Inner Mongolia	162	76	86	51	13	38
辽 宁	Liaoning	487	268	219	55	41	
吉 林	Jilin	111	65	46	6	6	
黑龙江	Heilongjiang	198	180	18	107		
上 海	Shanghai	1878	559	1318	2		
江 苏	Jiangsu	1328	335	993	590	248	315
浙 江	Zhejiang	773	691	82	603	513	
安 徽	Anhui	443	259	184	70	39	
福 建	Fujian	547	364	183	73	15	
江 西	Jiangxi	195	141	54	337	337	
山 东	Shandong	1249	860	389	38	4	34
河 南	Henan	1412	1266	145	192	132	2
湖 北	Hubei	1263	674	589	84	66	
湖 南	Hunan	730	666	64	137	137	
广 东	Guangdong	2025	1027	998	372	215	13
广 西	Guangxi	322	214	108	45	33	
海 南	Hainan	42	23	19	127	127	
重 庆	Chongqing	901	369	532	16		
四 川	Sichuan	1124	483	641	38		
贵 州	Guizhou	413	186	227	2		
云 南	Yunnan	1018	765	253	270	89	134
西 藏	Tibet	259	139	120	36		
陕 西	Shaanxi	588	479	109	30		
甘 肃	Gansu	493	312	181	2		
青 海	Qinghai	72	60	12			
宁 夏	Ningxia						
新 疆	Xinjiang	6	6		16		

4-2 续表 13 continued

单位：人

地 区	Region	3.软件和信息技术服务业 3.Software and Information Technology	(十) 金融业 X. Financial Intermediation	1.货币金融服务 1.Monetay and Financial Service	2.资本市场服务 2.Capital Market Service	3.保险业 3.Insurance	4.其他金融业 4.Other Financial Activities
总 计	**National Total**	**1440**	**64973**	**64500**	**90**	**341**	**42**
北 京	Beijing	620					
天 津	Tianjin	51					
河 北	Hebei		1115	1060	55		
山 西	Shanxi	21	7477	7477			
内蒙古	Inner Mongolia		7363	7363			
辽 宁	Liaoning	14	3089	3089			
吉 林	Jilin		2526	2526			
黑龙江	Heilongjiang	107	1678	1678			
上 海	Shanghai	2	4				4
江 苏	Jiangsu	27	236	36		195	5
浙 江	Zhejiang	90	53	43		10	
安 徽	Anhui	31	191	191			
福 建	Fujian	58					
江 西	Jiangxi						
山 东	Shandong		95			95	
河 南	Henan	58	4563	4522		41	
湖 北	Hubei	18					
湖 南	Hunan		20	20			
广 东	Guangdong	144	491	452	15		24
广 西	Guangxi	12	13		13		
海 南	Hainan		259	250			9
重 庆	Chongqing	16					
四 川	Sichuan	38	8	8			
贵 州	Guizhou	2	2397	2397			
云 南	Yunnan	47	12021	12021			
西 藏	Tibet	36					
陕 西	Shaanxi	30	8443	8443			
甘 肃	Gansu	2	5349	5342	7		
青 海	Qinghai		1060	1060			
宁 夏	Ningxia		265	265			
新 疆	Xinjiang	16	6259	6259			

4-2 续表 14 continued

单位：人

地 区	Region	(十一) 房地产业 XI. Real Estate	(十二) 租赁和商务服务业 XII. Leasing and Business Services	1.租赁业 1.Leasing	2.商务服务业 2.Business Services	(十三) 科学研究和技术服务业 XIII. Scientific Research and Technical Services	1.研究和试验发展 1.Research and Experimental Development
总 计	**National Total**	**87069**	**185808**	**1796**	**184013**	**42417**	**3544**
北 京	Beijing	17813	17979	476	17503	2747	261
天 津	Tianjin	1895	2799	79	2720	390	2
河 北	Hebei	2586	9557	21	9536	1151	53
山 西	Shanxi	2700	3187	23	3164	407	11
内蒙古	Inner Mongolia	103	1068		1068	395	22
辽 宁	Liaoning	1821	9033	30	9003	1265	112
吉 林	Jilin	173	538	2	536	442	34
黑龙江	Heilongjiang	170	628	6	622	443	
上 海	Shanghai	6235	13653	35	13618	1007	30
江 苏	Jiangsu	9724	20067	63	20004	8066	689
浙 江	Zhejiang	1960	5696	42	5654	1777	311
安 徽	Anhui	628	2645		2645	1049	41
福 建	Fujian	2038	1869		1869	901	31
江 西	Jiangxi	350	2162	9	2153	728	190
山 东	Shandong	5085	4638		4638	2823	118
河 南	Henan	1929	3382	86	3296	3922	107
湖 北	Hubei	1482	3961	35	3926	1999	164
湖 南	Hunan	1420	2124	62	2062	1115	209
广 东	Guangdong	20228	57364	542	56822	2739	119
广 西	Guangxi	1317	617	5	612	952	171
海 南	Hainan	868	181	14	167	526	89
重 庆	Chongqing	525	640		640	409	118
四 川	Sichuan	1187	3930	150	3781	1786	93
贵 州	Guizhou	734	5412		5412	336	
云 南	Yunnan	982	1378	18	1360	2539	457
西 藏	Tibet		33		33	48	
陕 西	Shaanxi	1329	5296	76	5220	1396	15
甘 肃	Gansu	1103	1598	19	1579	575	98
青 海	Qinghai	44	282	3	279	77	
宁 夏	Ningxia	385	151		151	38	
新 疆	Xinjiang	254	3941		3941	370	

4-2 续表 15 continued

单位：人

地 区	Region	2.专业技术服务业 2.Professional Technical Services	3.科技推广和应用服务业 3.Science and Technology Popularization and Application Services	(十四)水利、环境和公共设施管理业 XIV. Management of Water Conservancy, Enviroment and Public Facilities	1.水利管理业 1.Management of Water Conservancy	2.生态保护和环境治理业 2.Ecological Protection and Environmental Treatment	3.公共设施管理业 3.Management of Public Facilities
总 计	**National Total**	**31497**	**7376**	**52349**	**5237**	**1440**	**45377**
北 京	Beijing	1815	671	5818	132	63	5589
天 津	Tianjin	343	45	588	314		274
河 北	Hebei	1068	30	2301	238		2063
山 西	Shanxi	365	31	415	38	6	371
内蒙古	Inner Mongolia	333	40	412			412
辽 宁	Liaoning	1008	145	368	165		203
吉 林	Jilin	408		179			179
黑龙江	Heilongjiang	357	86	96	7		89
上 海	Shanghai	465	512	3861	144	294	3417
江 苏	Jiangsu	5191	2186	16089	1365	95	14582
浙 江	Zhejiang	1384	82	1124	58		1055
安 徽	Anhui	852	156	359	19		340
福 建	Fujian	768	102	671	187	9	456
江 西	Jiangxi	530	8	431	46		385
山 东	Shandong	2495	210	1808	24	336	1448
河 南	Henan	3049	766	1791	350	119	1272
湖 北	Hubei	1234	601	2320	308		1997
湖 南	Hunan	825	81	1086	520	247	319
广 东	Guangdong	2157	462	5202	953	59	4131
广 西	Guangxi	577	204	64			57
海 南	Hainan	424	13	24	19		5
重 庆	Chongqing	147	144	74	6	17	51
四 川	Sichuan	1504	190	5489	6	17	5451
贵 州	Guizhou	336		187	7		180
云 南	Yunnan	1866	216	693	18	179	472
西 藏	Tibet	48		7			7
陕 西	Shaanxi	1001	381	544	266		273
甘 肃	Gansu	470	7	289	28		261
青 海	Qinghai	69	8	34			34
宁 夏	Ningxia	38		5			5
新 疆	Xinjiang	370		19	19		

4-2 续表 16 continued

单位：人

地区	Region	4.土地管理业 4.Management of Land	(十五)居民服务、修理和其他服务业 XV. Service to Households, Repair and Other Services	1.居民服务业 1.Service to Households	2.机动车、电子产品和日用产品修理业 2.Repair of Motor Vehicle, Electronics and Household Products	3.其他服务业 3.Other Sevices	(十六)教育 XVI. Education
总 计	**National Total**	**296**	**35249**	**17201**	**4397**	**13651**	**529985**
北 京	Beijing	35	3881	1475	900	1506	5801
天 津	Tianjin		769	182	69	518	2026
河 北	Hebei		847	378	286	184	22417
山 西	Shanxi		494	251	86	157	2190
内蒙古	Inner Mongolia		519	483	4	32	2789
辽 宁	Liaoning		765	590	91	84	8153
吉 林	Jilin		544	181	4	359	1025
黑龙江	Heilongjiang		134	5	20	110	1061
上 海	Shanghai	6	4491	3053	162	1276	9580
江 苏	Jiangsu	48	8320	3741	366	4213	108037
浙 江	Zhejiang	11	1942	1419	124	399	14227
安 徽	Anhui		721	407	117	197	11214
福 建	Fujian	19	556	331	97	128	26744
江 西	Jiangxi		129	95	30	4	9074
山 东	Shandong		1704	594	407	703	43152
河 南	Henan	51	2388	651	87	1650	63897
湖 北	Hubei	15	681	470	58	153	19163
湖 南	Hunan		306	151	149	6	12279
广 东	Guangdong	58	1815	606	708	501	57878
广 西	Guangxi	7	578	19	58	501	2717
海 南	Hainan		46		30	16	1269
重 庆	Chongqing		446	313	51	82	5417
四 川	Sichuan	15	926	642	250	34	19198
贵 州	Guizhou		415	177	34	204	4605
云 南	Yunnan	25	805	307	81	417	43704
西 藏	Tibet						228
陕 西	Shaanxi	6	759	564	102	93	19672
甘 肃	Gansu		75	75			8359
青 海	Qinghai		146	35	22	89	697
宁 夏	Ningxia		5		5		1206
新 疆	Xinjiang		42	7		35	2205

4-2 续表 17 continued

单位：人

地 区	Region	(十七) 卫生和社会工作 XVII. Health and Social Service	1.卫生 1.Health	2.社会工作 2.Social Service	(十八) 文化、体育和娱乐业 XVIII. Culture, Sports and Entertainment	1.新闻和出版业 1.Journalism and Publishing Activities	2.广播、电视、电影和影视录音制作业 2.Radio, Television, Motion Picture and Videotape Programme Production Services
总 计	**National Total**	**362225**	**329582**	**32643**	**17151**	**2462**	**1669**
北 京	Beijing	8424	5713	2711	1307	438	121
天 津	Tianjin	1697	1351	346	271	10	
河 北	Hebei	29203	28586	617	856	33	8
山 西	Shanxi	1186	804	381	577		
内蒙古	Inner Mongolia	2362	2087	275	293	183	
辽 宁	Liaoning	8026	7093	933	416	364	11
吉 林	Jilin	766	594	172	71		16
黑龙江	Heilongjiang	2984	2822	162	16		
上 海	Shanghai	16058	12026	4032	598	21	21
江 苏	Jiangsu	75971	68548	7424	3468	50	134
浙 江	Zhejiang	3514	1995	1519	541	45	200
安 徽	Anhui	21362	20561	800	325		69
福 建	Fujian	15152	14964	188	269		3
江 西	Jiangxi	4873	4274	599	234	74	44
山 东	Shandong	26293	23904	2389	1050		164
河 南	Henan	26185	24482	1703	1250	423	125
湖 北	Hubei	7093	5933	1160	906	47	127
湖 南	Hunan	20231	19371	859	470	6	164
广 东	Guangdong	31778	30318	1460	1020	327	36
广 西	Guangxi	965	505	460	71		
海 南	Hainan	1776	1770	6	229	136	
重 庆	Chongqing	6406	5788	618	155		3
四 川	Sichuan	14490	13365	1124	791	117	136
贵 州	Guizhou	1874	1649	225	54		
云 南	Yunnan	17086	15397	1690	1080	176	232
西 藏	Tibet	201	201		14		14
陕 西	Shaanxi	9520	8987	533	303		14
甘 肃	Gansu	4751	4629	122	388		
青 海	Qinghai	610	557	53	91		
宁 夏	Ningxia	607	567	40			
新 疆	Xinjiang	781	740	41	39	12	27

4-2 续表 18 continued

单位：人

地 区	Region	3.文化艺术业 3.Cultural and Art Activities	4.体育 4.Sports Activities	5.娱乐业 5.Entertainment	(十九)公共管理、社会保障和社会组织 XIX.Public Management, Social Security and Social Organization	#群众社团、社会团体和其他成员组织 Non-Governmental Organizations, Social Organizations and Membership Organizations
总 计	**National Total**	**9282**	**2487**	**1250**	**53444**	**5691**
北 京	Beijing	207	375	166	273	211
天 津	Tianjin	68	147	46	1150	
河 北	Hebei	708	108		2369	156
山 西	Shanxi	558	5	14	52	52
内蒙古	Inner Mongolia	95	15		820	78
辽 宁	Liaoning	32	9		1183	12
吉 林	Jilin			55	47	16
黑龙江	Heilongjiang	16			274	
上 海	Shanghai	494	47	15	4918	8
江 苏	Jiangsu	2420	637	227	13219	1848
浙 江	Zhejiang	267	19	11	111	
安 徽	Anhui	193	37	26	1003	167
福 建	Fujian	222	5	39	782	49
江 西	Jiangxi	93	23		1209	101
山 东	Shandong	642	132	113	3382	305
河 南	Henan	498	33	172	6349	202
湖 北	Hubei	440	255	37	2109	71
湖 南	Hunan	294		6	2294	401
广 东	Guangdong	479	33	145	4635	158
广 西	Guangxi	52	19		245	8
海 南	Hainan	90		3	16	
重 庆	Chongqing	132	15	5	1665	423
四 川	Sichuan	382	120	36	1508	188
贵 州	Guizhou	27	27		153	141
云 南	Yunnan	292	279	101	2183	884
西 藏	Tibet					
陕 西	Shaanxi	188	96	5	960	146
甘 肃	Gansu	388			339	32
青 海	Qinghai	10	52	29	25	2
宁 夏	Ningxia				66	12
新 疆	Xinjiang				107	21

4-3 各地区分行业其他单位就业人员数

Employed Persons in Units of Other Types of Ownership by Sector and Region

单位：人 (person)

地区	Region	其他单位合计 Total	(一)内资 I. Domestic Funded	1.股份合作 1.Cooperative Units	2.联营 2.Joint Ownership Units	3.有限责任公司 3.Limited Liability Corporations	4.股份有限公司 4.Shareholding Corporations Ltd	5.其他 5.Others
总计	**National Total**	**111197536**	**87247243**	**617620**	**223400**	**65257890**	**17892169**	**3256164**
北京	Beijing	5945109	4457722	47857	2616	3358512	937148	111590
天津	Tianjin	1876179	1257933	7602	2885	963304	246859	37283
河北	Hebei	2998532	2644843	28738	8936	1979786	612320	15063
山西	Shanxi	2674229	2514112	1836	148	2032362	391775	87991
内蒙古	Inner Mongolia	1343140	1276929	11023	2729	1013030	239486	10662
辽宁	Liaoning	2720753	2185581	21508	3319	1553016	518904	88835
吉林	Jilin	1344945	1186449	10610	5613	819919	296701	53606
黑龙江	Heilongjiang	1512104	1412825	18816	2646	1082017	250841	58505
上海	Shanghai	5799023	2942463	12658	4286	2174563	523450	227506
江苏	Jiangsu	9904150	6496724	25761	37695	4592349	1675009	165909
浙江	Zhejiang	7972368	6194978	85729	3693	4232225	1678010	195319
安徽	Anhui	3767507	3421533	20183	8131	2637867	654163	101189
福建	Fujian	4201965	2909329	18106	3021	2298274	513276	76653
江西	Jiangxi	2668560	2319642	16735	4421	1882222	338417	77847
山东	Shandong	7089300	6021217	18636	8914	4259785	1498792	235090
河南	Henan	5427526	4906870	35236	12919	3964734	779803	114178
湖北	Hubei	4029492	3518710	10067	41268	2701740	629591	136043
湖南	Hunan	3452988	3040856	11868	8063	2188089	622737	210099
广东	Guangdong	16430196	10148659	92738	29576	7191866	2134919	699560
广西	Guangxi	2166602	1906428	24846	1070	1540747	258704	81062
海南	Hainan	694533	637372	5341	3019	454803	129677	44532
重庆	Chongqing	2397344	2042578	8414	1503	1577895	434882	19885
四川	Sichuan	5496216	4969278	29790	11243	3949124	827915	151206
贵州	Guizhou	1595760	1543292	8497	2526	1244337	273587	14345
云南	Yunnan	1545119	1448652	10474	3592	1180323	245504	8759
西藏	Tibet	174814	169892	11	818	125687	36536	6840
陕西	Shaanxi	2795318	2597243	17071	6044	2019364	419211	135554
甘肃	Gansu	1175089	1146785	9343	1120	797174	297120	42029
青海	Qinghai	305896	296171	2284	180	219766	73255	686
宁夏	Ningxia	346238	320709	1477	21	238437	74076	6698
新疆	Xinjiang	1346544	1311469	4366	1386	984573	279503	41641

4-3 续表 1 continued

单位：人 (person)

地 区	Region	(二) 港、澳、台商投资 II.Units with funds Entrepreneurs from Hong Kong, Macao and Taiwan	(三) 外商投资 III. Foreign Funded Units	(一) 企业 I. Enterprises	(二) 政府 II. Institutions	(三)民间非营利组织 III. Civil Nonprofit Organi-zations	(四) 其他 IV. Other
总 计	**National Total**	**11751960**	**12198333**	**109055212**	**371586**	**1729399**	**41339**
北 京	Beijing	734680	752707	5861169	5683	77974	283
天 津	Tianjin	256490	361756	1849832	437	25762	147
河 北	Hebei	122130	231559	2974596	4036	19265	635
山 西	Shanxi	68921	91197	2614453	28	59240	508
内蒙古	Inner Mongolia	21562	44648	1334082	2605	6360	92
辽 宁	Liaoning	133409	401762	2658900	19825	41713	315
吉 林	Jilin	23965	134532	1307721	4854	31703	666
黑龙江	Heilongjiang	41493	57786	1464675	27409	19574	446
上 海	Shanghai	1182862	1673697	5591890	126	205778	1230
江 苏	Jiangsu	1367126	2040300	9810621	12112	78645	2772
浙 江	Zhejiang	831133	946257	7825000	2776	143002	1590
安 徽	Anhui	149740	196234	3703002	17938	44430	2138
福 建	Fujian	749263	543373	4156524	1996	42912	534
江 西	Jiangxi	210673	138245	2631883	11092	24785	800
山 东	Shandong	396531	671552	6929963	41965	115538	1833
河 南	Henan	303235	217421	5382590	10251	32944	1741
湖 北	Hubei	199635	311148	3947195	7540	73420	1336
湖 南	Hunan	275386	136746	3335795	20934	93988	2271
广 东	Guangdong	4000129	2281407	15999538	125089	293564	12005
广 西	Guangxi	85579	174594	2111123	232	54722	525
海 南	Hainan	27367	29793	657671	5403	31073	386
重 庆	Chongqing	153684	201082	2391286	17	5198	842
四 川	Sichuan	240700	286238	5413339	6069	74236	2572
贵 州	Guizhou	28948	23520	1586940	1472	7206	143
云 南	Yunnan	48837	47629	1540451	1098	3180	391
西 藏	Tibet	2073	2849	169637	3494	197	1486
陕 西	Shaanxi	55318	142757	2695831	14488	83233	1766
甘 肃	Gansu	8466	19838	1141092	17153	16488	355
青 海	Qinghai	1225	8500	305451		421	24
宁 夏	Ningxia	17152	8377	341887	1289	3062	
新 疆	Xinjiang	14245	20830	1321075	4173	19787	1509

4-3 续表 2 continued

单位：人 (person)

地 区	Region	(一) 农、林、牧、渔业 I. Agriculture, Forestry, Animal Husbandry and Fishery	1.农业 1.Farming	2.林业 2.Forestry	3.畜牧业 3.Animal Husbandry	4.渔业 4.Fishery	5.农、林、牧、渔服务业 5.Service in support of Agriculture
总 计	**National Total**	**290837**	**75974**	**64085**	**74108**	**14564**	**62106**
北 京	Beijing	8306	2354	316	5437	3	197
天 津	Tianjin	1576	515	128	624	210	100
河 北	Hebei	12379	2689	800	8313	114	463
山 西	Shanxi	7453	1795	202	4540	62	853
内蒙古	Inner Mongolia	38902	1487	28181	6295	132	2806
辽 宁	Liaoning	8490	581	44	986	3573	3307
吉 林	Jilin	19207	936	17427	174		670
黑龙江	Heilongjiang	18180	7554	2349	2148	67	6062
上 海	Shanghai	7690	2481	1263	1750	1653	543
江 苏	Jiangsu	9185	3753	1740	2044	574	1075
浙 江	Zhejiang	5741	1769	327	1892	1026	726
安 徽	Anhui	3772	1381	315	782	214	1080
福 建	Fujian	3943	1310	883	61	1536	154
江 西	Jiangxi	4215	1563	700	887	433	631
山 东	Shandong	5289	1558	296	1202	1124	1110
河 南	Henan	5328	1783	369	1686	24	1466
湖 北	Hubei	4787	682	228	1534	303	2039
湖 南	Hunan	6937	2185	500	2636	207	1408
广 东	Guangdong	8537	2469	715	2462	1589	1303
广 西	Guangxi	13277	3372	982	7781	107	1035
海 南	Hainan	31372	3905	1462	1799	784	23422
重 庆	Chongqing	2397	601	258	945	60	533
四 川	Sichuan	7372	2647	478	2431	231	1586
贵 州	Guizhou	9165	3918	677	3503	292	775
云 南	Yunnan	12263	7797	1672	1697	53	1043
西 藏	Tibet	1581	730	222	388	7	234
陕 西	Shaanxi	6493	2496	592	1720	42	1643
甘 肃	Gansu	8563	3353	553	2559	67	2032
青 海	Qinghai	2576	2089	25	273		190
宁 夏	Ningxia	2109	968	26	1085	30	
新 疆	Xinjiang	13754	5259	356	4473	47	3619

4-3 续表 3 continued

单位：人 (person)

地区	Region	(二) 采矿业 II. Mining	1.煤炭开采和洗选业 1.Mining and Washing of Coal	2.石油和天然气开采业 2.Extraction of Petroleum and Natural Gas	3.黑色金属矿采选业 3.Mining and Processing of Ferrous Metal Ores	4.有色金属矿采选业 4.Mining and Processing of Non-ferrous Metal Ores	5.非金属矿采选业 5.Mining and Processing of Nonmetal Ores
总计	**National Total**	**3259621**	**2165808**	**508261**	**132988**	**136263**	**101056**
北京	Beijing	27668	18	1025	11647		
天津	Tianjin	54443	78	18996	487		4454
河北	Hebei	152168	102049	22342	18379	12	7483
山西	Shanxi	820236	803560	6731	4542	3938	503
内蒙古	Inner Mongolia	96721	76401	4267	8035	5673	2293
辽宁	Liaoning	184702	66580	35807	30194	5513	4640
吉林	Jilin	58680	14824	24538	2432	4716	183
黑龙江	Heilongjiang	210785	114426	93470	93	1573	411
上海	Shanghai	1684		1684			
江苏	Jiangsu	53125	41895	5801	1824	631	2971
浙江	Zhejiang	3788				273	3477
安徽	Anhui	122193	109226	344	6621	2345	3569
福建	Fujian	12796	9428		193	670	2502
江西	Jiangxi	22020	8816		274	8468	4414
山东	Shandong	251681	139947	66306	10901	13790	2911
河南	Henan	252492	199759	31613	1255	6510	4437
湖北	Hubei	31719	11	9537	7400	1729	5577
湖南	Hunan	40888	19370		653	14861	5916
广东	Guangdong	12893	9	4819	560	2114	4561
广西	Guangxi	8712	494	65	263	3328	4536
海南	Hainan	5254		1299	2901	156	852
重庆	Chongqing	6250	1752	1936			2557
四川	Sichuan	109867	36842	31373	4562	4349	9397
贵州	Guizhou	140089	129457	96	1335	1010	8126
云南	Yunnan	45631	21393		2685	16590	4855
西藏	Tibet	6800	72		829	4929	588
陕西	Shaanxi	270558	138760	76534	7185	18268	4648
甘肃	Gansu	55421	45598	441	2699	3950	2221
青海	Qinghai	26127	2961	16806	1156	3736	997
宁夏	Ningxia	45584	45192		161		223
新疆	Xinjiang	128642	36890	52431	3723	7132	1754

4-3 续表 4 continued

单位：人 (person)

地 区	Region	6.开采辅助活动 6.Support Activities for Mining	7.其他采矿业 7.Mining of Other Ores	(三)制造业 III. Manufac-turing	1.农副食品加工业 1.Processing of Food from Agricultural Products	2.食品制造业 2.Manu-facture of Foods	3.酒、饮料和精制茶制造业 3.Manufacture of Liquor, Beverages and Refined Tea
总 计	**National Total**	**213245**	**2000**	**37575288**	**1119836**	**973021**	**746966**
北 京	Beijing	14968	10	586231	17516	32937	20749
天 津	Tianjin	30413	15	629268	9874	20662	6962
河 北	Hebei	1903		978774	41137	36293	14200
山 西	Shanxi	962		542814	12773	8903	22544
内蒙古	Inner Mongolia	52		334038	17089	43012	7955
辽 宁	Liaoning	41969		915935	34687	18123	11277
吉 林	Jilin	11987		420564	21924	11128	10087
黑龙江	Heilongjiang	516	296	253812	26296	15865	8059
上 海	Shanghai			1321087	12434	47462	8671
江 苏	Jiangsu	3		4561514	40929	53423	37156
浙 江	Zhejiang		38	3206353	34466	47749	23967
安 徽	Anhui	88		1280483	43113	25811	28133
福 建	Fujian		3	1590133	50474	38845	32045
江 西	Jiangxi	25	23	985764	24100	19655	14194
山 东	Shandong	17724	104	2710046	212697	85894	44393
河 南	Henan	8855	63	1890171	131833	119135	48446
湖 北	Hubei	6799	666	1286410	42543	38476	34779
湖 南	Hunan		89	967105	52597	26313	19866
广 东	Guangdong	798	32	8243705	73152	128250	59459
广 西	Guangxi		27	525064	51238	15925	14375
海 南	Hainan		46	80405	11968	3879	7325
重 庆	Chongqing	5		654029	14142	9584	7311
四 川	Sichuan	23144	199	1427322	43039	43729	136618
贵 州	Guizhou	15	51	304330	10983	4810	61311
云 南	Yunnan	44	64	352522	30488	15380	18599
西 藏	Tibet	225	158	15287	911	551	1729
陕 西	Shaanxi	25101	63	727461	22929	25298	23150
甘 肃	Gansu	483	29	266578	10645	6252	10889
青 海	Qinghai	469	2	91505	1179	1947	2498
宁 夏	Ningxia		8	96803	2271	7334	1182
新 疆	Xinjiang	26698	14	329776	20411	20397	9037

4-3 续表 5 continued

单位：人 (person)

地 区	Region	4.烟草制品业 4.Manufacture of Tobacco	5.纺织业 5.Manufacture of Textile	6.纺织服装、服饰业 6.Manufacture of Textile Wearing Apparel,and Accessories	7.皮革、毛皮、羽毛及其制品和制鞋业 7.Manufacture of Leather, Fur, Feather and Related Products and Footwear	8.木材加工和木、竹、藤、棕、草制品业 8.Processing of Timbers, Manufacture of Wood, Bamboo, Rattan, Palm and Straw Products	9.家具制造业 9.Manufacture of Furniture
总 计	**National Total**	**111387**	**1059164**	**1174758**	**741677**	**172186**	**419025**
北 京	Beijing		912	15047	30	319	2442
天 津	Tianjin		4463	2610	2212	716	13928
河 北	Hebei	4793	12446	10926	14382	2691	7417
山 西	Shanxi	954	1899	3768	11	99	89
内蒙古	Inner Mongolia	2360	2295	5343	9	1018	19
辽 宁	Liaoning		6045	29731	4776	6154	10062
吉 林	Jilin	3163	2193	13381	660	6042	402
黑龙江	Heilongjiang	4737	3706	803	40	2902	2770
上 海	Shanghai	3518	13076	19306	7684	3001	12914
江 苏	Jiangsu	772	172443	165445	24515	12761	23351
浙 江	Zhejiang	3484	193556	170411	50590	15406	89557
安 徽	Anhui	581	32052	57500	16247	7292	10937
福 建	Fujian	5752	65905	119718	225970	11002	23191
江 西	Jiangxi	4788	23766	57111	50096	6664	6986
山 东	Shandong	8091	156592	76111	24238	12974	15880
河 南	Henan	15049	62873	67490	34951	11570	14624
湖 北	Hubei	6950	53546	37307	7481	10875	7588
湖 南	Hunan	2560	11895	10463	44480	7525	2950
广 东	Guangdong	9086	128622	263237	203169	22995	151481
广 西	Guangxi	3316	12931	7760	9154	10886	1722
海 南	Hainan	556	685	112	28	874	62
重 庆	Chongqing	4876	3678	3510	1885	2259	1896
四 川	Sichuan	4870	21104	12314	13237	7517	15469
贵 州	Guizhou	7814	4418	3448	1749	3496	612
云 南	Yunnan	2468	3695	1988	655	2924	512
西 藏	Tibet		257	380	111	95	361
陕 西	Shaanxi	7476	14683	4607	1499	1029	1570
甘 肃	Gansu	2652	2251	1567	812	342	89
青 海	Qinghai		60	817		151	16
宁 夏	Ningxia		1718	1623	89		
新 疆	Xinjiang	721	45399	10926	918	607	128

4-3 续表 6 continued

单位：人 (person)

地 区	Region	10.造纸及纸制品业 10.Manufacture of Paper and Paper Products	11.印刷和记录媒介复制业 11.Printing and Reproduction of Recording Media	12.文教工美、体育和娱乐用品制造业 12.Manufacture of Articles for Culture, Education, Arts and Crafts, Sport and Entertainment Activities	13.石油加工、炼焦和核燃料加工业 13.Processing of Petroleum, Coking, Processing of Nuclear Fuel	14.化学原料和化学制品制造业 14.Manufacture of Chemical Raw Material and Chemical Products	15.医药制造业 15.Manufacture of Medicines
总 计	**National Total**	**441662**	**408187**	**868248**	**537667**	**1864761**	**1467503**
北 京	Beijing	3138	11878	2982	9726	14603	82848
天 津	Tianjin	8241	7276	7513	10734	32353	40506
河 北	Hebei	7265	8068	5724	20547	61560	71617
山 西	Shanxi	727	3071	882	49792	54780	21228
内蒙古	Inner Mongolia	3206	866	285	18447	60525	12375
辽 宁	Liaoning	5674	5018	3182	68490	45873	22837
吉 林	Jilin	2609	2111	493	2546	36801	44599
黑龙江	Heilongjiang	5087	1522	755	31760	17588	19077
上 海	Shanghai	12599	15883	16686	12398	76754	50409
江 苏	Jiangsu	40459	39913	81380	15433	191522	147673
浙 江	Zhejiang	41207	31817	81514	23013	122996	121912
安 徽	Anhui	9029	13801	14389	7925	64831	42367
福 建	Fujian	30019	16973	89011	2202	28932	21092
江 西	Jiangxi	10310	12183	29427	6291	40031	33992
山 东	Shandong	49999	19130	38719	67508	200871	176897
河 南	Henan	16694	9228	33423	11797	92674	77800
湖 北	Hubei	13153	18828	15258	6224	103528	73004
湖 南	Hunan	10094	9354	13784	5529	40841	32479
广 东	Guangdong	113708	129598	398112	20924	185778	124620
广 西	Guangxi	12606	2452	12385	2976	19319	20146
海 南	Hainan	4165	997	369	3334	3837	17060
重 庆	Chongqing	9503	5249	4226	667	31031	26337
四 川	Sichuan	15728	17180	4812	6983	66005	78930
贵 州	Guizhou	3920	4621	2625	3149	33291	22872
云 南	Yunnan	5027	8529	5060	9862	42120	23806
西 藏	Tibet	92	127	877	11	1468	2387
陕 西	Shaanxi	4256	8825	2412	51599	59970	34652
甘 肃	Gansu	334	939	334	25553	18716	10489
青 海	Qinghai		309	849	748	24918	2433
宁 夏	Ningxia	1771	1605	37	6382	31325	2251
新 疆	Xinjiang	1045	837	746	35117	59922	8808

4-3 续表 7 continued

单位：人 (person)

地 区	Region	16.化学纤维制造业 16.Manufacture of Chemical Fibres	17.橡胶和塑料制品业 17.Manufacture of Rubber and Plastics Products	18.非金属矿物制品业 18.Manufacture of Non-metallic Mineral Products	19.黑色金属冶炼和压延加工业 19.Smelting and Processing of Ferrous Metals	20.有色金属冶炼和压延加工业 20.Smelting and Processing of Non-ferrous Metals	21.金属制品业 21.Manufacture of Metal Products
总 计	**National Total**	**240078**	**1420687**	**1694444**	**1132015**	**857396**	**1524408**
北 京	Beijing	694	4148	23605	1093	2319	12291
天 津	Tianjin	257	24549	17266	35569	5389	31790
河 北	Hebei	7086	23853	46594	164570	11090	51264
山 西	Shanxi	708	6472	36550	64377	31449	18487
内蒙古	Inner Mongolia	51	756	33163	57544	37206	2778
辽 宁	Liaoning	1070	33148	37566	102870	19891	47882
吉 林	Jilin	8949	4887	10769	14421	5178	4936
黑龙江	Heilongjiang	7	3988	12201	9434	3328	6658
上 海	Shanghai	673	53191	23970	17709	6823	51807
江 苏	Jiangsu	57538	176812	102542	77051	40307	175097
浙 江	Zhejiang	68436	143578	88679	20629	26250	146049
安 徽	Anhui	3266	69061	67182	38055	27373	44260
福 建	Fujian	17409	73866	79664	39019	24972	55815
江 西	Jiangxi	4241	21733	83061	33490	36256	29074
山 东	Shandong	11221	119621	125137	85789	83599	107868
河 南	Henan	14700	32886	138960	71489	96707	61644
湖 北	Hubei	2789	25335	68343	32724	22593	46044
湖 南	Hunan	2304	12727	82357	30484	33081	29160
广 东	Guangdong	8053	496787	243498	30143	61104	476356
广 西	Guangxi	44	11584	44885	28828	29260	7445
海 南	Hainan	26	2532	11294	131	442	1577
重 庆	Chongqing		10197	31300	9581	12810	14895
四 川	Sichuan	16906	30493	84787	62779	22719	52077
贵 州	Guizhou	86	9767	36111	12849	14858	7867
云 南	Yunnan	452	5462	38705	17029	57305	7938
西 藏	Tibet	1	170	4707	27	33	468
陕 西	Shaanxi	736	12277	46310	28318	39803	16442
甘 肃	Gansu	371	3898	28144	21415	53348	7648
青 海	Qinghai	1446	71	6522	6738	17807	994
宁 夏	Ningxia	1499	566	4532	2928	7717	3162
新 疆	Xinjiang	9060	6272	36041	14932	26379	4636

4-3 续表 8 continued

单位：人 (person)

地 区	Region	22.通用设备制造业 22.Manufacture of General Purpose Machinery	23.专用设备制造业 23.Manufacture of Special Purpose Machinery	24.汽车制造业 24.Manufacture of Automobiles	25.铁路、船舶、航空航天和其他运输设备制造业 25. Manufacture of Railway, Ship, Aerospace and Other Transport Equipment	26.电气机械和器材制造业 26.Manufacture of Electrical Machinery and Apparatus	27.计算机、通信和其他电子设备制造业 27.Manufacture of Computers, Communication and Other Electronic Equipment
总 计	**National Total**	**2211336**	**1831907**	**2885773**	**672639**	**3108318**	**6931240**
北 京	Beijing	34372	53475	67123	17454	30492	87233
天 津	Tianjin	41903	39692	89487	24565	47914	84691
河 北	Hebei	29805	48485	119603	23551	43904	65517
山 西	Shanxi	15720	36014	14628	11880	13271	90710
内蒙古	Inner Mongolia	3250	4263	4184	727	3533	8739
辽 宁	Liaoning	101315	51653	100100	30257	45360	51051
吉 林	Jilin	5716	6530	157665	17733	5488	10240
黑龙江	Heilongjiang	19965	13439	8501	11544	14496	1743
上 海	Shanghai	153924	85230	171791	20418	91063	270800
江 苏	Jiangsu	428068	284537	310421	117546	422865	1209206
浙 江	Zhejiang	343225	152156	234900	35073	378992	382114
安 徽	Anhui	82030	56577	137508	11043	154469	191663
福 建	Fujian	64144	43124	66146	10598	113376	203323
江 西	Jiangxi	34401	21924	49658	3036	85733	222720
山 东	Shandong	178097	172832	199419	60363	120877	217864
河 南	Henan	83079	96084	91003	22264	102051	295374
湖 北	Hubei	46044	54656	220167	42561	81814	134609
湖 南	Hunan	52266	42946	83076	41289	49382	202248
广 东	Guangdong	331725	402143	358732	76115	1084587	2449593
广 西	Guangxi	15605	18728	68951	2220	11583	80947
海 南	Hainan	293	1094	2022	243	2438	26
重 庆	Chongqing	30958	13460	147359	22843	31681	187167
四 川	Sichuan	64713	63615	70784	35208	72404	340636
贵 州	Guizhou	4238	5559	8893	4546	13827	12957
云 南	Yunnan	4655	5157	5851	3203	6735	24424
西 藏	Tibet	34	171			77	1
陕 西	Shaanxi	25551	37759	95840	25592	43452	73786
甘 肃	Gansu	10141	13027	903	307	9985	21911
青 海	Qinghai	1681	89	6	107	15408	2158
宁 夏	Ningxia	3850	4878	54	89	1860	5891
新 疆	Xinjiang	567	2610	996	266	9202	1902

4-3 续表 9 continued

单位：人 (person)

地 区	Region	28.仪器仪表制造业 28.Manufacture of Measuring Instruments and Machinery	29.其他制造业 29. Other Manufature	30.废弃资源综合利用业 30. Utilization of Waste Resources	31.金属制品、机械和设备修理业 31. Repair Service of Metal Products, Machinery and Eguipment	(四) 电力、热力、燃气及水生产和供应业 Production and Supply of Electricity, Heat, Gas and Water	1.电力、热力生产和供应业 1.Production and Supply of Electric Power and Heat Power
总 计	**National Total**	**560708**	**145078**	**94770**	**158445**	**2802219**	**1995413**
北 京	Beijing	20419	455	681	15253	84761	58134
天 津	Tianjin	8775	1995	1137	6241	37603	23218
河 北	Hebei	10354	2088	7132	4816	126856	86427
山 西	Shanxi	2261	3887	6637	8245	110602	72524
内蒙古	Inner Mongolia	39		1306	1696	147132	125655
辽 宁	Liaoning	13044	2693	2470	3635	131392	97149
吉 林	Jilin	2407	201	1179	6125	78142	64453
黑龙江	Heilongjiang	4286	602	332	2321	134347	115588
上 海	Shanghai	27552	6356	1357	25628	32681	18261
江 苏	Jiangsu	91867	9801	8003	2679	138023	84871
浙 江	Zhejiang	100563	20119	7366	6581	124816	82410
安 徽	Anhui	8457	4453	7781	3299	89910	63818
福 建	Fujian	12357	14361	1312	9519	103508	81530
江 西	Jiangxi	8728	3427	6269	2418	82639	61848
山 东	Shandong	23168	6259	4124	3813	159118	109770
河 南	Henan	19094	4518	5906	6824	95494	48903
湖 北	Hubei	16863	1674	5318	15334	57214	29375
湖 南	Hunan	6931	2566	3827	1733	57858	35006
广 东	Guangdong	139894	55030	6556	11201	226865	157548
广 西	Guangxi	1547	893	1797	3556	104551	87661
海 南	Hainan	10	78	90	2859	13848	7065
重 庆	Chongqing	12685	331	822	1787	58035	37771
四 川	Sichuan	13505	686	5772	2703	205535	146078
贵 州	Guizhou	935	978	942	798	47990	27340
云 南	Yunnan	2364	309	1093	726	106414	91382
西 藏	Tibet		61	33	148	13871	13096
陕 西	Shaanxi	10279	1025	3232	3103	80694	54665
甘 肃	Gansu	621	202	983	1812	39385	30995
青 海	Qinghai	410	23	21	2100	12591	9994
宁 夏	Ningxia	1202	8	771	208	29787	24506
新 疆	Xinjiang	90		522	1285	70556	48370

4-3 续表 10 continued

单位：人 (person)

地 区	Region	2.燃气生产和供应业 2.Production and Supply of Gas	3.水的生产和供应业 3.Production and Supply of Water	（五）建筑业 V. Construction	1.房屋建筑业 1. Construction of Buildings	2.土木工程建筑业 2. Civil Engineering	3.建筑安装业 3.Building Installation
总 计	**National Total**	**315789**	**491018**	**18079327**	**11930202**	**4093976**	**1073956**
北 京	Beijing	11352	15275	451077	190195	155332	53160
天 津	Tianjin	6841	7544	198744	56493	84762	27568
河 北	Hebei	21013	19416	348521	160894	128452	32282
山 西	Shanxi	21712	16366	242917	84126	120842	20504
内蒙古	Inner Mongolia	6692	14784	89471	47106	36028	3533
辽 宁	Liaoning	14222	20021	232129	87548	91154	28980
吉 林	Jilin	5296	8393	121786	53921	40601	16610
黑龙江	Heilongjiang	5640	13119	111880	36668	60424	11233
上 海	Shanghai	5793	8627	270642	126513	78655	30273
江 苏	Jiangsu	16990	36161	2180951	1702534	237467	134019
浙 江	Zhejiang	11157	31249	1756714	1309572	315199	56366
安 徽	Anhui	11776	14317	931456	581748	232250	58169
福 建	Fujian	5475	16503	1083771	800181	215626	26861
江 西	Jiangxi	6790	14001	691255	500978	152022	19060
山 东	Shandong	21171	28177	1236198	764782	261051	172409
河 南	Henan	22890	23702	1249706	785106	327786	64965
湖 北	Hubei	9391	18448	948500	644564	219574	43496
湖 南	Hunan	6967	15884	883138	646070	181799	40843
广 东	Guangdong	20569	48748	978990	538907	209263	73080
广 西	Guangxi	5311	11580	510717	417159	76392	10159
海 南	Hainan	1739	5044	45324	31002	5143	4440
重 庆	Chongqing	7487	12778	635790	447959	131569	34404
四 川	Sichuan	28579	30878	1270860	916600	266532	43787
贵 州	Guizhou	4593	16057	376467	247525	77440	9238
云 南	Yunnan	5015	10017	267434	177278	68995	12253
西 藏	Tibet	257	518	31773	21257	7191	911
陕 西	Shaanxi	13906	12124	438267	235265	172671	23211
甘 肃	Gansu	3024	5366	253669	178830	58435	11028
青 海	Qinghai	658	1939	31340	9418	17854	3186
宁 夏	Ningxia	1685	3596	25143	14515	9047	1423
新 疆	Xinjiang	11800	10387	184695	115486	54421	6508

4-3 续表 11 continued

单位：人 (person)

地 区	Region	4.建筑装饰和其他建筑业 4.Building Decoration and Other Constructions	(六)批发和零售业 VI. Wholesale and Retail Trades	1.批发业 1.Wholesale Trade	2.零售业 2.Retail Trade	(七)交通运输、仓储和邮政业 VII. Transport, Storage and Post	1.铁路运输业 1.Railway Transport
总 计	**National Total**	**981192**	**7413483**	**3616186**	**3797297**	**6877894**	**1884384**
北 京	Beijing	52390	505471	322817	182654	542759	99786
天 津	Tianjin	29920	173836	119315	54521	120474	26806
河 北	Hebei	26894	188149	48435	139714	216828	76034
山 西	Shanxi	17445	115346	64856	50490	204648	100994
内蒙古	Inner Mongolia	2805	71471	23237	48234	179941	104706
辽 宁	Liaoning	24447	149681	47840	101841	264390	104491
吉 林	Jilin	10655	75096	25087	50009	137045	57285
黑龙江	Heilongjiang	3555	88065	35544	52521	184705	133989
上 海	Shanghai	35201	920079	606451	313629	444558	33257
江 苏	Jiangsu	106931	509494	256866	252628	371724	50122
浙 江	Zhejiang	75577	434579	236527	198053	348493	34130
安 徽	Anhui	59289	221212	85490	135722	173250	42516
福 建	Fujian	41103	225573	88283	137290	204270	32743
江 西	Jiangxi	19196	157360	67537	89823	146008	54198
山 东	Shandong	37957	413712	186224	227488	378150	85960
河 南	Henan	71848	291745	100051	191694	301688	106224
湖 北	Hubei	40865	278748	103207	175542	230790	78691
湖 南	Hunan	14426	202789	50697	152091	217033	74078
广 东	Guangdong	157740	1056731	602667	454064	709894	83539
广 西	Guangxi	7007	123118	48622	74497	173433	63238
海 南	Hainan	4739	65981	29527	36454	60699	6320
重 庆	Chongqing	21858	166834	52808	114027	178427	27946
四 川	Sichuan	43942	327228	132375	194853	298593	71676
贵 州	Guizhou	42265	98801	40785	58016	119979	33078
云 南	Yunnan	8908	127058	52649	74409	130183	41049
西 藏	Tibet	2414	22909	13444	9465	11239	1747
陕 西	Shaanxi	7121	187831	69637	118194	197119	93432
甘 肃	Gansu	5375	82750	32366	50384	110170	61743
青 海	Qinghai	881	18518	9373	9145	42848	24013
宁 夏	Ningxia	158	22054	7080	14975	30307	19014
新 疆	Xinjiang	8280	91263	56393	34871	148252	61579

4-3 续表 12 continued

单位：人 (person)

地 区	Region	2.道路运输业 2.Road Transport	3.水上运输业 3.Water Transport	4.航空运输业 4.Air Transport	5.管道运输业 5.Transport Via Pipeline	6.装卸搬运和运输代理业 6.Loading Unloading and Forwarding Ageney	7.仓储业 7.Storage
总 计	**National Total**	**2836765**	**234787**	**556405**	**27782**	**328797**	**397556**
北 京	Beijing	219787	246	77560	7718	30634	9424
天 津	Tianjin	42876	8885	8284	645	12680	11879
河 北	Hebei	81913	17772	5697	180	2966	21742
山 西	Shanxi	76606	18	5482	129	1142	6060
内蒙古	Inner Mongolia	49257		6093	185	420	3988
辽 宁	Liaoning	91985	13174	9620	193	11282	23669
吉 林	Jilin	56183		424	80	1887	11878
黑龙江	Heilongjiang	23799	540	7516		203	11100
上 海	Shanghai	139597	21207	77174	900	103178	31938
江 苏	Jiangsu	168564	27454	16383	7483	17147	53695
浙 江	Zhejiang	175236	24669	13269	106	17919	22057
安 徽	Anhui	102795	5115	2672	28	4271	7762
福 建	Fujian	74963	12939	24936	33	10423	15367
江 西	Jiangxi	76843	2674	1093	570	1016	3571
山 东	Shandong	146306	35574	19957	2085	18352	31261
河 南	Henan	137834	357	9361	610	4311	13230
湖 北	Hubei	109329	7574	6381	691	3255	9045
湖 南	Hunan	95479	2445	7561	636	1957	12090
广 东	Guangdong	324804	32791	114927	736	62635	45798
广 西	Guangxi	57137	5361	1982	91	2843	10895
海 南	Hainan	14955	5704	24040	21	3032	2470
重 庆	Chongqing	112557	9136	11209	68	3463	5703
四 川	Sichuan	152093	577	35514	226	5958	9264
贵 州	Guizhou	48793	281	11471	143	546	4469
云 南	Yunnan	53123	102	25133	250	2022	4560
西 藏	Tibet	4046		3678		222	184
陕 西	Shaanxi	76884		11569	825	2864	7242
甘 肃	Gansu	32862	53	4036	1	911	3323
青 海	Qinghai	13632		2518		209	772
宁 夏	Ningxia	7998	97	2117		188	600
新 疆	Xinjiang	68532	43	8749	3150	861	2520

4-3 续表 13 continued

单位：人 (person)

地 区	Region	8.邮政业 8.Post	(八) 住宿和餐饮业 VIII. Hotels and Catering Services	1.住宿业 1.Hotels	2.餐饮业 2.Catering Services	(九) 信息传输、软件和信息技术服务业 Information Transmission, software and Information Technology	1.电信、广播电视和卫星传输服务 1.Telecommunication, Radio and Television and Satellite Transmission Service
总 计	**National Total**	**611418**	**2441326**	**879916**	**1561410**	**4911402**	**1289842**
北 京	Beijing	97604	262411	61397	201014	998057	82140
天 津	Tianjin	8420	54054	8779	45275	80929	15360
河 北	Hebei	10524	32601	17333	15268	109563	54666
山 西	Shanxi	14217	30905	11718	19188	43380	33012
内蒙古	Inner Mongolia	15293	22637	11671	10966	37530	31253
辽 宁	Liaoning	9976	40865	15673	25192	127523	41272
吉 林	Jilin	9308	13642	8516	5127	36292	22326
黑龙江	Heilongjiang	7557	11362	7271	4091	49947	42873
上 海	Shanghai	37307	273581	45947	227634	498730	37426
江 苏	Jiangsu	30876	191067	52728	138339	330536	117811
浙 江	Zhejiang	61107	135239	66729	68510	317989	59195
安 徽	Anhui	8089	50927	25908	25018	94119	44022
福 建	Fujian	32867	90053	42180	47873	103091	43498
江 西	Jiangxi	6044	35097	20354	14744	52794	33705
山 东	Shandong	38655	97421	44405	53016	189493	59356
河 南	Henan	29761	64230	36403	27827	162654	54219
湖 北	Hubei	15824	86250	21938	64312	158009	44026
湖 南	Hunan	22787	58458	23269	35189	80519	45739
广 东	Guangdong	44663	399636	118997	280639	782245	117198
广 西	Guangxi	31887	42500	22901	19599	55133	41823
海 南	Hainan	4157	47567	41705	5861	26086	8040
重 庆	Chongqing	8345	37648	16416	21232	43670	19326
四 川	Sichuan	23285	156948	44888	112060	238801	96111
贵 州	Guizhou	21199	26195	16484	9711	41565	25728
云 南	Yunnan	3944	42531	26578	15953	46133	31471
西 藏	Tibet	1362	5920	4562	1358	6078	3372
陕 西	Shaanxi	4303	81257	36651	44606	121825	29000
甘 肃	Gansu	7242	25163	13000	12163	27765	21248
青 海	Qinghai	1705	3094	1933	1161	7892	6932
宁 夏	Ningxia	293	2420	1542	878	8076	5584
新 疆	Xinjiang	2818	19644	12038	7606	34978	22110

4-3 续表 14 continued

单位：人 (person)

地 区	Region	2.互联网和相关服务 2.Internet and Related Service	3.软件和信息技术服务业 3.Software and Information Technology	(十) 金融业 X. Financial Intermediation	1.货币金融服务 1.Monetay and Financial Service	2.资本市场服务 2.Capital Market Service	3.保险业 3.Insurance
总 计	**National Total**	**739265**	**2882295**	**7462769**	**3128486**	**336657**	**3878120**
北 京	Beijing	180127	735790	598908	219777	75812	262545
天 津	Tianjin	13036	52532	130528	52284	2759	72748
河 北	Hebei	9687	45210	358031	158413	3203	195900
山 西	Shanxi	2773	7595	230906	92990	3912	132876
内蒙古	Inner Mongolia	740	5537	159879	70073	1064	88278
辽 宁	Liaoning	3782	82470	230931	116555	728	112500
吉 林	Jilin	1685	12280	182179	69387	1245	111276
黑龙江	Heilongjiang	853	6221	189136	69418	111	119321
上 海	Shanghai	124531	336774	265757	115691	55054	72724
江 苏	Jiangsu	59298	153428	385479	178692	12195	192166
浙 江	Zhejiang	70234	188560	462275	245939	12558	199567
安 徽	Anhui	6253	43845	196508	80612	3803	110798
福 建	Fujian	8242	51351	233999	108096	3909	118635
江 西	Jiangxi	3299	15791	144770	72562	2895	68618
山 东	Shandong	17419	112718	601676	187722	8601	403063
河 南	Henan	32943	75493	252409	146905	2787	100600
湖 北	Hubei	12004	101979	258948	130160	3403	117606
湖 南	Hunan	9118	25662	274066	95869	15563	161687
广 东	Guangdong	132577	532470	762416	272574	93754	386333
广 西	Guangxi	1546	11764	185142	96687	832	85753
海 南	Hainan	9927	8119	69647	20285	527	48432
重 庆	Chongqing	8731	15613	218303	111835	4743	99381
四 川	Sichuan	14635	128055	391157	109800	12405	266136
贵 州	Guizhou	4089	11748	136452	72029	3232	59864
云 南	Yunnan	2247	12415	97178	48294	2530	46081
西 藏	Tibet	600	2106	17312	14264	66	2982
陕 西	Shaanxi	7462	85362	180064	67911	5923	103517
甘 肃	Gansu	273	6244	103532	38268	2484	62150
青 海	Qinghai	72	888	24066	12427	77	10629
宁 夏	Ningxia	762	1730	33450	17284	284	15639
新 疆	Xinjiang	322	12545	87663	35681	199	50313

4-3 续表 15 continued

单位：人 (person)

地 区	Region	4.其他金融业 4.Other Financial Activities	(十一)房地产业 XI. Real Estate	(十二)租赁和商务服务业 XII. Leasing and Business Services	1.租赁业 1.Leasing	2.商务服务业 2.Business Services	(十三)科学研究和技术服务业 XIII. Scientific Research and Technical Services
总 计	**National Total**	**119506**	**4991455**	**5669771**	**125254**	**5544517**	**2949549**
北 京	Beijing	40773	432776	537430	10001	527429	471451
天 津	Tianjin	2737	89569	106031	4403	101628	84405
河 北	Hebei	515	112910	106672	4998	101674	109413
山 西	Shanxi	1128	51993	96509	1925	94584	37012
内蒙古	Inner Mongolia	463	50856	37670	517	37153	29175
辽 宁	Liaoning	1148	101612	108144	2220	105924	57680
吉 林	Jilin	272	46868	34568	400	34168	29250
黑龙江	Heilongjiang	287	48201	105989	300	105689	19429
上 海	Shanghai	22287	268195	746820	14225	732595	315076
江 苏	Jiangsu	2425	284489	357972	9052	348920	188947
浙 江	Zhejiang	4212	289314	357123	6828	350295	157769
安 徽	Anhui	1295	143435	188779	5984	182795	60049
福 建	Fujian	3358	153484	163582	2211	161371	49094
江 西	Jiangxi	695	90415	61025	2753	58272	30612
山 东	Shandong	2289	266243	198985	4525	194461	152406
河 南	Henan	2119	265095	189314	5739	183575	101535
湖 北	Hubei	7779	187583	161447	3479	157968	107429
湖 南	Hunan	948	149055	133811	1937	131874	76607
广 东	Guangdong	9755	840933	999552	21803	977750	394539
广 西	Guangxi	1869	88796	161192	2860	158332	41189
海 南	Hainan	403	89044	31040	1616	29424	18382
重 庆	Chongqing	2343	151251	119807	1162	118645	47112
四 川	Sichuan	2816	312556	273042	5329	267712	151445
贵 州	Guizhou	1328	100402	63470	1264	62206	27303
云 南	Yunnan	274	90510	97445	1380	96065	36641
西 藏	Tibet		6835	15664	1421	14243	3952
陕 西	Shaanxi	2713	123012	78508	3193	75315	77182
甘 肃	Gansu	630	61746	29781	1996	27785	29570
青 海	Qinghai	933	15249	11134	329	10805	9137
宁 夏	Ningxia	243	15430	10371	53	10318	8701
新 疆	Xinjiang	1470	63597	86896	1350	85545	27057

4-3 续表 16 continued

单位：人 (person)

地 区	Region	1.研究和试验发展 1.Research and Experimental Development	2.专业技术服务业 2.Professional Technical Services	3.科技推广和应用服务业 3.Science and Technology Popularization and Application Services	(十四) 水利、环境和公共设施管理业 XIV. Management of Water Conservancy, Enviroment and Public Facilities	1.水利管理业 1.Management of Water Conservancy	2.生态保护和环境治理业 2.Ecological Protection and Environmental Treatment
总 计	**National Total**	**383510**	**2174830**	**391208**	**1261572**	**34155**	**89260**
北 京	Beijing	71777	277504	122171	57657	888	9903
天 津	Tianjin	5565	71297	7543	8509	105	933
河 北	Hebei	7974	90973	10465	50456	468	2296
山 西	Shanxi	2101	30685	4226	21534	1761	1734
内蒙古	Inner Mongolia	1922	23982	3271	23147	703	1608
辽 宁	Liaoning	4742	49264	3674	37663	2018	1732
吉 林	Jilin	4700	23173	1378	15815	800	342
黑龙江	Heilongjiang	2518	14242	2668	9564	243	932
上 海	Shanghai	93343	185277	36456	118638	1553	8662
江 苏	Jiangsu	36805	132901	19241	57577	1709	5427
浙 江	Zhejiang	18991	118592	20187	70635	1755	6315
安 徽	Anhui	4897	47513	7639	42635	239	2740
福 建	Fujian	1334	45450	2309	44974	610	1514
江 西	Jiangxi	1010	27175	2428	45309	471	887
山 东	Shandong	18110	121049	13247	101611	1683	5482
河 南	Henan	8744	78767	14023	88332	2430	2821
湖 北	Hubei	6395	88171	12863	31976	743	3955
湖 南	Hunan	6655	51862	18090	28051	795	4265
广 东	Guangdong	48408	297346	48785	123743	4245	9329
广 西	Guangxi	1575	34009	5605	22325	1081	2604
海 南	Hainan	3094	12038	3251	38658	352	638
重 庆	Chongqing	1847	40004	5262	24673	1101	4289
四 川	Sichuan	17425	124151	9869	48699	1789	2615
贵 州	Guizhou	1524	24662	1117	35761	1642	1059
云 南	Yunnan	1742	31305	3595	32248	736	2180
西 藏	Tibet	364	2821	767	5940	145	397
陕 西	Shaanxi	6476	67469	3237	34189	2011	1494
甘 肃	Gansu	2132	25330	2108	17596	870	780
青 海	Qinghai	263	6664	2210	2881	183	381
宁 夏	Ningxia	236	8201	264	3220	150	521
新 疆	Xinjiang	843	22955	3259	17556	876	1426

4-3 续表 17 continued

单位：人 (person)

地 区	Region	3.公共设施管理业 3.Management of Public Facilities	4.土地管理业 4.Management of Land	（十五）居民服务、修理和其他服务业 XV. Service to Households, Repair and Other Services	1.居民服务业 1.Service to Households	2.机动车、电子产品和日用产品修理业 2.Repair of Motor Vehicle, Electronics and Household Products	3.其他服务业 3.Other Service
总 计	**National Total**	**1095786**	**42371**	**689900**	**256182**	**97227**	**336491**
北 京	Beijing	45920	945	44832	11634	8859	24339
天 津	Tianjin	6739	732	53280	4293	931	48056
河 北	Hebei	46739	953	21260	10155	1833	9272
山 西	Shanxi	17615	424	5903	1314	160	4429
内蒙古	Inner Mongolia	20699	137	3150	694	360	2095
辽 宁	Liaoning	33445	468	10721	6382	1997	2343
吉 林	Jilin	14567	105	10851	3792	1333	5726
黑龙江	Heilongjiang	8341	48	8641	2984	77	5580
上 海	Shanghai	107452	972	91011	37369	13870	39773
江 苏	Jiangsu	47940	2500	36869	13106	8152	15612
浙 江	Zhejiang	60851	1715	40991	17368	4352	19271
安 徽	Anhui	38897	759	19256	6413	2762	10081
福 建	Fujian	41897	953	33505	24603	3809	5092
江 西	Jiangxi	43461	491	9040	3242	1430	4368
山 东	Shandong	92175	2271	24105	11630	4328	8147
河 南	Henan	80485	2596	20833	7049	4157	9627
湖 北	Hubei	22709	4568	17126	5790	2141	9195
湖 南	Hunan	17320	5671	22418	17085	1084	4249
广 东	Guangdong	107147	3021	109483	30120	15944	63419
广 西	Guangxi	17336	1304	8291	3223	1255	3813
海 南	Hainan	37410	258	5302	1296	1028	2977
重 庆	Chongqing	14227	5057	5683	3068	664	1951
四 川	Sichuan	41258	3037	32744	9935	7877	14933
贵 州	Guizhou	32237	824	13973	5677	1233	7064
云 南	Yunnan	28682	650	13359	6928	1971	4460
西 藏	Tibet	5348	50	2001	585	1149	267
陕 西	Shaanxi	29276	1409	11100	4629	2378	4093
甘 肃	Gansu	15841	105	7645	3467	1058	3120
青 海	Qinghai	2279	38	1725	560	263	903
宁 夏	Ningxia	2533	16	345	182	3	160
新 疆	Xinjiang	14958	296	4455	1609	769	2077

4-3 续表 18 continued

单位：人 (person)

地 区	Region	(十六)教育 XVI. Education	(十七)卫生和社会工作 XVII. Health and Social Service	1.卫生 1.Health	2.社会工作 2.Social Service	(十八)文化、体育和娱乐业 XVIII. Culture, Sports and Entertainment	1.新闻和出版业 1.Journalism and Publishing Activities
总 计	**National Total**	**2561233**	**1240854**	**1008725**	**232130**	**643799**	**121181**
北 京	Beijing	152667	74379	62588	11791	103692	34384
天 津	Tianjin	28729	15736	11059	4677	8326	1163
河 北	Hebei	27351	31977	29709	2268	14568	3781
山 西	Shanxi	77653	22011	19311	2700	12223	2808
内蒙古	Inner Mongolia	9247	7818	6607	1211	3105	413
辽 宁	Liaoning	60871	40619	35062	5557	12052	3155
吉 林	Jilin	31071	24443	20537	3906	8297	1739
黑龙江	Heilongjiang	32861	27193	23636	3557	5533	1288
上 海	Shanghai	88407	90007	35628	54379	41953	5026
江 苏	Jiangsu	109481	93175	73950	19225	42591	6626
浙 江	Zhejiang	151815	74528	56137	18391	33720	4120
安 徽	Anhui	78816	54891	50046	4845	14511	2410
福 建	Fujian	66689	25131	20923	4208	13940	1526
江 西	Jiangxi	64929	30729	27591	3138	11964	1773
山 东	Shandong	178861	87642	75732	11911	30910	6057
河 南	Henan	109156	62941	59126	3815	23673	6449
湖 北	Hubei	114381	41285	35975	5310	25309	6117
湖 南	Hunan	163632	50457	42346	8111	29092	3578
广 东	Guangdong	533574	148341	110946	37395	76885	7598
广 西	Guangxi	69922	20484	16380	4104	12615	3372
海 南	Hainan	41655	12693	11775	917	10959	2062
重 庆	Chongqing	18345	15819	14177	1642	13250	2624
四 川	Sichuan	139729	73544	65515	8029	28328	3445
贵 州	Guizhou	22617	19844	19258	586	11329	2637
云 南	Yunnan	15256	19410	17908	1503	12747	1510
西 藏	Tibet	3430	2350	2296	54	1499	94
陕 西	Shaanxi	112059	43761	39378	4383	21430	2776
甘 肃	Gansu	28980	14100	12215	1885	9264	1749
青 海	Qinghai	713	1970	1889	81	2526	257
宁 夏	Ningxia	5096	3602	3039	563	3531	269
新 疆	Xinjiang	23242	9975	7987	1988	3980	373

4-3 续表 19 continued

单位：人 (person)

地区	Region	2.广播、电视、电影和影视录音制作业 2.Radio, Television, Motion Picture and Videotape Programme Production Services	3.文化艺术业 3.Cultural and Art Activities	4.体育 4.Sports Activities	5.娱乐业 5.Entertainment	(十九)公共管理、社会保障和社会组织 XIX.Public Management, Social Security and Social Organization	#群众社团、社会团体和其他成员组织 Non-Governmental Organizations, Social Organizations and Membership Organizations
总　计	**National Total**	**144192**	**117891**	**91944**	**168592**	**75239**	**27975**
北　京	Beijing	26879	8738	11746	21945	4574	3429
天　津	Tianjin	3027	1274	1959	903	139	139
河　北	Hebei	2710	3429	3031	1617	56	26
山　西	Shanxi	1941	4660	986	1828	183	183
内蒙古	Inner Mongolia	972	551	275	895	1252	115
辽　宁	Liaoning	2256	1852	1445	3345	5352	266
吉　林	Jilin	1602	1411	2822	723	1148	186
黑龙江	Heilongjiang	1342	1500	319	1086	2473	302
上　海	Shanghai	8313	4429	8326	15859	2427	1387
江　苏	Jiangsu	11140	8190	4609	12027	1950	779
浙　江	Zhejiang	13056	5770	4454	6320	484	481
安　徽	Anhui	2555	4336	1002	4208	1305	418
福　建	Fujian	3277	2664	2681	3793	430	416
江　西	Jiangxi	2576	1948	1214	4453	2614	455
山　东	Shandong	6020	5470	4974	8389	5751	804
河　南	Henan	4802	5919	1432	5070	730	227
湖　北	Hubei	4139	4891	1629	8533	1583	756
湖　南	Hunan	7896	6223	2233	9162	11075	9328
广　东	Guangdong	15969	10039	22078	21201	21234	4081
广　西	Guangxi	2173	2907	1592	2571	139	132
海　南	Hainan	1793	1071	2879	3153	618	250
重　庆	Chongqing	2486	2857	1705	3578	21	15
四　川	Sichuan	8084	5289	3190	8320	2448	1607
贵　州	Guizhou	1291	2898	1517	2985	28	28
云　南	Yunnan	1513	3654	1241	4829	156	21
西　藏	Tibet	243	799	2	360	374	178
陕　西	Shaanxi	2903	9835	719	5197	2509	715
甘　肃	Gansu	931	3917	534	2133	3410	665
青　海	Qinghai	223	495	140	1411	3	3
宁　夏	Ningxia	1212	639	167	1244	209	189
新　疆	Xinjiang	871	237	1043	1457	563	395

第五部分

Chapter Five

2021 年全国户籍统计人口数据

Data from Household Registration in 2021

5-1　各地区总户数、总人口
Households and Population by Region

地　区	Region	总户数 (户) Number of Households (household)	总人口 (人) Total Population (person)	男 Male	女 Female	平均每户人数 (人/户) Average Family Size (person/household)	性别比 (女=100) Sex Ratio (Female=100)
全　国	**National Total**	**464022811**	**1415738169**	**724339564**	**691398605**	**3.05**	**104.76**
北　京	Beijing	5600663	14087582	6982666	7104916	2.52	98.28
天　津	Tianjin	4263765	11515573	5712715	5802858	2.70	98.45
河　北	Hebei	25336016	77412355	39291756	38120599	3.06	103.07
山　西	Shanxi	13051723	35395124	17973482	17421642	2.71	103.17
内蒙古	Inner Mongolia	10311875	24278096	12270991	12007105	2.35	102.20
辽　宁	Liaoning	15521584	41521088	20672385	20848703	2.68	99.15
吉　林	Jilin	10230263	25596122	12835278	12760844	2.50	100.58
黑龙江	Heilongjiang	14945732	34911403	17514072	17397331	2.34	100.67
上　海	Shanghai	5682731	14929171	7375385	7553786	2.63	97.64
江　苏	Jiangsu	25805109	78816980	39700433	39116547	3.05	101.49
浙　江	Zhejiang	17647067	50957762	25568616	25389146	2.89	100.71
安　徽	Anhui	22108490	71253923	36973821	34280102	3.22	107.86
福　建	Fujian	11834391	39438336	20257860	19180476	3.33	105.62
江　西	Jiangxi	15332309	50315391	26338433	23976958	3.28	109.85
山　东	Shandong	34264287	101914811	51689543	50225268	2.97	102.92
河　南	Henan	33654160	115327378	59469746	55857632	3.43	106.47
湖　北	Hubei	20895735	61428449	31908110	29520339	2.94	108.09
湖　南	Hunan	24078888	72462579	37552351	34910228	3.01	107.57
广　东	Guangdong	26819072	99469546	50889301	48580245	3.71	104.75
广　西	Guangxi	16566820	57330583	30157242	27173341	3.46	110.98
海　南	Hainan	2705981	9732630	5060861	4671769	3.60	108.33
重　庆	Chongqing	12853750	34146568	17457887	16688681	2.66	104.61
四　川	Sichuan	31618561	90944756	46584421	44360335	2.88	105.01
贵　州	Guizhou	13476388	46373197	24209381	22163816	3.44	109.23
云　南	Yunnan	15113349	48189800	24814750	23375050	3.19	106.16
西　藏	Tibet	918220	3426379	1716702	1709677	3.73	100.41
陕　西	Shaanxi	13590053	40813647	20972967	19840680	3.00	105.71
甘　肃	Gansu	8383290	27812715	14308325	13504390	3.32	105.95
青　海	Qinghai	1773488	5953343	3004646	2948697	3.36	101.90
宁　夏	Ningxia	2403410	6955568	3508117	3447451	2.89	101.76
新　疆	Xinjiang	7235641	23027314	11567321	11459993	3.18	100.94

5-2 各地区市总户数、总人口
Households and Population in Cities by Region

地 区	Region	总户数 (户) Number of Households (household)	总人口 (人) Total Population (person)	男 Male	女 Female	平均每户人数 (人/户) Average Family Size (person/household)	性别比 (女=100) Sex Ratio (Female=100)
全 国	**National Total**	**261048618**	**770861365**	**389034979**	**381826386**	**2.95**	**101.89**
北 京	Beijing	**5600663**	**14087582**	**6982666**	**7104916**	**2.52**	**98.28**
天 津	Tianjin	4263765	11515573	5712715	5802858	2.70	98.45
河 北	Hebei	11592669	35355114	17741024	17614090	3.05	100.72
山 西	Shanxi	5626559	15826230	7955379	7870851	2.81	101.07
内蒙古	Inner Mongolia	3715536	9148730	4547613	4601117	2.46	98.84
辽 宁	Liaoning	11913900	31014212	15328076	15686136	2.60	97.72
吉 林	Jilin	7481939	18600589	9278046	9322543	2.49	99.52
黑龙江	Heilongjiang	9228617	21109805	10500051	10609754	2.29	98.97
上 海	Shanghai	5682731	14929171	7375385	7553786	2.63	97.64
江 苏	Jiangsu	20143302	59109026	29453207	29655819	2.93	99.32
浙 江	Zhejiang	12701723	36680393	18253550	18426843	2.89	99.06
安 徽	Anhui	9260719	28104185	14378656	13725529	3.03	104.76
福 建	Fujian	6782178	22056334	11155053	10901281	3.25	102.33
江 西	Jiangxi	6862320	22051339	11449647	10601692	3.21	108.00
山 东	Shandong	21083822	62363086	31261865	31101221	2.96	100.52
河 南	Henan	13297543	44146031	22365121	21780910	3.32	102.68
湖 北	Hubei	14229480	41406521	21373260	20033261	2.91	106.69
湖 南	Hunan	10512479	30396657	15502446	14894211	2.89	104.08
广 东	Guangdong	21052988	76942208	39153213	37788995	3.65	103.61
广 西	Guangxi	7927737	26744432	13888853	12855579	3.37	108.04
海 南	Hainan	1730754	6229027	3209053	3019974	3.60	106.26
重 庆	Chongqing	9234285	23553170	11908611	11644559	2.55	102.27
四 川	Sichuan	15349397	42009758	21134402	20875356	2.74	101.24
贵 州	Guizhou	5151147	16926968	8695340	8231628	3.29	105.63
云 南	Yunnan	5103086	15102985	7622834	7480151	2.96	101.91
西 藏	Tibet	304590	818395	412179	406216	2.69	101.47
陕 西	Shaanxi	6657476	19895427	10021768	9873659	2.99	101.50
甘 肃	Gansu	3114980	9242598	4685608	4556990	2.97	102.82
青 海	Qinghai	755450	2329489	1158016	1171473	3.08	98.85
宁 夏	Ningxia	1384799	3788679	1882960	1905719	2.74	98.81
新 疆	Xinjiang	3301984	9377651	4648382	4729269	2.84	98.29

5-3 各地区县总户数、总人口
Households and Population in Counties by Region

地 区	Region	总户数 (户) Number of Households (household)	总人口 (人) Total Population (person)	男 Male	女 Female	平均每户人数 (人/户) Average Family Size (person/household)	性别比 (女=100) Sex Ratio (Female=100)
全 国	**National Total**	**202974193**	**644876804**	**335304585**	**309572219**	**3.18**	**108.31**
北 京	Beijing						
天 津	Tianjin						
河 北	Hebei	13743347	42057241	21550732	20506509	3.06	105.09
山 西	Shanxi	7425164	19568894	10018103	9550791	2.64	104.89
内蒙古	Inner Mongolia	6596339	15129366	7723378	7405988	2.29	104.29
辽 宁	Liaoning	3607684	10506876	5344309	5162567	2.91	103.52
吉 林	Jilin	2748324	6995533	3557232	3438301	2.55	103.46
黑龙江	Heilongjiang	5717115	13801598	7014021	6787577	2.41	103.34
上 海	Shanghai						
江 苏	Jiangsu	5661807	19707954	10247226	9460728	3.48	108.31
浙 江	Zhejiang	4945344	14277369	7315066	6962303	2.89	105.07
安 徽	Anhui	12847771	43149738	22595165	20554573	3.36	109.93
福 建	Fujian	5052213	17382002	9102807	8279195	3.44	109.95
江 西	Jiangxi	8469989	28264052	14888786	13375266	3.34	111.32
山 东	Shandong	13180465	39551725	20427678	19124047	3.00	106.82
河 南	Henan	20356617	71181347	37104625	34076722	3.50	108.89
湖 北	Hubei	6666255	20021928	10534850	9487078	3.00	111.04
湖 南	Hunan	13566409	42065922	22049905	20016017	3.10	110.16
广 东	Guangdong	5766084	22527338	11736088	10791250	3.91	108.76
广 西	Guangxi	8639083	30586151	16268389	14317762	3.54	113.62
海 南	Hainan	975227	3503603	1851808	1651795	3.59	112.11
重 庆	Chongqing	3619465	10593398	5549276	5044122	2.93	110.01
四 川	Sichuan	16269164	48934998	25450019	23484979	3.01	108.37
贵 州	Guizhou	8325241	29446229	15514041	13932188	3.54	111.35
云 南	Yunnan	10010263	33086815	17191916	15894899	3.31	108.16
西 藏	Tibet	613630	2607984	1304523	1303461	4.25	100.08
陕 西	Shaanxi	6932577	20918220	10951199	9967021	3.02	109.87
甘 肃	Gansu	5268310	18570117	9622717	8947400	3.52	107.55
青 海	Qinghai	1018038	3623854	1846630	1777224	3.56	103.91
宁 夏	Ningxia	1018611	3166889	1625157	1541732	3.11	105.41
新 疆	Xinjiang	3933657	13649663	6918939	6730724	3.47	102.80

5-4 各地区区县人口数
Population in Counties by Region

单位：人 (person)

城 市	City	人 数 Population
全 国	**National Total**	**1415738169**
北京市	**Beijing**	**14087582**
市辖区	District	14087582
东城区	Dongcheng	984411
西城区	Xicheng	1502860
朝阳区	Chaoyang	2157206
丰台区	Fengtai	1175802
石景山区	Shijingshan	388015
海淀区	Haidian	2420290
门头沟区	Mentougou	256343
房山区	Fangshan	846330
通州区	Tongzhou	833258
顺义区	Shunyi	665095
昌平区	Changping	672366
大兴区	Daxing	760346
怀柔区	Huairou	286984
平谷区	Pinggu	407976
密云区	Miyun	440651
延庆区	Yanqing	289649
天津市	**Tianjin**	**11515573**
市辖区	District	11515573
和平区	Heping	463851
河东区	Hedong	777032
河西区	Hexi	932923
南开区	Nankai	914842
河北区	Hebei	645080
红桥区	Hongqiao	508561
东丽区	Dongli	453170
西青区	Xiqing	477649
津南区	Jinnan	556588
北辰区	Beichen	468693
武清区	Wuqing	1100025
宝坻区	Baodi	756531
滨海新区	Binhaixinqu	1538466
宁河区	Ninghe	411979
静海区	Jinghai	632633
蓟州区	Jizhou	877550
河北省	**Hebei**	**77412355**
石家庄市	**Shijiazhuang**	**9880286**
市辖区	District	4304393
长安区	Chang'an	682950
桥西区	Qiaoxi	671829
新华区	Xinhua	508909
井陉矿区	Jingxing	85657
裕华区	Yuhua	671566
藁城区	Gaocheng	866293
鹿泉区	Luquan	451850
栾城区	Luancheng	365339
井陉县	Jingxing	328043
正定县	Zhengding	516906
行唐县	Xingtang	455964
灵寿县	Lingshou	350613
高邑县	Gaoyi	203387
深泽县	Shenze	254493
赞皇县	Zanhuang	279740
无极县	Wuji	534622
平山县	Pingshan	498530
元氏县	Yuanshi	445692
赵县	Zhaoxian	617773
晋州市	Jinzhou	573153
新乐市	Xinle	516977
唐山市	**Tangshan**	**7511834**
市辖区	District	3325831
路南区	Lunan	353631
路北区	Lubei	852518
古冶区	Guye	322575
开平区	Kaiping	247710
丰南区	Fengnan	536031
丰润区	Fengrun	797655
曹妃甸区	Caofeidian	215711
滦南县	Luannan	563680
乐亭县	Leting	437104
迁西县	Qianxi	393154
玉田县	Yutian	700710
遵化市	Zunhua	748679
迁安市	Qian'an	775813
滦州市	Luanzhou	566863
秦皇岛市	**Qinhuangdao**	**3002920**
市辖区	District	1483465
海港区	Haigang	867209
山海关区	Shanhaiguan	142980
北戴河区	Beidaihe	128460
抚宁区	Funing	344816
青龙满族自治县	Qinglong	557699
昌黎县	Changli	553555
卢龙县	Lulong	408201
邯郸市	**Handan**	**10607792**
市辖区	District	2458420
邯山区	Hanshan	769528
丛台区	Congtai	851453
复兴区	Fuxing	372283
峰峰矿区	Fengfengkuangqu	465156
临漳县	Linzhang	753548
成安县	Cheng'an	464412
大名县	Daming	928008
涉县	Shexian	433511
磁县	Cixian	475770
肥乡县	Fenxiang	413811

5-4 续表 1 continued

单位：人 (person)

城 市	City	人 数 Population	城 市	City	人 数 Population
永年县	Yongnian	975861	雄县	Xiongxian	410410
邱县	Qiuxian	257060	涿州市	Zhuozhou	697775
鸡泽县	Jize	342202	安国市	Anguo	403759
广平县	Guangping	313375	高碑店市	Gaobeidian	630104
馆陶县	Guantao	359885	**张家口市**	**Zhangjiakou**	**4582815**
魏县	Weixian	1044709	市辖区	District	1545932
曲周县	Quzhou	536730	桥东区	Qiaodong	324179
武安市	Wu'an	850490	桥西区	Qiaoxi	291681
邢台市	**Xingtai**	**7998204**	宣化区	Xuanhua	514292
市辖区	District	2082824	下花园区	Xiahuayuan	63817
襄都区	Xiangdu	525608	万全区	Wanquan	222332
信都区	Xindu	762195	崇礼区	Chongli	129631
任泽区	Renze	393889	张北县	Zhangbei	376644
南和区	Nanhe	401132	康保县	Tangbao	262476
临城县	Lincheng	220074	沽源县	Guyuan	226678
内丘县	Neiqiu	297111	尚义县	Shangyi	182876
柏乡县	Boxiang	204746	蔚县	Weixian	490930
隆尧县	Longrao	572461	阳原县	Yangyuan	264675
宁晋县	Ningjin	864645	怀安县	Huaian	232729
巨鹿县	Julu	433092	怀来县	Huailai	367634
新河县	Xinhe	174369	涿鹿县	Zhuolu	346536
广宗县	Guangzong	333574	赤城县	Chicheng	285705
平乡县	Pingxiang	367816	**承德市**	**Chengde**	**3788517**
威县	Weixian	642360	市辖区	District	600372
清河县	Qinghe	447007	双桥区	Shuangqiao	391411
临西县	Linxi	390438	双滦区	Shuangluan	148702
南宫市	Nangong	502789	鹰手营子矿区	Yingshouyingzikuangqu	60259
沙河市	Shahe	464898	承德县	Chengde	424947
保定市	**Baoding**	**10850416**	兴隆县	Xinglong	323331
市辖区	District	2897529	滦平县	Luanping	327995
竞秀区	Jingxiu	522039	隆化县	Longhua	443710
莲池区	Lianchi	636840	丰宁满族自治县	Fengning	403616
满城区	Mancheng	407570	宽城满族自治县	Kuancheng	260201
清苑区	Qiangyuan	691336	围场满族蒙古族自治县	Weichang	530973
徐水区	Xushui	639744	平泉市	Pingquan	473372
涞水县	Laishui	360374	**沧州市**	**Cangzhou**	**7806723**
阜平县	Fuping	227751	市辖区	District	610310
定兴县	Dingxing	606224	新华区	Xinhua	226607
唐县	Tangxian	589603	运河区	Yunhe	383703
高阳县	Gaoyang	356232	沧县	Cangxian	730767
容城县	Rongcheng	287731	青县	Qingxian	436259
涞源县	Laiyuan	283053	东光县	Dongguang	379920
望都县	Wangdu	270238	海兴县	Haixing	233354
安新县	Anxin	482235	盐山县	Yanshan	489856
易县	Yixian	575087	肃宁县	Suning	367760
曲阳县	Quyang	655384	南皮县	Nanpi	393402
蠡县	Lixian	539528	吴桥县	Wuqiao	272896
顺平县	Shunping	309443	献县	Xianxian	655669
博野县	Boye	267956	孟村回族自治县	Mengcun	228920

5-4 续表 2 continued

单位：人 (person)

城 市	City	人 数 Population
泊头市	Potou	622586
任丘市	Renqiu	905635
黄骅市	Huanghua	579620
河间市	Hejian	899769
廊坊市	**Langfang**	**4937558**
市辖区	District	887190
安次区	Anci	382085
广阳区	Guangyang	505105
固安县	Gu'an	553553
永清县	Yongqing	415082
香河县	Yongqing	393478
大城县	Dacheng	539734
文安县	Wen'an	560362
大厂回族自治县	Dachang	160146
霸州市	Bazhou	659213
三河市	Sanhe	768800
衡水市	**Hengshui**	**4588781**
市辖区	District	1115407
桃城区	Taocheng	777188
冀州区	Jizhou	338219
枣强县	Zaoqiang	396953
武邑县	Wuyi	310810
武强县	Wuqiang	206550
饶阳县	Raoyang	285090
安平县	Anping	333262
故城县	Gucheng	516689
景县	Jingxian	532003
阜城县	Fucheng	345380
深州市	Shenzhou	546637
省直辖县级行政单位	**Shengzhiguan**	**1856509**
定州市	Dingzhou	1227917
辛集市	Xinji	628592
山西省	**Shanxi**	**35395124**
太原市	**Taiyuan**	**3951105**
市辖区	District	3118044
小店区	Xiaodian	747941
迎泽区	Yingze	553916
杏花岭区	Xinghualing	631496
尖草坪区	Jiancaoping	339571
万柏林区	Wanbailin	620063
晋源区	Jinyuan	225057
清徐县	Qingxu	342525
阳曲县	Yangqu	153738
娄烦县	Loufan	125489
古交市	Gujiao	211309
大同市	**Datong**	**3162221**
市辖区	District	1774012
新荣区	Xinrong	109749
平城区	Pingcheng	858200
云冈区	Yungang	628136
云州区	Yunzhou	177927
阳高县	Yanggao	264414
天镇县	Tianzhen	222949
广灵县	Guangling	180974
灵丘县	Lingqiu	245530
浑源县	Hunyuan	341356
左云县	Zuoyun	132986
阳泉市	**Yangquan**	**1310081**
市辖区	District	685106
城区	City	271636
矿区	Kuangqu	253022
郊区	Jiaoqu	160448
平定县	Pingding	317379
盂县	Yuxian	307596
长治市	**Changzhi**	**3392737**
市辖区	District	1616575
潞州区	Luzhou	763436
上党区	Shangdang	349288
屯留区	Tunliu	278882
潞城区	Lucheng	224969
襄垣县	Xiangyuan	264256
平顺县	Pingshun	149940
黎城县	Licheng	162825
壶关县	Huguan	297732
长子县	Changzi	366223
武乡县	Wuxiang	207418
沁县	Qinxian	170629
沁源县	Qinyuan	157139
晋城市	**Jincheng**	**2220334**
市辖区	District	417238
城区	City	417238
沁水县	Qinshui	199637
阳城县	Yangcheng	378858
陵川县	Linchuan	250582
泽州县	Zezhou	488908
高平市	Gaoping	485111
朔州市	**Shuozhou**	**1623533**
市辖区	District	679691
朔城区	Shuocheng	454011
平鲁区	Pinglu	225680
山阴县	Shanyin	240009
应县	Yingxian	301290
右玉县	Youyu	107769
怀仁市	Huairen	294774
晋中市	**Jinzhong**	**3351899**
市辖区	District	942102
榆次区	Yuci	647358
太谷区	Taigu	294744

5-4 续表 3 continued

单位：人 (person)

城　市	City	人　数 Population	城　市	City	人　数 Population
榆社县	Yushe	144511	浮山县	Fushan	123600
左权县	Zuoquan	163537	吉县	Jixian	107571
和顺县	Heshun	137928	乡宁县	Xiangning	237460
昔阳县	Xiyang	232455	大宁县	Daning	65692
寿阳县	Shouyang	209564	隰县	Xixian	106231
祁县	Qixian	273997	永和县	Yonghe	65169
平遥县	Pingyao	543915	蒲县	Puxian	106468
灵石县	Lingshi	259288	汾西县	Fenxi	145772
介休市	Jiexiu	444602	侯马市	Houma	237080
运城市	**Yuncheng**	**5125763**	霍州市	Huozhou	303035
市辖区	District	717584	**吕梁市**	**Lvliang**	**3922958**
盐湖区	Yanhu	717584	市辖区	District	287913
临猗县	Linyi	553990	离石区	Lishi	287913
万荣县	Wanrong	437094	文水县	Wenshui	452208
闻喜县	Wenxi	398453	交城县	Jiaocheng	233320
稷山县	Jishan	360582	兴县	Xingxian	286019
新绛县	Xinjiang	331845	临县	Linxian	657298
绛县	Jiangxian	275225	柳林县	Liulin	344007
垣曲县	Yuanqu	221038	石楼县	Shilou	122378
夏县	Xiaxian	364206	岚县	Lanxian	186742
平陆县	Pinglu	245468	方山县	Fangshan	157322
芮城县	Ruicheng	377547	中阳县	Zhongyang	156446
永济市	Yongji	441877	交口县	Jiaokou	116669
河津市	Hejing	400854	孝义市	Xiaoyi	488386
忻州市	**Xinzhou**	**3046858**	汾阳市	Fenyang	434250
市辖区	District	553881	**内蒙古自治区**	**Inner Mongolia**	**24278096**
忻府区	Xinfu	553881	**呼和浩特市**	**Hohhot**	**2550819**
定襄县	Dingxiang	216917	市辖区	District	1491594
五台县	Wutai	309012	新城区	Xincheng	453279
代县	Daixian	201690	回民区	Huimin	241434
繁峙县	Fanshi	283965	玉泉区	Yuquan	214554
宁武县	Ningwu	157790	赛罕区	Saihan	582327
静乐县	Qingle	155980	土默特左旗	Tumd Left Banner	356374
神池县	Shenchi	94144	托克托县	Tuoketuo	197961
五寨县	Wuzhai	109833	和林格尔县	Helingeer	202812
岢岚县	Kelan	79814	清水河县	Qingshuihe	137480
河曲县	Hequ	142630	武川县	Wuchuan	164598
保德县	Baode	164298	**包头市**	**Baotou**	**2240757**
偏关县	Piangu	101841	市辖区	District	1587150
原平市	Yuanping	475063	东河区	Donghe	400031
临汾市	**Linfen**	**4287635**	昆都仑区	Kundulun	525334
市辖区	District	817743	青山区	Qingshan	422243
尧都区	Raodu	817743	石拐区	Shiguai	45185
曲沃县	Quwo	233799	白云鄂博矿区	Baiyunebo	14645
翼城县	Yicheng	304793	九原区	Jiuyuan	179712
襄汾县	Xiangfen	500885	土默特右旗	Tumd Right Banner	349748
洪洞县	Hongtong	761570	固阳县	Guyang	195373
古县	Guxian	89202	达尔罕茂明安联合旗	Darhan Mumingan Joint Banner	108486
安泽县	Anze	81565			

5-4 续表 4 continued

单位：人 (person)

城　市	City	人　数 Population	城　市	City	人　数 Population
乌海市	**Wuhai**	**436459**	新巴尔虎左旗	Xin Barag Left	41467
市辖区	District	436459	新巴尔虎右旗	Xin Barag Right	35090
海勃湾区	Haibowan	251123	满洲里市	Manzhouli	88799
海南区	Hainan	75017	牙克石市	Yakeshi	308989
乌达区	Wuda	110319	扎兰屯市	ZhaLanTun	396980
赤峰市	**Chifeng**	**4543519**	额尔古纳市	Erguna	77078
市辖区	District	1272022	根河市	Genhe	123784
红山区	Hongshan	347642	**巴彦淖尔市**	**Bayan nur**	**1717576**
元宝山区	Yuanbaoshan	308421	市辖区	District	516578
松山区	Songshan	615959	临河区	Linhe	516578
阿鲁科尔沁旗	Ar Horqin Banner	288709	五原县	Wuyuan	276834
巴林左旗	Balinzuoqi	334992	磴口县	Dengkou	110081
巴林右旗	Balinyouqi	178707	乌拉特前旗	Wulateqianqi	326696
林西县	Linxi	221293	乌拉特中旗	Wulatezhongqi	142478
克什克腾旗	Hexigten Banner	241148	乌拉特后旗	Wulatehouqi	57697
翁牛特旗	Wengniuteqi	467878	杭锦后旗	Hangjinhouqi	287212
喀喇沁旗	Kalaqinqi	342619	**乌兰察布市**	**Ulanqab**	**2637458**
宁城县	Ningcheng	600408	市辖区	District	317441
敖汉旗	Aohan	595743	集宁区	Jining	317441
通辽市	**Tongliao**	**3149202**	卓资县	Zhuozi	192039
市辖区	District	844723	化德县	Huade	157765
科尔沁区	Horqin	844723	商都县	Shangdu	322287
科尔沁左翼中旗	Horqin Middle Banner	514140	兴和县	Xinghe	311474
科尔沁左翼后旗	Horqin zyoyi houqi	394732	凉城县	Liangcheng	227685
开鲁县	Kailu	387300	察哈尔右翼前旗	Chahar Right Front Banner	206417
库伦旗	Kulun	176002	察哈尔右翼中旗	Chahar Right Middle Banner	193054
奈曼旗	Naiman	444719	察哈尔右翼后旗	Chahar Right Back Banner	199531
扎鲁特旗	Jarud Banner	303808	四子王旗	Siziwangqi	206629
霍林郭勒市	Holingola	83778	丰镇市	Fengzhen	303136
鄂尔多斯市	**Ordos**	**1652452**	**兴安盟**	**Xing'anmeng**	**1618905**
市辖区	District	324307	乌兰浩特市	Ulanhot	321654
东胜区	Dongsheng	276137	阿尔山市	Arxan	42406
康巴什区	Kangbashi	48170	科尔沁右翼前旗	Horqin Right Wing Front Banner	331668
达拉特旗	Dalad Banner	371941	科尔沁右翼中旗	Horqin Right Wing Middle Banner	248996
准格尔旗	Jungar Banner	334650	扎赉特旗	Jalaid Banner	380647
鄂托克前旗	Otog Front Banner	81709	突泉县	Tuquan	293534
鄂托克旗	Otog Banner	97767	**锡林郭勒盟**	**Xilin Gol League**	**1042149**
杭锦旗	Hangjin	142445	二连浩特市	Erenhot	36679
乌审旗	Wushen	117749	锡林浩特市	Xilin hot	203512
伊金霍洛旗	Yijinhuoluo	181884	阿巴嘎旗	Obagaqi	42784
呼伦贝尔市	**Hulunbuir**	**2496051**	苏尼特左旗	Sunitezuoqi	34023
市辖区	District	371661	苏尼特右旗	Suniteyouqi	65529
海拉尔区	Hailaer	288617	东乌珠穆沁旗	Dongwuzhumuqinqi	81462
扎赉诺尔区	Zhalainuoer	83044	西乌珠穆沁旗	Xiwuzhumuqinqi	80555
阿荣旗	Arun Banner	318133	太仆寺旗	Taipusiqi	201593
莫力达瓦达斡尔族自治旗	Daur Autonomous	309919	镶黄旗	Xianghuangqi	31042
鄂伦春自治旗	Oroqen Autonomous	235331	正镶白旗	Zhengxiangbaiqi	69303
鄂温克族自治旗	Ewenki Autonomous	135482	正蓝旗	Zhenglanqi	84120
陈巴尔虎旗	Prairie Chenbarhu	53338	多伦县	Ejin Banner	111547

5-4 续表 5 continued

单位：人 (person)

城 市	City	人 数 Population	城 市	City	人 数 Population
阿拉善盟	**Duolun**	**192749**	**本溪市**	**Benxi**	**1411881**
阿拉善左旗	Alxa League	148280	市辖区	District	856051
阿拉善右旗	Alxa Left Banner	25025	平山区	Pingshan	269676
额济纳旗	Alxa Right Banner	19444	溪湖区	Xihu	179225
辽宁省	**Liaoning**	**41521088**	明山区	Mingshan	341369
沈阳市	**Shenyang**	**7652670**	南芬区	Nanfen	65781
市辖区	District	6247298	本溪满族自治县	Benxi	273104
和平区	Heping	780800	桓仁满族自治县	Huanren	282726
沈河区	Shenhe	720256	**丹东市**	**Dandong**	**2291062**
大东区	Dadong	620894	市辖区	District	763790
皇姑区	Huanggu	855031	元宝区	Yuanbao	175510
铁西区	Tiexi	1014068	振兴区	Zhenxing	423932
苏家屯区	Sujiatun	425906	振安区	Zhen'an	164348
浑南区	Hunnan	489455	宽甸满族自治县	Kuandian	405770
沈北新区	Shenbeixinqu	364789	东港市	Donggang	583789
于洪区	Yuhong	476512	凤城市	Fengcheng	537713
辽中区	Liaozhong	499587	**锦州市**	**Jinzhou**	**2875906**
康平县	Kangping	333158	市辖区	District	947829
法库县	Faku	425276	古塔区	Guta	224888
新民市	Xinmin	646938	凌河区	Linghe	351369
大连市	**Dalian**	**6036092**	太和区	Taihe	371572
市辖区	District	4141747	黑山县	Heishan	562856
中山区	Zhongshan	372682	义县	Yixian	392090
西岗区	Xigang	275449	凌海市	Linghai	488742
沙河口区	Shahekou	615078	北镇市	Beizhen	484389
甘井子区	Ganjingzi	1003750	**营口市**	**Yingkou**	**2281265**
旅顺口区	Lvshunkou	227336	市辖区	District	939570
金州区	Jinzhou	939734	站前区	Zhanqian	274163
普兰店区	Pulandian	707718	西市区	Xishi	163255
长海县	Changhai	68329	鲅鱼圈区	Bayuquan	394624
瓦房店市	Wafangdian	961941	老边区	Laobian	107528
庄河市	Zhuanghe	864075	盖州市	Gaizhou	667891
鞍山市	**Anshan**	**3334370**	大石桥市	Dashiqiao	673804
市辖区	District	1435541	**阜新市**	**Fuxin**	**1802113**
铁东区	Tiedong	507658	市辖区	District	720981
铁西区	Tiexi	332439	海州区	Haizhou	245426
立山区	Lishan	488023	新邱区	Xinqiu	71897
千山区	Qianshan	107421	太平区	Taiping	141749
台安县	Taian	355907	清河门区	Qinghemen	59151
岫岩满族自治县	Youyan	494350	细河区	Xihe	202758
海城市	Haicheng	1048572	阜新蒙古族自治县	Fuxin	693299
抚顺市	**Fushun**	**2007811**	彰武县	Zhangwu	387833
市辖区	District	1312174	**辽阳市**	**Liaoyang**	**1712600**
新抚区	Xinfu	263704	市辖区	District	832838
东洲区	Dongzhou	256248	白塔区	Baita	341713
望花区	Wanghua	360225	文圣区	Wensheng	137625
顺城区	Shuncheng	431997	宏伟区	Hongwei	132336
抚顺县	Fushun	109068	弓长岭区	Gongchangling	81817
新宾满族自治县	Xinbin	279320	太子河区	Taizihe	139347
清原满族自治县	Qingyuan	307249	辽阳县	Liaoyang	453907

5-4 续表 6 continued

单位：人 (person)

城　市	City	人　数 Population	城　市	City	人　数 Population
灯塔市	Dengta	425855	昌邑区	Changyi	596480
盘锦市	**Panjin**	**1293302**	龙潭区	Longtan	413340
市辖区	District	1020969	船营区	Chuanying	449423
双台子区	Shuangtaizi	188297	丰满区	Fengman	305941
兴隆台区	Xinglongtai	445242	永吉县	Yongji	365232
大洼区	Dawa	387430	蛟河市	Jiaohe	403977
盘山县	Panshan	272333	桦甸市	Huadian	404665
铁岭市	**Tieling**	**2827060**	舒兰市	Shulan	587425
市辖区	District	413247	磐石市	Panshi	491241
银州区	Yinzhou	324136	**四平市**	**Siping**	**2094018**
清河区	Qinghe	89111	市辖区	District	661276
铁岭县	Tieling	371075	铁西区	Tiexi	351683
西丰县	Xifeng	322049	铁东区	Tiedong	309593
昌图县	Changtu	962781	梨树县	Lishu	621130
调兵山市	Diaobingshan	214442	伊通满族自治县	Yitong Manchu Autonomous County	431500
开原市	Kaiyuan	543466			
朝阳市	**Chaoyang**	**3281010**	双辽市	Shuangliao	380112
市辖区	District	610809	**辽源市**	**Liaoyuan**	**1137709**
双塔区	Shuangta	409351	市辖区	District	436325
龙城区	Longcheng	201458	龙山区	Longshan	294392
朝阳县	Chaoyang	538934	西安区	Xi'an	141933
建平县	Jianping	561940	东丰县	Dongfeng	377166
喀喇沁左翼蒙古族自治县	Harqin Left Wing Mongolian Autonomous County	413342	东辽县	Dongliao	324218
			通化市	**Tonghua**	**2104551**
北票市	Beipiao	532557	市辖区	District	426925
凌源市	Lingyuan	623428	东昌区	Dongchang	316597
葫芦岛市	**Huludao**	**2713946**	二道江区	Erdaojiang	110328
市辖区	District	953105	通化县	Tonghua	224169
连山区	Lianshan	443161	辉南县	Huinan	316696
龙港区	Longgang	245151	柳河县	Liuhe	351526
南票区	Nanpiao	264793	梅河口市	Meihekou	578826
绥中县	Suizhong	628336	集安市	Ji'an	206409
建昌县	Jianchang	611844	**白山市**	**Baishan**	**1134290**
兴城市	Xingcheng	520661	市辖区	District	510080
吉林省	**Jilin**	**25596122**	浑江区	Hunjiang	320570
长春市	**Changchun**	**8516957**	江源区	Jiangyuan	189510
市辖区	District	4477203	抚松县	Fusong	270869
南关区	Nanguan	796725	靖宇县	Jingyu	130990
宽城区	Kuancheng	678040	长白朝鲜族自治县	Changba	74367
朝阳区	Chaoyang	771489	临江市	Linjiang	147984
二道区	Erdao	572426	**松原市**	**Songyuan**	**2716048**
绿园区	Luyuan	644028	市辖区	District	553800
双阳区	Shuangyang	357958	宁江区	Ningjiang	553800
九台区	Jiutai	656537	前郭尔罗斯蒙古族自治县	Mongolian Autonomous County	566365
农安县	Nong'an	1044639			
榆树市	Yushu	1194615	长岭县	Changling	624383
德惠市	Dehui	789467	乾安县	Qian'an	267282
公主岭市	Gongzhuling	1011033	扶余市	Fuyu	704218
吉林市	**Jilin**	**4017724**	**白城市**	**Baicheng**	**1845431**
市辖区	District	1765184	市辖区	District	475699

5-4 续表 7 continued

单位：人 (person)

城 市	City	人 数 Population	城 市	City	人 数 Population
洮北区	Taobei	475699	克山县	Keshan	447019
镇赉县	Zhenlai	257240	克东县	Kedong	271899
通榆县	Tongyu	348363	拜泉县	Baiquan	540534
洮南市	Taonan	395036	讷河市	Nehe	674877
大安市	Daan	369093	**鸡西市**	**Jixi**	**1646654**
延边朝鲜族自治州	**Yanbian**	**2029394**	市辖区	District	738506
延吉市	Yanji	560662	鸡冠区	Jiguan	347216
图们市	Tumen	101982	恒山区	Hengshan	122128
敦化市	Dunhua	442003	滴道区	Didao	87465
珲春市	Hunchun	223973	梨树区	Lishu	60650
龙井市	Longjing	144806	城子河区	Chengzihe	95550
和龙市	Longjing	156570	麻山区	Mashan	25497
汪清县	Wangqing	209821	鸡东县	Jidong	258922
安图县	Antu	189577	虎林市	Hulin	268676
黑龙江省	**Heilongjiang**	**34911403**	密山市	Mishan	380550
哈尔滨市	**Harbin**	**9431650**	**鹤岗市**	**Hegang**	**956608**
市辖区	District	5519285	市辖区	District	576549
道里区	Daoli	792454	向阳区	Xiangyang	77867
南岗区	Nangang	1064237	工农区	Gongnong	139126
道外区	Daowai	620152	南山区	Nanshan	115013
平房区	Pingfang	156797	兴安区	Xing'an	113113
松北区	Songbei	249746	东山区	Dongshan	99427
香坊区	Xiangfang	737506	兴山区	Xingshan	32003
呼兰区	Hulan	609564	萝北县	Luobei	207538
阿城区	Acheng	533223	绥滨县	Suibin	172521
双城区	Shuangcheng	755606	**双鸭山市**	**Shuangyashan**	**1369590**
依兰县	Yilan	371184	市辖区	District	447723
方正县	Fangzheng	215563	尖山区	Jianshan	242888
宾县	Bingxian	559190	岭东区	Lingdong	51445
巴彦县	Bayan	632528	四方台区	Sifangtai	52798
木兰县	Mulan	242731	宝山区	Baoshan	100592
通河县	Tonghe	226291	集贤县	Jixian	288016
延寿县	Yanshou	240940	友谊县	Youyi	104342
尚志市	Shangzhi	541190	宝清县	Baoqing	394457
五常市	Wuchang	882748	饶河县	Raohe	135052
齐齐哈尔市	**Qiqihar**	**5165143**	**大庆市**	**Daqing**	**2717551**
市辖区	District	1269583	市辖区	District	1372318
龙沙区	Longsha	274555	萨尔图区	Sartu	395830
建华区	Jianhua	262010	龙凤区	Longfeng	191647
铁锋区	Tiefeng	245257	让胡路区	Ranghulu	473718
昂昂溪区	Ananxiqu	67627	红岗区	Honggang	99826
富拉尔基区	Fularjiqu	198131	大同区	Datong	211297
碾子山区	Nianzishanqu	65783	肇州县	Zhaozhou	422566
梅里斯达斡尔族区	Meirhysdaur	156220	肇源县	Zhaoyuan	433014
龙江县	Longjiang	569844	林甸县	Lindian	251069
依安县	Yi'an	455139	杜尔伯特蒙古族自治县	Dorbod Mongolian	238584
泰来县	Tailai	297399	**伊春市**	**Yichun**	**1083641**
甘南县	Gannan	364434	市辖区	District	413915
富裕县	Fuyu	274415	伊美区	Yimei	193921

5-4 续表 8 continued

单位：人 (person)

城 市	City	人 数 Population	城 市	City	人 数 Population
乌翠区	Wucui	72546	北林区	Beilin	796452
友好区	Youhao	70445	望奎县	Wangkui	436825
嘉荫县	Jiayin	68373	兰西县	Lanxi	476249
汤旺县	Tangwang	48654	青冈县	Qinggang	438349
丰林县	Fenglin	89904	庆安县	Qing'an	356245
大箐山县	Daqingshan	80785	明水县	Mingshui	326326
南岔县	Nancha	103719	绥棱县	Suiling	284450
金林区	Jinlin	77003	安达市	Anda	437231
铁力市	Tieli	278291	肇东市	Zhaodong	840673
佳木斯市	**Jimusi**	**2279164**	海伦市	Hailun	740522
市辖区	District	741871	**大兴安岭地区**	**Daxinganling**	**396943**
向阳区	Xiangyang	216428	呼玛县	Huma	263769
前进区	Qianjin	159392	塔河县	Tahe	67529
东风区	Dongfeng	114681	漠河县	Mohe	65645
郊区	Jiaoqu	251370	**上海市**	**Shanghai**	**14929171**
桦南县	Huanan	398832	市辖区	District	14929171
桦川县	Huachuan	200425	黄浦区	Huangpu	745801
汤原县	Tangyuan	235160	徐汇区	Xuhui	940063
同江市	Tongjiang	173788	长宁区	Changning	575679
富锦市	Fujin	447483	静安区	Jing'an	906605
抚远市	Fuyuan	81605	普陀区	Putuo	897193
七台河市	**Qitaihe**	**750736**	虹口区	Hongkou	665751
市辖区	District	454444	杨浦区	Yangpu	1048352
新兴区	Xinxing	158355	闵行区	Minxing	1234071
桃山区	Taoshan	183824	宝山区	Baoshan	1053076
茄子河区	Qiezihe	112265	嘉定区	Jiading	698235
勃利县	Bolil	296292	浦东新区	Pudongxinqu	3200828
牡丹江市	**Mudanjiang**	**2441965**	金山区	Jinshan	527560
市辖区	District	846546	松江区	Songjiang	696582
东安区	Dong'an	204112	青浦区	Qingpu	514888
阳明区	Yangming	205686	奉贤区	Fengxian	551404
爱民区	Aimin	201062	崇明区	Chongming	673083
西安区	Xi'an	235686	**江苏省**	**Jiangsu**	**78816980**
林口县	Linkou	323880	**南京市**	**Nanjing**	**7337258**
绥芬河市	Suifenhe	67774	市辖区	District	7337258
海林市	Hailin	346587	玄武区	Xuanwu	464454
宁安市	Ning'an	400420	秦淮区	Qinhuai	680408
穆棱市	Muling	258316	建邺区	Jianye	452363
东宁市	Dongning	198442	鼓楼区	Gulou	920441
黑河市	**Heihe**	**1538436**	浦口区	Pukou	826167
市辖区	District	180032	栖霞区	Qixia	566713
爱辉区	Aihui	180032	雨花台区	Yuhuatai	326889
嫩江县	Neijiang	441556	江宁区	Jiangning	1247510
逊克县	Xunke	93546	六合区	Liuhe	947986
孙吴县	Sunwu	89894	溧水区	Lishui	453027
北安市	Beian	406279	高淳区	Gaochun	451300
五大连池市	Wudalianchi	327129	**无锡市**	**Wuxi**	**5152465**
绥化市	**Suihua**	**5133322**	市辖区	District	2812092
市辖区	District	796452	锡山区	Xishan	500164

5-4 续表 9 continued

单位：人 (person)

城 市	City	人 数 Population	城 市	City	人 数 Population
惠山区	Huishan	532427	海州区	Haizhou	819029
滨湖区	Binhu	574632	赣榆区	Ganyu	1193069
梁溪区	Liangxi	808369	东海县	Donghai	1242762
新吴区	Xinwu	396500	灌云县	Guanyun	1019625
江阴市	Jiangyin	1269587	灌南县	Guannan	810632
宜兴市	Yixing	1070786	**淮安市**	**Huaian**	**5552548**
徐州市	**Xuzhou**	**10352865**	市辖区	District	3329003
市辖区	District	3459492	淮安区	Huaian	1134204
鼓楼区	Gulou	664910	淮阴区	Huaiyin	882137
云龙区	Yunlong	396159	清江浦区	Qingpu	954810
贾汪区	Jiawang	513704	洪泽区	Hongze	357852
泉山区	Quanshan	579528	涟水县	Lianshui	1098451
铜山区	Tongshan	1305191	盱眙县	Yutai	785868
丰县	Fengxian	1195957	金湖县	Jinhu	339226
沛县	Penxian	1276798	**盐城市**	**Yancheng**	**8038375**
睢宁县	Suining	1399774	市辖区	District	2420876
新沂市	Xinyi	1103020	亭湖区	Tinghu	1026722
邳州市	Pizhou	1917824	盐都区	Yandu	700364
常州市	**Changzhou**	**3881621**	大丰区	Dafeng	693790
市辖区	District	3096175	响水县	Xiangshui	611634
天宁区	Tianning	484928	滨海县	Binghai	1191491
钟楼区	Gulou	443867	阜宁县	Funing	1084908
新北区	Xinbei	629794	射阳县	Sheyang	924626
武进区	Wujin	995146	建湖县	Jianhu	750191
金坛区	Jintan	542440	东台市	Dongtai	1054649
溧阳市	Liyang	785446	**扬州市**	**Yangzhou**	**4515556**
苏州市	**Suzhou**	**7621099**	市辖区	District	2289009
市辖区	District	3961554	广陵区	Guangling	488071
虎丘区	Huqu	1078620	邗江区	Hanjiang	784802
吴中区	Wuzhong	752114	江都区	Jiangdu	1016136
相城区	Xiangcheng	485135	宝应县	Baoying	858987
姑苏区	Gusu	750661	仪征市	Yizheng	578933
吴江区	Wujiang	895024	高邮市	Gaoyou	788627
常熟市	Changshu	1060994	**镇江市**	**Zhenjiang**	**2680951**
张家港市	Zhangjiagang	929339	市辖区	District	1025255
昆山市	Kunshan	1143315	京口区	Jingkou	495617
太仓市	Taicang	525897	润州区	Runzhou	241939
南通市	**Nantong**	**7516610**	丹徒区	Dantu	287699
市辖区	District	2151655	丹阳市	Danyang	794196
崇川区	Chongchuan	906428	扬中市	Yangzhong	279641
通州区	Tongzhou	1245227	句容市	Jurong	581859
如东县	Rudong	992593	**泰州市**	**Taizhou**	**4926957**
启东市	Qidong	1087366	市辖区	District	1628362
如皋市	Rugao	1394529	海陵区	Hailing	465114
海门市	Haimen	982724	高港区	Gaogang	438198
海安市	Haian	907743	姜堰区	Jiangyan	725050
连云港市	**Lianyungang**	**5332120**	兴化市	Xinghua	1508399
市辖区	District	2259101	靖江市	Jingjiang	643343
连云区	Lianyun	247003	泰兴市	Taixing	1146853

5-4 续表 10 continued

单位：人 (person)

城 市	City	人 数 Population	城 市	City	人 数 Population
宿迁市	**Suqian**	**5908555**	**嘉兴市**	**Jiaxing**	**3718489**
市辖区	District	1784124	市辖区	District	979382
宿城区	Sucheng	1132904	南湖区	Nanhu	549142
宿豫区	Suyu	651220	秀洲区	Xiuzhou	430240
沭阳县	Shuyang	1983563	嘉善县	Jiashan	417372
泗阳县	Siyang	1053808	海盐县	Haiyan	383074
泗洪县	Sihong	1087060	海宁市	Haining	714079
浙江省	**Zhejiang**	**50957762**	平湖市	Pinghu	513000
杭州市	**Hangzhou**	**8345428**	桐乡市	Tongxiang	711582
市辖区	District	6965938	**湖州市**	**Huzhou**	**2684952**
上城区	Shangcheng	866113	市辖区	District	1130083
下城区	Xiacheng	876768	吴兴区	Wuxing	643641
江干区	Jianggan	814987	南浔区	Nanxun	486442
拱墅区	Gongshu	311158	德清县	Deqing	443041
西湖区	Xihu	1240055	长兴县	Changxing	637494
滨江区	Bingjiang	701423	安吉县	Ji'an	474334
萧山区	Xiaoshan	694913	**绍兴市**	**Shaoxing**	**4468479**
余杭区	Yuhang	542175	市辖区	District	2244248
富阳区	Fuyang	583354	越城区	Yuecheng	829078
临安区	Lin'an	334992	柯桥区	Keqiao	698109
桐庐县	Tonglu	419217	上虞区	Shangyu	717061
淳安县	Chun'an	452763	新昌县	Xinchang	430238
建德市	Jiande	507510	诸暨市	Zhuji	1079524
宁波市	**Ningbo**	**6183324**	嵊州市	Shengzhou	714469
市辖区	District	3112445	**金华市**	**Jinhua**	**4953865**
海曙区	Haishu	641778	市辖区	District	1005283
江北区	Jiangbei	278093	婺城区	Wucheng	657667
北仑区	Beilun	444343	金东区	Jindong	347616
镇海区	Zhenhai	294671	武义县	Wuyi	344156
鄞州区	Yinzhou	975698	浦江县	Pujiang	399439
奉化区	Xiangshan	477862	磐安县	Pan'an	210084
象山县	Ninghai	541481	兰溪市	Lanxi	649965
宁海县	Yuyao	631452	义乌市	Yiwu	871656
余姚市	Cixi	832984	东阳市	Dongyang	851108
慈溪市	Fenghua	1064962	永康市	Yongkang	622174
温州市	**Wenzhou**	**8328093**	**衢州市**	**Quzhou**	**2559373**
市辖区	District	1770259	市辖区	District	852979
鹿城区	Lucheng	799310	柯城区	Kecheng	442078
龙湾区	Longwan	343770	衢江区	Jujiang	410901
瓯海区	Ouhai	473219	常山县	Changshan	339690
洞头区	Dongtou	153960	开化县	Kaihua	358737
永嘉县	Yongjia	986908	龙游县	Longyou	397120
平阳县	Pingyang	878669	江山市	Jiangshan	610847
苍南县	Cangnan	960169	**舟山市**	**Zhoushan**	**956687**
文成县	Wencheng	406711	市辖区	District	713430
泰顺县	Taishun	369742	定海区	Dinghai	402171
瑞安市	Ruian	1256261	普陀区	Putuo	311259
乐清市	Leqing	1316723	岱山县	Daishan	170723
龙港市	Longgang	382651	嵊泗县	Shengsi	72534

5-4 续表 11 continued

单位：人 (person)

城 市	City	人 数 Population	城 市	City	人 数 Population
台州市	**Taizhou**	**6059387**	淮上区	Huaishang	284018
市辖区	District	1642671	怀远县	Huaiyuan	1344252
椒江区	Jiaojiang	567085	五河县	Wuhe	696882
黄岩区	Huangyan	614146	固镇县	Guzhen	663809
路桥区	Luqiao	461440	**淮南市**	**Huainan**	**3897813**
三门县	Sanmen	444520	市辖区	District	1680821
天台县	Tiantai	598882	大通区	Datong	185826
仙居县	Xianju	520813	田家庵区	Tianjiaan	596926
温岭市	Wenling	1216235	谢家集区	Xiejiaji	295350
临海市	Linhai	1198963	八公山区	Bagongshan	144779
玉环市	Yuhuan	437303	潘集区	Panji	457940
丽水市	**Lishui**	**2699685**	凤台县	Fengtai	824099
市辖区	District	423924	寿县	Shouxian	1392893
莲都区	Liandu	423924	**马鞍山市**	**Maanshan**	**2277216**
青田县	Qingtian	570500	市辖区	District	821662
缙云县	Jinyun	467883	花山区	Huashan	375639
遂昌县	Suichang	227724	雨山区	Yushan	256530
松阳县	Songyang	239140	博望区	Bowang	189493
云和县	Yunhe	113309	当涂县	Dangtu	476795
庆元县	Qingyuan	201101	含山县	Hanshan	442051
景宁畲族自治县	Jingning	168349	和县	Hexian	536708
龙泉市	Longquan	287755	**淮北市**	**Huaibei**	**2185497**
安徽省	**Anhui**	**71253923**	市辖区	District	1043466
合肥市	**Hefeng**	**7926657**	杜集区	Duji	288143
市辖区	District	3121004	相山区	Xiangshan	442878
瑶海区	Yaohai	708493	烈山区	Lieshan	312445
庐阳区	Luyang	536356	濉溪县	Suixi	1142031
蜀山区	Shushan	1121917	**铜陵市**	**Tongling**	**1690611**
包河区	Baohe	754238	市辖区	District	904024
长丰县	Changyang	810464	铜官区	Tongguan	349869
肥东县	Feidong	1084589	义安区	Yi'an	299697
肥西县	Feixi	855966	郊区	Jiaoqu	254458
庐江县	Lujiang	1200305	枞阳县	Zongyang	786587
巢湖市	Chaohu	854329	**安庆市**	**Anqing**	**5255264**
芜湖市	**Wuhu**	**3878363**	市辖区	District	731221
市辖区	District	1529062	迎江区	Yingjiang	214079
镜湖区	Jinghu	458694	大观区	Daguan	246004
弋江区	Yijiang	253004	宜秀区	Yixiu	271138
鸠江区	Jiujiang	618228	怀宁县	Huaining	703496
三山区	Sanshan	199136	潜山县	Qianshan	575385
芜湖县	Wuhu	347460	太湖县	Taihu	865610
繁昌县	Fanchang	272019	宿松县	Susong	639666
南陵县	Nanling	542991	望江县	Wangjiang	412518
无为县	Wuwei	1186831	岳西县	Yuexi	744828
蚌埠市	**Bengbu**	**3868561**	桐城市	Tongcheng	582540
市辖区	District	1163618	**黄山市**	**Huangshan**	**1485674**
龙子湖区	Longzihu	167145	市辖区	District	472788
蚌山区	Bangshan	354374	屯溪区	Tunxi	217286
禹会区	Yuhui	358081	黄山区	Huangshan	160466

5-4 续表 12 continued

单位：人 (person)

城 市	City	人 数 Population	城 市	City	人 数 Population
徽州区	Huizhou	95036	市辖区	District	668270
歙县	Shexian	468871	贵池区	Guichi	668270
休宁县	Xiuning	266115	东至县	Dongzhi	542219
黟县	Yixian	91788	石台县	Shitai	106411
祁门县	Qimen	186112	青阳县	Qingyang	291086
滁州市	**Chuzhou**	**4540322**	**宣城市**	**Xuancheng**	**2764207**
市辖区	District	569859	市辖区	District	859928
琅琊区	Langya	281086	宣州区	Xuanzhou	859928
南谯区	Nanqiao	288773	郎溪县	Langxi	345837
来安县	Laian	483254	泾县	Jingxian	345754
全椒县	Quanjiao	448557	绩溪县	Jixi	171631
定远县	Dingyuan	979569	旌德县	Jingde	146349
凤阳县	Fengyang	790621	宁国市	Ningguo	379806
天长市	Tianchang	628445	广德市	Guangde	514902
明光市	Mingguang	640017	**福建省**	**Fujian**	**39438336**
阜阳市	**Fuyang**	**10744056**	**福州市**	**Fuzhou**	**7233587**
市辖区	District	2318215	市辖区	District	3009359
颍州区	Yingzhou	902927	鼓楼区	Gulou	613289
颍东区	Yingdong	666489	台江区	Taijiang	321684
颍泉区	Yingquan	748799	仓山区	Cangshan	665853
临泉县	Linquan	2283686	马尾区	Mawei	191096
太和县	Taihe	1782955	晋安区	Jin'an	448865
阜南县	Funan	1733270	长乐区	Changle	768572
颍上县	Yingshang	1794317	闽侯县	Minhou	721316
界首市	Jieshou	831613	连江县	Lianjiang	676387
宿州市	**Suzhou**	**6601692**	罗源县	Luoyuan	269132
市辖区	District	1942105	闽清县	Minqing	322016
埇桥区	Yongqiao	1942105	永泰县	Yongtai	382266
砀山县	Dangshan	1006811	平潭县	Pingtan	452879
萧县	Xiaoxian	1390893	福清市	Fuqing	1400232
灵璧县	Lingbi	1299147	**厦门市**	**Xiamen**	**2816831**
泗县	Sixian	962736	市辖区	District	2816831
六安市	**Lu'an**	**5836148**	思明区	Siming	886287
市辖区	District	2198739	海沧区	Haicang	278466
金安区	Jin'an	879905	湖里区	Huli	390421
裕安区	Yu'an	1040244	集美区	Jimei	425001
叶集区	Yeji	278590	同安区	Tong'an	431264
霍邱县	Huoqiu	1617731	翔安区	Xiang'an	405392
舒城县	Shucheng	982927	**莆田市**	**Putian**	**3666916**
金寨县	Jinzhai	677754	市辖区	District	2487259
霍山县	Huoshan	358997	城厢区	Chengxiang	445651
亳州市	**Bozhou**	**6693856**	涵江区	Hanjiang	452038
市辖区	District	1716092	荔城区	Licheng	623690
谯城区	Qiaocheng	1716092	秀屿区	Xiuyu	965880
涡阳县	Guoyang	1734484	仙游县	Xianyou	1179657
蒙城县	Mengcheng	1481104	**三明市**	**Sanming**	**2868008**
利辛县	Lixin	1762176	市辖区	District	570421
池州市	**Chizhou**	**1607986**	三元区	Sanyuan	299779

5-4 续表 13 continued

单位：人 (person)

城　市	City	人　数 Population	城　市	City	人　数 Population
沙县区	Shaxian	270642	**龙岩市**	**Longyan**	**3170157**
明溪县	Mingxi	115946	市辖区	District	1084995
清流县	Qingliu	152137	新罗区	Xinluo	610855
宁化县	Ninghua	369131	永定区	Yongding	474140
大田县	Datian	411877	长汀县	Tingchow	546840
尤溪县	Youxi	447120	上杭县	Shanghang	515442
将乐县	Jiangle	185549	武平县	Wuping	393419
泰宁县	Taining	136786	连城县	Liancheng	339119
建宁县	Jianning	153354	漳平市	Zhangping	290342
永安市	Yong'an	325687	**宁德市**	**Ningde**	**3556582**
泉州市	**Quanzhou**	**7712735**	市辖区	District	537787
市辖区	District	1232463	蕉城区	Jiaocheng	537787
鲤城区	Licheng	285483	霞浦县	Xiapu	549345
丰泽区	Fengze	315418	古田县	Gutian	420578
洛江区	Luojiang	211049	屏南县	Pingnan	188494
泉港区	Quangang	420513	寿宁县	Shouning	260255
惠安县	Huian	1054739	周宁县	Zhouning	210893
安溪县	Anxi	1207234	柘荣县	Tuorong	110460
永春县	Yongcun	598439	福安市	Fu'an	673688
德化县	Dehua	355518	福鼎市	Fuding	605082
金门县	Jinmen		**江西省**	**Jiangxi**	**50315391**
石狮市	Shishi	365894	**南昌市**	**Nanchang**	**5437424**
晋江市	Jinjiang	1232472	市辖区	District	3000075
南安市	Nan'an	1665976	东湖区	Donghu	426055
漳州市	**Zhangzhou**	**5262023**	西湖区	Xihu	459915
市辖区	District	1814597	青云谱区	Qingyunpu	259279
芗城区	Xiangcheng	490333	湾里区	Wanli	688862
龙文区	Longwen	200845	青山湖区	Qingshanhu	830240
云霄县	Yunxiao	911973	新建区	Xinjian	335724
漳浦县	Zhangpu	211446	南昌县	Nanchang	1287832
诏安县	Zhaoan	467892	安义县	Anyi	307371
长泰县	Changtai	948758	进贤县	Jinxian	842146
东山县	Dongshan	683678	**景德镇市**	**Jingdezhen**	**1710752**
南靖县	Nanjing	222896	市辖区	District	478881
平和县	Pinghe	354196	昌江区	Changjiang	157772
华安县	Huaan	606572	珠山区	Zhushan	321109
龙海市	Longhai	163434	浮梁县	Fuliang	285595
南平市	**Nanping**	**3151497**	乐平市	Leping	946276
市辖区	District	853933	**萍乡市**	**Pingxiang**	**1988365**
延平区	Yanping	490271	市辖区	District	875887
建阳区	Jianyang	363662	安源区	Anyuan	471353
顺昌县	Shunchang	227431	湘东区	Xiangdong	404534
浦城县	Pucheng	418996	莲花县	Lianhua	277259
光泽县	Guangze	160394	上栗县	Shangli	523618
松溪县	Songxi	165467	芦溪县	Luxi	311601
政和县	Zhenghe	235960	**九江市**	**Jiujiang**	**5220809**
邵武市	Shaowu	299662	市辖区	District	1046223
武夷山市	Wuyishan	247659	濂溪区	Lianxi	385323
建瓯市	Jianou	541995	浔阳区	Xunyang	349442

5-4 续表 14 continued

单位：人 (person)

城 市	City	人 数 Population	城 市	City	人 数 Population
柴桑区	Chaisang	311458	永丰县	Yongfeng	495731
武宁县	Wuning	395447	泰和县	Taihe	578656
修水县	Xiushui	892559	遂川县	Suichuan	621887
永修县	Yongxiu	404474	万安县	Wanan	315738
德安县	Dean	175316	安福县	Anfu	418292
都昌县	Duchang	798214	永新县	Yongxin	523683
湖口县	Hukou	289316	井冈山市	Jinggangshan	190166
彭泽县	Pengze	362780	**宜春市**	**Yichun**	**5997448**
瑞昌市	Ruichang	454444	市辖区	District	1173544
共青城市	Gongqingcheng	123950	袁州区	Yuanzhou	1173544
庐山市	Lushan	278086	奉新县	Fengxin	333106
新余市	**Xinyu**	**1247991**	万载县	Wanzai	580282
市辖区	District	903122	上高县	Shanggao	382694
渝水区	Yushui	903122	宜丰县	Yifeng	295568
分宜县	Fenyi	344869	靖安县	Jing'an	151512
鹰潭市	**Yingtan**	**1287796**	铜鼓县	Tonggu	137124
市辖区	District	**641209**	丰城市	Fengcheng	1469585
月湖区	Yuehu	238798	樟树市	Zhangshu	602088
余江区	Yujiang	402411	高安市	Gaoan	871945
贵溪市	Guixi	646587	**抚州市**	**Fuzhou**	**4307387**
赣州市	**Ganzhou**	**9840211**	市辖区	District	1718205
市辖区	District	2350068	临川区	Linchuan	1236853
章贡区	Zhanggong	828282	东乡区	Dongxiang	481352
南康区	Nankang	861294	南城县	Nancheng	336927
赣县区	Ganxian	660492	黎川县	Lichuan	249324
信丰县	Xinfeng	780191	南丰县	Nanfeng	313321
大余县	Dayu	302898	崇仁县	Chongren	388877
上犹县	Shangyou	321543	乐安县	Lean	387334
崇义县	Chongyi	214515	宜黄县	Yihuang	233061
安远县	Anyuan	408406	金溪县	Jinxi	316241
定南县	Diangnan	219279	资溪县	Zixi	113686
全南县	Quannan	193693	广昌县	Guangchang	250411
宁都县	Ningdu	832955	**上饶市**	**Shangrao**	**7893727**
于都县	Yudu	1117792	市辖区	District	2299651
兴国县	Xingguo	858754	信州区	Xinzhou	454221
会昌县	Huichang	533611	广丰区	Guangfeng	980943
寻乌县	Xunwu	329032	广信区	Guangxin	864487
石城县	Shicheng	333277	玉山县	Yushan	642144
瑞金市	Ruijin	707188	铅山县	Qianshan	480717
龙南市	Longnan	337009	横峰县	Hengfeng	229156
吉安市	**Ji'an**	**5383481**	弋阳县	Yiyang	430656
市辖区	District	603956	余干县	Yugan	1082432
吉州区	Jizhou	373137	鄱阳县	Poyang	1580439
青原区	Qingyuan	230819	万年县	Wannian	439439
吉安县	Jian	526015	婺源县	Wuyuan	375899
吉水县	Jishui	566029	德兴市	Dexing	333194
峡江县	Xiajiang	190372	**山东省**	**Shandong**	**101914811**
新干县	Xingan	352956	**济南市**	**Jinan**	**8166065**

5-4 续表 15 continued

单位：人 (person)

城市	City	人数 Population	城市	City	人数 Population
市辖区	District	7155500	广饶县	Guangrao	535303
历下区	Lixia	764725	**烟台市**	**Yantai**	**6493427**
市中区	Shizhong	692513	市辖区	District	2523097
槐荫区	Huaiyin	482333	芝罘区	Zhifu	712019
天桥区	Tianqiao	545931	福山区	Fushan	599477
历城区	Licheng	1151885	牟平区	Mouping	443284
长清区	Changqing	571347	莱山区	Laishan	287711
章丘区	Zhangxqiu	1053942	蓬莱区	Penglai	480606
济阳区	Jiyang	600831	龙口市	Longkou	630359
莱芜区	Laiwu	993319	莱阳市	Laiyang	837430
钢城区	Gangcheng	298674	莱州市	Laizhou	826950
平阴县	Pingyin	371062	招远市	Zhaoyuan	552250
商河县	Shanghe	639503	栖霞市	Qixia	496745
青岛市	**Qingdao**	**8461965**	海阳市	Haiyang	626596
市辖区	District	5473257	**潍坊市**	**Weifang**	**9203071**
市南区	Shinan	551403	市辖区	District	1994176
市北区	Shibei	926033	潍城区	Weicheng	373026
黄岛区	Huangdao	1382187	寒亭区	Hanting	450145
崂山区	Laoshan	340785	坊子区	Fangzi	556074
李沧区	Licang	447801	奎文区	Kuiwen	614931
城阳区	Chengyang	634885	临朐县	Linqu	927739
即墨区	Jimo	1190163	昌乐县	Changle	638377
胶州市	Jiaozhou	876078	青州市	Qingzhou	961248
平度市	Pingdong	1373667	诸城市	Zhucheng	1118203
莱西市	Laixi	738963	寿光市	Shouguang	1112790
淄博市	**Zibo**	**4340387**	安丘市	Anqiu	975660
市辖区	District	2898798	高密市	Gaomi	895220
淄川区	Zichuan	624148	昌邑市	Changyi	579658
张店区	Zhangdian	893154	**济宁市**	**Jining**	**8945197**
博山区	Boshan	431707	市辖区	District	1931394
临淄区	Linzi	608407	任城区	Rencheng	1281380
周村区	Zhoucun	341382	兖州区	Yanzhou	650014
桓台县	Huantai	501674	微山县	Weishan	730797
高青县	Gaoqing	367439	鱼台县	Yutai	478950
沂源县	Yiyuan	572476	金乡县	Jinxiang	682021
枣庄市	**Zaozhuang**	**4264440**	嘉祥县	Jiaxiang	933525
市辖区	District	2499469	汶上县	Wenshang	821660
市中区	Shizhong	596767	泗水县	Sishui	646273
薛城区	Xuecheng	604338	梁山县	Liangshan	846516
峄城区	Yicheng	422400	曲阜市	Qufu	658793
台儿庄区	Taierzhuang	343523	邹城市	Zoucheng	1215268
山亭区	Shanting	532441	**泰安市**	**Taian**	**5693616**
滕州市	Tengzhou	1764971	市辖区	District	1648183
东营市	**Dongying**	**1983390**	泰山区	Taishan	641667
市辖区	District	1139308	岱岳区	Daiyue	1006516
东营区	Dongying	686073	宁阳县	Ningyang	824744
河口区	Hekou	211530	东平县	Dongping	804209
垦利区	Kenli	241705	新泰市	Xintai	1446262
利津县	Lijin	308779	肥城市	Feicheng	970218

5-4 续表 16 continued

单位：人 (person)

城市	City	人数 Population	城市	City	人数 Population
威海市	**Weihai**	**2564741**	临清市	Linqing	837265
市辖区	District	1385912	**滨州市**	**Binzhou**	**3973521**
环翠区	Huancui	821366	市辖区	District	1113919
文登区	Wendeng	564546	滨城区	Bincheng	718222
荣成市	Rongcheng	647025	沾化区	Zhanhua	395697
乳山市	Rushan	531804	惠民县	Huimin	649342
日照市	**Rizhao**	**3095528**	阳信县	Yangxin	470859
市辖区	District	1420850	无棣县	Wudi	491148
东港区	Donggang	984632	博兴县	Boxing	503933
岚山区	Lanshan	436218	邹平市	Zouping	744320
五莲县	Wulian	506760	**菏泽市**	**Heze**	**10270956**
莒县	Juxian	1167918	市辖区	District	2388599
临沂市	**Linyi**	**12014631**	牡丹区	Mudan	1675464
市辖区	District	2935283	定陶区	Dingtao	713135
兰山区	Lanshan	1369042	曹县	Caoxian	1701672
罗庄区	Luozhuang	688429	单县	Shanxian	1269262
河东区	Hedong	877812	成武县	Chengwu	719544
沂南县	Yinan	989762	巨野县	Juye	1102167
郯城县	Tancheng	1047218	郓城县	Yuncheng	1278427
沂水县	Yishui	1196731	鄄城县	Juancheng	933859
兰陵县	Lanling	1461271	东明县	Dongming	877426
费县	Feixian	928871	**河南省**	**Henan**	**115327378**
平邑县	Pingyi	1122213	**郑州市**	**Zhengzhou**	**9114521**
莒南县	Junan	1064798	市辖区	District	4101922
蒙阴县	Mengyin	583124	中原区	Zhongyuan	959726
临沭县	Linshu	685360	二七区	Erqi	687353
德州市	**Dezhou**	**5960803**	管城回族区	Guancheng	622266
市辖区	District	1273884	金水区	Jinshui	1413073
德城区	Decheng	684435	上街区	Shangjie	117287
陵城区	Lingcheng	589449	惠济区	Huiji	302217
宁津县	Ningjin	487408	中牟县	Zhongmou	930862
庆云县	Qingyun	345713	巩义市	Gongyi	851086
临邑县	Linyi	550670	荥阳市	Xingyang	719512
齐河县	Qihe	640546	新密市	Xinmi	903341
平原县	Pingyuan	470853	新郑市	Xinzheng	874186
夏津县	Xiajin	540551	登封市	Dengfeng	733612
武城县	Wucheng	397599	**开封市**	**Kaifeng**	**5645423**
乐陵市	Laoling	712893	市辖区	District	1724817
禹城市	Yucheng	540686	龙亭区	Longting	128370
聊城市	**Liaocheng**	**6483073**	顺河回族区	Shunhe	230529
市辖区	District	1910135	鼓楼区	Gulou	142485
东昌府区	Dongchangfu	1341738	禹王台区	Yuwangtai	127052
茌平区	Chiping	568397	金明区	Jinming	276837
阳谷县	Yanggu	828459	祥符区	Xiangfu	819544
莘县	Shenxian	1119323	杞县	Qixian	1232496
东阿县	Dong'e	410679	通许县	Tongxu	686305
冠县	Guanxian	866417	尉氏县	Weishi	1041908
高唐县	Gaotang	510795	兰考县	Lankao	959897

5-4 续表 17 continued

单位：人 (person)

城　市	City	人　数 Population
洛阳市	**Luoyang**	**7524945**
市辖区	District	2129425
老城区	Laocheng	169373
西工区	Xigong	312257
瀍河回族区	Chanhe	175579
涧西区	Jianxi	614706
吉利区	Jili	67738
洛龙区	Luolong	789772
孟津县	Mengjin	489298
新安县	Xinan	541801
栾川县	Luanchuan	361470
嵩县	Songxian	648881
汝阳县	Ruyang	534476
宜阳县	Yiyang	721871
洛宁县	Luoning	515414
伊川县	Yichuan	943845
偃师市	Yanshi	638464
平顶山市	**Pingdingshan**	**5704906**
市辖区	District	1111871
新华区	Xinhua	415647
卫东区	Weidong	362243
石龙区	Shilong	60773
湛河区	Zhanhe	273208
宝丰县	Baofeng	558384
叶县	Yexian	879992
鲁山县	Lushan	985553
郏县	Jiaxian	651145
舞钢市	Wugang	337416
汝州市	Ruzhou	1180545
安阳市	**Anyang**	**6305457**
市辖区	District	1244170
文峰区	Wenfeng	445131
北关区	Beiguan	281338
殷都区	Yindong	232394
龙安区	Longan	285307
安阳县	Anyang	1042635
汤阴县	Tangyin	521515
滑县	Huaxian	1505878
内黄县	Neihuang	858302
林州市	Linzhou	1132957
鹤壁市	**Hebi**	**1714403**
市辖区	District	664723
鹤山区	Heshan	79682
山城区	Shancheng	162263
淇滨区	Qibin	422778
浚县	Xunxian	748316
淇县	Qixian	301364
新乡市	**Xinxiang**	**6684957**
市辖区	District	1117267
红旗区	Hongqi	319000
卫滨区	Weibin	319320
凤泉区	Fengquan	146106
牧野区	Muye	332841
新乡县	Xinxiang	376091
获嘉县	Huojia	450300
原阳县	Yuanyang	828991
延津县	Yanjin	509585
封丘县	Fengqiu	893640
长垣县	Changyuan	541368
卫辉市	Weihui	932563
辉县市	Huixian	1035152
焦作市	**Jiaozuo**	**3721770**
市辖区	District	980494
解放区	Jiefang	299431
中站区	Zhongzhan	110968
马村区	Macun	134435
山阳区	Shanyang	435660
修武县	Xiuwu	272474
博爱县	Boai	396982
武陟县	Wuzhi	737872
温县	Wenxian	459766
沁阳市	Qinyang	493134
孟州市	Mengzhou	381048
濮阳市	**Puyang**	**4347423**
市辖区	District	756413
华龙区	Hualong	756413
清丰县	Qingfeng	749298
南乐县	Nanle	583264
范县	Fanxian	603099
台前县	Taiqian	423425
濮阳县	Puyang	1231924
许昌市	**Xuchang**	**5129583**
市辖区	District	414751
魏都区	Weidu	414751
许昌县	Xuchang	937693
鄢陵县	Yanling	739078
襄城县	Xiangcheng	915038
禹州市	Yuzhou	1340350
长葛市	Changge	782673
漯河市	**Luohe**	**2663868**
市辖区	District	1353696
源汇区	Yuanhui	315897
郾城区	Yancheng	512361
召陵区	Zhaoling	525438
舞阳县	Wuyang	589889
临颍县	Linning	720283

5-4 续表 18 continued

单位：人 (person)

城 市	City	人 数 Population	城 市	City	人 数 Population
三门峡市	**Sanmenxia**	**2257293**	扶沟县	Fugou	783014
市辖区	District	629326	西华县	Xihua	963164
湖滨区	Hubin	287070	商水县	Shangshui	1324856
陕州区	Shanzhou	342256	沈丘县	Shenqiu	1388714
渑池县	Mianchi	358922	郸城县	Dancheng	1589258
卢氏县	Xiaxian	379515	太康县	Taikang	1654566
义马市	Lushi	147562	鹿邑县	Luyi	1384064
灵宝市	Yima	741968	项城市	Xiangcheng	1345069
南阳市	**Nanyang**	**12312945**	**驻马店市**	**Zhumadian**	**9668227**
市辖区	District	2052282	市辖区	District	867233
宛城区	Wancheng	964572	驿城区	Yicheng	867233
卧龙区	Wolong	1087710	西平县	Xiping	887080
南召县	Nanzhao	688284	上蔡县	Shangcai	1605215
方城县	Fangcheng	1170844	平舆县	Pingyu	1174000
西峡县	Xixia	488926	正阳县	Zhengyang	873692
镇平县	Zhenping	1079612	确山县	Queshan	558681
内乡县	Neixiang	714656	泌阳县	Biyang	971067
淅川县	Xichuan	719827	汝南县	Runan	897383
社旗县	Sheqi	762639	遂平县	Suiping	577114
唐河县	Tanghe	1444823	新蔡县	Xincai	1256762
新野县	Xinye	848278	**省直辖县级行政单位**	**Shengzhiguan**	**732634**
桐柏县	Tongbo	493744	济源市	Jiyuan	732634
邓州市	Dengzhou	1849030	**湖北省**	**Hubei**	**61428449**
商丘市	**Shangqiu**	**10124212**	**武汉市**	**Wuhan**	**9341016**
市辖区	District	1919948	市辖区	District	9341016
梁园区	Liangyuan	919859	江岸区	Jiang'an	812820
睢阳区	Suiyang	1000089	江汉区	Jianghan	522946
民权县	Minquan	1029990	硚口区	Qiaokou	546111
睢县	Suixian	939814	汉阳区	Hanyang	780208
宁陵县	Ningling	732682	武昌区	Wuchang	1100719
柘城县	Zhecheng	1117775	青山区	Qingshan	458168
虞城县	Yucheng	1381619	洪山区	Hongshan	1354899
夏邑县	Xiayi	1353329	东西湖区	Dongxihu	382352
永城市	Yongcheng	1649055	汉南区	Hannan	117456
信阳市	**Yinyang**	**9096134**	蔡甸区	Caidian	472849
市辖区	District	1588996	江夏区	Jiangxia	666628
浉河区	Shihe	670635	黄陂区	Huangpi	1166368
平桥区	Pingqiao	918361	新洲区	Xinzhou	959492
罗山县	Luoshan	780256	**黄石市**	**Huangshi**	**2730631**
光山县	Guangshan	933217	市辖区	District	614545
新县	Xinxian	380973	黄石港区	Huangshigang	208723
商城县	Shangcheng	798772	西塞山区	Xisaishan	196032
固始县	Gushi	1784105	下陆区	Xialu	164068
潢川县	Huangchuan	883904	铁山区	Tieshan	45722
淮滨县	Huaibin	823916	阳新县	Yangxin	1117858
息县	Xixian	1121995	大冶市	Daye	998228
周口市	**Zhoukou**	**12578677**	**十堰市**	**Shiyan**	**3399466**
市辖区	District	2145972	市辖区	District	1177885
川汇区	Chuanhui	647936	茅箭区	Maojian	304180
淮阳区	Huaiyang	1498036	张湾区	Zhangwan	255993

5-4 续表 19 continued

单位：人 (person)

城 市	City	人 数 Population	城 市	City	人 数 Population
郧阳区	Yunyang	617712	云梦县	Yunmeng	557771
郧西县	Yunxi	507144	应城市	Yingcheng	624243
竹山县	Zhushan	446680	安陆市	Anlu	598712
竹溪县	Zhuxi	346885	汉川市	Hanchuan	1044213
房县	Fangshan	465968	**荆州市**	**Jingzhou**	**6281917**
丹江口市	Danjiangkou	454904	市辖区	District	1071923
宜昌市	**Yichang**	**3878929**	沙市区	Shashi	529447
市辖区	District	1283072	荆州区	Jingzhou	542476
西陵区	Xiling	395242	公安县	Gongan	965998
伍家岗区	Wujiagang	208274	江陵县	Jiangling	383413
点军区	Dianjun	104558	石首市	Shishou	603691
猇亭区	Xiaoting	50263	洪湖市	Honghu	903378
夷陵区	Yiling	524735	松滋市	Songzi	807382
远安县	Yuan'an	187676	监利市	Jianli	1546132
兴山县	Xingshan	160962	**黄冈市**	**Huanggang**	**7252659**
秭归县	Zigui	364202	市辖区	District	354028
长阳土家族自治县	Changyang	379287	黄州区	Huangzhou	354028
五峰土家族自治县	Wufeng	193344	团风县	Tuanfeng	359719
宜都市	Yidu	380986	红安县	Hongan	634129
当阳市	Dangyang	460009	罗田县	Luotian	585119
枝江市	Zhijiang	469391	英山县	Yingshan	392326
襄阳市	**Xiangyang**	**5867337**	浠水县	Xishui	981293
市辖区	District	2285901	蕲春县	Qichun	989654
襄城区	Xiangcheng	463724	黄梅县	Huangmei	1001080
樊城区	Fancheng	820232	麻城市	Macheng	1139614
襄州区	Xiangzhou	1001945	武穴市	Wuxue	815697
南漳县	Nanzhang	562312	**咸宁市**	**Xianning**	**3041425**
谷城县	Gucheng	588909	市辖区	District	631068
保康县	Baokang	262957	咸安区	Xianan	631068
老河口市	Laohekou	504971	嘉鱼县	Jiayu	361843
枣阳市	Zaoyang	1108507	通城县	Tongcheng	523461
宜城市	Yicheng	553780	崇阳县	Chongyang	510568
鄂州市	**Ezhou**	**1115063**	通山县	Tongshan	488337
市辖区	District	1115063	赤壁市	Chibi	526148
梁子湖区	Liangzihu	190430	**随州市**	**Suizhou**	**2449321**
华容区	Huarong	269262	市辖区	District	662803
鄂城区	Echengqu	655371	曾都区	Zengdong	662803
荆门市	**Jingmen**	**2856910**	随县	Suixian	898916
市辖区	District	646654	广水市	Guangshui	887602
东宝区	Dongbao	350546	**恩施土家族苗族自治州**	**Enshi**	**4011312**
掇刀区	Duodao	296108	恩施市	Enshi	819164
京山县	Jingshan	612237	利川市	Lichuan	917528
沙洋县	Shayang	572597	建始县	Jianshi	505423
钟祥市	Zhongxiang	1025422	巴东县	Badong	481464
孝感市	**Xiaogan**	**5036406**	宣恩县	Xuandong	355876
市辖区	District	944815	咸丰县	Xianfeng	384598
孝南区	Xiaonan	944815	来凤县	Laifeng	333791
孝昌县	Xiaochang	657050	鹤峰县	Hefeng	213468
大悟县	Dawu	609602	**省直辖县级行政单位**	**Shengzhiguan**	**4166057**

5-4 续表 20 continued

单位：人 (person)

城　市	City	人　数 Population	城　市	City	人　数 Population
仙桃市	Xiantao	1515086	**邵阳市**	**Shaoyang**	**8168923**
潜江市	Qianjiang	992773	市辖区	District	685475
天门市	Tianmen	1580187	双清区	Shuanqing	264815
神农架林区	Shennongjia	78011	大祥区	Daxiang	318434
湖南省	**Hunan**	**72462579**	北塔区	Beita	102226
长沙市	**Changsha**	**7600387**	新邵县	Xinshao	815222
市辖区	District	3870861	邵阳县	Shaoyang	1051958
芙蓉区	Furong	429701	隆回县	Longhui	1287862
天心区	Tianxin	531030	洞口县	Dongkou	892294
岳麓区	Yuelu	952353	绥宁县	Suining	380141
开福区	Kaifu	541024	新宁县	Xinning	640665
雨花区	Yuhua	786917	城步苗族自治县	Chengbu	276981
望城区	Wangcheng	629836	武冈市	Wugang	818081
长沙县	Changsha	833514	邵东市	Shaodong	1320244
浏阳市	Liuyang	1480623	**岳阳市**	**Yueyang**	**5616070**
宁乡市	Ningxiang	1415389	市辖区	District	1097039
株洲市	**Zhuzhou**	**3972176**	岳阳楼区	Yueyanglou	693242
市辖区	District	1316979	云溪区	Yunxi	159222
荷塘区	Hetang	198954	君山区	Junshan	244575
芦淞区	Lusong	223323	岳阳县	Yueyang	714615
石峰区	Shifeng	230581	华容县	Huarong	702096
天元区	Tianyuan	319736	湘阴县	Xiangyin	707166
渌口区	Lukou	344385	平江县	Pingjiang	1113252
攸县	Youxian	796791	汨罗市	Miluo	748214
茶陵县	Chaling	635013	临湘市	Linxiang	533688
炎陵县	Yanling	188312	**常德市**	**Changde**	**5917574**
醴陵市	Liling	1035081	市辖区	District	1386160
湘潭市	**Xiangtan**	**2824533**	武陵区	Wuling	611681
市辖区	District	842160	鼎城区	Dingcheng	774479
雨湖区	Yuhu	492046	安乡县	Anxiang	516551
岳塘区	Yuetang	350114	汉寿县	Hanshou	855331
湘潭县	Xiangtan	954261	澧县	Lixian	892992
湘乡市	Xiangxiang	909664	临澧县	Linli	434877
韶山市	Shaoshan	118448	桃源县	Taoyuan	952596
衡阳市	**Hengyang**	**7851371**	石门县	Shimen	655005
市辖区	District	1016845	津市市	Jinshi	224062
珠晖区	Zhuhui	277056	**张家界市**	**Zhangjiajie**	**1679646**
雁峰区	Yanfeng	183943	市辖区	District	538419
石鼓区	Shigu	191858	永定区	Yongding	482962
蒸湘区	Zhenxiang	303905	武陵源区	Wulingyuan	55457
南岳区	Nanyue	60083	慈利县	Cili	680135
衡阳县	Hengyang	1215401	桑植县	Sangzhi	461092
衡南县	Hengnan	1071114	**益阳市**	**Yiyang**	**4629712**
衡山县	Hengshan	438838	市辖区	District	1322215
衡东县	Hengdong	745162	资阳区	Ziyang	407591
祁东县	Qidong	1024756	赫山区	Haoshan	914624
耒阳市	Leiyang	1398118	南县	Nanxian	744353
常宁市	Changning	941137	桃江县	Taojiang	863795

5-4 续表 21 continued

单位：人 (person)

城　市	City	人　数 Population	城　市	City	人　数 Population
安化县	Anhua	992267	**湘西土家族苗族自治州**	**Xiangxi**	**2910639**
沅江市	Yuanjiang	707082	吉首市	Jishou	316788
郴州市	**Chenzhou**	**5266723**	泸溪县	Luxi	311832
市辖区	District	803667	凤凰县	Fenghuang	418510
北湖区	Beihu	416424	花垣县	Huayuan	307725
苏仙区	Suxian	387243	保靖县	Baojing	294418
桂阳县	Guiyang	896066	古丈县	Guzhang	137265
宜章县	Yizhang	645924	永顺县	Yongshun	525537
永兴县	Yongxing	690528	龙山县	Longshan	598564
嘉禾县	Jiahe	430882	**广东省**	**Guangdong**	**99469546**
临武县	Linwu	379358	**广州市**	**Guangzhou**	**10115306**
汝城县	Rucheng	417299	市辖区	District	10115306
桂东县	Guidong	184374	荔湾区	Liwan	782987
安仁县	Anren	452647	越秀区	Yuexiu	1174510
资兴市	Zixing	365978	海珠区	Haizhu	1095181
永州市	**Yongzhou**	**6352958**	天河区	Tianhe	1049297
市辖区	District	1162947	白云区	Baiyun	1162034
零陵区	Lingling	605464	黄埔区	Huangpu	636641
冷水滩区	Lengshuitan	557483	番禺区	Panyu	1128188
祁阳县	Qiyang	631558	花都区	Huadu	863609
东安县	Dong'an	178519	南沙区	Nansha	517503
双牌县	Shuangpai	795979	从化区	Conghua	655388
道县	Daoxian	284492	增城区	Zengcheng	1049968
江永县	Jiangyong	874736	**韶关市**	**Shaoguan**	**3367520**
宁远县	Ningyuan	414510	市辖区	District	922864
蓝山县	Lanshan	445217	武江区	Wujiang	298967
新田县	Xintian	537782	浈江区	Zhenjiang	312040
江华瑶族自治县	Jianghua	1027218	曲江区	Qujiang	311857
怀化市	**Huaihua**	**5187002**	始兴县	Shixing	262989
市辖区	District	409168	仁化县	Renhua	242673
鹤城区	Hecheng	409168	翁源县	Wengyuan	422137
中方县	Zhongfang	293252	乳源瑶族自治县	Ruyuan	232872
沅陵县	Yuanling	634077	新丰县	Xinfeng	267733
辰溪县	Chenxi	528169	乐昌市	Lechang	525908
溆浦县	Xupu	937307	南雄市	Nanxiong	490344
会同县	Huitong	365225	**深圳市**	**Shenzhen**	**6279402**
麻阳苗族自治县	Mayang	391811	市辖区	District	6279402
新晃侗族自治县	Xinhuang	255024	罗湖区	Luohu	733037
芷江侗族自治县	Zhijiang	372174	福田区	Futian	1247841
靖州苗族侗族自治县	Jingzhou	274959	南山区	Nanshan	1216104
通道侗族自治县	Tongdao	238661	宝安区	Baoan	904051
洪江市	Hongjiang	487175	龙岗区	Longgang	1206580
娄底市	**Loudi**	**4484865**	盐田区	Yantian	102321
市辖区	District	607703	龙华区	Longhua	577439
娄星区	Louxing	607703	坪山区	Pingshan	139332
双峰县	Shuangfeng	881255	光明区	Guangming	152697
新化县	Xinhua	1505878	**珠海市**	**Zhuhai**	**1478285**
冷水江市	Lengshuijiang	357285	市辖区	District	1478285
涟源市	Lianyuan	1132744	香洲区	Xiangzhou	842649

5-4 续表 22 continued

单位：人 (person)

城　市	City	人　数 Population	城　市	City	人　数 Population
斗门区	Doumen	431640	鼎湖区	Dinghu	173308
金湾区	Jinwan	203996	高要区	Gaoyao	819119
汕头市	**Shantou**	**5776537**	广宁县	Guangning	584711
市辖区	District	5700750	怀集县	Huaiji	1134087
龙湖区	Longhu	502574	封开县	Fengkai	526792
金平区	Jinping	720140	德庆县	Deqing	410300
濠江区	Haojiang	305515	四会市	Sihui	487900
潮阳区	Chaoyang	1875589	**惠州市**	**Huizhou**	**4059108**
潮南区	Chaonan	1505115	市辖区	District	1841895
澄海区	Chenghai	791817	惠城区	Huicheng	1233583
南澳县	Nan'ao	75787	惠阳区	Huiyang	608312
佛山市	**Feshan**	**4841298**	博罗县	Boluo	950856
市辖区	District	4841298	惠东县	Huidong	908042
禅城区	Chancheng	735967	龙门县	Longmen	358315
南海区	Nanhai	1700450	**梅州市**	**Meizhou**	**5416803**
顺德区	Shunde	1589098	市辖区	District	977521
三水区	Sanshui	479082	梅江区	Meijiang	359509
高明区	Gaoming	336701	梅县区	Meixian	618012
江门市	**Jiangmen**	**4028708**	大埔县	Dapu	544063
市辖区	District	1484996	丰顺县	Fengshun	726188
蓬江区	Pengjiang	533310	五华县	Wuhua	1523442
江海区	Jianghai	185446	平远县	Pingyuan	258782
新会区	Xinhui	766240	蕉岭县	Jiaoling	230214
台山市	Taishan	962730	兴宁市	Xingning	1156593
开平市	Kaiping	685546	**汕尾市**	**Shanwei**	**3644568**
鹤山市	Heshan	391618	市辖区	District	499815
恩平市	Enping	503818	城区	City	499815
湛江市	**Zhanjiang**	**8655681**	海丰县	Haifeng	860678
市辖区	District	1737507	陆河县	Luhe	355284
赤坎区	Chikan	274233	陆丰市	Lufeng	1928791
霞山区	Xiashan	442145	**河源市**	**Heyuan**	**3719327**
坡头区	Potou	441024	市辖区	District	339976
麻章区	Mazhang	580105	源城区	Yuancheng	339976
遂溪县	Suixi	1124701	紫金县	Zijin	849410
徐闻县	Xuwen	795296	龙川县	Longchuan	972796
廉江市	Lianjiang	1871025	连平县	Lianping	410368
雷州市	Lenzhou	1884138	和平县	Heping	559910
吴川市	Wuchuan	1243014	东源县	Dongyuan	586867
茂名市	**Maoming**	**8287793**	**阳江市**	**Yangjiang**	**3027455**
市辖区	District	3089660	市辖区	District	1244909
茂南区	Maonan	1090210	江城区	Jiangcheng	724832
电白区	Dianbai	1999450	阳东区	Yangdong	520077
高州市	Gaozhou	1869382	阳西县	Yangxi	557957
化州市	Huazhou	1811249	阳春市	Yangchun	1224589
信宜市	Xinyi	1517502	**清远市**	**Qingyuan**	**4518354**
肇庆市	**Zhaoqing**	**4581008**	市辖区	District	1529013
市辖区	District	1437218	清城区	Qingcheng	800391
端州区	Duanzhou	444791	清新区	Qingxin	728622

5-4 续表 23 continued

单位：人 (person)

城 市	City	人 数 Population	城 市	City	人 数 Population
佛冈县	Fogang	360732	柳江区	Liujiang	484029
阳山县	Yangshan	579033	柳城县	Liucheng	408621
连山壮族瑶族自治县	Lianshan	124779	鹿寨县	Luzhai	412354
连南瑶族自治县	Liannan	177253	融安县	Rong'an	326054
英德市	Yingde	1206690	融水苗族自治县	Rongshui	524281
连州市	Lianzhou	540854	三江侗族自治县	Sanjiang	405310
东莞市	Dongguan	2786106	**桂林市**	**Guilin**	**5415874**
中山市	Zhongshan	1987414	市辖区	District	1368805
潮州市	**Chaozhou**	**2753709**	秀峰区	Xiufeng	119991
市辖区	District	1698945	叠彩区	Diecai	161056
湘桥区	Xiangqiao	517754	象山区	Xiangshan	240945
潮安区	Chaoan	1181191	七星区	Qixing	237549
饶平县	Raoping	1054764	雁山区	Yanshan	70411
揭阳市	**Jieyang**	**7125649**	临桂区	Lingui	538853
市辖区	District	2137906	阳朔县	Yangshuo	330568
榕城区	Rongcheng	1014788	灵川县	Lingchuan	396886
揭东区	Jiedong	1123118	全州县	Quanzhou	838995
揭西县	Jiexi	978095	兴安县	Xing'an	389235
惠来县	Huilai	1494257	永福县	Yongfu	290072
普宁市	Puning	2515391	灌阳县	Guanyang	295660
云浮市	**Yunfu**	**3019515**	龙胜各族自治县	Longsheng	172598
市辖区	District	697144	资源县	Ziyuan	180670
云城区	Yuncheng	349524	平乐县	Pingle	463645
云安区	Yun'an	347620	恭城瑶族自治县	Gongcheng	304997
新兴县	Xinxing	493589	荔浦市	Lipu	383743
郁南县	Yunan	531586	**梧州市**	**Wuzhou**	**3546917**
罗定市	Luoding	1297196	市辖区	District	810113
广西壮族自治区	**Guangxi**	**57330583**	万秀区	Wanxiu	281294
南宁市	**Nanning**	**8009409**	长洲区	Changzhou	209896
市辖区	District	4199780	龙圩区	Longxu	318923
兴宁区	Xingning	393190	苍梧县	Cangwu	414335
青秀区	Qingxiu	861724	藤县	Tengxian	1125264
江南区	Jiangnan	596404	蒙山县	Mengshan	223601
西乡塘区	Xixiangtang	856362	岑溪市	Cenxi	973604
良庆区	Liangqing	367976	**北海市**	**Beihai**	**1827139**
邕宁区	Yongning	394144	市辖区	District	718107
武鸣区	Wuming	729980	海城区	Haicheng	332419
隆安县	Long'an	420519	银海区	Yinhai	195496
马山县	Mashan	569489	铁山港区	Tieshangang	190192
上林县	Shanglin	499651	合浦县	Hepu	1109032
宾阳县	Binyang	1050573	**防城港市**	**Fangchenggang**	**1019197**
横县	Hengxian	1269397	市辖区	District	604046
柳州市	**Liuzhou**	**3967935**	港口区	Gangkou	149315
市辖区	District	1891315	防城区	Fangcheng	454731
城中区	Chengzhong	190404	上思县	Shangsi	252919
鱼峰区	Yufeng	442533	东兴市	Dongxing	162232
柳南区	Liunan	417047	**钦州市**	**Qinzhou**	**4194672**
柳北区	Liubei	357302	市辖区	District	1550479

5-4 续表 24 continued

单位：人 (person)

城　市	City	人　数 Population	城　市	City	人　数 Population
钦南区	Qinnan	669515	东兰县	Donglan	312792
钦北区	Qinbei	880964	罗城仫佬族自治县	Luocheng	387421
灵山县	Lingshan	1687080	环江毛南族自治县	Huanjiang	378722
浦北县	Pubei	957113	巴马瑶族自治县	Bama	298581
贵港市	**Guigang**	**5668036**	都安瑶族自治县	Du'an	725980
市辖区	District	2065424	大化瑶族自治县	Dahua	486327
港北区	Gangbei	757929	**来宾市**	**Laibin**	**2685145**
港南区	Gangnan	698421	市辖区	District	1145542
覃塘区	Tantang	609074	兴宾区	Xingbin	1145542
平南县	Pingnan	1550693	忻城县	Xincheng	427141
桂平市	Guiping	2051919	象州县	Xiangzhou	367689
玉林市	**Yulin**	**7427814**	武宣县	Wuxuan	457902
市辖区	District	1178601	金秀瑶族自治县	Jinxiu	156089
玉州区	Yuzhou	735279	合山市	Heshan	130782
福绵区	Fumian	443322	**崇左市**	**Chongzuo**	**2514228**
容县	Rongxian	880034	市辖区	District	381396
陆川县	Luchuan	1114740	江州区	Jiangzhou	381396
博白县	Bobai	1932191	扶绥县	Fusui	459965
兴业县	Xingye	756376	宁明县	Ningming	443157
北流市	Beiliu	1565872	龙州县	Longzhou	274272
百色市	**Baise**	**4228050**	大新县	Daxin	383290
市辖区	District	733654	天等县	Tiandeng	455247
右江区	Youjiang	377855	凭祥市	Pingxiang	116901
田阳县	Tianyang	355799	**海南省**	**Hainan**	**9732630**
田东县	Tiandong	439782	**海口市**	**Haikou**	**2135704**
德保县	Debao	366678	市辖区	District	2135704
那坡县	Napo	218531	秀英区	Xiuying	448060
凌云县	Lingyun	229108	龙华区	Longhua	597001
乐业县	Leye	182544	琼山区	Qiongshan	454773
田林县	Tianlin	266235	美兰区	Meilan	635870
西林县	Xilin	164995	**三亚市**	**Sanya**	**710899**
隆林各族自治县	Longlin	440010	市辖区	District	710899
靖西市	Jingxi	662153	海棠区	Haitang	84010
平果市	Pingguo	524360	吉阳区	Jiyang	230693
贺州市	**Hezhou**	**2493157**	天涯区	Tianya	288150
市辖区	District	1238918	崖州区	Yazhou	108046
八步区	Babu	770376	**三沙市**	**Sansha**	**920**
平桂区	Pinggui	468542	**儋州市**	**Danzhou**	**1069390**
昭平县	Zhaoping	451939	**省直辖县级行政单位**	**Shengzhiguan**	**5711818**
钟山县	Zhongshan	458627	五指山市	Wuzhishan	103899
富川瑶族自治县	Fuchuan	343673	琼海市	Qionghai	523308
河池市	**Hechi**	**4333010**	文昌市	Wenchang	596023
市辖区	District	1017289	万宁市	Wanning	624936
金城江区	Jinchengjiang	348665	东方市	Dongfang	463948
宜州区	Yizhou	668624	定安县	Ding'an	348064
南丹县	Nandan	327733	屯昌县	Tunchang	308460
天峨县	Tian'e	176470	澄迈县	Chengmai	572969
凤山县	Fengshan	221695	临高县	Lingao	509697

5-4　续表 25　continued

单位：人　　(person)

城　市	City	人　数 Population	城　市	City	人　数 Population
白沙黎族自治县	Baisha	193558	市辖区	District	8955529
昌江黎族自治县	Changjiang	254059	锦江区	Jinjiang	658528
乐东黎族自治县	Ledong	550120	青羊区	Qingyang	757009
陵水黎族自治县	Lingshui	386488	金牛区	Jinniu	777654
保亭黎族苗族自治县	Baoting	167391	武侯区	Wuhou	1481195
琼中黎族苗族自治县	Qiongzhong	212797	成华区	Chenghua	829776
重庆市	**Chongqing**	**34146568**	龙泉驿区	Longquanyi	785425
市辖区	District	23553170	青白江区	Qingbaijiang	426694
万州区	Wanzhou	1714657	新都区	Xindu	856477
涪陵区	Fuling	1133354	温江区	Wenjiang	555853
渝中区	Yuzhong	490963	双流区	Shuangliu	1501923
大渡口区	Dadukou	286290	金堂县	Jintang	324995
江北区	Jiangbei	646887	郫县	Pixian	904176
沙坪坝区	Shapingba	934171	大邑县	Dayi	696304
九龙坡区	Jiulongpo	994556	蒲江县	Pujiang	506523
南岸区	Nan'an	795377	新津县	Xinjin	267059
北碚区	Beibei	651334	都江堰市	Dujiangyan	623870
綦江区	Qijiang	1175484	彭州市	Pengzhou	795900
大足区	Dazu	1070577	邛崃市	Qionglai	649386
渝北区	Yubei	1521987	崇州市	Chongzhou	658672
巴南区	Banan	962111	简阳市	Jianyang	1504362
黔江区	Qianjiang	555242	**自贡市**	**Zigong**	**3166616**
长寿区	Changshou	874852	市辖区	District	1456437
江津区	Jiangjin	1473096	自流井区	Ziliujing	377451
合川区	Hechuan	1493164	贡井区	Gongjing	278873
永川区	Yongchuan	1138607	大安区	Daan	407364
南川区	Nanchuan	681812	沿滩区	Yantan	392749
璧山区	Bishan	654496	荣县	Rongxian	654656
铜梁区	Tongliang	845461	富顺县	Fushun	1055523
潼南区	Tongnan	946043	**攀枝花市**	**Panzhihua**	**1075197**
荣昌区	Rongchang	843484	市辖区	District	636693
开州区	Kaizhou	1669165	东区	Dongqu	276700
县	**Counties**	**10593398**	西区	Xiqu	119435
梁平县	Liangping	916923	仁和区	Renhe	240558
城口县	Chengkou	249894	米易县	Miyi	229277
丰都县	Fengdu	802779	盐边县	Yanbian	209227
垫江县	Dianjiang	954940	**泸州市**	**Luzhou**	**5067275**
武隆县	Wulong	406868	市辖区	District	1526554
忠县	Zhongxian	962302	江阳区	Jiangyang	695271
云阳县	Yunyang	1322688	纳溪区	Naxi	457292
奉节县	Fengjie	1043527	龙马潭区	Longmatan	373991
巫山县	Wushan	625251	泸县	Luxian	1056746
巫溪县	Wuxi	535196	合江县	Hejiang	884999
石柱土家族自治县	Shizhu	546097	叙永县	Xuyong	719285
秀山土家族苗族自治县	Xiushan	673196	古蔺县	Gulin	879691
酉阳土家族苗族自治县	Youyang	853109	**德阳市**	**Deyang**	**3814902**
彭水苗族土家族自治县	Pengshui	700628	市辖区	District	943941
四川省	**Sichuan**	**90944756**	旌阳区	Jingyang	703640
成都市	**Chendu**	**15561781**	罗江县	Luojiang	240301

5-4 续表 26 continued

单位：人 (person)

城 市	City	人 数 Population	城 市	City	人 数 Population
中江县	Zhongjiang	1363013	峨边彝族自治县	Ebian	148962
广汉市	Guanghan	596311	马边彝族自治县	Mabian	225448
什邡市	Shifang	420613	峨眉山市	Emeishan	422700
绵竹市	Mianzhu	491024	**南充市**	**Nanchong**	**7147699**
绵阳市	**Mianyang**	**5269712**	市辖区	District	1937181
市辖区	District	1756354	顺庆区	Shunqing	667387
涪城区	Fucheng	759795	高坪区	Gaoping	594152
游仙区	Youxian	555987	嘉陵区	Jialing	675642
安州区	Anzhou	440572	南部县	Nanbu	1217346
三台县	Santai	1367494	营山县	Yingshan	882305
盐亭县	Anxian	525635	蓬安县	Peng'an	657404
梓潼县	Zitong	368073	仪陇县	Yilong	1054936
北川羌族自治县	Beichuan	231071	西充县	Xichong	581413
平武县	Pingwu	173815	阆中市	Langzhong	817114
江油市	Jiangyou	847270	**眉山市**	**Meishan**	**3405287**
广元市	**Guangyuan**	**2952342**	市辖区	District	1198342
市辖区	District	921930	东坡区	Dongpo	874002
利州区	Lizhou	490371	彭山区	Pengshan	324340
昭化区	Zhaohua	231984	仁寿县	Renshou	1513273
朝天区	Chaotian	199575	洪雅县	Hongya	342047
旺苍县	Wangcang	433828	丹棱县	Danling	161729
青川县	Qingchuan	221570	青神县	Qingshen	189896
剑阁县	Jiange	638535	**宜宾市**	**Yibin**	**5504873**
苍溪县	Cangxi	736479	市辖区	District	2297661
遂宁市	**Suining**	**3576021**	翠屏区	Cuiping	882326
市辖区	District	1453833	南溪区	Nanxi	412989
船山区	Chuanshan	695825	叙州区	Xuzhou	1002346
安居区	Anju	758008	江安县	Jiang'an	584198
蓬溪县	Pengxi	668710	长宁县	Changning	429259
射洪县	Shehong	933888	高县	Gaoxian	522103
大英县	Daying	519590	珙县	Gongxian	428258
内江市	**Neijiang**	**4030375**	筠连县	Junlian	449020
市辖区	District	1376879	兴文县	Xingwen	483040
市中区	Shizhong	494419	屏山县	Pingshan	311334
东兴区	Dongxing	882460	**广安市**	**Guang'an**	**4531819**
威远县	Weiyuan	691067	市辖区	District	1249665
资中县	Zizhong	1209433	广安区	Guang'an	887390
隆昌县	Longchang	752996	前锋区	Qianfeng	362275
乐山市	**Leshan**	**3472450**	岳池县	Yuechi	1137038
市辖区	District	1160317	武胜县	Wusheng	802377
市中区	Shizhong	654468	邻水县	Linshui	995633
沙湾区	Shawan	169044	华蓥市	Huaying	347106
五通桥区	Wutongqiao	288924	**达州市**	**Dazhou**	**6490596**
金口河区	Jinkouhe	47881	市辖区	District	1740898
犍为县	Qianwei	544553	通川区	Tongchuan	592203
井研县	Jingyan	383764	达川区	Dachuan	1148695
夹江县	Jiajiang	340552	宣汉县	Xuanhan	1268487
沐川县	Muchuan	246154	开江县	Kaijiang	569016

5-4 续表 27 continued

单位：人 (person)

城　市	City	人　数 Population	城　市	City	人　数 Population
大竹县	Dazhu	1064997	新龙县	Xinlong	51838
渠县	Quxian	1287860	德格县	Dege	88692
万源市	Wanyuan	559338	白玉县	Baiyu	55054
雅安市	**Yaan**	**1522360**	石渠县	Shiqu	103976
市辖区	District	616514	色达县	Seda	57259
雨城区	Yucheng	340902	理塘县	Litang	68851
名山区	Mingshan	275612	巴塘县	Batang	51305
荥经县	Yingjing	145488	乡城县	Xiangcheng	29005
汉源县	Hanyuan	317174	稻城县	Daocheng	31311
石棉县	Shimian	119877	得荣县	Derong	25601
天全县	Tianquan	148457	**凉山彝族自治州**	**Liangshan**	**5382540**
芦山县	Lushan	117648	西昌市	Xichang	739851
宝兴县	Baoxing	57202	木里藏族自治县	Muli	137603
巴中市	**Bazhong**	**3615764**	盐源县	Yanyuan	387961
市辖区	District	1337016	德昌县	Dechang	220389
巴州区	Bazhou	767799	会理县	Huili	460333
恩阳区	Enyang	569217	会东县	Huidong	424201
通江县	Tongjiang	713700	宁南县	Ningnan	202548
南江县	Nanjiang	647570	普格县	Puge	221397
平昌县	Pingchang	917478	布拖县	Butuo	217111
资阳市	**Ziyang**	**3368844**	金阳县	Jinyang	215997
市辖区	District	1058347	昭觉县	Zhaojue	334518
雁江区	Yanjiang	1058347	喜德县	Xide	218684
安岳县	Anyue	1525918	冕宁县	Mianning	407307
乐至县	Lezhi	784579	越西县	Yuexi	379989
阿坝藏族羌族自治州	**Aba Tibetan and Qiang Autonomous Prefecture**	**896567**	甘洛县	Ganluo	240911
			美姑县	Meigu	284903
马尔康市	Maerkang	52969	雷波县	Leibo	288837
汶川县	Wenchuan	90884	**贵州省**	**Guizhou**	**46373197**
理县	Lixian	42600	**贵阳市**	**Guiyang**	**4448301**
茂县	Maoxian	109020	市辖区	District	2813843
松潘县	Songpan	72895	南明区	Nanming	673320
九寨沟县	Jiuzhaigou	66960	云岩区	Yunyan	704999
金川县	Jinchuan	67800	花溪区	Huaxi	563203
小金县	Xiaojin	76187	乌当区	Wudang	235287
黑水县	Heishui	57466	白云区	Baiyun	246953
壤塘县	Xiangtang	47447	观山湖区	Guanshanhu	390081
阿坝县	Aba	82584	开阳县	Kaiyang	457192
若尔盖县	Ruoergai	80519	息烽县	Xifeng	278524
红原县	Hongyuan	49236	修文县	Xiuwen	336911
甘孜藏族自治州	**Ganzi**	**1091736**	清镇市	Qingzhen	561831
康定市	Kangding	106185	**六盘水市**	**Liupanshui**	**3603847**
泸定县	Luding	86234	市辖区	District	2265349
丹巴县	Danba	56414	钟山区	Zhongshan	684768
九龙县	Jiulong	64027	六枝特区	Liuzhite	760779
雅江县	Yajiang	47845	水城县	Shuicheng	819802
道孚县	Daofu	55321	盘州市	Panzhou	1338498
炉霍县	Luhuo	47653	**遵义市**	**Zunyi**	**8291778**
甘孜县	Ganzi	65165	市辖区	District	2319519

5-4 续表 28 continued

单位：人 (person)

城 市	City	人 数 Population	城 市	City	人 数 Population
红花岗区	Honghuagang	834738	贞丰县	Zhenfeng	433441
汇川区	Huichuan	586961	望谟县	Wangmo	327080
播州区	Bozhou	897820	册亨县	Ceheng	250390
桐梓县	Tongzi	751366	安龙县	Anlong	497639
绥阳县	Suiyang	571930	**黔东南苗族侗族自治州**	**Qiandongnan**	**4898593**
正安县	Zhengan	668109	凯里市	Kaili	588228
道真仡佬族苗族自治县	Daozhen	352587	黄平县	Huangping	391505
务川仡佬族苗族自治县	Wuchuan	485654	施秉县	Shibing	179761
凤冈县	Fenggang	455598	三穗县	Sansui	233380
湄潭县	Meitan	519771	镇远县	Zhenyuan	277364
余庆县	Yuqing	310863	岑巩县	Cengong	240391
习水县	Xishui	789335	天柱县	Tianzhu	421230
赤水市	Chishui	318171	锦屏县	Jinping	239349
仁怀市	Renhuai	748875	剑河县	Jianhe	279302
安顺市	**Anshun**	**3071353**	台江县	Taijiang	173558
市辖区	District	1322070	黎平县	Liping	580426
西秀区	Xixiu	943374	榕江县	Rongjiang	385043
平坝区	Pingba	378696	从江县	Congjiang	393013
普定县	Puding	519971	雷山县	Leishan	165397
镇宁布依族苗族自治县	Zhenning	410193	麻江县	Majiang	171139
关岭布依族苗族自治县	Guanling	408691	丹寨县	Danzhai	179507
紫云苗族布依族自治县	Ziyun	410428	**黔南布依族苗族自治州**	**Qiannan**	**4283148**
毕节市	**Bijie**	**9548542**	都匀市	Duyun	510876
市辖区	District	1726618	福泉市	Fuan	342108
七星关区	Qixingguan	1726618	荔波县	Libo	185849
大方县	Dafang	1235365	贵定县	Guiding	302532
黔西县	Qianxi	1025974	瓮安县	Wengan	499943
金沙县	Jinsha	712155	独山县	Dushan	358108
织金县	Zhijin	1267354	平塘县	Pingtang	336958
纳雍县	Nayong	1087082	罗甸县	Luodian	366643
威宁彝族回族苗族自治县	Weining	1602513	长顺县	Changshun	273697
赫章县	Hezhang	891481	龙里县	Longli	245312
铜仁市	**Tongren**	**4493045**	惠水县	Huishui	480251
市辖区	District	554296	三都水族自治县	Sandu	380871
碧江区	Bijiang	350392	**云南省**	**Yunnan**	**48189800**
万山区	Wanshan	203904	**昆明市**	**Kunming**	**5886068**
江口县	Jiangkou	252354	市辖区	District	3062614
玉屏侗族自治县	Yuping	176317	五华区	Wuhua	684479
石阡县	Shiqian	413548	盘龙区	Panlong	605213
思南县	Sinan	668853	官渡区	Guandong	621780
印江土家族苗族自治县	Yinjiang	445368	西山区	Xishan	584077
德江县	Dejiang	555784	东川区	Dongchuan	316123
沿河土家族自治县	Yanhe	693683	呈贡区	Chenggong	250942
松桃苗族自治县	Songtao	732842	晋宁县	Jinning	290123
黔西南布依族苗族自治州	**Qianxinan**	**3734590**	富民县	Fumin	153229
兴义市	Xingyi	936924	宜良县	Yiliang	460160
兴仁市	Xingren	579762	石林彝族自治县	Shilin	255787
普安县	Puan	360411	嵩明县	Songming	314011
晴隆县	Qinglong	348943	禄劝彝族苗族自治县	Luquan	485451

5-4 续表 29 continued

单位：人 (person)

城 市	City	人 数 Population	城 市	City	人 数 Population
寻甸回族彝族自治县	Xundian	577766	宁蒗彝族自治县	Ninglang	281795
安宁市	Anning	286927	**普洱市**	**Puer**	**2536745**
曲靖市	**Qujing**	**6720884**	市辖区	District	247100
市辖区	District	1226877	思茅区	Simao	247100
麒麟区	Qilin	783762	宁洱哈尼族彝族自治县	Ninger	189448
沾益区	Zhanyi	443115	墨江哈尼族自治县	Mojiang	365961
马龙县	Malong	214975	景东彝族自治县	Jingdong	361625
陆良县	Luliang	701522	景谷傣族彝族自治县	Jinggu	320368
师宗县	Shizong	441392	镇沅彝族哈尼族拉祜族自治县	Zhenyuan	212712
罗平县	Luoping	661852	江城哈尼族彝族自治县	Jiangcheng	118302
富源县	Fuyuan	847325	孟连傣族拉祜族佤族自治县	Menglian	133341
会泽县	Huize	1073446	澜沧拉祜族自治县	Lancang	491648
宣威市	Xuanwei	1553495	西盟佤族自治县	Ximeng	96240
玉溪市	**Yuxi**	**2222370**	**临沧市**	**Lincang**	**2418901**
市辖区	District	754345	市辖区	District	334649
红塔区	Hongta	466976	临翔区	Lingxiang	334649
江川区	Jiangchuan	287369	凤庆县	Fengqing	441754
澄江县	Chengjiang	149274	云县	Yunxian	441607
通海县	Tonghai	292787	永德县	Yongde	365411
华宁县	Huaning	213632	镇康县	Zhenkang	185732
易门县	Yimen	164581	双江拉祜族佤族布朗族傣族自治县	Shuangjiang	178314
峨山彝族自治县	Eshan	155874			
新平彝族傣族自治县	Xinping	280233	耿马傣族佤族自治县	Gengma	298939
元江哈尼族彝族傣族自治县	Yuanjiang	211644	沧源佤族自治县	Cangyuan	172495
保山市	**Baoshan**	**2649732**	**楚雄彝族自治州**	**Chuxiong**	**2655301**
市辖区	District	947125	楚雄市	Chuxiong	546924
隆阳区	Longyang	947125	双柏县	Shuangbai	151198
施甸县	Shidian	348295	牟定县	Mouding	201778
龙陵县	Longling	305986	南华县	Nanhua	241616
昌宁县	Changning	355806	姚安县	Yaoan	210281
腾冲市	Tengchong	692520	大姚县	Dayao	279628
昭通市	**Zhaotong**	**6319124**	永仁县	Yongren	105495
市辖区	District	979319	元谋县	Yuanmou	217799
昭阳区	Zhaoyang	979319	武定县	Wuding	280797
鲁甸县	Ludian	483278	禄丰县	Lufeng	419785
巧家县	Qiaojia	625572	**红河哈尼族彝族自治州**	**Honghe**	**4697551**
盐津县	Yanjin	397153	个旧市	Gejiu	374053
大关县	Daguan	291610	开远市	Kaiyuan	285880
永善县	Yongshan	478361	蒙自市	Mengzi	451415
绥江县	Suijiang	170465	弥勒市	Mile	553215
镇雄县	Zhenxiong	1695599	屏边苗族自治县	Pingbian	160834
彝良县	Yiliang	632214	建水县	Jianshui	549732
威信县	Weixin	456844	石屏县	Shiping	316322
水富市	Shuifu	108709	泸西县	Luxi	451934
丽江市	**Lijiang**	**1238067**	元阳县	Yuanyang	459610
市辖区	District	162669	红河县	Honghe	358439
古城区	Gucheng	162669	金平苗族瑶族傣族自治县	Jinping	395880
玉龙纳西族自治县	Yulong	227691	绿春县	Lvchun	247037
永胜县	Yongsheng	404500	河口瑶族自治县	Hekou	93200
华坪县	Huaping	161412	**文山壮族苗族自治州**	**Wenshan**	**4002681**

5-4 续表 30 continued

单位：人 (person)

城 市	City	人 数 Population	城 市	City	人 数 Population
文山市	Wenshan	546549	当雄县	Dangxiong	55645
砚山县	Yanshan	539756	尼木县	Nimu	34497
西畴县	Xichou	259810	曲水县	Qushui	38069
麻栗坡县	Malipo	298415	墨竹工卡县	Mozhugongka	56638
马关县	Maguan	388697	**日喀则市**	**Rikaze**	**818876**
丘北县	Qiubei	578565	市辖区	District	129243
广南县	Guangnan	929044	桑珠孜区	Sangzhuzi	129243
富宁县	Funing	461845	南木林县	Nanmulin	91180
西双版纳傣族自治州	**Xishuangbanna**	**1018100**	江孜县	Jiangzi	74157
景洪市	Jinghong	435177	定日县	Dingri	60647
勐海县	Menghai	338138	萨迦县	Sajia	53676
勐腊县	Mengla	244785	拉孜县	Lazi	59997
大理白族自治州	**Dali**	**3645395**	昂仁县	Angren	60197
大理市	Dali	652708	谢通门县	Xietongmen	50319
漾濞彝族自治县	Yangbi	106495	白朗县	Bailang	50365
祥云县	Xiangyun	482773	仁布县	Renbu	36185
宾川县	Binchuan	367781	康马县	Kangma	23335
弥渡县	Midong	326581	定结县	Dingjie	22034
南涧彝族自治县	Nanjian	226767	仲巴县	Zhongba	27046
巍山彝族回族自治县	Weishan	323600	亚东县	Yadong	13967
永平县	Yongping	184419	吉隆县	Jilong	17459
云龙县	Yunlong	207949	聂拉木县	Nielamu	20241
洱源县	Eryuan	299877	萨嘎县	Saga	16689
剑川县	Jianchuan	185089	岗巴县	Gangba	12139
鹤庆县	Heqing	281356	**昌都市**	**Changdu**	**785220**
德宏傣族景颇族自治州	**Dehong**	**1243361**	市辖区	District	124371
瑞丽市	Ruili	145995	卡若区	Karuo	124371
芒市	Mangshi	412393	江达县	Jiangda	96844
梁河县	Lianghe	172720	贡觉县	Gongjue	46172
盈江县	Yingjiang	316132	类乌齐县	Leiwuqi	60772
陇川县	Longchuan	196121	丁青县	Dingqing	99822
怒江傈僳族自治州	**Nujiang**	**564072**	察雅县	Chaya	66482
泸水市	Lushui	189624	八宿县	Basu	49676
福贡县	Fugong	122156	左贡县	Zuogong	52049
贡山独龙族怒族自治县	Gongshan	34791	芒康县	Mangkang	87891
兰坪白族普米族自治县	Lanping	217501	洛隆县	Luolong	56939
迪庆藏族自治州	**Diqing**	**371448**	边坝县	Bianba	44202
香格里拉市	Xianggelila	152703	**林芝市**	**Linzhi**	**210121**
德钦县	Deqin	61033	市辖区	District	54133
维西傈僳族自治县	Weixi	157712	巴宜区	Bayi	54133
西藏自治区	**Tibet**	**3426379**	工布江达县	Gongbujiangda	35656
拉萨市	**Lasa**	**576593**	米林县	Milin	24697
市辖区	District	326402	墨脱县	Motuo	13582
城关区	Chengguan	235710	波密县	Bomi	35879
堆龙德庆区	Duilongdeqing	58816	察隅县	Chayu	28387
达孜区	Dazi	31876	朗县	Langxian	17787
林周县	Linzhou	65342	**山南市**	**Shannan**	**358655**

5-4 续表 31 continued

单位：人 (person)

城市	City	人数 Population	城市	City	人数 Population
市辖区	District	68469	**铜川市**	**Tongchuan**	**779542**
乃东区	Naidong	68469	市辖区	District	691254
扎囊县	Zhanang	39133	王益区	Wangyi	160149
贡嘎县	Konggar	52557	印台区	Yintai	174128
桑日县	Sangri	17831	耀州区	Yaozhou	356977
琼结县	Qiongjie	18018	宜君县	Yijun	88288
曲松县	Qusong	15672	宝鸡市	Baoji	3734266
措美县	Cuomei	13868	市辖区	District	1390377
洛扎县	Luozha	20363	渭滨区	Weibin	431633
加查县	Jiacha	23125	金台区	Jintai	362252
隆子县	Longzi	36015	陈仓区	Chencang	596492
错那县	Cuona	15650	凤翔县	Fengg	512983
浪卡子县	Langkazi	37954	岐山县	Qishan	454822
那曲市	**Naqu**	**561132**	扶风县	Fufeng	430725
市辖区	District	115777	眉县	Meixian	321783
色尼区	Seni	115777	陇县	Longxian	269686
嘉黎县	Jiali	42157	千阳县	Qianyang	131354
比如县	Biru	84068	麟游县	Linyou	84851
聂荣县	Nierong	39733	凤县	Fengxian	90957
安多县	Andong	44536	太白县	Taibai	46728
申扎县	Shenzha	22566	**咸阳市**	**Xianyang**	**5428755**
索县	Suoxian	57067	市辖区	District	1173017
班戈县	Bange	43994	秦都区	Qindu	561584
巴青县	Baqing	60998	杨陵区	Yangling	192843
尼玛县	Nima	35496	渭城区	Weicheng	418590
双湖县	Shuanghu	14740	三原县	Sanyuan	403711
阿里地区	**Ali**	**115782**	泾阳县	Jingyang	537543
普兰县	Pulan	10466	乾县	Qianxian	582442
札达县	Zhada	8159	礼泉县	Liquan	469451
噶尔县	Gadong	22290	永寿县	Yongshou	203431
日土县	Ritu	11179	彬县	Binxian	185871
革吉县	Geji	19271	长武县	Changwu	288480
改则县	Gaize	27174	旬邑县	Xunyi	189547
措勤县	Cuoqin	17243	淳化县	Chunhua	434048
陕西省	**Shaanxi**	**40813647**	武功县	Wugong	598455
西安市	**Xi'an**	**9994529**	兴平市	Xingping	362759
市辖区	District	8637617	**渭南市**	**Weinan**	**5379635**
新城区	District	534438	市辖区	District	1267861
碑林区	Beilin	733519	临渭区	Linwei	950846
莲湖区	Lianhu	781039	华州区	Huaxian	317015
灞桥区	Baqiao	700378	潼关县	Tongguan	147166
未央区	Weiyang	1097926	大荔县	Dali	706918
雁塔区	Yanta	1431510	合阳县	Heyang	438081
阎良区	Yanliang	276461	澄城县	Chengcheng	367229
临潼区	Lintong	732055	蒲城县	Pucheng	764758
长安区	Chang'an	1327092	白水县	Baishui	271579
高陵区	Gaoling	378372	富平县	Fuping	785790
鄠邑区	Huyi	644827	韩城市	Hancheng	392533
蓝田县	Lantian	657632	华阴市	Huayin	237720
周至县	Zhouzhi	699280	**延安市**	**Yan'an**	**2332348**

5-4 续表 32 continued

单位：人 (person)

城 市	City	人 数 Population	城 市	City	人 数 Population
市辖区	District	683273	岚皋县	Langao	164177
宝塔区	Baota	488426	平利县	Pingli	227460
安塞区	Ansai	194847	镇坪县	Zhenping	58336
延长县	Yanchang	152345	旬阳县	Xunyang	443274
延川县	Yanchuan	184182	白河县	Baihe	212962
子长县	Zichang	158483	**商洛市**	**Shangluo**	**2487631**
志丹县	Zhidan	145300	市辖区	District	556904
吴起县	Wuqi	87189	商州区	Shangzhou	556904
甘泉县	Ganquan	154817	洛南县	Luonan	451665
富县	Fuxian	215369	丹凤县	Danfeng	311380
洛川县	Luochuan	122258	商南县	Shangnan	248024
宜川县	Yichuan	47384	山阳县	Shanyang	463687
黄龙县	Huanglong	118226	镇安县	Zhenan	295745
黄陵县	Huangling	263522	柞水县	Zhashui	160226
汉中市	**Hanzhong**	**3796507**	**甘肃省**	**Gansu**	**27812715**
市辖区	District	1142613	**兰州市**	**Lanzhou**	**3362820**
汉台区	Hantai	564966	市辖区	District	2163656
南郑区	Nanzheng	577647	城关区	Chengguan	983090
城固县	Chenggu	540726	七里河区	Qilihe	483325
洋县	Yangxian	443648	西固区	Xigu	323624
西乡县	Xixiang	413157	安宁区	Anning	231562
勉县	Mianxian	408940	红古区	Honggu	142055
宁强县	Ningqiang	321823	永登县	Yongdeng	538674
略阳县	Lueyang	175133	皋兰县	Gaolan	199161
镇巴县	Zhenba	276599	榆中县	Yuzhong	461329
留坝县	Liuba	41508	**嘉峪关市**	**Jiayuguan**	**211772**
佛坪县	Foping	32360	市辖区	District	211772
榆林市	**Yulin**	**3855932**	金昌市	Jinchang	445991
市辖区	District	1009675	市辖区	District	209950
榆阳区	Yuyang	625145	金川区	Jinchuan	209950
横山区	Hengshan	384530	永昌县	Yongchang	236041
府谷县	Fugu	249424	**白银市**	**Baiyin**	**1801438**
靖边县	Jingbian	363857	市辖区	District	495263
定边县	Dingbian	360441	白银区	Baiyin	290076
绥德县	Suide	347454	平川区	Pingchuan	205187
米脂县	Mizhi	219182	靖远县	Jingyuan	502106
佳县	Jiaxian	263007	会宁县	Huining	566238
吴堡县	Wubao	80088	景泰县	Jingtai	237831
清涧县	Qingjian	210018	**天水市**	**Tianshui**	**3717557**
子洲县	Zizhou	291055	市辖区	District	1321067
神木市	Shenmu	461731	秦州区	Qinzhou	701026
安康市	**Ankang**	**3024502**	麦积区	Maiji	620041
市辖区	District	1026116	清水县	Qingshui	332616
汉滨区	Hanbin	1026116	秦安县	Qinan	577834
汉阴县	Hanyin	310942	甘谷县	Gangu	639657
石泉县	Shiquan	181117	武山县	Wushan	467857
宁陕县	Ningshan	69709	张家川回族自治县	Zhangjiachuan	378526
紫阳县	Ziyang	330409	**武威市**	**Wuwei**	**1868589**

5-4 续表 33 continued

单位：人 (person)

城 市	City	人 数 Population	城 市	City	人 数 Population
市辖区	District	1035297	岷县	Minxian	494669
凉州区	Liangzhou	1035297	**陇南市**	**Longnan**	**2839797**
民勤县	Minqin	257861	市辖区	District	601518
古浪县	Gulang	374779	武都区	Wudu	601518
天祝藏族自治县	Tianzhu	200652	成县	Chengxian	265394
张掖市	**Zhangye**	**1306437**	文县	Wenxian	237906
市辖区	District	517431	宕昌县	Tanchang	292955
甘州区	Ganzhou	517431	康县	Kangxian	196215
肃南裕固族自治县	Su'nan	39283	西和县	Xihe	441864
民乐县	Minle	246126	礼县	Lixian	531583
临泽县	Linze	148002	徽县	Huixian	224816
高台县	Gaotai	158357	两当县	Liangdang	47546
山丹县	Shandan	197238	**临夏回族自治州**	**Linxia**	**2458334**
平凉市	**Pingliang**	**2315227**	临夏市	Linxia	288403
市辖区	District	526626	临夏县	Linxia	427412
崆峒区	Kongtong	526626	康乐县	Kangle	308418
泾川县	Jingchuan	346505	永靖县	Yongjing	209337
灵台县	Lingtai	225625	广河县	Guanghe	307842
崇信县	Chongxin	100634	和政县	Hezheng	245292
庄浪县	Zhuanglang	449493	东乡族自治县	Dongxiang	389166
静宁县	Jingning	475355	积石山保安族东乡族撒拉族自治县	Jishishan	282464
华亭市	Huating	190989			
酒泉市	**Jiuquan**	**1011104**	**甘南藏族自治州**	**Gannan**	**753442**
市辖区	District	419001	合作市	Hezuo	91976
肃州区	Suzhou	419001	临潭县	Lintan	161373
金塔县	Jinta	142763	卓尼县	Zhuoni	111212
瓜州县	Guazhou	127567	舟曲县	Zhouqu	144081
肃北蒙古族自治县	Subei	12486	迭部县	Diebu	56481
阿克塞哈萨克族自治县	Akesai	9488	玛曲县	Maqu	56431
玉门市	Yumen	156354	碌曲县	Luqu	38085
敦煌市	Dunhuang	143445	夏河县	Xiahe	93803
庆阳市	**Qingyang**	**2694936**	**青海省**	**Qinghai**	**5953343**
市辖区	District	401029	**西宁市**	**Xining**	**2131471**
西峰区	Xifeng	401029	市辖区	District	1536054
庆城县	Qingcheng	289086	城东区	Chengdong	265229
环县	Huanxian	364257	城中区	Chengzhong	255590
华池县	Huachi	139514	城西区	Chengxi	280978
合水县	Heshui	181335	城北区	Chengbei	253768
正宁县	Zhengning	242539	大通回族土族自治县	Datong	480489
宁县	Ningxian	554293	湟中县	Hongzhong	468505
镇原县	Zhenyuan	522883	湟源县	Huangyuan	126912
定西市	**Dingxi**	**3025271**	**海东市**	**Haidong**	**1730387**
市辖区	District	468821	市辖区	District	412057
安定区	Anding	468821	乐都区	Ledu	285635
通渭县	Tongwei	430474	平安区	Pingan	126422
陇西县	Longxi	524114	民和回族土族自治县	Minhe	439689
渭源县	Weiyuan	342261	互助土族自治县	Huzhu	400963
临洮县	Lintao	554882	化隆回族自治县	Hualong	310307
漳县	Zhangxian	210050	循化撒拉族自治县	Xunhua	167371

5-4 续表 34 continued

单位：人 (person)

城 市	City	人 数 Population	城 市	City	人 数 Population
海北藏族自治州	**Haibei**	**295147**	惠农区	Huinong	174238
门源回族自治县	Menyuan	162273	平罗县	Pingluo	309226
祁连县	Qilian	53020	**吴忠市**	**Wuzhong**	**1437281**
海晏县	Haiyan	35001	市辖区	District	602964
刚察县	Gangcha	44853	利通区	Litong	425905
黄南藏族自治州	**Huangnan**	**286219**	红寺堡区	Hongsibao	177059
同仁县	Tongren	100250	盐池县	Yanchi	172387
尖扎县	Jianzha	63112	同心县	Tongxin	387657
泽库县	Zeku	81248	青铜峡市	Qingtongxia	274273
河南蒙古族自治县	Henan	41609	**固原市**	**Guyuan**	**1457574**
海南藏族自治州	**Hainan**	**475036**	市辖区	District	469569
共和县	Gonghe	133119	原州区	Yuanzhou	469569
同德县	Tongde	64284	西吉县	Xiji	474065
贵德县	Guide	112694	隆德县	Longde	153064
兴海县	Xinghai	83247	泾源县	Jingyuan	114669
贵南县	Guinan	81692	彭阳县	Pengyang	246207
果洛藏族自治州	**Guoluo**	**208705**	**中卫市**	**Zhongwei**	**1221366**
玛沁县	Maqin	48943	市辖区	District	417426
班玛县	Banma	32173	沙坡头区	Shapotou	417426
甘德县	Gande	41265	中宁县	Zhongning	349278
达日县	Dari	40621	海原县	Haiyuan	454662
久治县	Jiuzhi	29568	**新疆维吾尔自治区**	**Xinjiang**	**23027314**
玛多县	Madong	16135	**乌鲁木齐市**	**Urumqi**	**2348163**
玉树藏族自治州	**Yushu**	**423243**	市辖区	District	2296389
玉树市	Yushu	114941	天山区	Tianshan	481330
杂多县	Zaduo	74006	沙依巴克区	Shayibake	482451
称多县	Chengduo	61460	新市区	Xinshi	532062
治多县	Zhiduo	35039	水磨沟区	Shuimogou	261529
囊谦县	Nangqian	102899	头屯河区	Toutunhe	224725
曲麻莱县	Qumalai	34898	达坂城区	Daban	30796
海西蒙古族藏族自治州	**Haixi**	**403135**	米东区	Midong	283496
格尔木市	Gedongmu	138684	乌鲁木齐县	Urumqi	51774
德令哈市	Delingha	73223	**克拉玛依市**	**Karamay**	**317533**
茫崖市	Mangya	54530	市辖区	District	317533
乌兰县	Wulan	41984	独山子区	Dushanzi	60532
都兰县	Dulan	71099	克拉玛依区	Karamay	214912
天峻县	Tianjun	23615	白碱滩区	Baijiantan	39601
宁夏回族自治区	**Ningxia**	**6955568**	乌尔禾区	Wuerhe	2488
银川市	**Yinchuan**	**2097749**	**吐鲁番市**	**Turpan**	**627502**
市辖区	District	1336539	市辖区	District	287449
兴庆区	Xingqing	604465	高昌区	Gaochang	287449
西夏区	Xixia	252858	鄯善县	Shanshan	221416
金凤区	Jinfeng	479216	托克逊县	Tuokexun	118637
永宁县	Yongning	248046	**哈密市**	**Hami**	**558407**
贺兰县	Helan	257628	市辖区	District	433601
灵武市	Lingwu	255536	伊州区	Yizhou	433601
石嘴山市	**Shizuishan**	**741598**	巴里坤哈萨克自治县	Balikun	103820
市辖区	District	432372	伊吾县	Yiwu	20986
大武口区	Dawukou	258134	**昌吉回族自治州**	**Changji**	**1394257**

5-4 续表 35 continued

单位：人 (person)

城 市	City	人 数 Population	城 市	City	人 数 Population
昌吉市	Changji	404459	伽师县	Jiashi	460396
阜康市	Fukang	160576	巴楚县	Bachu	380057
呼图壁县	Hutubi	205734	塔什库尔干塔吉克自治县	Tashkurgan Tajik	41588
玛纳斯县	Manasi	166153	**和田地区**	**Hetian**	**2533006**
奇台县	Qitai	235071	和田市	Hetian	418359
吉木萨尔县	Jimusaer	136525	和田县	Hetian	351806
木垒哈萨克自治县	Mulei	85739	墨玉县	Moyu	647429
博尔塔拉蒙古自治州	**Boertala**	**479091**	皮山县	Pishan	322352
博乐市	Bole	258953	洛浦县	Luopu	295980
阿拉山口市	Alashankou	3158	策勒县	Cele	168285
精河县	Jinghe	144373	于田县	Yutian	286528
温泉县	Wenquan	72607	民丰县	Minfeng	42267
巴音郭楞蒙古自治州	**Bayinguoleng**	**1183493**	**伊犁哈萨克自治州**	**Yili**	**2917605**
库尔勒市	Korla	488290	伊宁市	Yining	611971
轮台县	Luntai	113569	奎屯市	Kuitun	287358
尉犁县	Weili	108379	霍尔果斯市	Huoerguosi	65883
若羌县	Ruoqiang	28881	伊宁县	Yining	414783
且末县	Qiemo	64711	察布查尔锡伯自治县	Qapqal Xibe	190611
焉耆回族自治县	Yanqi	116835	霍城县	Huocheng	328080
和静县	Hejing	153031	巩留县	Gongliu	192080
和硕县	Heshuo	51565	新源县	Xinyuan	311780
博湖县	Bohu	58232	昭苏县	Zhaosu	174147
阿克苏地区	**Aksu**	**2568761**	特克斯县	Tekesi	163843
阿克苏市	Aksu	571287	尼勒克县	Nileke	177069
温宿县	Wensu	271129	**塔城地区**	**Tacheng**	**983175**
库车县	Kuche	482740	塔城市	Tacheng	164027
沙雅县	Shaya	262242	乌苏市	Wusu	213482
新和县	Xinhe	192466	额敏县	Emin	203894
拜城县	Baicheng	236261	沙湾县	Shawan	199923
乌什县	Wushi	231219	托里县	Tuoli	93554
阿瓦提县	Awat	267532	裕民县	Yumin	57001
柯坪县	Keping	53885	和布克赛尔蒙古自治县	Hebukesaier	51294
克孜勒苏柯尔克孜自治州	**Kizilsu Kirgiz**	**620600**	**阿勒泰地区**	**Aletai**	**657501**
阿图什市	Atushi	285334	阿勒泰市	Aletai	233071
阿克陶县	Aketao	231123	布尔津县	Buerjin	71388
阿合奇县	Aheqi	45807	富蕴县	Fuyun	96195
乌恰县	Wuqia	58336	福海县	Fuhai	71087
喀什地区	**Kashgar**	**4629783**	哈巴河县	Habahe	84798
喀什市	Kashgar	668034	青河县	Qinghe	63202
疏附县	Shufu	279746	吉木乃县	Jeminay	37760
疏勒县	Shule	375888	**省直辖县级行政单位**	**Shengzhiguan**	**1208437**
英吉沙县	Yingjisha	308707	石河子市	Shihezi	592367
泽普县	Zepu	224115	阿拉尔市	Alaer	220337
莎车县	Shache	892679	图木舒克市	Tumushuke	178658
叶城县	Yecheng	550796	五家渠市	Wujiaqu	98301
麦盖提县	Maigaiti	270031	铁门关市	Tiemenguan	118774
岳普湖县	Yuepuhu	177746			

5-5 按总人口排序的市及人口数
Cities and Population by Size of Total Population

单位：人 (person)

城市	City	人数 Population	城市	City	人数 Population
全国	**National Total**	**770861365**	贵阳市	Guiyang	2813843
400万以上	**over 4 million**	**177879995**	无锡市	Wuxi	2812092
重庆市	Chongqing	23553170	东莞市	Dongguan	2786106
上海市	Shanghai	14929171	烟台市	Yantai	2523097
北京市	Beijing	14087582	普宁市	Puning	2515391
天津市	Tianjin	11515573	枣庄市	Zaozhuang	2499469
广州市	Guangzhou	10115306	莆田市	Putian	2487259
武汉市	Wuhan	9341016	邯郸市	Handan	2458420
成都市	Chengdu	8955529	盐城市	Yancheng	2420876
西安市	Xi'an	8637617	菏泽市	Heze	2388599
南京市	Nanjing	7337258	赣州市	Ganzhou	2350068
济南市	Jinan	7155500	遵义市	Zunyi	2319519
杭州市	Hangzhou	6965938	阜阳市	Fuyang	2318215
深圳市	Shenzhen	6279402	上饶市	Shangrao	2299651
沈阳市	Shenyang	6247298	宜宾市	Yibin	2297661
汕头市	Shantou	5700750	乌鲁木齐市	Urumqi	2296389
哈尔滨市	Harbin	5519285	扬州市	Yangzhou	2289009
青岛市	Qingdao	5473257	襄阳市	Xiangyang	2285901
佛山市	Feshan	4841298	六盘水市	Liupanshui	2265349
长春市	Changchun	4477203	连云港市	Lianyungang	2259101
石家庄市	Shijiazhuang	4304393	绍兴市	Shaoxing	2244248
南宁市	Nanning	4199780	六安市	Liuan	2198739
大连市	Dalian	4141747	兰州市	Lanzhou	2163656
郑州市	Zhenzhou	4101922	南通市	Nantong	2151655
200万-400万	**from 2 million to 4 million**	**128350327**	周口市	Zhoukou	2145972
苏州市	Suzhou	3961554	揭阳市	Jieyang	2137906
长沙市	Changsha	3870861	海口市	Haikou	2135704
徐州市	Xuzhou	3459492	洛阳市	Luoyang	2129425
淮安市	Huaian	3329003	邢台市	Xingtai	2082824
唐山市	Tangshan	3325831	贵港市	Guigang	2065424
合肥市	Hefei	3121004	南阳市	Nanyang	2052282
太原市	Taiyuan	3118044	桂平市	Guiping	2051919
宁波市	Ningbo	3112445	**100万-200万**	**from 1 million to 2 million**	**229492109**
常州市	Changzhou	3096175	潍坊市	Weifang	1994176
茂名市	Maoming	3089660	中山市	Zhongshan	1987414
昆明市	Kunming	3062614	宿州市	Suzhou	1942105
福州市	Fuzhou	3009359	南充市	Nanchong	1937181
南昌市	Nanchang	3000075	济宁市	Jining	1931394
临沂市	Linyi	2935283	陆丰市	Lufeng	1928791
淄博市	Zibo	2898798	商丘市	Shangqiu	1919948
保定市	Baoding	2897529	邳州市	PIzhou	1917824
厦门市	Xiamen	2816831	聊城市	Liaocheng	1910135

5-5 续表 1 continued

单位：人 (person)

城　市	City	人　数 Population	城　市	City	人　数 Population
柳州市	Liuzhou	1861669	简阳市	Jianyang	1504362
雷州市	Leizhou	1856386	呼和浩特市	Hohhot	1491594
廉江市	Lianjiang	1855209	江门市	Jiangmen	1484996
高州市	Gaozhou	1801354	秦皇岛市	Qinhuangdao	1483465
邓州市	Dengzhou	1781121	浏阳市	Liuyang	1480623
惠州市	Huizhou	1778008	珠海市	Zhuhai	1478285
漳州市	Zhangzhou	1773762	丰城市	Fengcheng	1469585
化州市	Huazhou	1773076	自贡市	Zigong	1456437
宿迁市	Suqian	1763122	遂宁市	Suining	1453833
大同市	Datong	1758923	新泰市	Xintai	1446262
温州市	Wenzhou	1748190	肇庆市	Zhaoqing	1437218
吉林市	Jilin	1745060	鞍山市	Anshan	1435541
滕州市	Tengzhou	1724255	日照市	Rizhao	1420850
绵阳市	Mianyang	1717659	宁乡市	Ningfeng	1415389
达州市	Dazhou	1715265	福清市	Fuqing	1400232
湛江市	Zhanjiang	1713168	耒阳市	Leiyang	1398118
毕节市	Bijie	1712605	如皋市	Rugao	1394529
开封市	Kaifeng	1697871	宝鸡市	Baoji	1390377
抚州市	Fuzhou	1686434	常德市	Changde	1386160
亳州市	Bozhou	1667107	威海市	Weihai	1385912
潮州市	Chaozhou	1650094	内江市	Neijiang	1376879
淮南市	Huainan	1645761	平度市	Pingdu	1373667
南安市	Nan'an	1639499	大庆市	Daqing	1372318
永城市	Yongan	1635395	桂林市	Guilin	1368805
泰安市	Taian	1612493	漯河市	Luohe	1353696
台州市	Taizhou	1588899	项城市	Xiangcheng	1345069
泰州市	Taizhou	1584597	禹州市	Yuzhou	1340350
长治市	Changzhi	1581462	盘州市	Panzhou	1338498
信阳市	Xinyang	1561208	巴中市	Bazhong	1337016
包头市	Baotou	1555871	银川市	Yinchuan	1336539
天门市	Tianmen	1549299	益阳市	Yiyang	1322215
北流市	Beiliu	1547768	安顺市	Anshun	1322070
宣威市	Xuanwei	1542330	天水市	Tianshui	1321067
钦州市	Qinzhou	1527522	邵东市	Shaodong	1320244
监利市	Jianli	1527015	株洲市	Zhuzhou	1316979
张家口市	Zhangjiakou	1525924	乐清市	Yueqing	1316723
西宁市	Xining	1521011	抚顺市	Fushun	1312174
芜湖市	Wuhu	1511993	罗定市	Luoding	1297196
清远市	Qingyuan	1509890	宜昌市	Yichang	1283072
泸州市	Luzhou	1501314	德州市	Dezhou	1273884
信宜市	Xinyi	1488160	赤峰市	Chifeng	1272022
仙桃市	Xiantao	1484348	江阴市	Jiangyin	1269587
兴化市	Xinghua	1476025	齐齐哈尔市	Qiqihar	1269583

5-5 续表 2 continued

单位：人 (person)

城　市	City	人数 Population	城　市	City	人数 Population
横州市	Hengzhou	1240093	滨州市	Binzhou	1113919
渭南市	Weinan	1238731	寿光市	Shouguang	1112790
瑞安市	Ruian	1234814	平顶山市	Pingdingshan	1111871
广安市	Guang'an	1234460	枣阳市	Zaoyang	1108507
阳江市	Yangjiang	1232194	新沂市	Xinyi	1103020
安阳市	Anyang	1224391	岳阳市	Yueyang	1097039
吴川市	Wuchuang	1220723	启东市	Qidong	1087366
贺州市	Hezhou	1218539	龙岩市	Longyan	1084995
晋江市	Jinjiang	1216368	诸暨市	Zhuji	1079524
泉州市	Quanzhou	1212438	荆州市	Jinzhou	1071923
定州市	Dingzhou	1206770	宜兴市	Yixing	1070786
曲靖市	Qujing	1204843	儋州市	Zhanzhou	1069390
阳春市	Yangchun	1203989	慈溪市	Cixi	1064962
温岭市	Wenling	1203312	常熟市	Changshu	1060994
邹城市	Zoucheng	1199094	资阳市	Ziyang	1058347
英德市	Deuomg	1182329	东台市	Dongtai	1054649
临海市	Linhai	1178759	海城市	Haicheng	1048572
眉山市	Meishan	1175983	九江市	Jiujiang	1046223
榆树市	Yushu	1169452	汉川市	Hanchun	1044213
无为市	Wuwei	1168418	淮北市	Huaibei	1043466
汝州市	Ruzhou	1165302	武威市	Wuwei	1035297
玉林市	Yulin	1163542	长垣市	Changyuan	1035152
十堰市	Shiyan	1160241	醴陵市	Liling	1035081
宜春市	Yichun	1159093	祁阳市	Qiyang	1027218
咸阳市	Xianyang	1158546	安康市	Ankang	1026116
蚌埠市	Bengbu	1149431	钟祥市	Zhongxiang	1025422
永州市	Yongzhou	1147016	镇江市	Zhenjiang	1025255
乐山市	Leshan	1139343	盘锦市	Panjin	1020969
兴宁市	Xingning	1139051	河池市	Hechi	1017289
泰兴市	Taixing	1138357	衡阳市	Hengyang	1016845
来宾市	Laibin	1136069	公主岭市	Gongzhuling	1011033
昆山市	Kunshan	1126394	榆林市	Yulin	1009675
汉中市	Hanzhong	1118366	金华市	Jinhua	1005283
麻城市	Macheng	1117400	**80万-100万**	**from 800 thousand to 1 million**	**67034365**
东营市	Dongying	1116277	大冶市	Daye	998228
林州市	Linzhou	1115880	潜江市	Qianjiang	992773
涟源市	Lianyuan	1112769	海门市	Haimen	982724
湖州市	Huzhou	1111150	焦作市	Jiaozuo	980494
诸城市	Zhucheng	1110158	嘉兴市	Jiaxing	979382
新乡市	Xinxiang	1108102	昭通市	Zhaotong	979319
衡水市	Hengshui	1106529	梅州市	Meizhou	977521
鄂州市	Ezhou	1095986	安丘市	Anqiu	975660

5-5 续表 3 continued

单位：人 (person)

城　市	City	人　数 Population	城　市	City	人　数 Population
岑溪市	Cenxi	973604	衢州市	Quzhou	852979
肥城市	Feicheng	970218	东阳市	Dongyang	851108
台山市	Taishan	962730	巩义市	Gongyi	851086
瓦房店市	Wafangdian	961941	武安市	Wu'an	850490
青州市	Qingzhou	961248	江油市	Jiangyou	847270
葫芦岛市	Huludao	953105	牡丹江市	Mudanjiang	846546
锦州市	Jinzhou	947829	通辽市	Tongliao	844723
保山市	Baoshan	947125	湘潭市	Xiangtan	842160
乐平市	Leping	946276	肇东市	Qidong	840673
孝感市	Xiaogan	944815	莱阳市	Laiyang	837430
德阳市	Deyang	943941	临清市	Linqing	837265
晋中市	Jinzhong	942102	余姚市	Yuyao	832984
常宁市	Changning	941137	辽阳市	Liaoyang	832838
营口市	Yingkou	939570	界首市	Jieshou	831613
兴义市	Xingyi	936924	莱州市	Laizhou	826950
辉县市	Huixian	932563	马鞍山市	Maanshan	821662
张家港市	Zhangjiagang	929339	恩施市	Enshi	819164
韶关市	Shaoguan	922864	武冈市	Wugang	818081
广元市	Guangyuan	921930	临汾市	Linfen	817743
利川市	Lichuan	917528	**阆中市**	**Langzhong**	**817114**
湘乡市	Xiangxiang	909664	武穴市	Wuxue	815697
海安市	Haian	907743	梧州市	Wuzhou	810113
任丘市	Renqiu	905635	松滋市	Songzi	807382
铜陵市	Tongling	904024	郴州市	Chenzhou	803667
洪湖市	Honghu	903378	**50万-80万**	**from 500 thousand to 800 thousand**	**105511847**
新密市	Xinmi	903341	绥化市	Suihua	796452
新余市	Xinyu	903122	彭州市	Pengzhou	795900
河间市	Hejian	899769	丹阳市	Danyang	794196
高密市	Gaomi	895220	德惠市	Dehui	789467
广水市	Giangshui	887602	高邮市	Gaoyou	788627
廊坊市	Langfang	887190	溧阳市	Liyang	785446
五常市	Wuchang	882748	长葛市	Changge	782673
胶州市	Jiaozhou	876078	迁安市	Qian'an	775813
萍乡市	Pingxiang	875887	三河市	Sanhe	768800
新郑市	Xinzheng	874186	丹东市	Dandong	763790
高安市	Gaoan	871945	濮阳市	Puyang	756413
义乌市	Yiwu	871656	玉溪市	Yuxi	754345
驻马店市	Zhumadian	867233	隆昌市	Longchang	752996
庄河市	Zhuanghe	864075	仁怀市	Renhuai	748875
宣城市	Xuancheng	859928	遵化市	Zunhua	748679
本溪市	Benxi	856051	汨罗市	Miluo	748214
巢湖市	Chaohu	854329	桐城市	Tongcheng	744828
南平市	Nanping	853933	邹平市	Zouping	744320

5-5 续表 4 continued

单位：人 (person)

城　市	City	人　数 Population	城　市	City	人　数 Population
灵宝市	Lingbao	741968	霸州市	Bazhou	659213
佳木斯市	Jiamusi	741871	曲阜市	Qufu	658793
海伦市	Hailun	740522	崇州市	Chongzhou	658672
西昌市	Xichang	739851	大理市	Dali	652708
莱西市	Laixi	738963	兰溪市	Lanxi	649965
鸡西市	Jixi	738506	邛崃市	Qionglai	649386
百色市	Baise	733654	荣成市	Rongcheng	647025
登封市	Dengfeng	733612	新民市	Xinmin	646938
济源市	Jiyuan	732634	荆门市	Jinmen	646654
安庆市	Anqing	731221	贵溪市	Guixi	646587
阜新市	Fuxin	720981	靖江市	Jingjiang	643343
荥阳市	Xinyang	719512	鹰潭市	Yingtan	641209
北海市	Beihai	718107	明光市	Mingguang	640017
运城市	Yuncheng	717584	偃师市	Yanshi	638464
嵊州市	Shengzhou	714469	攀枝花市	Panzhihua	636693
海宁市	Haining	714079	咸宁市	Xianning	631068
舟山市	Zhoushan	713430	龙口市	Longkou	630359
乐陵市	Leling	712893	高碑店市	Gaobidian	630104
桐乡市	Tongxiang	711582	三门峡市	Sanmenxia	629326
三亚市	Sanya	710899	辛集市	Xinji	628592
瑞金市	Ruijin	707188	天长市	Tianchang	628445
沅江市	Yuanjiang	707082	海阳市	Haiyang	626596
扶余市	Fuyu	704218	万宁市	Wanning	624936
涿州市	Zhuozhou	697775	应城市	Yingcheng	624243
云浮市	Yunfu	697144	都江堰市	Dujiangyan	623870
腾冲市	Tengchong	692520	凌源市	Linyuan	623428
铜川市	Tongchuang	691254	泊头市	Potou	622586
开平市	Kaiping	685546	永康市	Yongkang	622174
邵阳市	Shaoyang	685475	雅安市	Yaan	616514
阳泉市	Yangquan	685106	黄石市	Huangshi	614545
延安市	Yan'an	683273	伊宁市	Yining	611971
朔州市	Shuozhou	679691	江山市	Jiangshan	610847
讷河市	Nehe	674877	朝阳市	Chaoyang	610809
大石桥市	Dashiqiao	673804	沧州市	Cangzhou	610310
福安市	Fuan	673688	娄底市	Loudi	607703
池州市	Chizhou	668270	福鼎市	Fuding	605082
喀什市	Kashgar	668034	防城港市	Fangchenggang	604046
盖州市	Gaizhou	667891	吉安市	Ji'an	603956
鹤壁市	Hebi	664723	石首市	Shishou	603691
随州市	Suizhou	662803	吴忠市	Wuzhong	602964
靖西市	Jingxi	662153	樟树市	Zhangshu	602088
四平市	Siping	661276	陇南市	Longnan	601518

5-5 续表 5 continued

单位：人 (person)

城　市	City	人　数 Population	城　市	City	人　数 Population
承德市	Chengde	600372	凤城市	Fengcheng	537713
安陆市	Anlu	598712	临湘市	Linxiang	533688
兴平市	Xingping	598455	北票市	Beipiao	532557
广汉市	Guanghan	596311	乳山市	Rushan	531804
文昌市	Wenchang	596023	平凉市	Pingliang	526626
石河子市	Shihezi	592367	赤壁市	Chibi	526148
凯里市	Kaili	588228	乐昌市	Lechang	525908
舒兰市	Shulan	587425	太仓市	Taicang	525897
东港市	Donggang	583789	平果市	Pingguo	524360
潜山市	Qianshan	582540	琼海市	Qionghai	523308
句容市	Jurong	581859	兴城市	Xingcheng	520661
兴仁市	Xingren	579762	张掖市	Zhangye	517431
昌邑市	Changyi	579658	新乐市	Xinle	516977
黄骅市	Huanghua	579620	巴彦淖尔市	Bayannur	516578
仪征市	Yizheng	578933	广德市	Guangde	514902
梅河口市	Meihekou	578826	平湖市	Pinghu	513000
鹤岗市	Hegang	576549	都匀市	Duyun	510876
晋州市	Jizhou	573153	白山市	Baishan	510080
阿克苏市	Aksu	571287	建德市	Jiande	507510
三明市	Sanming	570421	老河口市	Laohekou	504971
滁州市	Chuzhou	569859	恩平市	Enping	503818
滦州市	Luanzhou	566863	南宫市	Nangong	502789
清镇市	Qingzheng	561831	**50万以下**	**under 500 thousand**	**58495585**
延吉市	Yanji	560662	汕尾市	Shanwei	499815
万源市	Wanyuan	559338	栖霞市	Xixia	496745
商洛市	Shangluo	556904	白银市	Baiyin	495263
铜仁市	Tongren	554296	沁阳市	Qinyang	493134
忻州市	Xinzhou	553881	磐石市	Panshi	491241
松原市	Songyuan	553800	绵竹市	Mianzhu	491024
宜城市	Yicheng	553780	南雄市	Nanxiong	490344
弥勒市	Mile	553215	凌海市	Linhai	488742
招远市	Zhaoyuan	552250	孝义市	Xiaoyi	488386
楚雄市	Chuxiong	546924	库尔勒市	Korla	488290
深州市	Shenzhou	546637	四会市	Sihui	487900
文山市	Wenshan	546549	洪江市	Hongjiang	487175
开原市	Kaiyuan	543466	高平市	Gaoping	485111
建瓯市	Jian'ou	541995	北镇市	Beizhen	484389
卫辉市	Weihui	541368	景德镇市	Jingdezhen	478881
尚志市	Shangzhi	541190	白城市	Baicheng	475699
连州市	Lianzhou	540854	原平市	Yuanping	475063
禹城市	Yucheng	540686	平泉市	Pingquan	473372
张家界市	Zhangjiajie	538419	黄山市	Huangshan	472788
宁德市	Ningde	537787	固原市	Guyuan	469569

5-5 续表 6 continued

单位：人 (person)

城　市	City	人数 Population	城　市	City	人数 Population
枝江市	Zhijiang	469391	庆阳市	Qingyang	401029
定西市	Dingxi	468821	河津市	Hejin	400854
沙河市	Hesha	464898	宁安市	Ning'an	400420
东方市	Dongfang	463948	扎兰屯市	Zhanglantun	396980
神木市	Shenmu	461731	洮南市	Taonan	395036
当阳市	Dangyang	460009	韩城市	Hancheng	392533
丹江口市	Danjiangkou	454904	鹤山市	Heshan	391618
七台河市	Qitaihe	454444	荔浦市	Lipu	383743
瑞昌市	Ruichang	454444	龙港市	Longgang	382651
蒙自市	Mengzi	451415	崇左市	Chongzuo	381396
双鸭山市	Shuangyashan	447723	孟州市	Mengzhou	381048
富锦市	Fujin	447483	宜都市	Yidu	380986
介休市	Jiexiu	444602	密山市	Mishan	380550
敦化市	Dunhua	442003	双辽市	Shuangliao	380112
永济市	Yongji	441877	宁国市	Ningguo	379806
玉环市	Yuhuan	437303	个旧市	Gejiu	374053
安达市	Anda	437231	呼伦贝尔市	Hulun Buir	371661
乌海市	Wuhai	436459	大安市	Daan	369093
辽源市	Liaoyuan	436325	资兴市	Zixing	365978
景洪市	Jinghong	435177	石狮市	Shishi	365894
汾阳市	Fenyang	434250	彬州市	Binzhou	362759
哈密市	Hami	433601	冷水江市	Lengshuijiang	357285
石嘴山市	Shizuishan	432372	黄冈市	Huanggang	354028
通化市	Tonghua	426925	华蓥市	Huaying	347106
灯塔市	Dengta	425855	海林市	Hailin	346587
丽水市	Lishui	423924	福泉市	Fuquan	342108
峨眉山市	Emeishan	422700	河源市	Heyuan	339976
什邡市	Shifang	420613	舞钢市	Wugang	337416
酒泉市	Jiuquan	419001	龙南市	Longnan	337009
和田市	Hetian	418359	临沧市	Lincang	334649
中卫市	Zhongwei	417426	德兴市	Dexing	333194
晋城市	Jincheng	417238	五大连池市	Wudalianchi	327129
许昌市	Xuchang	414751	拉萨市	Lhasa	326402
伊春市	Yichun	413915	永安市	Yong'an	325687
铁岭市	Tieling	413247	鄂尔多斯市	Ordos	324307
芒市	Mangshi	412393	乌兰浩特市	Ulanhot	321654
海东市	Haidong	412057	赤水市	Chishui	318171
怀化市	Huaihua	409168	克拉玛依市	Karamay	317533
北安市	Beian	406279	乌兰察布市	Ulanqab	317441
桦甸市	Huadian	404665	吉首市	Jishou	316788
昌吉市	Changji	404459	牙克石市	Yakeshi	308989
蛟河市	Jiaohe	403977	丰镇市	Fengzhen	303136
安国市	Anguo	403759	霍州市	Turpan	303035

5-5 续表 7 continued

单位：人 (person)

城　市	City	人　数 Population	城　市	City	人　数 Population
邵武市	Shaowu	299662	丽江市	Lijiang	162669
怀仁市	Huairen	294774	东兴市	Dongxing	162232
漳平市	Zhangping	290342	阜康市	Fukang	160576
临夏市	Linxia	288403	和龙市	Helong	156570
吕梁市	Luliang	287913	玉门市	Yumen	156354
龙泉市	Longquan	287755	香格里拉市	Shangri La	152703
吐鲁番市	Turpan	287449	临江市	Linjiang	147984
奎屯市	Kuitun	287358	义马市	Yima	147562
安宁市	Anning	286927	瑞丽市	Ruili	145995
开远市	Kaiyuan	285880	龙井市	Longjing	144806
阿图什市	Artux	285334	敦煌市	Dunhuang	143445
扬中市	Yangzhong	279641	格尔木市	Golmud	138684
铁力市	Tieli	278291	合山市	Heshan	130782
庐山市	Lushan	278086	日喀则市	Shigatse	129243
青铜峡市	Qingtongxia	274273	昌都市	Changdu	124371
虎林市	Hulin	268676	共青城市	Gongqingcheng	123950
子长市	Zichang	263522	根河市	Genhe	123784
博乐市	Bole	258953	铁门关市	Tiemenguan	118774
穆棱市	Mulin	258316	韶山市	Shaoshan	118448
灵武市	Lingwu	255536	凭祥市	Pingxiang	116901
武夷山市	Wuyishan	247659	那曲市	Naqu	115777
普洱市	Pu'er	247100	玉树市	Yushu	114941
华阴市	Huayin	237720	水富市	Shuifu	108709
侯马市	Houma	237080	康定市	Kangding	106185
阿勒泰市	Altay	233071	五指山市	Wuzhishan	103899
津市市	Jinshi	224062	图们市	Tumen	101982
珲春市	Hunchun	223973	五家渠市	Wujiaqu	98301
阿拉尔市	Alar	220337	合作市	Hezuo	91976
调兵山市	Diaobingshan	214442	满洲里市	Manzhouli	88799
乌苏市	Wusu	213482	霍林郭勒市	Huolingol	83778
嘉峪关市	Jiayuguan	211772	抚远市	Fuyuan	81605
古交市	Gujiao	211309	额尔古纳市	Erguna	77078
金昌市	Jinchang	209950	德令哈市	Delingha	73223
集安市	Ji'an	206409	山南市	Shannan	68469
锡林浩特市	Xilinhot	203512	绥芬河市	Suifenhe	67774
东宁市	Dongning	198442	霍尔果斯市	Horgos	65883
华亭市	Huating	190989	茫崖市	Mangya	54530
井冈山市	Jinggangshan	190166	林芝市	Linzhi	54133
泸水市	Lushui	189624	马尔康市	Markang	52969
黑河市	Heihe	180032	阿尔山市	Arxan	42406
图木舒克市	Tumshuk	178658	二连浩特市	Erenhot	36679
同江市	Tongjiang	173788	阿拉山口市	Alashankou	3158
塔城市	Tacheng	164027	三沙市	Sansha	920

第六部分

Chapter Six

世界部分国家及地区人口和就业统计数据

Population and Employment Data of Selected Countries and Territories of the World

一、世界部分国家人口和就业统计数据

I.Population and Employment Data of Selected Countries and Territories of the World

6-1 人口数
Total Population

单位：百万人 (millions)

国 家	Country	2003	2004	2005	2006	2007	2008
世界总计	**Total**	**6211.1**	**6377.6**	**6464.7**	**6540.3**	**6615.9**	**6749.7**
亚洲	**Asia**						
中国	China	1304.2	1313.3	1315.8	1323.6	1331.4	1336.3
阿富汗	Afghanistan	23.9	24.9	29.9	31.1	32.3	28.2
孟加拉国	Bangladesh	146.7	149.7	141.8	144.4	147.1	161.3
缅甸	Myanmar	49.5	50.1	50.5	51.0		49.2
柬埔寨	Cambodia	14.1	14.6	14.1	14.4	14.6	14.7
印度	India	1065.5	1081.2	1103.4	1119.5	1135.6	1186.2
印度尼西亚	Indonesia	219.9	222.6	222.8	225.5	228.1	234.3
伊朗	Iran	68.9	69.8	69.5	70.3	71.2	72.2
伊拉克	Iraq	25.2	25.9	28.8	29.6	30.3	29.5
日本	Japan	127.7	127.8	128.1	128.2	128.3	127.9
约旦	Jordan	5.5	5.6	5.7	5.8	6.0	6.1
朝鲜	Korea D.P.Rep.	22.7	22.8	22.5	22.6	22.7	23.9
韩国	Korea, Rep.	47.7	48.0	47.8	48.0	48.1	48.4
科威特	Kuwait	2.5	2.6	2.7	2.8	2.8	2.9
老挝	Laos	5.7	5.8	5.9	6.1	6.2	6.0
黎巴嫩	Lebanon	3.7	3.7	3.6	3.6	3.7	4.1
马来西亚	Malaysia	24.4	24.9	25.3	25.8	26.2	27.0
蒙古	Mongolia	2.6	2.6	2.6	2.7	2.7	2.7
尼泊尔	Nepal	25.2	25.7	27.1	27.7	28.2	28.8
巴基斯坦	Pakistan	153.6	157.3	157.9	161.2	164.6	167.0
菲律宾	Philippines	80.0	81.4	83.1	84.5	85.9	89.7
沙特阿拉伯	Saudi Arabia	24.2	24.9	24.6	25.2	25.8	25.3
新加坡	Singapore	4.3	4.3	4.3	4.4	4.4	4.5
斯里兰卡	Sri Lanka	19.1	19.2	20.7	20.9	21.1	19.4
叙利亚	Syrian Arab Rep.	17.8	18.2	19.0	19.5	20.0	20.4
泰国	Thailand	62.8	63.5	64.2	64.8	65.3	64.3
土耳其	Turkey	71.3	72.3	73.2	74.2	75.2	75.8
越南	Viet Nam	81.4	82.5	84.2	85.3	86.4	88.5
也门	Yemen	20.0	20.7	21.0	21.6	22.3	23.1
欧洲	**Europe**						
阿尔巴尼亚	Albania	3.2	3.2	3.1	3.1	3.2	3.2
奥地利	Austria	8.1	8.1	8.2	8.2	8.2	8.4

资料来源：《世界人口状况》2003-2021年，联合国人口基金编。
Sources: UNFPA, State of World Population 2003-2021.

6-1 续表 1 continued

单位：百万人 (millions)

国　家	Country	2003	2004	2005	2006	2007	2008
保加利亚	Bulgaria	7.9	7.8	7.7	7.7	7.6	7.6
捷克共和国	Czech Rep.	10.2	10.2	10.2	10.2	10.2	10.2
丹麦	Denmark	5.4	5.4	5.4	5.4	5.5	5.5
芬兰	Finland	5.2	5.2	5.2	5.3	5.3	5.3
法国	France	60.1	60.4	60.5	60.7	60.9	61.9
德国	Germany	82.5	82.5	82.7	82.7	82.7	82.5
希腊	Greece	11.0	11.0	11.1	11.1	11.2	11.2
匈牙利	Hungary	9.9	9.8	10.1	10.1	10.0	10.0
意大利	Italy	60.1	57.3	58.1	68.1	58.2	58.9
荷兰	Netherlands	16.1	16.2	16.3	16.4		16.5
挪威	Norway	4.5	4.6	4.6	4.6	4.7	4.7
波兰	Poland	38.6	38.6	38.5	38.5	38.5	38.0
葡萄牙	Portugal	10.1	10.1	10.5	10.5	10.6	10.7
罗马尼亚	Romania	22.3	22.3	21.7	21.6	21.5	21.3
西班牙	Spain	41.1	41.1	43.1	43.3	43.6	44.6
瑞士	Switzerland	7.2	7.2	7.3	7.3	7.3	7.5
英国	United Kingdom	59.3	59.4	59.7	59.8	60.0	61.0
俄罗斯	Russian Federation	143.2	142.4	143.2	142.5	141.9	141.8
非洲	**Africa**						
阿尔及利亚	Algeria	31.8	32.3	32.9	33.4	33.9	34.4
安哥拉	Angola	13.6	14.1	15.9	16.4	16.9	17.5
布隆迪	Burundi	6.8	7.1	7.5	7.8	8.1	8.9
中非共和国	Central African Rep.	3.9	3.9	4.0	4.1	4.2	4.4
刚果共和国	Congo, Republic of the	3.7	3.8	4.0	4.1	4.2	3.8
埃及	Egypt	71.9	73.4	74.0	75.4	76.9	76.8
埃塞俄比亚	Ethiopia	70.7	72.4	77.4	79.3	81.2	85.2
加蓬	Gabon	1.3	1.4	1.4	1.4	1.4	1.4
加纳	Ghana	20.9	21.4	22.1	22.6	23.0	23.9
几内亚	Guinea	8.5	8.6	9.4	9.6	9.8	9.6
肯尼亚	Kenya	32.0	32.4	34.3	35.1	36.0	38.6
利比亚	Libya	5.6	5.7	5.9	6.0	6.1	6.3
利比里亚	Liberia	3.4	3.5	3.3	3.4	3.5	3.9
马达加斯加	Madagascar	17.4	17.9	18.6	19.1	19.6	20.2
马里	Mali	13.0	13.4	13.5	13.9	14.3	12.7
毛里塔尼亚	Mauritania	2.9	3.0	3.1	3.2	3.2	3.2
摩洛哥	Morocco	30.6	31.1	31.5	31.9	32.4	31.6
莫桑比克	Mozambique	18.9	19.2	19.8	20.2	20.5	21.8
尼日利亚	Nigeria	124.0	127.1	131.5	134.4	137.2	151.5

6-1 续表 2 continued

单位：百万人 (millions)

国　家	Country	2003	2004	2005	2006	2007	2008
卢旺达	Rwanda	8.4	8.5	9.0	9.2	9.4	10.0
索马里	Somalia	9.9	10.3	8.2	8.5	8.8	9.0
南非	South Africa	45.0	45.2	47.4	47.6	47.7	48.8
苏丹	Sudan	33.6	34.3	36.2	37.0	37.8	39.4
突尼斯	Tunisia	9.8	9.9	10.1	10.2	10.3	10.4
乌干达	Uganda	25.8	26.7	28.8	29.9	30.9	31.9
喀麦隆	Cameroon, Republic of	16.0	16.3	16.3	16.6	16.9	18.9
坦桑尼亚	Tanzania, United Republic of	37.0	37.7	38.3	39.0	39.7	41.5
赞比亚	Zambia	10.8	10.9	13.0	11.9	12.1	12.2
大洋洲	**Oceania**						
澳大利亚	Australia	19.7	19.9	20.2	20.4	20.6	21.0
新西兰	New Zealand	3.9	3.9	4.0	4.1	4.1	4.2
北美洲	**North America**						
加拿大	Canada	31.5	31.7	32.3	32.6	32.9	33.2
美国	United States of America	294.0	297.0	298.2	301.0	303.9	308.8
拉丁美洲	**Latin America**						
阿根廷	Argentina	38.4	38.9	38.7	39.1	39.5	39.9
玻利维亚	Bolivia	8.8	9.0	9.2	9.4	9.5	9.7
巴西	Brazil	178.5	180.7	186.4	188.9	191.3	194.2
智利	Chile	15.8	16.0	16.3	16.5	16.6	16.8
哥伦比亚	Colombia	44.2	44.9	45.6	46.3	47.0	46.7
古巴	Cuba	11.3	11.3	11.3	11.3	11.3	11.3
多米尼加共和国	Dominican Republic	8.7	8.9	8.9	9.0	9.1	9.9
厄瓜多尔	Ecuador	13.0	13.2	13.2	13.4	13.6	13.5
危地马拉	Guatemala	12.3	12.7	12.6	12.9	13.2	13.7
墨西哥	Mexico	103.5	104.9	107.0	108.3	109.6	107.8
巴拿马	Panama	3.1	3.2	3.2	3.3	3.3	3.4
巴拉圭	Paraguay	5.9	6.0	6.2	6.3	6.4	6.2
秘鲁	Peru	27.2	27.6	28.0	28.4	28.8	28.2
波多黎各	Puerto Rico	3.9	3.9	4.0	4.0	4.0	4.0
乌拉圭	Uruguay	3.4	3.4	3.5	3.5	3.5	3.4
委内瑞拉	Venezuela (Bolivarian Republic of)	25.7	26.2	26.7	27.2	27.7	28.1

6-1 续表 3 continued

单位：百万人 (millions)

国　家	Country	2009	2010	2011	2012	2013	2014
世界总计	**Total**	**6829.4**	**6908.7**	**6974.0**	**7052.1**	**7162**	**7244**
亚洲	**Asia**						
中国	China	1345.8	1354.1	1347.6	1353.6	1385.6	1393.8
阿富汗	Afghanistan	28.2	29.1	32.4	33.4	30.6	31.3
孟加拉国	Bangladesh	162.2	164.4	150.5	152.4	156.6	158.5
缅甸	Myanmar	50.0	50.5	48.3	48.7	53.3	53.7
柬埔寨	Cambodia	14.8	15.1	14.3	14.5	15.1	15.4
印度	India	1198.0	1214.5	1241.5	1258.4	1252.1	1267.4
印度尼西亚	Indonesia	230.0	232.5	242.3	244.8	249.9	252.8
伊朗	Iran	74.2	75.1	74.8	75.6	77.4	78.5
伊拉克	Iraq	30.7	31.5	32.7	33.7	33.8	34.8
日本	Japan	127.2	127.0	126.5	126.4	127.1	127.0
约旦	Jordan	6.3	6.5	6.3	6.5	7.3	7.5
朝鲜	Korea D.P.Rep.	23.9	24.0	24.5	24.6	24.9	25.0
韩国	Korea, Rep.	48.3	48.5	48.4	48.6	49.3	49.5
科威特	Kuwait	3.0	3.1	2.8	2.9	3.4	3.5
老挝	Laos	6.3	6.4	6.3	6.4	6.8	6.9
黎巴嫩	Lebanon	4.2	4.3	4.3	4.3	4.8	5.0
马来西亚	Malaysia	27.5	27.9	28.9	29.3	29.7	30.2
蒙古	Mongolia	2.7	2.7	2.8	2.8	2.8	2.9
尼泊尔	Nepal	29.3	29.9	30.5	31.0	27.8	28.1
巴基斯坦	Pakistan	180.8	184.8	176.7	180.0	182.1	185.1
菲律宾	Philippines	92.0	93.6	94.9	96.5	98.4	100.1
沙特阿拉伯	Saudi Arabia	25.7	26.2	28.1	28.7	28.8	29.4
新加坡	Singapore	4.7	4.8	5.2	5.3	5.4	5.5
斯里兰卡	Sri Lanka	20.2	20.4	21.0	21.2	21.3	21.4
叙利亚	Syrian Arab Rep.	21.9	22.5	20.8	21.1	21.9	22.0
泰国	Thailand	67.8	68.1	69.5	69.9	67.0	67.2
土耳其	Turkey	74.8	75.7	73.6	74.5	74.9	75.8
越南	Viet Nam	88.1	89.0	88.8	89.7	91.7	92.5
也门	Yemen	23.6	24.3	24.8	25.6	24.4	25.0
欧洲	**Europe**						
阿尔巴尼亚	Albania	3.2	3.2	3.2	3.2	3.2	3.2
奥地利	Austria	8.4	8.4	8.4	8.4	8.5	8.5

6-1 续表 4 continued

单位：百万人 (millions)

国　　家	Country	2009	2010	2011	2012	2013	2014
保加利亚	Bulgaria	7.5	7.5	7.4	7.4	7.2	7.2
捷克共和国	Czech Rep.	10.4	10.4	10.5	10.6	10.7	10.7
丹麦	Denmark	5.5	5.5	5.6	5.6	5.6	5.6
芬兰	Finland	5.3	5.3	5.4	5.4	5.4	5.4
法国	France	62.3	62.6	63.1	63.5	64.3	64.6
德国	Germany	82.2	82.1	82.2	82.0	82.7	82.7
希腊	Greece	11.2	11.2	11.4	11.4	11.1	11.1
匈牙利	Hungary	10.0	10.0	10.0	9.9	10.0	9.9
意大利	Italy	59.9	60.1	60.8	61.0	61.0	61.1
荷兰	Netherlands	16.6	16.7	16.7	16.7	16.8	16.8
挪威	Norway	4.8	4.9	4.9	5.0	5.0	5.1
波兰	Poland	38.1	38.0	38.3	38.3	38.2	38.2
葡萄牙	Portugal	10.7	10.7	10.7	10.7	10.6	10.6
罗马尼亚	Romania	21.3	21.2	21.4	21.4	21.7	21.6
西班牙	Spain	44.9	45.3	46.5	46.8	46.9	47.1
瑞士	Switzerland	7.6	7.6	7.7	7.7	8.1	8.2
英国	United Kingdom	61.6	61.9	62.4	62.8	63.1	63.5
俄罗斯	Russian Federation	140.9	140.4	142.8	142.7	142.8	142.5
非洲	**Africa**						
阿尔及利亚	Algeria	34.9	35.4	36.0	36.5	39.2	39.9
安哥拉	Angola	18.5	19.0	19.6	20.2	21.5	22.1
布隆迪	Burundi	8.3	8.5	8.6	8.7	10.2	10.5
中非共和国	Central African Rep.	4.4	4.5	4.5	4.6	4.6	4.7
刚果共和国	Congo, Republic of the	3.7	3.8	4.1	4.2	4.4	4.6
埃及	Egypt	83.0	84.5	82.5	84.0	82.1	83.4
埃塞俄比亚	Ethiopia	82.8	85.0	84.7	86.5	94.1	96.5
加蓬	Gabon	1.5	1.5	1.5	1.6	1.7	1.7
加纳	Ghana	23.8	24.3	25.0	25.5	25.9	26.4
几内亚	Guinea	10.1	10.3	10.2	10.5	11.7	12.0
肯尼亚	Kenya	39.8	40.9	41.6	42.7	44.4	45.5
利比亚	Libya	6.4	6.5	6.4	6.5	6.2	6.3
利比里亚	Liberia	4.0	4.1	4.1	4.2	4.3	4.4
马达加斯加	Madagascar	19.6	20.1	21.3	21.9	22.9	23.6
马里	Mali	13.0	13.3	15.8	16.3	15.3	15.8
毛里塔尼亚	Mauritania	3.3	3.4	3.5	3.6	3.9	4.0
摩洛哥	Morocco	32.0	32.4	32.3	32.6	33.0	33.5
莫桑比克	Mozambique	22.9	23.4	23.9	24.5	25.8	26.5
尼日利亚	Nigeria	154.7	158.3	162.5	166.6	173.6	178.5

6-1 续表 5 continued

单位：百万人 (millions)

国 家	Country	2009	2010	2011	2012	2013	2014
卢旺达	Rwanda	10.0	10.3	10.9	11.3	11.8	12.1
索马里	Somalia	9.1	9.4	9.6	9.8	10.5	10.8
南非	South Africa	50.1	50.5	50.5	50.7	52.8	53.1
苏丹	Sudan	42.3	43.2	44.6	35.0	38.0	38.8
突尼斯	Tunisia	10.3	10.4	10.6	10.7	11.0	11.1
乌干达	Uganda	32.7	33.8	34.5	35.6	37.6	38.8
喀麦隆	Cameroon, Republic of	19.5	20.0	20.0	20.5	22.3	22.8
坦桑尼亚	Tanzania, United Republic of	43.7	45.0	46.2	47.7	49.3	50.8
赞比亚	Zambia	12.9	13.3	13.5	13.9	14.5	15.0
大洋洲	**Oceania**						
澳大利亚	Australia	21.3	21.5	22.6	22.9	23.3	23.6
新西兰	New Zealand	4.3	4.3	4.4	4.5	4.5	4.6
北美洲	**North America**						
加拿大	Canada	33.6	33.9	34.3	34.7	35.2	35.5
美国	United States of America	314.7	317.6	313.1	315.8	320.1	322.6
拉丁美洲	**Latin America**						
阿根廷	Argentina	40.3	40.7	40.8	41.1	41.4	41.8
玻利维亚	Bolivia	9.9	10.0	10.1	10.2	10.7	10.8
巴西	Brazil	193.7	195.4	196.7	198.4	200.4	202.0
智利	Chile	17.0	17.1	17.3	17.4	17.6	17.8
哥伦比亚	Colombia	45.7	46.3	46.9	47.6	48.3	48.9
古巴	Cuba	11.2	11.2	11.3	11.2	11.3	11.3
多米尼加共和国	Dominican Republic	10.1	10.2	10.1	10.2	10.4	10.5
厄瓜多尔	Ecuador	13.6	13.8	14.7	14.9	15.7	16.0
危地马拉	Guatemala	14.0	14.4	14.8	15.1	15.5	15.9
墨西哥	Mexico	109.6	110.6	114.8	116.1	122.3	123.8
巴拿马	Panama	3.5	3.5	3.6	3.6	3.9	3.9
巴拉圭	Paraguay	6.3	6.5	6.6	6.7	6.8	6.9
秘鲁	Peru	29.2	29.5	29.4	29.7	30.4	30.8
波多黎各	Puerto Rico	4.0	4.0			3.7	3.7
乌拉圭	Uruguay	3.4	3.4	3.4	3.4	3.4	3.4
委内瑞拉	Venezuela (Bolivarian Republic of)	28.6	29.0	29.4	29.9	30.4	30.9

6-1 续表 6 continued

单位：百万人 (millions)

国 家	Country	2015	2016	2017	2018	2019	2020	2021
世界总计	**Total**	**7349**	**7433**	**7550**	**7633**	**7715**	**7795**	**7875**
亚洲	**Asia**							
中国	China	1376.0	1382.3	1409.5	1415.0	1420.1	1439.3	1444.2
阿富汗	Afghanistan	32.5	33.4	35.5	36.4	37.2	38.9	39.8
孟加拉国	Bangladesh	161.0	162.9	164.7	166.4	168.1	164.7	166.3
缅甸	Myanmar	53.9	54.4	53.4	53.9	54.3	54.4	54.8
柬埔寨	Cambodia	15.6	15.8	16.0	16.2	16.5	16.7	16.9
印度	India	1311.1	1326.8	1339.2	1354.1	1368.7	1380.0	1393.4
印度尼西亚	Indonesia	257.6	260.6	264.0	266.8	269.5	273.5	276.4
伊朗	Iran	79.1	80.0	81.2	82.0	82.8	84.0	85.0
伊拉克	Iraq	36.4	37.5	38.3	39.3	40.4	40.2	41.2
日本	Japan	126.6	126.3	127.5	127.2	126.9	126.5	126.1
约旦	Jordan	7.6	7.7	9.7	9.9	10.1	10.2	10.3
朝鲜	Korea D.P.Rep.	25.2	25.3	25.5	25.6	25.7	25.8	25.9
韩国	Korea, Rep.	50.3	50.5	51.0	51.2	51.3	51.3	51.3
科威特	Kuwait	3.9	4.0	4.1	4.2	4.2	4.3	4.3
老挝	Laos	6.8	6.9	6.9	7.0	7.1	7.3	7.4
黎巴嫩	Lebanon	5.9	6.0	6.1	6.1	6.1	6.8	6.8
马来西亚	Malaysia	30.3	30.8	31.6	32.0	32.5	32.4	32.8
蒙古	Mongolia	3.0	3.0	3.1	3.1	3.2	3.3	3.3
尼泊尔	Nepal	28.5	28.9	29.3	29.6	29.9	29.1	29.7
巴基斯坦	Pakistan	188.9	192.8	197.0	200.8	204.6	220.9	225.2
菲律宾	Philippines	100.7	102.3	104.9	106.5	108.1	109.6	111.0
沙特阿拉伯	Saudi Arabia	31.5	32.2	32.9	33.6	34.1	34.8	35.3
新加坡	Singapore	5.6	5.7	5.7	5.8	5.9	5.9	5.9
斯里兰卡	Sri Lanka	20.7	20.8	20.9	21.0	21.0	21.4	21.5
叙利亚	Syrian Arab Rep.	18.5	18.6	18.3	18.3	18.5	17.5	18.3
泰国	Thailand	68.0	68.1	69.0	69.2	69.3	69.8	70.0
土耳其	Turkey	78.7	79.6	80.7	81.9	83.0	84.3	85.0
越南	Viet Nam	93.4	94.4	95.5	96.5	97.4	97.3	98.2
也门	Yemen	26.8	27.5	28.3	28.9	29.6	29.8	30.5
欧洲	**Europe**							
阿尔巴尼亚	Albania	2.9	2.9	2.9	2.9	2.9	2.9	2.9
奥地利	Austria	8.5	8.6	8.7	8.8	8.8	9.0	9.0

6-1 续表 7 continued

单位：百万人 (millions)

国 家	Country	2015	2016	2017	2018	2019	2020	2021
保加利亚	Bulgaria	7.1	7.1	7.1	7.0	7.0	6.9	6.9
捷克共和国	Czech Rep.	10.5	10.5	10.6	10.6	10.6	10.7	10.7
丹麦	Denmark	5.7	5.7	5.7	5.8	5.8	5.8	5.8
芬兰	Finland	5.5	5.5	5.5	5.5	5.6	5.5	5.5
法国	France	64.4	64.7	65.0	65.2	65.5	65.3	65.4
德国	Germany	80.7	80.7	82.1	82.3	82.4	83.8	83.9
希腊	Greece	11.0	10.9	11.2	11.1	11.1	10.7	10.4
匈牙利	Hungary	9.9	9.8	9.7	9.7	9.7	9.7	9.6
意大利	Italy	59.8	59.8	59.4	59.3	59.2	60.5	60.4
荷兰	Netherlands	16.9	17.0	17.0	17.1	17.1	17.1	17.2
挪威	Norway	5.2	5.3	5.3	5.4	5.4	5.4	5.5
波兰	Poland	38.6	38.6	38.2	38.1	38.0	37.8	37.8
葡萄牙	Portugal	10.3	10.3	10.3	10.3	10.3	10.2	10.2
罗马尼亚	Romania	19.5	19.4	19.7	19.6	19.5	19.2	19.1
西班牙	Spain	46.1	46.1	46.4	46.4	46.4	46.8	46.7
瑞士	Switzerland	8.3	8.4	8.5	8.5	8.6	8.7	8.7
英国	United Kingdom	64.7	65.1	66.2	66.6	67.0	67.9	68.2
俄罗斯	Russian Federation	143.5	143.4	144.0	144.0	143.9	145.9	145.9
非洲	**Africa**							
阿尔及利亚	Algeria	39.7	40.4	41.3	42.0	42.7	43.9	44.6
安哥拉	Angola	25.0	25.8	29.8	30.8	31.8	32.9	33.9
布隆迪	Burundi	11.2	11.6	10.9	11.2	11.6	11.9	12.3
中非共和国	Central African Rep.	4.9	5.0	4.7	4.7	4.8	4.8	4.9
刚果共和国	Congo, Republic of the	4.6	4.7	5.3	5.4	5.5	5.5	5.7
埃及	Egypt	91.5	93.4	97.6	99.4	101.2	102.3	104.3
埃塞俄比亚	Ethiopia	99.4	101.9	105.0	107.5	110.1	115.0	117.9
加蓬	Gabon	1.7	1.8	2.0	2.1	2.1	2.2	2.3
加纳	Ghana	27.4	28.0	28.8	29.5	30.1	31.1	31.7
几内亚	Guinea	12.6	12.9	12.7	13.1	13.4	13.1	13.5
肯尼亚	Kenya	46.1	47.3	49.7	51.0	52.2	53.8	55.0
利比亚	Libya	6.3	6.3	6.4	6.5	6.6	6.9	7.0
利比里亚	Liberia	4.5	4.6	4.7	4.9	5.0	5.1	5.2
马达加斯加	Madagascar	24.2	24.9	25.6	26.3	27.0	27.7	28.4
马里	Mali	17.6	18.1	18.5	19.1	19.7	20.3	20.9
毛里塔尼亚	Mauritania	4.1	4.2	4.4	4.5	4.7	4.6	4.8
摩洛哥	Morocco	34.4	34.8	35.7	36.2	36.6	36.9	37.3
莫桑比克	Mozambique	28.0	28.8	29.7	30.5	31.4	31.3	32.2
尼日利亚	Nigeria	182.2	187.0	190.9	195.9	201.0	206.1	211.4

6-1 续表 8 continued

单位：百万人 (millions)

国　家	Country	2015	2016	2017	2018	2019	2020	2021
卢旺达	Rwanda	11.6	11.9	12.2	12.5	12.8	13.0	13.3
索马里	Somalia	10.8	11.1	14.7	15.2	15.6	15.9	16.4
南非	South Africa	54.5	55.0	56.7	57.4	58.1	59.3	60.0
苏丹	Sudan	40.2	41.2	40.5	41.5	42.5	43.8	44.9
突尼斯	Tunisia	11.3	11.4	11.5	11.7	11.8	11.8	11.9
乌干达	Uganda	39.0	40.3	42.9	44.3	45.7	45.7	47.1
喀麦隆	Cameroon, Republic of	23.3	23.9	24.1	24.7	25.3	26.5	27.2
坦桑尼亚	Tanzania, United Republic of	53.5	55.2	57.3	59.1	60.9	59.7	61.5
赞比亚	Zambia	16.2	16.7	17.1	17.6	18.1	18.4	18.9
大洋洲	**Oceania**							
澳大利亚	Australia	24.0	24.3	24.5	24.8	25.1	25.5	25.8
新西兰	New Zealand	4.5	4.6	4.7	4.7	4.8	4.8	4.9
北美洲	**North America**							
加拿大	Canada	35.9	36.3	36.6	37.0	37.3	37.7	38.1
美国	United States of America	321.8	324.1	324.5	326.8	329.1	331.0	332.9
拉丁美洲	**Latin America**							
阿根廷	Argentina	43.4	43.8	44.3	44.7	45.1	45.2	45.6
玻利维亚	Bolivia	10.7	10.9	11.1	11.2	11.4	11.7	11.8
巴西	Brazil	207.8	209.6	209.3	210.9	212.4	212.6	214.0
智利	Chile	17.9	18.1	18.1	18.2	18.3	19.1	19.2
哥伦比亚	Colombia	48.2	48.7	49.1	49.5	49.8	50.9	51.3
古巴	Cuba	11.4	11.4	11.5	11.5	11.5	11.3	11.3
多米尼加共和国	Dominican Republic	10.5	10.6	10.8	10.9	11.0	10.8	11.0
厄瓜多尔	Ecuador	16.1	16.4	16.6	16.9	17.1	17.6	17.9
危地马拉	Guatemala	16.3	16.7	16.9	17.2	17.6	17.9	18.2
墨西哥	Mexico	127.0	128.6	129.2	130.8	132.3	128.9	130.3
巴拿马	Panama	3.9	4.0	4.1	4.2	4.2	4.3	4.4
巴拉圭	Paraguay	6.6	6.7	6.8	6.9	7.0	7.1	7.2
秘鲁	Peru	31.4	31.8	32.2	32.6	32.9	33.0	33.4
波多黎各	Puerto Rico	3.7	3.7	3.7	3.7	3.7	3.2	2.8
乌拉圭	Uruguay	3.4	3.4	3.5	3.5	3.5	3.5	3.5
委内瑞拉	Venezuela (Bolivarian Republic of)	31.1	31.5	32.0	32.4	32.8	28.4	28.7

6-2 人口出生率、死亡率、自然增长率
Crude Birth Rate, Crude Death Rate and Rate of Natural Increase

国　家	Country	出生率 Crude Birth Rate(‰)	死亡率 Crude Death Rate(‰)	自然增长率 Rate of Natural Increase(%)
美国	United States	11	10	0.1
日本	Japan	7	11	-0.4
德国	Germany	9	12	-0.3
英国	United Kingdom	10	10	0.0
法国	France	11	10	0.1
意大利	Italy	7	13	-0.6
加拿大	Canada	10	8	0.2
俄罗斯	Russia	10	15	-0.6
澳大利亚	Australia	11	6	0.5
波兰	Poland	9	13	-0.4
匈牙利	Hungary	9	14	-0.5
罗马尼亚	Romania	8	13	-0.5
保加利亚	Bulgaria	9	18	-1.0
印度	India	20	6	1.4
印度尼西亚	Indonesia	16	7	0.9
巴基斯坦	Pakistan	28	6	2.2
孟加拉国	Bangladesh	19	6	1.4
泰国	Thailand	9	8	0.1
菲律宾	Philippines	22	6	1.6
马来西亚	Malaysia	15	5	1.0
韩国	Korea Rep.	5	6	-0.1
新加坡	Singapore	9	5	0.3
伊朗	Iran	14	5	1.0
土耳其	Turkey	14	5	0.9
尼日利亚	Nigeria	37	11	2.5
埃及	Egypt	23	6	1.6
埃塞俄比亚	Ethiopia	32	6	2.6
坦桑尼亚	Tanzania	34	5	2.9
肯尼亚	Kenya	27	5	2.2
巴西	Brazil	13	7	0.6
墨西哥	Mexico	17	6	1.1
阿根廷	Argentina	16	7	0.9
哥伦比亚	Colombia	15	6	0.9

资料来源：《2021年世界人口数据表》美国人口咨询局编。
Source:Population Reference Bureau of United States, 2021 World Population Data Sheet.

6-3 人口年龄构成
Age Composition

单位：% (%)

国家	Country	0-14岁 Aged 0-14	15-64岁 Aged 15-64	65岁及以上 Aged 65 and Over
美国	United States	18.2	64.7	17.0
日本	Japan	12.3	59.0	28.7
德国	Germany	14.0	64.0	22.0
英国	United Kingdom	17.6	63.5	18.8
法国	France	17.5	61.4	21.1
意大利	Italy	12.8	63.6	23.6
加拿大	Canada	15.8	65.7	18.6
俄罗斯	Russia	18.5	65.5	16.0
澳大利亚	Australia	19.3	64.2	16.5
波兰	Poland	15.2	65.4	19.4
匈牙利	Hungary	14.5	65.0	20.6
罗马尼亚	Romania	15.5	64.9	19.7
保加利亚	Bulgaria	14.7	63.6	21.7
印度	India	25.8	67.4	6.8
印度尼西亚	Indonesia	25.6	67.9	6.5
巴基斯坦	Pakistan	34.6	61.0	4.4
孟加拉国	Bangladesh	26.3	68.4	5.3
泰国	Thailand	16.3	70.2	13.5
菲律宾	Philippines	29.5	64.7	5.7
马来西亚	Malaysia	23.3	69.3	7.4
韩国	Korea, Rep.	12.3	71.2	16.6
新加坡	Singapore	12.4	73.3	14.3
伊朗	Iran	24.8	68.4	6.8
土耳其	Turkey	23.6	67.1	9.3
尼日利亚	Nigeria	43.3	53.9	2.8
埃及	Egypt	33.8	60.7	5.4
埃塞俄比亚	Ethiopia	39.6	56.9	3.6
坦桑尼亚	Tanzania	43.3	54.0	2.7
肯尼亚	Kenya	38.0	59.4	2.6
巴西	Brazil	20.5	69.6	9.9
墨西哥	Mexico	25.5	66.7	7.8
阿根廷	Argentina	24.3	64.2	11.5
哥伦比亚	Colombia	21.9	68.7	9.4

资料来源：《世界人口状况》2021年，联合国人口基金编。
Source: UNFPA, State of World Population 2021.

6-4 人口指标
Demographic Indicators

国 家	Country	预期寿命(岁) Life Expectancy at Birth 男 Male	女 Female	总和生育率 Total Fertility Rate	城镇化率(%) Urbanization Rate (%)
美国	United States	75	80	1.6	82
日本	Japan	81	87	1.3	92
德国	Germany	79	83	1.5	77
英国	United Kingdom	79	83	1.6	84
法国	France	79	85	1.8	81
意大利	Italy	80	84	1.2	71
加拿大	Canada	80	84	1.5	81
俄罗斯	Russia	66	76	1.5	75
澳大利亚	Australia	81	85	1.6	86
波兰	Poland	74	82	1.3	60
匈牙利	Hungary	73	79	1.6	71
罗马尼亚	Romania	72	79	1.3	54
保加利亚	Bulgaria	71	78	1.6	73
印度	India	68	71	2.2	35
印度尼西亚	Indonesia	70	75	2.1	55
巴基斯坦	Pakistan	67	71	3.7	37
孟加拉国	Bangladesh	71	75	2.3	37
泰国	Thailand	74	81	1.4	59
菲律宾	Philippines	67	76	2.5	47
马来西亚	Malaysia	73	78	1.8	76
韩国	Korea,Republic of	80	86	0.8	86
新加坡	Singapore	81	86	1.1	100
伊朗	Iran	76	78	1.9	75
土耳其	Turkey	76	81	1.9	76
尼日利亚	Nigeria	54	56	5.2	51
埃及	Egypt	73	76	2.7	43
埃塞俄比亚	Ethiopia	65	70	4.1	21
坦桑尼亚	Tanzania	68	71	4.5	35
肯尼亚	Kenya	67	71	3.4	32
巴西	Brazil	72	80	1.7	87
墨西哥	Mexico	72	78	2.1	73
阿根廷	Argentina	75	81	2.2	92
哥伦比亚	Colombia	74	80	1.9	77

资料来源：《2021年世界人口数据表》美国人口咨询局编。
Source:Population Reference Bureau of United States, 2021 World Population Data Sheet.

6-5 全部就业人数
Employment

单位：千人 (1000 persons)

国 家	Country	2010	2011	2012	2013	2014	2015	2016	2017	2018	2019	2020	2021
阿根廷	Argentina	10532	10766	10844	10943	11047			11568	11745	12041	10937	12242
澳大利亚	Australia	11022	11214	11351	11457	11540	11766	11973	12252	12584	12875	12675	13058
巴西	Brazil			89317	90771	91978	91787	89495	89808	91414	93492	85692	90478
加拿大	Canada	16964	17221	17438	17691	17802	17947	18080	18416	18658	19056	18060	18865
埃及	Egypt	23829	23346	23564	23975	24331	24779	25331	26006	26021	26123	26199	
法国	France	25731	25759	25804	25785	26376	26442	26580	26803	27021	27132	26995	27728
德国	Germany	37992	38786	39126	39530	39870	40209	41265	41661	41913	42399	41474	41500
匈牙利	Hungary	3732	3759	3827	3893	4101	4211	4352	4421	4470	4512	4461	4642
印度尼西亚	Indonesia	107807	109724	113537	114345	116399	117833	119530	122781	126675	131896	131187	130518
意大利	Italy	22526	22598	22565	22190	22278	22464	22757	23022	23214	23360	22903	22554
日本	Japan	61935	60587	62177	62561	62999	63201	63958	64815	66130	66769	66760	66670
韩国	Korea, Rep.	24218	24704	25105	25465	26092	26348	26551	26868	26925	27231	27024	27401
马来西亚	Malaysia	11291	12352	12545	13352	13853	14068	14164	14477	14776	15073	14957	
墨西哥	Mexico	46122	47139	48707	49227	49415	50611	51595	52341	53162	54615	50915	55166
荷兰	Netherlands	8290	8291	8345	8285	8236	8318	8427	8605	8797	8982	8981	9282
新西兰	New Zealand	2154	2185	2180	2224	2308	2369	2483	2586	2652	2696	2730	2796
挪威	Norway	2501	2536	2585	2602	2627	2641	2638	2644	2686	2716	2702	2796
菲律宾	Philippines	36035	37192	37600	38118	38093	39143	40998	40334	41157	42428	77869	
葡萄牙	Portugal	4898	4738	4546	4428	4498	4547	4604	4755	4866	4912	4813	4812
罗马尼亚	Romania	8713	8528	8605	8549	8614	8535	8449	8671	8689	8680	8521	7756
俄罗斯	Russian Federation	69934	70857	71545	71392	71539	72324	72393	72316	72532	71933	70601	
南非	South Africa	14739	15939	16113	16448	16605	17346	17495	18098	18148	18205	17645	17219
西班牙	Spain	18724	18421	17632	17139	17344	17866	18341	18825	19328	19779	19202	19774
瑞典	Sweden	4524	4626	4657	4705	4772	4837	4910	5022	5097	5132	5064	5120
泰国	Thailand	38037	39317	39578	38570	38077	38016	37693	37458	37865	37613	37680	
英国	United Kingdom	29124	29282	29596	29952	30670	31195	31645	31965	32353	32693		
美国	United States	139064	139869	142469	143929	146305	148834	151436	153337	155761	157538	147795	152581

资料来源：联合国ILO数据库。
Source: ILO Database.

6-6 按三次产业分就业人员构成
Employment by Type of Industry

单位：% (%)

国　家	Country	第一产业 Primary Industry 2018	2019	第二产业 Secondary Industry 2018	2019	第三产业 Tertiary Industry 2018	2019
孟加拉国	Bangladesh	39.4	38.3	20.8	21.3	39.8	40.4
文　莱	Brunei Darussalam	1.1	2.0	19.4	20.8	79.5	77.3
柬埔寨	Cambodia	36.4	34.5	27.0	27.9	36.6	37.6
印　度	India	43.3	42.6	25.0	25.1	31.7	32.3
印度尼西亚	Indonesia	29.6	28.5	22.3	22.4	48.1	49.1
伊　朗	Iran	17.7	17.4	32.0	31.4	50.3	51.2
以色列	Israel	1.0	0.9	17.3	17.2	81.8	81.9
日　本	Japan	3.5	3.4	24.4	24.2	72.1	72.4
哈萨克斯坦	Kazakhstan	15.8	14.9	20.8	21.0	63.4	64.2
韩　国	Korea, Rep.	5.0	5.1	25.2	24.6	69.8	70.3
老　挝	Laos	62.4	61.4	12.7	12.9	25.0	25.6
马来西亚	Malaysia	10.6	10.3	27.1	27.0	62.3	62.7
蒙　古	Mongolia	26.7	25.3	20.6	21.6	52.7	53.1
缅　甸	Myanmar	48.2	48.9	17.3	16.9	34.6	34.2
巴基斯坦	Pakistan	37.4	36.9	25.0	25.0	37.6	38.1
菲律宾	Philippines	24.3	22.9	19.1	19.1	56.6	58.0
新加坡	Singapore	0.1		16.0	15.6	84.0	84.4
斯里兰卡	Sri Lanka	25.5	25.0	27.9	27.9	46.6	47.2
泰　国	Thailand	32.1	31.4	22.8	22.8	45.1	45.7
越　南	Viet Nam	38.7	37.2	26.6	27.4	34.7	35.3
埃　及	Egypt	21.7	20.6	26.9	26.9	51.5	52.4
尼日利亚	Nigeria	35.5	35.0	12.0	12.0	52.5	53.0
南　非	South Africa	5.2	5.3	23.1	22.3	71.7	72.4
加拿大	Canada	1.5	1.5	19.6	19.3	78.9	79.2
墨西哥	Mexico	12.8	12.5	26.1	25.6	61.1	62.0
美　国	United States	1.4	1.4	19.9	19.9	78.8	78.7
阿根廷	Argentina	0.1	0.1	21.9	21.8	78.0	78.1
巴　西	Brazil	9.3	9.1	20.1	20.0	70.6	70.9
委内瑞拉	Venezuela	7.5	7.9	16.7	15.3	75.8	76.8
捷　克	Czech Rep.	2.8	2.7	37.5	37.3	59.7	60.1
法　国	France	2.5	2.5	20.2	20.4	77.3	77.0
德　国	Germany	1.3	1.2	27.3	27.2	71.4	71.6
意大利	Italy	3.8	3.9	26.1	25.9	70.1	70.2
荷　兰	Netherlands	2.1	2.1	16.2	16.1	81.7	81.8
波　兰	Poland	9.6	9.2	31.8	32.1	58.6	58.7
俄罗斯	Russia	5.9	5.8	26.8	26.8	67.3	67.4
西班牙	Spain	4.2	4.0	20.3	20.4	75.5	75.5
土耳其	Turkey	18.4	18.1	26.7	25.3	54.9	56.6
乌克兰	Ukraine	14.4	13.8	24.6	25.0	61.0	61.2
英　国	United Kingdom	1.1	1.1	18.1	18.1	80.8	80.8
澳大利亚	Australia	2.6	2.6	19.9	19.1	77.5	78.4
新西兰	New Zealand	5.9	5.8	19.8	19.3	74.3	74.9

资料来源：世界银行数据库。
Source:World Bank Database.

6-7 失业人数
Unemployment

单位：千人 (1000 persons)

国 家	Country	2010	2011	2012	2013	2014	2015	2016	2017	2018	2019	2020	2021
阿根廷	Argentina	880.3	832.7	843.4	836.3	865.8			1053.6	1192.9	1314.6	1415.7	1171.9
澳大利亚	Australia	606.0	600.3	625.6	687.6	746.6	758.3	725.1	725.6	704.0	700.2	874.7	703.9
巴西	Brazil			6982.5	6906.6	6663.5	8594.5	11904.7	13336.6	13010.1	12813.7	13869.2	13927.3
加拿大	Canada	1486.3	1398.5	1371.6	1346.7	1322.3	1331.4	1360.6	1246.6	1155.2	1143.8	1887.8	1519.9
埃及	Egypt	2286.8	3138.2	3396.3	3631.3	3669.5	3719.7	3602.3	3468.2	2844.8	2225.6	2259.3	
法国	France	2504.9	2489.0	2677.4	2839.8	3026.2	3054.1	2969.5	2784.0	2678.4	2492.9	2350.5	2365.3
德国	Germany	2845.0	2398.8	2224.4	2181.8	2089.9	1949.6	1774.1	1621.2	1467.8	1372.8	1663.4	1535.9
匈牙利	Hungary	469.4	466.0	473.2	441.0	343.3	307.8	234.6	191.7	172.1	159.7	198.0	195.7
印度尼西亚	Indonesia	6411.6	5961.5	5310.3	5182.5	4911.3	5570.4	5371.7	4828.0	5812.4	4911.8	5829.6	5193.4
意大利	Italy	2055.7	2061.3	2691.0	3068.7	3236.0	3033.3	3012.0	2906.9	2755.5	2581.5	2310.5	2366.8
日本	Japan	3330.1	2888.2	2833.1	2632.6	2344.9	2214.4	2067.6	1882.4	1672.7	1607.3	1910.0	1930.0
韩国	Korea, Rep.	832.7	762.0	726.3	719.4	829.8	968.6	1005.8	1018.6	1070.5	1059.7	1105.8	1034.8
马来西亚	Malaysia	395.8	389.1	401.3	435.2	411.2	450.3	504.0		504.1	508.2	710.9	
墨西哥	Mexico	2583.0	2569.8	2502.6	2544.0	2496.7	2281.1	2070.9	1853.2	1799.7	1967.5	2369.1	2352.6
荷兰	Netherlands	435.3	434.3	515.8	647.0	659.7	613.8	538.5	437.5	350.4	314.2	356.6	407.9
新西兰	New Zealand	151.3	151.9	162.6	137.9	132.5	135.4	134.7	128.6	120.0	115.4	131.5	109.8
挪威	Norway	91.3	84.2	83.3	92.2	94.8	118.5	129.5	114.8	106.1	104.0	125.0	127.7
菲律宾	Philippines	1347.7	1385.8	1365.4	1381.4	1422.5	1238.9	1135.6	1056.2	985.4	971.0	2033.4	
葡萄牙	Portugal	591.2	688.2	835.7	855.2	726.0	646.5	573.0	462.8	365.9	339.5	350.9	338.8
罗马尼亚	Romania	651.7	659.4	627.2	653.0	628.7	623.9	529.9	449.3	379.7	353.4	451.8	459.2
俄罗斯	Russian Federation	5563.2	4954.6	4113.0	4121.3	3892.4	4266.8	4261.1	3976.6	3693.8	3386.1	4179.4	
南非	South Africa	4447.7	4343.8	4488.2	4649.4	4850.4	5143.0	5531.8	5712.6	5799.5	6243.6	5675.9	6954.4
西班牙	Spain	4640.1	5012.7	5811.0	6051.1	5610.3	5056.1	4481.3	3917.0	3479.2	3247.8	3530.9	3429.7
瑞典	Sweden	426.1	391.5	403.6	412.0	412.4	388.3	369.0	361.7	346.5	376.3	457.8	489.2
泰国	Thailand	237.9	262.4	230.8	96.2	220.4	228.2	261.1	313.5	292.1	271.4	418.7	
英国	United Kingdom	2459.4	2559.3	2533.2	2437.1	1995.8	1746.1	1599.1	1446.7	1346.7	1269.3		
美国	United States	14824.8	13747.5	12505.6	11459.8	9616.5	8296.4	7751.1	6982.3	6313.9	6000.5	12947.5	8623.2

资料来源：联合国ILO数据库。
Source: ILO Database.

6-8 失业率
Unemployment Rate

单位：% (%)

国家	Country	2000	2010	2017	2018	2019	2020	2021
文莱	Brunei Darussalam	5.7	6.5	9.3	8.7	6.9	7.4	
以色列	Israel	11.1	8.5	4.2	4.0	3.8	4.3	
日本	Japan	4.7	5.1	2.8	2.5	2.4	2.8	2.8
哈萨克斯坦	Kazakhstan	12.8	5.8	4.9	4.8	4.8	4.9	
韩国	Korea, Rep.	4.4	3.3	3.6	3.8	3.8	3.9	3.6
马来西亚	Malaysia	3.0	3.4	3.4	3.3	3.3	4.5	
巴基斯坦	Pakistan	0.6	0.7	3.9	4.1	4.8	4.7	6.3
菲律宾	Philippines	3.7	3.6	2.5	2.3	2.2	2.5	
新加坡	Singapore	3.7	4.1	4.2	3.7	3.1	4.1	3.5
斯里兰卡	Sri Lanka	7.7	4.8	4.0	4.3	4.7	5.2	
泰国	Thailand	2.4	0.6	0.8	0.8	0.7	1.1	
埃及	Egypt	9.0	8.8	9.3	3.0	5.8	5.9	
南非	South Africa	29.9	23.2	24.0	24.2	25.5	24.3	28.8
加拿大	Canada	6.8	8.1	6.3	5.8	5.7	9.5	7.5
墨西哥	Mexico	2.6	5.3	3.4	3.3	3.5	4.5	4.1
美国	United States	4.0	9.6	4.4	3.9	3.7	8.1	5.3
阿根廷	Argentina	15.0	7.7	8.3	9.2	9.8	11.5	8.7
巴西	Brazil	9.9	7.7	12.9	12.5	12.1	13.9	13.3
委内瑞拉	Venezuela	14.0	7.1	5.0	7.2	7.2	7.5	
捷克	Czech Rep.	8.8	7.3	2.9	2.2	2.0	2.5	2.8
法国	France	10.2	8.9	9.4	9.0	8.4	8.0	7.9
德国	Germany	7.9	7.0	3.8	3.4	3.1	3.9	3.6
意大利	Italy	10.8	8.4	11.2	10.6	9.9	9.2	9.5
荷兰	Netherlands	2.7	5.0	4.8	3.8	3.4	3.8	4.2
波兰	Poland	16.3	9.6	4.9	3.9	3.3	3.2	3.4
俄罗斯	Russia	10.6	7.4	5.2	4.8	4.5	5.6	
西班牙	Spain	13.8	19.9	17.2	15.2	14.1	15.5	14.8
土耳其	Türkiye	6.5	10.7	10.8	10.9	13.7	13.1	
乌克兰	Ukraine	11.7	8.1	9.5	8.8	8.2	9.5	
英国	United Kingdom	5.6	7.8	4.3	4.0	3.7	4.3	
澳大利亚	Australia	6.3	5.2	5.6	5.3	5.2	6.5	5.1
新西兰	New Zealand	6.1	6.6	4.7	4.3	4.1	4.6	3.8

资料来源：联合国ILO数据库。
Source: ILO Database.

6-9 消费价格指数
Consumer Price Indices

(2010年=100) (year of 2010=100)

国 家	Country	2005	2017	2018	2019	2020	2021
孟加拉国	Bangladesh	69.2	161.2	170.2	179.7	189.9	200.4
文 莱	Brunei Darussalam	95.5	98.4	99.4	99.0	101.0	102.7
柬埔寨	Cambodia	68.2	124.6	127.6	130.1	133.9	137.9
印 度	India	66.0	159.2	165.5	171.6	183.0	192.4
印度尼西亚	Indonesia	68.7	142.2	146.7	151.2	154.1	156.5
伊 朗	Iran	49.4	333.7	393.8	550.9	719.5	1031.7
以色列	Israel	87.9	106.4	107.3	108.2	107.5	109.1
日 本	Japan	100.4	104.0	105.0	105.5	105.5	105.2
韩 国	Korea, Rep.	86.2	113.1	114.7	115.2	115.8	118.7
老 挝	Laos	78.5	128.9	131.5	135.9	142.8	148.2
马来西亚	Malaysia	87.8	119.6	120.7	121.5	120.1	123.1
蒙 古	Mongolia	57.3	170.8	182.4	195.8	203.0	217.4
缅 甸	Myanmar	44.5	144.6	154.5	168.2		
巴基斯坦	Pakistan	55.8	156.9	164.9	182.3	200.1	219.1
菲律宾	Philippines	78.7	120.2	126.6	129.6	132.7	137.9
新加坡	Singapore	88.0	113.3	113.8	114.4	114.2	116.8
斯里兰卡	Sri Lanka	58.3	147.1	150.2	155.5	165.1	176.7
泰 国	Thailand	86.6	111.3	112.5	113.3	112.3	113.7
越 南	Viet Nam	59.9	153.6	159.1	163.5	168.8	171.9
埃 及	Egypt	57.8	231.1	264.4	288.6	303.1	318.9
尼日利亚	Nigeria	61.4	214.2	240.1	267.5	303.0	354.3
南 非	South Africa	74.3	146.1	152.7	158.9	164.0	171.6
加拿大	Canada	91.9	112.0	114.5	116.8	117.6	121.6
墨西哥	Mexico	80.5	130.2	136.6	141.5	146.4	154.7
美 国	United States	89.6	112.4	115.2	117.2	118.7	124.3
巴 西	Brazil	79.5	155.7	161.4	167.4	172.8	187.1
捷 克	Czech Rep.	87.0	110.9	113.3	116.5	120.2	124.8
法 国	France	92.8	106.9	108.8	110.1	110.6	112.4
德 国	Germany	92.5	109.4	111.3	112.9	113.4	117.0
意大利	Italy	91.0	108.7	110.0	110.6	110.5	112.5
荷 兰	Netherlands	92.7	111.0	112.9	115.9	117.4	120.5
波 兰	Poland	86.9	109.6	111.6	114.1	118.0	123.9
俄罗斯	Russia	61.5	168.2	173.0	180.8	186.9	199.4
西班牙	Spain	89.0	108.4	110.2	111.0	110.6	114.0
土耳其	Türkiye	65.9	175.0	203.6	234.4	263.2	314.8
乌克兰	Ukraine	51.2	235.3	261.1	281.7	289.4	316.5
英 国	United Kingdom	88.1	114.9	117.6	119.6	120.8	123.9
澳大利亚	Australia	86.3	115.7	117.9	119.8	120.8	124.3
新西兰	New Zealand	87.0	110.7	112.4	114.2	116.2	120.8

资料来源：国际货币基金组织IFS数据库。
Source: IFS Database,IMF.

二、香港特别行政区人口和就业统计数据

II.Population and Employment Data of Hong Kong Special Administrative Region

6-10 人口主要指标
Main Indicators of Population

项　　目	Item	2017	2018	2019	2020	2021
年中人口　(万人)	Mid-year Population (10 000 persons)	739.3	745.3	750.8	748.1	741.3
粗出生率　(‰)	Crude Birth Rate　(‰)	7.6	7.2	7.0	5.8	5.0
粗死亡率　(‰)	Crude Death Rate　(‰)	6.3	6.4	6.5	6.8	6.9
婴儿死亡率　(‰)	Infant Mortality Rate　(‰)	1.7	1.5	1.5	1.9	1.7
自然变动率　(‰)	Rate of Natural Change　(‰)	1.3	0.8	0.5	-1.0	-1.9
总和生育率①　(个/千人)	Total Fertility Rate①(unit/1000 persons)	1128	1080	1064	883	772
登记结婚数　(对)	Registered Marriages　(couple)	51817	49331	44247	27863	26899
登记离婚数　(对)	Divorce Decrees　(couple)	19394	20321	21157	16020	16692
出生时平均预期寿命 (年)	Expectation of Life at Birth　(year)					
男	Male	81.9	82.3	82.4	83.4	83.0
女	Female	87.6	87.6	88.1	87.7	87.7

注：在2021年6月至8月期间进行的2021年人口普查提供一个基准，用作修订自2016年中期人口统计以来编制的人口数字。上表由2017年至2020年与人口有关的数字已作出相应修订。

①不包括女性外籍家庭佣工。每千名女性的活产婴儿数目。

Notes: The 2021 Population Census conducted from June to August 2021 provides a benchmark for revising the population figures compiled since the 2016 Population By-census. In the above table, population-related figures from 2017 to 2020 have been revised accordingly.

①Excluding female foreign domestic helpers. Refers to live births per 1000 women.

6-11 劳动人口及失业状况
Labour Force and Unemployment

项　　目	Item	2017	2018	2019	2020	2021
劳动人口数目(万人)	Labour Force　(10 000 persons)	395.6	399.7	398.8	391.8	387.0
男	Male	199.8	201.5	199.0	195.5	192.3
女	Female	195.8	198.2	199.8	196.4	194.7
劳动人口参与率 (%)	Labour Force Participation Rate　(%)	61.1	61.3	60.7	59.7	59.4
就业人口　(万人)	Employed Persons　(10 000 persons)	383.2	388.5	387.1	369.1	367.0
失业人口　(万人)	Unemployed Persons (10 000 persons)	12.4	11.2	11.6	22.8	20.0
失业率　(%)	Unemployment Rate　(%)	3.1	2.8	2.9	5.8	5.2

注：数字是根据该年1月至12月进行的“综合住户统计调查”结果，以及年中人口估计数字而编制。

载于上表内的统计数字在编制过程中涉及应用人口数字。根据2021年人口普查的结果得出的最新人口基准，2016年年中以后的人口数字已作修订。统计表内的统计数字亦相应作出了修订。

Notes: Figures are compiled based on data collected in the General Household Survey from January to December of the year concerned as well as mid-year population estimates.

Figures presented in the above table involve the use of population figures in the compilation process. The population figures for periods after mid-2016 have been revised based on the latest population benchmark from the results of the 2021 Population Census. Figures presented in the above table have been revised accordingly.

6-12 按行业划分的就业人数
Employed Persons by Industry

单位：万人 (10 000 persons)

行业	Industry	2017	2018	2019	2020	2021
制造	Manufacturing	11.2	10.4	10.5	10.4	9.4
建筑	Construction	34.3	35.2	33.9	31.1	32.6
进出口贸易及批发	Import/Export Trade and Wholesale	45.1	44.7	39.1	33.1	31.6
零售、住宿①及膳食服务②	Retail, Accommodation① and Food Services②	63.9	63.3	61.2	52.0	51.6
运输、仓库、邮政及速递	Transportation, Storage, Postal and Courier	45.5	45.3	45.2	43.8	43.0
服务、资讯及通讯	Services, Information and Communications					
金融、保险、地产、专业及商用服务	Financing, Insurance, Real Estate, Professional and Business Services	78.1	79.7	84.0	85.3	86.2
公共行政、社会及个人服务	Public Administration, Social and Personal Services	103.2	107.4	110.8	111.1	110.2
其它	Others	2.1	2.4	2.6	2.3	2.3
总计	**Total**	**383.2**	**388.5**	**387.1**	**369.1**	**367.0**

注：数字是根据该年1月至12月进行的“综合住户统计调查”结果，以及年中人口估计数字而编制。
载于上表内的统计数字在编制过程中涉及应用人口数字。根据2021年人口普查的结果得出的最新人口基准，2016年年中以后的人口数字已作修订。统计表内的统计数字亦相应作出了修订。
① 住宿服务包括酒店、宾馆、旅舍及其他提供短期住宿服务的机构单位。
② 零售、住宿及膳食服务业合计通常被称为「与消费及旅游相关行业」。

Notes: Figures are compiled based on data collected in the General Household Survey from January to December of the year concerned as well as population estimates.
Figures presented in the above table involve the use of population figures in the compilation process. The population figures for periods after mid-2016 have been revised based on the latest population benchmark from the results of the 2021 Population Census. Figures presented in the above table have been revised accordingly.
① Accommodation services cover hotels, guesthouses, boarding houses and other establishments providing short term accommodation.
② The retail, accommodation and food services industries as a whole is generally referred to as the consumption- and tourism-related segment.

6-13 按每月就业收入划分的就业人数
Employed Persons by Monthly Employment Earnings

单位：万人，另有注明除外 (10 000 persons, unless otherwise specified)

每月就业收入(港元)	Monthly Employment Earnings (HKD)	2017	2018	2019	2020	2021
< 3000	< 3000	9.7	9.4	9.3	9.7	8.6
3000 - 3999	3000 - 3999	4.3	4.2	3.8	3.3	3.4
4000 - 4999	4000 - 4999	32.8	33.5	33.1	31.6	28.0
5000 - 5999	5000 - 5999	6.6	6.8	7.4	8.8	10.4
6000 - 6999	6000 - 6999	5.5	5.4	5.2	5.6	5.9
7000 - 7999	7000 - 7999	5.9	5.5	4.9	5.7	5.1
8000 - 8999	8000 - 8999	9.9	8.6	7.6	6.7	6.2
9000 - 9999	9000 - 9999	12.5	11.0	9.6	8.2	6.6
10000 - 11999	10000 - 11999	29.2	25.9	24.0	22.2	20.8
12000 - 13999	12000 - 13999	39.2	36.8	33.8	29.0	28.6
14000 - 15999	14000 - 15999	37.5	34.8	34.9	33.4	33.0
16000 - 17999	16000 - 17999	21.1	23.8	24.2	21.2	22.1
18000 - 19999	18000 - 19999	17.5	19.6	19.9	18.8	19.3
20000 - 24999	20000 - 24999	41.0	45.5	47.1	44.5	47.1
25000 - 29999	25000 - 29999	23.1	23.9	24.0	22.1	23.7
30000 - 34999	30000 - 34999	21.4	22.6	23.4	22.9	23.3
35000 - 39999	35000 - 39999	12.0	12.6	12.3	12.2	12.2
40000 - 44999	40000 - 44999	10.1	11.0	12.1	12.2	12.2
45000 - 49999	45000 - 49999	7.1	8.1	7.2	6.7	6.8
50000 - 59999	50000 - 59999	12.2	12.7	13.5	13.6	13.0
60000 - 79999	60000 - 79999	11.5	11.8	12.9	13.6	14.1
80000 - 99999	80000 - 99999	4.7	5.3	5.9	6.1	6.0
≧ 100000	≧ 100000	8.4	9.5	10.6	10.9	10.5
总　计	Total	383.2	388.5	387.1	369.1	367.0
每　月就业收入中位数(港元)	**Median Monthly Employment Earnings (HKD)**	**15500**	**16600**	**17100**	**17800**	**18000**

注：数字是根据该年1月至12月进行的“综合住户统计调查”结果，以及年中人口估计数字而编制。
载于上表内的统计数字在编制过程中涉及应用人口数字。根据2021年人口普查的结果得出的最新人口基准，2016年年中以后的人口数字已作修订。统计表内的统计数字亦相应作出了修订。

Notes: Figures are compiled based on data collected in the General Household Survey from January to December of the year concerned as well as mid-year population estimates.
Figures presented in the above table involve the use of population figures in the compilation process. The population figures for periods after mid-2016 have been revised based on the latest population benchmark from the results of the 2021 Population Census. Figures presented in the above table have been revised accordingly.

6-14 按行业划分督导级(不包括经理级与专业雇员)及以下雇员的工资指数 Wage Indices for Employees up to Supervisory Level (Managerial and Professional Employees Are Not Included) by Industry

(1992年9月＝100) (September 1992 = 100)

行业主类	Industry Section	2017	2018	2019	2020	2021
名义工资指数	**Nominal Wage Index**					
制造	Manufacturing	214.8	223.4	229.7	233.5	237.8
进出口贸易、批发及零售	Import/Export, Wholesale and Retail Trades	222.8	229.5	233.1	234.7	238.6
运输	Transportation	200.8	212.7	220.0	216.8	216.3
住宿及膳食服务活动①	Accommodation and Food Service Activities①	204.2	214.0	221.0	223.1	227.8
金融及保险活动	Financial and Insurance Activities	238.2	247.3	254.7	260.6	267.9
地产租赁及保养管理	Real Estate Leasing and Maintenance Management	250.8	261.4	270.6	278.0	286.7
专业及商业服务	Professional and Business Services	258.8	269.8	277.9	282.2	288.2
个人服务	Personal Services	313.9	326.1	335.5	336.7	339.8
所有选定行业②	All Selected Industries②	227.9	237.3	243.9	246.5	251.0
实际工资指数③	**Real Wage Index③**					
制造	Manufacturing	116.1	117.2	116.4	119.8	118.4
进出口贸易、批发及零售	Import/Export, Wholesale and Retail Trades	120.4	120.4	118.1	120.4	118.8
运输	Transportation	108.5	111.6	111.4	111.2	107.7
住宿及膳食服务活动①	Accommodation and Food Service Activities①	110.4	112.3	111.9	114.4	113.4
金融及保险活动	Financial and Insurance Activities	128.7	129.7	129.0	133.7	133.4
地产租赁及保养管理	Real Estate Leasing and Maintenance Management	135.6	137.1	137.1	142.6	142.8
专业及商业服务	Professional and Business Services	139.9	141.5	140.8	144.7	143.5
个人服务	Personal Services	169.6	171.1	169.9	172.7	169.2
所有选定行业②	All Selected Industries②	123.2	124.5	123.6	126.4	125.0

注：指有关年度12月份的数字。
①住宿服务包括酒店、宾馆、旅舍及其他提供短期住宿服务的机构单位。
②指“劳工收入统计调查”内工资统计调查所涵盖的所有行业，包括并没有列出其统计数字的电力及燃气供应业、污水处理及废弃物管理业与出版活动业。
③实际工资指数是按其名义指数扣除以2019/20年为基期的甲类消费价格指数而计算出来。

Notes : Figures refer to December of the year.
①Accommodation services cover hotels, guesthouses, boarding houses and other establishments providing short term accommodation.
②Figures refer to all industries covered by the wage enquiry of the Labour Earnings Survey, including the electricity and gas supply industry, sewerage and waste management activities industry and publishing activities industry, the statistics of which are not separately shown.
③The Real Wage Index is derived by deflating the corresponding nominal index by the 2019/20-based Consumer Price Index (A).

6-15 消费物价指数（2019年10月-2020年9月=100）
Consumer Price Indices (Oct. 2019 - Sep. 2020=100)

项　目	Item	2017	2018	2019	2020	2021
综合消费物价指数	**Composite Consumer Price Index**					
总指数	**All Items**	**94.6**	**96.8**	**99.6**	**99.9**	**101.4**
食品	Food	89.6	92.7	97.1	100.4	102.0
外出用膳及外卖	Meals out and takeaway food	94.5	97.2	99.4	100.1	101.9
基本食品	Basic food	81.7	85.2	93.5	100.8	102.2
住屋①	Housing①	94.5	96.9	100.2	100.1	100.4
私人房屋租金	Private Housing Rent	93.8	95.9	98.9	99.9	98.7
公营房屋租金	Public Housing Rent	116.6	121.4	130.1	102.7	132.8
电力、燃气及水	Electricity, Gas and Water	116.5	122.2	116.4	91.6	116.4
烟酒	Alcoholic Drinks and Tobacco	97.2	98.5	99.7	100.2	100.3
衣履	Clothing and Footwear	104.2	105.9	103.9	98.6	101.9
耐用物品	Durable Goods	106.5	104.3	102.1	99.6	100.6
杂项物品	Miscellaneous Goods	94.2	95.5	96.9	100.8	97.7
交通	Transport	96.8	98.4	100.4	99.3	101.9
杂项服务②	Miscellaneous Services②	95.4	97.3	99.3	100.1	100.8
教育服务	Educational Services	97.1	95.5	97.9	100.4	102.0
资讯及通讯服务	Information and Communications Services	113.1	108.8	101.0	99.7	98.0
医疗服务	Medical Services	91.4	94.9	98.4	100.5	101.9
甲类消费物价指数	**Consumer Price Index (A)**					
总指数	**All Items**	**94.6**	**97.2**	**100.5**	**99.8**	**102.7**
食品	Food	88.4	91.4	96.5	100.5	102.0
外出用膳及外卖	Meals out and takeaway food	94.2	97.0	99.2	100.2	102.0
基本食品	Basic food	80.5	83.8	92.9	100.8	102.0
住屋①	Housing①	96.1	99.1	102.9	100.3	103.0
私人房屋租金	Private Housing Rent	93.2	95.8	98.9	99.9	98.7
公营房屋租金	Public Housing Rent	116.7	121.4	130.1	102.7	132.8
电力、燃气及水	Electricity, Gas and Water	120.7	127.1	120.1	89.6	119.2
烟酒	Alcoholic Drinks and Tobacco	96.8	98.2	99.7	100.2	100.6
衣履	Clothing and Footwear	103.8	105.5	103.4	98.9	102.0
耐用物品	Durable Goods	106.7	104.6	102.3	99.5	100.1
杂项物品	Miscellaneous Goods	93.5	95.2	96.7	101.1	97.5
交通	Transport	97.7	99.0	101.0	98.9	101.3
杂项服务②	Miscellaneous Services②	98.2	99.4	99.9	100.0	100.3
教育服务	Educational Services	98.4	96.3	98.6	100.3	101.7
资讯及通讯服务	Information and Communications Services	113.2	108.9	101.2	99.6	97.9
医疗服务	Medical Services	91.4	95.2	98.5	100.5	102.0
乙类消费物价指数	**Consumer Price Index (B)**					
总指数	**All Items**	**94.4**	**96.6**	**99.2**	**99.8**	**100.8**
食品	Food	90.2	93.1	97.4	100.3	102.0
外出用膳及外卖	Meals out and takeaway food	94.6	97.3	99.4	100.1	101.9
基本食品	Basic food	82.0	85.4	93.5	100.8	102.2
住屋①	Housing①	93.6	95.9	99.1	100.0	99.2
私人房屋租金	Private Housing Rent	93.7	95.8	98.9	99.9	98.6
公营房屋租金	Public Housing Rent	116.5	121.3	129.8	102.3	132.3
电力、燃气及水	Electricity, Gas and Water	114.9	120.3	114.8	92.7	114.9
烟酒	Alcoholic Drinks and Tobacco	97.7	98.8	99.8	100.3	100.2
衣履	Clothing and Footwear	103.8	105.5	103.8	98.5	101.7
耐用物品	Durable Goods	106.8	104.4	102.1	99.6	100.5
杂项物品	Miscellaneous Goods	94.1	95.2	96.8	100.7	97.4
交通	Transport	97.1	98.6	100.6	99.3	101.9
杂项服务②	Miscellaneous Services②	95.4	97.3	99.3	100.1	100.9
教育服务	Educational Services	97.4	95.4	97.9	100.4	102.0
资讯及通讯服务	Information and Communications Services	113.4	109.0	101.0	99.7	98.1
医疗服务	Medical Services	91.7	95.1	98.5	100.5	102.0

6-15 续表 continued

项　　目	Item	2017	2018	2019	2020	2021
丙类消费物价指数	**Consumer Price Index (C)**					
总指数	**All Items**	**94.6**	**96.7**	**99.1**	**99.9**	**100.8**
食品	Food	90.9	94.1	97.9	100.3	102.1
外出用膳及外卖	Meals out and takeaway food	94.9	97.5	99.6	100.0	101.9
基本食品	Basic food	83.6	87.9	94.7	100.8	102.6
住屋①	Housing①	93.9	95.7	98.7	100.0	99.1
私人房屋租金	Private Housing Rent	94.4	96.0	98.9	100.0	98.8
电力、燃气及水	Electricity, Gas and Water	109.2	114.0	110.4	94.5	112.2
烟酒	Alcoholic Drinks and Tobacco	97.2	98.9	99.9	100.3	99.6
衣履	Clothing and Footwear	104.8	106.5	104.3	98.6	101.9
耐用物品	Durable Goods	105.9	103.9	102.1	99.7	101.1
杂项物品	Miscellaneous Goods	94.9	96.0	97.3	100.8	98.6
交通	Transport	95.9	97.6	99.9	99.7	102.2
杂项服务②	Miscellaneous Services②	93.7	96.2	98.9	100.2	101.1
教育服务	Educational Services	96.1	95.0	97.5	100.4	102.3
资讯及通讯服务	Information and Communications Services	112.2	108.2	100.5	99.8	98.1
医疗服务	Medical Services	91.1	94.6	98.3	100.6	101.8

注：2019年10月起的消费物价指数是根据2019/20年住户开支统计调查所得的开支权数编制。较早的指数则是根据旧的开支权数而经过按比例换算与新基期的指数拼接。

①除"私人房屋租金"及"公营房屋租金"外，"住屋"类别还包括"管理费及其他住屋杂费"。而丙类消费物价指数中的"住屋"类别并不包括"公营房屋租金"。

②"杂项服务"类别包括"教育服务"、"资讯及通讯服务"、"医疗服务"及其他杂项服务。

Notes: The CPIs from October 2019 onwards are compiled based on expenditure weights obtained from the 2019/20 Household Expenditure Survey. The CPIs for earlier periods are compiled based on old weights and have been re-scaled to the new base period for linking with the new index series.

①Apart from "Private Housing Rent" and "Public Housing Rent", the "Housing" section also includes "Management Fees and Other Housing Charges". For CPI(C), the "Housing" section does not include "Public Housing Rent".

②"Miscellaneous Services" section includes "Educational Services", "Information and Communications Services", "Medical Services" and other miscellaneous services.

三、澳门特别行政区人口和就业统计数据

III.Population and Employment Data of Macao Special Administrative Region

6-16 人口主要指标
Main Demographic Indicator

项　　目	Item	2017	2018	2019	2020	2021
年中人口 (万人)	Mid-year Population (10 000 persons)	64.8	65.9	67.2	68.5	68.3
出生率 (‰)	Crude Birth Rate (‰)	10.1	9.0	8.9	8.1	7.4
死亡率 (‰)	Crude Death Rate (‰)	3.3	3.1	3.4	3.3	3.4
婴儿死亡率 (‰)	Infant Mortality Rate (‰)	2.3	3.4	1.5	2.2	1.8
自然增长率 (‰)	Natural Growth Rate (‰)	6.8	5.9	5.5	4.8	4.0
总和生育率 (‰)	Total Fertility Rate (‰)	1021	915	899	841	756
本地人口总和生育率①(‰)	Total Fertility Rate of Local Population① (‰)	1501	1354	1340	1218	1066
登记结婚 (宗)	Registered Marriages (case)	3883	3842	3724	2754	3277
离婚 (宗)	Registered Divorces (case)	1479	1544	1435	1319	1315

项　　目	Item	2014-2017	2015-2018	2016-2019	2017-2020	2018-2021
出生时平均预期寿命 (岁)	Life Expectancy at Birth (year)	83.4	83.7	83.8	84.1	84.2
男	Male	80.3	80.6	80.8	81.1	81.3
女	Female	86.4	86.6	86.7	86.9	87.1

注：①本地人口总和生育率是指不包括在澳门居住的外地雇员及外地学生的生育率。

Note: ①Total fertility rate of local population refers to the fertility rate of the population excluding non-resident workers and non-local students living in Macao.

6-17 经济活动人口及失业状况
Labour Force and Unemployment

项　　目	Item	2017	2018	2019	2020	2021
劳动人口 (万人)	Labour Force (10 000 persons)	38.7	39.2	39.5	40.5	39.0
男	Male	19.3	19.2	19.3	19.9	18.9
女	Female	19.4	20.1	20.2	20.7	20.1
就业人口 (万人)	Employed Population (10 000 persons)	38.0	38.5	38.8	39.5	37.8
失业人口 (万人)	Unemployed Population (10 000 persons)	0.8	0.7	0.7	1.0	1.1
失业率 (%)	Unemployment Rate (%)	2.0	1.8	1.7	2.5	2.9

6-18 按行业划分的就业人口
Employed Population by Industry

单位：万人 (10 000 persons)

行　　业	Industry	2017	2018	2019	2020	2021
总数	**Total**	**37.98**	**38.54**	**38.78**	**39.51**	**37.84**
制造业	Manufacturing	0.65	0.64	0.63	0.64	0.66
水电及气体生产供应业	Electricity, Gas & Water Supply	0.11	0.11	0.09	0.12	0.09
建筑业	Construction	3.27	3.11	3.05	3.76	3.26
批发及零售业	Wholesale & Retail Trades	4.58	4.37	4.16	4.62	4.34
酒店及饮食业	Hotels, Restaurants & Similar Activities	5.46	5.61	5.61	5.44	5.03
运输、仓储及通讯业	Transport, Storage & Communications	1.91	1.92	1.98	1.80	1.76
金融业	Financial Intermediation	1.13	1.08	1.21	1.28	1.36
不动产及工商服务业	Real Estate & Business Activities	3.02	3.19	3.48	3.56	3.28
公共行政及社保事务	Public Administration & Social Security	2.87	2.98	2.79	2.74	2.86
教育	Education	1.70	1.75	1.73	1.82	1.92
医疗卫生及社会福利	Health & Social Welfare	1.29	1.24	1.26	1.35	1.43
文娱博彩及其他服务业	Recreational, Cultural, Gaming & Other Services	9.23	9.64	9.70	9.13	8.91
家务工作	Domestic Work	2.68	2.85	3.03	3.15	2.85
其他及不详	Others and Unknown	0.06	0.06	0.08	0.10	0.08

6-19 按行业划分的月工作收入中位数
Median Monthly Employment Earnings by Industry

单位：澳门元 (MOP)

行　　业	Industry	2017	2018	2019	2020	2021
总数	**Total**	**15000**	**16000**	**17000**	**15000**	**15800**
制造业	Manufacturing	12000	11500	10800	11000	12000
水电及气体生产供应业	Electricity, Gas & Water Supply	29000	30000	20500	22000	29500
建筑业	Construction	15000	15000	17000	15000	15000
批发及零售业	Wholesale & Retail Trade	13000	13000	14000	12000	13000
酒店及饮食业	Hotels, Restaurants & Similar Activities	10000	11000	12000	11000	11800
运输、仓储及通讯业	Transport, Storage & Communications	15300	16000	16000	15000	15000
金融业	Financial Intermediation	20000	20000	21000	22000	21000
不动产及工商服务业	Real Estate & Business Activities	10000	10000	11000	10000	10000
公共行政及社保事务	Public Administration & Social Security	37400	39500	40300	43000	44600
教育	Education	25000	25000	28000	25500	25300
医疗卫生及社会福利	Health & Social Welfare	21000	24000	22100	23300	23000
文娱博彩及其他服务业	Recreational, Cultural, Gaming & Other Services	19000	20000	20000	19300	19000
家务工作	Domestic Work	4000	4000	4200	4400	4500

6-20 消费物价指数
Consumer Price Index

2018年4月至2019年3月=100 (04/2018-03/2019=100)

项　目	Items	权数 Weight	2017	2018	2019	2020	2021
综合消费物价指数	**Composite Consumer Price Index**						
总指数	**Global Index**	**100.00**	**96.16**	**99.05**	**101.78**	**102.60**	**102.63**
食物及非酒精饮品	Food and Non-alcoholic Beverages	27.94	96.28	98.94	102.71	106.17	106.41
烟酒	Alcoholic Beverages and Tobacco	0.60	100.06	99.97	99.53	99.23	98.80
衣履	Clothing and Footwear	2.95	94.51	100.72	100.66	94.01	90.18
住屋及燃料	Housing and Fuels	33.75	97.82	99.92	101.68	102.40	102.30
家居设备及服务	Household Furnishings and Services	4.16	96.35	99.03	101.27	102.55	106.16
医疗	Health	2.82	94.53	99.08	102.55	106.67	108.31
交通	Transport	7.84	92.23	97.14	101.86	100.73	104.34
通讯	Communications	3.10	108.32	99.14	97.50	87.15	82.48
康乐及文化	Recreation and Culture	5.18	98.88	101.40	102.35	97.36	91.29
教育	Education	2.24	90.83	95.15	100.53	104.09	104.97
杂项商品及服务	Miscellaneous Goods and Services	9.42	95.85	99.11	101.72	103.63	104.39
甲类消费物价指数	**Consumer Price Index (A)**						
总指数	**Global Index**	**100.00**	**96.22**	**99.13**	**101.79**	**102.71**	**102.66**
食物及非酒精饮品	Food and Non-alcoholic Beverages	28.68	96.40	99.07	102.89	106.45	106.63
烟酒	Alcoholic Beverages and Tobacco	0.62	99.99	100.04	99.64	99.35	98.97
衣履	Clothing and Footwear	2.41	94.87	101.09	101.04	94.28	90.51
住屋及燃料	Housing and Fuels	38.37	97.81	99.91	101.67	102.37	102.25
家居设备及服务	Household Furnishings and Services	3.21	96.19	98.87	101.13	102.28	105.55
医疗	Health	2.72	94.66	99.27	102.75	107.14	108.99
交通	Transport	6.46	91.68	97.04	101.38	100.30	104.31
通讯	Communications	3.41	108.35	99.32	97.68	87.38	82.79
康乐及文化	Recreation and Culture	4.52	98.60	101.11	102.17	97.68	91.42
教育	Education	1.89	90.04	94.25	99.46	102.75	103.04
杂项商品及服务	Miscellaneous Goods and Services	7.70	96.19	99.51	101.97	103.79	104.55
乙类消费物价指数	**Consumer Price Index (B)**						
总指数	**Global Index**	**100.00**	**95.71**	**98.48**	**101.77**	**102.45**	**102.58**
食物及非酒精饮品	Food and Non-alcoholic Beverages	26.94	96.72	99.31	102.72	105.76	106.10
烟酒	Alcoholic Beverages and Tobacco	0.56	101.85	100.46	99.58	99.03	98.53
衣履	Clothing and Footwear	3.67	94.31	100.56	100.32	93.77	89.90
住屋及燃料	Housing and Fuels	27.55	97.89	99.96	101.69	102.46	102.37
家居设备及服务	Household Furnishings and Services	5.43	96.71	99.35	101.42	102.77	106.66
医疗	Health	2.96	94.96	98.90	102.30	106.09	107.48
交通	Transport	9.70	93.42	96.47	102.67	101.11	104.33
通讯	Communications	2.69	110.29	98.98	97.25	86.75	81.95
康乐及文化	Recreation and Culture	6.06	99.39	101.78	102.39	97.04	91.15
教育	Education	2.70	89.08	94.12	100.77	105.34	106.78
杂项商品及服务	Miscellaneous Goods and Services	11.73	94.13	97.11	100.54	103.48	104.23

四、台湾省人口和就业统计数据

IV.Population and Employment Data of Taiwan Province

6-21 面积和人口主要指标
Main Indicators of Area and Population

项　　目	Item	2017	2018	2019	2020	2021
土地面积（万平方公里）	Area (10 000 sq.km)	3.6	3.6	3.6	3.6	3.6
户籍登记人口数（万人）	Year-end Population (10 000 persons)	2357.1	2358.9	2360.3	2356.1	2337.5
男	Male	1172.0	1171.3	1170.5	1167.4	1157.9
女	Female	1185.2	1187.6	1189.8	1188.7	1179.7
粗出生率 (‰)	Crude Birth Rate (‰)	8.23	7.70	7.53	7.01	6.55
粗死亡率 (‰)	Crude Death Rate (‰)	7.27	7.33	7.47	7.34	7.83
人口自然增长率 (‰)	Natural Population Growth Rate (‰)	0.96	0.37	0.06	-0.34	-1.27
一般生育率 (‰)	Fertility Rate (‰)	33	31	30	28	28
结婚率 (对/千人)	Marriage Rate (couple/1000 persons)	5.86	5.74	5.70	5.16	4.88
离婚率 (对/千人)	Divorce Rate (couple/1000 persons)	2.31	2.31	2.31	2.19	2.04
期望寿命 (岁)	Life Expectancy at Birth (years)					
男	Male	77.28	77.55	77.69	78.11	77.67
女	Female	83.70	84.05	84.23	84.75	84.25
人口的年龄分布 (%)	Age-specific Distribution (%)					
0-14岁	0-14	13.12	12.92	12.75	12.58	12.36
15-64岁	15-64	73.02	72.52	71.96	71.35	70.79
65岁及以上	65 and Over	13.86	14.56	15.28	16.07	16.85
性别比 (女=100)	Sex Ratio (female=100)	98.89	98.63	98.38	98.20	98.15
人口密度(人/平方公里)	Population Density (persons/sq.km)	651.2	651.7	652.1	650.9	645.8

资源来源：台湾省统计网站（以下各表同）。
Source: Taiwan Province Statistics Website. The same applies in the following tables.

6-22 劳动力和就业状况
Labour Force and Employment

项 目	Item	2017	2018	2019	2020	2021
劳动力总计 (万人)	Labour Force (10 000 persons)	1179.5	1187.4	1194.6	1196.4	1191.9
男	Male	656.8	660.2	663.1	663.8	659.5
女	Female	522.7	527.2	531.5	532.6	532.4
就业人数 (万人)	Employment (10 000 persons)	1135.2	1143.4	1150.0	1150.4	1144.7
男	Male	630.5	634.6	637.6	637.8	633.2
女	Female	504.7	508.9	512.4	512.6	511.5
就业者行业构成 (%)	Distribution of Employment by Industry(%)	100.0	100.0	100.0	100.0	100.0
农、林、渔、牧业	Agriculture, Forestry, Fishery and Animal Husbandry	4.9	4.9	4.9	4.8	4.7
工业	Industry	35.8	35.7	35.6	35.4	35.5
矿业及土石采取业	Mining and Quarrying	0.04	0.03	0.03	0.03	0.03
制造业	Manufacturing	26.8	26.8	26.7	26.4	26.4
电力及燃气供应业	Electricity, Gas	0.3	0.3	0.3	0.3	0.3
用水供应及污染整治业	Water Supply and Pollution Management	0.7	0.7	0.7	0.7	0.7
建筑业	Construction	7.9	7.9	7.9	8.0	8.0
服务业	Services	59.3	59.4	59.6	59.8	59.8
批发及零售业	Wholesale and Retail Trades	16.5	16.6	16.7	16.5	16.4
运输及仓储业	Transport, Storage, Communications	3.9	3.9	3.9	4.0	4.0
金融及保险业	Finance, Insurance	3.8	3.8	3.8	3.8	3.8
咨讯及通讯传播	Information and Communication	2.2	2.3	2.3	2.3	2.3
住宿及餐饮业	Hotels and Restaurants	7.3	7.3	7.4	7.4	7.3
教育服务业	Education	5.7	5.7	5.7	5.7	5.6
公共行政	Public Administration	3.3	3.2	3.2	3.3	3.3
失业人数 (万人)	Unemployment (10 000 persons)	44.3	44.0	44.6	46.0	47.1
失业率 (%)	Unemployment Rate (%)	3.8	3.7	3.7	3.9	4.0

6-23 居民消费价格分类指数
Consumer Price Indices

(2016年=100) (year of 2016=100)

年 份 Year	总指数 General Index	食品 Food	服装 Clothing	居住 Housing	交通&通讯 Transportation &Communications	医药保健 Medicines and Medical Care	教育娱乐 Education and Entertainment	杂项 Miscellaneous
2011	95.2	84.2	96.8	98.5	107.7	96.5	99.0	94.5
2012	97.0	87.7	99.3	99.6	108.2	97.2	99.7	96.6
2013	97.8	88.8	99.1	100.5	108.7	98.2	100.0	97.1
2014	98.9	92.2	100.4	101.4	107.4	98.9	99.9	98.4
2015	98.6	95.0	99.8	100.2	101.1	99.1	99.9	98.6
2016	100.0	100.0	100.0	100.0	100.0	100.0	100.0	100.0
2017	100.6	99.6	99.8	100.9	101.8	101.7	100.3	101.9
2018	102.0	100.6	100.1	101.8	104.1	102.8	100.5	106.7
2019	102.6	102.5	99.3	102.4	102.6	103.7	101.3	107.4
2020	102.3	103.2	100.5	102.7	98.6	104.5	100.3	108.4
2021	104.3	105.8	102.3	103.7	104.6	104.7	101.5	108.8

第七部分

Chapter Seven

2021 年人口变动情况抽样调查和劳动力调查制度说明及主要指标解释

Introduction of Sample Survey of Population Change and Labor Force Survey System and Explanatory Notes on Main Statistical Indicators in 2021

人口变动情况抽样调查制度

（2021 年统计年报）

一、总 说 明

(一)调查目的

为准确、及时地掌握全国和各省（自治区、直辖市）人口发展变化情况，加强人口监测和形势研判，为国家和省级人民政府制定国民经济和社会发展计划，调整完善有关政策，促进人口长期均衡发展，提供可靠的人口数据，根据国办发〔1992〕57号文件的要求，进行2021年人口变动情况抽样调查。

(二)调查对象和登记原则

本次调查对象为抽中住房内具有中华人民共和国国籍的人。调查以户为单位进行，既调查家庭户，也调查集体户。应在抽中住房内登记的人包括：①2021年10月31日晚居住在本户的人；②户口在本户，2021年10月31日晚未居住在本户的人。

抽中住房内2020年11月1日至2021年10月31日死亡的人口也要登记相关项目。

(三)调查项目

1.按户填报的项目有：

户别、本户应登记人数、本户2020年11月1日至2021年10月31日期间的出生人口、本户2020年11月1日至2021年10月31日期间的死亡人口、住所类型、本户现住房建筑面积、本户现住房间数、住房来源、月租房费用等共9个项目。

2.按人填报的项目有：

姓名、与户主关系、公民身份号码、性别、出生年月、民族、调查时点（2021年11月1日零时）居住地、户口登记地、离开户口登记地时间、离开户口登记地原因、一年内（2020年11月1日至2021年10月31日期间）是否有户口迁移、是否有农村土地承包经营权、一年前常住地、受教育程度、学业完成情况、是否识字、工作情况、工作地点、前往工作地主要交通方式及所需时间、主要生活来源、婚姻状况、初婚年月、是否有过生育、是否打算把孩子送到托育服务机构、送孩子去托育机构的合适时间、希望送孩子到哪种托育机构、是否打算生育（下一个孩子）、打算生育（下一个孩子）的时间、不打算生育（下一个孩子）的主要原因、理想孩子数、居住状况、身体健康状况、养老意愿（倾向选择哪种养老方式）、养老费用（如果入住养老机构，每月能承受的最高费用）等共34个项目。

死亡人口填报的项目有姓名、公民身份号码、性别、出生年月、死亡时间、民族、受教育程度、婚姻状况等共8个项目。

3.《2021年人口调查村、居委会（社区）基本情况表》填报的项目有：

常住人口数、户籍人口数、出生人口（2020.11.1-2021.10.31）、死亡人口（2020.11.1-2021.10.31）、农林牧渔从业人员占从业人员比例、主要饮用水来源、市政排水（生活污水）情况、生活垃圾处理系统、是否养老机构、是否有托育机构、距离最近的小学、距离最近的初中、距离最近的医院、有无超市（便利店）、有无农贸市场等共15个项目。

(四)调查标准时间

本次调查的标准时间为2021年11月1日零时。

(五)抽样方法

2021年人口变动情况调查以第七次全国人口普查结果为基础建立样本框，以全国为总体，各省（自治区、直辖市）为子总体，按照多阶段、分层、概率比例的方法进行抽样设计，住户为最终抽样单位。全国约调查50万个住户。

各省可根据需要在国家样本基础上增加样本，由国家统计局统一抽取下发。

(六)调查的组织实施

1.组织领导。本次调查在当地政府的领导下，以统计机构为主组织实施，并在基层组织的协助下，选派调查员到抽中的住房中进行登记。各级统计机构要积极争取有关部门的支持和配合，确保调查数据质量。

2.调查指导员、调查员的选聘、培训与管理。调查指导员、调查员的选聘工作由县级统计机构负责。调查指导员、调查员主要从政府统计系统和基层组织人员中选调，也可从社会招聘，应尽可能保持调查员队伍的稳定。各级统计机构要加强对调查员的培训，尽可能减少培训层次，提升培训成效。各级统计机构要强化对调查员工作的监督检查。

3.调查的宣传工作。为使调查工作顺利进行，各级统计机构和调查工作人员要向调查样本所在地政府领导做好宣传工作，讲明抽样调查的意义；要做好对被调查户的宣传工作，使他们解除思想顾虑，如实申报调查资料。

4.调查登记与复查工作。调查登记采取调查员使用电子采集设备（PDA或智能手机）入户询问、当场填报，或由调查对象网上自主填报的方式。调查员要按照要求，对所负责的区域开展入户登记工作，指导有意愿的调查对象完成网上自主填报，参考部门行政记录等资料开展议查、复查，确保普查登记真实准确、不重不漏。

(七)质量控制

为保证调查数据真实、准确、完整、及时，各级统计机构应对调查各阶段工作质量进行控制。质量控制工作由国家统计局统一组织，由各级统计机构负责实施，采用检查、督导、验收等方式进行。地方各级统计机构对本地区调查工作质量全面负责。

（八）数据处理与资料管理

1.数据采集和汇总程序由国家统计局数管中心负责编制并下发。

2.各省（自治区、直辖市）统计机构要在规定的时间内，做好调查数据的报送工作。《人口变动情况抽样调查表》和《死亡人口调查表》数据通过电子设备采集后直接上报，2021年11月15日前完成。《2021年人口调查村、居委会（社区）基本情况表》通过数据处理平台进行录入，2021年11月25日前完成录入上报工作。数据采集设备和上网卡由各省统筹配备。

3.全国数据由国家统计局人口和就业统计司负责汇总，各省（自治区、直辖市）的数据要按照国家统计局统一的部署和安排进行汇总。调查数据需经国家统计局审定后方可使用。

4.推算的主要数据。全国和各省（自治区、直辖市）2021年主要人口数据。各省于2021年12月20日前，将有关本地区人口变动情况的相关材料通过电子邮件方式报送国家统计局人口和就业统计司专项调查处。

（九）调查工作要求

1.坚持依法调查。调查工作要严格按照《中华人民共和国统计法》《中华人民共和国统计法实施条例》及相关规定组织开展。调查中获得的能够识别或者推断单个调查对象身份的资料，任何单位和个人不得对外提供、泄露，不得用于调查以外的目的。

2.为了保证全国数据的调查范围、分类和计算方法的统一性，各地区必须严格执行调查制度的规定。遇到特殊情况要向上级有关部门请示，不得按照个人的理解擅自处理。

3.各省（自治区、直辖市）要实行严格的质量控制措施，建立健全调查数据质量追溯和问责机制，明确各级职责分工，确保各级工作质量和数据质量合格达标。

4.调查员要对其负责登记的数据质量负责，如果发现调查数据有不实的情况，必须返工重做。

5.各省（自治区、直辖市）统计局人口处要在2022年3月1日前，将本次调查的工作总结报国家统计局人口和就业统计司。

二、调 查 表 式

（一）2021 年人口变动情况抽样调查表

根据《中华人民共和国统计法》的规定，公民有义务提供国家统计调查所需要的情况；我们对您提供的信息负有保密义务。

表　　号：R 1 0 1 表
制定机关：国 家 统 计 局
文　　号：国统字〔2021〕117 号
有效期至：2 0 2 2 年 6 月

地址：_____省（区、市）_____市（地、州、盟）_____县（市、区、旗）_____乡（镇、街道）_____村（居）委会_____门牌号_____户编号

一、住户项目

H1. 户别

1. 家庭户
2. 集体户

H2. 本户应登记人数

2021 年 10 月 31 日晚居住本户的人数_____人

户口在本户，2021 年 10 月 31 日晚未住本户的人数_____人

H3. 本户 2020 年 11 月 1 日至 2021 年 10 月 31 日期间的出生人口

男_____人　女_____人

H4. 本户 2020 年 11 月 1 日至 2021 年 10 月 31 日期间的死亡人口

男_____人　女_____人

H5. 住所类型

1. 普通住宅
2. 集体住所
3. 工作地住所
4. 其他住房
5. 无住房

（选择 2-5 的，跳至个人项目。）

H6. 本户现住房建筑面积

_____平方米

H7. 本户现住房间数

_____间

H8. 住房来源

1. 租赁廉租房/公租房

2. 租赁其他住房

3. 购买新建商品房

4. 购买二手房

5. 购买原公有住房

6. 购买经济适用房/两限房

7. 自建住房

8. 继承或赠予

9. 其他

（选择3-9的，跳至个人项目。）

H9. 月租房费用

0. 200元以下

1. 200-499元

2. 500-999元

3. 1000-1999元

4. 2000-2999元

5. 3000-3999元

6. 4000-5999元

7. 6000-7999元

8. 8000-9999元

9. 10000元以上

二、个人项目

每个人都填报的项目

R1. 姓名

____

R2. 与户主关系

0. 户主

1. 配偶

2. 子女

3. 父母

4. 岳父母或公婆

5. 祖父母

6. 媳婿

7. 孙子女

8. 兄弟姐妹

9. 其他

R3. 公民身份号码

□□□□□□□□□□□□□□□□□□

R4. 性别

1. 男

2. 女

R5. 出生年月

出生于：_______年_______月

R6. 民族

_______族

R7. 调查时点（2021 年 11 月 1 日零时）居住地

1. 本住房

2. 本村（居）委会其他住房

3. 本乡（镇、街道）其他村（居）委会

4. 本县（市、区、旗）其他乡（镇、街道）

5. 其他县（市、区、旗），请在下面填写地址

_______省（区、市）

_______市（地、州、盟）

_______县（市、区、旗）

6. 香港特别行政区、澳门特别行政区、台湾地区

7. 国外

R8. 户口登记地

1. 本村（居）委会

2. 本乡（镇、街道）其他村（居）委会

3. 本县（市、区、旗）其他乡（镇、街道）

4. 其他县（市、区、旗），请在下面填写地址

_______省（区、市）

_______市（地、州、盟）

_______县（市、区、旗）

5. 户口待定　R12

R9. 离开户口登记地时间

1. 没有离开户口登记地　R11

2. 不满半年

3. 半年以上，不满一年

4. 一年以上，不满二年

5. 二年以上，不满三年

6. 三年以上，不满四年

7. 四年以上，不满五年

8. 五年以上，不满十年

9. 十年以上

R10. 离开户口登记地原因

0. 工作就业

1. 学习培训

2. 随同离开/投亲靠友

3. 拆迁/搬家

4. 寄挂户口

5. 婚姻嫁娶

6. 照料孙子女

7. 为子女就学

8. 养老/康养

9. 其他

R11. 一年内（2020年11月1日至2021年10月31日期间）是否有户口迁移

1. 无　R12

2. 有（请填写原户口登记地和类型）

原户口登记地：

1. 本县（市、区、旗）

2. 其他地区，请在下面填写地址

_____省（区、市）

_____市（地、州、盟）

_____县（市、区、旗）

原户口登记地类型：

1. 乡

2. 镇的村委会

3. 镇的居委会

4. 街道

R12. 是否有农村土地承包经营权

1. 有

2. 无

1 周岁及以上（2020 年 10 月 31 日以前出生）的人填报的项目

R13. 一年前常住地

1. 本村（居）委会
2. 其他地区

______省(区、市)

______市(地)

______县(市、区、旗)，请填写详细地址

____

3. 香港特别行政区、澳门特别行政区、台湾地区
4. 国外

3 周岁及以上（2018 年 10 月 31 日以前出生）的人填报的项目

R14. 受教育程度

1. 未上过学　R16
2. 学前教育　R16
3. 小学
4. 初中
5. 高中
6. 大学专科
7. 大学本科
8. 硕士研究生
9. 博士研究生

R15. 学业完成情况

1. 在校
2. 毕业
3. 肄业
4. 辍学
5. 其他

15 周岁及以上（2006 年 10 月 31 日以前出生）的人填报的项目

R16. 是否识字

1. 是
2. 否

R17. 工作情况

10 月 25—31 日是否为取得收入而工作了一小时以上（包括临时工、依托互联网平台灵活就业、家庭经营无酬帮工等）

1. 是，上周工作_____小时
2. 在职休假、在职学习培训、临时停工（保留工资）

3. 未做任何工作　R20

R18. 工作地点

1. 本村居委会　R20
2. 本乡（镇、街道）其他地区
3. 本县（市、区、旗）其他乡（镇、街道）
4. 本省（区、市）其他地区，请在下面填写地址

_____市（地、州、盟）

_____县（市、区、旗）

5. 省外

R19. 前往工作地主要交通方式及所需时间

1. 步行
2. 自行车
3. 电动车
4. 摩托车
5. 小轿车
6. 公共汽车
7. 地铁/轻轨/快轨等
8. 其他

时间：_______分钟

R20. 主要生活来源

1. 劳动收入
2. 离退休金/养老金
3. 最低生活保障金
4. 失业保险金
5. 财产性收入
6. 家庭其他成员供养
7. 其他

R21. 婚姻状况

1. 未婚→R31
2. 初婚有配偶
3. 再婚有配偶
4. 离婚
5. 丧偶

R22. 初婚年月

_______年_______月

15 至 50 周岁（1970 年 11 月 1 日—2006 年 10 月 31 日出生）的妇女填报的项目

R23. 是否有过生育

1. 无→R27

2. 有，_______个

生第一个孩子的时间及性别：

出生于：_______年_______月　　性别：_______

生第二个孩子的时间及性别：

出生于：_______年_______月　　性别：_______

……

生第 n 个孩子的时间及性别：

出生于：_______年_______月　　性别：_______

(最多填报 5 个，如生育 5 个孩子以上，第 4 个孩子之后填报最后一个）

有 0-2 岁孩子的填报 R24-R26：

R24. 是否打算把孩子送到托育服务机构

1. 打算

2. 不打算（R27）

R25. 送孩子去托育机构的合适时间

1. 出生后即送

2. 产假结束即送

3. 6 个月至 1 岁

4. 1 岁至 1 岁半

5. 1 岁半至 2 岁

6. 2 岁到 2 岁半

7. 2 岁半至 3 岁

8. 3 岁及以上

R26. 希望送孩子到哪种托育机构

1. 全日托

2. 半日托

3. 计时托

4. 临时托

5. 寄宿托

R27. 是否打算生育（下一个孩子）

1. 打算

2. 不打算（→R29）

R28. 打算生育（下一个孩子）的时间

1. 一年内
2. 一年至两年
3. 两年至三年
4. 三年以后
5. 未计划

（1—4 → R30）

R29. 不打算生育（下一个孩子）的主要原因

1. 抚养成本高，经济负担重
2. 子女无人照料
3. 担心工作或发展受到影响
4. 年龄过大或身体状况欠佳
5. 入托、入学等公共服务不能满足需求
6. 其他家庭成员的意见
7. 希望生活更加轻松自由
8. 其他

R30. 理想孩子数

1. 0
2. 1 个
3. 2 个
4. 3 个
5. 4 个及以上

60 周岁及以上（1961 年 10 月 31 日以前出生）的人填报的项目

R31. 居住状况

1. 与配偶和子女同住
2. 与配偶同住
3. 与子女同住
4. 独居（有保姆）
5. 独居（无保姆）
6. 养老机构
7. 其他

R32. 身体健康状况

1. 健康
2. 基本健康
3. 不健康，但生活能自理
4. 不健康，生活不能自理

R33. 养老意愿（倾向选择哪种养老方式）

1. 社区养老（结束）

2. 居家养老（结束）

3. 机构养老

R34. 养老费用（如果入住养老机构，每月能承受的最高费用）

1. 1000 元以下

2. 1000—1999 元

3. 2000—2999 元

4. 3000—3999 元

5. 4000—4999 元

6. 5000—9999 元

7. 10000 元以上

申报人联系方式：____________________

（二）死亡人口调查表

（2020年11月1日至2021年10月31日死亡的人口登记）

表　　号：R 1 0 2 表
制表机关：国 家 统 计 局
文　　号：国统字〔2021〕117号
有效期至：2 0 2 2 年 6 月

地址：_____省（区、市）_____市（地、州、盟）_____县（市、区、旗）_____乡（镇、街道）____村（居）委会_____门牌号_____户编号

每个死亡人口都登记的项目

S1. 姓名

____

S2. 公民身份号码

□□□□□□□□□□□□□□□□□□

S3. 性别

1. 男
2. 女

S4. 出生年月

出生于：_______年_______月

S5. 死亡时间

死亡于：_______月

S6. 民族

_______族

死亡时满3周岁的人登记的项目

S7. 受教育程度

1. 未上过学
2. 学前教育
3. 小学
4. 初中
5. 高中
6. 大学专科
7. 大学本科

8. 硕士研究生

9. 博士研究生

死亡时满 15 周岁的人登记的项目

S8. 婚姻状况

1. 未婚

2. 初婚有配偶

3. 再婚有配偶

4. 离婚

5. 丧偶

（三）2021 年人口调查村、居委会（社区）基本情况表

表　　号: R　1　0　3　表
制表机关: 国　家　统　计　局
文　　号: 国统字〔2021〕117 号
有效期至: 2　0　2　2　年　6　月

地址：_______省（区、市）_______市（地、州、盟）_______县（市、区、旗）_______乡（镇、街道）______村（居）委会

H1. 户别

1. 家庭户

2. 集体户

C1. 常住人口数

_______人

C2. 户籍人口数

_______人

C3. 出生人口（2020.11.1-2021.10.31）

_______人

C4. 死亡人口（2020.11.1-2021.10.31）

_______人

C5. 农林牧渔业从业人员占从业人员比例

1. 0-30%

2. 30%-50%

3. 50%-70%

4. 70%-90%

5. 90%以上

C6. 主要饮用水来源

1. 经过市政净化设施统一处理的自来水

2. 受保护的井水和泉水

3. 不受保护的井水和泉水

4. 江河湖泊水

5. 其他

C7. 市政排水（生活污水）情况

1. 与市政联网的污水处理系统

2. 社区自建的明（暗）沟排水（经处理）

3. 社区自建的明（暗）沟排水（未经处理）

4. 其他

C8. 生活垃圾处理系统

1. 运送到市政垃圾处理站或转运站

2. 简单掩埋或焚烧处理

3. 其他

C9. 是否有养老机构

1. 无

2. 有，_______ 座。

C10. 是否有托育机构

1. 无

2. 有，_______ 座。

C11. 距离最近的小学

步行时间_______分钟

C12. 距离最近的初中

步行时间_______分钟

C13. 距离最近的医院

_______千米

C14. 有无超市（便利店）

1. 无

2. 有

C15. 有无农贸市场

1. 无

2. 有

三、填表说明

（一）调查表的组成

调查表表式分为三个部分：《2021 年人口变动情况抽样调查表》，调查本村居委会抽中住房内的户基本情况和户内人口情况，简称为《调查表》；《死亡人口调查表》，调查本村居委会抽中住房内的死亡人口情况，简称《死亡表》；《2021 年人口调查村、居委会（社区）基本情况表》，调查社区的人口、基础设施等基本情况，简称《社区表》。

（二）标准时点

人口变动情况抽样调查的标准时点为 2021 年 11 月 1 日零时。调查员在掌握调查标准时点时，应该注意：

1.2021 年 11 月 1 日零时以后出生的人不登记；

2.2021 年 11 月 1 日零时以后死亡的人仍要在调查表中登记；

3.2021 年 11 月 1 日零时以后居住地发生变化的人，仍要在原居住地登记。

（三）登记原则

抽中住房内的所有住户均应调查。应在本户登记的人，包括 2021 年 10 月 31 日晚居住在本户的人；户口在本户，2021 年 10 月 31 日晚未居住在本户的人。分为两种情况：一是 2021 年 10 月 31 日晚住在本户的人，不管其户口登记在何处，包括户口在本乡（镇、街道）的人口，也包括所有的外来人口；二是户口登记在本户，但 2021 年 10 月 31 日晚未住本户的人，无论其外出时间长短、外出原因如何，均调查登记。

2020 年 11 月 1 日至 2021 年 10 月 31 日期间的死亡人口要登记《死亡表》。

（四）《调查表》的填写方法

1.《调查表》和《死亡表》以户为单位进行登记，采用调查员手持电子设备入户询问、现场填报或由调查对象网上自主填报的方式。《社区表》以村（委）居委会为单位进行填报，可填写纸质表在数据处理平台统一录入。

2.《调查表》填写顺序：先填写户记录，再逐人填写人记录，表内第一人应填户主，然后填户主的配偶和其他亲属。

3.调查表每户最多可以填写 20 人。对于超过 20 人的大集体户，可酌情分成若干集体户填写。

4.有标准答案的项目，根据实际情况填报。调查时点居住地、户口登记地、工作地点等项目可根据行政区划地址列表进行选择。没有标准答案的项目，用文字或阿拉伯数字据情填写。填写文字的项目，包括姓名、一年前常住地地址等。其中，姓名不能填写非汉字字符。

5.如果填写错误或发生逻辑关系异常，数据采集程序会给出审核提示。若为强制性审核错误，请根据提示信息对错误项目进行修改；若为确认性审核提示，需根据提示信息对异常项目进行确认，若情况属实，可忽略该条确认性审核提示。

（五）指标解释

1.《2021年人口变动情况抽样调查表》

1.1住户项目

H1. 户别——按家庭户、集体户的类别填报。

1.家庭户：以家庭成员关系为主，居住一处共同生活的人口，作为一个家庭户。单身居住独自生活的，也作为一个家庭户。

2.集体户：相互之间没有家庭成员关系，集体居住共同生活的人口作为一个集体户。

H2. 本户应登记人数——包括两个部分。一部分是 2021 年 10 月 31 日晚居住本户的人数，既包括户口在本户、2021 年 10 月 31 日晚居住本户的人数，也包括户口不在本户、2021 年 10 月 31 日晚居住本户的人数，填写 H2 的第一项；另一部分是户口在本户，2021 年 10 月 31 日晚未居住本户的人数，填写 H2 的第二项。

H3. 本户 2020 年 11 月 1 日至 2021 年 10 月 31 日期间的出生人口——填写本户在 2020 年 11 月 1 日至 2021 年 10 月 31 日期间出生的人数。分别填写男、女的合计数。若本户在此期间没有出生人口，请填写“0”。

H4. 本户 2020 年 11 月 1 日至 2021 年 10 月 31 日期间的死亡人口——填写本户在 2020 年 11 月 1 日至 2021 年 10 月 31 日期间死亡的人数。分别填写男、女的合计数。若本户在此期间没有死亡人口，请填写“0”。

填写 H3、H4 时应注意：

不要漏掉出生时有某种生命现象（如在胎儿脱离母体时，有呼吸或心跳，脐带搏动、随意肌收缩等），不久即死亡的婴儿，既要填写出生人数，也要填写死亡人数。

H5. 住所类型——按居住的住所类型填报。

1.普通住宅：指人工建造的，有墙、顶、门、窗等结构，具有独立入口，专门供人居住的房屋或场所。如单元房、平房、四合院、独栋别墅、筒子楼、窑洞等传统意义上的住宅。

2.集体住所：指学生宿舍、职工宿舍、工棚、养老院、福利院、宗教场所等。

3.工作地住所：指居住在办公楼、发廊、商铺、餐馆等工作场所。

4.其他住房：指居住在上述场所以外的其他房屋或场所。

5.无住房：指本户没有住房，居无定所（如流动人口中那些睡在桥下、公园、车站或睡在运载货物、商品车辆上的人等）。

H6. 本户现住房建筑面积——本户现住房的建筑面积以房屋所有权证（不动产权证）或租赁凭证上的相关信息为准。

若只知道使用面积的，可用使用面积乘以 1.33，换算成建筑面积。填写本项目时应注意：

1.在租借房屋居住的户，按租借住房的实际情况填写其住房建筑面积。

2.合住在同一所住房里的住户，其建筑面积为各户所独立使用的房间面积加上公共使用面积（包括厨房、厕所、门厅、阳台等）的分摊部分：两户合住的，各按二分之一计算；三户合住的，各按三分之一计算，依此类推。

3.建筑面积应填写整数，不为整数时四舍五入获得。

H7. 本户现住房间数——指除厨房、厕所、过道和厅以外的所有自然间数（包括扩建的房间）。填写本项目时应注意：

1.在租借房屋居住的户，按租借住房的实际居住情况填写其住房间数。

2.合住同一所住房的，在填写住房间数时，填写其独立使用的房间数。

H8. 住房来源——指本户获取现住房的方式。

1.租赁廉租房/公租房：指向政府相关部门申请并租住廉租房、公租房。

2.租赁其他住房：指通过私人、单位或房屋中介等渠道租住住房。

3.购买新建商品房：指按市场价购买的新建商品房。

4.购买二手房：指购买那些进入房屋市场进行交易，第二次及以上进行产权登记的住房，包括二手商品房、允许上市交易的已售公房、经济适用房等。

5.购买原公有住房：指个人以成本价或优惠价购买的、原作为福利分配给本单位职工的住房。

6.购买经济适用房/两限房：指向政府相关部门申请并购买经济适用房、两限房。

7.自建住房：指个人建造的住房，其产权属于个人所有。

8.继承或赠予：指从亲属处继承而来或者受他人赠予而获取住房。

9.其他：指上述几种住房来源以外的情况。

H9. 月租房费用——指最近用于交纳房租的单月金额，不包括水电费、物业费、取暖费等附加费用。月租房费用不为整数时，按四舍五入计算。

若多人合租作一户登记时，则需将每人月租费加总计算。

1.2 个人项目

R1. 姓名——填写被登记人的正式姓名。没有正式姓名的可填小名或某某氏，但不能填笔名、代号等。婴儿未起名的，可填“未取名”。

R2. 与户主关系——指被登记人与本户户主的关系。申报人不是户主的，不要将被登记人与申报人的关系错填为与户主的关系。

0.户主：按家庭日常生活习惯确定户主。

1.配偶：指户主的妻子或丈夫。

2.子女：指户主的子女。

3.父母：指户主的父母或继父母、养父母。

4.岳父母或公婆：指户主配偶的父母或继父母、养父母。

5.祖父母：指户主或配偶的祖父母、外祖父母、曾祖父母、外曾祖父母。

6.媳婿：指户主子女的配偶。

7.孙子女：指户主的孙子女、外孙子女、孙媳婿、外孙媳婿、重孙子女、重孙媳婿、重外孙子女、重外孙媳婿。

8.兄弟姐妹：指户主及其配偶的兄弟姐妹以及他们的配偶。

9.其他：指以上九种人以外的成员。

在登记家庭户时，户主应登记为第一人，选填“0.户主”。如果户主的配偶也在本户登记，应登记为第二人，选填“1.配偶”，然后再登记该户的其他成员；如果户主没有配偶，或户主配偶不在本户登记，第二人登记本户其他成员。

在登记集体户时，任选一人登记为户主，选填“0.户主”，本户其他成员与户主关系一律登记为其他，选填“9.其他”。

R3. 公民身份号码——指 18 位公民身份号码。无公民身份号码的填写 18 位 0。15 位身份证号码的，录入程序会自动换算为 18 位。

R4. 性别——指被登记人的性别。

R5. 出生年月——指被登记人的出生年、月。

出生年月按公历填写，只知道农历的，要换算成公历。按照一般的规律，农历的月份与公历的月份相差一个月左右，换算时农历的月份加 1 即可作为公历的月份，但要注意农历的 12 月应当是公历下一年的 1 月。

R6. 民族——指被登记人的民族。

外国人加入中国籍，其民族和我国的某一民族相同的，就选填某一民族；没有相同民族的，按外国人加入中国籍填写，选填“入籍”。

R7. 调查时点（2021 年 11 月 1 日零时）居住地——指被登记人在调查标准时点居住的地址。

1.本住房：指调查时点居住在本住房的人。

2.本村（居）委会其他住房：指户口登记地在本住房，调查时点居住在本村（居）委会其他住房的人。

3.本乡（镇、街道）其他村（居）委会：指户口登记地在本住房，调查时点居住在本乡（镇、街道）其他村（居）委会的人。

4.本县（市、区、旗）其他乡（镇、街道）：指户口登记地在本住房，调查时点居住在本县（市、区、旗）的其他乡（镇、街道）的人。

5.其他县（市、区、旗）：指户口登记地在本住房，调查时点居住在本县（市、区、旗）以外地区的人。填报本选项的人还需选填调查时点居住地所在省（区、市）、市（地、州、盟）、县（市、区、旗）的具体名称。

6.香港特别行政区、澳门特别行政区、台湾地区：指户口登记地在本户，调查时点居住在香港特别行政区、澳门特别行政区、台湾地区的人。

7.国外：指户口登记地在本户，调查时点居住在国外的人。

R8. 户口登记地——指被登记人的居民户口薄上的地址。

1.本村（居）委会：指户口登记地在本村（居）委会的人。

2.本乡（镇、街道）其他村（居）委会：指调查时点居住本住房，户口登记地在本乡（镇、街道）其他村（居）委会的人。

3.本县（市、区、旗）其他乡（镇、街道）：指调查时点居住本住房，户口登记地在本县（市、区、旗）的其他乡（镇、街道）的人。

4.其他县（市、区、旗）：指调查时点居住本住房，户口登记地在本县（市、区、旗）以外地区的人。填报本选项的人还需填写户口登记地所在省（区、市）、市（地、州、盟）、县（市、区、旗）的具体名称。

5.户口待定：指调查时点居住本住房，在任何地方都没有登记户口的人。包括手持户口迁移证、出生证、退伍证等情况。

R9. 离开户口登记地时间——指到调查标准时点为止，被登记人离开户口登记地（居住地与户口登记地不一致）的时间。

没有离开户口登记地是指户口登记地在本村（居）委会，调查标准时点居住在本住房或本村（居）委会其他住房。

若常年外出的人由于农忙、节假日等原因偶尔回家的，或回家后因疫情原因推迟外出的，还应该从第一次离开户口登记地的时间开始计算。

R10. 离开户口登记地原因——指被登记人离开户口登记地（居住地与户口登记地不一致）的原因。

0.工作就业：指十五周岁及以上因务工经商、工作招聘、调动等原因离开户口登记地的人。

1.学习培训：指六周岁及以上因考入各级各类学校或参加各种学习班、培训班而离开户口登记地的人。

2.随同离开/投亲靠友：指因跟随亲属、投亲靠友而离开户口登记地的人。

3.拆迁/搬家：指因房屋拆迁、改造或者搬家而离开户口登记地的人。

4.寄挂户口：指户口落在集体户或没有在户口登记地居住过、只落户口的人。

5.婚姻嫁娶：指十五周岁及以上因结婚而离开户口登记地的人。

6.照料孙子女：指为照料孙子女而离开户口登记地的人。

7.为子女就学：指为子女就学而离开户口登记地的人。

8.养老/康养：指因旅游（度假）养老/康养、候鸟式养老/康养、回籍贯地养老/康养、居住在养老院而离开户口登记地的人，不包括跟随子女养老。

9.其他：指上述几种以外的原因。

凡具有两种以上原因的，按其主要的原因选填一个标准选项。

R11. 一年内是否有户口迁移——指被登记人一年内（2020 年 11 月 1 日至 2021 年 10 月 31 日期间）是否有过迁户行为。

1.无：指一年内被登记人户口登记地没有发生过变动。

2.有：指一年内被登记人户口登记地发生过变动，有过迁移户口的行为。一年内有户口迁移的，还需要填写原户口登记地和类型。

原户口登记地：

1.本县（市、区、旗）——指一年内有过户口迁移的人，迁户之前户口登记地在本县（市、区、旗）。

2.其他地区——指一年内有过户口迁移的人，迁户之前户口登记地在本县（市、区、旗）以外的地区。填报本选项的人还需填写原户口登记地所在省（区、市）、市（地、州、盟）、县（市、区、旗）的具体名称。

原户口登记地类型——指迁移户口之前，原户口登记地的类型。

若迁移户口时户口登记地的类型是“乡”，而现在已改成“镇”，应选填“1.乡”，不要填报“2.镇的村委会”或“3.镇的居委会”。

R12. 是否有农村土地承包经营权——指被登记人户口所在的户是否有农村土地承包经营权。

户口所在的户应以被登记人的户口簿为准。拥有农村土地承包经营权是指被登记人户口登记地在农村地区或以前的农村地区，目前户口所在的户与集体经济组织签订了农村土地承包合同。

拥有农村土地承包经营权的户，目前可能实际经营承包地，也可能因各种原因不再经营承包地，包括以转包、出租、入股、托管等方式流转所承包土地经营权。

R13. 一年前常住地——指被登记人在调查标准时点的一年前，即 2020 年 11 月 1 日零时的常住地。

一年前居住在本村（居）委会以外其他地区的人，还需选填一年前常住地所在省（区、市）、市（地、州、盟）、县（市、区、旗）的具体名称并填写详细地址，具体到门牌号。

一年前居住在港、澳、台或国外的，根据实际情况选填“香港特别行政区”“澳门特别行政区”“台湾地区”或“国外”。

R14. 受教育程度——指按照国家教育体制，被登记人接受教育的情况。通过自学或成人学历教育经国家统一考试合格的，分别归入相应的受教育程度。

1.未上过学：指从未接受过各级各类学校教育。包括参加过各种扫盲班或成人识字班学习，且以后再没有接受过各级各类学校教育的人。

2.学前教育：指仅接受过或正在接受专门学前教育机构教育，即在幼儿园或附设幼儿班接受保育和教育。

3.小学：指接受的最高一级教育为小学，无论其是否在校、毕业、肄业或辍学。

4.初中：指接受的最高一级教育为初中，无论其是否在校、毕业、肄业或辍学。

5.高中：指接受的最高一级教育为普通高中、成人高中和中等职业学校，无论其是否在校、毕业、肄业或辍学。

6.大学专科：指接受的最高一级教育为大学专科。在普通高等学校学习大学专科的，无论其是否在校、毕业、肄业或辍学，都填报此项。

凡国家授权承认学历的开放大学、广播电视大学、职工大学等成人高校和普通高等学校举办的函授大学、夜大学和其他形式的大学，按教育部颁布的大学专科教学大纲进行授课的，其毕业生选填此项；其肄业生、在校生按原有受教育程度填报。含成人专科和网络专科。

通过自学，经国家统一举办的自学考试合格，并取得大学专科毕业证书的，也选填此项。

7.大学本科：指接受的最高一级教育为大学本科。在普通高等学校学习大学本科的，无论其是否在校、毕业、肄业或辍学，都填报此项。

凡国家授权承认学历的开放大学、广播电视大学、职工大学等成人高校和普通高等学校举办的函授大学、夜大学和其他形式的大学，按教育部颁布的大学本科教学大纲进行授课的，其毕业生选填此项；其肄业生、在校生按原有受教育程度填报。含成人本科和网络本科。

通过自学和进修大学课程，经考试合格，并取得大学本科毕业证书的，也选填此项。

8.硕士研究生：指接受的最高一级教育为硕士研究生，无论其是否在校、毕业、肄业或辍学。含 2016 年 12 月 1 日以后录取的非全日制硕士研究生。

在职接受硕士研究生教育的，其毕业生选填此项；肄业生和在校生按原有受教育程度填报。

9.博士研究生：指接受的最高一级教育为博士研究生，无论其是否在校、毕业、肄业或辍学。含 2016 年 12 月 1 日以后录取的非全日制博士研究生。

在职接受博士研究生教育的，其毕业生选填此项；肄业生和在校生按原有受教育程度填报。

凡是没有按教育部的教学大纲培养或只学单科的人，不能填报“大学专科”“大学本科”“硕士研究生”或“博士研究生”，一律按原有受教育程度填报。

R15. 学业完成情况——指受教育程度为小学及以上的人完成学业的情况。

1.在校：正在接受各级各类学校教育并有学籍。

2.毕业：已修完全部课程，并经过考试鉴定合格。

3.肄业：修完全部课程，但考试不及格或因种种原因未取得毕业资格。

4.辍学：未能修完所规定的全部课程，中途退学。

5.其他：私塾、自学等其他方式。

R16. 是否识字——指被登记人是否达到国家规定的脱盲标准（城镇居民和企、事业单位职工识字 2000 个，农村居民识字 1500 个）。登记时可询问，日常生活中是否能读懂简单的书信或书写简短的句子。如果能阅读通俗书报、能写便条就认为具有识字能力。

R17. 工作情况——指被登记人在 10 月 25—31 日期间，即普查标准时点前一周，是否为取得收入而工作了 1 小时以上，包括临时工、互联网灵活就业、家庭经营无酬帮工。

工作是指为获取工资、实物报酬或经营收入而从事的各种生产、经营或服务性活动，其目的是为了取得收入，无论实际是否取得。不包括义务劳动和公益性劳动。

1.是：指在 10 月 25—31 日期间，为取得收入而干过固定的、临时的或兼职的工作，并且工作时间超过 1 小时。在校学生利用课余或假期以及退休人员为取得收入而从事了工作，也选填此项。

家庭成员在自家或亲属经营的公司、企业、商铺或网店工作，即使本人没有劳动报酬，也选填此项。

选填“1.是”的人，还需填写工作时间。工作时间按在 10 月 25—31 日期间实际的工作时间填写，而不是按国家或企业规定的制度工作时间填写。

计算工作时间，要注意把握以下几种情况：

（1）从事一种以上有收入工作的，几项工作时间相加计算。

（2）在规定的工作时间以外加班工作的，加班时间一并计算在内。

（3）农村既干家务又从事农业或其他有收入工作的人，家务劳动时间除外。

2.在职休假、在职学习培训、临时停工（保留工资）：

在职休假是指在 10 月 25—31 日期间，因各种休假或请假临时未工作，包括公休假、年休假、空勤人员、船员、火车乘务人员的轮休假、病假、工伤假、产假、事假、探亲假、婚丧假等。个人档案、人事关系已在某单位，但因各种原因尚未到新单位报到上班，如军人转业或工作调动等，也视为休假。

在职学习培训是指有工作单位，在 10 月 25—31 日期间参加脱产学习或培训。

临时停工（保留工资）是指在 10 月 25—31 日期间，由于机械或电力故障、原料或燃料短缺、天气或其他灾害等原因导致的暂时未工作，但仍可以有工资收入。

打零工、计件工等临时就业或灵活就业的人，因为上述原因停工并且没有收入，不填此项，应填“3.未做任何工作”。

3.未做任何工作：指在 10 月 25—31 日期间，没有工作单位，也未从事过任何可以有收入的工作。

对于下岗、内退人员，如果未与原单位解除劳动合同，仍有工资性收入的，选填“2.在职休假、在职学习培训、临时停工”；如果没有工资性收入，选填“3.未做任何工作”。对于承包土地的农民，在 10 月 25—31 日期间，如果干农活或其他有收入的工作超过 1 小时，选填“1.是”；如果外出打工，未从事任何工作，选填“3.未做任何工作”；如果正处于农业生产季节，没有外出打工，期间临时没有干农活，选填“2.在职休假、在职学习培训、临时停工”。

对于从事季节性生产经营的人，如果生产经营仍在进行中，只是在 10 月 25—31 日期间没有工作，选填“2.在职休假、在职学习培训、临时停工”；如果正处于季节性歇业，选填“3.未做任何工作”。

R18. **工作地点**——指被登记人在 10 月 25—31 日期间所从事主要工作的具体地点。

R19. **前往工作地主要交通方式及所需时间**——指被登记人从家到工作地点的最主要出行方式及单程花费的平均时间。

若前往工作地乘坐多种交通工具的，请选择乘坐距离最长的一种。

前往工作地所需时间的填报范围为 0—300 分钟。超过 300 分钟的，请直接填报 300。

R20. **主要生活来源**——指被登记人主要依靠什么生活。

如果被登记人同时有几种生活来源，选填其认为最主要的一项。

1.劳动收入：指主要依靠劳动报酬、经营利润或家庭收益（包括现金和实物收入）生活。

2.离退休金/养老金：指办理了离休、退休或退职手续，主要依靠从原工作单位或社会保险经办机构领取的离退休金（包括退职费）生活。

3.最低生活保障金：指建立最低生活保障制度的地区，家庭人均收入低于当地规定的最低生活保障线，主要依靠从政府有关部门或集体领取最低生活保障金生活，以及依靠民政部门发放的烈军属、五保户、残疾人等的生活抚恤金生活。

4.失业保险金：指失业保险经办机构依法支付给符合条件的失业人员的基本生活费用，是对失业人员在失业期间失去工资收入的一种临时补偿。

5.财产性收入：指以资金储蓄、借贷入股以及财产运营、房屋租赁等所取得的利息、股息、红利、租金等收入。

6.家庭其他成员供养：指主要依靠家庭其他成员或亲属的供养和资助生活。

7.其他：指上述几种以外的情况。

R21. **婚姻状况**——指被登记人在调查标准时点的实际婚姻状况。

1.未婚：指从未结过婚。

2.初婚有配偶：指有配偶，且为第一次结婚的人。

3.再婚有配偶：指有配偶，且为结婚两次及以上的人。

4.离婚：指曾经结过婚，但已办理了离婚手续且没有再婚，或正在办理离婚手续。

5.丧偶：指配偶已去世，且没有再婚。

人口调查的婚姻是指事实婚姻，不是单指法律意义上的婚姻，对不到法定结婚年龄，或未办理结婚手续而同居、实际结婚的人，应根据其在调查标准时点的实际情况，按照被登记人的申报选填。

R22. **初婚年月**——指被登记人第一次结婚时的年、月。

R23. **是否有过生育**——指截止到调查标准时点，15 至 50 周岁妇女的生育状况。

1.无：指被登记妇女没有生育过子女。

2.有：指被登记妇女生育过子女，需分别填写每个孩子的出生年月和性别。最多填写 5 个孩子，如被登记妇女生育超过 5 个，第 5 个孩子填写最后一个孩子的情况。

生育过几个孩子：指生育的活产孩子数，包括产后不久就死亡的婴儿。胎儿脱离母体时（不管孕期长短），凡有过呼吸或心跳、脐带搏动、随意肌收缩等生命现象的，都视为“活产”。

R24. **是否打算把孩子送到托育服务机构**——询问的是“想法”，而不是实际情况。送到托儿所是指将孩子独自放到托育服务机构等，但是不包括父母陪同上课的早教班、亲子班等。

R25. 送孩子去托育机构的合适时间——本项目选项遵循“含下不含上” 的原则。例如，如果调查对象认为孩子正好 1 周岁送托儿所合适，选择“ 1 岁到 1 岁半”，而不是“ 6 个月至 1 岁”。

R26. 希望送孩子到哪种托育机构——根据调查对象的实际意愿填写。

R27. 是否打算生育（下一个孩子）——指被登记人是否有生育孩子的打算或者是否打算继续生育。

R28. 打算生育（下一个孩子）的时间——根据实际情况选择相应选项。

R29. 不打算生育（下一个孩子）的主要原因——根据实际情况选择不打算生育（下一个孩子）的最主要的原因。

R30. 理想孩子数——指被登记人认为生育几个孩子比较理想，根据实际情况选择相应选项。

R31. 居住状况——指调查标准时点前一个月，60 周岁及以上被登记人的主要居住状况。

1.与配偶和子女同住：指与配偶和子女住在一起。

2.与配偶同住：指子女不在身边，与配偶住在一起。

3.与子女同住：指配偶不在身边，与子女住在一起。

4.独居（有保姆）：指本户中只有老人和保姆。

5.独居（无保姆）：指独身一人居住。

6.养老机构：指在提供养老服务的场所，包括敬老院、老年公寓等居住的情况。凡在养老机构居住的老年人，不论与谁同住。

7.其他：指上述几种以外的状况。

R32. 身体健康状况——指 60 周岁及以上被登记人根据自身健康状况，对调查标准时点前一个月能否保证正常生活做出的自我判断。

1.健康：指过去一个月健康状况良好，完全可以保证日常的生活。

2.基本健康：指过去一个月健康状况一般，可以保证日常的生活。

3.不健康，但生活能自理：指调查标准时点前一个月健康状况不是太好，但可以基本保证正常的生活。

4.不健康，生活不能自理：指调查标准时点前一个月健康状况较差，不能照顾自己日常的生活起居，如吃饭、穿衣、自行走动等。

R33. 养老意愿（倾向选择哪种养老方式）——根据调查对象的申报情况填写。

1.社区养老：指老年人在家庭中居住，但以社区为平台，由社区为其提供助餐、助洁、助医等服务。

2.居家养老：指老年人在家中与老伴、家人等共同生活的养老模式。

3.机构养老：指在专为老年人提供饮食起居、清洁卫生、生活护理、健康管理和文体娱乐活动等综合性服务的机构。它可以是独立的法人机构、企事业单位、社会团体或组织、综合性社会福利机构的一个部门或者分支机构。

R34. 养老费用（如果入住养老机构，每月能承受的最高费用）——根据调查对象的申报情况填写。

2.《死亡人口调查表》指标解释

凡在调查表户记录“H4.本户 2020 年 11 月 1 日至 2021 年 10 月 31 日期间的死亡人口”登记了死亡人口的户，还要登记死亡人口的具体情况。

死亡表共有 8 个项目：

S1. 姓名——填写死亡人口的姓名。

S2. 公民身份号码——填写死亡人口的公民身份号码。

S3. 性别——填写死亡人口的性别。

S4. 出生年月——填写死亡人口出生时的年份和月份。

S5. 死亡时间——填写死亡人口死亡时的月份。

S6. 民族——与调查表 R6 相同。

S7. 受教育程度——与调查表 R14 相同。

S8. 婚姻状况——与调查表 R21 相同。

为了保证死亡人口的登记质量，调查员在入户登记时应该特别注意以下几点：

（1）登记死亡人口时，一般以死亡人口死亡前的常住地为其登记地，而不以死亡发生时的地点（如医院等）为登记地。

（2）本户人口中有死亡的，不论其与该户有无亲属关系，都应该作为该户的死亡人口予以登记。

（3）对于无法确定死亡人口常住地，或调查登记时与死亡人口的常住地联系不上的，如孤寡老人、流动人口死亡的，一律在死亡发生地登记。

3.《社区表》指标解释

C1. 常住人口数：指户口在本村（居）委会，居住在本村（居）委会的人口，或者户口不在本村（居）委会，居住在本村（居）委会半年以上的人口。计算方法为：用本村（居）委会户籍人口数，加上外来半年以上人口，减去外出半年以上人口数。

C2. 户籍人口数：填写常住户籍在本村（居）委会的人口数。

C3. 出生人口：指本村（居）委会调查周期一年（2020.11.1-2021.10.31）内常住人口的出生人口；

C4. 死亡人口：指本村（居）委会调查周期一年（2020.11.1-2021.10.31）内常住人口的死亡人口；

C5. 农林牧渔业从业人员占从业人员比例——设有五个标准答案，按本村（居）委会估计的从事农林牧渔业人员的比例进行选填。

C6. 主要饮用水来源：设有五个标准答案。

1.经过市政净化设施统一处理的自来水：指通过自来水厂或集中净化设施进行净化和消毒、并符合国家饮用水标准的供人们生活的水。

2.受保护的井水和泉水：受保护的井水是指有井台和井盖保护，鸟粪及动物不能落入井中，溢水和来水不能流到或渗入井中；受保护的泉水是指泉水水眼的周围被水泥、砖头等建起的建筑物封闭保护起来，不会受到外来的污染，比如雨水形成的径流、鸟粪及动物等。

3.不受保护的井水和泉水：指井口或泉眼没有得到任何保护，水源可能受到外来的污染，比如雨水形成的径流、鸟粪及动物等。

4.江河湖泊水：指直接从江、河、湖、塘、溪、沟、渠（包括灌溉水渠）取水。

5.其他：指上述四种水源以外的饮用水。

C7. 市政排水（生活污水）情况：设有四个标准答案。

1.与市政联网的污水处理系统：指收集、输送（生活）污水的排水系统，在实行污水、雨水分流制的情况下，污水由排水管道收集，送至污水处理后，排入水体或回收利用。

2.社区自建的明（暗）沟排水（经处理）：指有社区自建的排水系统，污水由排水管道收集并经处理后，排入水体或回收利用。

3.社区自建的明（暗）沟排水（未经处理）：指有社区自建的排水系统，污水由排水管道收集，但未经处理，直接排入水体。

4.其他：指除以上三种方式以外的其他污水处理方式。

C8. 生活垃圾处理系统：指村内对居民生活垃圾的处理情况，设有三个标准答案。

1.运送到市政垃圾处理站或转运站：指村内的生活垃圾通过统一的收集和转运，由市政垃圾处理系统进行无害化处理。

2.简单掩埋或焚烧处理：指有垃圾收集功能，但收集后进行简单掩埋或焚烧处理。

3.其他：除以上两种情况外,有其他的垃圾处理方式。

C9. 是否有养老机构：指在专为老年人提供饮食起居、清洁卫生、生活护理、健康管理和文体娱乐活动等综合性服务的机构。它可以是独立的法人机构、企事业单位、社会团体或组织、综合性社会福利机构的一个部门或者分支机构，据实填报。

C10. 是否有托育机构：指为家长提供代为收托养 3 岁以下儿童、经有关部门登记、卫生健康部门备案的服务机构，一般分为全日托、半日托、计时托、临时托等。

C11. 距离最近的小学：以本村（居）委会所在建筑物为准填报。

C12. 距离最近的初中：以本村（居）委会所在建筑物为准填报。

C13. 距离最近的医院：据实填报，不足 1 公里的按 1 公里填写。

C14. 有无超市（便利店）：据实填报。

C15. 有无农贸市场：包括农村各类集市，据实填报。

四、样本信息的核实

2021年人口变动情况调查样本由国家统计局依据第七次全国人口普查构建的抽样框进行抽取，各抽中村级地域范围原则上与第七次全国人口普查划定的范围保持一致。各地要对国家统计局下发的村级样本和所属建筑物、建筑物内的住房单元进行逐一核实，以第七次全国人口普查划定的地域界线为基础，明确本次调查的村级边界，判定建筑物的归属，核查建筑物内住房是否有人居住，并对相关区划的名称、代码、城乡属性、建筑物及住房有关情况等进行核实更新。

（一）村级样本信息的核实

村级样本一般是整村抽中，但部分规模超大的村，会以普查小区为单位对该村级单位进行拆分。核实时，仅需核实抽中的普查小区组成的样本块。

1.村级样本信息的内容

（1）字段NDI,地级单位的名称。

（2）字段NXIAN，县级单位的名称。

（3）字段NXIANG，乡级单位的名称。

（4）字段NCUN，村级单位的名称。

（5）字段NQU，小区单位的名称。

（6）字段DZMCODE，村级单位的地址码，12位数字长度。

（7）字段QCODE，普查小区编码，3位数字长度。

（8）字段BLOCKCODE，村级样本块编码，3位数字长度。

（9）字段FLAG,样本轮换标识。1-4为国家样本轮换标记，2021年为1和2；5-8为扩样省级样本轮换标记，2021年为5和6。

2.村级样本信息的核实规则

村级样本信息的核实包括两个方面，一是对样本区域的边界进行核实，二是对样本区域的名称、代码进行核实。

样本区域边界的核实具体要求如下：

（1）第七次全国人口普查划定的村级或普查小区边界是样本核实的基础。要根据原划定地域界限范围和名称代码，结合实地勘察，明确村级样本边界范围以及其中建筑物的归属。

（2）如因拆迁等原因无法组织调查，需逐级上报，由国家统计局人口和就业统计司统一进行样本的调整，各地不得自行调换。村级样本的人口规模发生变化，属于正常现象，原则上不进行样本调换。

样本区域的名称、代码核查具体要求如下：

（1）如果村级样本的隶属关系有变化，则样本对应的地、县、乡级的汉字名称和地址代码要作相应的变化。

（2）村级及以上单位的名称、代码一般以本省（区、市）统计机构统一维护的统计用区划代码库为准。

村级样本信息的变更和替换：

如行政区划名称、代码有变动，须在下发的样本信息模版中标记变更，并填写修改后的样本信息；如果因拆迁或其他原因无法实施调查，须在样本信息填写模版中标注更换，由国家统计局人口和就业统计司确定拟更换样本后，在样本信息填写模版中填写拟更换的样本信息。

3.村级样本信息核实其他事宜

（1）国家统计局下发待核实村级样本的时间是2021年9月20日前。

（2）各省、自治区、直辖市于2021年9月28日前将核实更新后的样本信息上报国家统计局。

（二）住房单元的核实

住房单元核实工作是调查登记顺利进行的重要保证。调查指导员、调查员在基层组织的协助下，对抽中的村级单位所辖区域进行全面扫描，逐房逐户开展核实。工作时间为2021年10月10日至10月25日。

1.住房单元的基础信息

住房单元核实的基础信息根据第七次全国人口普查结果，由国家统计局统一推送至调查员的电子设备的采集程序中，主要包括调查小区编码、建筑物名称、建筑物地址、住房单元地址、是否为空房。

2.住房单元的核实规则

住房单元的核实由调查员使用电子设备进行操作。包括两个方面，一是核实村级样本边界内是否有新增或拆除的住房单元，二是核实村级样本边界内住房单元是否为空房。

核实工作开始前，调查指导员要带领调查员，根据第七次全国人口普查划分的边界，沿抽中的村级单位边界实地走一遍，使调查员明确自己负责的区域范围。结合实地勘察，了解所负责区域的地理环境、房屋建筑分布情况。要特别注意核实调查区域内可能有人居住的地方，如宾馆、娱乐场所、简易房、工棚、农贸市场、车站、码头、桥洞等，摸清每幢建筑物及其中的住房是否有人居住。

新增或拆除的住房单元核实要求如下：

（1）调查员根据下发的村级样本边界，结合推送的建筑物及住房单元名单，实地勘察边界内是否有新增或拆除的建筑物，以及建筑物内是否有新增或拆除的住房单元。

（2）如村级样本区域内有新增的建筑物，在本村小区操作界面下选择新增建筑物，详细填写建筑物地址，并对建筑物内所有住房单元进行核实，填写住房单元详细地址和是否为空房。如推送的建筑物已经拆除，需进一步确认该建筑物地址，并在建筑物列表中选择删除。

（3）如建筑物内有新增的住房单元，在本建筑物住房单元列表界面下选择新增住房单元，详细填写住房单元地址。对于没有地址的住房单元，需尽量填写能够识别住房位置的信息并在地址栏填写房主姓名。如建筑物内某住房单元已经拆除，需进一步确认该住房单元地址，并在住房单元列表中选择删除。

3.住房单元核实其他事宜

（1）国家统计局推送待核实住房单元信息的时间是2021年10月10日前。

（2）住房单元信息直接推送至采集程序，村级可组织多人同时使用采集程序开展核实工作。

（3）住房单元地址对于调查能否顺利开展至关重要，各级务必通过强化督导、检查等手段，确保地址填报规范、清楚、准确，严禁多房同址、多址同房现象。

（4）住房单元信息核实于2021年10月25日前结束，核实更新后的住房单元信息通过数据采集程序报送国家统计局。

（5）核实过程中，调查员要采取多种形式向群众宣传本次调查,取得广大群众对人口抽样调查工作的支持和配合。要宣传如实申报调查项目是每个公民对国家应尽的义务；宣传为群众申报的调查内容保密，以消除群众如实申报的顾虑；通知各户调查登记的时间，做好申报准备。

（6）国家统计局发布2021年调查住房样本信息的时间是2021年10月31日前。

五、调查指导员和调查员的选聘、培训和管理规则

（一）调查指导员和调查员的选聘

调查指导员和调查员的选聘工作由县级统计机构负责。调查指导员和调查员可以从统计系统、村（居）民委员会干部、教师、大中专学生及离退休人员中选调，也可以从社会招聘。为保证调查质量，调查指导员和调查员应尽量由熟悉本地区情况的人员担任，充分发挥网格员、物业人员的作用，尽可能保持调查队伍的稳定。

调查指导员应先于调查员提前选聘，以便开展工作。

（二）调查指导员和调查员的配备数量

原则上每个村级单位配备两名调查员和一名调查指导员。为了保证按规定时间完成登记任务，水上、牧区、山区、边远地区可酌情增配调查员。调查员的配备要留有百分之五左右的预备数。

（三）调查指导员、调查员的条件要求

1.身体健康，能胜任工作；

2.具有初中及以上文化水平，经培训能够使用电子设备开展工作（PDA或智能手机）；

3.具有较强的沟通能力，待人和气，作风正派，为群众所信任，能为被调查户保守秘密；

4.认真负责，工作细致，吃苦耐劳，能独立工作。

调查指导员除应具备以上条件外，还要有一定的组织能力和社会工作经验。

（四）调查指导员、调查员的管理

各级统计机构要加强对调查指导员和调查员的管理，要重点加强对调查登记工作的监督和检查。

（五）调查指导员、调查员的培训

调查指导员和调查员的培训应尽可能减少层次，以提高培训效果。

1.培训教员由地或县级统计机构统一派出。教员必须事先接受过人口变动情况抽样调查培训，并能胜任培训工作。

2.对调查员的培训时间应不少于16学时 。

3.培训以讲课为主，围绕调查指导员和调查员承担的工作任务，以及数据采集软件操作和指标解释来进行。对调查表指标的解释必须符合调查表填写说明的规定。

4.参加培训的调查指导员和调查员都要经过实地练习，能够熟练使用调查小区地图和数据采集程序进行入户登记工作。

5.要加强对调查指导员和调查员的保密教育，签订保密承诺书。

6.调查指导员、调查员经培训并测试合格后，由县级调查机构配发调查证件。不合格者不能上岗从事调查登记工作。

7.培训工作应于2021年10月10日前完成。

（六） 调查指导员的工作职责

调查指导员的主要任务是对调查员的工作进行组织、指导、检查和质量控制，保证住房核实、入户登记、数据上报等工作按时完成，保证调查员的各项工作质量达到规定的标准。具体工作职责包括：

1.登记前的工作：

（1）通过参加培训，认真学习《2021年全国人口变动情况抽样调查制度》，熟练掌握调查的各项工作要求。

（2）在培训调查员时，做好辅导工作。

（3）明确调查村级样本的地域范围，做到界限清楚。科学分配调查员工作量，明确其负责登记的住房单元。

（4）分发调查物资，做好电子设备的维护、软件安装与使用。

（5）协助调查员整理辅助开展登记的行政资料，作为入户登记工作的参考。

2.登记期间的工作：

（1）对调查员的工作进行检查和指导，及时传达工作要求，了解和掌握调查员每天的工作情况。

（2）对调查员提出的疑难问题进行解答，难以确定的问题要向上级请示后加以解决。

（3）督促调查员每天及时上报并备份完成登记且通过审核的数据，以防数据丢失。

（4）对登记质量好、工作认真细致的调查员要进行鼓励，对工作上有困难的调查员要及时进行帮助。

（5）主动听取群众反映，改进调查登记工作。

3.复查期间的工作：

调查登记完成后，根据登记情况，组织调查员进行全面复查，并对调查员的复查工作质量进行抽查。

4.调查登记后的工作：

指导调查员确认数据已经上报并清除设备内的登记信息，统一配发的设备要收回统一保管，避免登记数据泄露。

5.严格遵守保密规定。对各户申报的情况，必须保守秘密。严禁公开个人和家庭登记的资料。

（七）调查员的工作职责

调查员的主要工作是做好所负责住房内人口的登记工作。具体工作职责是：

1.认真参加调查员培训，熟悉调查目的、内容、方式等，理解调查表的内容，包括各项指标的含义及填报要求，掌握调查的各项工作技能。

2.调查登记前，熟悉负责登记的住房分布、安排好调查登记的时间和顺序；尽可能多收集相关部门的基础信息，如公安部门的户籍人口及流动人口资料、卫生健康部门的出生人口、民政部门的死亡人口、物业管理的住户清单等，及时进行比对核实；做好对群众的宣传工作。

3.调查入户时，主动出示调查员证，表明身份，说明来意，化解调查对象的疑虑；向调查对象承诺保密义务，取得调查户的理解与配合。

4.调查登记期间，调查员应态度友善，表述清楚，适当解释，按照调查表填写说明进行登记，做到不漏、不错、不重。对审核错误的项目进行当场核实，发现问题要及时向调查指导员请示汇报，不得自作主张。

5.及时上报并备份每天登记完成且通过审核的调查数据，以防数据丢失。

6.及时对调查设备进行充电，保证登记顺利进行；如电子设备丢失或损坏，应立即报告调查指导员联系上级机构。

7.严格遵守保密规定。对各户申报的情况，必须保守秘密。严禁公开个人和家庭的登记资料。

六、登记、复查规则

（一）登记、复查工作的组织

人口变动情况抽样调查的登记、复查工作，由县级或乡级统计机构组织调查指导员和调查员，在社区和村（居）委会的协助下进行。登记与复查同步进行，时间为11月1日至11月15日。

（二）登记工作

1.登记以户为单位，主要采取调查员持电子设备入户询问、现场填报的方式进行，也可由调查对象进行互联网自主填报。

2.调查员、调查指导员进行入户登记时应出示调查员证或调查指导员证。

3.登记调查表时，应按照采集程序指引，对调查表中的各个项目进行逐项询问。填写按人登记的项目时，第一人应填户主，然后填报户主的配偶和其他关系的人。如果本户在2020年11月1日至2021年10月31日期间有死亡人口，还应填写死亡人口调查表。

4.登记完成后，调查员应将通过审核的信息，向申报人当面宣读，请调查对象签字确认，核对无误后上报数据。

5.调查员入户登记时，如住房清单与实际情况不符，应认真核查，并注意以下情况：

（1）如该住房经确认没有调查对象，应在采集程序中注明“空房”。

（2）同一住房单元可登记多个住户，如发现该住房内有新增住户，可在该住房单元界面下“新增”住户进行调查。如住户人数超过20人，可拆分为2个及以上住户。

（3）如住房单元内住户多次到访不遇或拒绝调查，调查员可在采集程序中注明原因后申请更换住房单元，经上级批准后，重新推送其他住房单元进行替换。

（4）如调查对象选择自主填报，调查员可通过采集程序生成自主填报账号信息，并告知调查对象自主填报方法。住户内有2020年11月1日至2021年10月31日期间死亡人口的，也应由申报人通过互联网进行申报。调查指导员应组织调查员及时跟进自主填报进度，采取电话、微信、发放提醒告知单等方式督促住户按时完成自主填报。必要时，可上门进行督促。自主填报渠道于11月10日24时关闭，届时所有未完成自主填报的调查对象将统一变更为由调查员上门登记。

（三）复查工作

1.调查登记期间，调查指导员要及时组织调查员对登记的数据质量进行全面复查。

2.复查的内容

调查员应结合行政记录资料，对登记数据进行全面检查，检查有无漏登户籍人口、流动人口、出生人口和死亡人口，重点核查以下方面：

（1）标注为“空户”的房屋是否有调查对象 ；

（2）抽中的住房内有无漏登住户的情况；

（3）登记的住户内有无漏登人的情况；

（4）出生后存活不久即死亡的婴儿是否有漏登现象；

（5）新生婴儿的出生时间是否有前移或错后的现象；

（6）户口在本户的外出人口是否有漏登现象；

（7）户口不在本户的外来人口是否有漏登现象。

七、质量控制规则

（一）质量控制任务

1.控制、监督调查各阶段任务落实情况，梳理工作中存在的问题，收集、整理、分析工作质量情况。对具有共性的质量问题，及时向上一级统计机构汇报，防止出现系统性偏差。

2.在调查准备、调查登记阶段实行工作质量验收制度。对不符合质量验收标准的，验收时不予通过，由被验收单位返工后重新进行验收，直至达到规定质量验收标准。

（二）工作组织

人口变动情况抽样调查的质量控制工作，由各级统计机构组织开展。地方各级统计机构对本地区人口变动情况抽样调查工作质量全面负责，并对本级和下级调查业务工作质量负责。

（三）质量控制方法

人口变动情况抽样调查的质量控制采用检查、督导和验收等方式进行，并根据检查、督导和验收情况填写各阶段质量控制表。

（四）各阶段质量控制

1.调查准备阶段。各级统计机构应全面督导检查各调查区域准备工作情况，主要包括以下内容：

（1）检查人员、经费、设备落实情况。在开展调查前，应将调查人员、经费、设备等保障性资源配置到位，确保统计调查顺利进行。

（2）检查样本信息核实情况。对无法组织调查的调查区域进行实地检查，不得因调查难度大随意更换；对住房单元核查情况进行检查，包括填写的地址是否规范、清楚，住房内是否有人居住情况填报是否准确。

（3）检查调查所需基础信息提供情况。各级调查机构应提前收集、整理公安、卫健、民政等相关行政管理资料，作为调查登记的参考。

（4）检查人员培训情况。各级调查机构应采取多种形式，自上而下开展调查方案、软件操作和现场调查技巧等方面的业务培训，并要确保培训效果。

2.调查登记阶段。各级调查机构应通过规范管理、强化责任、现场核查等手段，加强对调查员工作进度、工作质量的监督检查，保证源头数据质量。

2.1 质量检查

（1）检查人员要深入调查区域，了解掌握调查员的登记进度，防止只求登记数量而忽略登记质量的情况。要重点防止人口漏登和调查登记不入户、不认真询问照抄行政资料以及只登记有户籍的人却对外来人口不登记等情况的发生。

（2）要认真核实调查表的重点项目，包括2021年10月31日晚居住在本户人口；户口在本户，2021年10月31日晚未居住在本户的人口；样本户2020年11月1日至2021年10月31日期间的出生人口和死亡人口，避免重登、漏登；有年龄要求的项目，认真核实是否应该填报。

（3）对登记过程中改为空房的住房，应认真进行核查，如了解到实际有人居住或有户口寄挂的情况，应督促调查员及时进行改正并登记。

（4）检查调查区域登记的人在户在人口比例是否符合实际，对于比例超过90%的小区开展全面检查，检查是否有外来人口或外出人口漏登；检查调查区域登记的户口待定人口登记的比例是否符合实际，对于比例过大的小区开展全面检查。

（5）县级以上统计部门要在数据处理平台上对调查数据的合理性及真实性进行认真分析。

（6）对于选择自主填报的住户，督导并检查调查员是否根据掌握的行政记录等信息对自主填报户的填报数据进行核查，对于数据有疑问的住户，是否进一步沟通并按要求核实改正。

（7）根据相关部门提供的行政记录，核查死亡人口调查表的登记情况，特别注意不要遗漏全户死亡人口的信息。

2.2 质量验收

11月15日前，省级统计部门按照每个市级区域抽取2个县，每个县级区域抽取1个村的原则抽取质量验收样本区域。登记阶段质量验收工作应于11月16日—11月20日开展，要检查50%自主填报户、30%普查员登记户的主要指标登记情况。如验收不合格必须返工，直至达到规定的质量验收标准才能进入下一阶段工作。

验收通过标准为同时满足：验收表中的“登记人数”与“户籍人数”指标差错率不高于5‰，“出生人口”与“死亡人口”指标为零差错。

（1）准备资料

验收组在平台上选择村级样本单位，打印《村级登记质量验收表》（附表1）。抽中村级区域工作人员要准备好普查时划分的《普查小区图》、住房样本清单和相关行政记录资料。

（2）现场抽查

根据《普查小区图》与验收表抽中的住户，逐户询问并将验收数据逐一填入《村级登记质量验收表》。

（3）现场确认验收结果

将验收数据与登记数据进行认真比对，记录各验收指标的差错情况。验收组负责人确认无误后，将情况反馈给被抽中村级单位所属乡级调查负责人，解释清楚后双方签字确认。

县级抽中的住户完成验收后，验收组要负责将各县验收结果填入《市级登记质量验收结果表》（附件2），情况反馈给县级普查机构负责人，解释清楚后双方签字确认。

如差错率不符合验收通过标准，则该市级区域的登记工作要全面整改，然后再随机抽取一个村级单位进行验收，合格即予通过，如仍不合格再进行整改，直到达到规定的标准为止。

（4）验收结果上报

验收工作完成后，验收组要将验收结果和验收报告报送省级统计部门，并将相关资料进行留存。

3.数据处理和数据评估阶段。国家统计局应检查各省是否按照统一的加权方法，对调查数据进行整理、加工、汇总，检查各级统计机构是否依照《统计法》规定，发布本级及分地区数据。在国家统计局发布全国性人口统计数据前，各级统计机构不得发布本地区或全国相关数据；国家统计局发布全国性人口统计数据后，各地应尽快发布本地区经国家统计局核定的数据；重要数据应以国家统计局核定数据为准，不得发布和提供与国家统计局核定数据不一致或仅供内部参考使用的数据。

（五）质量控制工作纪律

严格人口抽样调查各阶段工作纪律，任何工作人员不得篡改人口调查资料，不得指使调查员和申报人弄虚作假，违者将依法追究。

检查人员对抽查结果的真实性负责。

附件1.村级登记质量验收表

附件2.市级登记质量验收结果表

附表 1：

村级登记质量验收表

地址：_________省(区、市)_________ 市（地、州、盟）_________县（市、区、旗）_________乡(镇、街道）_________村（居）委会

户编号	被抽查户的登记结果				被抽查户的抽查数												差错数合计			
	登记人口	户籍人口	出生人口	死亡人口	登记人口			户籍人口			出生人口			死亡人口			登记人口	户籍人口	出生人口	死亡人口
					人数	多报	少报	人数	多报	少报	人数	多报	少报	人数	多报	少报				
编号	(1)	(2)	(3)	(4)	(5)	(6)	(7)	(8)	(9)	(10)	(11)	(12)	(13)	(14)	(15)	(16)	(17)	(18)	(19)	(20)
合计																				

注：（17）=（6）+（7）、（18）=（9）+（10）、（19）=（12）+（13）、（20）=（15）+（16）

填表人：　　　　　　　　　　　　　　　　　验收组负责人：

所在乡级单位负责人：

日　期：　　　　年　　月　　日

附表2：

市级登记质量验收结果表

地址：__________省(区、市)__________市（地、州、盟）

地　区	登记人口		户籍人口		出生人口		死亡人口	
	差错数	抽查数	差错数	抽查数	差错数	抽查数	差错数	抽查数
合计								
指标差错率（注）								
验收通过标准	≤5‰		≤5‰		0差错		0差错	
验收是否通过								

注：

$$指标差错率 = \frac{该指标差错数合计数}{该指标抽查数合计数}$$

填表人：

验收组负责人：

被抽中县级单位负责人：

日　期：　　年　　月　　日

八、附件

（一）国家样本抽样方案

2021 年人口变动情况抽样调查样本在第七次全国人口普查建立的样本框中，按照年度样本轮换原则进行抽取。

（一）抽样设计原则

1.样本设计以科学性为原则，同时兼顾可操作性。在保证抽样科学性的前提下，适当考虑各地区实际情况的差异。

2.村级单位一般以第七次全国人口普查划分的地域为准，对于人口规模过大或过小的村级单位，采取切割或合并地域的方式进行抽样。

3.对 2021 年至 2024 年全国人口变动情况抽样调查进行为期四年的周期样本设计。2021 年统一抽取四年的样本。在四年调查周期内，调查样本按照一定比例进行轮换。

4.整合资源，做好国家点和省级扩点样本数据的衔接。国家将以全国人口变动情况抽样调查样本设计为基础，整合资源，统一国家和省级扩点样本的抽样方法，做好国家和省级扩点样本的衔接工作。

（二）调查设计样本量

按将全国人口出生率、死亡率的抽样估计在置信度为 95%的相对误差限控制在 3%以内；各省人口出生率的相对误差限控制在 10%左右；死亡率的相对误差限控制在 15%左右的设计目标，全国人口变动情况抽样调查设计样本量约为 140 万人。

各省调查的样本量原则上按与各省第七次全国人口普查的常住人口数的平方根成正比进行分配。各省具体设计样本量见附表。

（三）国家样本抽样方法

人口抽样调查以全国为总体，以各省（自治区、直辖市）（以下简称省）为子总体。全国分省（自治区、直辖市）采取多阶段、分层、概率比例，最终抽样单位为住户，每 4 个住户为一个住户组。

采用两阶段抽样的方法，第一阶段抽取村级样本，第二阶段抽取住户组。在人口普查分村汇总结果中整理村级样本抽样框，抽取村级样本，在村级样本住房单元列表中抽取住户组样本。

1.村级单位分层。充分利用人口普查和上年度社区表的资料，对所有村级单位进行分层。分层指标包括村级单位及其所在的县级单位社会经济发展指标及地理地形标志，村级单位城乡属性（分 7 层）或根据本地情况考虑非农业人口比重、出生率、死亡率和流动人口、集体户人口等分层指标。分层的原则应尽可能使层内各单位之间异质性小，各层间异质性大。

2.超规模村级单位分块。分层完毕后，对超过指定规模的村级单位的普查小区进行分块，形成村级样本抽样框。

3.层内抽取村级样本。各层按等距方法抽取村级样本，其中各层抽取样本数按该层住房单元总数占子总体住房单元总数的比例分配。

4.核实建筑物和住房单元。对抽中村级样本内的所有建筑物和住房单元，进行居住情况的核实、增减。

5.根据核实结果抽取村级样本内的住户组样本及备用样本。

（四）省级样本的抽取。

省级样本的分层、分块与国家样本同时进行。层内抽取村级样本层时，需先汇总分地（或分县）各层抽中国家样本数，再补充抽取各地（或县）、各层的省级样本。核实建筑物和住房单元及抽取住户组操作与国家样本同时进行。

附表　2021 年人口变动情况抽样调查设计样本量

地　区	样本量（万人）	村级样本（个）	住户
合　计	**140**	**12500**	**500000**
北　京	3.5	313	12520
天　津	3.5	313	12520
河　北	6	536	21440
山　西	4.2	375	15000
内　蒙	3.5	313	12520
辽　宁	4.6	410	16400
吉　林	3.5	313	12520
黑龙江	4	357	14280
上　海	3.6	320	12800
江　苏	6	536	21440
浙　江	5.6	500	20000
安　徽	5.5	490	19600
福　建	4.5	402	16080
江　西	4.7	420	16800
山　东	6	536	21440
河　南	6	536	21440
湖　北	5.3	473	18920
湖　南	5.7	509	20360
广　东	6	536	21440
广　西	5	446	17840
海　南	3.5	313	12520
重　庆	4	357	14280
四　川	6	536	21440
贵　州	4.4	393	15720
云　南	4.8	429	17160
西　藏	2	179	7160
陕　西	4.4	393	15720
甘　肃	3.6	320	12800
青　海	3.5	313	12520
宁　夏	3.5	313	12520
新　疆	3.6	320	12800

（二）各民族名称代码

1	汉族	30	土族
2	蒙古族	31	达斡尔族
3	回族	32	仫佬族
4	藏族	33	羌族
5	维吾尔族	34	布朗族
6	苗族	35	撒拉族
7	彝族	36	毛南族
8	壮族	37	仡佬族
9	布依族	38	锡伯族
10	朝鲜族	39	阿昌族
11	满族	40	普米族
12	侗族	41	塔吉克族
13	瑶族	42	怒族
14	白族	43	乌孜别克族
15	土家族	44	俄罗斯族
16	哈尼族	45	鄂温克族
17	哈萨克族	46	德昂族
18	傣族	47	保安族
19	黎族	48	裕固族
20	傈僳族	49	京族
21	佤族	50	塔塔尔族
22	畲族	51	独龙族
23	高山族	52	鄂伦春族
24	拉祜族	53	赫哲族
25	水族	54	门巴族
26	东乡族	55	珞巴族
27	纳西族	56	基诺族
28	景颇族	97	未定族称人口
29	柯尔克孜族	98	入籍

（三）宣传提纲

2021 年 11 月 1 日国家统计局将在全国组织人口变动情况抽样调查。人口变动情况抽样调查可以帮助政府了解我国人口的数量、区域分布、出生、死亡、迁移、受教育程度等基本情况，以便于更好地为人民群众提供教育、医疗卫生、劳动就业、社会保障等方面的服务。

一、什么是人口变动情况抽样调查

人口变动情况抽样调查是抽样调查，也就是从全国所有人口中抽出约 1‰的人，通过对他们的一些基本情况的了解，来推算全国人口的情况。

人口变动情况抽样调查除了解人口性别、年龄、受教育程度等基本属性外，还要了解人口的出生、死亡、迁移等情况，以便于推算全国的出生率、死亡率、总人口及在人口的地区分布等情况。同时，为了更好地服务民生，国家统计局每年还会根据人口变化趋势和政府规划需要、社会关注热点调整调查内容。

二、为什么要进行人口变动情况抽样调查

人口变动情况抽样调查所了解的情况，是国家制定经济社会发展规划和各项政策的基本依据。因此，做好这项调查的意义十分重大。

1.有助于政府了解最基本的国情和民情

对一个国家来讲，总人口有多少，少年儿童和老年人有多少，劳动年龄人口有多少，人口的地区分布等都是最基本的国情。人口变动情况抽样调查作为专门收集这方面数据的专项调查，可以最直接、最便捷地把这些情况反映给政府，以便于政府及时了解人口变化情况并根据变化及时优化完善相关政策措施。

2.有利于国家制定更加科学的人口发展、教育、社会保障等政策措施

教育、医疗、养老等是老百姓最关心的，人口变动情况抽样调查所调查的内容，恰恰反映的是广大人民群众最关心的问题。通过进行人口变动情况抽样调查，可以让政府及时了解这些情况，有利于政府制定更加科学的规划和政策。

三、如何组织人口变动情况抽样调查

人口变动情况抽样调查是国家统计局直接组织的抽样调查。国家统计局从全国所有住户中按照大约 1‰的比例抽取出部分住户，组织调查员进入这些家庭，了解其家庭成员和居住在这些家庭中的其他人的情况，并填写调查表，最后由国家统计局根据这些调查资料，推算出全国的情况。

本次人口变动情况抽样调查标准时间为 2021 年 11 月 1 日零时。

根据《中华人民共和国统计法》的规定，所有参与调查的单位和工作人员，都必须为所有被调查户提供的家庭或个人信息保密，任何情况下，不得向任何单位或个人泄露。

人口变动情况抽样调查是抽样调查，只供国家统计局和各省（自治区、直辖市）统计局推算全国和各省（自治区、直辖市）总体数据，不作为评价地（市）及以下各级政府有关工作的依据。

劳动力调查制度

（2021年定期统计报表）

一、总 说 明

（一）调查目的

为及时、准确地反映我国城乡劳动力资源、就业和失业人口的总量、结构和分布情况，为政府准确判断就业形势，制定和调整就业政策，改善宏观调控，加强就业服务提供依据，根据《国务院办公厅关于建立劳动力调查制度的通知》（国办发〔2004〕72号）以及国务院办公厅转发国家统计局等四部门关于加强分省劳动力调查工作的要求，制定劳动力调查方案。

（二）调查频率和范围

劳动力调查的频率为月度。

调查范围是我国大陆地区的城镇和乡村地域。

（三）登记对象

劳动力调查以户为单位进行登记，既调查家庭户，也调查集体户。应在被抽中户中登记的人是：

1.调查时点居住在本户的人；

2.本户户籍人口中，已外出但不满半年的人。

（四）调查项目

劳动力调查项目分为住户信息、个人信息、工作情况和无工作情况4个模块。

1.住户信息模块

户别、调查时点居住在本户的人口数、本户户籍人口中外出但不满半年的人口数。

2.个人信息模块

姓名、与户主关系、性别、出生年月、户口登记地、住本户时间、户口所在家庭是否有农村土地承包经营权、婚姻状况、受教育程度、毕业时间。

3.工作情况模块

您在调查时点前一周：是否为取得报酬工作过1小时以上、是否有工作但没上班、有工作但没上班的主要原因、1个月内是否会返回原工作、是否帮助家人生产经营无报酬工作1小时以上、是否有兼职、总共工作时间、主要工作时间、当前主要工作已干了多长时间、主要工作如何得到的、行业、职业、工作单位或生产经营活动类型、就业身份类型、是否签订劳动合同、是否缴纳社保、是否有带薪休假、是否主要依靠平台或中间商的订单进行生产或服务、是否是公司或个体经营的创建者、创建时间、创建单位从业人数、上月工作报酬或经营净收入、是否通过互联网承接业务、是否想为增加收入工作更长时间、如有机会工作更长时间能否在2周内开始工作。

4.无工作情况模块

是否具有劳动能力、近3个月是否找过工作、找工作主要方式、已找工作多长时间、不找工作的主要原因、如有合适的工作能否在2周内开始工作、暂时不能开始工作的主要原因、是否想工作、上一份工作结束时间、结束上一份工作的主要原因、上一份工作行业、上一份工作职业。

（五）调查时点

劳动力调查的标准时间为每月10日零时，入户登记时间为每月10日-16日。2021年2月份标准时间为4日零时，入户登记时间为4日-8日；10月份标准时间为15日零时，入户登记时间为15日-21日。

（六）抽样方法和样本量

具体详见本制度第四部分《抽样方案》。

（七）调查的组织实施

1.各级统计机构工作职责

国家统计局的职责。国家统计局人口和就业统计司负责劳动力调查方案的制定；负责各省（区、市）村级样本单位和样本户的抽取工作；负责与数管中心共同完成数据采集PAD程序和数据处理平台的研制；负责数据质量控制；负责全国和各省（区、市）调查数据的加权汇总；负责全国调查失业率相关数据的发布和解读工作。

各调查总队的职责。各省（区、市）调查总队相关处室负责指导抽中样本点的副省级、市级、县级统计调查机构完成样本点核实、摸底、样本框编制及维护工作；负责副省级、市级、县级统计调查机构人员的培训和调查业务指导；负责指导副省级、市级、县级统计调查机构做好调查员的选聘、培训和管理工作；负责数据质量控制；负责调查数据的审核、验收；负责本省（区、市）调查失业率相关数据的发布和解读工作。

市（地、州、盟）调查队、县（市、区、旗）调查队以及未设国家调查队的抽中县（市、区、旗）统计局的职责。负责调查员的选聘、培训和管理工作；负责指导调查员完成样本点核实、摸底、样本框编制工作；负责样本点维护管理工作；负责本辖区数据质量控制；负责本辖区调查数据的编码、审核、验收。

2.调查员的选聘、培训和管理

调查员的选聘。调查员主要从政府统计系统和基层组织人员中选调，也可从社会上招聘。调查员的数量，原则上一个居（村）委会至少配备一名调查员。

调查员的培训和管理。各级统计调查机构要加强对调查员的培训，应尽可能减少培训层级，以提升培训效果，年度培训由市（地、州、盟）调查队直接对调查员进行。在培训过程中，除对调查项目和样本核实方法进行讲解外，还应注重加强对调查技巧的培训。调查员变动时，必须对新任调查员进行业务培训，不得由未经培训的人员承担调查任务。各级统计调查机构要加强对调查员工作的监督检查。

3.宣传工作

入户登记前，要在社区张贴由国家统计局统一印制的劳动力调查公告，并将《致调查户的一封信》发放至调查户；入户登记时，要将宣传品发放至调查户。

4.样本核实和入户登记

入户登记前，调查员对应调查的住户样本进行核实，如有变动应根据相关规则申请更换。入户登记时，要对被抽中的所有住户（住房单元）进行入户调查，对应在本户登记的人口不得漏登，对调查项目要仔细询问，认真核对，确保调查数据的质量。调查结束，完成逻辑审核后及时上报数据。

5.质量控制

各级统计调查机构要做好全流程质量控制，规范调查基础工作，可采取电话核查、入户陪访、回访等形式加强督导检查。要严格数据审核，随报随审，对审核发现的疑点数据要再次核实确认。

6.行业、职业编码

入户登记完成后，市县统计调查机构在联网直报平台上，对调查员填写的行业、职业信息进行编码。

7.资料报送

每月25日前，各调查总队要将本月调查数据评估情况，调查工作基本情况报国家统计局人口和就业统计司。

8.调查表中劳动报酬数据的使用

本调查中的劳动报酬数据仅供国家统计局分析就业质量时内部使用，各级统计调查机构不得对外提供。

（八）数据采集、报送和数据处理

劳动力调查使用手持电子移动终端（PAD）进行样本管理、任务分配和数据采集，并由调查员利用PAD通过联网直报平台（简称：平台）将调查数据直接报送到国家统计局。上述各项工作时间节点安排如下：

1.每月3日17：00前，国家统计局各调查总队信息技术应用处通过MDM将调查户清单推送至每一台PAD上。

2.每月9日17：00前，调查员完成住户样本核实。

3.每月10-16日，调查员持PAD入户调查登记。

4.每月15-19日，市县统计调查机构在平台上进行行职业编码，县级、市级/副省级、省级统计调查机构进行调查数据审核，并自下而上逐级完成调查数据验收。

5.每月20-25日，国家统计局人口和就业统计司进行调查数据审核、验收。

6.每月26-30日，国家统计局人口和就业统计司进行数据评估、加权汇总。

如遇节假日调查时点调整，时间节点做相应变动，以人口和就业统计司通知为准。

PAD及平台使用方法详见《劳动力调查数据采集操作手册》《劳动力调查平台操作手册》。

二、调 查 表 式

劳动力调查表

劳动力调查主要目的是了解全国城乡人口的就业失业信息。根据《**中华人民共和国统计法**》的规定，公民有义务提供国家统计调查所需要的情况；调查人员对公民提供的信息负有保密义务。

表　　号：R 2 0 1 表
制定机关：国 家 统 计 局
文　　号：国统字〔2020〕124 号
有效期至：2 0 2 2 年 1 月

20　年　月

本户应登记的人：

调查时点居住在本户的人；

本户户籍人口中外出不满半年的人。

本户地址：______省（区、市）________市（地、州、盟）________县（市、区、旗）________乡（镇、街道）________居委会（村委会）________住户组________户编号

一、住户信息

1. 您家是：
   ①家庭户
   ②集体户
2. 您家在本月 10 日零时住了几个人？
   共_____人
   其中：男 ___人
   女 ___人
3. 您家户籍人口中在本月 10 日零时外出不满半年的有几个人？
   共_____人
   其中：男 ___人
   女 ___人

二、个人信息

1. **您的姓名是：________**
2. **您与户主是什么关系？**
   ①户主（本户登记的第一人填报户主）
   ②配偶
   ③子女、媳婿
   ④父母、岳父母、公婆
   ⑤祖父母
   ⑥孙子女
   ⑦兄弟姐妹
   ⑧其他关系
3. **您的性别是：**
   ①男
   ②女
4. **您的出生年月是：**
   ______年______月（______周岁）
   （年龄＜16 周岁，调查结束）
5. **您户口登记地在哪里？**
   ①本乡（镇、街道），并住在本户 **→问题 7**
   ②本乡（镇、街道），离开本户不满半年 **→问题 7**
   ③本县（市、区、旗）其他乡（镇、街道）
   ④本市（地、州、盟）其他县（市、区、旗）
   ⑤本直辖市其他县（区）
   } **如果本户地址在直辖市或设区市的区，且选③④⑤→问题 5.1**
   ⑥本省（区）其他市（地、州、盟）
   ⑦外省（区、市）
   ⑧户口待定 **→问题 7**
   （根据本户地址，如果在直辖市，选项④⑥置灰；如果在非直辖市，选项⑤置灰；）
   5.1 您户口登记地在本市市辖区吗？
   a. 是
   b. 否
6. **您住本户多长时间了？**
   ①不满半年
   ②半年以上 **→问题 7**
   6.1 您离开户口登记地多久了？
   ①不满半年
   ②半年以上
7. **您户口所在的家庭是否有农村土地承包经营权？**
   ①有
   ②没有
8. **您的婚姻状况是：**
   ①未婚
   ②有配偶

③离婚
④丧偶
9. 您的受教育程度是：
①未上过学
②小学
③初中
④普通高中
⑤中等职业教育
（①②③④⑤→问题 10）
⑥高等职业教育
⑦大学专科
⑧大学本科
⑨研究生
9.1 （如果问题 9 选⑥⑦⑧并且年龄为 16 到 29 岁，或问题 9 选⑨并且年龄为 20 到 34 岁，继续回答问题 9.1；其他→问题 10）
您的毕业时间是：
_____年_____月

三、工作情况

10. 您在本月 3 日-9 日是否为取得报酬工作过 1 小时以上（包括打零工、兼职）？
①是 →问题 15
②否
11. 您在本月 3 日-9 日是否有工作但没上班/干活？
①是
②否 →问题 14
12. 您有工作但没上班/干活的主要原因是什么？
①请病假/事假（包括探亲、婚丧、工作交接等假）
②节假日/公休假休息
③休产假/陪产假
④在职学习培训
（①②③④→问题 15）
⑤临时停工
⑥经济不景气放假
⑦发生劳动争议或劳务纠纷
⑧其他（请注明）
13. 从未上班算起，您 1 个月内是否会返回原工作？
①是 →问题 15
②否
③不确定
（②③→问题 13.1）
13.1 您未上班期间是否有工资或经营收入？
a. 是 →问题 15
b. 否

14. 您在本月3日-9日是否帮助家人/亲戚以营利为目的的生产经营，做过1小时以上没有报酬的工作？

①是 →问题16

②否 →问题29

15. 您在本月3日-9日有几份工作（包括兼职、在职未上班、无酬家庭帮工等）？

①1份

②2份及以上→问题15.1（如果问题12选①-④，或问题13选①，或问题13选②或③且问题13.1选a，→问题17）

15.1 您在本月3日-9日，总共工作了多少小时（所有工作都算，包括加班时间，扣除请假时间）？

______小时

16. （如果问题12选①-④，或问题13选①，或问题13选②或③且问题13.1选a，→问题17）

您的主要工作（通常指工作时间最长，或被调查者自己认定）在本月3日-9日工作了多少小时？

______小时

17. 您的主要工作已经干了多长时间？

①不满1个月

②1个月以上，不满3个月

③3个月以上，不满半年

④半年以上，不满1年

⑤1年以上，不满3年

⑥3年以上

18. 您的这份工作是如何得到的？

①自己寻找（包括参加招考、自主创业）

②亲戚朋友介绍

③社区或政府安排

④参与家庭经营（包括经营承包地、无酬家庭帮工）

⑤其他（请注明）

19. 您所在单位/个体经营户主要生产或经营活动是什么？

单位/个体经营户详细名称：__________

单位/个体经营户主要产品或服务：__________

20. 您具体做什么工作？

____

21. 您的工作单位或生产经营活动属于哪种类型？

①机关团体事业单位

②国有及国有控股企业

③集体企业

④私营企业

⑤外商、港澳台投资企业

⑥农民专业合作社

⑦其他类型单位

⑧非农个体经营户

⑨经营农村家庭承包地（家庭农林牧渔生产经营活动）

⑩农业专业大户

⑪农村民俗体验户

⑫自由职业/灵活就业

22. 您的就业身份属于以下哪种类型？（如果问题 21 选①-③，则默认为①，→问题 23）

①雇员

②雇主（包括雇佣临时雇员）→问题 25

③自营者（没有雇员） →问题 24

④无酬家庭帮工 →问题 27

23. 您是否与单位或雇主签订了劳动合同？

①是

23.1 签订了什么类型的劳动合同？

a. 无固定期限合同（包括非聘用制公务员）

b. 有固定期限合同

c. 以完成一定工作任务为期限的合同

23.2 单位或雇主是否给您缴纳社保（“五险一金”任何一种）？

a. 是

b. 否

23.3 您是否有带薪休假？

a. 是

b. 否

→问题 26

②否

24. （如果问题 21 选①→问题 26）

您本人是否主要通过平台或中间商的订单进行生产或服务（如滴滴司机、外卖骑手、来料加工等计件生产或服务）？

①是

②否

25. （如果问题 21 选⑫或问题 22 选①雇员，→问题 26；如果问题 21 选⑨，→问题 27）

您是否是所在公司/个体经营的创建者（包括合伙创建者）？

①是

25.1 哪年创建的？

a. 1 年内

b. 1-2 年内

c. 2-3 年内

d. 3 年前 →问题 26

25.2 目前有多少从业人员（包括本人、合伙人、雇员、无酬家庭帮工）？

______人

②否

26. （如果问题 21 选⑩，→问题 27）

您上月工作报酬或经营净收入是多少（包括奖金、个人缴纳部分的社保、实物折价。工作不足一个月的，按合同、协议或相关规定填报）？

________ 元

27. 您本人是否有通过互联网承接的业务？

①是

②否→问题28

27.1 主要从事以下哪一类？

a. 承接生产订单（如实物生产、软件编程）

b. 商品交易（如微商、淘宝）

c. 金融服务（如互联网小额贷款、互联网保险代理）

d. 用车服务（如快车、专车、代驾）

e. 物流服务（如送外卖、快递、货运、跑腿、代办）

f. 生活服务（如餐饮、家政、家庭旅馆、农家乐）

g. 知识、技能、娱乐、广告等服务（如网络教育、医疗、咨询、网络编辑、网络维护）

h. 其他（请注明）

28. 您为增加收入是否想工作更长时间（包括加班、兼职、更换工作等）？

①想

28.1 如果有工作机会，能在2周内开始工作更长时间吗？

a. 能

b. 不能

②不想

（调查结束）

四、无工作情况

29. 您是否有劳动能力？

①是

②否（调查结束）

30. 您近3个月是否找过工作？

①是

30.1 您主要通过以下哪种方式找过工作？

a. 为自己经营做准备

b. 为找到工作参加培训、实习、招考

c. 委托亲戚朋友介绍

d. 查询招聘网站或广告

e. 直接联系雇主或单位

f. 联系就业服务机构

g. 参加招聘会

h. 其他（请注明）

→问题31

②否

30.2 您是否在等待未来3个月内会开始的工作（不包括农业季节性歇业）？

a. 是

b. 否 →问题32

31. 您从开始找工作（或等待返回原工作）已经多长时间了？

______月 →问题 33

32. 您不找工作的主要原因是什么？

①参加学习培训（含在校生）

②健康或身体原因

③认为找不到合适的

④有生活保障（有养老金、租金等收入）

⑤照顾家庭

⑥其他（请注明）

33. 如有非常适合的工作机会（如时间、地点、收入等都满意），您能在 2 周内开始工作吗？

①能 →问题 34

②不能

33.1 为什么不能？

a. 参加学习培训

b. 健康或身体原因

c. 照顾家庭

d. 其他（请注明）

34. 您现在想工作吗？（问题 30 选①或问题 30.2 选 a，则问题 34 默认选①，→问题 35）

①想

②不想

35. 您上一份工作结束多长时间了？

①不满 1 个月

②1 个月以上，不满 3 个月

③3 个月以上，不满半年

④半年以上，不满 1 年

⑤1 年以上，不满 3 年

⑥3 年以上

⑦从没工作过（调查结束）

36. 您结束上一份工作的主要原因是什么？

①退休

②健康或身体原因

③照顾家庭

④参加学习培训

⑤对上份工作不满意

⑥上份工作任务完成（包括打零工）

⑦被解聘

⑧季节性歇业

⑨单位/个体经营户停产倒闭

⑩承包土地被征用或流转

⑪其他（请注明）

（如果问题 30 选①或问题 30.2 选 a，且问题 33 选①，问题 35 选①-⑥，→问题 37；否则，调查结束）

37. 您上一个工作单位/个体经营户主要生产或经营活动是什么？

单位/个体经营户详细名称：__________

单位/个体经营户主要产品或服务：__________

38. **您上一个工作具体做什么？**

____

（调查结束）

调查员（签字）：______

申报人（签字）：______　　　　申报人在本户人记录中的编码：______

本户电话：_____________

填报日期：20　年　　月　　日

三、填 写 说 明

（一）应在本户登记的人

应在本户登记的人是：调查时点居住在本户的人；本户户籍人口中已外出，但不满半年的人。

（二）调查的标准时间

调查的标准时间为：每月10日零时。

调查参考周为：调查时点前的7天，即每月3-9日。

如遇春节、“十一”等长假期，调查标准时间和调查参考周将做相应调整。

（三）指标解释及填写说明

住户信息

调查户包括家庭户和集体户。调查户的地址由国家统计局数管中心每月推送至各总队MDM平台，由总队推送至调查员的PAD。户编号是每一住户组中按户的顺序给予的编号，PAD中户编号按规则自动生成。每一住户组中，每户对应一个户编号，且只对应一个户编号。如果登记时一个住址中有不止一户，其中一户按原编号填写，其他户续编在本组所有户的后面，点击PAD “增户”自动生成。首月登记时，要保证完成推送的样本数量，如果住址无人居住是空户，要向县级统计调查机构申请从备选样本中递补，PAD会按要求推送递补户及户编号；次月登记时，如果原有住户已搬走，新的住户未搬来，成为空房户，做“空户”处理，不需要申请递补。

1.您家是：

①家庭户

是指以家庭成员关系为主的人口，或者还有其他人口，居住一处共同生活，作为一个家庭户。单身居住独自生活的也作为一个家庭户。居住生活在同一家庭户的人，无论有无户口，无论是登记在几个户口本上，都应该登记为一户。

②集体户

是指相互之间没有家庭成员关系，集体居住在同一房间的人，作为一个集体户。集体居住在机关、团体、学校、工厂、矿山、工地、农场、公司、商店、医院、托儿所、敬老院、寺院、教堂等单位的集体宿舍及其他住所共同居住的人口，每间住房作为一个集体户登记。从事各种流动作业而集体居住的人口，每间住房也作为集体户登记。

2.您家在本月10日零时住了几个人？

指调查时点居住在本户的人口，分别填写合计、男、女人数。

本户人口中因出差、旅游、探亲、夜班或生病住院等原因临时外出，调查时点未在家中居住的家庭成员，视为在家中居住，应在本户登记。

在外工作或学习，每周或每月返回家中居住的家庭成员，也应视为在家中居住，在本户登记。

3.您家户籍人口中在本月10日零时外出不满半年的有几个人？

指本户户籍人口中，调查时点未居住在本户，但离开本乡（镇、街道）不满半年的人口，分别填写合计、男、女人数。不包括已成家分户居住的人、挂靠本户户口的人。

个人信息

1.您的姓名是:

填写被登记人的正式姓名。

2.您与户主是什么关系?

指被登记人与本户户主的关系。根据申报人的回答据情圈填。申报人不是户主的，注意不要将被登记人与申报人的关系当作与户主的关系。

本项设有8个选项:

①户主。指按家庭日常生活习惯确定的户主。本户登记的第一人填报户主。

②配偶。指户主的妻子或丈夫。如果户主的配偶也在本户登记，应登记为第二人。

③子女、媳婿。指户主的子女、媳婿。

④父母、岳父母、公婆。指户主的父母或继父母、养父母，户主配偶的父母或继父母、养父母。

⑤祖父母。指户主或配偶的祖父母、外祖父母、曾祖父母、外曾祖父母。

⑥孙子女。指户主的孙子女、外孙子女、孙媳婿、外孙媳婿、重孙子女、重孙媳婿、重外孙子女、重外孙媳婿。

⑦兄弟姐妹。指户主及其配偶的兄弟姐妹以及他们的配偶。

⑧其他。指本户除以上7种人以外的成员。

集体户的第一人登记为户主，本户其他成员与户主关系一律登记为⑧其他。

3.您的性别是:

根据申报圈填。

①男

②女

4.您的出生年月是:

指被登记人的出生年月，用阿拉伯数字填写。

出生年月按公历填写，只知道农历的，要换算成公历。按照一般规律，农历的月份与公历的月份相差一个月左右，换算时农历月份加1即可作为公历月份，但要注意农历12月应当是公历下一年的1月。

出生年月可参考户口簿或居民身份证，不一致的，应认真核对。

如果被登记人不满16周岁，此人调查结束。

5.您户口登记地在哪里?

指被登记人的户籍所在地。

本项设有8个选项:

①本乡（镇、街道），并住在本户。指户口登记地在本乡（镇、街道），现住在本户。圈填此选项的人，跳填问题7。

②本乡（镇、街道），离开本户不满半年。指户口登记地在本乡（镇、街道），离开本户不满半年。圈填此选项的人，跳填问题7。

③本县（市、区、旗）其他乡（镇、街道）。指户口登记地在本县（市、区、旗）的其他乡（镇、街道）。

如果本户地址在直辖市或设区市的区，圈填此选项的人，要回答问题5.1。

④本市（地、州、盟）其他县（市、区、旗）。指户口登记地在本市（地、州、盟）的其他县（市、区、旗）。

如果本户地址在直辖市，本选项在PAD程序中置灰不填；如果本户地址在设区市的区，圈填此选项的人，要回答问题5.1。

⑤本直辖市其他县（区）。指户口登记地在本直辖市的其他县（区）。

如果本户地址在非直辖市，本选项在PAD程序中置灰不填；如果本户地址在直辖市的区，圈填此选项的人，要回答问题5.1。

⑥本省（区）其他市（地、州、盟）。指户口登记地在本省（区）的其他市（地、州、盟）。

如果本户地址在直辖市，本选项在PAD程序中置灰不填。

⑦外省（区、市）。指户口登记地在外省（区、市）。

⑧户口待定。指在任何地方都没有登记户口的人。包括手持户口迁移证、出生证、退伍证、刑满释放证。圈填此选项的人，跳填问题7。

5.1您户口登记地在本市市辖区吗？

调查户地址位于直辖市或设区市的区，且问题5选③④⑤的人回答此项。

a.是。指户口登记地在所在市的市辖区范围内。

b.否。指户口登记地在所在市，但不在市辖区范围之内。

6.您住本户多长时间了？

指被登记人住本户的时间。

本项设有2个选项：

①不满半年。指住本户时间不到半年。

②半年以上。指住本户时间半年以上。圈填此项的人，跳填问题7。

6.1您离开户口登记地多久了？

指被登记人离开户口登记地的时间。住本户不满半年的人回答此项。

本项设有2个选项：

①不满半年。指离开户口登记地不到半年。

②半年以上。指离开户口登记地半年以上。

7.您户口所在的家庭是否有农村土地承包经营权？

农村承包土地是指农村集体所有或国家所有、依法由农民使用的土地，包括耕地、林地、草地以及其他依法用于农业的土地。土地承包人或其所在家庭对依法承包的上述土地拥有占有、使用和一定处分的权利。拥有土地承包经营权的人或家庭，目前可能实际经营承包地，也可能因各种原因不再经营承包地，而以转包、转让、出租、入股、托管等方式已出让了所承包土地的经营权。

本项设有2个选项：

①有。指本人户口登记地在农村地区或以前的农村地区，本人或所在家庭曾经是农业户口，目前本人户口所在的家庭拥有土地承包经营权。这里的家庭指本人户口所在的家庭，以户口本为标志。本人另立户

口本的，则按本人情况填报。

关于国有农场的农用土地承包。国有农场与农村有很大区别，国营农场属于国有资产的一部分，国有农场农业职工是企业职工，执行企业职工养老等社保政策，在职时要按规定交纳社会保险金，农业职工承包土地有的也要按规定收取一定的土地承包费。因此，这里所说的农村土地承包权不包括国有农场。

②没有。指目前本人户口所在的家庭没有农村土地承包经营权。

8.您的婚姻状况是：

指被登记人在调查时点的婚姻状况。这里调查的是事实婚姻，不是法律意义上的婚姻。依照申报人的申报圈填。

本项设有4个选项：

①未婚。指从未结过婚。对于没有办理结婚登记手续而同居的，如果申报人拒绝申报已婚有配偶，可圈填“未婚”。

②有配偶。指已结婚且有配偶。

③离婚。指曾经结过婚，但在调查时点前已办理了离婚手续而且没有再结婚。

④丧偶。指结过婚，但配偶已经去世而且没有再结婚。

9.您的受教育程度是：

指根据教育体制，被登记人接受的最高学历教育。通过自学或成人学历教育，经国家统一考试合格的，分别归入相应的受教育程度。

本项设有9个选项：

①未上过学。指从未接受过国家或其他办学机构实施的各级各类学校教育。包括参加过各种扫盲班或成人识字班学习，但没再接受各级各类学校教育。

②小学。指接受的最高一级教育为小学，无论其是在校、毕业、肄业或辍学。

③初中。指接受的最高一级教育为初中，无论其是在校、毕业、肄业或辍学。

④普通高中。指接受的最高一级教育为普通高中，无论其是在校、毕业、肄业或辍学。

⑤中等职业教育。指接受的最高一级教育为中等职业教育，无论其是在校、毕业、肄业或辍学。中等职业学校主要包括：中等专业学校、技工学校和职业中学等。

圈填上述①②③④⑤选项的人，跳填问题10。

⑥高等职业教育。指接受的最高一级教育为高等职业教育，无论其是在校、毕业、肄业或辍学。高等职业学校主要包括：高等职业技术学院、高等职业技术学校等。

⑦大学专科。指接受的最高一级教育为普通高等院校大学专科，无论其是在校、毕业、肄业或辍学。

凡国家承认学历的广播电视大学、职工大学、高等院校举办的函授大学、夜大学和其他形式的大学，按教育部颁布的大学专科教学大纲进行授课的，其毕业生圈填此项，但肄业生、在校生按原有受教育程度圈填。

通过自学，经国家统一举办的自学考试合格，并取得大学专科毕业证书的，也圈填此项，但尚未取得毕业证书的，按原有受教育程度圈填。

⑧大学本科。指接受的最高一级教育为普通高等院校大学本科，无论其是在校、毕业、肄业或辍学。

凡国家承认学历的广播电视大学、职工大学、高等院校举办的函授大学、夜大学和其他形式的大学，按教育部颁布的大学本科教学大纲进行授课的，其毕业生圈填此项，但肄业生、在校生按原有受教育程度圈填。

通过自学和进修大学课程，经考试合格，并取得大学本科毕业证书的，也圈填此项，但尚未取得毕业证书的，按原有受教育程度圈填。

⑨研究生。指接受的最高一级教育为硕士、博士研究生，无论其是在校、毕业、肄业或辍学。

在职接受研究生教育的，其毕业生圈填此项，但肄业生、在校生按原有受教育程度圈填。

没有按教育部的教学大纲培训或只学单科的人，不能圈填“大学专科”、“大学本科”或“研究生”，按原有受教育程度圈填。

私塾教育按受教育程度圈填相应选项。

9.1您的毕业时间是：

如果问题9选⑥⑦⑧并且年龄为16到29岁的人，或问题9选⑨并且年龄为20到34岁的人，继续填写问题9.1毕业时间，其他人跳填问题10。

工作情况

10.您在本月3日-9日是否为取得报酬工作过1小时以上（包括打零工、兼职）？

这里所说的工作是指为获取工资、实物报酬或经营收入、利润而实际从事的各种生产、经营和服务性活动。只要是为了取得报酬而工作，无论实际是否取得了报酬，都应属于这里所说的工作。不以取得报酬为目的的义务劳动、公益性劳动或强制性劳动，不属于这里所说的工作。

对于打零工和平时主要在家做家务但有时也干一些临时性工作的人，只要在调查时点前的一周中工作时间达到1小时，就算工作。

①是。指在调查时点前的一周中，本人为取得报酬而干过固定的、临时的或兼职的工作，并且工作时间达到了1小时以上。为取得报酬而从事了工作的在校学生和已退休人员，也圈填此项。圈填此选项的人，跳填问题15。

②否。指在调查时点前的一周中，本人没有从事过为取得报酬的工作。

11.您在本月3日-9日是否有工作但没上班/干活？

①是。指有工作单位或工作岗位，并能够取得报酬，但在调查时点前一周没去上班或干活。从事农业生产或其他季节性生产经营活动的人，如果仍有工作岗位或生产经营还在进行中，只是调查时点前一周临时没有工作或干活，也圈填此项。

②否。指没有上面①所指的情况。圈填此选项的人，跳填问题14。

12.您有工作但没上班/干活的主要原因是什么？

本项设有8个选项：

①请病假/事假（包括探亲、婚丧、工作交接等假）。指在调查时点前一周，因伤病、有事请假，休探亲假、婚丧假，或因工作交接等原因批准休假未工作。

②节假日/公休假休息。指在调查时点前一周，适逢节假日放假，或休年假、疗养假、轮休假等未工作。

③休产假/陪产假。指在调查时点前一周，休产假、陪产假未工作。

④在职学习培训。指有工作单位，在调查时点前一周正参加脱产学习或培训。

圈填上述①②③④选项的人，跳填问题15。

⑤临时停工。指在调查时点前一周，由于机械或电力故障、原料或燃料短缺、天气或其他原因临时放假或未工作。从事农业生产或其他季节性生产经营活动，如果保留工作岗位或生产经营还在进行中，只是调查时点前一周临时没有工作或干活的人，圈填此项。

⑥经济不景气放假。指在调查时点前一周，由于经济或市场原因生产经营调整、停顿而放假未工作。

⑦发生劳动争议或劳务纠纷。指在调查时点前一周，由于本人与单位或经营者因发生劳动争议、劳务纠纷而未工作。

⑧其他（请注明）。指上述之外的其他原因，并写出具体原因。

13.从未上班算起，您1个月内是否会返回原工作？

①是。指离开工作岗位还不到1个月，且预计从离开算起1个月内能够返回原工作上班。圈填此选项的人，跳填问题15。

②否。指离开工作岗位已超过1个月，或预计从离开算起1个月内不能返回原工作上班。圈填此选项的人，回答问题13.1。

③不确定。指离开工作岗位还不到1个月，也无法确定1个月内能否返回原工作上班。圈填此选项的人，回答问题13.1。

13.1您未上班期间是否有工资或经营收入？

a.是。指未上班期间仍有工资或经营收入，可能会低于正常水平，但该收入属于工资或经营收入，而不是发放的生活费、临时补贴或转移支付等。如果农忙季节从事农业生产的人和手头有工作任务的灵活就业人员在调查参考周临时停工，其生产经营仍在进行中，视为在未上班期间有经营收入，选填“是”。

b.否。指未上班期间没有任何工资或经营收入，或仅领取生活费、补贴等。

14.您在本月3日-9日是否帮助家人/亲戚以营利为目的的生产经营，做过1小时以上没有报酬的工作？

①是。指在调查时点前一周，在本家庭成员或亲戚经营的公司、企业或生意中，从事没有报酬的生产或服务1小时以上，也就是无酬家庭帮工。这也是工作的一种，尽管家庭帮工本人没有劳动报酬，但其工作为家庭增加了经营收入。圈填此选项的人，跳填问题16。

②否。指没有上面①所指的情况。圈填此选项的人，跳填无工作情况问题29。

15.您在本月3日-9日有几份工作（包括兼职、在职未上班、无酬家庭帮工等）？

①1份。指在调查时点前一周，只有1份可以取得报酬的工作或做无酬家庭帮工。

②2份及以上。指在调查时点前一周，有2份及以上可以取得报酬的工作或做无酬家庭帮工。圈填此项的，继续填问题15.1。

15.1您在本月3日-9日总共工作了多少小时（所有工作都算，包括加班时间，扣除请假时间）？

本项由调查时点前一周实际工作过的人填报。如果问题12选①-④，或问题13选①，或问题13选②或③且问题13.1选a，跳填问题17。

________小时。指调查时点前一周所有工作的实际工作小时数，不能笼统填写国家规定的制度工作时间，包括加班时间，扣除请假时间。从事不坐班制的教育、科研人员等，其在家办公时间也应计入。无酬家庭帮工的工作时间不属于家务劳动，应计算在内。农村人口中既干家务劳动又从事农业或其他工作的人，填写上一周的实际工作小时数，家务劳动时间除外。

16.您的主要工作（通常指工作时间最长，或被调查者自己认定）在本月3日–9日工作了多少小时？

本项由调查时点前一周实际工作过的人填报。如果问题12选①-④，或问题13选①，或问题13选②或③且问题13.1选a，跳填问题17。

_______小时。指调查时点前一周主要工作的实际工作小时数。不能笼统填写国家规定的制度工作时间，包括加班时间，扣除请假时间。

如果调查时点前一周不只一份工作，主要工作指工作时间最长，或调查对象自己认定的那份工作。所以主要工作可能不是调查前一周工作1小时以上的那份工作，也可能是在职未上班的那份工作，如果是在职未上班的那份工作，可填写0。如果只有一份工作，该工作就是主要工作。

提示：17-26项询问被调查人主要工作的情况。

17.您的主要工作已经干了多长时间？

指拥有调查时点前一周的主要工作多长时间了。

本项设有6个选项：

①不满1个月。从主要工作开始到调查时点不满1个月。

②1个月以上，不满3个月。从主要工作开始到调查时点1个月以上，不满3个月。

③3个月以上，不满半年。从主要工作开始到调查时点3个月以上，不满半年。

④半年以上，不满1年。从主要工作开始到调查时点半年以上，不满1年。

⑤1年以上，不满3年。从主要工作开始到调查时点1年以上，不满3年。

⑥3年以上。从主要工作开始到调查时点3年以上。

18.您的这份工作是如何得到的？

指调查时点前一周的主要工作是通过什么方式得到的。

本项设有5个选项：

①自己寻找（包括参加招考、自主创业）。指目前这份工作是自己通过各种方式寻找、独立获得的，强调不是通过他人帮助而得到的。包括参加招聘会、网上投求职简历、参加招考、自主创业等。

②亲戚朋友介绍。指通过亲戚朋友推荐介绍得到的。

③社区或政府安排。指社区或当地有关部门主动上门给提供的。

④参与家庭经营（包括经营承包地、无酬家庭帮工）。指从事或继承家庭产业和经营。包括经营农村家庭承包地和无酬家庭帮工。

⑤其他（请注明）。填写除上以外的获得工作的方式或途径。

19.您所在单位/个体经营户主要生产或经营活动是什么？

指调查时点前一周的主要工作所在单位/个体经营户的生产经营活动，亦即所从事的行业。

行业采用经济活动的同质性原则进行划分，不是依据编制、会计制度或部门管理等划分。产业活动单位是划分行业的分类标准。产业活动单位是指：（1）在一个场所从事一种或主要从事一种经济活动；（2）相对独立地组织生产、经营或业务活动；（3）能够掌握收入和支出等资料。

本项设有2个选项：

①单位/个体经营户详细名称：____________________

②单位/个体经营户主要产品或服务：____________________

填写行业时要注意以下情况：

有工作单位的，既要填写单位名称，也要填写单位的主要产品或从事的主要服务。单位名称要具体到分厂、分公司或营业部，即产业活动单位，不能笼统地只填写总厂名称。最重要的是单位的主要产品或主要服务要详细填写，要用动宾词组表达，如“生产服装”或“销售服装”，不能简写为“服装”。保密单位，填写其公开使用的名称和公开的主要产品或主要服务。

没有工作单位的，只填写主要产品或服务，如“送外卖”“当滴滴司机”。务农人员不能笼统地填写“农业”，要根据其具体的农业生产活动或农户具体从事的主要业务填写。如“种粮食”“养猪”等。

遇到申报人对本人或本户其他成员的行业不清楚时，不要急于登记，经询问查明后再填报。

20.您具体做什么工作？______________________

指调查时点前一周的主要工作具体是干什么，亦即所从事的职业。

职业是按从事工作性质的相似性进行分类的。不论其所在工作单位是什么经济类型，不论用工形式是固定工还是临时工，也不论其隶属于哪个行业，凡是从事相似性质工作的人都划分为同一类。

填写职业时要注意以下情况：

填写职业要具体、详细。不能笼统地写“工人”“农民”“公务员”“工程师”等，而应具体填写其实际工作种类，如“铸轧工”“捕鱼”“统计人员”“通信工程技术员”等。具有中级以上技术职称的行政领导人员，应按行政领导职务填写其职业；同时担任两个以上职务的领导干部，应按主要职务填写其职业。工种尚未确定，暂时又无具体工作的，要填写“工种未定”。

遇到申报人对本人或本户其他成员的职业不清楚时，不要急于登记，经询问查明后再填报。

21.您的工作单位或生产经营活动属于哪种类型？

指调查时点前一周的主要工作单位或生产经营活动类型。有工作单位的按单位类型选填，无工作单位的按所从事的工作或生产经营活动类型选填。

本项设有12个选项：

①机关团体事业单位。机关包括国家权力机关、国家行政机关、国家监察机关、司法机关、政党机关、政协组织和其他机关法人；机关法人单位的本部，以及国家权力机关分支机构、国家行政机关分支或派出机构、监察机关分支机构、人民法院分支机构、人民检察院分支机构等。

团体是指社会团体，指中国公民自愿组成，为实现会员共同意愿，按照其章程开展活动的非营利性社会组织。包括①经各级民政部门核准登记，领取《社会团体法人登记证书》的各类社会团体；②由各级机构编制管理部门直接管理其机构编制的群众团体；③经国务院批准可以免于登记的社会团体。如群众团体（各级工会、妇联、共青团等）、学术性团体（学会、研究会）、专业性团体（各类从事专业业务的促进会）、行业性团体（协会、商会）、联合性团体（联合会、联谊会、同学会、校友会）等。

事业单位是指国家为了社会公益目的，由国家机关举办或者其他组织利用国有资产举办的，从事教育、科技、文化、卫生、体育的社会服务组织。包括经机构编制部门批准成立和登记或备案，领取《事业单位法人证书》，取得法人资格的单位；事业法人单位的本部及分支机构或派出机构。

②国有及国有控股企业。指资产归国家所有及国有资本居绝对控股或相对控股地位的企业，包括国有企业、有限责任公司中的国有独资公司、股份有限公司中的国有控股企业、国有联营企业等。

③集体企业。指资产归集体所有的企业。集体联营企业，股份合作企业属集体经济组织形式。

④私营企业。指自然人投资设立或由自然人控股，以雇佣劳动为基础的企业。包括私营独资企业、私营合伙企业、私营有限责任公司、私营股份有限公司和个人独资企业。

⑤外商、港澳台投资企业。指外商和港、澳、台商单独投资或与中方合资、合作经营的企业。

⑥农民专业合作社。指以农村家庭承包经营为基础，通过提供农产品的销售、加工、运输、贮藏以及与农业生产经营有关的技术、信息等服务来实现成员互助目的的组织。包括经各级市场监管部门核准登记和虽未登记但符合上述要求的农民专业合作社，不包括以公司等名称登记注册的股份合作制企业、社区经济合作社、供销合作社、农村信用社等。

⑦其他类型单位。主要指民办非企业单位以及不包括在“①—⑥”项中的单位，如股份有限公司、基金会、宗教组织、居委会、村委会等。

⑧非农个体经营户。指资产归个人所有，以个体劳动为基础，劳动成果归劳动者个人占有和支配的一种经济组织。既包括在各级市场监管部门登记注册、领取《营业执照》的个体工商户，也包括没有领取《营业执照》，但实际从事个体经营活动的人。如果个体经营户从事的是农民专业合作社、专业大户等新型农业经营主体，则圈填⑥或⑩。

⑨经营农村家庭承包地（家庭农林牧渔生产经营活动）。指在自家承包的耕地、林地、草地、池塘以及其他依法用于农业的土地上，或者自己开垦的荒地上，从事农林牧渔业生产经营活动，也包括在转包和租用他人农业用地上从事农林牧渔业生产经营活动，所从事的农业生产活动以自营劳动为主，不雇佣长期雇工，但可能雇佣临时短工。如果以家庭成员为主要劳动力，从事农业规模化、集约化、商品化生产经营，则选填⑩农业专业大户。

农业生产季节在承包土地上从事农业生产，但调查时点前一周临时未做工作的人，圈填此项。调查时点前一周未在自家承包土地上工作而从事其他生产经营活动的人，或外出务工经商的人不填此项，选填调查时点前一周实际工作单位或生产经营活动类型。从事农业规模经营，并雇佣长期雇工的家庭或经济体，不填此项。受雇在他人承包的土地上从事农业生产的人，不填此项，据情况圈填相关选项。

⑩农业专业大户。指从事某种农产品的专业化、集约化生产，种养规模明显大于传统农户或一般农户，需要较多的家庭成员或雇佣家庭成员外的劳动力从事农业生产活动的经营主体。专业大户以当地行政主管部门所定标准进行认定。

⑪农村民俗体验户。指开展餐饮住宿、采摘、垂钓、农事体验、乡村旅游等的农户。开展餐饮住宿的农户指以农业生产过程、农村风情风貌、农民居家生活、乡村民俗文化为基础，开展餐饮住宿经营活动的农户；开展采摘的农户指以农作物收获为基础，开展农事体验活动的农户；开展垂钓的农户指经营钓鱼等休闲娱乐活动的农户；开展农事体验的农户指以农业生产过程为基础，吸引游人体验农业生产活动的农户；开展乡村旅游的农户指以乡村文化和农村景观等为基础，开展旅游经营活动的农户。

⑫自由职业/灵活就业。指在劳动时间、收入报酬、工作场所、保险福利、劳动关系等方面不同于企事业单位、个体经营户的传统主流就业方式，就业类型属于自雇或自主型的个体就业。包括自由职业者、律师、自由撰稿人、歌手、模特等自主就业人员，也包括家政服务、街头小贩、其他类型打零工的临时就业人员。

22.您的就业身份属于以下哪种类型？

如果问题21选①-③，则默认选①，跳填问题23。

指调查时点前一周主要工作的雇用、受雇或自雇状况。

本项设有4个选项：

①雇员。指为取得劳动报酬而为单位或雇主工作的人员。

②雇主（包括雇用临时雇员）。指自负盈亏或与合伙人共负盈亏，具有生产经营决策权，其报酬直接取决于生产、经营利润的人员。雇主的基本特征是雇用其他人为自己工作并向被雇用人支付工资。圈填此选项的人，跳填问题25。

③自营者（没有雇员）。指自负盈亏或与合伙人共负盈亏，具有生产经营决策权的人员。自营劳动者的特征是既不被雇也不雇用他人。如果有亲属帮忙但不支付工资，经营者本人仍属自营劳动者。圈填此选项的人，跳填问题24。

④无酬家庭帮工。指为家庭成员或亲属经营的公司、企业或生意工作，但无经营决策权，也不领取报酬的人员。圈填此选项的人，跳填问题27。

23.您是否与单位或雇主签订了劳动合同？

指雇员与用人单位或雇主就工作期限、劳动报酬、劳动保护、劳动条件、社会保险、福利待遇、劳动纪律、规章制度、劳动合同的变更、解除、终止、续订等内容而签订的书面契约。包括签订的集体劳动合同。

①是。指被登记人与用人单位或雇主签订了劳动合同。

23.1签订了什么类型的劳动合同？

指与用人单位或雇主签订的约定不同终止时间的劳动合同。

a.无固定期限合同（包括非聘用制公务员）。指用人单位与劳动者签订了无确定终止时间的劳动合同，也称为长期合同。没签合同的非聘用制公务员也圈填本项。

b.有固定期限合同。指用人单位与劳动者签订了约定合同终止时间的劳动合同。聘用制公务员按照实际情况填写。

c.以完成一定工作任务为期限的合同。指用人单位与劳动者签订了以某项工作的完成为期限的劳动合同。

23.2单位或雇主是否给您缴纳社保（“五险一金”任何一种）？

a.是。指单位或雇主根据劳动合同为被调查人缴纳相应的社会保险和福利。一般包括医疗保险、养老保险、失业保险、工伤保险、生育保险和住房公积金，也可能只缴纳其中一项或几项。

b.否。指单位或雇主不给被调查人缴纳任何社会保险和福利。

23.3您是否有带薪休假？

a.是。指被调查人根据劳动合同或工作协议每年可以享受带薪休假的工作待遇。不是指实际已完成的带薪休假。

b.否。指被调查人没有带薪休假的工作待遇。

圈填问题23.3的人，跳填问题26。

②否。指被登记人与用人单位或雇主没有签订劳动合同。

24.您本人是否主要通过平台或中间商的订单进行生产或服务（如滴滴司机、外卖骑手、来料加工等计件生产或服务）？

本项由自营者和没签劳动合同的非机关团体事业单位的雇员填报。如果问题21选①直接跳填问题26，其他人继续填报。

中间商是指在生产者与消费者之间参与商品或服务交易业务、促使买卖行为发生和实现的、具有法人资格的经济组织或个人。它是连结生产（经营）者与消费者的中介环节。

①是。指被调查人不直接面向市场，需借助平台或中间商获取订单，并主要依靠订单进行相应的生产或服务。

②否。指被调查人不是主要通过平台或中间商接受订单，并依靠订单进行生产或服务。

25.您是否是所在公司/个体经营的创建者（包括合伙创建者）？

本项由雇主、自营者填报。如果问题21选⑫或问题22选①雇员，跳填问题26。如果问题21选⑨经营农村家庭承包地，跳填问题27。

①是。指被登记人是所在单位、公司或个体经营的初始创建人或合伙初始创建人。

25.1哪年创建的？

进一步询问初创时间。

a.1年内。从初创到调查时点不到1年。

b.1-2年内。从初创到调查时点1-2年，不到2年。

c.2-3年内。从初创到调查时点2-3年，不到3年。

d.3年前。从初创到调查时点已超过3年。回答此项的跳填问题26。

25.2目前有多少从业人员（包括本人、合伙人、雇员、无酬家庭帮工）？

________人

指所在单位、公司或个体经营目前所有的从业人员数，包括被登记人。

②否。指被登记人不是所在单位、公司或个体经营的初始创建人或合伙初始创建人。

26.您上月工作报酬或经营净收入是多少（包括奖金、个人缴纳部分的社保、实物折价。工作不足一个月的，按合同、协议或相关规定填报）？

________元

指在调查时点上一个日历月份，所从事的主要工作的劳动报酬，包括现金和实物，不包括财产性收入和转移性收入。雇员的劳动报酬包括工资、奖金、补贴和津贴等与工作相关的劳动报酬，也包括个人缴纳的公积金、社保等费用。雇主和自营者的劳动报酬是指其生产经营活动的净收入。经营农村家庭承包地、农业专业大户的人不填写此项。

劳动报酬要填写具体数目，最高为99999元。如果上月没有得到劳动报酬，可填写最近月份的劳动报酬；按年或不同周期获得劳动报酬的，应折算出月平均劳动报酬；刚开始工作尚未获得劳动报酬的，可填写合同、协议或预计的劳动报酬；实物报酬要折合成现金填报。

提示：27-28项由所有就业人员填报，包括主要工作和其他工作。

27.您本人是否有通过互联网承接的业务？

指被登记人的全部工作，包括主要工作和其他工作是否有通过互联网承接的业务。

①是。指主要工作或其他工作的业务是直接通过互联网承接的。

②否。指主要工作或其他工作的业务均不是直接通过互联网承接的。跳填问题28。

27.1主要从事以下哪一类?

问题27圈填①的人填写此项。

a.承接生产订单（如实物生产、软件编程）。指直接通过互联网获得生产订单，可以是工厂零件、家具、工艺品等实物生产订单，也可以是软件、音乐、约稿等非实物生产订单。

b.商品交易（如微商、淘宝）。指通过互联网平台进行的商品交易，包括在淘宝、微商、京东等大型互联网平台进行商品交易，也包括细分领域、本地化的互联网平台交易。

c.金融服务（如互联网小额贷款、互联网保险代理）。指所从事的金融服务直接通过互联网进行操作，包括股票、基金、证券、贷款、保险等方面的服务。

d.用车服务（如快车、专车、代驾）。指直接通过互联网平台接单，提供用车服务，如滴滴出行、易道、神州专车等。

e.物流服务（如送外卖、快递、货运、跑腿、代办）。指直接通过互联网承接物流方面的服务，如申通、圆通送快递，美团送外卖，替人跑腿代办业务等。

f.生活服务（如餐饮、家政、家庭旅馆、农家乐）。指主要通过互联网平台接单，提供一系列生活服务，如家政服务、餐饮服务、家庭旅馆、农家乐等。

g.知识、技能、娱乐、广告等服务（如网络教育、医疗、咨询、网络编辑、网络维护）。指主要通过互联网平台接单，提供知识/技能/娱乐/广告等服务，如通过互联网承接教育、咨询、医疗等服务，也包括进行网络维护、网络推广服务。

h.其他（请注明）。从事不属于以上任何一项的其他领域的工作，需要注明具体的业务类型和工作内容。

28.您为增加收入是否想工作更长时间（包括加班、兼职、更换工作等）?

①想。指希望通过加班、兼职或另找工作增加工作时间来增加收入。

28.1如果有工作机会，能在2周内开始工作更长时间吗?

指如果有加班、兼职或其他更长时间的工作，是否能够在2周内开始工作。

a.能。指2周内可以做更长时间的工作。

b.不能。指2周内不能做更长时间的工作。

②不想。指不愿为提高收入而增加工作时间。

至此，有工作的人调查结束。

无工作情况

29.您是否有劳动能力?

①是。具有劳动能力，能够工作。

②否。没有劳动能力，不能工作。填此项调查结束。

30.您近3个月是否找过工作?

询问被登记人近3个月找工作的情况。

①是。近3个月通过各种方式主动找过工作。

30.1您主要通过以下哪种方式找过工作?

询问找工作的方式，并圈填下列自认为最主要的一种方式。

a.为自己经营做准备。指正在为自己开办公司或经营做准备，如经营策划、筹集资金、申请执照、寻找经营场所、招聘人员等。

b.为找到工作参加培训、实习、招考。指为寻找到某项工作而参加相关培训、进行专门实习或准备招录考试。

c.委托亲戚朋友介绍。指委托亲戚朋友介绍或推荐找工作，这种委托多是口头的。

d.查询招聘网站或广告。指通过网络、电视、报刊等各种媒体或其他渠道发求职简历、应答招聘广告或查看招聘广告而寻找工作。

e.直接联系雇主或单位。指直接找用人单位或雇主问询、自荐来寻找工作。

f.联系就业服务机构。指在人力资源和社会保障部门、其他政府部门或私人开办的职业介绍机构登记找工作。

g.参加招聘会。指参加各种形式的招聘会找工作。

h.其他（请注明）。除上述之外的其他找工作方式，请注明。

跳填问题31。

②否。近3个月没有找过工作。

30.2您是否在等待未来3个月内会开始的工作（不包括农业季节性歇业）?

a.是。已经确定了一份工作，该工作3个月内将开始。包括临时停工等原因暂未工作，正等待被召回原岗位或等待原工作复工的人，不包括在农业歇业期未做任何工作，正等待农忙季节开始的人。

b.否。跳填问题32。

31.您从开始找工作（或等待返回原工作）已经多长时间了?

________月。跳填问题33。

如果以前从没工作过，从第一次找工作开始算起；以前工作过的人，从失去工作后，第一次开始找工作算起；如果找工作行为在失去工作前，从失去工作开始算起；学生从毕业后第一次找工作算起；等待被召回原岗位或等待原工作复工的人，从结束原工作开始算起。

32.您不找工作的主要原因是什么?

询问不找工作的原因。

①参加学习培训（含在校生）。因正在学习培训而没有找工作。在校生、临时参加学习培训的人员圈填此项。

②健康或身体原因。因本人伤病或身体不适，无法找工作。

③认为找不到合适的。认为自己即使找也找不到合适的工作，因此最近3个月没有找工作。

④有生活保障（有养老金、租金等收入）。因经济宽裕、生活有保障，不需要找工作。

⑤照顾家庭。需要照顾家人、料理家务，无法找工作。

⑥其他（请注明）。除上述之外的其他原因，请注明。

33.如有非常适合的工作机会（如时间、地点、收入等都满意），您能在2周内开始工作吗?

这是一个对假设问题的回答。假定有一种工作在时间、地点、技能、兴趣、工作环境、劳动强度、收入、福利等各方面都可以满足期望，被登记人是否能在2周内去工作。比如，被登记人虽然需要照顾老人孩子，但是有一份既能照顾家人、又能完成的工作，或者有一份收入足够丰厚、能够雇用他人照顾家人的工作；虽然身体不太好，但是有一份身体条件可以承受的工作等。

①能。2周内能去做这份工作。跳填问题34。

②不能。2周内无法去做这份工作。

一般情况下，此项应圈填“能”，只有当被调查人确有无法脱身的事务，如刚生育小孩、正在治病等而不能工作时，才可圈填“不能”。

33.1为什么不能？

进一步询问为什么不能工作。

a.参加学习培训。因必须参加学习培训没有时间，2周内不能工作。

b.健康或身体原因。因伤病或身体不适，2周内实在无法工作。

c.照顾家庭。家中有人实在需要本人亲自照顾，不能从事任何工作。

d.其他（请注明）。除上述之外的原因，请注明。

34.您现在想工作吗？

如果问题30选①或问题30.2选a，则该项默认选①，跳填问题35。

根据本人目前的意愿填报。

①想。目前想工作。

②不想。目前不想工作。

35.您上一份工作结束多长时间了？

询问被登记人上一份工作结束的时间。

①不满1个月。从上一份工作结束到调查时点不满1个月。

②1个月以上，不满3个月。从上一份工作结束到调查时点1个月以上，不满3个月。

③3个月以上，不满半年。从上一份工作结束到调查时点3个月以上，不满半年。

④半年以上，不满1年。从上一份工作结束到调查时点半年以上，不满1年。

⑤1年以上，不满3年。从上一份工作结束到调查时点1年以上，不满3年。

⑥3年以上。从上一份工作结束到调查时点3年以上。

⑦从没工作过。以前从未工作过，填此项调查结束。

36.您结束上一份工作的主要原因是什么？

询问为什么结束上一份工作，圈填一个主要原因。

①退休。因退休而结束上一份工作。

②健康或身体原因。因本人伤病、身体不适而结束上一份工作。包括生育小孩、调养身体等。

③照顾家庭。为了照顾家庭中的婴幼儿、老人、残障人士等，不得不结束上一份工作。

④参加学习培训。因要去参加学习或培训而结束上一份工作。

⑤对上份工作不满意。因对上一份工作内容、待遇、条件、前景等不满意而结束上一份工作。

⑥上份工作任务完成（包括打零工）。因上一份工作任务（包括打零工）完成而停止或失去工作。

⑦被解聘。因各种原因被解聘或辞退而失去上一份工作。

⑧季节性歇业。因年度季节性原因停产、停业而失去上一份工作。

⑨单位/个体经营户停产倒闭。因所在单位或个体经营户由于各种原因停业、倒闭而停止或失去上一份工作。

⑩承包土地被征用或流转。因本人承包的农业用地或转包、租用他人承包的农业用地被征用或流转而失去工作。受雇在别人承包地上工作，因土地被征用、流转而失去工作的人不圈填此项，应根据具体情况圈填相应原因。

⑪其他（请注明）。因上述之外的其他原因而结束上一份工作，填写具体原因。

如果问题30选①或问题30.2选a，且问题33选①，问题35选①-⑥，继续回答问题37；否则，调查结束。

37.您上一个工作单位／个体经营户主要生产或经营活动是什么？

问失业人口上一个工作所在单位/个体经营户的生产经营活动，亦即所从事的行业。

项目解释同问题19。

单位/个体经营户详细名称：____________________

单位/个体经营户主要产品或服务：____________________

38.您上一个工作具体做什么？

问失业人口上一个工作具体是干什么，亦即所从事的职业。

____

项目解释同问题20。

至此调查结束。

四、抽样方案

2021年劳动力调查根据第七次全国人口普查进行新一轮抽样。为提高样本代表性，将适当扩大样本量。

（一）抽样目标

一是满足城镇调查失业率等主要劳动力指标数据对国家及分省（区、市）有较好代表性。其中，全国城镇调查失业率在90%的置信度下，相对误差控制在2%以内；分省（区、市）城镇调查失业率在90%的置信度下相对误差在10%以内，个别人口较少的省（如：青海、宁夏、新疆等）相对误差在15%以内，西藏相对误差在20%以内。

二是在保证抽样代表性的基础上，样本量与基层调查力量、调查对象负担、经费保障相适应。

（二）抽样总体与抽样框

抽样总体为中华人民共和国大陆地区所有住户，不包括全户为非中国公民的住户，也不包括中小学宿舍、军营、监狱中的集体户。各省（区、市）为次总体。

以第七次全国人口普查（以下简称“七人普”）的居（村）委会名录库为基础，对住户数量偏少的居（村）委会进行适当整理，整理后的居（村）委会统称为初级抽样单元。以初级抽样单元的名录库作为初级抽样框。抽中的初级抽样单元内所有的住房单元作为次级抽样框。

定期更新抽样框。当拆迁或新建住房单元数量超过原住房单元数量的10%时，需对次级抽样框进行更新，去除框内拆迁的住房单元，补充新建的住房单元。整体拆迁的初级抽样单元退出调查。每年4月和10月更新次级抽样框。

（三）抽样方法

采用分层、二阶段、与住房单元数多少成比例（PPS）和随机等距相结合的方法，抽取初级抽样单元和住房单元。2021年一次性抽取5年使用的样本。

1.抽取初级抽样单元

在每个省（区、市），按城乡分层，采用与住房单元数多少成比例（PPS）方法抽取预定数量的初级抽样单元。

2.抽取住房单元

在抽中的初级抽样单元内，将住房单元按照地理位置相邻原则，编成4户一组的住户组，按照随机等距原则抽取住户组，确定抽中的住房单元。

（四）样本量的确定

根据抽样设计，综合考虑人口结构、抽样设计效应、调查力量配置、经费保障等情况，确定全国及各省（区、市）样本量。

全国每月共调查约34万户，每个初级抽样单元每月调查16户，共涉及约2.1万个初级抽样单元。分省（区、市）每月调查样本量见附表1。

（五）样本轮换模式

抽中的初级抽样单元原则上5年保持不变。住户样本采用2-10-2轮换模式，即一个住户连续2个月接受调查，在接下来的10个月中不接受调查，然后再接受连续2个月的调查，之后退出样本。样本轮换能达到如下目标：

1.除第一年外，每个月都有1/4的样本接受第一次调查，1/4的样本接受第二次调查，1/4的样本接受第三次调查，1/4的样本接受第四次调查。

2.月度之间样本有50%重复。

3.年度之间相同月份样本有50%重复。

样本轮换示意图见附表2。

（六）加权方法

全国及分省（区、市）劳动力调查指标根据调查样本数据加权汇总得到。汇总权数依据抽样概率、权数调整系数、无响应调整系数、评估调整系数等确定，由国家统计局人口和就业统计司统一计算。

（七）样本衔接安排

为了保证劳动力调查新旧样本顺利过渡，调查数据平稳衔接，2021年3月至5月新样本逐月轮入1/3，7月份旧样本一次性退出调查。

附表1

分省（区、市）样本量

地区	初级抽样单元个数			调查户数		
	合计	城镇	乡村	合计	城镇	乡村
全国	21169	15862	5307	338704	253792	84912
北京	800	720	80	12800	11520	1280
天津	719	647	72	11504	10352	1152
河北	719	504	215	11504	8064	3440
山西	719	504	215	11504	8064	3440
内蒙古	719	504	215	11504	8064	3440
辽宁	719	504	215	11504	8064	3440
吉林	719	504	215	11504	8064	3440
黑龙江	719	504	215	11504	8064	3440
上海	800	720	80	12800	11520	1280
江苏	800	640	160	12800	10240	2560
浙江	800	640	160	12800	10240	2560
安徽	719	504	215	11504	8064	3440
福建	742	594	148	11872	9504	2368
江西	719	504	215	11504	8064	3440
山东	719	504	215	11504	8064	3440
河南	719	504	215	11504	8064	3440
湖北	719	504	215	11504	8064	3440
湖南	719	504	215	11504	8064	3440
广东	800	640	160	12800	10240	2560
广西	719	504	215	11504	8064	3440
海南	500	400	100	8000	6400	1600
重庆	719	504	215	11504	8064	3440
四川	740	518	222	11840	8288	3552
贵州	719	504	215	11504	8064	3440
云南	719	504	215	11504	8064	3440
西藏	250	238	12	4000	3808	192
陕西	719	504	215	11504	8064	3440
甘肃	590	413	177	9440	6608	2832
青海	375	300	75	6000	4800	1200
宁夏	500	400	100	8000	6400	1600
新疆（含兵团）	530	424	106	8480	6784	1696

附表2

2021年1月—2022年12月样本轮换示意图

	月份	A46	B11	B21	B12	B22	B13	B23	B14	B24	B15	B25	B16	B26	B31	B41	B32	B42	B33	B43	B34	B44	B35	B45	B36	B46
旧样本	2021 年 1 月	4	3											2	1											
	2021 年 2 月		4	3											2	1										
	2021 年 3 月			4	3											2	1									
	2021 年 4 月				4	3											2	1								
	2021 年 5 月					4	3											2	1							
	2021 年 6 月						4	3											2	1						
新样本	2021 年 3 月			1	1											1	1									
	2021 年 4 月				2	1											2	1								
	2021 年 5 月					2	1											2	1							
	2021 年 6 月						2	1											2	1						
	2021 年 7 月							2	1											2	1					
	2021 年 8 月								2	1											2	1				
	2021 年 9 月									2	1											2	1			
	2021 年 10 月										2	1											2	1		
	2021 年 11 月											2	1											2	1	
	2021 年 12 月												2	1											2	1
	2022 年 1 月													2	1											2
	2022 年 2 月														2	1										
	2022 年 3 月															2	2									
	2022 年 4 月																3	3								
	2022 年 5 月																	4	3							
	2022 年 6 月																		4	3						
	2022 年 7 月																			4	3					
	2022 年 8 月																				4	3				
	2022 年 9 月																					4	3			
	2022 年 10 月																						4	3		
	2022 年 11 月																							4	3	
	2022 年 12 月																								4	3

主要统计指标解释

人口数 指一定时点、一定地区范围内有生命的个人总和。年度统计的年末人口数指每年12月31日24时的人口数。年度统计的全国人口总数内未包括香港、澳门特别行政区和台湾省以及海外华侨人数。

城镇人口和乡村人口 城镇人口是指居住在城镇范围内的全部常住人口；乡村人口是除上述人口以外的全部人口。

出生率（又称粗出生率） 一定时期内(通常为一年)一定地区的出生人数与同期内平均人数(或期中人数)之比，用千分率表示。本资料中的出生率指年出生率，其计算公式为：

$$出生率=\frac{年出生人数}{年平均人口}\times 1000‰$$

式中：出生人数指活产婴儿，即胎儿脱离母体时(不管怀孕月数)，有过呼吸或其他生命现象。年平均人数指年初、年底人口数的平均数，也可用年中人口数代替。

死亡率（又称粗死亡率） 指在一定时期内(通常为一年)一定地区的死亡人数与同期内平均人数(或期中人数)之比，用千分率表示。本资料中的死亡率指年死亡率，其计算公式为：

$$死亡率=\frac{年死亡人数}{年平均人口}\times 1000‰$$

人口自然增长率 指在一定时期内(通常为一年)人口自然增加数(出生人数减死亡人数)与该时期内平均人数(或期中人数)之比，用千分率表示。计算公式为：

$$人口自然增长率=\frac{(本年出生人数-本年死亡人数)}{年平均人数}\times 1000‰$$

$$=人口出生率-人口死亡率$$

总抚养比 也称总负担系数。指人口总体中非劳动年龄人口数与劳动年龄人口数之比。通常用百分比表示。说明每100名劳动年龄人口大致要负担多少名非劳动年龄人口。用于从人口角度反映人口与经济发展的基本关系。计算公式为：

$$GDR=\frac{(P_{0-14}+P_{65+})}{P_{15-64}}\times 100\%$$

其中：GDR为总抚养比；

P_{0-14}为0-14岁少年儿童人口数；

P_{65+}为65岁及65岁以上的老年人口数；

P_{15-64}为15-64岁劳动年龄人口数。

老年人口抚养比 也称老年人口抚养系数。指某一人口中老年人口数与劳动年龄人口数之比。通常用百分比表示。用以表明每100名劳动年龄人口要负担多少名老年人。老年人口抚养比是从经济角度反映人口老化社会后果的指标之一。计算公式为：

$$ODR = \frac{P_{65+}}{P_{15-64}} \times 100\%$$

其中：ODR为老年人口抚养比；

P_{65+}为65岁及65岁以上的老年人口数；

$P_{15\text{-}64}$为15-64岁的劳动年龄人口数。

少年儿童抚养比 也称少年儿童抚养系数。指某一人口中少年儿童人口数与劳动年龄人口数之比。通常用百分比表示。以反映每100名劳动年龄人口要负担多少名少年儿童。计算公式为：

$$CDR = \frac{P_{0-14}}{P_{15-64}} \times 100\%$$

其中： CDR为少年儿童抚养比；

$P_{0\text{-}14}$为0～14岁少年儿童人口数；

$P_{15\text{-}64}$为15～64岁劳动年龄人口数。

劳动力 指年满16周岁，有劳动能力，参加或要求参加社会经济活动的人员。包括就业人员和失业人员。

就业人员 指年满16周岁，为取得报酬或经营利润，在调查周内从事了1小时（含1小时）以上劳动的人员；或由于在职学习、休假等原因在调查周内暂时未工作的人员；或由于停工、单位不景气等原因临时未工作的人员。

失业人员 指年满16周岁，具有劳动能力并同时符合以下各项条件的人员：

（1）在调查周内未从事为取得劳动报酬或经营利润的劳动，也没有处于就业定义中的暂时未工作状态；

（2）在某一特定期间内采取了某种方式寻找工作；

（3）当前如有工作机会可以在一个特定期间内应聘就业或从事自营职业。

单位就业人员 指报告期末最后一日在本单位工作，并取得工资或其他形式劳动报酬的人员数。该指标为时点指标，不包括最后一日当天及以前已经与单位解除劳动合同关系的人员，是在岗职工、劳务派遣人员及其他就业人员之和。就业人员不包括：

(1)离开本单位仍保留劳动关系，并定期领取生活费的人员；

(2)在本单位实习的各类在校学生；

(3)本单位以劳务外包形式使用的人员，如：建筑业整建制使用的人员。

城镇私营和个体就业人员 城镇私营就业人员指在工商管理部门注册登记，其经营地址设在县城关镇(含县城关镇)以上的私营企业就业人员，包括私营企业投资者和雇工。城镇个体就业人员指在工商管理部门注册登记，并持有城镇户口或在城镇长期居住，经批准从事个体工商经营的就业人员，包括个体经营者和在个体工商户劳动的家庭帮工和雇工。

在岗职工 指在本单位工作且与本单位签订劳动合同，并由单位支付各项工资和社会保险、住房公积金的人员，以及上述人员中由于学习、病伤、产假等原因暂未工作仍由单位支付工资的人员。在岗职工还包括：

(1)应订立劳动合同而未订立劳动合同人员；

(2)处于试用期人员；

(3)编制外招用的人员，如临时人员；

(4)派往外单位工作，但工资仍由本单位发放的人员(如挂职锻炼、外派工作等情况)。

工资总额 指根据《关于工资总额组成的规定》(1990年1月1日国家统计局发布的一号令)进行修订，本单位在报告期内直接支付给本单位全部就业人员的劳动报酬总额。包括计时工资、计件工资、奖金、津贴和补贴、加班加点工资、特殊情况下支付的工资，是在岗职工工资总额、劳务派遣人员工资总额和其他从业人员工资总额之和。不论是计入成本的还是不计入成本的，不论是以货币形式支付的还是以实物形式支付的，均应列入工资总额的计算范围。

工资总额是税前工资，包括单位从个人工资中直接为其代扣或代缴的个人所得税，社会保险基金和住房公积金等个人缴纳部分，以及房费、水电费等。

平均工资 指本单位就业人员在报告期内平均每人所得的工资额。它表明一定时期工资收入的高低程度，是反映就业人员工资水平的主要指标。计算公式为:

$$平均工资=\frac{报告期实际支付的全部就业人员工资总额}{报告期就业人员平均人数}$$

平均工资指数 指报告期就业人员平均工资与基期就业人员平均工资的比率，是反映不同时期就业人员货币工资水平变动情况的相对数。计算公式为:

$$平均工资指数=\frac{报告期就业人员平均工资}{基期就业人员平均工资}\times 100\%$$

平均实际工资指数 就业人员平均实际工资指扣除物价变动因素后的就业人员平均工资。就业人员平均实际工资指数是反映实际工资变动情况的相对数，表明就业人员实际工资水平提高或降低的程度。计算公式为:

$$平均实际工资指数=\frac{报告期就业人员平均工资指数}{报告期城镇居民消费价格指数}\times 100\%$$

城镇登记失业人员 劳动年龄（年满16周岁（含）至依法享受基本养老保险待遇）内，有劳动能力，有就业要求，处于无业状态，并在公共就业和人才服务机构进行失业登记的城镇常住人员。

城镇登记失业率 指报告期末，登记失业人员期末实有人数占期末从业人员总数与登记失业人员期末实有人数之和的比重。

城镇调查失业率 指城镇失业人口占城镇就业人口与失业人口之和的百分比，根据劳动力调查数据计算。

Explanatory Notes on Main Statistical Indicators

Total Population refer to the total number of people alive at a certain point of time within a given area. The annual statistics on total population is taken at midnight, the 3lst of December, not including residents in Hong Kong SAR, Macao SAR, Taiwan Province and overseas Chinese national residing abroad.

Urban Population and Rural Population Urban population refer to all people residing in cities and towns, while rural population refer to population other than urban population.

Birth Rate (or Crude Birth Rate) refers to the ratio of the number of births to the average population (or mid-period population) during a certain period of time (usually a year), expressed in per thousand. Birth rate in the yearbook refers to annual birth rate. The following formula is used:

$$\text{Birth Rate} = \frac{\text{Number of Births in the Year}}{\text{Annual Average Number of Population}} \times 1000‰$$

Where: Number of births refers to live births, i.e. when a baby has breathed or showed any vital phenomena regardless of the length of pregnancy.

Annual average number of population is the average of the number of population at the beginning of the year and that at the end of the year. Sometimes it is substituted by the mid-year population.

Death Rate (or Crude Death Rate) refers to the ratio of the number of deaths to the average population (or mid-period population) during a certain period of time (usually a year), expressed in per thousand. Death rate in the yearbook refers to annual death rate. The following formula is used:

$$\text{Death Rate} = \frac{\text{Number of Deaths in the Year}}{\text{Annual Average Number of Population}} \times 1000‰$$

Natural Growth Rate of Population refers to the ratio of natural increase in population (number of births minus number of deaths) in a certain period of time (usually a year) to the average population (or mid-period population) of the same period, expressed in ‰. The following formula is applied:

$$\text{Natural Growth Rate of Population} = \frac{(\text{Number of Births} - \text{Number of Deaths})}{\text{Annual Average Number of Population}} \times 1000‰$$

$$= \text{Birth Rate} - \text{Death Rate}$$

Gross Dependency Ratio also called gross dependency coefficient, refers to the ratio of non-working-age population to the working-age population, express in percent. Describing in general the number of non-working-age population that every 100 people at working ages will take care of, this indicator reflects the basic relation between population and economic development from the demographic perspective. The gross dependency ratio is calculated with the following formula:

$$GDR = \frac{P_{0\text{-}14} + P_{65}}{P_{15-64}} \times 100\%$$

Where: GDR is the gross dependency ratio,

$P_{0\text{-}14}$ is the population of children aged 0-14,

P_{65+} is the elderly population aged 65 and over,

$P_{15\text{-}64}$ is the working-age population aged 15-64.

Old Dependency Ratio also called old dependency coefficient, refers to the ratio of the elderly population to the working-age population, express in percent. It describes the number of the elderly population that every 100 people at working ages will take care of. Old dependency ratio is one of the indicators reflecting the social implication of population aging from the economic perspective. The old dependency ratio is calculated with the following formula:

$$ODR = \frac{P_{65+}}{P_{15-64}} \times 100\%$$

Where: ODR is the old dependency ratio,

P_{65+} is the elderly population aged 65 and over,

P_{15-64} is the working-age population aged 15-64.

Children Dependency Ratio also called children dependency coefficient, refers to the ratio of the children population to the working-age population, express in percent. It describes the number of children population that every 100 people at working ages will take care of. The children dependency ratio is calculated with the following formula:

$$CDR = \frac{P_{0-14}}{P_{15-64}} \times 100\%$$

Where: CDR is the children dependency ratio,

P_{0-14} is the children population aged 0-14,

P_{15-64} is the working-age population aged 15-64.

Labour Force refers to the population aged 16 and over who are capable of working, are participating in or willing to participate in economic activities, including employed persons and unemployed persons.

Employed Persons refer to persons, aged 16 and over, who performed some work for compensation or business gains for one hour or more during the reference period; or persons who do not work for the reasons of study or on holiday; or persons who are temporarily absent from a job for disorganization or suspension of work, recession, etc.

Unemployed Persons refer to persons, aged 16 and over, be able to work who

(1) neither perform some work for compensation or business gains during the reference period, nor are temporarily absent from a job in the employment definition.

(2) have looked for a job within a specific period of time.

(3) are available for work within a specific period of time.

Persons Employed in Various Units refer to the total number of employees who work at his unit and obtain wages or other forms of payment at the end of the reporting period. This indicator is a kind of time point index and it equals to the sum of the number of employed staff and workers, labor dispatch personnel and other employed persons. Employed persons do not include:

1) persons who have left their working units while keeping their labour contract (employment relation) unchanged and receiving regular alimony;

2) all kinds of enrolled students who do internship in various units;

3) persons employed due to labor outsourcing, for example, persons employed in the organizational system of construction industry.

Persons Employed in Private Enterprises and Self-Employed Individuals in Urban Areas Persons employed in private enterprises refer to the persons employed in the private enterprises which have been registered at the departments of industrial and commercial administration for which the business operation are situated at a county town (i.e. a town where the county government is located), or at urban areas with administrative hierarchy higher than a county town. The self-employed individuals in urban areas refer to persons who hold the certificates of residence in urban areas or have resided in the urban areas for a long time and have been registered at the departments of industrial and commercial administration and approved to be engaged in individual industrial or commercial business, including self-employed persons as well as helpers and hired laborers who work in individual households.

Employed Staff and Workers refer to persons who signed labor contracts with working units and working units would pay wages, social insurance and housing funds for them. Persons who have their work posts but are temporarily absent from work for reasons of study or on sick, injury or maternal leave and still receive wages from their working units are also included. Employed staff and workers also include:

1)Persons who should have signed the labor contracts but not;

2)Employees on probation;

3)Employees beyond the staffing quota, for example, temporary employees;

4)Employees who are sent to other working units but still obtain wages from their original units (situations like on-the-job placement, expatriated assignment, etc.)

Total Wage Bill It is revised according to the "Provision of Composition of Total Wages" (Order No.1 by National Bureau of Statistics on January, 1st, ,1990), total wage bill refers to the total remuneration payment to all employed persons in various units during the reporting period, including hourly-paid wages, piece-rate wages, bonuses, allowance and subsidies, overtime wages and wages paid under special circumstances. It equals to the sum of total wages of employed staff and workers, dispatch labors and other employed persons, whether or not included in cost, whether or not paid in money or in kind, shall be included in the calculation of total wage.

Total wage bill is pre-tax wages, including personal income tax, social insurance and housing funding paid or withheld by employee's units, room charges, utility bills, etc.

Average Wage refers to the average per capita wage during a certain period of time for employed persons. It shows the general level of wage income during a certain period of time, one major indicator to reflect the wage level. It is calculated as follows:

$$\text{Average Wage} = \frac{\text{Total Wage Bill of Employed Persons at Reference Time}}{\text{Average Number of Persons Employed at Reference Time}}$$

Average Wage Indices refers to the ratio of average wage of employed persons the reference period to that at the base period, which reflects the change of wage of employed persons at the different period. It is calculated as follows:

$$\text{Average Wage Indices} = \frac{\text{Average Wage of Employed Persons at Reference Time}}{\text{Average Wage of Persons Employed at Base Period}} \times 100\%$$

Average Real Wage Indices average real wage of employed persons refers to the average wage of employed persons after removing the effects of the price changes and average real wage indices of employed persons refers to the change of real wage, which reflects the relative increasing or decreasing level of real wage of employed persons ,which is calculated as follows:

$$\text{Average Real Wage Indices} = \frac{\text{Average Wage Indices of Employed Persons at the Reference Time}}{\text{Urban consumer Price Indices at Reference Time}} \times 100\%$$

Registered Unemployed Persons in Urban Areas refer to the persons residing in urban areas at certain working ages (16 years old to the age of enjoying primary endowment insurance benefits according to the law), who are capable of working, unemployed and willing to work, and have been registered at the Public employment and talent service agencies to apply for a job.

Registered Unemployment Rate in Urban Areas refers to the ratio of the actual number of registered unemployed persons at the end of the period to the sum of the total number of employees at the end of the period and the actual number of registered unemployed persons at the end of the period.

Surveyed Urban Unemployment Rate refers to the ratio of the number of the unemployed persons in urban areas to the sum of the number of the employed persons and the unemployed persons in urban areas, calculated on the basis of the Labour Force Survey.